쉽게 배우는 운영체제 3판

비유와 사례로 이해하는
운영체제의 핵심 원리

조성호 지음

OPERATING SYSTEMS

한빛아카데미
Hanbit Academy, Inc.

머리말

누구나 이해할 수 있도록 바닥부터 다시 썼습니다.

『쉽게 배우는 운영체제』 1판이 세상에 나온 지 벌써 7년이 지났습니다. 그동안 변함없는 애정으로 아껴주신 독자 여러분에게 진심으로 감사드립니다.

"이 책 덕분에 운영체제를 쉽게 이해할 수 있었다"라는 따뜻한 피드백을 받을 때마다 큰 기쁨과 보람을 느꼈습니다. 동시에 더 나은 책을 만들어야 한다는 책임감도 깊어졌습니다. 과거의 성과에 안주해서는 오랜 시간 사랑받는 책으로 남을 수 없다는 것을 잘 알기 때문입니다. 그래서 이 책을 처음부터 다시 쓰겠다고 결심했습니다.

기존의 책을 놔두고 처음부터 다시 집필하기는 결코 쉽지 않았습니다. 그러나 단순한 수정만으로는 빠르게 변화하는 기술 흐름에 맞추기 어렵다고 판단했기에, 모든 문장 하나하나를 새롭게 만들었습니다. 그러면서도 이전 판을 사랑해 주신 독자들을 위해 비유와 모형을 사용하는 유려한 서술 방식은 유지하여 『쉽게 배우는 운영체제』 3판을 완성했습니다.

1판 출간 당시만 해도 국내 운영체제 교재는 대부분 원서나 번역서 위주였습니다. 내용은 훌륭하지만 다소 딱딱하게 설명했기 때문에 많은 독자들이 어려워했습니다. 그래서 1판을 집필할 때 다양한 비유와 설명 방식을 시도했습니다. 그러나 7년 동안 컴퓨팅 환경은 빠르게 변화했고, 이에 맞춰 책의 내용을 현대 시스템에 맞게 새롭게 구성하게 되었습니다.

3판에서는 다음과 같은 개선이 이루어졌습니다.

- **목차 재정비**: 모바일 운영체제를 이전 판보다 더 깊게 설명하였고, 프로세스와 스레드를 서로 다른 챕터로 분리하는 등 현재의 중요도에 따라 목차를 수정하였습니다.
- **응용 기술 보강**: 멀티프로세싱, 컴퓨팅 환경의 가상화 등 현대 컴퓨터 시스템에서 흔히 사용하는 응용 기술을 충실히 다루었습니다.
- **서술 간결화**: 장황했던 본문의 설명은 보다 명확하게 다듬었고, 비유는 개념 이해를 보조하는 수준으로 간결하게 줄였습니다.
- **코드 사례 추가**: 운영체제의 본질을 깊이 있게 이해할 수 있도록 프로세스 통신, 인터럽트 등의 시스템 코드를 소개하였습니다.

쉽게 배우는
운영체제

3판

한빛아카데미
Hanbit Academy, Inc.

지은이 조성호 zoch@hs.ac.kr

중학생 때 아버지에게 애플 II 컴퓨터를 선물 받은 것을 계기로 한국외국어대학교 전산학과에 진학한 후 고려대학교 컴퓨터학과에서 석사와 박사 학위를 취득했다. 현재 한신대학교 소프트웨어융합학부 교수로 재직 중이다. 기계만 보면 직접 만져보고 뜯어봐야 직성이 풀린다. 또 컴퓨터, 사진, 자동차, 음악 등에 관심이 많으며, 프로그램으로 무언가 만드는 일을 좋아한다. 저서로는 『미라클 HTML5+CSS3+자바스크립트』(한빛아카데미, 2024), 『IT 세상을 만나는 컴퓨터 개론(2판)』(한빛아카데미, 2024), 『스티브 잡스는 왜 오징어 게임을 죽였을까?』(생능북스, 2023)가 있다.

쉽게 배우는 운영체제 3판

초판발행 2025년 7월 18일
2쇄발행 2026년 1월 22일

지은이 조성호 / **펴낸이** 전태호
펴낸곳 한빛아카데미㈜ / **주소** 서울시 서대문구 연희로2길 62 한빛아카데미(주) 2층
전화 02-336-7112 / **팩스** 02-336-7199
등록 2013년 1월 14일 제2017-000063호 / **ISBN** 979-11-7340-020-9 93000

총괄 박현진 / **기획·편집·교정·진행** 안비단
디자인 윤혜원 / **전산편집** 김미경 / **삽화** 김주리 / **제작** 박성우, 김정우
영업 김성삼, 이정훈, 임현기, 이성훈, 김주성, 심지연

이 책에 대한 의견이나 오탈자 및 잘못된 내용은 출판사 홈페이지나 아래 이메일로 알려주십시오.
파본은 구매처에서 교환하실 수 있습니다. 책값은 뒤표지에 표시되어 있습니다.
홈페이지 www.hanbit.co.kr / 이메일 question@hanbit.co.kr

Published by HANBIT Academy, Inc. Printed in Korea

- **연습문제 교체**: 모든 연습문제를 새로 출제하였으며, 연습문제 해답은 객관식 홀수 번호 문제에 한하여 제공합니다.

이 책을 완성하기까지 1년이 넘는 시간이 걸렸습니다. 유경희 수석님과 안비단 선임님을 비롯한 한빛아카데미㈜의 편집자들이 원고 수정, 그림 제작, 연습문제 보강에 노력을 기울여 주셨습니다. 진심으로 감사의 말씀을 전합니다.

이 책이 운영체제를 처음 접하는 학생들에게는 든든한 입문서로, 교육 현장의 교수자들에게는 신뢰할 수 있는 교재로 자리 잡기를 바랍니다. 앞으로도 여러분의 따뜻한 응원과 소중한 피드백을 받아 더 좋은 책으로 보답하겠습니다.

지은이 **조성호**

이 책의 사용 설명서

강의 보조 자료 한빛아카데미 홈페이지에서 '교수회원'으로 가입하신 분은 인증 후 교수용 강의 보조 자료를 제공받을 수 있습니다. 한빛아카데미 홈페이지 상단의 〈교수전용공간〉 메뉴를 클릭하세요.

연습문제 해답 안내 연습문제 중 객관식 홀수 번호 문항의 해답은 다음 주소에서 다운로드할 수 있습니다.
http://www.hanbit.co.kr/src/41020

주요 내용

❶ **운영체제와 컴퓨터(1~2장)** 운영체제의 종류, 역할, 구조를 살펴보고 컴퓨터의 기본 구성 및 성능 향상 기술을 공부합니다.

❷ **프로세스 관리(3~7장)** 프로세스와 스레드의 개념을 이해하고 다양한 CPU 스케줄링 알고리즘을 공부합니다. 또한 여러 프로세스를 실행할 때 발생할 수 있는 임계구역과 교착상태 문제의 해결 방법을 알아봅니다.

❸ **메모리 관리(8~10장)** 메모리 관리자의 역할을 알아보고 물리 메모리 관리 방법, 가상 메모리 구현 기법, 가상 메모리의 페이지 교체 알고리즘을 공부합니다.

❹ **입출력 및 저장장치 관리(11~12장)** 입출력 시스템의 구조를 살펴보고 입출력 효율을 높이는 다양한 기법을 공부합니다. 또한 저장장치 디스크 스케줄링, RAID, 파일 시스템의 동작을 알아봅니다.

❺ **가상화와 보안(13장)** 네트워크를 이용하는 다양한 분산 시스템을 알아보고, 컴퓨팅 환경이 다양해지면서 더욱 중요해진 운영체제 보안에 대해 공부합니다.

구성 요소

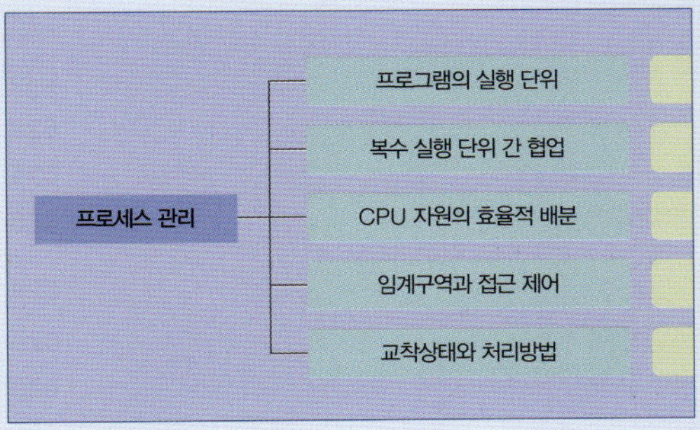

Preview

개념 지도를 통해 각 PART 및 CHAPTER에서 배울 내용을 미리 짚어봅니다.

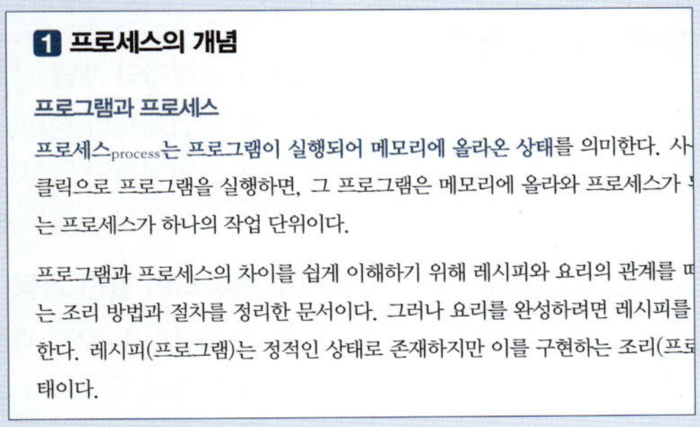

1 프로세스의 개념

프로그램과 프로세스

프로세스process는 프로그램이 실행되어 메모리에 올라온 상태를 의미한다. 사
클릭으로 프로그램을 실행하면, 그 프로그램은 메모리에 올라와 프로세스가
는 프로세스가 하나의 작업 단위이다.

프로그램과 프로세스의 차이를 쉽게 이해하기 위해 레시피와 요리의 관계를 때
는 조리 방법과 절차를 정리한 문서이다. 그러나 요리를 완성하려면 레시피를
한다. 레시피(프로그램)는 정적인 상태로 존재하지만 이를 구현하는 조리(프로
태이다.

본문

실생활의 사례와 비유를 통해 주요 개념을 설명합니다.

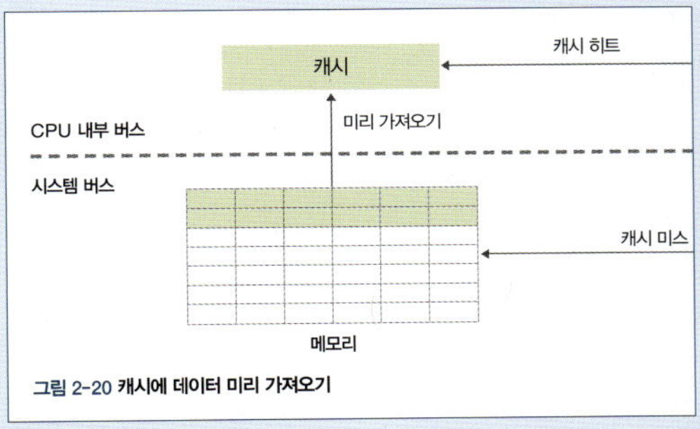

그림 2-20 캐시에 데이터 미리 가져오기

그림

개념 간의 관계를 그림으로 확인합니다.

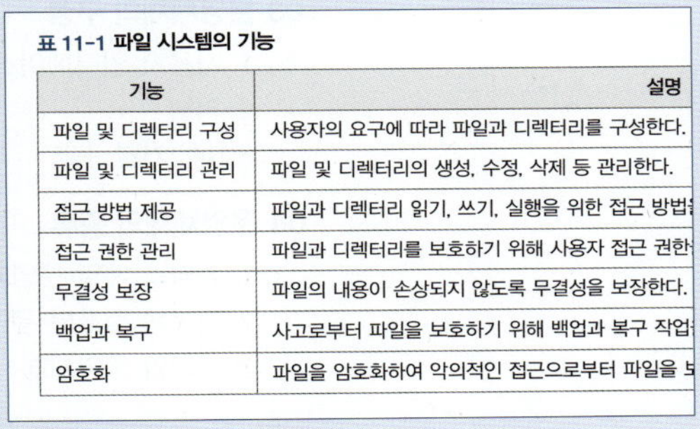

표 11-1 파일 시스템의 기능

기능	설명
파일 및 디렉터리 구성	사용자의 요구에 따라 파일과 디렉터리를 구성한다.
파일 및 디렉터리 관리	파일 및 디렉터리의 생성, 수정, 삭제 등 관리한다.
접근 방법 제공	파일과 디렉터리 읽기, 쓰기, 실행을 위한 접근 방법
접근 권한 관리	파일과 디렉터리를 보호하기 위해 사용자 접근 권한
무결성 보장	파일의 내용이 손상되지 않도록 무결성을 보장한다.
백업과 복구	사고로부터 파일을 보호하기 위해 백업과 복구 작업
암호화	파일을 암호화하여 악의적인 접근으로부터 파일을 보

표

본문의 핵심 개념을 표로 정리합니다.

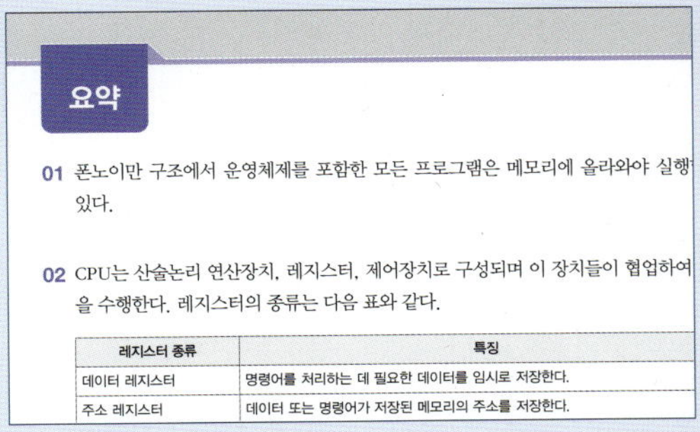

요약

01 폰노이만 구조에서 운영체제를 포함한 모든 프로그램은 메모리에 올라와야 실행
있다.

02 CPU는 산술논리 연산장치, 레지스터, 제어장치로 구성되며 이 장치들이 협업하여
을 수행한다. 레지스터의 종류는 다음 표와 같다.

레지스터 종류	특징
데이터 레지스터	명령어를 처리하는 데 필요한 데이터를 임시로 저장한다.
주소 레지스터	데이터 또는 명령어가 저장된 메모리의 주소를 저장한다.

요약

CHAPTER가 끝날 때마다 핵심 내용을 요약 · 정리합니다.

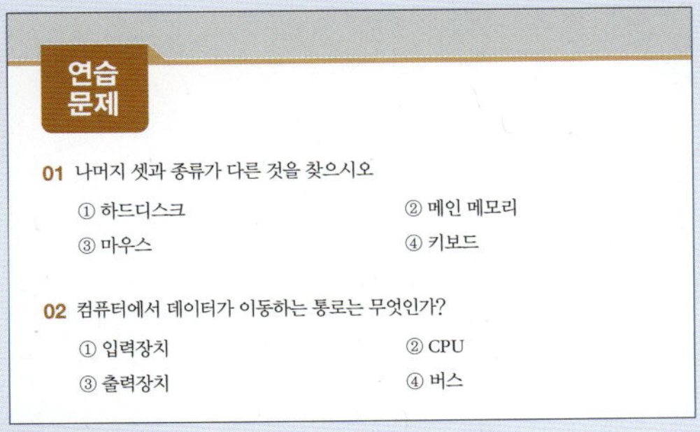

연습문제

01 나머지 셋과 종류가 다른 것을 찾으시오.
① 하드디스크 ② 메인 메모리
③ 마우스 ④ 키보드

02 컴퓨터에서 데이터가 이동하는 통로는 무엇인가?
① 입력장치 ② CPU
③ 출력장치 ④ 버스

연습문제

문제를 풀면서 본문에서 익힌 내용을 복습합니다.

목 차

PART 01

운영체제와 컴퓨터

CHAPTER 01 운영체제 개요

CHAPTER 02 컴퓨터의 구조와 성능 향상

목 차

PART 02

프로세스 관리

CHAPTER 03 프로세스

CHAPTER 04 스레드와 프로세스 간 통신

CHAPTER 05 CPU 스케줄링

목 차

CHAPTER 06 임계구역과 동기화

CHAPTER 07 교착상태

PART 03

메모리 관리

CHAPTER 08 메모리와 할당

목 차

CHAPTER 09 페이징 메모리

CHAPTER 10 가상 메모리 관리

목 차

PART 04

입출력 및 저장장치 관리

CHAPTER 11 파일 시스템

CHAPTER 12 저장장치와 입출력 시스템

목 차

CHAPTER 13 가상화와 보안

PART

01

운영체제와 컴퓨터

PART 01 Preview

운영체제는 컴퓨터 자원을 효율적으로 관리하고 여러 프로그램이 안정적으로 실행되도록 지원하는 핵심 소프트웨어이다. 01부에서는 운영체제의 정의와 역할, 컴퓨팅 환경의 발전에 따른 기능 변화, 그리고 운영체제와 하드웨어 간의 연관 구조를 살펴본다.

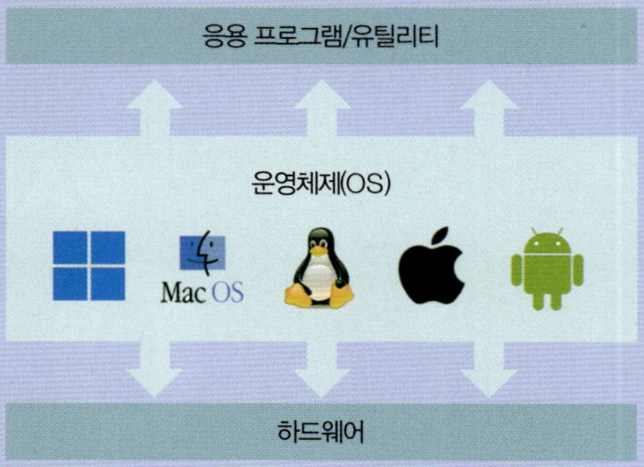

01장 운영체제 개요

운영체제의 정의, 역할, 구조
+
컴퓨팅 환경의 발전에 따른 역할 변화

02장 컴퓨터의 구조와 성능 향상

컴퓨터 시스템의 구조와 하드웨어 동작 원리
(운영체제와의 연관성 중심)

CHAPTER

01

운영체제 개요

학습목표

- 운영체제의 역할과 목표를 연관지어 살펴본다.
- 컴퓨터의 발전 과정과 연결하여 운영체제의 기능을 이해한다.
- 운영체제의 구성을 살펴보고 운영체제의 핵심 부분인 커널의 기능을 학습한다.
- 유닉스 계열의 운영체제, 개인용 컴퓨터의 운영체제, 모바일 운영체제에 대하여 알아본다.

Preview

운영체제는 사용자와 하드웨어 사이의 인터페이스 역할로서 프로그램이 원활하게 실행될 수 있도록 자원을 할당하고 조정하는 중요한 소프트웨어이다. 특히 운영체제의 핵심 기능을 담당하는 커널은 프로세스 관리, 메모리 관리, 저장장치 관리, 입출력 관리와 같은 주요 기능을 수행한다.

이 장에서는 운영체제를 정의하고, 운영체제의 발전 과정을 살펴본다. 또한 운영체제의 핵심 역할과 운영체제의 주요 구성 요소를 설명한다. 이를 통해 현대의 컴퓨팅 환경에서 운영체제가 어떤 기능을 수행하며, 어떤 자원을 관리하는지를 이해한다.

이 장을 학습한 후에는 운영체제의 개념과 역할을 명확히 이해하고, 현대 컴퓨터 시스템에서 운영체제가 수행하는 핵심 기능을 설명할 수 있을 것이다.

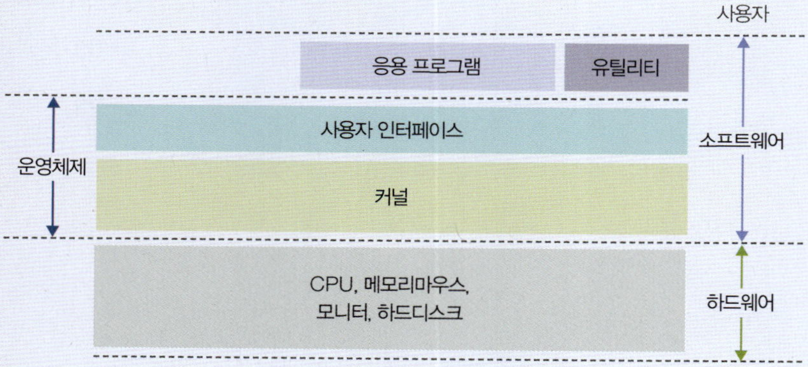

SECTION 01 운영체제의 개념

1 운영체제의 정의

컴퓨터는 하드웨어와 소프트웨어로 구성되며, 이 둘이 유기적으로 결합되어 다양한 작업을 수행한다. 하드웨어hardware는 눈에 보이고 손에 잡히는 물리적인 장치를 의미하며, 소프트웨어software는 이러한 하드웨어를 움직여 작업을 수행하는 명령어 모음이다. 소프트웨어는 하드웨어를 사용하여 정해진 절차(프로그램program)에 따라 데이터를 처리하여 정보information를 만든다.

소프트웨어는 그 용도에 따라 응용 프로그램과 시스템 소프트웨어로 나뉜다. **응용 프로그램**application program은 특정한 목적을 위해 사용되는 소프트웨어이다. 예를 들어 문서를 작성할 때 사용하는 아래아한글이나 MS 워드가 응용 프로그램이다. 반면 **시스템 소프트웨어**system software는 하드웨어와 응용 프로그램을 관리하는 소프트웨어이다. 이 중에서도 가장 중요한 시스템 소프트웨어는 운영체제이다. 또한 백신과 같이 운영체제를 보조하여 시스템을 관리하는 유틸리티utility 프로그램도 시스템 소프트웨어에 포함된다.

우리 주변에는 다양한 운영체제가 있다. 개인 컴퓨터용 운영체제로 마이크로소프트의 윈도우Windows와 리눅스Linux가 있으며, 애플이 만드는 매킨토시 컴퓨터에는 맥OSMac OS가 설치된다. 스마트폰 운영체제로는 구글의 안드로이드Android와 애플의 iOSiPhone-OS가 있다.

그림 1-1 다양한 운영체제

운영체제(OSOperating System)**는 컴퓨터 자원을 효율적으로 관리하고, 다양한 응용 프로그램이 원활하게 작동할 수 있도록 지원하는 소프트웨어**이다. 프로그램이 작동하려면 CPU, 메모리, 하드디스크, 모니터, 키보드, 마우스와 같은 다양한 컴퓨터 자원computer resource이 필요하다. 그런데 프로그램들이 먼저 자원을 차지하겠다고 싸운다면, 서로 충돌하거나 비정상적으로 동작할 수 있다. 이러한 혼란을 방지하기 위해 운영체제는 프로그램의 실행 순서를 조정하고, 자원을 체계적으로 관리함으로써 프로그램들이 안정으로 작동할 수 있는 환경을 제공한다. 또한 바이러스와 같은 위험 요소로부터 컴퓨터를 보호한다.

그림 1-2 운영체제와 소프트웨어의 관계

운영체제는 모든 소프트웨어 위에 존재하며 컴퓨터 내의 모든 하드웨어와 소프트웨어를 관리한다. 모든 응용 프로그램은 운영체제의 허락을 받은 후에만 컴퓨터 자원을 사용할 수 있다. 그래서 컴퓨터나 스마트폰의 전원을 켜면 가장 먼저 실행되는 소프트웨어가 운영체제이다. 운영체제가 컴퓨터 자원을 모두 장악한 이후에야 다른 응용 프로그램들이 실행될 수 있다.

2 운영체제의 역할과 목표

커피머신의 예를 통하여 운영체제의 역할을 이해해 보자. [그림 1-3]의 (a)와 같이 사용자가 직접 커피머신을 조작하여 커피를 만드는 경우, 사용자는 자신의 기호에 맞는 커피를 만들 수 있다. 그러나 사용자 조작이 서툴면 커피머신이 고장 나거나, 커피, 물, 설탕 등의 커피 자원이 낭비될 위험이 있다.

(a) 누구나 자유롭게 커피머신을 사용

(b) 커피머신 관리자가 커피머신을 관리

그림 1-3 두 가지 커피머신 이용 정책

(b)와 같이 커피 자원을 관리하는 '관리자'를 두는 경우에 사용자는 자원에 직접 접근할 수 없고, 관리자에게 커피를 요청만 할 수 있다. 숙련된 관리자만이 커피 자원에 접근할 수 있게 함으로써 자원을 안전하고 효율적으로 관리할 수 있다.

운영체제는 컴퓨터에서 '관리자'의 역할을 수행하며, 이러한 역할은 운영체제가 제공하는 여러 기능을 통해 구체적으로 실현된다. 운영체제는 시스템 자원을 안전하고 효율적으로 관리하여 전체 컴퓨터 시스템이 원활하게 작동하도록 돕는다. 또한 사용자가 하드웨어를 직접 다루지 않고도 다양한 작업을 수행할 수 있도록 중간에서 제어와 조율을 담당한다.

운영체제의 역할을 정리하면 다음과 같다. 자원 관리 기능을 통해 CPU, 메모리, 저장장치, 입출력 장치와 같은 컴퓨터 자원을 여러 프로그램이 동시에 사용할 수 있도록 적절히 배분한다. 이를 통해 사용자나 응용 프로그램 간의 충돌을 방지하고, 작업을 원활하게 수행할 수 있게 한다. 다음으로, 자원 보호 기능을 통해 프로그램이나 사용자가 시스템 자원에 무분별하게 접근하지 못하도록 제한함으로써, 보안성과 안정성을 확보한다. 또한 운영체제는 소프트웨어 인터페이스를 제공하여 사용자나 응용 프로그램이 복잡한 하드웨어 구조를 몰라도 자원을 쉽게 사용할 수 있도록 한다. 그리고 하드웨어 인터페이스 기능을 통해 다양한 주변장치들이 컴퓨터와 원활히 연결되도록 돕는다.

운영체제의 역할과 연결하여 운영체제가 지향하는 목표는 [그림 1-4]와 같다.

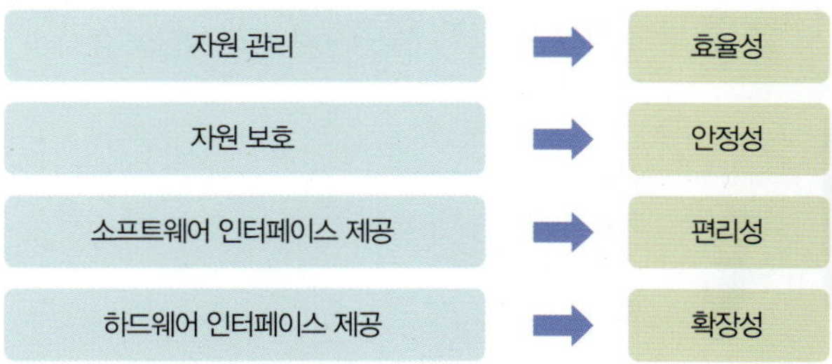

그림 1-4 운영체제의 목표

- **효율성**: 같은 자원으로 더 많은 작업을 처리하거나, 더 적은 자원으로 동일한 작업을 수행할 수 있도록 한다.
- **안정성**: 시스템이 예기치 않은 오류나 외부 충격으로부터 쉽게 중단되지 않도록 보호한다. 문제가 발생해도 빠르게 복구할 수 있도록 하며, 작업 중이던 데이터가 손실되지 않도록 한다.
- **편리성**: 사용자나 프로그램이 시스템 자원에 쉽게 접근하고 사용할 수 있도록 돕는다. 효율성만을 고려한다면 사용성은 떨어질 수 있으므로, 그래픽 인터페이스와 같은 사용자 친화적인 환경 제공도 중요하다.

- **확장성**: 새로운 하드웨어나 소프트웨어가 추가될 때도 시스템이 이를 유연하게 받아들이고, 다양한 장치와의 호환성을 유지할 수 있도록 한다. '플러그 앤드 플레이'처럼 복잡한 설정 없이도 장치를 연결하는 즉시 사용할 수 있어야 한다.

3 운영체제의 적용 환경 변화와 역할 확대

임베디드 시스템에서의 운영체제 적용

컴퓨터란 프로그래밍이 가능한 기계를 의미한다. 최초의 컴퓨터는 미사일 탄도 계산을 위해 개발되었다. 이 기계를 계산기가 아니라 컴퓨터라 부르는 이유는 프로그래밍이 가능했기 때문이다. 컴퓨터에서 프로그램을 변경하면 기능을 수정하거나 확장할 수 있고, 성능을 높일 수도 있다. 반면 일반적인 기계는 만들어졌을 당시의 기능 이상을 수행하기 어렵고, 성능이나 기능을 개선하려면 기계를 새로 제작해야만 한다.

예를 들어 스마트 워치는 프로그램을 통하여 다양한 기능을 수행할 수 있어 컴퓨터로 분류된다. 일반 전자시계는 만들어진 당시의 기능 외에 새로운 기능을 추가할 수 없다. 그러나 스마트 워치에 앱을 설치하면 전화 통화, 채팅, 길 안내 등 다양한 기능을 추가할 수 있다. 마찬가지로 TV에 컴퓨터를 내장한 스마트 TV는 인터넷에 연결하여 채팅이나 게임을 할 수 있다. 또한 스마트 자동차는 원격으로 시동을 걸고, 차선을 따라 자율주행하고, 장애물이 나타나면 알아서 멈춘다. 스마트 자동차는 소프트웨어를 업그레이드하여 기능을 더욱 확장할 수도 있다.

그림 1-5 스마트 워치와 스마트 TV

이처럼 특정 기능을 수행하도록 설계된 기기에 탑재된 컴퓨터를 임베디드 시스템embedded system 혹은 임베디드 컴퓨터라고 한다. 임베디드 시스템은 일반적인 컴퓨터에 비하여 CPU 성능이 낮고, 메모리 용량이 작으며, 디스플레이 크기가 작아 특정한 작업만 수행하는 컴퓨터이다. 반면 웹 서핑, 문서 작성, 게임, 영상 감상 등 다양한 작업을 처리할 수 있는 일반적인 컴퓨터를 범용 컴퓨터general purpose computer라 부른다.

임베디드 시스템에는 제한된 환경에서도 자원을 효율적으로 관리하고 기능을 통제할 수 있도록 임베디드 운영체제embedded operating system가 설치된다. 예를 들어 애플 워치에 적용된 watchOS, 갤럭시 워치에 적용된 구글의 WearOS가 있다. 우리가 흔히 사용하는 윈도우나 안드로이드 같은 범용 운영체제와 비교하면 기능이 제한적이지만, **임베디드 운영체제도 여전히 운영체제의 핵심 역할인 자원 관리, 보호, 인터페이스 제공을 수행한다.** 다만 임베디드 운영체제는 자원의 한계를 고려하여 크기가 작고 경량화된 구조이다.

Note **컴퓨터와 시스템**

이 교재에서 '컴퓨터'는 기계와 운영체제가 결합한 시스템을 지칭하며, '시스템'과 혼용한다.

운영체제를 통한 시스템 통합 관리

최신 자동차에는 수많은 전자제어장치가 장착되어 있다. 대표적인 전자제어장치(ECUElectronic Control Unit)로는 엔진을 제어하는 장치, 차내 온도를 제어하는 장치, 오디오를 제어하는 장치가 있다. 이러한 전자제어장치들은 독립적으로 작동하며, 부품 제조사에서 제공하는 소프트웨어와 함께 자동차에 탑재된다. 과거에는 소프트웨어에 문제가 생기거나 기능을 업그레이드하려면 새로운 소프트웨어가 탑재된 칩을 받아 물리적으로 교체해야 했다.

자율주행 기술과 전기자동차의 등장으로 센서와 전자제어장치의 수가 폭발적으로 증가하면서, 자동차는 단순한 기계가 아니라 이동하는 컴퓨터에 가까워졌다. 이러한 변화 속에서 자동차 내부의 전자제어장치를 통합적으로 관리하기 위해 운영체제를 도입하고 있다.

그림 1-6 테슬라 차내의 터치스크린

대표적인 사례로 테슬라는 리눅스Linux 기반 운영체제를 차량에 탑재하여 주행 제어부터 에어컨, 창문 개폐 등 거의 모든 기능을 중앙 터치스크린에서 제어할 수 있도록 설계했다. 차량에 운영체제를 도입하면 다양한 장치를 중앙 집중형으로 통합 관리할 수 있을 뿐만 아니라, 소프트웨어 업데이트만으로 새로운 기능을 손쉽게 추가할 수 있다. 예를 들어 기존 차량에서는 창문을 조금만 여는 기능을 추가하려면 하드웨어(스위치)를 교체해야 했지만, 운영체제가 도입된 차량에서는 소프트웨어 업그레이드만으로 기능을 구현할 수 있다. 또한 서비스센터를 직접 방문하지 않고도 무선 통신을 통해 운영체제를 업그레이드하거나 새로운 기능을 추가할 수 있다. 테슬라뿐 아니라 현대자동차(ccOS), BMW(OS8), 폭스바겐(VW.OS) 등 다양한 글로벌 자동차 기업에서 운영체제를 통한 자동차 통합 관리를 도입했다.

사물 인터넷(IoTInternet of Thing)이 발달하고 많은 기기가 인터넷에 연결되면서, 소프트웨어를 원격으로 업그레이드하거나 설정을 변경하는 OTAOver-The-Air Programming 기술이 광범위하게 활용되고 있다. 예를 들어 안드로이드나 iOS를 업그레이드하거나 앱을 변경하는 데 OTA 기술이 사용된다. 또한 테슬라나 현대자동차 최신 모델은 차량용 소프트웨어나 내비게이션도 OTA를 통해 자동 업데이트된다.

SECTION 02

컴퓨터의 발전 과정

1 컴퓨터의 발전 과정과 운영체제

운영체제의 기능을 이해하기 위해서는 컴퓨터가 어떻게 발전해 왔는지를 먼저 살펴볼 필요가 있다. 초기의 컴퓨터는 단순한 계산 장치에 불과했으나, 시간이 지남에 따라 점차 다양한 작업을 수행할 수 있는 복잡한 구조로 발전했다. 운영체제 역시 이러한 컴퓨터의 발전과 함께 진화했으며, 오늘날 우리가 사용하는 다양한 시스템의 핵심 역할을 담당하게 되었다.

컴퓨터 발전 과정에서 주변장치의 개발은 중요한 단서가 된다. 주변장치는 사용자가 컴퓨터와 상호작용할 수 있는 수단이며, 이들의 발전은 곧 컴퓨터 시스템의 변화와 확장을 의미한다. 이러한 점에서 컴퓨터의 발전을 주변장치의 변화와 연계해 살펴보는 것은 운영체제의 필요성과 기능 변화를 이해하는 데 도움이 된다. [표 1-1]은 컴퓨터의 발전 과정을 정리한 것이며, 운영체제의 종류와 세부적인 발전 과정은 04절에서 자세히 다룬다.

표 1-1 컴퓨터의 발전 과정

시기	주요 이슈	특징
1940년대	현대 컴퓨터 구조 완성	• 하드와이어링 방식에서 폰노이만 구조로 발전
1950년대	천공카드, 라인 프린터	• 일괄 작업 시스템 • 기초적인 운영체제의 등장
1960년대 초반	키보드, 모니터	• 대화형 시스템
1960년대 후반	유닉스와 C 언어	• 다중 프로그래밍 기술 개발 • 시분할 시스템
1970년대	개인용 컴퓨터와 인터넷	• 개인용 컴퓨터의 등장 • 인터넷 보급
1990년대	월드 와이드 웹	• 클라이언트-서버 시스템
2000년대 이후	스마트폰	• P2P 시스템 • 클라우드 컴퓨팅 • 사물 인터넷

2 최초의 컴퓨터와 폰노이만 구조

최초의 컴퓨터

세계 최초의 전자식 컴퓨터는 에니악(ENIACElectronic Numerical Integrator And Calculator)이었다. 펜실베이니아 대학의 존 모클리John Mauchly와 존 에커트John Eckert가 미사일의 탄도 계산을 위해 에니악을 개발했으며, 사람이 주판으로 7시간 동안 수행하던 계산을 단 3초 만에 처리했다. 에니악은 진공관을 사용하여 데이터를 처리했는데, 진공관이 켜지면 1, 꺼지면 0으로 인식하는 방식이었다. 이 방식은 오늘날 컴퓨터가 2진법을 사용하는 기초가 되었다. 한때 10진법을 사용하는 컴퓨터도 제작된 적이 있었다. 그러나 계산 속도와 효율성에서 2진법이 더 유리했기에, 오늘날에는 2진법 기반 컴퓨터만 존재한다.

에니악에는 키보드, 마우스, 모니터와 같은 주변장치가 없었지만, 프로그래밍이 가능하다는 점에서 컴퓨터가 맞다. 에니악은 그림과 같이 스위치와 전선을 사용하여 회로를 구성하는 하드와이어링hard wiring 방식으로 프로그램을 대신했다. 에니악은 4층 건물 크기의 거대한 기계였으며, 약 18,000개의 진공관을 전선으로 연결해야 했다. 기능을 변경하기 위해 스위치를 조정하고 전선을 다시 연결하는 작업은 매우 복잡하고 많은 시간이 소요되었으며 고도의 노력이 필요했다.

그림 1-7 에니악의 하드와이어링

폰노이만 구조

컴퓨터의 효율성을 획기적으로 개선한 인물이 바로 폰노이만John von Neumann이다. 그는 컴퓨터의 하드웨어 구조를 그대로 유지하면서도 프로그램을 메모리에 저장하여 CPU가 이를 읽고 처리할 수 있도록 하는 구조를 제안했다. 이 구조는 훗날 **폰노이만 구조**von Neumann architecture라 불리게 되었다.

폰노이만 구조의 핵심은 명령어와 데이터를 메모리에 저장하고, 이를 순차적으로 처리한다는 점이다. 이 방식은 하드와이어링과 같은 복잡한 작업 없이도 다양한 프로그램을 실행할 수 있어 작업의 효율성이 크게 향상되었다. 이 방식은 복잡한 하드와이어링 작업 없이도 다양한 프로그램을 손쉽게 실행할 수 있게 하여, 컴퓨터의 유연성과 활용 가능성을 크게 높였다. **현대 컴퓨터는 대부분 폰노이만 구조를 기반으로 설계되어 있다.**

Note **존 폰노이만**

헝가리 출신의 존 폰노이만(1903~1957)은 아인슈타인을 능가하는 20세기 최고의 천재라 불린다. 그는 23세에 수학 박사학위를 받고, 29세에 프린스턴 고등연구소의 창립 멤버가 되었다. 폰노이만은 경제학, 양자역학, 함수해석학, 위상수학, 컴퓨터과학, 기하학, 수치해석, 통계학 등 다양한 학문 분야에서 업적을 남겼다. 그는 DNA 구조를 최초로 예견하였고, 오펜하이머의 맨해튼 프로젝트에 참여했으며, 경제학의 게임이론을 공동으로 정립했다. 폰노이만은 에니악 연구팀에 소속된 지 1년여 만에 프로그래밍이 내장된 전자계산기 이론을 발표했다.

그림 1-8 폰노이만

3 일괄 작업 시스템

진공관과 전선으로 구성된 초기 컴퓨터의 회로는 시간이 흘러 IC Integrated Circuit 칩으로 대체되었고, 컴퓨터 구조는 중앙처리장치(CPU Central Processing Unit)와 메인 메모리를 갖추도록 발전했다.

폰노이만 구조가 보편화되자, 프로그램을 메모리에 입력하고 실행 결과를 확인하기 위한 입출력 장치가 필요해졌다. 이때 등장한 것이 천공카드 리더 punch card reader와 라인 프린터 line printer였다. 천공카드 리더는 카드에 뚫린 구멍을 통해 문자를 입력받는 장치이며, 라인 프린터는 한 줄씩 문자를 출력하는 장치였다. 입출력 장치 덕분에 현재의 프로그래밍과 유사한 방식으로 소프트웨어를 개발할 수 있었다.

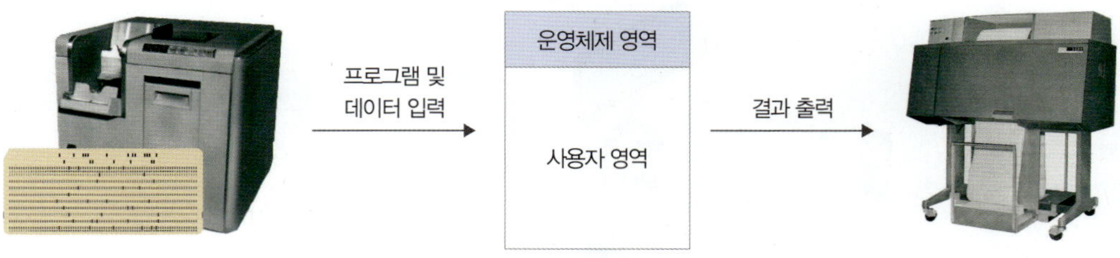

그림 1-9 일괄 작업 시스템

현대 컴퓨터는 음악을 들으면서 문서 작업을 하는 것처럼 동시에 여러 작업을 처리할 수 있다. 그러나 천공카드를 사용하는 시스템은 카드를 읽어 작업을 하나씩 순차적으로 처리해야 했다. 사용자는 프로그램과 데이터를 카드에 함께 입력한 후, 그 결과를 라인 프린터를 통해 출력으로 받아 볼 수 있었지만, 실행 도중 데이터를 수정하거나 입력하는 것은 불가능했다. 이렇게 **모든 작업을 한꺼번에 처리하는 시스템을 일괄 작업 시스템**batch job system 또는 일괄 처리 시스템batch processing system이라고 부른다. 일괄 작업 시스템에서도 간단한 형태의 운영체제가 사용되었으며, 메인 메모리는 운영체제와 사용자 작업을 위한 공간으로 나뉘어 사용되었다.

> **Note** 일괄 작업 시스템의 흔적
>
> 일괄 작업 시스템의 흔적을 MS-DOS에서 찾아볼 수 있다. DOS의 autoexec.bat 파일은 운영체제가 부팅될 때 자동으로 실행되는 명령어들을 모아놓은 파일이며, .bat는 바로 'batch job'을 의미한다. 유닉스 계열 시스템에서는 .sh 확장자를 가진 셸 스크립트shell script를 통해 일괄 작업을 자동화할 수 있다.

4 대화형 시스템

일괄 작업 시스템에서는 프로그램에 오류가 있더라도, 그 사실을 최종 출력 결과로만 확인할 수 있었다. 수천 장의 천공카드를 뚫어 프로그래밍하고 카드를 읽어 실행했는데 라인 프린터에 'ERROR'가 표시되면, 오류를 찾아내어 수천 장의 천공카드를 다시 뚫고 실행하는 과정을 반복해야만 했다.

1960년대 초반에 등장한 키보드와 모니터가 비효율적인 일괄 작업 시스템을 획기적으로 바꿔놓았다. 실행 중 프로그램이 정상적으로 진행되고 있는지 모니터를 통하여 확인할 수 있게 되었으며, 프로그램 진행 도중에 사용자로부터 키보드 입력을 받고 입력한 값에 따라 작업 흐름을 바꿀 수 있게 되었다.

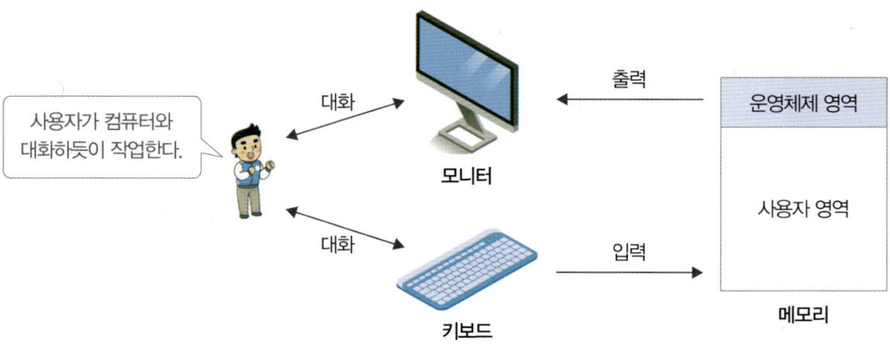

그림 1-10 대화형 시스템

이와 같이 컴퓨터와 사용자가 **실시간으로 상호작용하는 시스템**을 **대화형 시스템**interactive system이라고 부른다. 일괄 작업 시스템은 단순 계산 위주의 작업만 가능했으나, 대화형 시스템의 등장으로 문서 편집기나 게임과 같은 다양한 응용 프로그램의 개발이 가능해졌고, 컴퓨터 활용 범위가 크게 확장되었다.

일괄 작업 시스템에는 프로그램과 데이터가 입력된 이후에는 CPU가 단독으로 작동하고, CPU의 작업이 완료된 후에 최종 결과를 출력하기 때문에 작업 시간을 예측할 수 있었다. 반면 대화형 시스템에서는 사용자가 얼마 만에 반응할지 알 수 없기 때문에 작업 시간을 예측하기는 어려워졌다. 그러나 사용자 중심의 컴퓨팅 환경이 구축되었다는 점에서 대화형 시스템은 컴퓨터 역사에서 획기적인 전환점이 되었다.

5 시분할 시스템

1960년대 후반까지 컴퓨터는 매우 고가의 장비였고, 제한된 인원만 사용할 수 있는 귀한 자산이었다. 이렇게 값비싼 기계가 한 번에 하나의 작업만 수행하는 것은 비효율적이었다. 이 문제를 해결하기 위해 컴퓨터 자원을 효율적으로 활용하기 위한 기술이 개발되었다. 멀티프로그래밍multiprogramming은 하나의 CPU로 여러 프로그램을 동시에 실행하는 기법이다.

영화 필름은 한 장 한 장이 정지된 사진이지만, 이를 빠르게 재생하면 움직이는 것처럼 보인다. 마찬가지로 멀티프로그래밍은 CPU의 실행 시간을 아주 잘게 쪼개 여러 작업을 번갈아가며 처리하여, 마치 동시에 실행되는 것처럼 보이게 만든다.

그림 1-11 시분할 시스템의 작동 원리

예를 들어 A, B, C라는 세 작업을 동시에 진행한다고 가정하자. CPU가 각 작업에 1초를 할당하면 3개의 작업을 마치고 다시 CPU를 사용할 수 있게 될 때까지 3초나 걸리니, 당연히 작업이 끊겨 보인다. 그런데 CPU가 각 작업에 0.1초를 할당하면 A 작업에 0.1초, B 작업에 0.1초, C 작업에 0.1초가 돌아가며 배정되니 A 작업은 0.3초 만에 다시 CPU를 얻어 작업할 수 있다. 이렇게 각 작업에 할당하는 시간을 짧게 하면 A, B, C 작업이 동시에 실행되는 것처럼 보인다.

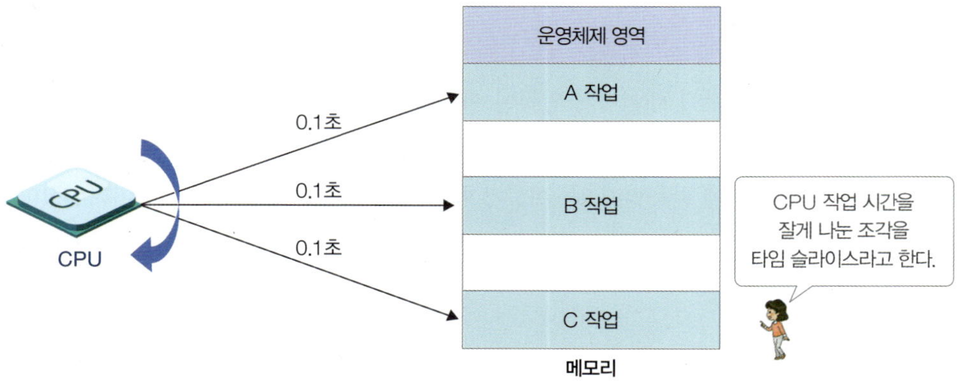

그림 1-12 시분할 시스템

이처럼 **짧은 시간 단위로 작업을 분할하여 동시에 이루어지는 것처럼 보이게 하는 시스템을 시분할 시스템**time sharing system이라 한다. 시분할 시스템에서 작업 시간을 잘게 나눈 조각을 타임 슬라이스time slice 또는 타임 퀀텀time quantum이라 부른다.

시분할 시스템에서 동시에 실행되는 작업의 개수를 멀티프로그래밍 수준level of multiprogramming 또는 멀티프로그래밍 정도degree of multiprogramming라고 한다. 일괄 작업 시스템은 멀티프로그래밍 수준이 1이다. [그림 1-12]에서는 동시에 실행되는 작업이 3개이므로 멀티프로그래밍 수준이 3이며, 현대의 시분할 시스템에서는 이 수준이 훨씬 높아졌다.

시분할 시스템에서 한 사람이 여러 프로그램을 동시에 실행할 수 있다는 것은 여러 사람이 동시에 작업할 수 있다는 의미이기도 하다. 이렇게 여러 사용자가 동시에 접속해 작업할 수 있는 환경을 다중 사용자 시스템multi-user system이라고 한다. 시분할 시스템은 값비싼 컴퓨터 자원을 많은 사용자가 나누어 쓸 수 있게 해주었다. 이러한 흐름 속에서 1960년대 후반에 AT&T 벨 연구소는 멀티프로그래밍과 다중 사용자 기능을 지원하는 유닉스UNIX 운영체제를 개발했다.

시분할 시스템의 단점은 여러 작업을 동시에 처리하기 위한 추가 작업이 필요하다는 것이다. 일괄 작업 시스템에서 메인 메모리의 사용자 영역에는 하나의 프로그램만 있었지만, 시분할 시스템의 메인 메모리에는 여러 개의 프로그램이 공존하므로 작업을 전환할 때 메인 메모리에서 추가 작업이 이루어진다.

시분할 시스템에서 수많은 작업이 동시에 실행되는 경우, 타임 슬라이스 내에 작업이 완료되지 못할 수 있다. 원자력이나 미사일 제어 시스템에서 중요한 작업이 정해진 시간 안에 끝나지 않으면 심각한 문제가 발생할 수 있다. 이러한 경우에는 일정 시간 안에 작업이 처리되도록 보장하는 **실시간 시스템**real-time system을 사용해야 한다.

> **Note** **경성 실시간 시스템과 연성 실시간 시스템**
>
> 실시간 시스템은 정해진 시간 내에 작업을 완료해야 하는 시스템으로, 그 엄격함에 따라 경성 실시간 시스템hard real-time system과 연성 실시간 시스템soft real-time system으로 나뉜다. 예를 들어 원자로 온도 제어나 미사일 요격 시스템은 반드시 정해진 시간 내에 작업을 완료해야 하므로 경성 실시간 시스템이 적용된다. 반면 비디오 플레이어처럼 시간 제약을 지키는 것이 중요하지만, 다소의 지연이 치명적이지 않은 경우에는 연성 실시간 시스템이 사용된다.

6 분산 시스템

초기 분산 시스템

1977년, 애플은 개인용 컴퓨터인 애플 II를 발표하며 컴퓨터의 대중화를 이끌었다. 이전까지 컴퓨터는 기업이나 연구소에서만 사용하는 고가의 장비였지만, 개인용 컴퓨터의 등장으로 누구나 컴퓨터를 사용할 수 있는 시대가 열렸다. 이에 따라 운영체제도 빠르게 발전했으며, 애플의 맥OS와 마이크로소프트의 MS-DOS가 널리 사용되었다.

같은 시기에 TCPTransmission Control Protocol/IPInternet Protocol 기반의 인터넷이 등장하면서 전 세계 컴퓨터가 네트워크로 연결되기 시작했다. 당시에는 복잡한 연산과 대용량 데이터를 처리하기 위해 메인프레임이라는 고성능 컴퓨터를 사용하였다. 그러나 개인용 컴퓨터와 인터넷이 보급되자 여러 대의 값싼 컴퓨터를 연결해 대형 컴퓨터 수준의 처리 능력을 구현할 수 있는 시스템이 등장했다. 이것이 바로 **분산 시스템**distributed system이다.

(a) 메인프레임

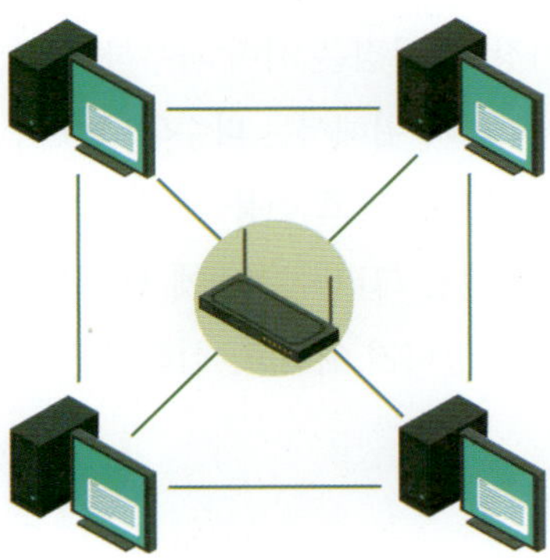

(b) 분산 시스템

그림 1-13 메인프레임과 분산 시스템

Note 하둡

하둡Hadoop은 데이터 분석 소프트웨어 프레임워크framework로, 분산 처리 기술을 적용한 대표적인 사례이다. 여러 대의 컴퓨터에 데이터를 분산 저장하고 처리하기 때문에 저렴한 장비로도 대규모 데이터 분석이 가능하다. 하둡은 오픈소스 기반으로 운영되어 빅데이터 처리의 표준처럼 사용되고 있다.

클라이언트-서버 시스템

초기 분산 시스템은 네트워크 장애나 컴퓨터 고장에 취약했고, 여러 작업을 나눠 처리하고 결과를 취합하기 쉽지 않았다. 이를 해결하기 위해 등장한 구조가 **클라이언트-서버 시스템**client-server system이다. 모든 컴퓨터의 지위가 동일한 분산 시스템과 달리, 클라이언트-서버 시스템에서는 작업을 요청하는 클라이언트와 요청을 처리하는 서버가 명확하게 구분된다.

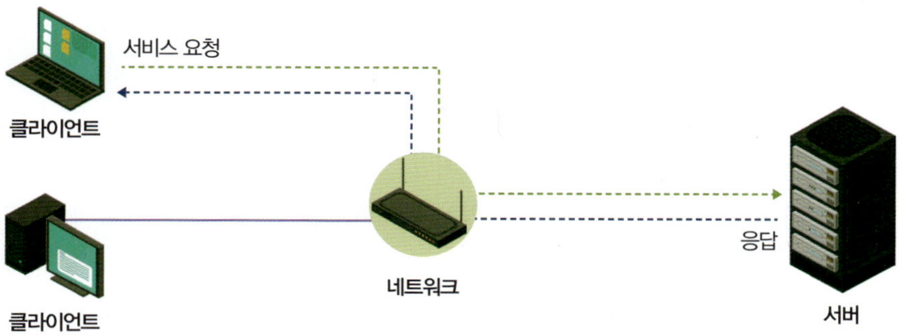

그림 1-14 클라이언트-서버 웹 시스템의 구조

클라이언트-서버 시스템이 대중적으로 알려진 계기는 바로 월드 와이드 웹(WWW World Wide Web)의 등장이다. 웹 시스템에서는 사용자가 크롬과 같은 웹 브라우저(클라이언트)를 통해 구글 같은 웹 사이트에 접속하면, 해당 요청을 웹 서버가 처리하여 응답하는 구조이다.

클라이언트-서버 시스템의 가장 큰 단점은 서버 과부하이다. 모든 요청이 서버로 집중되기 때문에 수많은 사용자를 동시에 처리하기 위해서는 다수의 서버와 대용량의 네트워크가 필요하다. 유명 사이트에서 광고를 제외한(광고는 광고 전용 서버로부터 전달되므로) 메인 페이지의 데이터 크기는 수십 킬로바이트에 불과하다. 그러나 서버에 사용자가 한꺼번에 몰리면 수백 대의 서버와 수 기가바이트의 네트워크로도 감당하기 어렵고, 심하면 서버가 다운되기도 한다.

Note **서버용 운영체제**

운영체제는 사용 목적에 따라 일반 운영체제와 서버용 운영체제로 구분되어 배포된다. 예를 들어, 리눅스 계열의 우분투Ubuntu 운영체제는 일반 사용자를 위한 우분투 데스크탑Ubuntu Desktop과 서버 환경에 적합한 우분투 서버Ubuntu Server로 나뉘어 제공된다. 마찬가지로, 마이크로소프트의 운영체제도 일반 사용자용 윈도우Windows와 기업 및 서버 환경에 최적화된 윈도우 서버Windows Server로 구분된다.

일반 운영체제는 주로 개인 사용자나 사무 환경을 대상으로 하며, 사용자가 쉽게 시스템을 사용할 수 있도록 다양한 그래픽 사용자 인터페이스GUI와 응용 프로그램이 함께 포함되어 있다. 이러한 구성은 문서 작성, 웹 브라우징, 멀티미디어 재생 등 일상적인 작업에 적합하다. 반면, 서버용 운영체제는 다수의 사용자 계정을 효율적으로 관리하고, 시스템 보안을 강화하며, 서버 자원의 낭비를 최소화하는 데 초점을 맞춘다. 이를 위해 GUI 요소는 최소화되거나 아예 제외되며, 필수적인 시스템 서비스와 서버 운영에 필요한 기능만을 중심으로 구성된다. 이러한 방식은 시스템의 성능을 극대화하고, 서버의 안정성과 보안성을 확보하는 데 유리하다.

P2P 시스템

1990년대 말에 숀 패닝Shawn Fanning은 전 세계에 흩어진 MP3 파일을 효율적으로 공유하는 시스템을 고안했다. 문제는 MP3 파일 한 개가 최소 4MB에서 최대 20MB에 이른다는 것이었다. 이는 웹 페이지보다 수백 배 이상 크기 때문에, 이러한 파일을 서버에 올려놓는다면 서버 과부하는 불 보듯 뻔했다.

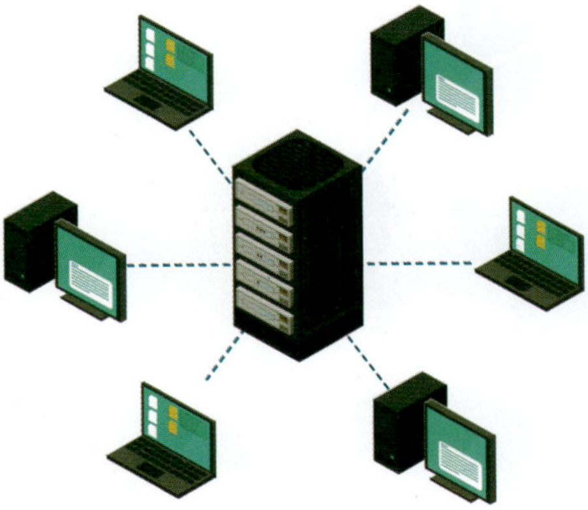

(a) 클라이언트 서버 구조

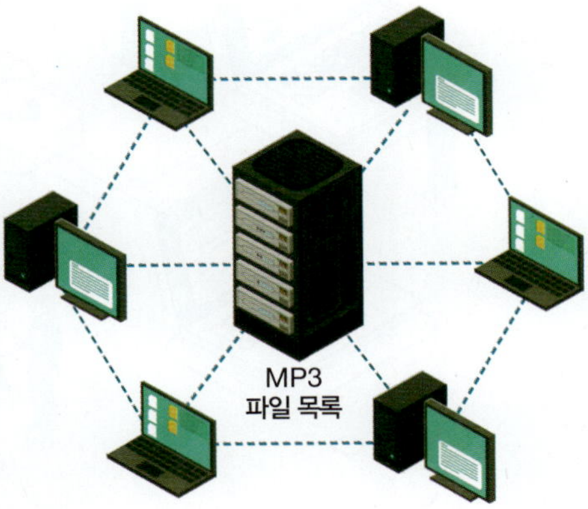

(b) P2P 시스템

그림 1-15 클라이언트-서버 구조와 P2P 시스템

패닝은 서버 과부하를 해결할 수 있는 새로운 시스템을 구상했다. 이 시스템에서 서버는 사용자의 MP3 파일 목록만 가진다. 특정 MP3 파일을 얻고자 하는 사용자는 서버를 통해 그 파일을 가진 사용자의 위치정보만 얻는다. 실제로 파일을 다운받을 때는 서버를 거치지 않고 보유자로부터 직접 받는다. 이 시스템에서 서버는 중재만 하고, 파일을 가진 말단 사용자peer로부터 직접 받기 때문에 **P2P**Peer-to-Peer 시스템이라 부른다. P2P 시스템은 서버 과부하를 줄이기 위한 효과적인 대안으로 자리 잡았으며, 현재에는 메신저messenger, 블록체인blockchain, 파일공유 시스템이 P2P 구조를 사용한다.

클라우드 컴퓨팅

초고속 통신망과 5G 같은 무선 통신 기술의 발달로 인해 대용량 데이터를 유선 또는 무선으로 손쉽게 전송할 수 있는 환경이 조성되었다. 이러한 환경에서는 데이터와 소프트웨어를 직접 보유하지 않아도 네트워크를 통해 언제 어디서나 서비스를 사용할 수 있다. 이를 **클라우드 컴퓨팅**cloud computing이라 한다. 클라우드 컴퓨팅은 하드웨어와 소프트웨어를 중앙에 두고, 사용자는 인터넷을 통하여 필요한 기능만 제공받는 구조이다.

그림 1-16 클라우드 컴퓨팅

클라우드 컴퓨팅은 장소에 상관없이 스마트폰, PC, 태블릿 등 어떤 기기를 사용하더라도 동일한 작업 환경을 제공한다. 예를 들어 스마트폰을 새로 바꿔도 이전 기기에 있던 연락처, 사진, 환경 설정이 자동으로 복구되며, 구글 크롬 브라우저의 북마크를 비롯한 작업 환경은 어떤 기기에서도 동기화된다. 또한 MS 오피스나 포토샵처럼 설치가 필요했던 소프트웨어도 이제는 웹 기반으로 제공되며, 자동으로 업데이트된다.

클라우드는 가상화virtualization 기술을 통해 물리적인 하드웨어 자원을 논리적으로 분리하여, 여러 사용자가 동시에 이용할 수 있도록 한다. 이를 통해 하나의 시스템에서 여러 운영체제와 프로그램을 독립적으로 실행할 수 있으며, 효율적이고 유연한 서비스 운영이 가능해졌다.

사물 인터넷

오늘날 인터넷은 컴퓨터와 스마트폰뿐 아니라 자동차, 냉장고, 세탁기와 같은 다양한 사물들이 연결되어 새로운 서비스를 창출하고 있다. **사물 인터넷**(IoTInertnet of Things)은 사물 센서와 통신 기능을 내장해 스스로 정보를 주고받음으로써 다양한 서비스를 제공하는 기술이다. 예를 들어 지하철역의 전자 안내판은 지하철이 어느 역을 출발하여 얼마만큼 왔는지를 보여준다. 실시간 위치 정보를 기반으로 새로운 서비스를 제공한다.

지금의 정보통신 관련 기술은 독립적으로 발전하는 것이 아니라 서로 긴밀하게 연결된다. 예를 들어 사물 인터넷에 연결된 기기에서 수집한 빅데이터를 분석하고, 인공지능에 데이터를 학습시켜 지능형 시스템을 만들며, 완성된 시스템은 클라우드를 통하여 전 세계에 서비스한다. 이처럼 운영체제를 포함한 정보통신 기술이 유기적으로 연결되어 미래 사회를 구성하고 있다.

하이퍼링크

클라이언트-서버 시스템, P2P 시스템, 클라우드 컴퓨팅, 사물 인터넷, 가상화 관련 기술은 13장 '가상화와 보안'에서 자세히 다룬다.

SECTION
03 운영체제의 구성

1 사용자 인터페이스

운영체제는 사용자 인터페이스와 커널이라는 두 가지 핵심 구성 요소로 이루어진다. 사용자 인터페이스는 사용자가 운영체제와 직접 소통하는 수단이고, 커널은 컴퓨터 자원을 관리하는 운영체제의 핵심적인 부분이다. 사용자나 응용 프로그램은 커널이 제공하는 인터페이스를 통해서만 컴퓨터 자원에 접근할 수 있다.

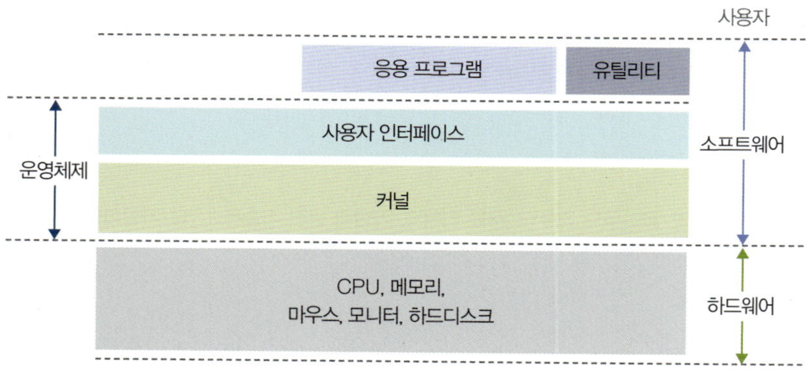

그림 1-17 운영체제 관점에서의 컴퓨터 구조

사용자 인터페이스(UI User Interface)는 사용자가 컴퓨터를 이해하고 제어할 수 있도록 돕는 소프트웨어적 인터페이스이다. 사용자 인터페이스는 컴퓨터 내부의 복잡한 하드웨어나 시스템 구조를 몰라도 사용자가 기능을 사용할 수 있도록 창구 역할을 한다.

자동차에 비유하면, 커널은 엔진이고, 사용자 인터페이스는 운전자가 사용하는 핸들, 브레이크, 계기판에 해당한다. 사용자는 인터페이스를 통해 커널에 명령을 내리고, 커널의 작업 결과를 다시 인터페이스를 통해 확인한다.

운영체제가 사용하는 사용자 인터페이스는 크게 문자 기반 인터페이스(CLI Command Line Interface)와 그래픽 사용자 인터페이스(GUI Graphical User Interface)로 나눌 수 있다. 문자 기반 인터페이스는 사용자가 명령어를 직접 입력하여 작업을 지시하는 방식이며, 대표적으로 유닉스의 셸shell, MS-DOS의 명령 프롬프트cmd에서 찾아볼 수 있다. 한편 그래픽 사용자 인터페이스는 마우스와 아이

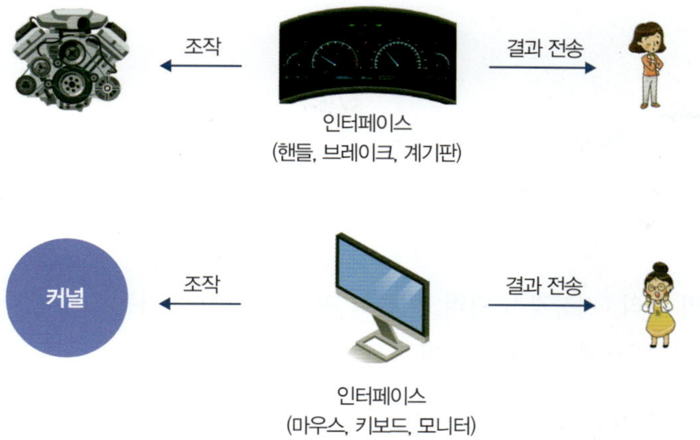

그림 1-18 인터페이스

콘을 이용하여 직관적인 방식으로 컴퓨터를 조작하게 해준다. 폴더 생성이나 파일 복사처럼 복잡한 명령도 그래픽 요소를 클릭하는 것만으로 간편하게 처리할 수 있다.

오늘날에는 CLI와 GUI 모두가 존재하며, 각각의 장점을 살려 혼합된 형태로 사용되고 있다. 사용자는 GUI를 통해 손쉽게 작업을 수행할 수 있고, 필요에 따라 CLI를 통하여 정밀한 작업을 명령할 수도 있다. 챗GPT와 같은 생성형 인공지능에 명령을 입력하는 프롬프트prompt 역시 문자 기반 인터페이스로 분류된다.

운영체제에서 사용자 인터페이스와 커널은 명확히 구분되어 있다. 따라서 동일한 커널을 기반으로 하는 운영체제이더라도 어떤 사용자 인터페이스를 제공하느냐에 따라 사용자에게 전혀 다른 시스템처럼 보일 수 있다. 대부분의 사용자는 커널보다 사용자 인터페이스에 먼저 노출되므로, 실제로는 성능이 뛰어난 커널보다 편리한 인터페이스를 가진 운영체제가 더 높은 평가를 받는 경우도 많다. 예를 들어 유닉스 커널은 속도와 안정성 면에서 매우 우수하지만, 초기에는 문자 기반 인터페이스를 사용했기 때문에 일반 사용자들이 사용하기 어렵다고 느꼈다. 반면 맥OS는 유닉스 커널을 기반으로 하면서도 편리한 GUI를 제공하여 사용자 친화적인 운영체제로 자리 잡았다. 결국 유닉스가 어려운 것이 아니라, 인터페이스의 차이가 사용자 경험에 영향을 미친 셈이다.

최근에는 사용자 인터페이스가 단순한 명령 전달을 넘어서, 사용자와 컴퓨터 간 상호작용을 통해 부가가치를 창출하는 방향으로 발전하고 있다. 사용자 경험 인터페이스(UXUser eXperience)는 조작의 효율성뿐 아니라 사용자의 감정, 몰입도, 직관성까지 고려하여 설계한 사용자 인터페이스이다. 터치스크린이나 음성 인터페이스처럼 직관적인 입력 방식은 대표적인 UX 기술이다. 애플의 시리Siri나 삼성의 빅스비Bixby는 인공지능과 음성 인터페이스를 결합해 사용자의 의도를 파악하고 자연스럽게 작업을 수행한다.

2 커널

커널의 핵심 기능

커널kernel은 운영체제의 핵심 기능을 수행하는 중앙 제어 소프트웨어이며, 전체 시스템의 성능과 안정성을 좌우한다. 자동차에 비유하면 세단, 스포츠카, SUV 등 자동차의 종류는 다양하지만, 자동차의 성능을 엔진이 결정하는 것과 마찬가지이다.

커널은 크게 **프로세스 관리, 메모리 관리, 저장장치 관리, 입출력 관리**의 네 가지 기능을 수행하여 응용 프로그램의 실행을 조율하고, 하드웨어 자원을 효율적으로 관리한다.

프로그램을 실행하여 프로세스가 되면, 커널은 프로세스에 CPU 시간을 배정하고 실행 환경을 만들어 프로세스를 관리한다. 또한 메인 메모리는 여러 프로세스가 공유하는 자원이므로, 커널은 각 프로세스를 메모리 내 적절한 위치에 배치하여 충돌 없이 작업이 진행되도록 메모리를 관리한다.

메인 메모리는 전원이 꺼지면 데이터가 사라지는 휘발성 장치이므로 커널은 데이터를 하드디스크, SSD, USB와 같은 저장장치에 파일 시스템 형태로 안전하게 저장한다. 추가로 커널은 키보드, 마우스, 네트워크, 사운드 카드, 그래픽카드와 같은 다양한 입출력 장치가 데이터를 주고받을 수 있도록 입출력 시스템을 관리하며, 장치 간 충돌을 방지하고 사용자가 안정적으로 시스템을 활용할 수 있도록 한다.

표 1-2 커널의 핵심 기능

핵심 기능	설명	관련 장
프로세스 관리	프로세스에 CPU를 배분하고 작업 환경을 제공한다.	PART 2(03장~07장)
메모리 관리	메인 메모리에 프로세스를 배치한다.	PART 3(08장~10장)
저장장치 관리	저장장치에 파일 시스템을 생성하고 관리한다.	PART 4(11장)
입출력 관리	주변장치의 입출력을 관리한다.	PART 4(12장)

시스템 호출

응용 프로그램은 컴퓨터 자원을 활용하여 다양한 작업을 수행한다. 그런데 프로그램이 자원에 직접 접근할 수 있도록 허용하면, 한 프로그램이 저장한 데이터를 다른 프로그램이 실수로 덮어쓰거나, 악성 코드가 시스템 파일을 삭제해 버릴 수도 있다. 이러한 문제를 막기 위해 커널은 공식적인 요청을 거쳐야만 자원을 사용할 수 있도록 제한한다. 이 공식적인 요청 방법이 시스템 호출이다.

시스템 호출system call이란 커널이 제공하는 시스템 함수를 호출하여 사용하는 것이다. 응용 프로그램은 직접 자원에 접근하지 않고, 커널이 제공하는 read()나 write()와 같은 시스템 함수system function를 통하여 요청을 보낸다. 커널은 이 요청을 받고 자원을 안전하게 처리한 후, 그 결과만 사용자에게 전달한다.

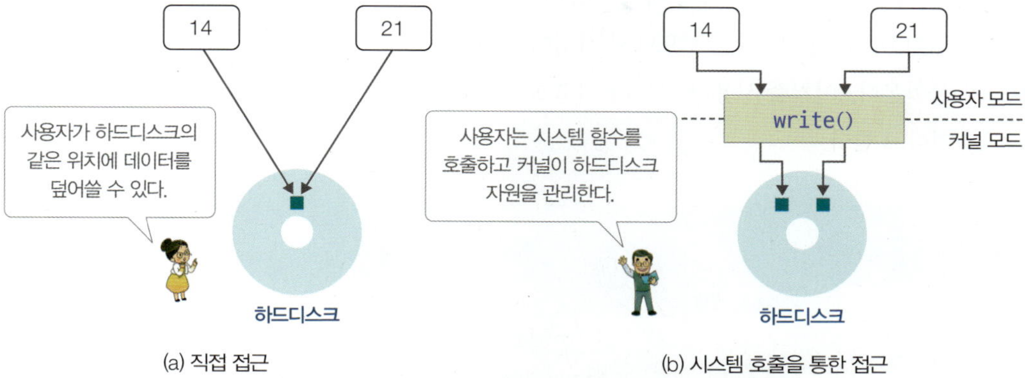

그림 1-19 사용자나 응용 프로그램이 하드디스크에 접근하는 방법

시스템 호출의 필요성을 쉽게 이해하기 위해 [그림 1-19]를 살펴보자. (a)와 같이 두 사용자가 하드디스크에 직접 접근할 수 있다면, 충돌이 발생할 위험이 있다. 한 사용자는 숫자 14를, 다른 사용자는 숫자 21을 하드디스크의 같은 위치에 저장하려고 한다면, 먼저 저장한 14를 뒤이어 저장된 21로 덮어써 없애버릴 수 있다.

반면 (b)와 같이 시스템 호출을 통한 접근만 허용하는 경우에 사용자가 데이터를 저장하려면 write()와 같은 시스템 함수를 사용하여 커널에 요청해야 한다. 커널은 이 요청을 받아 하드디스크에 데이터를 안전하게 저장하고, 사용자에게 그 결과만을 알려준다. 예를 들어, write("14")와 write("21")이라는 두 시스템 호출이 들어오면, 커널은 각각의 데이터를 적절한 위치에 나누어 저장하여 데이터 충돌이 일어나지 않도록 처리한다.

커널은 마치 커피머신의 관리자처럼 모든 자원에 대한 통제 권한을 가지며, 사용자는 시스템 호출이라는 공식 절차를 통해 자원을 사용할 수 있다. 이는 자원을 무분별하게 사용하는 것을 막고, 시스템의 안정성과 보안을 높이는 중요한 설계 방식이다.

이중 모드 연산

프로세스는 기본적으로 **사용자 모드**user mode에서 실행된다. 수학 연산과 같은 간단한 계산은 사용자 모드에서 처리된다. 하지만 파일을 저장하거나 네트워크로 데이터를 전송하는 등 자원에 접근해야 하는 작업은 `read()`나 `write()` 같은 시스템 호출을 통해 **커널 모드**kernel mode로 전환되어야 한다. 커널 모드는 운영체제의 핵심 기능이 실행되는 환경으로, 자원을 직접 관리하거나 보호하는 작업이 이루어진다. 커널 모드에서 작업이 끝나면 프로세스는 결과를 반환받고 다시 사용자 모드로 돌아온다. 이처럼 사용자 모드와 커널 모드를 오가는 작업 방식을 **이중 모드 연산**dual mode operation이라고 한다.

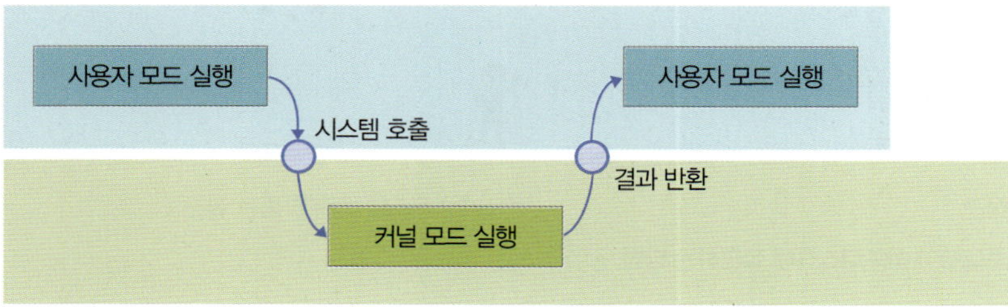

그림 1-20 이중 모드 연산

이중 모드 연산이 실제로 어떻게 이루어지는지 예를 들어 살펴보자. `printf()`와 `scanf()`는 표준 라이브러리 함수로서 사용자 모드에서 실행된다. 함수 자체는 시스템 호출이 아니라 프로그래머가 쉽게 사용할 수 있도록 제공된 고수준 함수high-level function다. 하지만 `printf()`가 화면에 문자를 출력하거나 `scanf()`가 키보드로부터 입력을 받기 위해서는 내부적으로 `write()`와 `read()` 같은 시스템 함수를 호출해야 한다. 따라서 이 함수들은 사용자 모드에서 시작되지만, 자원을 사용하는 시점에 커널 모드로 전환되어 시스템 호출을 실행한다. 다시 말해 `printf()`와 `scanf()`는 시스템 호출을 이용하여 구현되며, 사용자 모드와 커널 모드를 오가며 이중 모드 연산을 한다.

이처럼 컴퓨터에는 사용자 함수와 커널 함수가 함께 존재한다. 사용자 함수는 사용자 모드에서 실행되고, 커널 함수는 커널 모드에서 실행된다. 사용자 모드에서는 커널 자원에 직접 접근할 수 없고, 시스템 호출을 통해서만 커널 함수에 접근할 수 있다. 따라서 **일반 프로세스가 자발적으로 커널 모드에 진입할 수 있는 유일한 방법은 시스템 호출뿐이다.**

또한 사용자가 의도하지 않았더라도, 프로그램 실행 중 오류가 발생하면 비자발적으로 커널 모드로 전환되기도 한다. 예를 들어 0으로 나누기를 시도하거나 배열의 범위를 벗어나 데이터를 저장하려 하면, 커널은 해당 오류를 처리하기 위해 자동으로 커널 모드로 전환하여 예외 처리를 수행한다.

Note **저수준 함수와 고수준 함수**

read()와 write()는 운영체제가 제공하는 시스템 호출system call이며, 일반적으로 저수준 함수라고 부른다. 저수준 함수low-level function는 하드웨어나 운영체제의 자원과 직접 연결되어 커널 모드에서 실행된다. read()와 write()는 기본적으로 파일 입출력에 사용되지만, read()는 표준 입력(파일 디스크립터 0번)인 키보드로부터 데이터를 읽으며 write()는 표준 출력(파일 디스크립터 1번)인 모니터에 데이터를 출력하는 기능도 지원한다. 저수준 함수는 파일 디스크립터file descriptor를 직접 다루고, 별도의 버퍼링buffering을 제공하지 않는다. 따라서 속도는 빠르지만 사용법이 비교적 복잡하며 프로그래머가 세부 동작을 직접 제어해야 하는 경우가 많다.

반면 표준 C 라이브러리에서 제공되는 fread(), fwrite(), fscanf(), fprintf(), fgets(), fputs(), fgetc(), fputc() 등은 고수준 함수에 해당하고, 저수준 함수를 사용하여 구현된다. 고수준 함수high-level function는 저수준 함수의 복잡한 구조를 감추어 프로그래머가 더 간단하고 직관적으로 파일 입출력을 다룰 수 있도록 돕는 도구이다. 고수준 함수는 내부적으로 버퍼링을 통해 입출력 효율을 향상하고 오류 처리도 자동으로 지원한다.

디바이스 드라이버

현대 컴퓨터에는 마우스, 키보드, 모니터, 저장장치, 그래픽카드 등 다양한 주변장치가 연결되는데, 서로 다른 규격의 주변장치를 효율적으로 관리하기가 쉽지 않다. 운영체제가 개별 하드웨어에 맞는 하드웨어 인터페이스를 모두 갖추어야 하지만, 이는 현실적으로 불가능하다. 각 하드웨어의 특성과 동작 방식은 하드웨어 제작자가 가장 잘 이해하고 있으므로, 제작자가 하드웨어 인터페이스를 설계하여 제공하는 편이 훨씬 효율적이다.

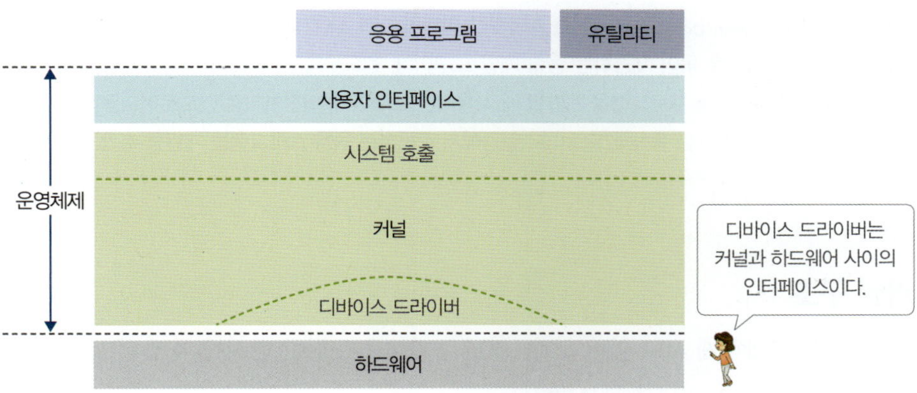

그림 1-21 커널과 디바이스 드라이버

커널과 주변장치가 데이터를 주고받기 위해 사용하는 하드웨어 인터페이스를 **디바이스 드라이버**device driver 또는 간단히 드라이버라고 부른다. 현대 운영체제에서 커널은 주변장치와 데이터를 주고받기 위한 표준 통신 방식을 제공하며, 이를 따르는 주변장치는 컴퓨터에 연결만 해도 바로 사용할 수 있다.

커널과 주변장치의 표준 통신 방식은 기본적이고 필수적인 기능만을 포함하고 있다. 일부 고급 기능이나 성능 향상을 위한 추가 기능은 장치 제작자가 별도로 디바이스 드라이버에 포함하여 제공한다. 이 경우 사용자가 해당 디바이스 드라이버 소프트웨어를 설치해야 주변장치의 기능을 온전히 사용할 수 있다. 예를 들어 커널 표준에서는 그래픽카드의 고성능 연산 기능이나 프린터의 다양한 출력 옵션이 지원되지 않는다. 따라서 그래픽카드나 프린터 제조사가 제공하는 드라이버를 설치한 후 사용해야 한다.

Note 응용 프로그램 인터페이스와 시스템 개발자 키트

API와 SDK는 프로그램 개발자들에게 필수적인 도구와 리소스를 제공하여 효율적인 개발을 돕는다.
운영체제에서 커널의 기능을 사용할 수 있도록 다양한 함수를 제공하는 것과 유사하게, 카카오톡에서 실행되는 게임을 개발하려면 카카오톡이 제공하는 함수를 사용해야 한다. 이처럼 특정 플랫폼이나 소프트웨어와 관련된 프로그램을 개발할 수 있도록 제공되는 인터페이스를 응용 프로그램 인터페이스(APIApplication Programming Interface)라고 부른다.
예를 들어 위치 기반 서비스를 제공하는 구글 맵Google Map을 사용하여 배달 서비스나 길 찾기 서비스를 개발하려 한다고 가정하자. 구글에서는 개발자들이 구글 맵을 사용하여 프로그램을 개발할 수 있도록 다양한 함수를 제공하는데, 이것이 바로 구글 맵 API이다.
시스템 개발자 키트(SDKSystem Developer's Kit)는 API뿐만 아니라 API 사용 매뉴얼, 코드 편집기, 에뮬레이터 같은 각종 개발 도구를 하나로 묶어 제공하는 종합 개발 도구이다. 윈도우용 SDK인 비주얼 스튜디오Visual Studio는 윈도우에서 실행되는 응용 프로그램을 개발할 때 사용하는 도구이다. 마찬가지로 안드로이드용 SDK인 안드로이드 스튜디오Android Studio를 통해 안드로이드 환경에서 작동하는 응용 프로그램을 개발할 수 있다.

3 심화 커널 구조

커널의 핵심 기능들은 복잡하게 서로 얽혀 있다. 커널은 기능을 구현한 방식에 따라 단일형 구조, 계층형 구조, 마이크로 구조의 커널로 구분된다.

단일형 구조

단일형 구조monolithic architecture 커널은 모든 커널 기능을 하나의 큰 모듈module로 구현한 커널이다. 초기의 운영체제를 만들 때는 기능을 구현하기에도 바빠서, 기능에 따라 모듈을 분리하여 구현할 여력이 없었다. 단일형 구조 커널에서는 파일 시스템 관리, 메모리 관리, 프로세스 관리 등 모든 기능이 단일 커널 공간에서 실행되며, 각 기능은 커널 내부에서 밀접하게 통합되어 있다. 단일형 구조를 프로그램에 비유하면 사용자 정의 함수를 거의 사용하지 않고 `main()` 함수 안에 모든 기능을 구현한 것과 같다. 단일형 구조 커널에 속하는 대표적인 운영체제로 MS-DOS, VMS, 초기의 유닉스 운영체제가 있다.

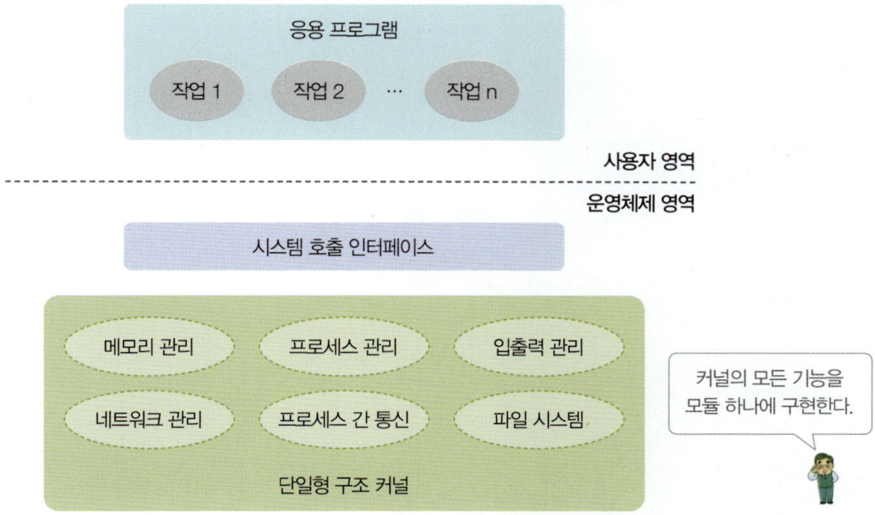

그림 1-22 단일형 구조 커널

단일형 구조의 장점은 구현이 간단하다는 것이다. 모듈이 거의 분리되지 않았기 때문에 모듈 간의 통신 비용이 적어 효율적으로 운영할 수 있다. 프로그램에서 `main()` 함수 안에 모든 기능을 넣으면, 다른 함수를 호출하는 오버헤드가 없어서 프로그램이 빨라지는 것과 같은 이치이다.

단일형 구조의 단점은 버그나 오류를 처리하기가 어렵다는 것이다. 운영체제의 여러 기능이 서로 연결되어 있어 상호 의존성이 높기 때문에, 기능상의 작은 결함이 시스템 전체로 확산될 수 있다. 일반적인 컴퓨터는 고장난 모듈을 교체하여 간단히 문제를 해결할 수 있지만, 올인원 컴퓨터는 작은 부품 하나가 고장 나더라도 전체를 교체해야 하는 것과 마찬가지이다.

단일형 구조의 또 다른 단점은 이식성이 낮다는 것이다. 커널을 다른 환경의 컴퓨터에 이식하려면 일부를 수정해야 한다. 그런데 단일형 구조에서는 모듈화가 되어 있지 않기 때문에 특정 부분을 찾아 수정하기 어려워 이식성이 낮다.

과거에는 운영체제의 크기가 크지 않아 단일형 구조로 만들 수 있었다. 그러나 현대의 운영체제는 매우 크고 기능이 복잡하여 완전 단일형 구조의 운영체제를 구현하기가 어렵다.

계층형 구조

계층형 구조layered architecture 커널은 단일형 구조 커널이 발전된 형태이다. 비슷한 기능을 가진 모듈을 묶어서 하나의 계층layer으로 만들어 커널을 구현한다. 하위 계층은 디바이스 제어처럼 하드웨어와 가까운 작업을 처리하는 반면, 상위 계층은 사용자 인터페이스와 관련된 작업을 처리한다. 각 계층이 명확한 역할을 가지면서 계층 간 인터페이스를 통해 통신한다. 오늘날 윈도우를 비롯한 대부분의 운영체제는 계층형 구조로 구현되어 있다.

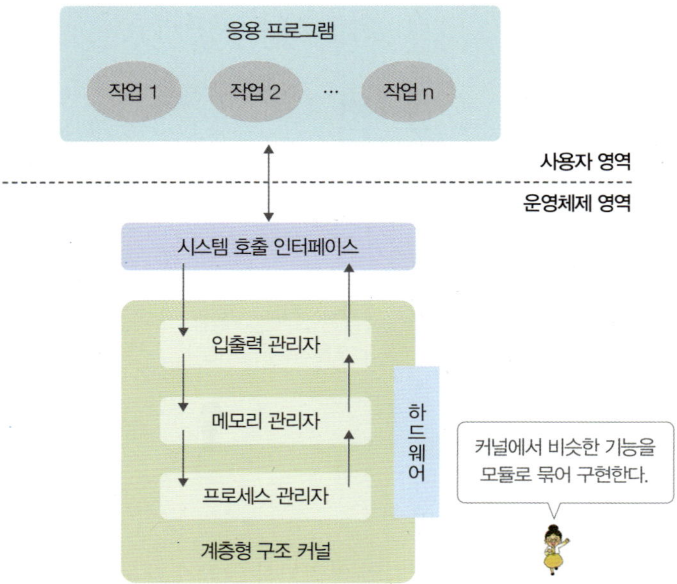

그림 1-23 계층형 구조 커널

계층형 구조 커널의 장점은 기능에 따라 모듈화했기 때문에 단일형 구조보다 오류를 쉽게 처리할 수 있다는 것이다. 오류가 발생했을 때 커널 전체를 수정하는 것이 아니라, 해당 계층만 따로 수정하기 때문에 유지 및 관리가 비교적 쉽다.

단일형 구조와 비교하여 계층형 구조의 단점은 모듈 간의 통신 오버헤드overhead가 증가한다는 것이다. 여러 개의 함수를 사용하여 프로그램을 만들었을 때, 함수에 매개변수를 전달하는 오버헤드가 증가하는 것과 같은 이치이다.

마이크로 구조

계층형 구조 커널의 운영체제는 다양한 하드웨어와 사용자의 요구를 수용하려고 계층과 기능을 계속 추가했다. 그래서 커널 크기는 계속 커지고, 필요한 하드웨어 용량 또한 커졌다. 커널 코드가 방대해지면서 디버깅하기도 어려워졌다. 이러한 문제를 해결하기 위해 계층형 구조의 접근 방식과 반대인 마이크로 구조 커널이 개발되었다.

마이크로 구조micro architecture 커널의 운영체제는 프로세스 관리, 메모리 관리, 프로세스 간 통신 관리 등 가장 기본적인 기능만 제공하고, 운영체제의 많은 부분이 사용자 영역에 구현되어 있다. 마이크로 구조 커널은 [그림 1-24]와 같이 메모리 관리자와 동기화 모듈을 프로세스 간 통신 모듈로 연결하여 두 기능을 동기화한다.

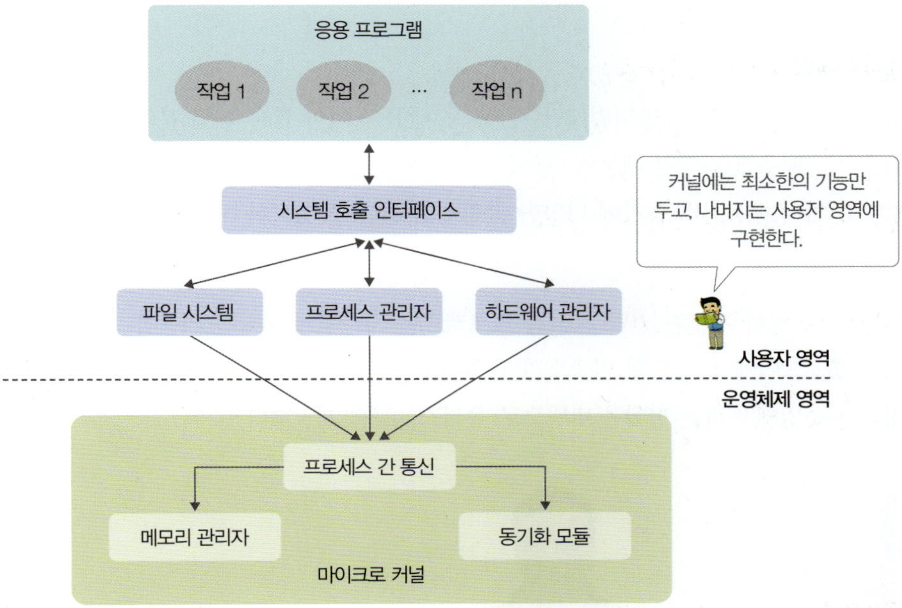

그림 1-24 마이크로 구조 커널

마이크로 구조 커널에서 세분화된 각 모듈은 독립적으로 작동하기 때문에 모듈 1개에 이상이 생기더라도 전체 운영체제가 멈추지 않아 안정적이다. 또한 커널을 어떤 컴퓨터 환경에든 이식하기 쉽고, 커널이 가볍기 때문에 CPU 용량이 작은 시스템에도 적용 가능하다.

> **Note 하이브리드 커널**
>
> 하이브리드hybrid 커널은 단일형 구조와 마이크로 구조의 장점을 결합한 커널이다. 커널의 주요 기능은 커널 내부에서 실행되지만, 일부 기능은 모듈 형태로 분리한다. 하이브리드 커널은 단일형 구조 커널과의 유사하다고 보기도 한다.

SECTION 04

운영체제의 종류

1 유닉스 계열 운영체제

유닉스의 개발과 확산

초기 컴퓨터는 군사용 목적으로 개발되었지만, 은행 등 연산 작업이 많은 산업 분야로도 확산되었다. 당시 컴퓨터는 매우 고가였기 때문에, 단일 사용자나 단일 작업에 사용하는 것은 비효율적이었다. 이에 따라 여러 사용자가 동시에 다양한 작업을 수행할 수 있도록 하는 운영체제 개발이 본격화되었다.

미국 국방성의 지원을 받아 개발된 멀틱스Multics 프로젝트는 지나치게 복잡한 기능을 구현하려다 실패 위기에 봉착했고, 이에 AT&T 벨 연구소의 켄 톰슨, 데니스 리치, 피터 노이만은 '일관성과 단순함을 지향하는 운영체제'라는 철학을 바탕으로 **유닉스**UNIX를 개발했다.

(a) 켄 톰슨 (b) 리누스 토르발스

그림 1-25 초기 운영체제의 개발자

초기 유닉스는 어셈블리어로 작성되었지만, 어셈블리어를 다룰 수 있는 개발자가 많지 않았다. 이식성과 유지 보수의 한계 때문에 C 언어를 개발해 유닉스를 다시 작성했다. C 언어는 구조가 단순하고 효율적이어서 다양한 시스템 환경에 쉽게 이식할 수 있었고, 이후에도 널리 사용되는 대표적인 시스템 프로그래밍 언어가 되었다.

유닉스 개발팀은 소스 코드를 공개함으로써 전 세계 대학과 기업이 개발에 참여할 수 있게 했고, 이는 유닉스의 기능 확장과 안정성 향상에 크게 기여했다.

BSD 유닉스

1970년대 말에 캘리포니아대학교 버클리 캠퍼스에서는 유닉스 소스 코드를 기반으로 새로운 운영체제를 개발했으며, 1978년 빌 조이Bill Joy와 척 헤일리Chuck Haley가 이끄는 팀이 최초의 BSDBerkeley Software Distribution 유닉스를 공개했다. BSD 유닉스는 연구 기관과 대학에서 널리 채택되었고, 이에 위협을 느낀 AT&T는 자사의 유닉스를 System V로 명명하며 BSD와의 차별화를 시도했다.

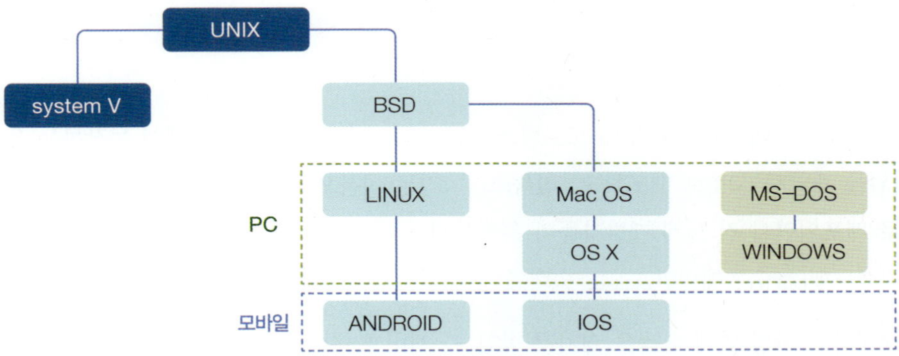

그림 1-26 주요 운영체제의 버전

이로써 유닉스는 System V 계열과 BSD 계열이라는 두 갈래로 발전하게 되었다. 이후 마이크로소프트와 산타크루즈 오퍼레이션SCO은 제닉스Xenix를, 썬 마이크로시스템즈는 BSD 기반의 SunOS를 개발했다. SunOS는 나중에 솔라리스Solaris로 진화했다. 마하Mach는 BSD 유닉스 기반의 마이크로 커널 구조 유닉스이다. 애플은 마하 커널을 매킨토시에 활용하여 맥OS로 발전시켰다.

GNU와 무료 배포 철학

마이크로소프트의 윈도우는 운영체제를 유료로 판매하고, 업그레이드 시에도 비용을 부과한다. 반면에 안드로이드와 iOS는 무료로 배포되고 있는데, 그 배경에는 GNU가 있다.

1983년 리처드 스톨먼Richard Stallman은 1983년 GNUGNU is Not Unix 프로젝트를 통해 '자유 소프트웨어'라는 철학을 제시했다. 소프트웨어는 누구나 자유롭게 실행하고, 수정하고, 배포할 수 있어야 한다는 것이 핵심이었다. 이 철학은 GPLGeneral Public License이라는 라이선스를 통해 구현되었고, 1985년에는 이를 뒷받침하는 자유 소프트웨어 재단(FSFFree Software Foundation)이 설립되었다.

GNU는 단순히 무료 배포를 넘어서, 소스 코드까지 공개하고 사용자에게 프로그램 수정 권한을 부여했다. 이 구조는 많은 기업과 개발자들에게 협업의 기회를 제공했고, 무료 소프트웨어의 생태계를 빠르게 확장시켰다.

Note **GPL 소프트웨어가 수익을 얻는 방법**

> 소프트웨어와 소스 코드를 무료로 배포한다면 GPL General Public License이 적용된 소프트웨어는 어떻게 수익을 창출할까? 이에 대한 GNU의 입장은 명확하다. 누구나 소프트웨어를 자유롭게 사용해 보고, 유용하다고 판단하면 자발적으로 대가를 지불하라는 것이다. 또한 기업에서도 GPL 기반 소프트웨어를 일단 무료로 이용하도록 하고, 기능을 자사 환경에 맞게 수정하거나 유사한 소프트웨어를 개발하고자 할 때 원 개발자에게 정당한 대가를 지급하도록 유도한다. 즉 GPL은 단순히 무료로 나눠주는 방식이 아니라, 공정한 사용과 기여를 전제로 한 오픈 소스 철학을 통해 지속 가능한 수익 구조를 만드는 방식이다.

리눅스

1991년, 핀란드 헬싱키 대학교의 리누스 토르발스 Linus Torvalds는 **개인용 컴퓨터에서 동작하는 유닉스 호환 커널**을 개발해 GPL로 배포하고, **리눅스** Linux라는 이름으로 공개했다. 이후에 소스 코드까지 GPL로 배포되면서 전 세계 개발자들이 운영체제의 개선에 참여했고, 리눅스 배포판으로 우분투 Ubuntu, 레드햇 Red Hat, 데비안 Debian, 슬랙웨어 Slackware 등이 등장했다.

리눅스는 안정성과 보안성 면에서 높은 평가를 받았고, 서버뿐 아니라 모바일 운영체제, 스마트 기기, 슈퍼컴퓨터 등 다양한 환경에서 널리 사용되고 있다. 특히 안드로이드 운영체제는 리눅스 커널을 기반으로 GNU 정신을 계승한 대표적인 예라 할 수 있다.

2 개인용 컴퓨터 운영체제

애플의 운영체제

1976년 스티브 잡스 Steve Jobs는 스티브 워즈니악 Steve Wozniak, 로널드 웨인 Ronald Wayne과 함께 애플을 창업했다. 이듬해인 1977년에는 개인용 컴퓨터인 애플 II를 출시했다. 애플 II는 키보드, 메인보드, 전원 장치를 결합한 일체형 모델이었다. 애플 II는 비디오 게임 덕분에 급속도로 보급되었다. 당시에는 오락실에서만 비디오 게임을 즐길 수 있었고, TV에 연결하는 비디오 게임기는 비싸고 게임이 매우 단순했다. 그러나 애플 II는 카세트테이프 또는 플로피디스크만 복사하면 다양한 게임을 즐길 수 있어 인기를 끌었다.

애플 II가 보급되면서 스프레드시트 프로그램, 데이터베이스 프로그램, 워드프로세서와 같은 사무용 및 교육용 소프트웨어가 출시되었고, 고가의 전문가용 장비였던 컴퓨터가 대중이 사용하는 기기로 자리 잡는 데 크게 기여했다. 이후 스티브 잡스가 운영체제로 맥 MacOS를 개발해 애플 컴퓨터에 탑재했으며, 마우스를 활용한 그래픽 사용자 인터페이스(GUI)를 운영체제에 도입했다. 맥 OS는 GUI 덕분에 그래픽 작업과 출판 분야에 널리 활용되었다.

(a) 개인용 컴퓨터 애플 II

(b) 스티브 잡스

그림 1-27 애플

> **Note** **제록스와 그래픽 사용자 인터페이스**
>
> 복사기를 세계 최초로 개발한 기업인 제록스Xerox는 알토 연구소를 세우고 다양한 컴퓨터 기술 연구를 진행했다. 알토 연구소는 노트북, 이더넷, 마우스, 그래픽 사용자 인터페이스GUI를 세계 최초로 개발했다. 그러나 복사기 이외에는 상품화하지 않고 알토 박물관에 전시하였고, 이곳에 방문한 스티브 잡스가 마우스와 그래픽 사용자 인터페이스를 보고 영감을 받아 매킨토시 컴퓨터를 개발했다.

이후 2001년에 애플은 포화 상태인 PC 시장에서 눈을 돌려 아이팟iPod을 출시하면서 음악 산업에 혁신을 일으켰고, 아이폰iPhone을 출시하여 스마트폰 시장을 완전히 뒤바꾸었다. 기존의 스마트폰은 터치스크린에 여러 손가락을 동시에 사용해도 한 곳만 인식했던 반면, 세계 최초로 멀티터치스크린을 장착한 아이폰은 여러 손가락을 동시에 인식할 수 있었다. 터치스크린에 두 손가락을 대고 벌리거나 오므려서 사진 크기를 조절하거나, 사진의 방향을 쉽게 바꾸었다. 이처럼 아이폰은 사용자 친화적인 사용자 경험(UX) 인터페이스를 제공하며 여전히 세계 스마트폰 시장에서 선두를 달리고 있다.

마이크로소프트의 운영체제

애플 II의 성공에 자극받은 IBM은 1983년 IBM XT라는 개인용 컴퓨터를 출시했다. IBM은 설계 정보를 공개하여 여러 제조사에서 IBM 호환 기종을 만들도록 했고, 이로 인해 HP, 델, 삼성 등 수많은 기업이 PC 시장에 뛰어들었다.

아이러니하게도 정작 IBM은 자사의 개인용 컴퓨터 사업에서 성과를 거두지 못했고, 대신 IBM XT에 CPU를 공급한 인텔과 MS-DOS 운영체제를 제공한 마이크로소프트가 최고 기업으로 떠올랐다. 마이크로소프트는 처음에 문자 기반 인터페이스인 MS-DOS를 제공했고, 이후 애플의 GUI를 참고해 윈도우Windows 운영체제를 개발했다. 윈도우는 지속적으로 발전하였고 현재는 윈도우 11까지 출시되었다.

3 모바일 운영체제

iOS

애플의 아이폰이 스마트폰 시장을 주도하자 다른 기업들도 아이폰에 대항하는 스마트폰 개발에 착수했다. 스마트폰이 대중화되면서 스마트폰용 운영체제 시장이 함께 급성장했다. 애플은 자체 개발한 운영체제인 iOSiPhone OS를 탑재했으나, 운영체제 개발에는 많은 시간과 비용이 소요되기 때문에 다른 기업들은 대안을 모색해야 했다. 이러한 흐름 속에서 구글이 모바일용 운영체제인 안드로이드Android를 개발했고, 현재 아이폰을 제외한 대부분의 스마트폰은 안드로이드를 운영체제로 사용하고 있다.

iOS는 애플의 컴퓨터 운영체제 맥OS X를 스마트폰 환경에 맞게 변형한 운영체제이다. 맥OS와 iOS의 커널인 다윈Darwin은 BSD 계열의 커널과 마이크로 구조 커널인 마하Mach 커널을 기반으로 한다. 맥OS는 인텔의 CPU에서 작동하도록 설계되었고, iOS 커널은 ARM 기반에서만 작동하도록 설계가 변경되었다.

[그림 1-28]은 iOS 운영체제의 구조를 나타낸다. iOS는 스마트폰에 특화된 기능을 지원하기 위해 여러 계층으로 구성되어 있다.

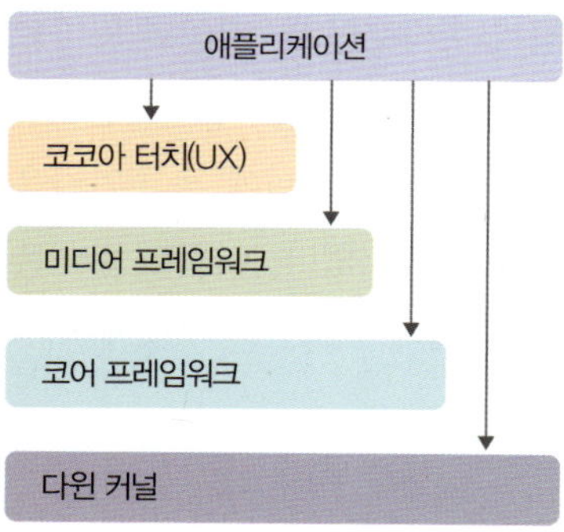

그림 1-28 iOS의 계층 구조

- **코어 프레임워크**Core Framework **계층**: 기존의 맥OS X 커널이 지원하지 않는 기능을 지원한다. 코어 프레임워크는 GPS, 자이로스코프 센서, 가속도 센서, 나침반과 같은 스마트폰 하드웨어의 접근과 관리를 담당한다.
- **미디어 프레임워크**Media framework **계층**: 그래픽이나 오디오, 비디오들의 멀티미디어 기능을 제공한다.
- **코코아 터치**Cocoa Touch **계층**: 그래픽 사용자 인터페이스와 터치스크린의 터치 기능을 제공한다. 애플에서는 사용자와 맞닿은 인터페이스를 가장 중요하게 생각하기 때문에 코코아 터치 계층을 UX 계층이라고도 부른다.

iOS는 앱스토어App Store를 통해 소프트웨어 생태계를 구축했고, 아이폰은 직관적인 UX 인터페이스와 고성능 하드웨어의 결합으로 전 세계 스마트폰 시장을 이끌어왔다. 멀티터치, 음성인식, 지문 및 안면 인식 등 첨단 기능을 바탕으로 사용자 중심의 인터페이스를 지속적으로 발전시켜왔다.

안드로이드

안드로이드Android는 구글이 주도하는 오픈 핸드셋 얼라이언스Open Handset Alliance에서 설계한 스마트폰 및 태블릿용 운영체제이다. 애플의 iOS가 폐쇄적인 운영체제인 반면, 안드로이드는 오픈 소스 정책을 채택하여 소스 코드와 플랫폼을 모두 공개했다. 이로 인해 다양한 제조사에서 안드로이드를 기반으로 스마트폰을 출시할 수 있게 되었고, 빠르게 시장을 점유했다.

안드로이드는 운영체제뿐만 아니라 미들웨어와 주요 애플리케이션까지 포함하는 소프트웨어 집합체이다. 안드로이드는 GNU의 리눅스 커널을 사용하여 제작되었기 때문에 GPL 라이선스를 따른다. 새로운 버전과 동시에 소스 코드도 공개하기 때문에 누구나 공짜로 사용할 수 있을 뿐 아니라 수정 · 배포가 자유롭다. 또한 안드로이드가 사용하는 리눅스 커널과 자바는 호환성이 매우 뛰어나서 다른 플랫폼으로도 이식하기 쉽다는 장점이 있다. 따라서 안드로이드는 스마트폰 프로세서인 ARM뿐 아니라 태블릿 컴퓨터, TV, 심지어 PC에도 탑재할 수 있다.

[그림 1-29]는 안드로이드 운영체제의 구조를 나타낸다.

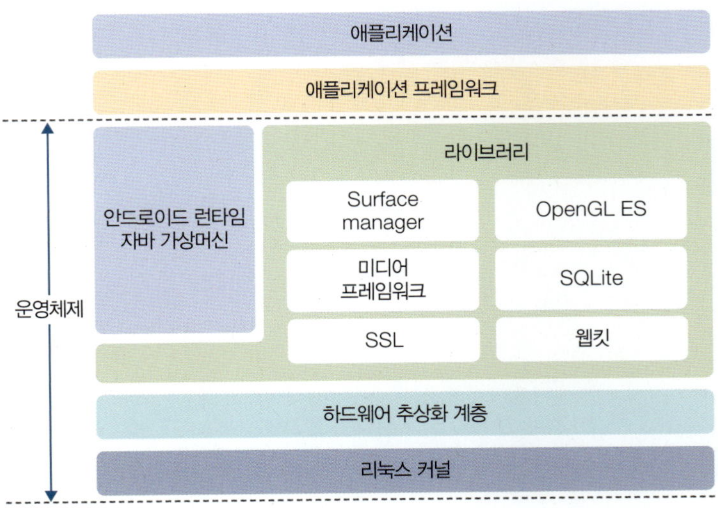

그림 1-29 안드로이드 운영체제 구조

- **하드웨어 추상화 계층**(HALHardware Abstraction Layer): 하드웨어를 제작자가 구현해야 하는 표준 인터페이스가 정의되어 있다. 안드로이드에서 디바이스 드라이버 구현을 쉽게 해주는 계층이다.

- **안드로이드 런타임 자바 가상머신**(ART VM Android RunTime Virtual Machine): 안드로이드는 호환성이 뛰어난 자바를 기반으로 만들어졌기 때문에 다양한 플랫폼에서 동작할 수 있다.
- **라이브러리**: 안드로이드에는 응용 프로그램에 사용 가능한 다양한 라이브러리들이 포함된다. 터치스크린 활용을 지원하는 Surface Manager, 2D 및 3D 그래픽 처리를 위한 OpenGL ES, 멀티미디어를 지원하는 미디어 프레임워크 Media Framework, 모바일을 위한 경량화 데이터베이스인 SQLite, 웹 브라우저 엔진인 웹킷 Webkit, 보안 통신을 위한 SSL Secure Socket Layer 등이 있다.

Note 플랫폼

iOS와 안드로이드는 단순한 운영체제가 아닌 플랫폼으로 진화했다. 플랫폼 platform은 많은 사용자를 확보함으로써 다양한 서비스를 통해 수익을 창출하는 구조를 의미한다. 예를 들어 구글은 안드로이드를 무료로 배포하지만, 유료 앱 판매 수익 일부를 가져가거나 구글 계정 인증을 통해 사용자들이 지메일, 유튜브 등 자사 서비스를 이용하도록 유도함으로써 막대한 수익을 얻는다. 애플도 마찬가지로 아이튠즈 iTunes를 통해 음악, 게임, 영화 등의 콘텐츠를 유통하며 이익을 창출하고 있다.

요약

01 운영체제는 컴퓨터 자원을 효율적으로 관리하는 소프트웨어로, 사용자와 응용 프로그램에 작업 환경을 제공하고 컴퓨터 자원을 보호한다. 운영체제의 목표는 시스템의 효율성, 안정성, 편리성, 확장성 보장이다. 이를 위하여 운영체제는 시스템 자원을 관리하여 전체 컴퓨터 시스템이 원활하게 작동하도록 돕는다. 또한 사용자가 하드웨어를 직접 다루지 않고도 다양한 작업을 수행할 수 있도록 중간에서 제어하고 조율을 담당한다.

02 컴퓨터는 처음에 단순한 기계였으나 주변장치의 개발과 함께 발전했다. 컴퓨터가 점차 복잡한 기능을 하게 되면서 운영체제의 역할이 중요해졌다.

컴퓨터 시스템 분류	특징
폰노이만 구조	프로그램을 메모리에 올려 실행
일괄 작업 시스템	한 번에 하나의 프로그램만 실행
대화형 시스템	작업 중 키보드 입력을 받거나 모니터에 중간 결과 표시 가능
시분할 시스템	CPU 시간을 잘게 나누어 여러 프로그램을 동시에 실행
분산 시스템	작업을 여러 컴퓨터에 나누어 분산처리

03 운영체제는 사용자 인터페이스와 커널로 구성된다. 사용자 인터페이스는 사용자가 컴퓨터를 이해하고 제어할 수 있도록 돕는 소프트웨어적 인터페이스이다. 커널은 컴퓨터 자원을 관리하는 운영체제의 핵심적인 부분이다. 사용자나 응용 프로그램은 커널이 제공하는 인터페이스를 통해서만 컴퓨터 자원에 접근할 수 있다.

04 커널은 다양한 시스템 함수를 제공하며, 시스템 함수 호출은 사용자가 커널에 접근하는 유일한 방법이다. 이중 모드 연산은 시스템이 사용자 모드와 커널 모드를 오가며 작업하는 방식이다. 디바이스 드라이버는 커널과 주변장치가 데이터를 주고받기 위해 사용하는 하드웨어 인터페이스이다.

05 커널의 구조는 단일형 구조, 계층형 구조, 마이크로 구조로 구분할 수 있다.

커널 구조 분류	설명
단일형 구조	커널의 핵심 기능을 하나의 큰 모듈로 구현
계층형 구조	기능이 유사한 모듈을 계층화하고 계층 간 통신을 통해 커널을 구성
마이크로 구조	프로세스 관리, 메모리 관리, 프로세스 간 통신 관리 등 최소한의 기능 구현

06 유닉스는 일관성과 단순함을 지향하는 운영체제이다. GNU 프로젝트는 소프트웨어를 누구나 자유롭게 실행, 복사, 수정, 배포할 수 있도록 하여 소프트웨어 발전에 큰 영향을 미쳤다.

연습 문제

01 나머지 셋과 성격이 다른 소프트웨어를 찾으시오.

① 문서 편집기
② 유틸리티
③ 비디오 플레이어
④ 웹 브라우저

02 나머지 셋과 다른 종류의 소프트웨어를 찾으시오.

① 유틸리티
② 시스템 소프트웨어
③ 운영체제
④ 응용 프로그램

03 소프트웨어는 (　　)과 시스템 소프트웨어로 나눈다. 괄호에 들어갈 단어는 무엇인가?

① 응용 프로그램
② 운영체제
③ 유틸리티
④ 문서 편집기

04 다음 중 운영체제의 주요 역할과 가장 거리가 먼 것을 찾으시오.

① 인터페이스 제공
② 컴퓨터 자원 관리
③ 그래픽 사용
④ 컴퓨터 자원 보호

05 다음 중 운영체제의 구성 요소가 아닌 것을 찾으시오.

① 유틸리티
② 사용자 인터페이스
③ 디바이스 드라이버
④ 커널

06 다음 중 컴퓨터의 성능에 가장 큰 영향을 미치는 것은 무엇인가?

① 입출력 장치
② 사용자 인터페이스
③ 디바이스 드라이버
④ 커널

07 컴퓨터 전체를 관리하고 소프트웨어의 실행 환경을 제공하는 소프트웨어는 무엇인가?

① 응용 프로그램
② 운영체제
③ 유틸리티
④ 문서 편집기

08 기계와 비교하여 컴퓨터란 ( )이(가) 가능한 기계이다. 괄호에 들어갈 단어는 무엇인가?

① 이동 ② 인터페이스
③ 운영체제 ④ 프로그래밍

09 다음 중 운영체제의 목표와 거리가 가장 먼 것은 무엇인가?

① 효율성 ② 복잡성
③ 안정성 ④ 확장성

10 다음 중 나머지 셋과 커널이 다른 운영체제를 찾으시오.

① Android ② Window
③ BSD ④ LINUX

11 다음 중 개인용 컴퓨터에서 사용되도록 변형한 유닉스는 무엇인가?

① Mach ② System V
③ BSD ④ LINUX

12 다음 중 나머지 셋과 종류가 다른 것을 찾으시오.

① 디바이스 드라이버 ② GUI
③ 셸 ④ 명령 프롬프트

13 다음 중 운영체제의 핵심적인 기능을 모아놓은 부분은 무엇인가?

① 유틸리티 ② 사용자 인터페이스
③ 디바이스 드라이버 ④ 커널

14 차량의 소프트웨어 업그레이드 및 설정 변경을 무선으로 배포하는 기술은 무엇인가?

① OTA ② API
③ SDK ④ OS

15 CPU 성능이 낮고, 메모리 크기가 작으며, 디스플레이 크기가 작아 특정한 작업만을 수행하는 시스템은 무엇인가?

① 실시간 시스템　　② 임베디드 시스템
③ 일괄 작업 시스템　　④ 폰노이만 시스템

16 프로그램을 메모리에 내장하여 현대 컴퓨터의 기본이 되는 시스템은 무엇인가?

① 임베디드 시스템　　② 일괄 작업 시스템
③ 실시간 시스템　　④ 폰노이만 시스템

17 전선을 바꾸어 프로그래밍하는 초기 컴퓨터 시스템을 의미하는 단어는 무엇인가?

① 하드와이어링 시스템　　② 일괄 작업 시스템
③ 시분할 시스템　　④ 실시간 시스템

18 한 번에 1개의 프로그램만 실행할 수 있는 시스템은 무엇인가?

① 하드와이어링 시스템　　② 일괄 작업 시스템
③ 시분할 시스템　　④ 실시간 시스템

19 멀티프로그래밍 수준이 1인 시스템은 무엇인가?

① 하드와이어링 시스템　　② 일괄 작업 시스템
③ 시분할 시스템　　④ 실시간 시스템

20 특정 작업이 일정 시간 내에 반드시 완료되어야 하는 시스템은 무엇인가?

① 하드와이어링 시스템　　② 일괄 작업 시스템
③ 시분할 시스템　　④ 실시간 시스템

21 키보드와 모니터의 발명으로 실현된 시스템은 무엇인가?

① 대화형 시스템　　② 일괄 작업 시스템
③ 시분할 시스템　　④ 실시간 시스템

22 CPU 시간을 잘게 나누어 여러 프로그램이 동시에 작업하는 시스템은 무엇인가?

① 하드와이어링 시스템 ② 일괄 작업 시스템
③ 시분할 시스템 ④ 실시간 시스템

23 다음 중 시분할 시스템과 가장 관계없는 것을 찾으시오.

① 다중 사용자 시스템 ② 다중 프로그래밍
③ 시분할 시스템 ④ 일괄 작업 시스템

24 다음 중 시분할 시스템에서 잘게 나눈 CPU 시간을 의미하는 단어를 찾으시오.

① multi-user ② real time
③ time slice ④ time sharing

25 자동차, 냉장고, 세탁기가 인터넷에 연결되어 새로운 서비스를 창출하는 기술은 무엇인가?

① 클라우드 컴퓨팅 ② 사물 인터넷
③ P2P 시스템 ④ 분산 시스템

26 나머지 셋과 가장 관계없는 것을 찾으시오.

① 실시간 시스템 ② 클라우드 컴퓨팅
③ 분산 시스템 ④ 클라이언트-서버 시스템

27 클라이언트-서버 시스템의 서버 과부하 문제를 해결하는 시스템은 무엇인가?

① 실시간 시스템 ② 클라우드 컴퓨팅
③ P2P 시스템 ④ 사물 인터넷

28 언제 어디서나 컴퓨팅 자원을 유연하게 제공하는 시스템은 무엇인가?

① 실시간 시스템 ② 클라우드 컴퓨팅
③ P2P 시스템 ④ 분산 시스템

29 커널에 자발적으로 진입할 수 있는 유일한 수단은 무엇인가?

① 시스템 호출 ② 사용자 정의 함수
③ 디바이스 드라이버 ④ 사용자 인터페이스

30 나머지 셋과 가장 관계없는 것을 찾으시오.

① 시스템 호출 ② 커널 모드
③ 디바이스 드라이버 ④ 이중 모드 연산

31 응용 프로그램과 연관된 프로그램을 만들도록 제공되는 인터페이스를 가리키는 단어는 무엇인가?

① interface ② API ③ shell ④ kernel

32 프로그램 개발자를 위해 API, 코드 편집기, 에뮬레이터 등 개발용 응용 프로그램과 개발환경을 하나로 묶어서 배포하는 개발 툴은 무엇인가?

① SDK ② system call ③ driver ④ kernel

33 커널과 하드웨어 간의 인터페이스인 소프트웨어는?

① SDK ② system call ③ device driver ④ API

34 다음 커널 구조 중 핵심 기능을 구현하는 모듈이 하나로 구성된 것은 무엇인가?

① 마이크로 구조 ② 네트워크 구조
③ 계층형 구조 ④ 단일형 구조

35 다음 커널 구조 중 비슷한 기능의 모듈을 묶어서 하나의 계층으로 만들고, 계층 간의 통신을 통해 운영체제를 구현하는 것은 무엇인가?

① 마이크로 구조 ② 네트워크 구조
③ 계층형 구조 ④ 단일형 구조

36 프로세스 관리, 메모리 관리, 프로세스 간 통신 관리 등 가장 기본적인 기능만 제공하는 커널 구조는 무엇인가?

① 마이크로 구조 ② 네트워크 구조
③ 계층형 구조 ④ 단일형 구조

37 리눅스의 무료 배포 철학과 가장 관련 있는 단어를 찾으시오.

① SDK ② API ③ OTA ④ GNU

38 다음 중 리눅스 커널 기반으로, ARM 프로세서뿐 아니라 태블릿 컴퓨터, TV, PC에 탑재할 수 있는 모바일 운영체제는 무엇인가?

① 안드로이드 ② iOS ③ 유닉스 ④ 윈도우

39 다음 중 마하 커널을 기반으로, ARM 프로세서에 특화된 모바일 운영체제는 무엇인가?

① 안드로이드 ② iOS
③ 유닉스 ④ 윈도우

40 컴퓨터와 기계의 차이를 설명하시오.

41 운영체제를 정의하시오.

42 시분할 시스템에 대해 설명하시오.

43 커널과 인터페이스에 대해 설명하시오.

44 시스템 호출과 이중 모드 연산에 대해 설명하시오.

45 API와 SDK를 비교하여 설명하시오.

CHAPTER

02

컴퓨터의 구조와 성능 향상

학습목표

- 폰노이만 구조의 특징을 이해한다.
- CPU와 메모리의 구성 및 동작 방식을 살펴본다.
- 컴퓨터 성능을 향상시키는 다양한 기술을 학습한다.

Preview

운영체제는 컴퓨터 하드웨어를 관리하고 조정하는 핵심 소프트웨어이기 때문에 하드웨어의 직접적인 지원 없이 독립적으로 작동하기 어렵다. 따라서 컴퓨터 시스템의 구조와 하드웨어의 작동 원리를 이해해야 운영체제를 깊이 이해할 수 있으며, 운영체제가 시스템의 어느 부분에 개입하여 제어하는지 정확히 알 수 있다.

이번 장에서는 현대 컴퓨터 시스템의 근간인 폰노이만 구조를 살펴보고, CPU에서 레지스터의 역할과 작동 방식을 상세히 설명한다. 또한 컴퓨터 시스템의 성능을 향상시키는 기술들을 살펴본다.

본격적인 학습에 앞서 자신의 컴퓨터, 노트북 또는 스마트폰의 하드웨어 사양을 확인해 보자. CPU, 메모리, 저장장치의 사양을 살펴보면 익숙한 용어도 있지만, 처음 접하는 용어도 있을 것이다. 이 장을 학습한 후에는 하드웨어 사양의 의미를 명확히 이해하고, 운영체제와 하드웨어의 관계를 깊이 있게 파악할 수 있을 것이다.

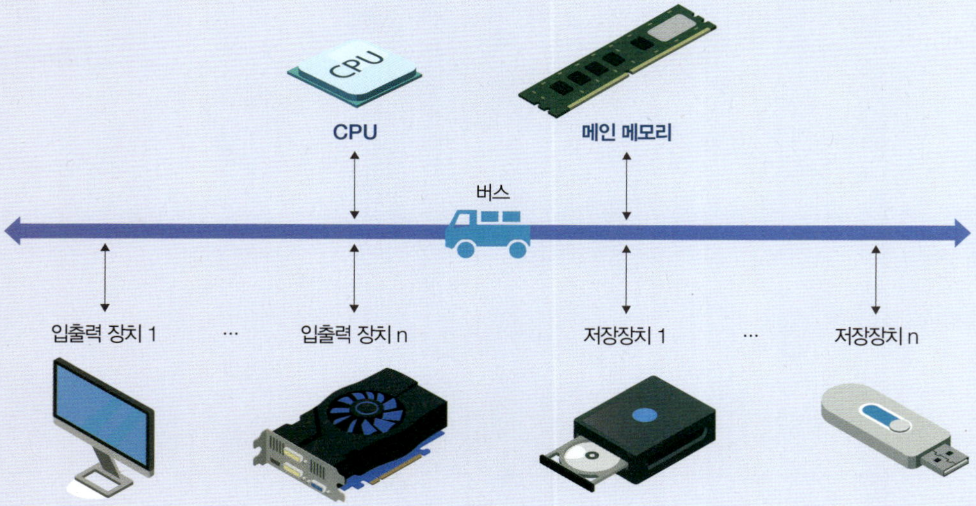

SECTION 01 컴퓨터의 기본 구성

1 하드웨어의 구성

운영체제는 컴퓨터 자원을 효율적으로 관리하며, 소프트웨어가 필요로 하는 자원을 적절히 분배한다. 운영체제의 핵심인 커널이 하드웨어 관리를 담당하며, 모든 소프트웨어는 커널이 제공하는 시스템 호출을 통해서만 하드웨어에 접근할 수 있다. 이러한 구조를 이해하려면 먼저 하드웨어의 특정을 파악하는 것이 중요하다.

그림 2-1 컴퓨터 하드웨어

컴퓨터의 필수장치

중앙처리장치(CPU Central Processing Unit)는 명령어를 해석하고 실행하는 장치로, 인간의 두뇌에 비유할 수 있다. 또한 메모리는 작업에 필요한 프로그램과 데이터를 저장하는 공간이다. 1940년대의 초기 폰노이만 구조 컴퓨터는 CPU와 메인 메모리main memory만으로 구성되어 있었으며, 이 둘의 협업을 통해 모든 작업이 이루어졌다. 당시에 입력장치로는 천공카드 리더를 사용했고 출력장치는 한 줄씩 출력하는 라인 프린터가 전부였다. 이후 키보드, 모니터, 마우스, 하드디스크, 그래픽카드 등 다양한 입출력 장치가 개발되었다. 이 때문에 CPU와 메모리는 컴퓨터를 구성하는 **필수장치**라 부르며, 나머지 장치들은 **주변장치**라 부른다.

Note **GPU와 AP**

과거에 컴퓨터용 프로세서는 CPU뿐이었다. 당시에는 그래픽 계산을 CPU가 담당하고, 계산 결과만 그래픽카드에 전달하는 구조였다. 그러나 3D 게임과 같이 계산량이 많은 프로그램이 늘어나면서, 그래픽카드 자체에 GPU Graphical Processing Unit를 탑재해 그래픽 연산을 담당하도록 설계하게 되었다. GPU는 그래픽 연산에 특화된 프로세서이다. 스마트폰에는 CPU 대신 AP라는 프로세서가 사용된다. AP Application Processor는 작은 보드 위에 많은 부품을 올리기 위해 CPU, GPU, 통신 모듈 등을 하나의 패키지로 결합한 것이다.

Note **GPU 중심으로의 컴퓨팅 패러다임 변화와 엔비디아의 약진**

컴퓨팅의 패러다임이 CPU 중심에서 GPU 중심으로 변화하고 있다.
CPU는 산술논리 연산장치(ALU), 제어장치 control unit 등 복잡한 기능을 포함하고 있어 코어 크기를 작게 만들기 어렵다. 최신 CPU는 하나의 칩에 최대 수십 개의 코어를 내장할 수 있지만, 물리적인 공간과 전력 소비량의 한계로 코어 수를 무한히 늘릴 수는 없다. 또한 CPU는 정수 연산에는 강하지만 실수 연산의 처리 속도는 상대적으로 느리다는 단점이 있다. 반면 GPU의 코어는 CPU보다 훨씬 단순한 구조라서 칩 하나에 수천 개의 코어를 탑재할 수 있으며, 정수 연산뿐만 아니라 실수 연산 처리 속도에서도 뛰어난 성능을 발휘한다.
최근 AI와 딥러닝의 급격한 발전으로 병렬 연산의 중요성이 더욱 커지고 있다. 이에 따라 GPU는 대량의 코어를 활용한 병렬 연산을 통해 AI 및 데이터 처리에서 강력한 성능을 발휘하고 있다. GPU 기술을 선도하는 엔비디아(NVIDIA)가 업계 최정상의 자리에 오른 반면, 인텔은 새로운 도전에 직면하고 있다.

컴퓨터의 주변장치

컴퓨터의 주변장치는 크게 입력장치, 출력장치, 저장장치로 나뉜다.

- 입력장치는 데이터를 컴퓨터에 입력하는 장치이다. 키보드, 마우스, 스캐너 등이 대표적인 입력장치이며, 스마트폰이 보급된 이후로는 터치스크린이 중요한 입력장치가 되었다.
- 출력장치는 컴퓨터에서 처리된 결과를 사용자에게 전달하는 장치이다. 모니터, 프린터, 스피커 등이 대표적인 출력장치다. 1890년대 후반부터 3D 프린터가 개발되어 입체 형상을 제작할 수 있게 되었다.
- 저장장치는 데이터를 저장한다. 메인 메모리는 전원이 끊기면 데이터를 잃어버리기 때문에, 데이터를 영구히 저장하려면 하드디스크(HDD Hard Disk Drive), SSD Solid State Disk 또는 USB Universal Serial Bus 메모리를 사용해야 한다. 그래서 필수 장치인 메인 메모리를 1차 저장장치라고 부르고, 주변장치인 하드디스크와 SSD 등을 2차 저장장치 또는 보조 저장장치라고 부른다. 메인 메모리도 저장장치의 한 종류이기 때문에, 저장장치를 구분해야 하는 경우에 메인 메모리를 '메모리'로 부르고, 보조 저장장치를 '저장장치'로 부른다.

(a) 자성을 이용하는 저장장치 (b) 레이저를 이용하는 저장장치 (c) 메모리를 이용하는 저장장치

그림 2-2 저장장치의 종류

메인보드와 버스

메인보드main board는 CPU, 메모리 등 장치들을 연결하고 전원을 공급하는 회로 기판이다. 메인보드에는 장치 간 데이터 통로가 마련되어 있는데 이를 버스bus라 부른다. **버스는 교통수단인 버스의 노선처럼 정해진 경로를 따라 데이터를 각 장치에 전달한다.** 또한 메인보드에는 그래픽카드, 사운드카드, 랜카드와 같은 카드가 기본으로 장착되어 있거나 카드를 단자로 연결하여 설치할 수 있는 구조이다.

2 폰노이만 구조

폰노이만 구조의 특징

현대의 모든 컴퓨터는 폰노이만 구조를 기반으로 설계된다. 폰노이만 구조는 [그림 2-3]과 같이 CPU, 메모리, 주변장치가 버스로 연결된 형태이다.

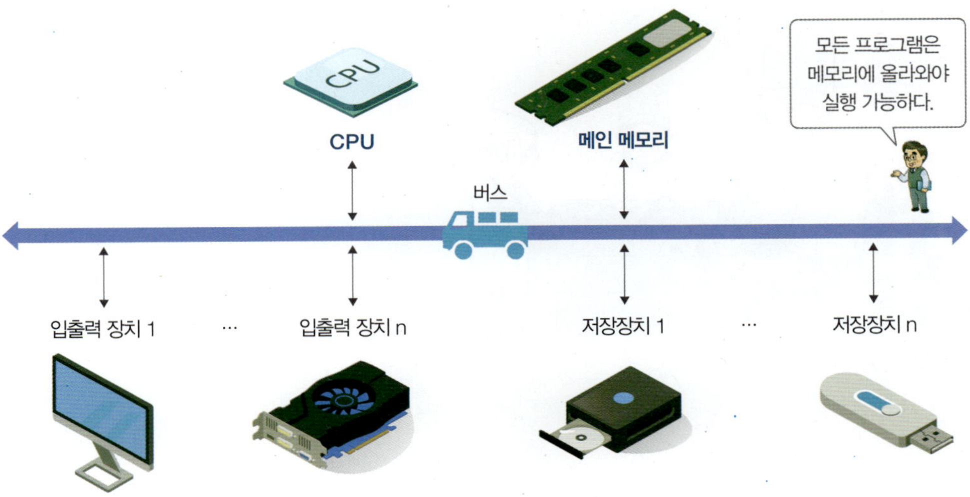

그림 2-3 폰노이만 구조

이 구조에서는 CPU와 메모리가 협업하여 작업을 수행하며, 메모리가 유일한 작업 공간이다. **폰노이만 구조에서 가장 중요한 특징은 모든 프로그램은 메모리에 올라와야만 실행 가능하다는 점이다.**

예를 들어 문서 편집기로 보고서를 작성한다고 가정하자. 워드프로세서 프로그램과 작성 중인 보고서 데이터는 하드디스크와 같은 저장장치에 저장되어 있다. 하지만 저장장치에 있는 프로그램이나 데이터는 바로 실행되지 않는다. 프로그램과 데이터가 실행되려면 반드시 메모리에 올라와야 한다. 운영체제 역시 하나의 프로그램이므로, 실행하려면 메모리에 올려야만 한다. 컴퓨터나 스마트폰의 전원을 켜면 가장 먼저 운영체제가 메모리로 올라오는데, 이 과정이 부팅booting이다. 메모리가 유일한 작업 공간이라는 폰노이만 구조의 특징은 운영체제를 이해하는 데 중요한 기반이다.

요리사 모형으로 폰노이만 구조 이해하기

폰노이만 구조를 간단하게 요리사 모형으로 설명할 수 있다. 요리사 모형에서 주방장은 컴퓨터 구성 요소 중에서 CPU이고, 작업 공간인 조리대는 메모리, 재료를 보관하는 창고는 저장장치이다. 또한 재료를 손질하는 보조 요리사는 GPU이고, 재료 이동을 담당하는 주방 보조는 운영체제의 입출력 관리자와 같다. **요리사(CPU)가 요리를 하려면 창고(저장장치)에 있는 재료를 조리대(메모리)로 가져와야 한다.** 요리사는 오직 조리대(메모리)에서만 요리할 수 있으며, 어떤 요리사도 창고에서 바로 요리하지 않는다. 창고는 재료나 요리 결과물을 저장하는 용도로만 사용된다.

주방에서 일어나는 작업을 운영체제의 주요 기능과 비교해 보자. 요리사는 요리 방법을 결정(프로세스 관리)하고, 조리대 위의 재료를 관리(메모리 관리)하며, 보관 창고를 정리(저장장치 관리)한다.

그림 2-4 요리사 모형

메모리는 유일한 작업 공간이기 때문에 메모리의 크기가 작업 속도에 큰 영향을 미친다. 예를 들어 모든 조건이 동일할 때 메모리가 1GB인 컴퓨터는 메모리가 4GB인 컴퓨터보다 느리다. 요리사 모형에서는 조리대(메모리)가 크면 여러 재료(데이터)를 한 번에 가져와 작업할 수 있어 작업 속도가 빨라진다. 반면 작업 공간이 작으면 재료를 조리대까지 자주 가져오고 정리하느라 작업 속도가 느려진다.

그림 2-5 조리대의 크기와 작업 속도

그러나 작업 공간이 모든 재료를 한꺼번에 처리할 만큼 충분히 크면 그 이상 작업 공간을 늘려도 속도에 큰 영향을 미치지 않는다. 예를 들어 메모리가 20GB인 컴퓨터와 40GB인 컴퓨터의 작업 속도는 큰 차이가 없을 수 있다. 또한 저장장치의 크기는 작업 속도에 영향을 미치지 않는다. 저장장치는 데이터를 보관하는 역할만 하기 때문에, 스마트폰 저장용량이 256GB이든 512GB이든 동작 속도는 동일하다.

3 기초 용어 정리

이 책에서 다루는 운영체제의 동작을 이해하려면 몇 가지 기초 용어를 알고 있어야 한다. 꼭 알아야 할 용어들의 의미를 간단히 정리한다.

데이터 크기의 단위

데이터의 기본 단위는 비트$_{\text{bit}}$이며, 8비트를 묶어 바이트$_{\text{Byte}}$라 부른다. 바이트로는 큰 저장용량을 표현하기 어려우므로 더 큰 단위로 묶어 사용한다. 일반적으로 비트는 소문자 b, 바이트는 대문자 B로 표시하며, 킬로바이트는 KB, 메가바이트는 MB, 기가바이트는 GB, 테라바이트는 TB, 페타바이트는 PB라 표시한다. 1킬로바이트는 정확히 2^{10}바이트(=1,024B)이지만, 10진법을 사용하는 일반인이 크기를 가늠하기 쉽도록 약 10^3바이트(=1,000B)로 표시하기도 한다.

표 2-1 데이터 크기의 단위

단위	표기	바이트 대비 크기(2진)	바이트 대비 크기(10진)
Byte(바이트)	B	1B	1B
Kilobyte(킬로바이트)	KB	2^{10}B	10^{3}B
Megabyte(메가바이트)	MB	2^{20}B	10^{6}B
Gigabyte(기가바이트)	GB	2^{30}B	10^{9}B
Terabyte(테라바이트)	TB	2^{40}B	10^{12}B
Petabyte(페타바이트)	PB	2^{50}B	10^{15}B

클록과 헤르츠

컴퓨터에서 모든 작업은 일정한 박자에 맞춰 진행된다. **클록**clock이라는 장치가 틱tick 또는 펄스pulse라는 신호를 만들어내며, 컴퓨터 구성 장치의 작업은 클록 신호에 맞춰 진행된다. 예를 들어 CPU가 10번의 덧셈을 해야 한다면 클록 신호가 한 번 발생할 때마다 한 번의 덧셈 연산을 실행하므로, 총 10번의 클록 신호가 지나면 작업이 완료된다. 이와 마찬가지로 메모리에서 데이터를 읽거나 저장하는 작업도 클록 신호에 맞춰 진행된다.

컴퓨터 성능을 나타내는 단위는 **헤르츠**Hertz이며, **Hz**로 표기한다. 헤르츠는 1초 동안 발생한 펄스의 횟수를 의미한다. 예를 들어 1초에 펄스가 한 번 발생하면 1헤르츠, 1,000번 발생하면 1킬로헤르츠(1KHz, 1,000Hz)가 된다. 어떤 CPU의 클록 속도가 3GHz라면, 이 CPU는 1초 동안에 약 3×10^{9}(=3,000,000,000)번, 즉 30억 번의 작업을 수행할 수 있다. 클록 속도가 1.6GHz인 메모리는 1초에 약 16억 번 데이터를 저장하거나 읽을 수 있다.

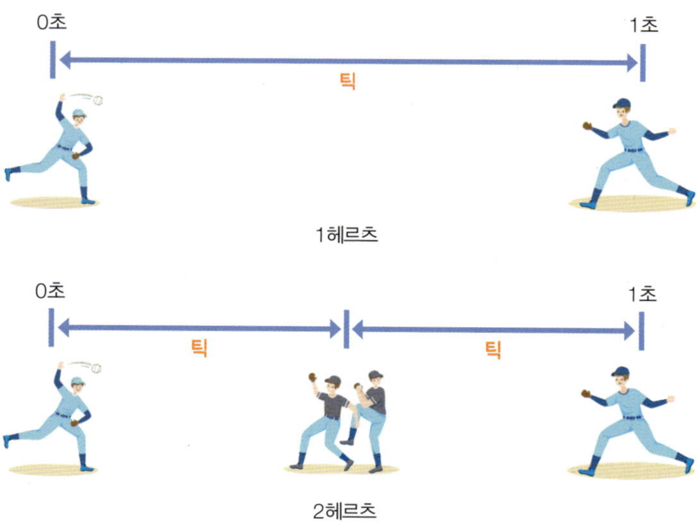

그림 2-6 헤르츠(Hz)의 의미

시스템 버스와 CPU 버스

시스템 버스system bus는 메모리와 주변장치를 연결하는 버스이다. 메인보드의 동작 속도를 결정하며, FSBFront-Side Bus 혹은 전면 버스라고도 부른다. [표 2-2]의 하드웨어 사양에서 FSB 3,200MHz는 메인보드 버스의 최대 속도가 3.2GHz라는 의미이다.

표 2-2 하드웨어 사양 예시

부품	사양
CPU	인텔 코어 i7(6코어, 12스레드, 기본 3.7GHz, 최대 5.0GHz, 캐시 20MB)
메인보드	FSB 3,200MHz
메모리	DDR4 SDRAM 4GB(3,200MHz)
그래픽카드	RTX 3060 12GB, 베이스클록 1,530MHz
하드디스크(HDD)	1TB, 7200rpm, 256MB

CPU 버스는 CPU 내부에서 구성 요소들을 연결하는 버스이고, 이를 BSBBack Side Bus 혹은 후면 버스라고도 부른다. CPU 버스는 CPU의 클록과 동일한 클록 속도로 데이터를 전달한다. 따라서 [표 2-2]에서 CPU 버스의 최대 속도는 5GHz이다.

프로그래밍 언어

컴퓨터가 작업을 수행하려면 작업 내용을 컴퓨터가 이해할 수 있는 형태로 알려주어야 한다. 이를 컴퓨터 프로그램program이라 하며, 프로그램을 작성하기 위해 사용하는 언어가 프로그래밍 언어programming language이다.

컴퓨터가 이해할 수 있는 언어는 기계어machine language뿐이다. 그러나 0과 1의 이진수로 이루어진 기계어는 일반인이 이해하기 힘들다. 그래서 기계어를 사람이 읽을 수 있는 문자 형태로 바꾼 것이 어셈블리어assembly language이다. 어셈블리어는 이진수를 문자 형태로 바꿔 놓았을 뿐이기 때문에 여전히 전문가만 사용할 수 있다. 어셈블리어처럼 기계어에 가까워 일반인이 사용하기에는 어려운 프로그래밍 언어를 저급 언어low level language라 부른다. 저급 언어와 달리 `if`나 `for`와 같이 일반인들이 이해할 수 있는 단어를 사용하는 프로그래밍 언어가 고급 언어high level language이다. 기계어와 어셈블리어를 제외한 대부분의 프로그래밍 언어가 고급 언어이다.

컴퓨터에 명령을 내리려면 고급 언어로 작성한 소스 코드source code를 기계어로 번역해야 한다. 번역 방식으로는 컴파일 방식과 인터프리터 방식이 있다. 고급 언어를 기계어로 번역하는 과정을 컴파일compile이라 부른다. 컴파일을 담당하는 프로그램인 컴파일러compiler는 소스 코드를 번역하여 기계어로 이루어진 실행 파일을 만든다. 컴퓨터는 이 실행 파일을 실행함으로써 작업을 시작한다. 컴파일 과정에서 실행 파일을 만들기 전에 오류를 찾고, 필요 없는 변수들을 삭제하며, 반복되는 작업을 하나로 합친다. 프로그래밍 언어 중 C 언어, C++, 자바 등 많은 고급 언어가 컴파일 방식을 사용한다.

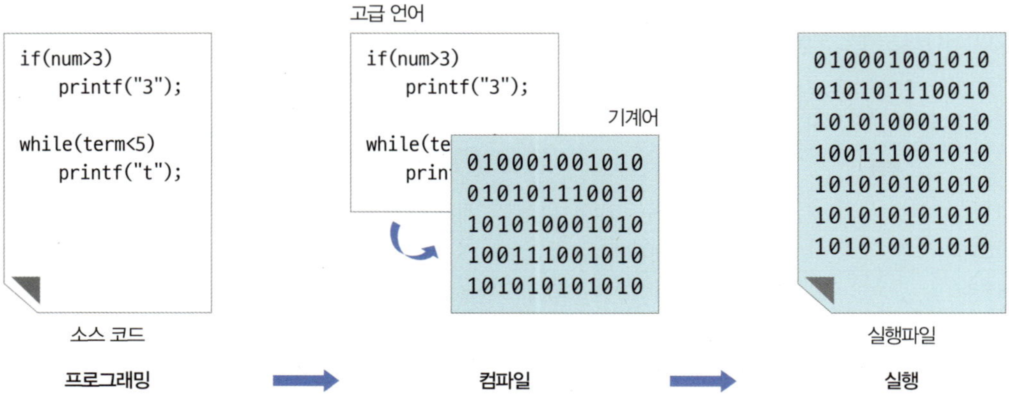

그림 2-7 컴파일 방식

반면 인터프리터interpreter 방식은 소스 코드를 한 번에 한 문장씩 번역하면서 실행하는 방식이다. 컴파일러와 달리 인터프리터는 코드를 위에서부터 차례대로 실행하기 때문에 코드에 잘못된 부분이 있는지 파악하기 어렵고, 반복되는 작업을 하나로 합치기 힘들다. 주로 짧고 간단한 코드를 만들 때 인터프리터 언어를 사용한다. 자바스크립트가 인터프리터 방식을 사용하는 대표적인 언어이다.

하이퍼링크

컴파일 방식에서는 여러 단계를 거쳐 소스 코드를 실행파일(기계어 코드)로 만든다. 컴파일에 대해서는 08장 '메모리와 할당'에서 자세히 설명한다.

자료구조

이 책에서 이용할 자료구조data structure로 큐, 스택, 배열, 연결 리스트가 있다.

- **큐**queue는 데이터를 **선입선출**(FIFOFirst In, First Out) 방식으로 처리하는 자료구조이다. 큐에서는 데이터가 한쪽 끝으로 들어오고 반대쪽 끝으로 나간다. 계산대가 하나일 때 햄버거 주문 대기 줄에서 먼저 온 사람이 먼저 주문하는 것과 비슷한 방식이다.
- **스택**stack은 데이터를 **후입선출**(FILOFirst In, Last Out) 방식으로 처리하는 자료구조이다. 큐와 달리 스택에서는 한쪽 끝에서만 입출력이 이루어진다. 예를 들어 폭이 좁은 봉투에 햄버거, 치킨버거, 치즈버거 순으로 쌓고 다시 하나씩 꺼내면 넣은 것과 반대 순서로 나온다.

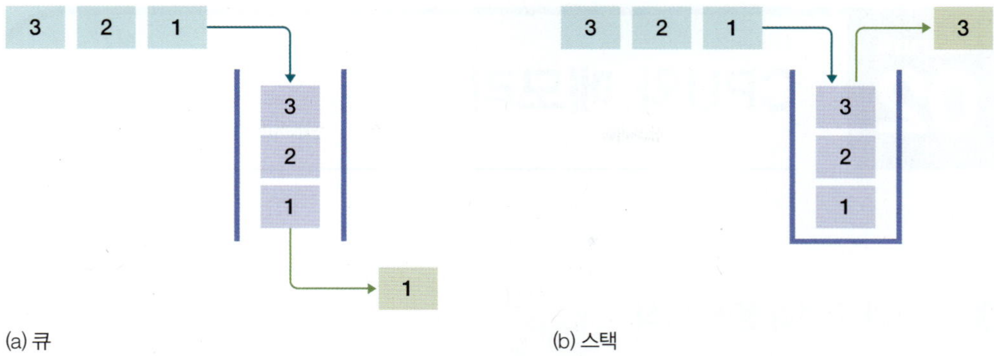

그림 2-8 큐와 스택

- **배열**array은 데이터를 일정한 크기의 연속된 메모리 공간에 저장하는 자료구조이다. 크기가 고정되어 있으며, 삽입 및 삭제가 어렵다는 단점이 있다. 배열 형태의 테이블은 크기가 어느 정도 정해진 메모리 관리나 파일 관리에 사용된다.
- **연결 리스트**linked list는 데이터를 포인터로 연결하여 저장하는 자료구조이다. 연결 리스트는 중간에 데이터를 삽입하거나 삭제하는 작업이 간단하므로 데이터 삽입이나 삭제가 빈번히 일어나는 테이블에 주로 사용된다. 또한 큐를 구현할 때 연결 리스트를 사용하면 편리하다.

Note 정적 메모리 할당과 동적 메모리 할당

C 언어에서 배열 자료형은 선언한 이후에 크기를 변경할 수 없는 정적 메모리 할당static memory allocation이다. 연결 리스트 자료형은 필요한 만큼 메모리를 할당받고, 사용하지 않는 메모리를 반환하는 동적 메모리 할당dynamic memory allocation이다. 한편 파이썬에는 배열이 없고 대신 리스트가 있는데, 크기를 변경할 수 있을 뿐 아니라 다양한 자료를 하나의 리스트에 저장할 수 있다.

이 책에 나오는 C 언어 코드는 유닉스 호환 커널에서 동작한다. 유닉스 설치가 어렵다면 온라인gdb(https://www.onlinegdb.com)와 같은 온라인 코딩 플랫폼을 이용하기 바란다. 온라인gdb에서는 유닉스 운영체제상의 C, C++, 자바, 파이썬뿐 아니라 어셈블리어까지 지원한다.

SECTION 02

CPU와 메모리

1 CPU의 구성과 동작 방식

CPU의 구성 장치

CPU는 명령어를 해석하고 실행하는 핵심 장치로, 컴퓨터의 두뇌 역할을 한다. CPU는 산술논리 연산장치, 제어장치, 레지스터로 구성되며, 이 장치들의 협업을 통해 작업을 처리한다.

- **산술논리 연산장치**Arithmetic and Logic Unit, 약어로 **ALU**는 요리사가 재료를 조리하듯이, 데이터의 덧셈 · 뺄셈 · 곱셈 · 나눗셈 같은 산술 연산과 AND, OR 같은 논리 연산을 수행한다.
- **제어장치**control unit는 요리사가 보조에게 작업을 지시하듯이, 명령어를 해석하고 다른 장치에 작업을 지시한다.
- **레지스터**register는 요리사가 미리 손질한 재료를 작은 그릇에 담아두듯이, 연산에 필요한 데이터나 중간 결과를 임시로 저장하는 CPU 내부 메모리이다. 레지스터에는 계산을 위해 가져온 데이터를 저장하거나, 계산의 중간 결과를 임시로 보관하거나, 작업을 진행하는 데 필요한 정보를 보관한다.

(a) 산술논리 연산장치 (b) 제어장치 (c) 레지스터

그림 2-9 CPU의 구성 장치

CPU의 명령어 처리 과정

CPU가 명령어를 처리하는 과정에서 각 장치가 어떻게 작동하는지 살펴보자. [코드 2-1]은 변수 D2에 저장된 값 2와 D3에 저장된 값 3을 더하여 결과인 5를 sum에 저장하는 유사코드이다. 유사코드pseudo code란 실제 프로그래밍 언어는 아니지만, 알고리즘을 쉽게 표현하기 위해서 사람이 읽기 쉬운 형태로 작성한 코드이다.

코드 2-1 **덧셈 연산의 유사코드**

```
01  int D2 = 2;
02  int D3 = 3;
03  int sum;
04
05  sum = D2 + D3;
```

[코드 2-2]는 [코드 2-1] 5행의 덧셈 연산을 어셈블리어 문법에 가깝게 작성한 유사코드이다.

코드 2-2 **덧셈 연산의 어셈블리어 유사코드**

```
01  LOAD mem(100), R2        // 메모리 100번지 데이터를 R2로 이동
02  LOAD mem(120), R3        // 메모리 120번지 데이터를 R3로 이동
03  ADD R5, R2, R3           // R2와 R3를 더한 후 R5에 임시 저장
04  MOVE R5, mem(160)        // R5 결과를 160번지에 저장
```

프로그래밍 언어에서 D2, D3, sum과 같은 변수는 메모리의 작업 공간에 붙인 별칭이다. 메모리의 특정 작업 공간에는 100번지, 120번지와 같은 주소로 접근하는데, 숫자로 이루어진 주소는 외우기 어렵다. 그래서 주소에 D2, D3, sum과 같은 '별칭'을 붙여준다. D2는 100번지에, D3은 120번지에, sum은 160번지라고 가정하겠다. 그러면 값 2가 메모리의 100번지에 저장되어 있지만, 주소 대신 D2라는 별칭으로 접근할 수 있다.

[코드 2-2]에서 1행은 메모리 100번지의 데이터를 CPU에 있는 레지스터 R2로 가져오라는 명령(LOAD)이다. 2행은 메모리 120번지의 데이터를 레지스터 R3로 가져오라는 명령이다. 3행은 R2의 값과 R3의 값을 더하라는 명령이다. 덧셈 결과는 레지스터 R5에 임시로 저장된다.

레지스터는 임시 저장공간이므로 덧셈 결과는 최종적으로 메모리의 특정 공간에 저장해야 한다. 따라서 4행은 R5에 임시 저장된 데이터 5를 메모리 160번지로 옮긴다(MOVE).

[그림 2-10]은 CPU에서 [코드 2-2]의 명령어를 처리하는 과정을 도식화한 것이다. 점선 화살표는 제어장치의 명령이고, 실선 화살표는 데이터의 이동을 나타낸다.

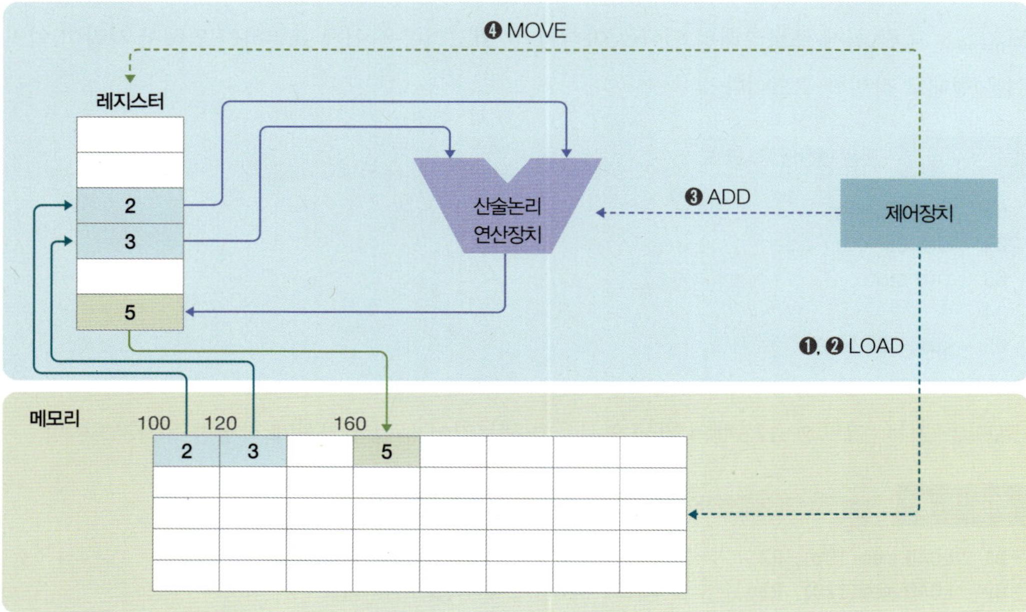

그림 2-10 CPU의 명령어 처리 과정

CPU의 명령어 처리 과정	코드 2-2	설명
메모리에서 값 가져오기	1행, 2행	❶ 제어장치가 메모리의 100번지에 있는 값(2)을 레지스터 R2로 옮기라는 명령을 내린다. ❷ 제어장치가 메모리의 120번지에 있는 값(3)을 레지스터 R3로 옮기라는 명령을 내린다.
연산 수행	3행	❸ 산술논리 연산장치가 제어장치의 명령에 따라 레지스터 R2와 R3에 저장된 값을 더한다. 연산 결과인 5는 레지스터 R5에 임시 저장한다.
결과 저장	4행	❹ 제어장치가 R5에 저장된 값(5)을 메모리의 160번지로 옮기라는 명령을 내린다.

2 레지스터 자세히 알기

레지스터의 종류

CPU의 레지스터는 데이터 레지스터, 주소 레지스터, 특수 레지스터로 구분된다. 데이터 레지스터와 주소 레지스터는 사용자 프로그램에 의해 변경될 수 있기 때문에 사용자 가시 레지스터user-visible register라고 부른다.

데이터 레지스터와 주소 레지스터를 제외한 나머지 레지스터는 특수 레지스터이다. 특수 레지스터는 특정한 용도로 사용되며, 사용자가 임의로 변경할 수 없다. 그래서 특수 레지스터를 사용자 불가시 레지스터user-invisible register라고도 부른다.

- **데이터 레지스터**(DRDRData Register): 메모리에서 가져온 데이터를 보관하거나 작업의 결과를 임시로 저장할 때 사용한다. CPU에 있는 대부분의 레지스터가 데이터 레지스터이기 때문에 범용 레지스터라고 부른다.
- **주소 레지스터**(ARAddress Register): 처리할 데이터가 저장된 메모리의 주소를 저장한다. 데이터 접근에 필요한 주소를 관리하는 레지스터이다.
- **프로그램 카운터**(PCProgram Counter): 다음에 실행할 명령어의 위치를 저장한다. [코드 2-2]의 경우 1행, 2행, 3행과 같은 행 번호가 PC에 저장된다. 명령어의 위치를 가리키기 때문에 명령어 포인터Instruction Pointer라고도 부른다.
- **명령어 레지스터**(IRInstruction Register): 명령어 레지스터는 현재 실행 중인 명령어를 저장한다. 앞의 코드에서 `LOAD`, `ADD`, `MOVE`와 같은 명령어가 IR에 저장된다. 제어장치는 명령어 레지스터에 있는 명령을 해석한 후 외부 장치에 적절한 제어신호를 보낸다.
- **메모리 주소 레지스터**(MARMemory Address Register): 메모리에서 CPU로 데이터를 가져오거나 반대로 CPU에서 메모리로 데이터를 보낼 때 메모리 주소를 저장하는 레지스터이다. 명령어를 처리하는 과정에서 필요한 메모리 주소를 MAR에 넣으면 해당 메모리 위치의 데이터를 가져오거나 해당 메모리 위치에 데이터를 저장할 수 있다.
- **메모리 버퍼 레지스터**(MBRMemory Buffer Register): 메모리에서 CPU로 가져온 데이터나 나중에 CPU에서 메모리로 보낼 데이터를 임시로 저장한다. 메모리 버퍼 레지스터는 항상 메모리 주소 레지스터와 함께 동작한다.
- **프로그램 상태 레지스터**(PSRProgram Status Register): 연산 결과가 양수인지, 음수인지, 값이 0인지 여부, 자릿수 올림 여부 등을 저장한다. PSR은 `if`와 같은 분기branch 명령어와 함께 사용되며, 플래그 레지스터flag register, 또는 컨디션 레지스터condition register라고도 부른다.

레지스터의 동작 과정

[코드 2-2]에서 `LOAD mem(100), R2`의 처리 과정을 통해 특수 레지스터들이 어떻게 작동하는지 살펴보자.

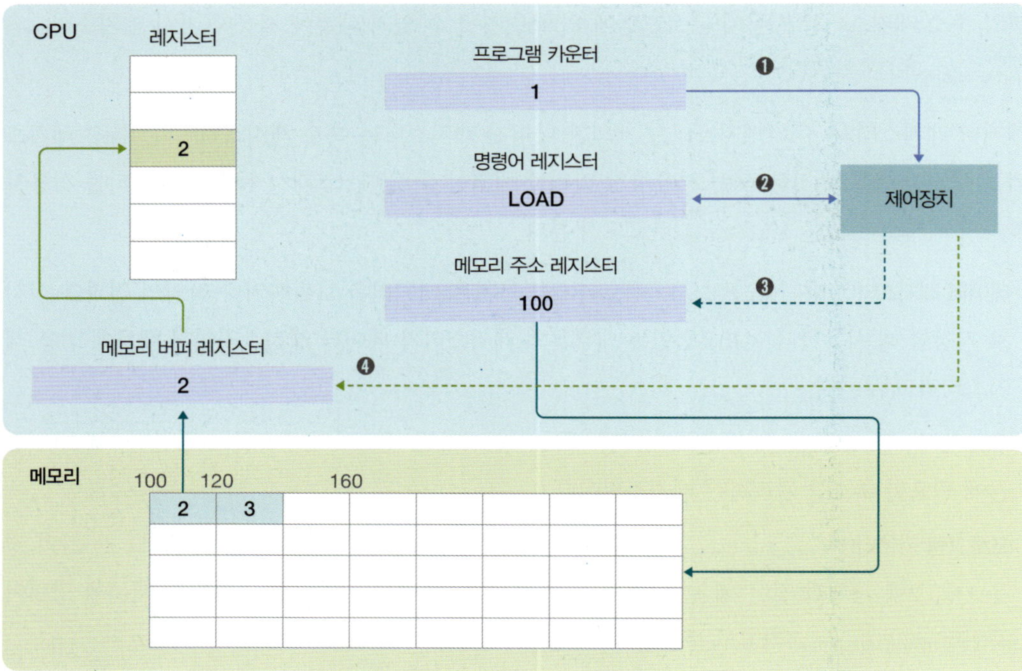

그림 2-11 LOAD mem(100), R2의 실행 과정

❶ 프로그램 카운터(PC)에 실행해야 하는 코드의 행 번호가 저장되어 있다. 행 번호 1이 제어장치에 전송되면 1행을 읽어 실행한다. 명령어 레지스터(IR)에 `LOAD`가 탑재된다.

❷ 제어장치가 명령어 레지스터(IR)에 있는 명령 `LOAD`를 읽고 메모리 100번지에 있는 데이터를 가져오라는 제어 신호를 보낸다.

❸ 메모리 주소 레지스터(MAR)에는 100이 저장된다. 따라서 메모리 주소 100번지에 저장된 값 2를 메모리 버퍼 레지스터(MBR)로 보낸다.

❹ 제어장치가 메모리 버퍼 레지스터(MBR)에 저장된 값 2를 레지스터 2로 옮기라고 명령한다.

[코드 2-3]의 처리 과정을 통해 프로그램 상태 레지스터(PSR)가 어떻게 사용되는지 살펴보자. 1행의 `if` 문에서 분기 조건 `D2 - D3 > 0`의 결과가 다음 연산 순서에 영향을 미친다. 프로그램 상태 레지스터(PSR)에 `D2 - D3`의 결과가 양수인지 음수인지 저장되고, 제어장치는 결과를 전달받아서 몇 행으로 이동할지 결정한다.

코드 2-3 분기 조건이 있는 유사코드

```
if (D2 - D3 > 0)
    goto 100;            # D2 - D3의 결과가 양수이면 100행으로 이동
else
    goto 200;            # D2 - D3의 결과가 음수이면 200행으로 이동
```

3 버스의 구조

버스의 종류와 특징

시스템 버스는 CPU와 메모리, 주변장치 간에 데이터를 주고받는 통로이다. 시스템 버스는 제어 버스, 주소 버스, 데이터 버스로 나뉜다. CPU의 제어장치가 제어 버스를 통해 메모리나 주변장치에 작업 신호를 보낸다. 그러면 주소 버스를 통해 작업에 필요한 데이터의 위치 정보가 전달되고, 실제 데이터는 데이터 버스를 통해 움직인다. [그림 2-12]는 버스의 종류와 구조를 보여준다.

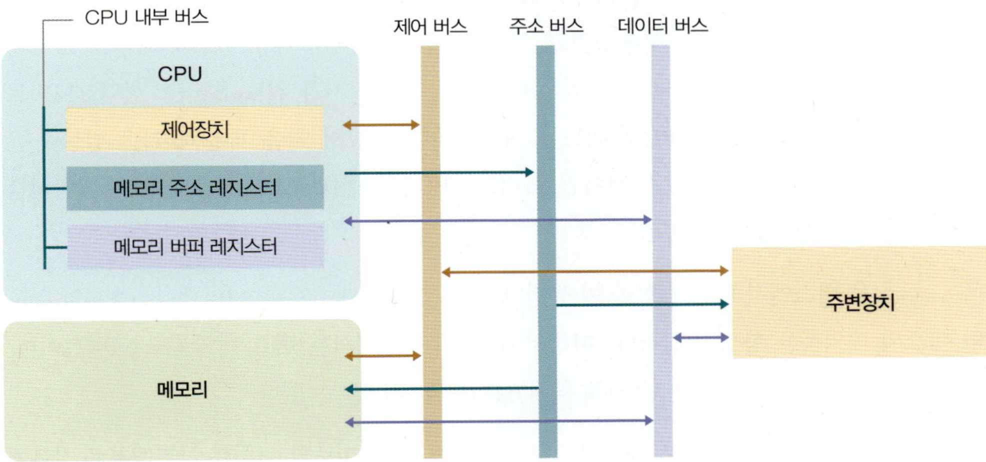

그림 2-12 버스의 종류와 구조

- **제어 버스**control bus**는 CPU의 제어장치, 메모리, 주변장치와 연결되어 신호를 양방향으로 전달한다.** 이를 통해 CPU에서 메모리나 주변장치로 작업 지시 신호를 보낼 수 있다. 예를 들어 메모리 작업 시에는 읽기read 신호 또는 쓰기store 신호가 전달되며, 하드디스크에 데이터를 저장할 때나 사운드카드에 소리를 출력할 때도 제어 버스를 통해 명령이 전달된다.
  또한 메모리나 주변장치에서 발생하는 제어 신호는 제어 버스를 통해 CPU의 제어장치에 전달된다. 예를 들어 메모리에서 오류가 발생하거나 네트워크 카드에 데이터가 도착했을 때 해당 신호가 제어 버스를 통해 CPU로 전달된다.

- **주소 버스address bus는 CPU와 메모리, CPU와 주변장치를 연결하여 작업할 위치(주소)를 단방향으로 전달한다.** CPU가 메모리 작업을 수행할 때, 메모리 주소 레지스터(MAR)에 저장된 주소가 주소 버스를 통해 메모리로 전달되며, 해당 메모리 위치에서 데이터를 읽거나 쓸 수 있다. 하드디스크에서 데이터를 읽거나 저장할 때는 디스크 주소가 주소 버스를 통해 전달된다.

  주소 정보는 항상 CPU에서 메모리나 주변장치 방향으로만 전달된다. 만약 주소 버스를 통해 전달된 주소에 문제가 발생하면, 메모리나 주변장치는 CPU의 제어장치에 오류 신호를 보내는데, 이때는 주소 버스가 아니라 제어 버스를 사용한다.

- **데이터 버스data bus는 CPU와 메모리 또는 주변장치에 연결되어 실제 데이터를 양방향으로 전달한다.** 데이터 버스는 CPU의 메모리 버퍼 레지스터(MBR)에 연결되어 있으며, CPU에서 메모리나 주변장치로 전송되는 데이터뿐 아니라 메모리나 주변장치에서 CPU로 전달되는 데이터도 데이터 버스를 통해 전달된다.

CPU 비트 수와 버스 대역폭

CPU의 비트 수는 CPU가 한 번에 처리할 수 있는 데이터 크기를 나타낸다. 최초의 개인용 컴퓨터인 애플 컴퓨터는 8비트 CPU를 사용했었고, 현재는 기술이 발전하여 32비트와 64비트 CPU가 보편화되었다. CPU가 한 번에 처리할 수 있는 데이터의 최대 크기를 워드word라고 한다. 32비트 CPU의 워드는 32비트, 64비트 CPU의 워드는 64비트이다. 수조에 물을 채울 때 작은 컵보다 큰 컵을 사용하면 더 빨리 채울 수 있는 것처럼 64비트 CPU가 32비트 CPU보다 더 많은 데이터를 한 번에 처리할 수 있어 성능이 높다.

대역폭bandwidth은 버스에서 데이터를 한 번에 전달할 수 있는 최대 크기를 나타낸다. CPU의 워드 크기와 버스의 대역폭은 항상 동일하다. 따라서 64비트 CPU에서는 버스 대역폭도 64비트이며, 메모리에서 데이터를 읽거나 쓸 때 한 번에 최대 64비트를 처리할 수 있다.

IBM 호환 PC는 인텔 8086 프로세서를 기반으로 발전했으며, 32비트와 64비트 아키텍처로 진화했다. 인텔의 32비트 CPU를 x86이라 부르고, 이후 개발된 64비트 CPU는 x64라 부른다. 32비트 CPU는 32비트용 운영체제를 사용해야 하며, 64비트 CPU는 64비트용 운영체제를 사용해야 한다.

응용 프로그램에도 32비트 버전과 64비트 버전이 따로 있다. 윈도우 운영체제에서는 호환성과 안정성을 위해 32비트(x86)와 64비트(x64) 응용 프로그램을 구분된 폴더에 설치한다. 64비트 응용 프로그램은 'Program Files' 폴더에 설치하고, 32비트 응용 프로그램은 별도로 'Program Files (x86)' 폴더에 설치한다.

4 메모리의 종류

메인 메모리는 데이터를 1바이트 단위로 저장하며, 각각의 바이트는 주소로 구분된다. 메인 메모리 주소는 보통 0번지부터 시작하며, 주소를 이용하여 CPU와 데이터를 주고받는다. 예를 들어 메인 메모리는 100번지에 저장된 데이터를 CPU로 전달하거나, CPU로부터 받은 데이터를 120번지에 저장한다.

컴퓨터의 발전과 함께 다양한 메모리 기술이 개발되었다. 메모리는 크게 램과 롬으로 구분된다. **램**(RAM Random Access Memory)은 데이터를 읽고 쓸 수 있는 메모리이다. 램이라는 이름은 저장된 위치와 관계 없이 동일한 속도로 데이터를 읽을 수 있다는 의미이다. **롬**(ROM Read Only Memory)에는 데이터를 쓸 수 없고 저장된 데이터를 읽을 수만 있다. 일반적으로 '메모리'라고 말하면 램을 의미한다.

램은 휘발성 메모리와 비휘발성 메모리로 나뉜다. **휘발성 메모리** volatility memory는 전원이 없을 때 데이터가 사라지는 반도체 메모리이다. **비휘발성 메모리** non-volatility memory는 전원이 없는 동안에도 데이터를 보관할 수 있으나, 내부 구조가 복잡하고 동작이 느리다. 따라서 메인 메모리에는 동작이 빠른 휘발성 메모리를 사용하고, SSD나 USB 저장장치에는 비휘발성 메모리를 사용한다.

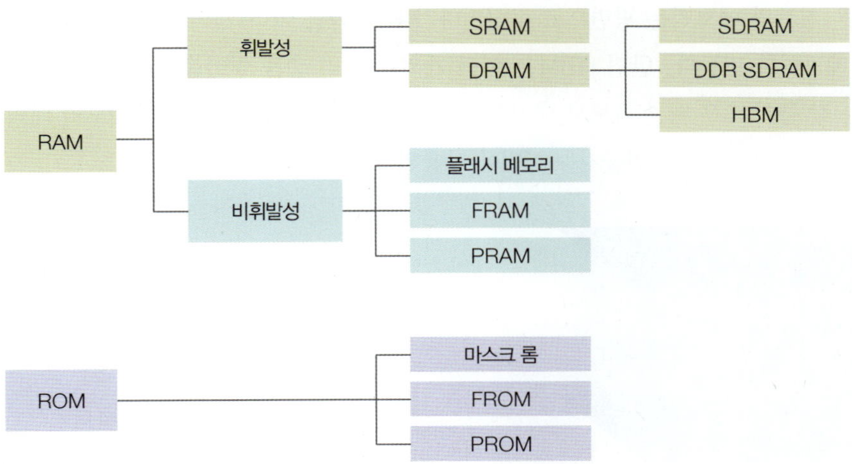

그림 2-13 메모리의 종류

램: 휘발성 메모리

- **DRAM과 SRAM**: 현대 컴퓨터에 사용되는 휘발성 메모리 기술의 원형은 DRAMDynamic RAM이다. DRAM에 저장된 데이터는 시간이 지나면 사라지기 때문에 일정 시간마다 데이터를 재생refresh해야만 한다. 반면 SRAMStatic RAM은 전원이 있는 동안에는 재생할 필요가 없어 속도가 빠르고, 대신 가격이 비싸다. 그래서 CPU 캐시와 같은 고속 메모리에 SRAM이 사용된다. DRAM은 상대적으로 느리지만 가격이 저렴하여 메인 메모리로 사용된다.
- **SDRAM과 DDR SDRAM**: SDRAMSynchronous DRAM은 DRAM의 발전된 형태이다. SDRAM의 S는 동기화를 의미하는데, 램이 클록과 동기화되어 작동한다는 의미이다. 최근에는 컴퓨터나 스마트폰의 메인 메모리로 DDR SDRAM을 사용한다. SDRAM의 입출력 속도를 2배로 높인 것이 DDRDouble Data Rate SDRAM이다. 기존의 SDRAM이 클록 틱 한 번에 1개의 데이터를 전송할 때 DDR SDRAM은 클록 틱 한 번에 2개의 데이터를 전송할 수 있다. DDR SDRAM과 비교하여 SDRAM을 SDR SDRAMSingle Data Rate SDRAM이라고도 부른다. DDR SDRAM 이후에도 더 빠른 SDRAM이 개발되었다. DDR2, DDR3, DDR4, DDR5의 전송 속도가 DDR SDRAM에 비해 각각 2배, 4배, 8배, 16배, 32배 빠르다.
- **HBM**: 최근에 가장 주목받는 휘발성 메모리는 초광대역 메모리인 HBMHigh Bandwidth Memory이다. DDR과 같은 기존의 메모리는 평면으로 구성된다. 다시 말해, 여러 개의 메모리를 옆으로 붙여서 대용량 메모리를 만든다. 반면 HBM은 여러 개의 메모리 층을 쌓아올린 3차원 형태이다. HBM에서는 각 층이 매우 빠른 속도로 데이터를 주고받을 수 있어서 매우 높은 메모리 대역폭이 필요한 고성능 그래픽카드나 인공지능 서버에 사용된다.

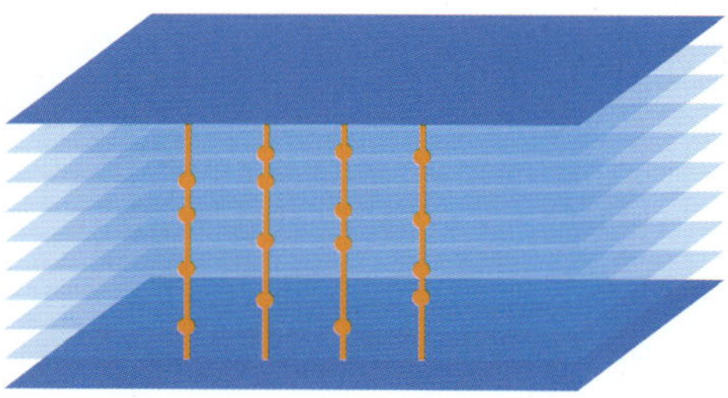

그림 2-14 초광대역 메모리

램: 비휘발성 메모리

비휘발성 메모리의 종류로는 플래시 메모리flash memory, FRAMFerroelectric RAM, PRAMPhase change RAM 등이 있다. 특히 플래시 메모리는 SSD, SD 카드, CF 카드, USB 메모리와 같은 저장장치에 많이 사용된다. 플래시 메모리의 각 소자는 사용 횟수가 제한적이기 때문에 저장장치를 오래 사용했을 때 성능이 저하되거나 데이터 손실이 발생할 수 있다. SSD는 가격이 비싸지만 데이터 접근 속도가 빠르고 전력 소모가 적으며 내구성이 뛰어나 노트북, 스마트폰 등의 기기에서 하드디스크를 대신하여 사용된다.

롬

롬과 관련된 기술이 발전하여, 동작 속도가 느리지만 데이터를 변경할 수 있는 롬도 개발되었다. 롬의 종류로는 데이터를 지우거나 쓸 수 없는 마스크 롬mask ROM, 전용 기계를 이용하여 데이터를 한 번만 저장할 수 있는 PROMProgrammable ROM, 데이터를 여러 번 지우고 쓸 수 있는 EPROMErasable Programmable ROM이 있다. 메인보드의 바이오스(BIOSBasic Input/Output System)가 EPROM에 저장되기 때문에 소프트웨어를 통해 바이오스를 업데이트할 수 있다.

저장장치 계층구조

컴퓨터에는 레지스터, 캐시 메모리, 메인 메모리, 보조 저장장치 등 다양한 종류의 메모리가 사용된다. 컴퓨터 메모리의 동작 속도는 레지스터 〉 캐시 메모리 〉 메인 메모리 〉 보조 저장장치(SSD, HDD) 순서로 빠르다. 반면 가격 대비 용량은 보조 저장장치(SSD, HDD) 〉 메인 메모리 〉 캐시 메모리 〉 레지스터 순서로 크다. 다시 말해 레지스터는 동작 속도가 빠르지만 용량이 작고 가격이 비싸며, 보조 저장장치는 동작 속도가 느리지만 용량이 크고 가격이 저렴하다. 가격을 고려하지 않고 성능을 최우선으로 하여 컴퓨터를 만든다면 캐시 메모리를 32GB까지 확장할 수도 있다. 그러나 이런 컴퓨터는 가격이 수천만 원에 이를 것이며, 일반 소비자가 구매하기 어렵다.

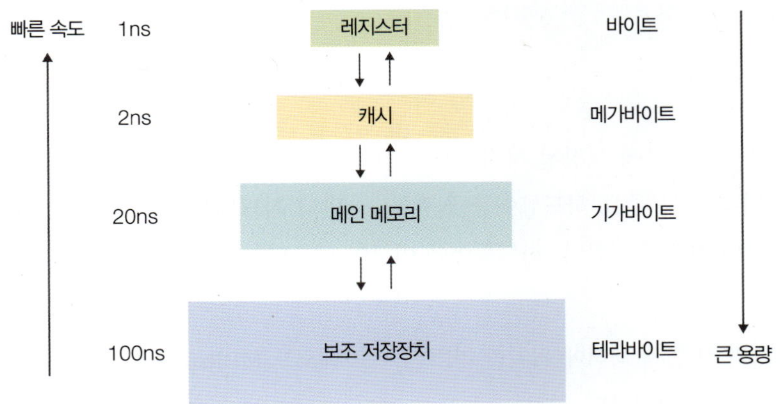

그림 2-15 저장장치 계층구조

컴퓨터의 빠른 동작 속도와 큰 용량을 동시에 확보하는 수단으로 저장장치 계층구조가 도입되었다. 저장장치 계층구조storage hierarchy는 속도와 가격을 고려하여 메모리를 단계적으로 배치하는 방법이다. 저장장치 계층구조에서 빠른 연산이 필요한 데이터는 레지스터와 캐시에 저장하고, 대량 데이터는 보조 저장장치에 저장하여 성능을 최적화할 수 있다. 또한 캐시 메모리와 같은 비싼 메모리의 용량을 최소화하고, 가격이 저렴한 대용량 보조 저장장치를 활용하여 가격 대비 성능을 높인다.

5 폰노이만 구조와 부팅 과정

운영체제도 CPU가 실행하는 프로그램이므로 반드시 메모리에 올라와야 실행할 수 있다. 응용 프로그램을 실행할 때는 운영체제가 프로그램을 메모리에 올리지만, 운영체제가 스스로 메모리에 올라갈 수는 없다. 컴퓨터를 켰을 때 운영체제를 메모리에 올리는 과정을 **부팅**booting이라고 한다. [그림 2-16]은 부팅 과정을 보여준다.

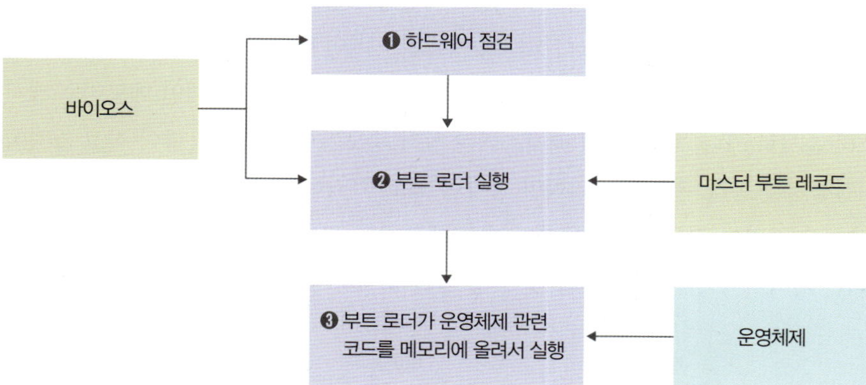

그림 2-16 부팅 과정

❶ 사용자가 컴퓨터 전원을 켜면 롬에 저장된 바이오스가 실행된다. 바이오스는 CPU, 메모리, 하드디스크, 키보드, 마우스 등 주요 하드웨어를 점검한다. 만약 하드웨어에 이상이 있으면 '삐' 소리와 함께 오류 메시지를 출력한다. 하드웨어에 이상이 없으면 바이오스는 다음 단계로 넘어간다.

❷ 바이오스는 하드디스크의 첫 번째 섹터에 위치한 마스터 부트 레코드(MBRMaster Boot Record) 안의 부트 로더boot loader 코드를 실행한다.

❸ 부트 로더는 하드디스크에 저장된 운영체제를 메모리에 올려 실행한다. 부트 로더가 모든 운영체제 관련 코드를 메모리에 올려서 실행한 후에 컴퓨터가 본격적으로 작동하기 시작한다.

> **Note** **마스터 부트 레코드와 보안**
>
> 마스터 부트 레코드(MBR)가 손상되면 운영체제를 실행할 수 없으므로, MBR은 컴퓨터 바이러스의 주요 공격 대상이 된다. 따라서 일부 바이오스는 MBR 수정 방지 옵션을 제공한다. 이 옵션을 활성화하면 바이러스가 MBR을 수정하지 못하게 보호할 수 있다. 반대로 운영체제를 새로 설치할 때는 MBR 보호 옵션을 해제해야 새로 설치되는 부트 로더를 저장할 수 있다.

윈도우 운영체제가 설치된 컴퓨터를 켤 때 화면에 원이 회전하는 모양이 나타나는데, 이때 부트로더가 윈도우 운영체제를 메모리에 탑재하는 중이다. 유닉스에서는 같은 상황을 문자로 보여준다.

(a) 윈도우 운영체제를 메모리에 탑재 중

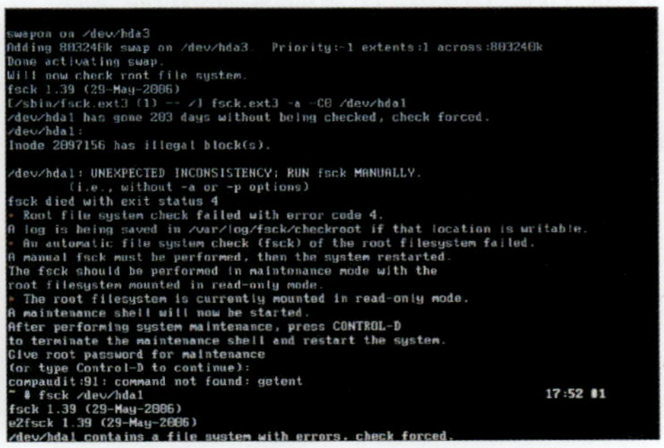

(b) 유닉스 운영체제를 메모리에 탑재 중

그림 2-17 운영체제별 부팅 중 화면

> **Note** **운영체제의 저장 위치 변화**
>
> IBM의 개인용 컴퓨터인 XT는 저장장치로 플로피디스크floppy disk를 사용했다. 운영체제로는 MS-DOSDisk Operating System를 사용했는데, 이 이름은 마이크로소프트에서 제작하였고 디스크에 담긴 운영체제라는 의미이다. 당시에는 저장장치로 2개의 플로피디스크를 사용했는데, 첫 번째 플로피디스크는 A: 드라이브, 두 번째는 B: 드라이브였다. 이후 하드디스크가 개발되어 개인용 컴퓨터에 장착되면서 C: 드라이브가 되었다. 현재는 플로피디스크를 거의 사용하지 않지만, 여전히 하드디스크는 C: 드라이브부터 시작한다.

SECTION 03 컴퓨터 성능 향상 기술

1 버퍼

현대 컴퓨터 구조에서 가장 큰 문제는 CPU, 메모리, 주변장치 간의 속도 차이이다. CPU 내부의 장치들은 CPU 내부 버스가 연결하며, CPU와 메모리 또는 CPU와 주변장치는 시스템 버스가 연결한다. CPU 내부 버스가 시스템 버스보다 빨라 메모리와 주변장치는 CPU 속도를 따라가지 못한다. CPU에 비해 메모리는 상대적으로 느린 장치이며, 하드디스크는 더욱 느린 장치이다.

버퍼buffer는 속도가 다른 두 장치 사이에서 데이터를 임시로 저장하여 속도 차이를 줄이는 하드웨어 또는 소프트웨어이다. 사과잼 공장에서 사과를 하나씩 기계에 넣으면 사과를 옮기는 속도가 기계 속도를 따라가지 못한다. 바구니에 사과를 모아 한꺼번에 옮기면 훨씬 효율적인데, 컴퓨터 구조에서 버퍼가 바구니 역할을 한다.

그림 2-18 버퍼의 개념

입출력 장치에서 데이터를 가져오는 경우, CPU보다 느린 입출력 장치 쪽에서 버퍼에 데이터를 모아 한 번에 전송하면 적은 노력으로 많은 양의 데이터를 옮길 수 있다. 예를 들어 하드디스크의 사양이 '1TB, 7,200rpm, 256MB'라면 256MB가 버퍼 용량이다. 같은 규격의 하드디스크라도 버퍼가 클수록 입출력 속도가 빠르다.

Note 동영상 스트리밍과 버퍼

유튜브에서 동영상을 스트리밍streaming할 때도 버퍼가 사용된다. 네트워크에서 데이터가 불규칙하게 들어오는데, 만약 재생 속도보다 데이터를 받는 속도가 느리다면 영상이 끊기는 문제가 발생할 것이다. 끊김을 방지하기 위해 버퍼에 일정량의 데이터를 미리 저장한 후 재생한다.

스풀

스풀은 특수한 용도로 만들어진 소프트웨어적 버퍼다. **스풀**(SPOOLSimultaneous Peripheral Operation On-Line)은 CPU와 입출력 장치가 독립적으로 동작하도록 돕는다. 스풀의 대표적인 예는 프린터 출력에 사용되는 스풀러spooler이다. 워드프로세서는 하드디스크의 스풀 공간에 인쇄 내용을 저장한 다음 인쇄 진행과 관계 없이 바로 다른 작업을 수행할 수 있다. 이때 프린터가 스풀러에서 데이터를 가져와 독립적으로 출력한다. 일반적으로는 여러 프로그램이 버퍼를 공유하지만, 스풀러는 한 번에 한 개의 작업만 수행한다. 따라서 진행 중인 인쇄 작업이 끝날 때까지 다른 인쇄물이 끼어들 수 없다.

캐시

캐시cache는 CPU 내부에 내장되어 CPU와 메모리 사이의 속도 차이를 완화하는 초고속 메모리이다. 캐시에는 **앞으로 사용이 예상되는 데이터를 미리 가져다 놓는다.** 요리하다가 간장이 필요할 때마다 장독대에서 간장을 10mL만 가져오는 것은 비효율적이므로, 한 번에 100mL를 준비해 두는 것과 마찬가지이다.

그림 2-19 캐시의 개념

캐시에 데이터 **미리 가져오기**prefetching를 했을 때의 CPU와 메모리의 협업 과정을 살펴보자. CPU에서 특정 데이터가 필요할 때 메모리에 접근하기 전에 캐시에서 검색한다. 원하는 데이터가 캐

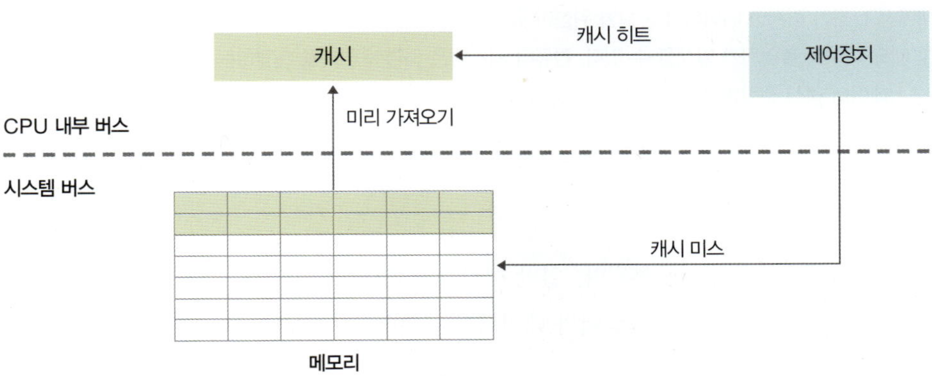

그림 2-20 캐시에 데이터 미리 가져오기

시에 있는 경우(**캐시 히트**cache hit), 메모리까지 가지 않아도 원하는 데이터를 사용할 수 있어 작업 속도가 빨라진다. 원하는 데이터가 캐시에 없는 경우(**캐시 미스**cache miss), 메모리에서 데이터를 가져오느라 작업 속도가 느려진다. 전체 메모리 접근 횟수 중 캐시 히트가 발생한 비율을 캐시 히트율cache hit ratio이라고 부르며 캐시 히트율을 높이면 CPU의 작업 속도가 빨라진다.

캐시 히트율을 높이는 방법

- **캐시 크기 증대**: 캐시 히트율을 높이는 첫 번째 방법은 캐시 메모리 크기를 키우는 것이다. 캐시가 크면 캐시에 더 많은 데이터를 저장하여 히트율이 높아진다. 그러나 캐시 메모리는 가격이 비싸기 때문에 그 크기를 무한정 키울 수 없고, 일반적인 CPU는 MB 단위의 캐시 메모리를 사용한다. 예를 들어 저가형 Intel i7의 캐시는 12MB이고, 고가형 Intel i7은 24MB이다.
- **지역성 원리 이용**: 캐시 히트율을 높이는 두 번째 방법은 지역성 원리를 이용하여 앞으로 사용될 확률이 높은 데이터를 미리 가져오는 것이다. 지역성locality 원리란 현재 실행 중인 명령어 주변의 코드가 실행될 확률이 높다는 이론이다. 예를 들어 현재 10행이 실행 중이라면, 11번~20행을 미리 캐시에 저장하면 캐시 히트율이 높아질 것이다. 이때 `goto`와 같이 제어 흐름을 급격히 변경하는 코드를 과도하게 사용하지 않도록 주의한다. `goto` 문을 사용하면 실행 위치를 예측하기 어려워져 캐시 미스가 증가한다.

하이퍼링크

캐시 매핑이란 메모리에 있는 데이터 중 어떤 데이터를 캐시에 가져올지를 정하는 기법이다. 캐시 매핑 기법은 09장 '페이징 메모리'에서 자세히 설명한다.

Note 캐시와 중복 데이터의 일관성 유지

캐시에서 가장 중요한 문제는 중복 데이터의 일관성을 유지하는 것이다. 예를 들어 CPU가 캐시에 저장된 데이터를 변경하면, 메모리의 해당 주소에 있는 데이터도 동일하게 변경되어야 한다. 변경된 내용이 즉시 반영되지 않은 상태에서 전원이 꺼지면 데이터가 손실될 위험이 있다. 또한 다른 프로세스가 아직 변경되지 않은 데이터를 읽으려 할 때도 데이터 불일치가 발생할 수 있다. 컴퓨터 시스템은 일관성 문제를 해결하는 데 캐시 동기화cache coherence나 데이터 갱신 전략과 같은 기술을 사용한다.

캐시의 종류

캐시는 일반 캐시와 특수 캐시로 구분된다. 일반 캐시는 명령어와 데이터의 구분 없이 모든 자료를 가져오는 캐시이다. 특수 캐시는 명령어와 데이터를 구분하여 가져온다.

또한 캐시는 계층에 따라 L1(Level 1) 캐시와 L2(Level 2) 캐시로 구분된다. L1 캐시는 속도가 가장 빠른 캐시이고, 명령어 캐시와 데이터 캐시로 이루어진다. 명령어 캐시는 명령어 레지스터와 연결되어 있고, 데이터 캐시는 데이터 레지스터와 연결되어 있다. 메모리와 연결된 L2 캐시는 일반 캐시로 명령어와 데이터의 구분이 없고, 용량은 크지만 느리다.

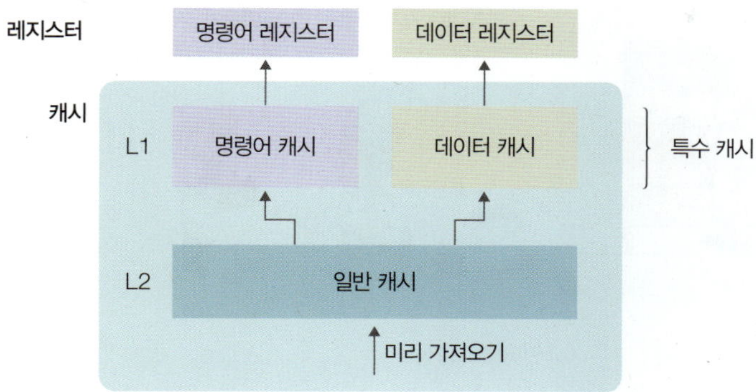

그림 2-21 L1 캐시와 L2 캐시

> **Note 소프트웨어적 캐시**
>
> 캐시는 소프트웨어적으로도 사용되는데, 대표적인 예가 웹 브라우저 캐시이다. 웹 브라우저 캐시는 앞으로 다시 같은 웹사이트에 방문할 것을 예상하여 지우지 않은 데이터이다. 웹사이트의 로고나 버튼 등의 이미지 데이터를 캐시에 저장하고 있다가 웹사이트에 재방문할 때 캐시에서 불러와 페이지 로딩 속도를 향상한다. 그러나 너무 많은 캐시 데이터는 브라우저 속도를 저해할 수 있으므로 정기적으로 삭제하는 것이 좋다.
>
> 유튜브나 넷플릭스와 같은 해외 동영상 스트리밍 서비스는 국가별 캐시 서버를 배치하여 속도를 최적화한다. 캐시 서버란 인터넷 서비스의 속도를 높이기 위하여 사용자와 가까운 곳에 설치한 서버이다. 자주 시청하는 콘텐츠를 캐시 서버에 저장하여 해외 회선 부담을 줄이고, 동영상이 끊기지 않고 재생되도록 한다.

2 인터럽트와 DMA

입출력 관리자와 인터럽트

컴퓨터 주변장치 종류가 많지 않았던 시기에는 CPU가 직접 입출력 장치에서 데이터를 가져오거나 내보냈다. 이를 폴링$_{\text{polling}}$ 방식이라 부른다. 지금의 컴퓨터에는 하드디스크, 마우스, 키보드, 프린터 등 다양한 주변장치가 있어 CPU가 입출력까지 처리하면 작업 효율이 크게 떨어진다. 그래서 커널의 내부에 입출력 관리자$_{\text{I/O manager}}$를 만들고 인터럽트 방식으로 입출력을 처리한다.

인터럽트interrupt 방식은 요리사가 혼자 있던 주방에 보조 요리사가 생긴 것과 같다. 보조 요리사는 조리대와 보관창고 사이의 재료의 이동을 담당하고, 재료의 이동이 끝나면 이 사실을 요리사에게 알린다.

(a) 폴링 방식 (b) 인터럽트 방식

그림 2-22 인터럽트 방식의 입출력

인터럽트 방식에서 CPU는 입출력 관리자에게 입출력을 요청한 후 자신의 작업을 계속 수행한다. 입출력 관리자는 입출력 작업이 완료되면 인터럽트 신호를 보내 알린다. CPU 입장에서는 입출력이 완료되었다는 신호가 현재의 작업을 방해하기 때문에 인터럽트(방해)라 부른다.

> **Note** **입출력 관리자**
>
> 운영체제에서 입출력 시스템은 프로세스와 주변 장치 간의 데이터 교환을 관리하는 핵심 요소이다. 운영체제의 입출력 관리자는 입출력 시스템이 응용 프로그램이 하드웨어와 직접 상호작용하지 않도록 추상화한다. 입출력 관리자는 단순히 장치에서 데이터를 읽고 쓰는 것이 아니라, 입출력 요청을 효율적으로 스케줄링하고 관리하는 소프트웨어 계층이다. 이 계층 덕분에 응용 프로그램은 하드웨어를 직접 다루지 않고도 표준화된 방식으로 입출력을 수행할 수 있다.

인터럽트 방식의 입출력 과정

실제 입출력 과정에서는 여러 입출력 장치가 각각 인터럽트를 발생시킨다. 이때 어떤 장치가 인터럽트를 발생시켰는지 구분하기 위해 번호를 사용한다. **인터럽트 번호**interrupt number**는 장치를 구분하는 고유 번호**이다. 예를 들어 윈도우 운영체제에서 인터럽트 번호를 IRQInterrupt ReQuest라고 부르는데, 키보드의 IRQ는 1번, 마우스의 IRQ는 12번, 첫 번째 하드디스크의 IRQ는 14번이다.

여러 개의 인터럽트가 동시에 발생하기도 한다. 이때 **여러 개의 인터럽트를 동시에 처리하기 위해 하나의 배열로 묶어서 CPU에 전달**하는데, 이를 **인터럽트 벡터**interrupt vector라고 한다.

[그림 2-23]은 인터럽트 방식의 입출력 과정을 나타낸다. ❶ CPU가 입출력 관리자에 데이터 전송을 요청한다. ❷ 입출력 관리자는 데이터를 메모리에 저장하거나, 저장장치로 이동시킨다. ❸ 입출력 작업이 완료되면, 인터럽트 벡터를 이용하여 CPU에 완료 신호를 보낸다.

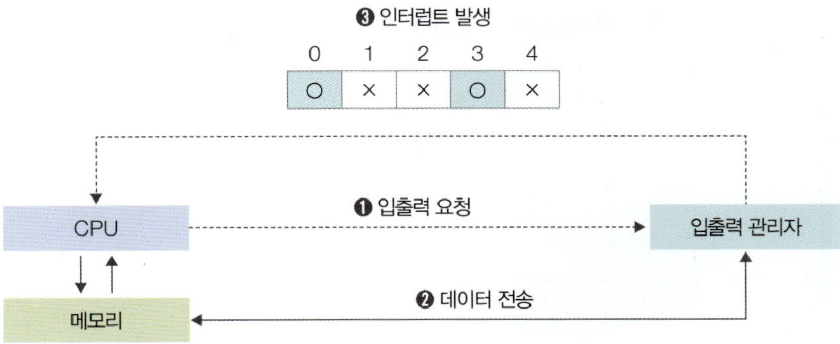

그림 2-23 인터럽트 방식의 입출력 과정

인터럽트가 발생하면 CPU는 인터럽트 벡터를 확인하여 입출력이 완료된 인터럽트의 작업을 처리한다. [그림 2-23]에서는 인터럽트 벡터의 0번과 3번이 'O'로 표시되어 있다. 이는 인터럽트 0번과 3번이 동시에 발생했다는 의미이다. 인터럽트가 발생했을 때 커널은 하고 있던 작업을 모두 중단하고, 모든 인터럽트를 처리한 후에야 원래의 작업으로 복귀한다.

Note 입출력 외의 인터럽트

인터럽트는 입출력 외에도 다양한 상황에서 발생할 수 있다. 예를 들어 사용자가 컴퓨터 전원 버튼을 눌러 강제로 종료할 때 인터럽트가 발생한다. CPU는 현재 실행 중인 작업을 모두 중지하고, 중요한 데이터를 안전하게 저장한 후에 시스템을 종료한다. 오류와 관련된 인터럽트도 있다. 프로그램이 0으로 나누기를 수행하려 하거나, a[3]로 선언된 배열에 대해 a[5]에 값을 넣는 것과 같이 배열 크기를 초과하여 접근할 때 오류 인터럽트가 발생한다. 오류 인터럽트가 발생하면 해당 프로세스가 강제로 종료된다.

하이퍼링크

인터럽트의 작동 방식과 관련 코드는 12장 '저장장치와 입출력 시스템'에서 자세히 설명한다.

직접 메모리 접근과 메모리 맵 입출력

인터럽트 방식에서는 CPU의 작업과 입출력 작업이 동시에 이루어진다. 원래는 CPU만이 메모리에 접근할 권한이 있으나, 인터럽트 방식에서는 입출력 장치도 메모리에 데이터를 올려놓거나 메모리에서 데이터를 가져가야 한다. 입출력 장치가 메모리를 사용할 때마다 CPU에 허락을 구하게 되면 작업 효율이 떨어진다. 따라서 입출력 장치에 CPU의 개입 없이도 메모리에 접근할 권한을 주는데, 이를 **직접 메모리 접근**(DMA Direct Memory Access)이라고 한다. DMA 방식에서는 DMA 제어기 DMA controller라는 하드웨어를 사용하여 메모리와 입출력 장치 간의 데이터 전송을 수행한다.

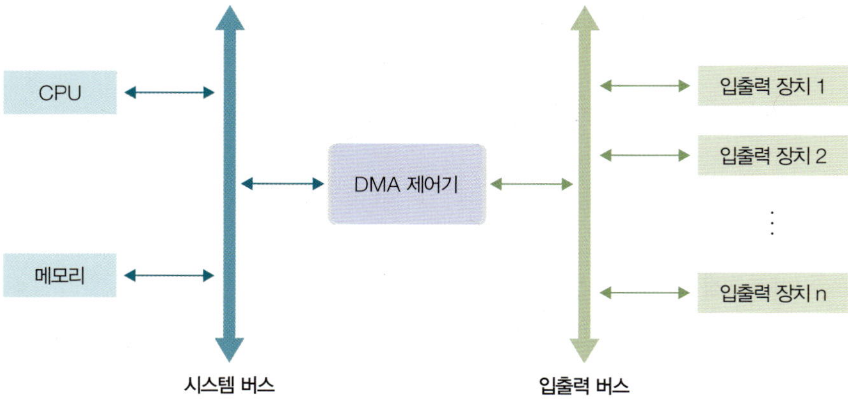

그림 2-24 직접 메모리 접근 방식 입출력

직접 메모리 접근 방식을 사용함에 따라, CPU와 입출력 장치가 메모리에서 공동으로 작업을 수행한다. 이때 CPU가 사용하는 데이터와 입출력 장치의 데이터가 서로 섞일 가능성이 있다. 데이터 충돌을 막기 위해 CPU가 사용하는 메모리 공간과 입출력 관리자가 사용하는 메모리 공간을 분리하여 사용하는데, 이를 **메모리 맵 입출력**(MMIO Memory Mapped I/O)이라 부른다. 메모리 맵 입출력(MMIO)에서는 메인 메모리 주소 공간의 일부를 DMA 제어기에 할당하여, CPU와 DMA의 작업 공간이 겹치는 문제를 방지한다. 결론적으로 DMA와 MMIO는 인터럽트 시스템을 효율적으로 작동시키기 위해 개발된 기법이다.

하이퍼링크

직접 메모리 접근(DMA)와 메모리 맵 입출력(MMIO)의 작동 방식은 12장 '저장장치와 입출력 시스템'에서 자세히 설명한다.

사이클 훔치기

메모리는 CPU가 관리하는 중요한 장치이지만, 직접 메모리 접근(DMA)이 도입되면서 입출력 장치도 메모리에 접근할 수 있게 되었다. 만약 CPU와 입출력 장치가 동시에 메모리에 접근하려 한다면 누군가 한쪽은 양보해야 한다. CPU는 매우 빠르고 입출력 장치는 상대적으로 느리다. 따라서 동시에 메모리에 접근하는 경우, 느린 입출력 장치가 먼저 메모리를 사용하도록 한다. CPU 입장에서는 입출력 장치가 자신의 작업 사이클(순서)을 훔쳐간 것과 같으므로 이를 **사이클 훔치기**cycle stealing라 부른다.

지금까지 인터럽트, 직접 메모리 접근(DMA), 메모리 매핑 입출력(MMIO), 사이클 훔치기를 살펴보았다. 이 개념들을 서로 연관 지어 이해하면 운영체제의 자원 관리와 입출력 관리를 이해하는 데 도움이 될 것이다.

3 멀티프로세싱

과거에는 대부분의 컴퓨터가 하나의 CPU만을 사용하여 모든 작업을 처리하는 단일 프로세서 시스템single processor system이었다. 단일 프로세서 시스템에서는 한 번에 1개의 작업만 처리할 수 있다. 따라서 컴퓨터의 성능을 높이기 위해서는 CPU의 클록 속도를 높이거나, 캐시 메모리를 크게 만드는 방법뿐이었다. 그러나 발열 때문에 클록 속도를 무한정 높일 수 없으며, 캐시 크기를 늘리는 것도 비용의 한계가 있다.

현재에는 컴퓨터가 한 번에 여러 작업을 처리하게 하여 컴퓨터의 성능을 높이는 멀티프로세싱multiprocessing 기술이 개발되었다. 대표적인 멀티프로세싱 기술인 멀티프로세서, 멀티코어, 명령어 병렬처리를 비교하기 위해 손님이 많은 식당에서 많은 양의 요리를 준비하는 상황을 가정하자. [그림 2-25]와 같은 세 가지 방법으로 요리 속도를 높일 수 있다.

❶ 주방 옆에 주방을 1개 더 만들고 각각 요리사를 고용한다(멀티프로세서).

❷ 주방을 두 구역으로 나누고 요리사를 1명 더 고용한다(멀티코어).

❸ 주방은 그대로 두고 동시에 2가지 작업이 가능한 요리사를 고용한다(명령어 병렬처리).

(a) 단일 프로세서 (b) 멀티프로세서

(c) 멀티코어 (d) 명령어 병렬처리

그림 2-25 단일 프로세서 시스템과 세 가지 멀티프로세싱 기술 비교

멀티프로세서 시스템

멀티프로세서 시스템multiprocessor system은 2개 이상의 CPU(프로세서)를 장착하는 시스템이다. 예를 들어 우리나라 기상청에서 사용하는 슈퍼컴퓨터 5호기에는 8,064개의 CPU가 장착되어 있다. [그림 2-26]은 일반적인 멀티프로세서 시스템을 나타낸다.

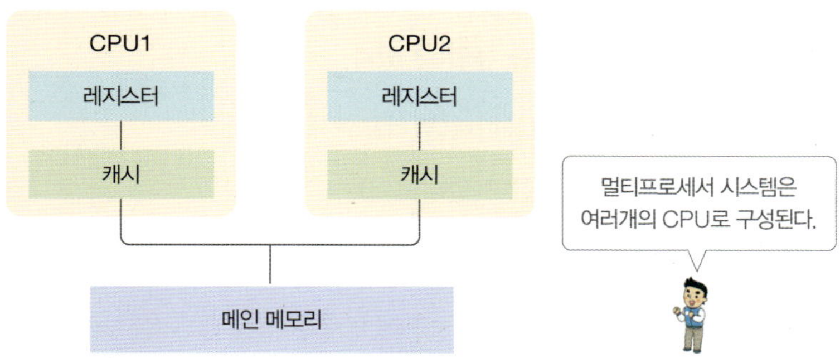

그림 2-26 멀티프로세서 시스템

멀티프로세서 시스템에서는 CPU마다 독립된 레지스터와 캐시가 있다. 모든 CPU는 메인 메모리를 공유하며, 시스템 버스를 통해 서로 연결된다. 멀티프로세서 시스템의 장점은 여러 작업을 동시에 실행하여 성능이 향상된다는 점이다. 단점은 메인 메모리를 공유하기 때문에 데이터 처리 속도가 느려지는 병목현상이 발생할 수 있다는 점이다. 또한 한쪽 CPU에만 작업이 몰리고 다른 CPU는 유휴 상태로 남을 가능성이 있다.

Note 대칭형 다중처리와 비균등 메모리 접근

멀티프로세서 시스템에서 모든 프로세서가 메인 메모리를 공유하는 방식을 대칭형 다중처리(SMP Symmetric MultiProcessing)라고 한다. SMP 방식에서는 각 프로세서에 작업을 동적으로 분배할 수 있다. 그러나 프로세서별 메모리 접근 속도 차이에 따라 병목현상이 발생하기도 한다. 이 문제를 해결하기 위해 비균등 메모리 접근(NUMA Non-Uniform Memory Access)이 도입되었다. NUMA 방식은 프로세서를 몇 개씩 그룹 짓고 그룹별로 중간 단계의 공유 메모리를 두어 메인 메모리의 병목현상을 줄인다.

멀티코어 시스템

단일 프로세서 시스템을 멀티프로세서 시스템으로 변경하려면 보드를 새로 설계해야 하며, 비용이 증가하는 문제가 있다. 이를 해결한 것이 하나의 프로세서(칩 chip) 안에 여러 개의 CPU 코어 core를 구성한 멀티코어 시스템 multi-core system이다. [그림 2-27]은 멀티코어 시스템의 구조이다.

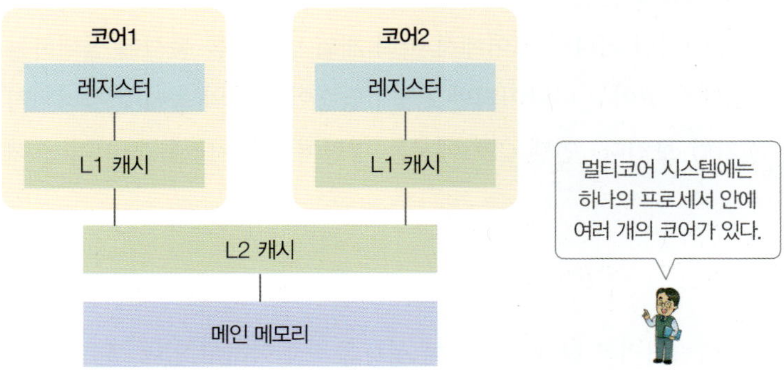

그림 2-27 멀티코어 시스템

멀티코어 시스템은 여러 개의 작업을 동시에 처리할 수 있으면서도 기존 단일 프로세서 시스템의 보드 설계를 변경할 필요가 없다는 장점이 있다. 현재 CPU뿐 아니라 GPU와 AP 등 대부분의 프로세서는 멀티코어 시스템으로 설계된다.

멀티코어 시스템의 코어 개수가 증가하면서 캐시 메모리의 종류와 용량도 함께 증가하고 있다. 각 코어에 명령어 캐시와 데이터 캐시가 따로 존재하는 L1 캐시와 여러 개의 코어가 공유하는 L2 캐시가 있으며, 모든 코어가 공유하는 대형 캐시인 L3 캐시가 있다. [그림 2-28]은 AMD 4코어 CPU의 L1, L2, L3 캐시의 계층구조를 나타낸다. 코어 1과 코어 2, 코어 3과 코어 4가 각각 L2 캐시를 공유하고, 전체 코어가 L3 캐시를 공유하는 형태이다.

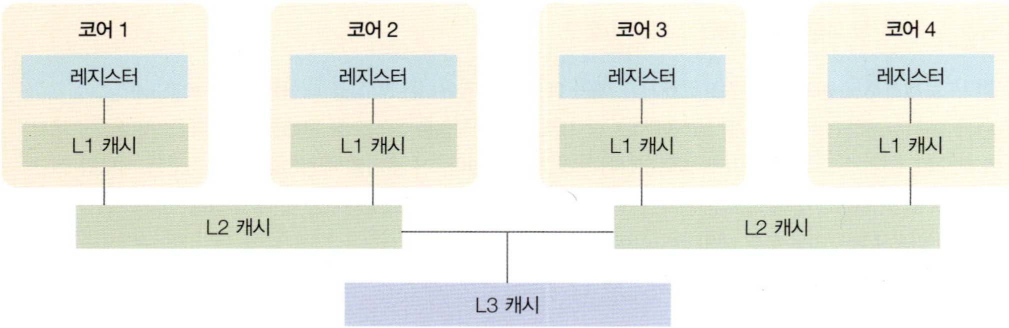

그림 2-28 캐시의 계층구조

명령어 병렬처리

하나의 코어에서 2개 이상의 명령어를 동시에 처리하는 방법도 있다. 주방에서 요리사가 한 사람이더라도 재료를 익히는 동안 다른 재료를 손질할 수 있으면 전체 조리 속도가 빨라진다. **명령어 병렬처리**instruction parallel processing는 이처럼 하나의 코어에서 여러 개의 명령어를 동시에 실행하는 방법이다. 명령어 병렬처리 시스템에서 코어는 하나이지만 2개의 명령어가 거의 동시에 처리되기 때문에 마치 코어가 2개 있는 것처럼 보인다. 인텔 CPU에서는 명령어 병렬처리를 하이퍼 스레딩hyper threading이라고 부른다.

멀티프로세싱 사례

현재의 CPU는 멀티코어와 명령어 병렬처리를 함께 적용하여 성능을 극대화하고 있다. 윈도우 운영체제의 '작업 관리자' 기능을 통해 이러한 멀티프로세싱 사례를 확인할 수 있다.

컴퓨터에서 작업 관리자를 열고 [성능] 탭을 선택하면 CPU 이용률 그래프가 나타난다. 그래프를 마우스 오른쪽 버튼으로 눌러 메뉴에서 [그래프 변경]-[논리 프로세서]를 선택하면 [그림 2-29]와 같이 프로세서 8개의 CPU 이용률 그래프로 변경된다.

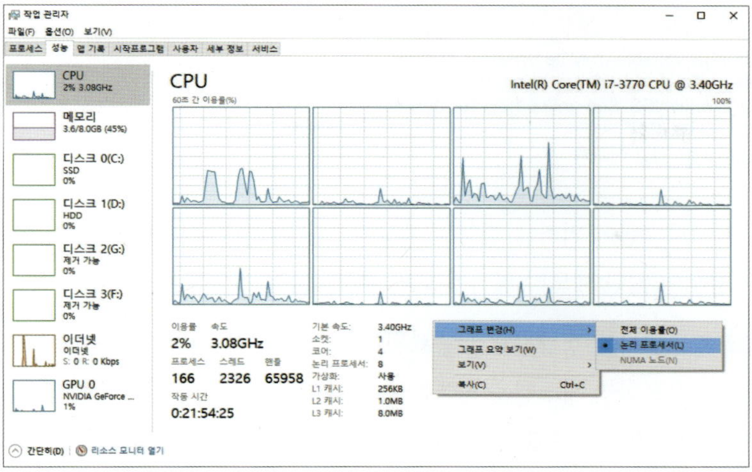

그림 2-29 멀티코어와 명령어 병렬처리가 적용된 CPU

그림 아래쪽의 CPU 정보에 따르면 인텔 i7-3770 CPU에는 4개의 코어가 있으며, 하이퍼 스레딩을 통해 각 코어에서 명령어를 2개씩 동시에 실행한다. 따라서 총 8개의 논리 프로세서logical processor로 동작하여 8개의 CPU가 달린 컴퓨터처럼 보인다.

> **하이퍼링크**
>
> [그림 2-29]의 작업 관리자 화면에서 프로세스는 166개, 스레드는 2,326개가 작동 중이라고 표시되었다. 프로세스는 프로그램이 실행을 위해 메모리에 올라온 상태를 의미하며, 프로세스는 여러 개의 스레드로 구성된다. 스레드는 프로세스의 실행 단위이다. 프로세스는 03장에서, 스레드는 04장에서 더 자세히 설명한다.

4 심화 버퍼의 문제와 해결 방안

운영체제는 버퍼를 활용하여 데이터 입출력을 효율적으로 관리한다. 버퍼는 일정량의 데이터가 채워질 때까지 기다렸다가 한꺼번에 전송하는 방식으로 동작한다. 따라서 아직 전송되지 않아 버퍼에 남아있는 데이터를 사용하려 할 때 문제가 발생할 수 있다. 또한 버퍼의 보안도 고려해야 한다.

버퍼 오버플로와 scanf()

scanf()는 C 언어에서 사용자로부터 입력을 받을 때 사용하는 함수이다. 그런데 비주얼 스튜디오Visual Studio에서 scanf()를 사용하면 [그림 2-30]과 같은 경고가 발생한다. 이 경고는 scanf()가 입력 버퍼 오버플로를 일으킬 가능성이 있어 보안상 안전하지 않기 때문에, 대신 scanf_s()를 사용하라는 의미이다.

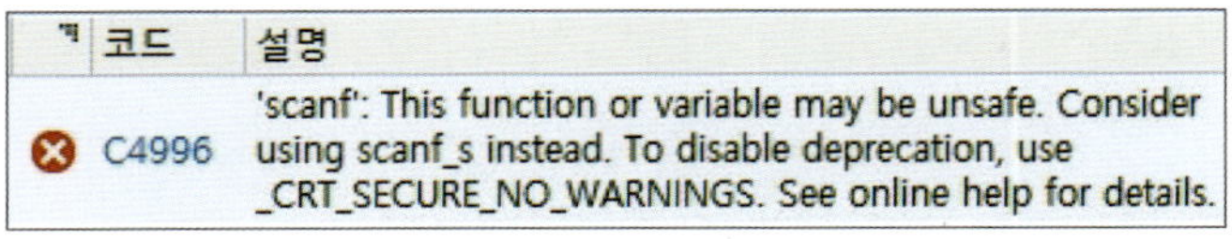

그림 2-30 비주얼 스튜디오의 scanf() 사용 경고 메시지

버퍼 오버플로buffer overflow란 프로그램이 버퍼에 할당된 메모리보다 더 많은 데이터를 입력받았을 때 원래 다른 데이터가 저장되어 있던 메모리 영역에 초과 데이터를 덮어쓰는 현상이다.

버퍼 오버플로가 발생하면 프로그램이 비정상적으로 종료될 수 있다. 또한 해커가 악의적인 코드를 삽입하여 버퍼 오버플로를 유도하면 시스템을 제어할 수 있게 된다. 비주얼 스튜디오에서는 이러한 문제를 방지하기 위해 보안 기능이 추가된 scanf_s()를 제공하지만, 이는 비표준 함수로서 유닉스 환경에서는 사용할 수 없다. 따라서 가급적 fgets()와 같은 대체 함수를 권장한다.

비주얼 스튜디오에서 scanf() 사용 경고가 나타났을 때 해결하는 방법이 두 가지 있다. 첫 번째 방법은 코드의 첫 줄에 다음과 같이 _CRT_SECURE_NO_WARNINGS 매크로를 정의하는 것이다.

```
#define _CRT_SECURE_NO_WARNINGS
```

두 번째 방법은 경고를 무시하도록 속성을 변경하는 것이다. 비주얼 스튜디오의 오른쪽 [솔루션 탐색기]에서 C 소스 코드 파일을 선택한 후, 마우스 오른쪽 버튼을 클릭하고 메뉴에서 [속성]을 선택하면 [속성 페이지]가 나타난다. 속성 페이지에서 [C/C++]을 눌러서 [SDL 검사]를 '예/SDL'에서 '아니오'로 변경한다. 속성 변경은 프로젝트 전체에 적용되므로, 보안이 중요한 경우 사용을 신중히 고려해야 한다.

키보드 버퍼와 scanf()

사용자가 키보드의 키를 누르면 입력 데이터가 키보드 버퍼에 저장된 후 프로그램으로 전달된다. 키보드 버퍼 때문에 scanf()가 예상과 다르게 동작하는 경우가 있다.

[코드 2-4]를 실행하고 7행의 안내에 따라 숫자 **100**을 입력하면 11행의 안내에 따라 문자를 입력하지 않아도 12행이 자동으로 실행된다. 또한 13행의 출력 결과로 **문자 입력: 문자:[ ]**가 두 줄에 걸쳐 나타난다.

이유는 다음과 같다. 사용자가 **100**을 입력하고 엔터(\n)를 누르면 버퍼에 **100\n**이 저장된다. scanf("%d", &num1);은 **100**을 가져가고 버퍼에 \n만 남는다. 이 상태에서 scanf("%c", &c1);가 실행되면, 새 입력을 기다리지 않고 버퍼에 남아있는 \n을 c1에 저장하여 빈 줄이 출력된다. 이

코드 2-4 키보드 버퍼 때문에 scanf() 동작에 문제 발생

```c
01 #include <stdio.h>
02
03 int main() {
04     int num1;
05     char c1;
06
07     printf("숫자 입력: ");
08     scanf("%d", &num1);
09     printf("숫자:[%d]\n", num1);
10
11     printf("문자 입력: ");
12     scanf("%c", &c1);
13     printf("문자:[%c]\n", c1);
14
15     return 0;
16 }
```

```
숫자 입력: 100
숫자:[100]
문자 입력: 문자:[
]
```

와 같은 문제는 10행에 다음과 같이 getchar()를 작성하여 버퍼를 비우면 해결된다. getchar()은 1개의 문자를 받아들이는 함수이므로 버퍼에 남아있는 \n을 비운다.

```c
10 while (getchar() != '\n');    // 버퍼에 남은 것을 비운다
```

모니터 버퍼

모니터도 출력 과정에서 버퍼를 사용한다. 특히 유닉스 환경에서는 프로그램이 처리한 결과를 화면에 출력할 때, 일정 조건이 충족되지 않으면 즉시 출력되지 않는 경우가 있다. 예를 들어 C 언어의 출력 함수인 printf("Hello\n");에서 \n은 단순히 줄 바꿈의 의미뿐 아니라, 버퍼에 저장된 내용을 출력하라는 신호 역할도 한다. 따라서 원하는 시점에 출력을 보장하려면 출력 문자열의 마지막에 반드시 \n을 포함해야 한다. 이러한 출력 방식은 성능 최적화를 위해 도입되었다. 운영체제는 작은 단위로 출력할 때마다 시스템 콜을 수행하는 대신, 일정량의 데이터를 버퍼에 저장해 두었다가 한 번에 출력하여 성능을 향상한다.

하드웨어 안전 제거와 플러시

USB 메모리에 파일을 복사할 때 시스템은 먼저 데이터를 버퍼에 저장한 다음 일정 시간이 지나거나 버퍼가 가득 찼을 때 USB 메모리에 데이터를 전송한다. 그런데 데이터가 아직 버퍼에 남아 있을 때 사용자가 USB 메모리 연결을 해제하면 버퍼의 데이터가 USB 메모리로 전송되지 않아 파일이 손상될 수 있다.

윈도우 운영체제는 파일 손상을 방지하기 위해 하드웨어 안전 제거 기능을 제공한다. 하드웨어 안전 제거 기능을 실행하면 버퍼 데이터를 강제로 저장장치로 옮긴 후, 입출력 장치의 연결을 안전하게 해제한다. 여기서 버퍼의 데이터를 강제로 옮기는 동작을 플러시flush라고 하며, 이는 변기의 물을 내린다는 뜻의 영어 단어 'flush'와 같은 의미이다.

그림 2-31 하드웨어 안전 제거

프로그래밍에서도 버퍼 문제를 해결하기 위해 플러시 함수를 사용한다. C 언어에서는 `fflush()` 함수를 사용하여 입출력 버퍼를 강제로 비운다. 자바에서는 `flush()` 메서드로 스트림에 있는 데이터를 즉시 전송한다.

키보드 버퍼의 보안

해커가 키로거Keylogger와 같은 악성 프로그램을 이용하여 키보드 버퍼에 저장된 데이터를 훔쳐내 아이디, 비밀번호, 금융정보 등을 탈취할 수 있다. 따라서 금융 사이트 등 개인정보를 입력받는 사이트에서는 TouchEn Key, nProtect KeyCrypt 등 키보드 보안 프로그램을 설치하도록 권장한다.

키보드 보안을 위해 [그림 2-32]과 같은 가상 키보드virtual keyboard를 제공하기도 한다. 가상 키보드를 사용하면 물리적인 키보드와 버퍼를 사용하지 않기 때문에 악성 프로그램으로부터 데이터를 보호할 수 있다.

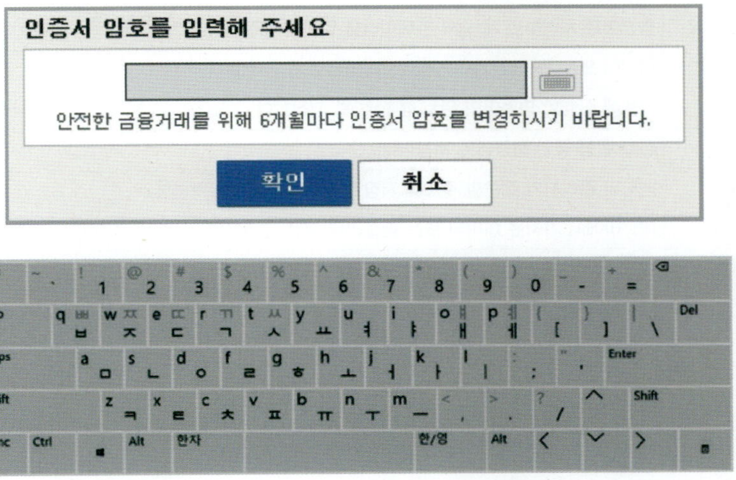

그림 2-32 가상 키보드

요약

01 폰노이만 구조에서 운영체제를 포함한 모든 프로그램은 메모리에 올라와야 실행할 수 있다.

02 CPU는 산술논리 연산장치, 레지스터, 제어장치로 구성되며 이 장치들이 협업하여 작업을 수행한다. 레지스터의 종류는 다음 표와 같다.

레지스터 종류	특징
데이터 레지스터	명령어를 처리하는 데 필요한 데이터를 임시로 저장한다.
주소 레지스터	데이터 또는 명령어가 저장된 메모리의 주소를 저장한다.
프로그램 카운터	다음에 실행할 명령어의 위치(행 번호)를 저장한다.
명령어 레지스터	현재 실행 중인 명령어를 저장한다.
메모리 주소 레지스터	메모리 관리자가 접근할 주소를 저장한다.
메모리 버퍼 레지스터	메모리에서 가져온 데이터 또는 메모리로 보낼 데이터를 임시로 저장한다.
프로그램 상태 레지스터	연산 결과(양수, 음수, 자리 올림 여부)를 저장한다.

03 메인보드의 시스템 버스는 CPU와 메모리, 주변장치 간에 데이터를 주고받는 통로이다. 시스템 버스는 전달하는 데이터의 종류에 따라 제어 버스, 주소 버스, 데이터 버스로 분류할 수 있다.

시스템 버스 종류	특징	통신 방향
제어 버스	읽기 · 쓰기 등 작업 지시 전달, 오류 신호 등 제어 신호 전달	양방향
주소 버스	메모리나 주변장치의 작업 위치(메모리 주소) 전달	단방향
데이터 버스	메모리와 CPU 또는 주변장치 간 실제 데이터 전달	양방향

04 버퍼, 인터럽트, 멀티프로세싱 기술을 이용하여 컴퓨터 성능을 향상할 수 있다.

- 버퍼는 두 장치 사이에서 속도 차이를 완화하는 하드웨어 또는 소프트웨어이다.
- CPU 작업과 입출력 작업을 분리하고 인터럽트를 이용하면 효율이 높아진다. CPU는 입출력 관리자에게 입출력 작업을 지시하고, 입출력이 끝나면 입출력 관리자가 CPU에 인터럽트 신호를 보낸다.

• 멀티프로세싱은 컴퓨터가 한 번에 여러 작업을 처리하도록 하는 기술이다.

멀티프로세싱 종류	특징
멀티프로세서	여러 개의 CPU를 장착
멀티코어	하나의 CPU 안에 여러 개의 코어를 배치
명령어 병렬처리	하나의 코어에서 여러 명령어를 동시에 실행

연습문제

01 나머지 셋과 종류가 다른 것을 찾으시오

① 하드디스크 ② 메인 메모리
③ 마우스 ④ 키보드

02 컴퓨터에서 데이터가 이동하는 통로는 무엇인가?

① 입력장치 ② CPU
③ 출력장치 ④ 버스

03 나머지 셋과 종류가 다른 것을 찾으시오.

① 키보드 ② USB 드라이브
③ 하드디스크 ④ SSD

04 나머지 셋과 종류가 다른 것을 찾으시오.

① CPU ② GPU
③ AP ④ SSD

05 컴퓨터에서 CPU와 메인 메모리 등 다양한 부품을 연결하고 전원을 공급하는 기판은 무엇인가?

① 하드디스크 ② USB 드라이브
③ 메인보드 ④ SSD

06 나머지 셋과 종류가 다른 프로그래밍 언어는 무엇인가?

① 자바 ② 어셈블리어
③ 파이썬 ④ C 언어

07 나머지 셋과 종류가 다른 프로그래밍 언어는 무엇인가?

① 자바 ② C 언어
③ 자바스크립트 ④ C++ 언어

08 소스 코드를 기계어로 번역하여 실행 파일을 생성한 후 한 번에 실행하는 방식은 무엇인가?

① 객체지향 프로그래밍 ② 컴파일
③ 가상머신 ④ 인터프리터

09 다음 자료구조 중 'First In, First Out'과 관련 있는 것은 무엇인가?

① queue ② array
③ linked list ④ stack

10 다음 자료구조 중 'First In, Last Out'과 관련 있는 것은 무엇인가?

① queue ② array
③ linked list ④ stack

11 다음 자료구조 중 동적 메모리 할당을 활용하여 편리하게 공간을 관리할 수 있는 것은 무엇인가?

① queue ② array
③ linked list ④ stack

12 폰노이만 구조에서 모든 프로그램은 (　　)에 올라와야 실행할 수 있다. 괄호에 들어갈 단어는 무엇인가?

① 하드디스크 ② 메인 메모리
③ 마우스 ④ 키보드

13 요리사 모형에서 요리사는 오직 조리대 위에서만 요리할 수 있다. 컴퓨터에서 조리대에 해당하는 장치는 무엇인가?

① 프로세스 ② CPU
③ 저장장치 ④ 메모리

14 1초 동안 발생한 펄스의 횟수를 나타내는 단위는 무엇인가?

① Hz ② TB ③ PB ④ GB

15 메인보드에서 CPU와 메모리를 연결하는 시스템 버스의 이름은 무엇인가?

① BSB ② spool ③ cache ④ FSB

16 CPU 내부에서 구성 요소들을 연결하고 고속으로 데이터를 전달하는 버스의 이름은 무엇인가?

① BSB ② spool ③ cache ④ FSB

17 다음 중 CPU의 구성 장치가 아닌 것은 무엇인가?

① ALU ② control unit ③ register ④ FSB

18 CPU의 구성 장치 중 연산을 수행하는 장치는 무엇인가?

① ALU ② control unit ③ register ④ FSB

19 CPU 제어장치의 역할이 아닌 것은 무엇인가?

① 명령어 해석 ② 프로그램 실행 순서 결정

③ 논리 연산 수행 ④ 데이터 흐름 제어

20 다음 레지스터 중 나머지 셋과 종류가 다른 것을 찾으시오.

① DR ② PC ③ MBR ④ MAR

21 다음 중 레지스터의 이름과 저장하는 데이터 종류를 잘못 짝지은 것은 무엇인가?

① IR: 현재 실행 중인 명령어

② PC: 현재 실행 중인 명령어의 주소

③ MBR: 명령어 처리 과정에 필요한 메모리 주소

④ MAR: 메모리에서 가져온 데이터, CPU에서 메모리로 내보낼 데이터

22 다음 레지스터 용어 중 분기 조건이 있는 명령어 실행 시 연산 결과를 저장하는 레지스터를 가리키지 않는 것은 무엇인가?

① PSR　　② PC

③ flag resister　　④ condition resister

23 다음 버스 중 데이터 전송 방향이 단방향인 것을 찾으시오.

① 후면 버스　　② 데이터 버스

③ 제어 버스　　④ 주소 버스

24 다음 중 버스의 종류와 연결되는 CPU의 구성 요소, 전송하는 데이터를 맞게 짝지은 것은 무엇인가?

① 후면 버스: 제어장치, 연산 결과

② 제어 버스: 명령어 레지스터, 디스크 주소

③ 주소 버스: 메인 메모리, 메모리 주소

④ 데이터 버스: 메모리 버퍼 레지스터, 연산할 값

25 32비트 CPU에서 같은 크기가 아닌 것은 무엇인가?

① MBR의 크기　　② MAR의 크기

③ 버스의 대역폭　　④ 메모리에 저장할 수 있는 데이터 크기

26 나머지 셋과 종류가 다른 것을 찾으시오.

① 플래시 메모리　　② SDRAM

③ DRAM　　④ EPROM

27 운영체제를 실행하기 위한 작은 코드와, 해당 코드가 저장된 영역을 맞게 짝지은 것을 고르시오.

① BIOS, bootstrap　　② master boot record, BIO

③ master boot record, bootstap　　④ bootstrap, master boot record

28 나머지 셋과 가장 관계없는 용어는 무엇인가?

① BSB ② spool ③ cache ④ buffer

29 입출력 장치가 CPU와 독립적으로 동작하도록 고안된 소프트웨어적인 버퍼는 무엇인가?

① BSB ② spool ③ CPU cache ④ Web cache

30 입출력 성능을 높이기 위하여, 앞으로 사용할 데이터를 미리 가져오는 영역은 무엇인가?

① BSB ② spool
③ cache ④ FSB

31 다음 중 소프트웨어적으로 구현된 버퍼가 아닌 것은 무엇인가?

① 웹 브라우저 캐시 ② spool
③ 스트리밍 버퍼 ④ CPU cache

32 원하는 데이터가 캐시에 있는 경우를 의미하는 용어는 무엇인가?

① cache hit ② cache miss
③ cache hit ratio ④ cache size

33 원하는 데이터가 캐시에 없는 경우를 의미하는 용어는 무엇인가?

① cache hit ② cache miss
③ cache hit ratio ④ cache size

34 다음 중 저렴한 가격으로 작업 속도는 레지스터처럼 빠르고 용량은 하드디스크처럼 크도록 시스템을 구성하는 것을 가리키는 단어는 무엇인가?

① 저장장치 계층구조 ② 인터럽트
③ 직접 메모리 접근 ④ 메모리 매핑 입출력

35 다음 중 저장장치 계층구조에 대한 가장 적절한 설명은 무엇인가?

① 속도와 용량의 균형을 맞추는 메모리 관리 방식
② 운영체제의 프로세스 스케줄링 기법
③ CPU의 명령어 처리 순서를 제어하는 방식
④ 네트워크 패킷을 전송하는 알고리즘

36 저장장치 계층구조의 단점은 무엇인가?

① 가격이 비쌈 ② 속도가 느림
③ 일관성 유지가 어려움 ④ 입출력이 번거로움

37 CPU는 본연의 작업만을 수행하도록 하고, 입출력 작업이 완료되면 CPU로 신호를 보내 알리는 컴퓨터 성능 향상 방법을 무엇이라고 하는가?

① 저장장치 계층구조 ② 인터럽트
③ 직접 메모리 접근 ④ 메모리 매핑 입출력

38 여러 개의 인터럽트를 하나의 그룹으로 묶은 것을 의미하는 것은 무엇인가?

① IRQ ② 인터럽트 번호
③ 인터럽트 벡터 ④ 폴링

39 다음 중 메모리의 일정 공간을 입출력에 할당하는 기법은 무엇인가?

① cycle stealing ② interrupt
③ DMA ④ MMIO

40 다음 중 CPU의 허락 없이 입출력 장치가 직접 메모리에 접근할 수 있게 하는 기술은 무엇인가?

① cycle stealing ② interrupt
③ DMA ④ MMIO

41 CPU가 메인 메모리 사용 권한을 장치 관리자에게 양보하는 것을 의미하는 용어는 무엇인가?

① cycle stealing ② interrupt
③ DMA ④ MMIO

42 CPU 성능 향상 방법 중 나머지 셋과 다른 방식은 무엇인가?

① 명령어 병렬처리 ② 다중 프로세서 시스템
③ 인터럽트 시스템 ④ 멀티코어 시스템

43 다음 중 멀티프로세싱 기법에 대한 설명으로 틀린 것을 찾으시오.

① 명령어 병렬처리: 하나의 코어에서 여러 개의 명령어를 동시에 실행
② 멀티프로세서: 시스템에 있는 CPU마다 독립된 레지스터가 있음
③ 멀티코어: 시스템에 여러 개의 프로세서를 장착
④ 멀티코어: 보드 설계를 변경하지 않으면서 시스템 성능을 높일 수 있음

44 CPU의 구성 장치를 설명하시오.

45 사용자 불가시 레지스터들을 간단히 설명하시오.

46 시스템 버스를 구성하는 3가지 버스의 특징을 설명하시오.

47 캐시에 대하여 설명하시오.

48 폴링과 인터럽트 방식 입출력의 차이점을 설명하시오.

49 멀티프로세싱에 대하여 설명하시오.

PART 02

프로세스 관리

CHAPTER 03 프로세스

CHAPTER 04 스레드와 프로세스 간 통신

CHAPTER 05 CPU 스케줄링

CHAPTER 06 임계구역과 동기화

CHAPTER 07 교착상태

PART 03 Preview

프로그램이 실행되면 운영체제는 다양한 실행 단위를 관리하며 자원의 효율성과 시스템의 안정성을 동시에 책임진다. 02부에서는 프로그램 실행의 기본 단위인 프로세스와 그 내부의 스레드를 운영체제가 어떻게 관리하는지를 살펴본다. 프로세스 간 협업과 통신, CPU 자원의 효율적 분배, 자원 접근 시 충돌 방지를 위한 동기화 기법 등 여러 실행 단위를 안정적으로 병행 처리하기 위한 핵심 전략을 단계적으로 다룬다.

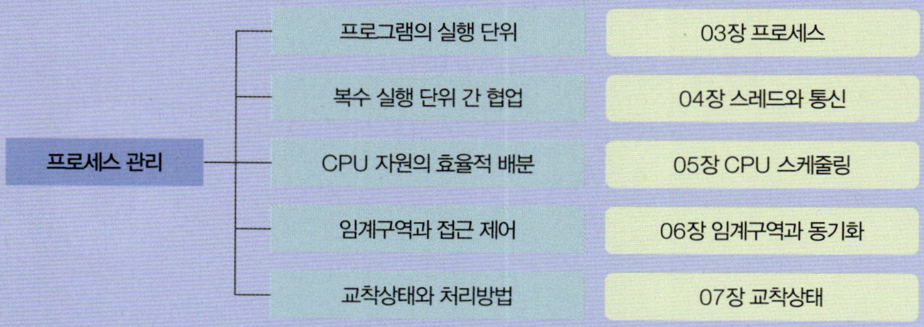

CHAPTER

03

프로세스

학습목표

- 프로세스 생성과 상태 변화를 이해한다.
- 프로세스 제어 블록의 구성과 문맥 교환 과정을 학습한다.
- 프로세스 복사 및 전환으로 만들어지는 프로세스 계층구조를 살펴본다.

Preview

운영체제는 여러 프로그램을 동시에 실행할 수 있도록 프로세스를 관리하며, 시스템 자원을 효과적으로 배분한다. 03장에서는 프로세스의 개념과 구조를 시작으로, 프로세스가 실행되며 거치는 상태 변화와 이를 조정하는 운영체제의 원리를 배운다. 또한, 운영체제가 프로세스를 관리하기 위해 생성하는 프로세스 제어 블록(PCB)의 구조를 살펴보고, 문맥 교환 과정을 알아본다.

운영체제는 프로세스를 효율적으로 관리하기 위해 여러 가지 기법을 사용한다. 운영체제는 프로세스를 복사하거나 전환하는 시스템 호출을 제공할 뿐 아니라 프로세스들의 부모-자식 관계를 형성하여 자원의 분배와 회수가 편리하도록 관리한다.

이 장은 이후에 다룰 스레드, 프로세스 간 통신, CPU 스케줄링, 동기화, 교착상태 등의 개념을 이해하는 데 필요한 기초를 다지는 단계이다.

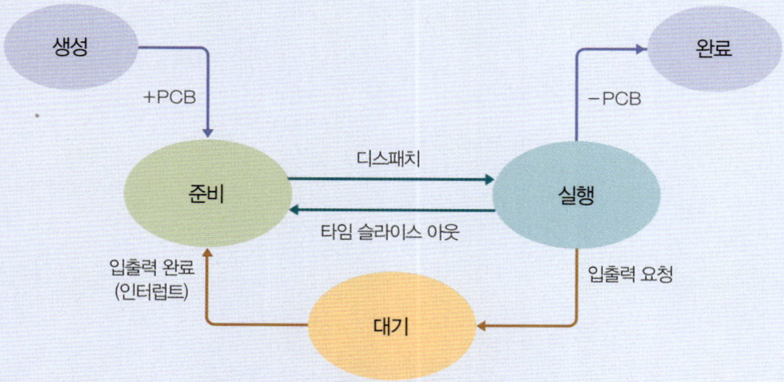

SECTION 01

프로세스의 개념과 상태

1 프로세스의 개념

프로그램과 프로세스

프로세스process**는 프로그램이 실행되어 메모리에 올라온 상태**를 의미한다. 사용자가 마우스 더블클릭으로 프로그램을 실행하면, 그 프로그램은 메모리에 올라와 프로세스가 된다. 운영체제에서는 프로세스가 하나의 작업 단위이다.

프로그램과 프로세스의 차이를 쉽게 이해하기 위해 레시피와 요리의 관계를 떠올려 보자. 레시피는 조리 방법과 절차를 정리한 문서이다. 그러나 요리를 완성하려면 레시피를 참고하여 조리해야 한다. 레시피(프로그램)는 정적인 상태로 존재하지만 이를 구현하는 조리(프로세스)는 동적인 상태이다.

그림 3-1 프로그램과 프로세스

프로그램은 특정 데이터를 처리하는 방법과 절차를 정리한 파일이다. 반면 프로세스는 프로그램이 메모리에 올라가 실제로 동작하는 동적인 상태이다. 예를 들어 아래아한글 프로그램은 하드디스크에 실행 파일로 저장되어 있다. 따라서 사용자가 문서를 편집하려면 hwp.exe를 실행해야 한다. 폰노이만 구조에서 **프로그램을 실행한다는 것은 프로그램의 코드가 메모리에 올라와 프로세스가 된다는 것을 의미**한다.

컴퓨터에서는 항상 여러 개의 프로세스가 실행 중이다. 윈도우 운영체제는 작업 관리자task manager의 [프로세스] 탭에서 실행 중인 모든 프로세스를 확인할 수 있다.

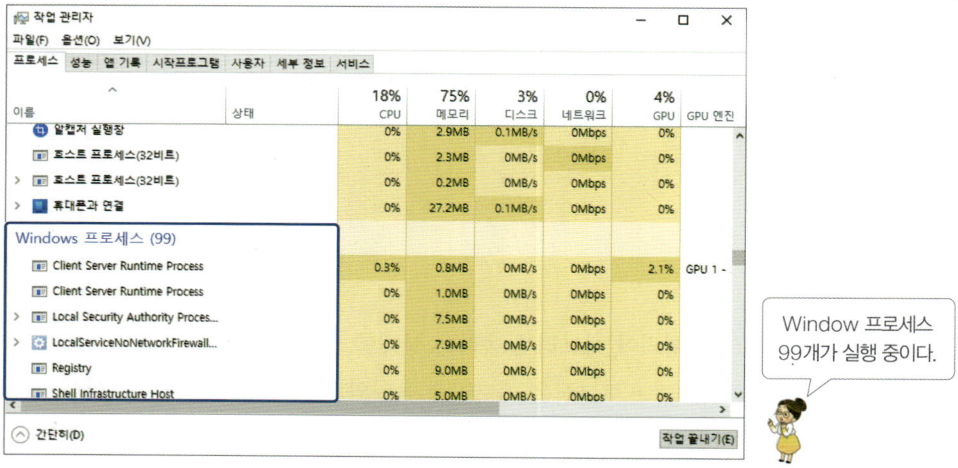

그림 3-2 작업 관리자와 프로세스

프로세스는 운영체제와 관련된 커널 프로세스kernel process와 일반적인 프로세스인 사용자 프로세스user process로 나뉜다. 작업 관리자를 열고 아래로 스크롤해 보면 'Windows 프로세스' 수십 개가 실행 중일 것이다. 이것들이 커널 프로세스이다. 운영체제도 프로그램이므로 메모리에 올라와 커널 프로세스 상태로 실행된다. 커널 프로세스를 실행한 후에야 사용자 프로세스를 실행할 수 있다.

참고로 작업 관리자의 [시작프로그램] 탭에는 컴퓨터 부팅 시 자동 실행되는 프로그램의 목록이 있다. 부팅 완료 전에는 어떠한 프로그램도 프로세스 상태일 수 없으므로 이를 시작프로그램이라 부른다.

Note 유닉스에서 실행 중인 프로세스 확인하기

유닉스 환경에서는 ps -ef 명령어를 사용하면 실행 중인 모든 커널 프로세스와 사용자 프로세스를 확인할 수 있다. ps는 실행 중인 모든 프로세스를 출력하는 명령어이고 -ef는 프로세스 정보를 자세히 출력하는 옵션이다.

프로세스의 구조

메모리에서 프로세스의 실행 코드는 크게 코드 영역code area과 데이터 영역data area으로 나뉜다. 예를 들어 아래아한글 프로그램이 메모리에 올라와 프로세스가 된 경우를 살펴보자.

- **코드 영역**은 프로그램의 본문에 해당하는 영역으로, 텍스트 영역text area이라고도 부른다. 프로그래머가 작성한 코드를 기계어로 변환한 실행 코드가 저장되어 있다. 자기 자신을 수정하는 프로그램은 존재하지 않으므로 모든 프로세스의 코드 영역은 읽기 전용read-only이다.

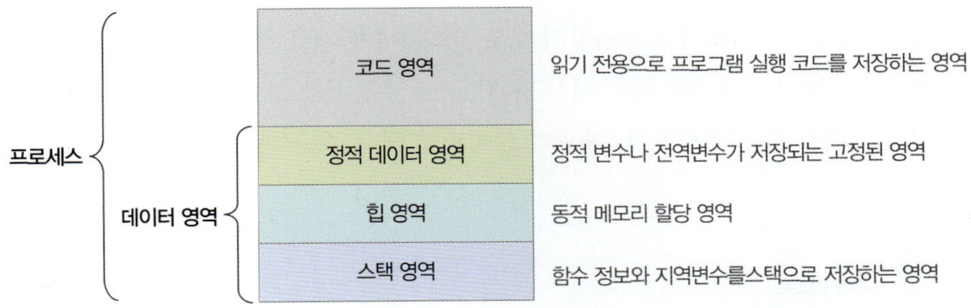

그림 3-3 프로세스의 구조

- **데이터 영역**은 편집 중인 문서 데이터가 저장되는 영역이다. 데이터는 실행 중 값이 변할 수 있으므로 이 영역은 읽기read와 쓰기write가 가능하다. 그러나 상수constant로 선언된 데이터는 읽기 전용이다. 데이터 영역은 다시 정적 데이터 영역, 힙 영역, 스택 영역으로 나뉜다.
- **정적 데이터**static data **영역**은 정적변수static variable나 전역변수global variable와 같은 변수들이 저장되는 영역이다. 이 영역은 크기가 고정되어 있고 프로그램을 종료할 때까지 데이터가 계속 저장되어 있다.
- **힙**heap **영역**은 실행 중에 동적으로 할당된 변수가 저장되는 영역이다.
- **스택**stack **영역**은 함수 호출function call과 관련된 데이터가 저장되는 영역이다. 함수의 실행 정보(반환 주소, 매개변수, 지역변수 등)를 스택 영역에서 관리한다. 스택 영역에는 데이터가 스택 자료구조로 쌓이며, 함수를 종료할 때 해당 데이터는 제거된다.

하이퍼링크

프로세스 구조와 영역별 특징은 04절 '[심화] 프로세스의 데이터 영역'에서 자세히 설명한다.

2 프로세스의 상태

요리사 모형으로 프로세스의 상태 이해하기

음식점에서 여러 개의 주문이 동시에 들어온 상황을 가정하자. 요리 준비 리스트에는 조리를 기다리는 주문서가 차례로 꽂혀있다. 주방장은 가장 먼저 도착한 주문서부터 조리하기 시작하며, 요리가 완성되면 해당 주문서는 폐기된다. 그러나 아직 제공해야 할 요리가 남아 있다면, 주문서는 다시 준비 리스트의 가장 뒤로 이동하여 차례를 기다린다.

한편, 특정 요리의 재료가 부족하다면 주방장이 보조 요리사에게 재료 준비를 요청한다. 이때 주방장이 아무것도 하지 않고 기다리는 것은 시간 낭비이므로 주문서를 조리 대기 리스트로 보내놓고 다른 주문서의 요리를 먼저 조리한다. 재료가 준비되면 해당 주문서는 준비 리스트로 돌아와 차례를 기다린다.

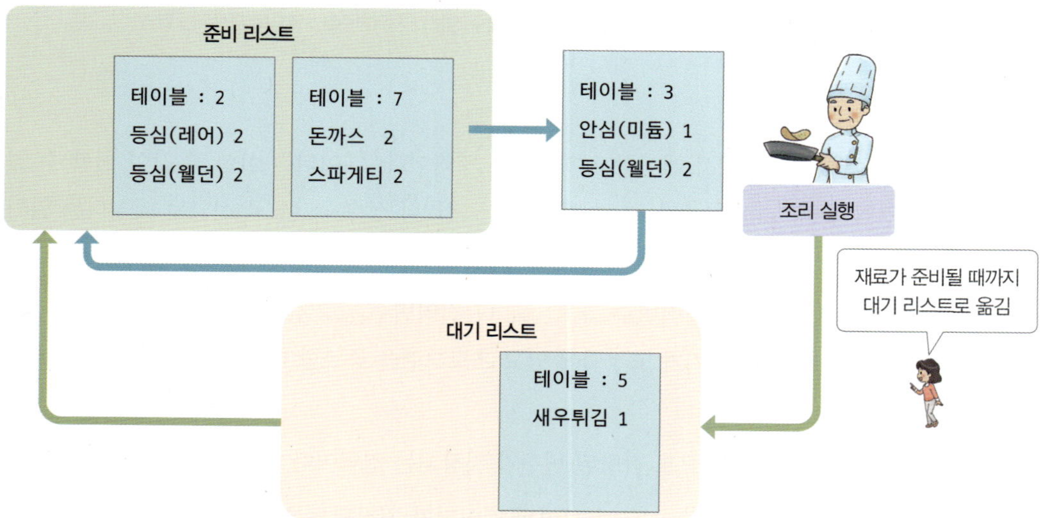

그림 3-4 요리 준비와 실행

이처럼 컴퓨터에서 실행되는 프로세스도 특정한 상태를 거친다. 운영체제는 실행 중인 각 프로세스를 관리하기 위해 프로세스별로 상태 정보를 저장한다. 이때 사용되는 자료구조가 **프로세스 제어블록**(PCB Process Control Block)이다. 프로세스 제어블록은 마치 주문서와 같으며, 프로그램이 프로세스가 되면 **운영체제로부터 프로세스 제어 블록(PCB)을 받는다.** 반대로 작업이 완료된 프로세스의 PCB는 삭제된다. 따라서 프로그램이 PCB를 얻으면(프로그램+PCB) 프로세스가 되고, 프로세스에서 PCB가 삭제되면(프로세스−PCB) 프로세스는 프로그램으로 돌아간다.

프로그램이 메모리에 올라온다고 해서 프로세스가 바로 실행되는 것은 아니다. 실행을 기다리는 많은 프로세스는 준비 상태에서 차례를 기다린다. 준비 상태에 있던 프로세스 중에서 CPU를 얻은 프로세스는 실행 상태가 되며, 모든 작업이 끝나면 프로세스는 완료 상태로 이동한다. 만약 자신의 타임 슬라이스를 다 사용하고도 작업이 끝나지 않았다면 다시 준비 상태로 돌아간다.

그런데 프로세스가 입출력을 요청할 때 문제가 발생한다. 입출력은 많은 시간이 소요되기 때문에 프로세스가 CPU를 차지한 채 입출력 완료를 기다리면 CPU가 하는 일 없이 시간만 보내게 된다. 따라서 입출력을 요청한 프로세스는 대기 상태로 이동시키고, CPU는 즉시 다른 프로세스를 실행하여 효율성을 높인다. 요청한 입출력이 완료되어 인터럽트가 발생하면, 대기 상태에 있던 프로세스는 준비 상태로 돌아가 차례를 기다린다.

[그림 3-5]는 프로세스의 상태가 어떻게 변하는지를 도식화한 것이다. 각 상태에 대한 자세한 설명은 다음과 같다.

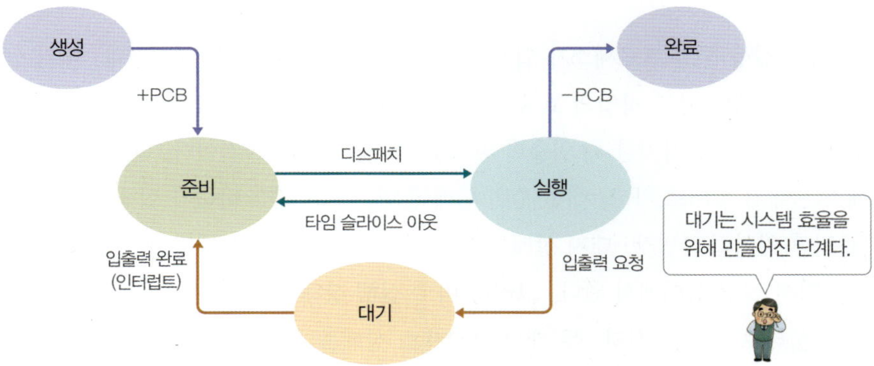

그림 3-5 프로세스 상태 전이도

■ **생성 상태**

생성 상태create status는 **프로그램이 메모리에 올라와 프로세스가 생성된 상태**이다. 프로그램이 메모리로 올라오고, 운영체제의 커널 영역에는 프로세스 제어 블록이 생성된다. 생성 상태의 모든 프로세스는 즉시 실행되지 않고 준비 큐ready queue에 삽입되어 준비 상태가 된다.

■ **준비 상태**

준비 상태ready status는 **운영체제가 프로세스에 CPU가 할당되기를 기다리는 상태이다.** CPU 스케줄러scheduler가 준비 큐의 PCB 중 하나를 골라 실행 상태로 보낸다. CPU 스케줄러가 어떤 PCB를 실행 상태로 보낼지 결정하는 과정을 디스패치dispatch라 부른다.

하이퍼링크

CPU 스케줄러는 준비 상태에서 큐를 몇 개 운영할지, 어떤 기준에 따라 실행 상태로 보낼 PCB를 선택할지를 결정한다. CPU 스케줄러의 작업 내용은 05장 'CPU 스케줄링'에서 자세히 설명한다.

■ **실행 상태**

실행 상태running status는 **CPU를 할당받아 실제 작업을 수행하는 상태**이다. 동시에 실행 가능한 프로세스의 개수는 CPU의 코어 개수만큼으로 제한된다. 실행 상태에 들어간 프로세스는 일정 시간time slice 동안 CPU 사용 권리를 갖는다. 만약 주어진 시간을 다 사용하고도time slice out 작업이 끝나지 않았다면 프로세스는 준비 상태로 돌아가 다음 차례를 기다린다. 시간 안에 작업이 끝나면 완료 상태로 이동한다.

프로세스가 타임 슬라이스를 전부 소비했는지 알려면 클록의 도움이 필요하다. 타임 슬라이스가 100ms인 프로세스는 100ms가 지나면 클록으로부터 인터럽트를 받아 CPU를 반환한다. 마치 100ms 후에 울리는 알람을 맞추어 놓은 것과 같다.

■ **대기 상태**

대기 상태waiting status는 **실행 중인 프로세스가 입출력을 요청한 후에 기다리는 상태**이다. 대기 상태는 준비 상태나 실행 상태와 달리 **작업의 효율을 위해 만들어진 상태**이다. 입출력은 시간이 오래 걸리므로 프로세스가 CPU를 차지한 채 입출력 완료를 기다리면 비효율적이다. 따라서 입출력을 요청한 프로세스는 대기 상태로 가고, 대신 준비 상태에 있는 프로세스 하나가 실행 상태로 간다. 입출력이 완료되면(인터럽트 발생) 대기 상태로 갔던 프로세스는 준비 상태로 옮겨진다. 대기 상태의 프로세스는 원래 실행 상태에서 왔다. 그러나 바로 실행 상태로 돌아가려면 현재 실행 중인 프로세스를 준비 상태로 보내야 한다. 두 개의 프로세스 상태를 동시에 변경하기는 복잡하므로, 대기 상태에 있던 프로세스는 입출력 완료 후 준비 상태로 돌아가 차례를 기다린다.

■ **완료 상태**

완료 상태terminated status는 **프로세스가 모든 작업을 완료한 상태**이다. 프로세스가 사용하던 메모리, 파일, CPU 등 자원이 반납되며 해당 프로세스의 프로세스 제어 블록은 삭제된다.

Note **비정상 종료와 코어 덤프**

프로세스는 return이나 exit()를 통해 정상적으로 종료되지만, 오류나 다른 프로세스에 의해 비정상 종료(강제 종료abort)되기도 한다. 강제 종료 직전의 메모리 상태를 저장하는 것을 코어 덤프core dump라고 하며, 코어 덤프를 통해 디버깅debugging할 수 있다.

프로세스의 비활성 상태

프로세스의 생성, 준비, 실행, 대기, 완료 상태는 프로세스가 작업을 수행 중인 상태이므로 활성 상태active status라고 한다. 반면 프로세스가 실행되지 않거나 메모리에서 제거된 상태는 비활성 상태inactive status라고 한다. 비활성 상태는 휴식 상태와 보류 상태로 구분한다.

휴식 상태pause status는 프로세스가 메모리에 있으나 일시적으로 실행을 멈춘 상태이다. 유닉스에서 Ctrl+Z를 누르면 프로세스가 정지한다. 이때 프로세스가 종료된 것처럼 보이지만, 휴식 상태에 진입한 것이다. 유닉스에서 jobs나 ps 명령어로 프로세스의 상태를 출력하면 정지되었음(stopped)을 확인할 수 있다.

휴식 상태의 프로세스는 멈춘 지점에서 재시작resume할 수 있다. [그림 3-6]에서 프로세스가 정지되었다가 bg를 입력했을 때 백그라운드에서 다시 실행된다.

```
$ sleep 100
^Z
[1]+ Stopped          sleep 100
$ jobs
[1]+ Stopped          sleep 100
$ bg
[1]+ sleep 100 &
$ jobs
[1]+ Running          sleep 100 &
```

그림 3-6 유닉스에서의 프로세스 휴식 상태

보류 상태suspended status는 프로세스가 메모리에서 쫓겨난 상태이다. 다음과 같은 경우에 운영체제가 일부 프로세스를 메모리에서 내보낸다.

- 메모리 부족으로 인해 일부 프로세스를 내보낼 때
- 프로그램에 오류가 발생하여 실행을 일시적으로 중단할 때
- 바이러스와 같이 악성 코드로 의심되는 프로세스를 차단할 때
- 입출력을 기다리는 프로세스가 너무 오래 대기할 때

이외에도 여러 가지 이유로 프로세스가 보류 상태에 들어가는데, 대부분이 컴퓨터의 성능을 떨어뜨리거나 실행을 미루어도 지장이 없는 프로세스인 경우이다. 보류 상태와 휴식 상태를 구분하자면, 보류 상태는 프로세스가 메모리에서 쫓겨난 상태이고 휴식 상태는 프로세스가 메모리에 있으나 실행을 멈춘 상태이다. 보류 상태는 '일시정지 상태'라고도 불린다.

[그림 3-7]은 프로세스의 보류 상태를 포함하는 프로세스 상태 전이도이다. 보류 상태는 대기에서 보류로 옮겨진 보류 대기 상태block suspend status와 준비에서 보류로 옮겨진 보류 준비 상태ready suspend status로 구분된다. 두 상태 모두 재시작하면 원래의 활성 상태로 돌아간다. 다만 보류 대기 상태에서는 입출력 완료 시 활성 상태가 아닌 보류 준비 상태로 옮겨진다.

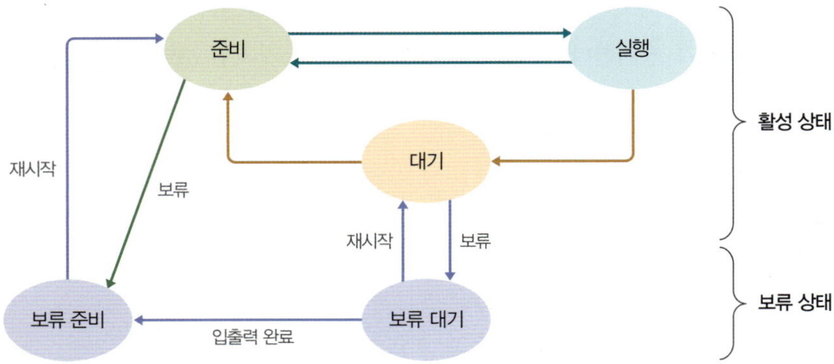

그림 3-7 보류 상태를 포함한 프로세스 상태 전이도

Note 프로세스 강제 종료

유닉스에서 Ctrl+C 키를 누르면 프로세스가 강제 종료된다. 강제 종료된 프로세스는 메모리에서 쫓겨나고 프로세스 제어 블록도 사라진다. 강제 종료된 프로세스는 재시작할 수 없으며, 처음부터 다시 시작해야 한다.

하이퍼링크

프로세스가 메모리에서 쫓겨나면 스왑 영역swap area에 저장된다. 09장 '페이징 메모리'에서 스왑 영역에 대해 자세히 설명한다.

SECTION 02

프로세스 제어 블록과 문맥 교환

1 프로세스 제어 블록

프로세스 제어 블록의 필요성

음식점에서 손님이 주문하면 주방에서 주문서를 확인한 다음 요리를 만든다. 주문서에는 음식 이름뿐만 아니라 주문이 들어온 순서, 주문한 테이블 번호, 고기의 굽기 정도, 제외할 재료와 같은 정보가 포함된다. 마찬가지로 운영체제가 작업을 관리하려면 프로세스별 작업 처리에 필요한 정보가 저장되어 있어야 한다. 운영체제는 프로세스가 실행되는 동안 필요한 다양한 정보를 프로세스 제어 블록(PCB)에 저장한다.

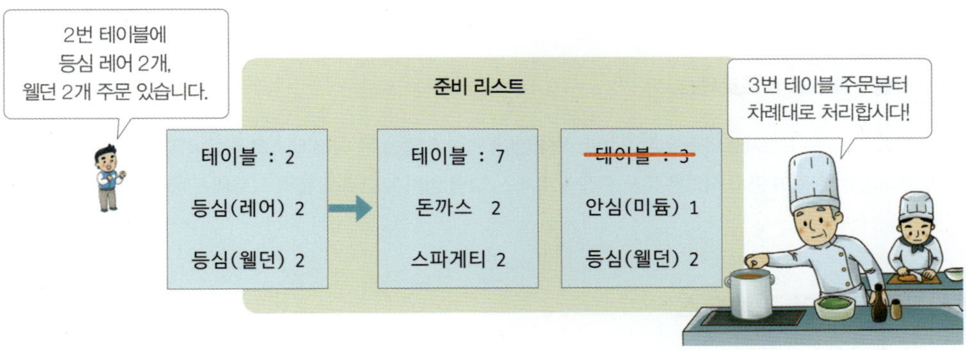

그림 3-8 주문서와 조리 작업

과거 일괄 작업 시스템batch job system에서는 한 번에 1개의 프로세스만 실행했기 때문에 PCB의 필요성이 크지 않았다. 그러나 현재의 컴퓨터는 시분할 시스템time-sharing system을 기반으로 여러 개의 프로세스를 동시에 실행하는 멀티태스킹multi-tasking을 수행한다. 멀티태스킹에서는 프로세스가 CPU를 사용하다가 다른 프로세스에 CPU를 넘겨준 후, 다시 CPU를 할당받아 작업을 이어가야 한다. 이때 이전의 작업 상태를 저장하고 다시 불러올 수 있도록 PCB에 관련 정보를 기록한다.

예를 들어 프로세스 A가 코드 103행까지 실행한 후 CPU를 다른 프로세스에 넘겨주었다고 가정하자. 시간이 지나 다시 프로세스 A가 CPU를 할당받았을 때는 104행부터 이어서 실행해야 한다.

이를 위해 PCB에 프로그램 카운터 값이 저장되어 있다. 이외에도 프로세스가 작업을 진행하는 데 필요한 여러 정보가 저장된다.

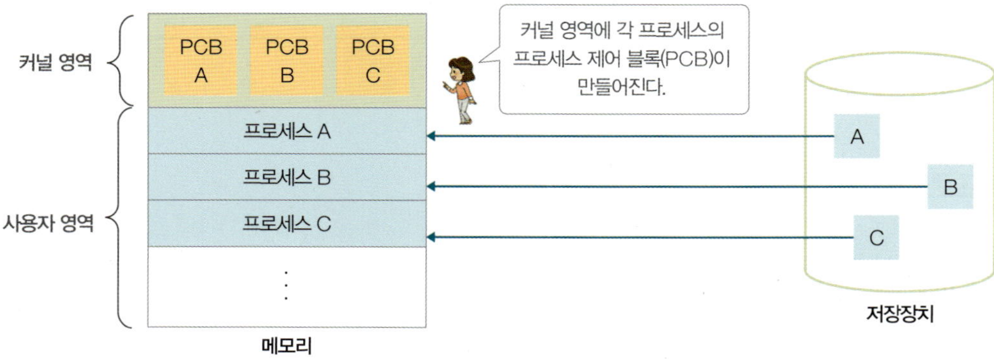

그림 3-9 프로세스와 PCB의 관계

모든 프로세스는 고유한 PCB를 가지며, 프로세스가 생성될 때 해당 프로세스의 커널 영역에 PCB가 생성된다. 프로세스가 완료될 때 프로세스가 사용하던 자원이 모두 반환되는데, 이때 PCB도 함께 반환된다.

> **Note** **작업 〉 태스크 = 프로세스**
>
> 이 책에서 태스크task는 프로세스와 동일한 의미로 해석한다. 또한 작업job은 여러 태스크 혹은 여러 프로세스를 모아놓은 개념이다. 예를 들어 문서 작업은 문서 편집 프로세스, 그림 입력 프로세스, 출력 프로세스 등의 집합이다.

프로세스 제어 블록의 구성 요소

프로세스 제어 블록(PCB)에는 프로세스 구분자, 메모리 정보, CPU 레지스터 값, 실행 상태 등 프로세스 실행 관리에 필요한 핵심 정보가 저장된다. [그림 3-10]는 PCB의 구성을 나타낸다.

- **포인터**: 준비 상태나 대기 상태인 프로세스는 큐에서 대기한다. 일반적으로 큐는 연결 리스트linked list로 구현된다. 따라서 PCB의 포인터는 다음 PCB와 연결하는 역할을 한다.
- **프로세스 상태**: 프로세스의 현재 상태를 저장하는 필드이다. 프로세스 상태는 생성, 준비, 실행, 대기, 완료, 보류 준비, 보류 대기 등이 있다. 예를 들어 실행 중인 프로세스가 입출력을 요청하면 해당 프로세스의 PCB에서는 프로세스 상태가 실행에서 대기로 변경된다.
- **프로세스 구분자(PIDProcess ID)**: 운영체제는 여러 프로세스를 관리하기 때문에, 각 프로세스를 구별하는 고유한 프로세스 구분자를 부여한다.

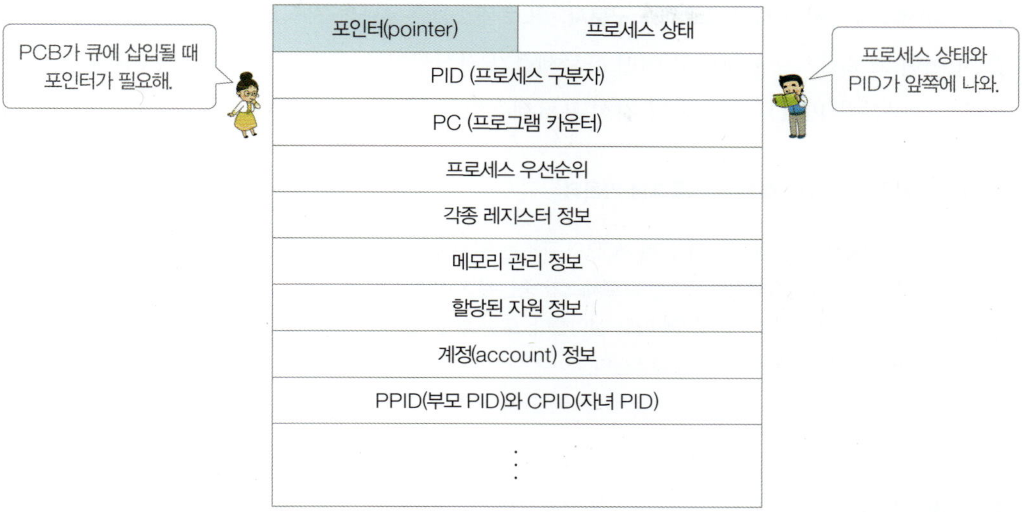

그림 3-10 **프로세스 제어 블록의 구성**

- **프로그램 카운터(PC):** 다음에 실행할 명령어의 위치를 저장하는 필드이다. 멀티태스킹 환경에서는 프로세스가 CPU를 사용하다가 중단될 수 있으므로, 프로세스를 다시 실행할 때 어느 명령어를 실행할지 반드시 저장되어 있어야 한다.
- **프로세스 우선순위:** 운영체제는 프로세스의 중요도에 따라 우선순위$_{\text{priority}}$를 부여한다. 우선순위가 높은 프로세스가 우선순위가 낮은 프로세스보다 먼저 실행된다. 커널 프로세스의 우선순위가 사용자 프로세스보다 높으며, 같은 커널 프로세스나 사용자 프로세스 사이에도 우선순위가 존재한다.
- **각종 레지스터 정보:** CPU는 레지스터를 사용하여 연산을 수행하며, 이전 실행에 사용한 레지스터의 값을 보관해야 다음에 실행할 때 작업을 이어갈 수 있다. 그래서 PCB에 자신이 사용하던 레지스터의 값을 보관한다. 프로세스가 실행되는 중에 사용하던 레지스터 값들이 레지스터 정보에 저장된다.
- **메모리 관리 정보:** 프로세스가 사용하는 메모리 주소 정보가 저장된다. 이 외에 각종 메모리 테이블 정보도 포함된다.
- **할당된 자원 정보:** 프로세스가 실행하는 동안 사용한 자원 목록을 저장한다. 열려 있는 파일 목록이나 사용 중인 입출력 장치의 정보가 저장된다. 예를 들어, 프로세스가 음악을 재생 중이라면, 사운드카드의 자원 정보가 저장된다.
- **계정 정보:** 사용자의 계정 번호, CPU 사용 시간, 실행 횟수 등 사용자가 컴퓨터를 사용하면서 발생하는 모든 정보가 저장된다. 따라서 특정 사용자가 CPU를 얼마나 사용했는지를 추적할 수 있다.

- **부모 프로세스 구분자와 자식 프로세스 구분자:** 프로세스들은 부모-자식의 계층구조를 이룬다. 작업 시 어떤 프로세스가 부모이고 어떤 프로세스가 자식인지를 구분한다. 따라서 PCB에 부모 프로세스의 구분자(PPID Parent PID)와 자식 프로세스의 구분자(CPID Child PID)가 저장된다.

> **Note 프로세스 제어 블록의 프로그램 카운터**
>
> 프로세스 제어 블록(PCB)의 구성과 실제 PCB의 구조는 일치하지 않을 수 있다. 프로그램 카운터(PC)는 다른 레지스터 정보와 함께 저장되지만, PC는 프로세스가 중단된 지점부터 실행되도록 보장하는 핵심 요소이며 문맥 교환에서도 중요한 역할을 하기 때문에 따로 설명했다. 또한 부모 프로세스와 자식 프로세스의 관계에 대해서는 03절 '프로세스 계층구조'에서 자세히 설명한다.

2 문맥 교환

문맥 교환의 개념

요리사가 8번 주문서의 새우튀김을 조리한 다음 9번 주문서의 등심 스테이크를 조리한다고 가정하자. [그림 3-11]과 같이 요리사는 8번 주문서를 준비 리스트로 옮기면서 9번 주문서를 가져와 2개의 주문서를 교환switching한다. 그런데 단순히 주문서를 교환하는 것만으로는 조리 작업의 전환이 이루어지지 않는다. 등심 스테이크를 조리하는 데 필요한 재료와 도구를 가져와야 한다. 이와 같이 조리 작업의 전환은 주문서를 바꿈과 동시에 작업 환경도 바꾸는 일이다.

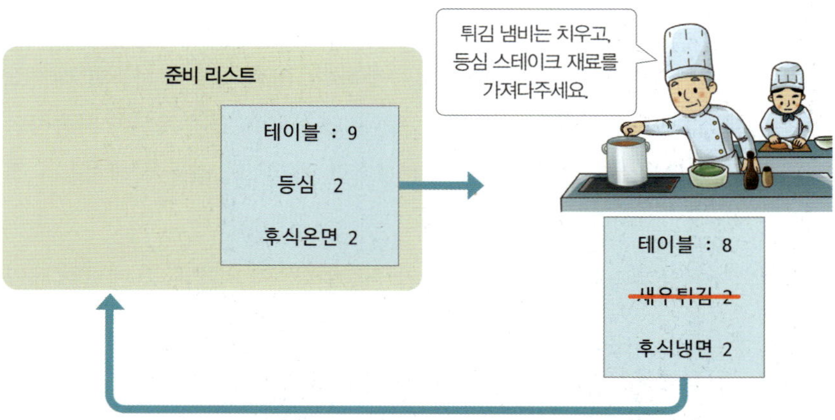

그림 3-11 주문서 교환

문맥 교환context switching은 CPU를 사용하던 프로세스를 중단하고 새로운 프로세스로 전환하는 과정이다. 실행 상태에서 나가는 프로세스의 PCB에는 지금까지의 작업 내용을 저장한다. 반대로 프로세스가 실행 상태로 들어오면 레지스터의 값을 PCB에 저장된 값으로 변경한다.

문맥 교환은 다음과 같이 다양한 상황에서 발생할 수 있다. 이 중에서 자신에게 주어진 CPU 사용 시간을 다 소비하는 것(타임 슬라이스 아웃)이 가장 일반적인 문맥 교환 상황이다.

- 프로세스가 할당된 작업 시간을 다 사용했을 때
- 실행 상태의 프로세스가 입출력을 요청하고 대기 상태로 옮겨 갈 때
- 인터럽트가 발생했을 때
- 인터럽트 관리 프로세스가 종료되었을 때

문맥 교환 과정

[그림 3-12]는 타임 슬라이스 아웃 상황에서 프로세스 P1과 프로세스 P2의 문맥 교환 과정을 보여준다.

❶ 실행 상태에 있는 프로세스 P1이 할당된 작업 시간을 다 사용한다.

❷ P1의 PCB에는 현재까지의 작업 결과가 저장되고 P1의 PCB가 준비 상태로 옮겨진다.

❸ 준비 상태에 있던 프로세스 P2의 PCB가 실행 상태로 진입한다.

❹ 레지스터를 P2의 PCB에 저장되어 있는 값으로 변경한다.

❺ P2의 작업을 진행한다.

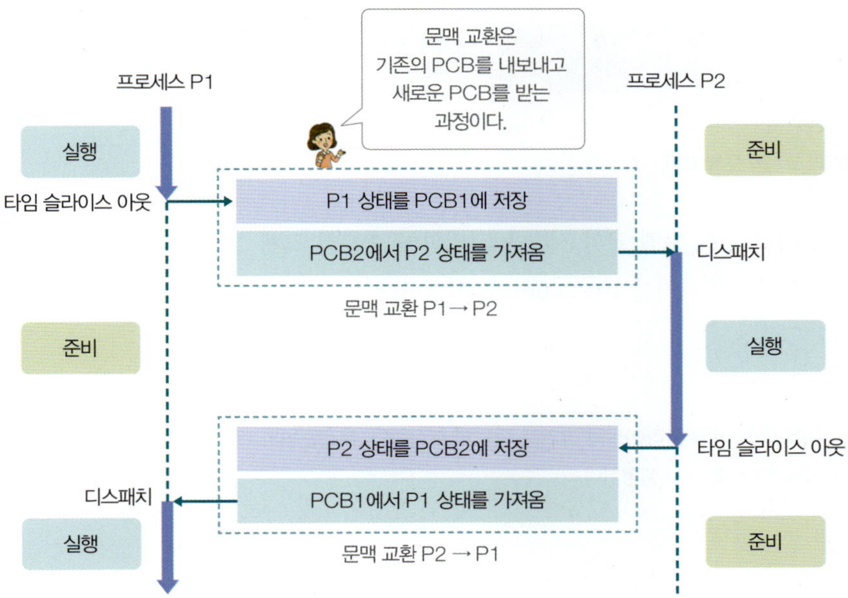

그림 3-12 문맥 교환 과정

문맥 교환과 타임 슬라이스의 크기

타임 슬라이스의 크기는 성능에 큰 영향을 미친다. 타임 슬라이스가 너무 크면 하나의 프로세스가 오래 실행되므로 다른 프로세스의 대기 시간이 길어진다. 예를 들어 [그림 3-13]의 (a)와 같이 큰 타임 슬라이스로 비디오 플레이어와 문서 편집기를 실행하면 비디오 재생이 끊기고 문서 편집기 반응 속도도 매우 느릴 것이다.

문맥 교환에도 일정한 시간이 필요하며, 문맥 교환 중에는 작업이 진행되지 않는다. 따라서 타임 슬라이스를 너무 작게 설정하면, 프로세스가 작업하는 시간보다 문맥 교환 시간이 더 커져서 성능이 저하된다. 예를 들어 [그림 3-13]의 (c)와 같이 문맥 교환에 필요한 시간이 5ms일 때, 타임 슬라이스의 크기를 1ms로 설정했다고 가정해 보자. 그러면 실제 작업 시간보다 문맥 교환에 더 많은 시간을 낭비하게 된다.

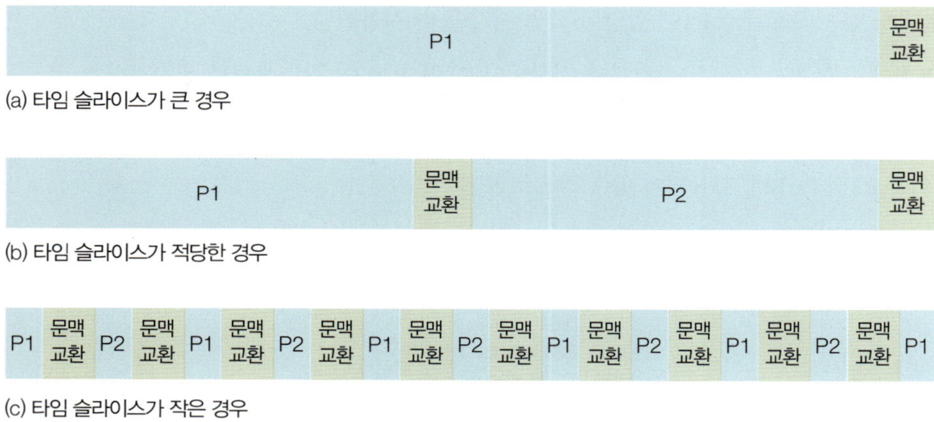

그림 3-13 타임 슬라이스의 크기와 문맥 교환

따라서 타임 슬라이스의 크기는 문맥 교환 시간을 고려하여 충분히 크게 설정해야 한다. 참고로 유닉스에서는 타임 슬라이스의 크기를 10~200ms로 설정한다.

하이퍼링크

유닉스에서는 우선순위에 따라 타임 슬라이스의 크기를 다르게 설정한다. 우선순위와 타임 슬라이스 크기의 관계는 05장 'CPU 스케줄링'에서 자세히 설명한다.

SECTION 03 프로세스 계층구조

1 프로세스 계층구조의 필요성

가비지 컬렉션

컴퓨터를 켜놓고 오래 사용하다 보면 점점 느려지는 것을 경험한 적이 있을 것이다. 이유는 프로세스가 종료되지 않았거나, 사용한 자원을 반환하지 않고 남겨두었기 때문이다. 프로세스가 완료되면 사용하던 메모리와 자원을 운영체제에 반납해야 한다. 그러나 일부 프로세스가 제대로 종료되지 않고 계속 메모리에 남아 있으면 자원이 불필요하게 낭비되면서 시스템 속도가 느려진다. 이때 컴퓨터를 껐다가 다시 시작하면 시스템이 원래 속도로 돌아온다. 그 이유는 모든 프로세스가 강제 종료되어 자원을 완전히 회수한 후에 다시 시작하기 때문이다.

따라서 운영체제의 역할 중 프로세스 실행만큼이나 중요한 것이 프로세스를 적절한 시점에 종료시키고 자원을 회수하는 일이다. 불필요한 프로세스를 정리하고 자원을 회수하는 것을 **가비지 컬렉션**garbage collection이라고 부른다. 그러나 많은 프로세스를 실행시키고, 자원을 필요한 프로세스에 배분하는 동시에, 가비지 컬렉션까지 수행하기는 쉽지 않다.

운영체제는 효율적인 자원 회수를 위해 서로 관련 있는 프로세스를 부모-자식 관계로 묶어서 관리한다. 부모 프로세스parent process가 자식 프로세스child process를 생성하고, 자식 프로세스가 종료되면 부모 프로세스가 자식 프로세스의 자원을 회수한다.

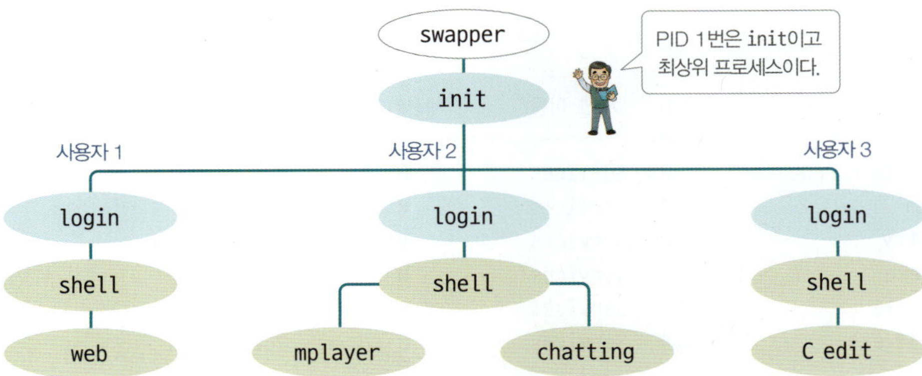

그림 3-14 유닉스 운영체제의 프로세스 계층구조

운영체제에서 실행되는 모든 프로세스는 부모-자식 관계를 형성한다. 따라서 관계가 계속 확장되어 트리tree 모양의 계층구조가 만들어진다. [그림 3-14]는 유닉스 운영체제에서의 프로세스의 계층구조를 나타낸다.

유닉스에서는 부팅 중에 커널 프로세스가 메모리로 올라온다. 커널 프로세스 중에서 프로세스 구분자(PID) 1번은 init 프로세스이다. init 프로세스는 모든 프로세스의 위에 있는 최상위 부모 프로세스이며, 이후 만들어지는 모든 커널 프로세스와 사용자 프로세스는 init의 자식 프로세스가 된다.

Note **init 프로세스와 systemd**

init 프로세스는 수십 년 전부터 사용된 프로세스이며, 많은 내용이 추가되면서 매우 복잡해졌다. 리눅스에서는 init의 불필요한 내용을 생략하고 다양한 상황에 대응할 수 있도록 systemd로 대체하였다. systemd는 init의 기존 내용뿐 아니라 다양한 추가 기능을 설정할 수 있다.
유닉스에서 ps -ef 명령어로 다음과 같이 전체 프로세스를 확인할 수 있다. PID 1번인 init 프로세스의 부모 프로세스는 PID 0번의 swapper이다. sched라고도 불리는 swapper는 커널의 메모리를 관리하는 프로세스인데, 운영체제 그 자체라고 생각하면 된다.

```
$ps -ef

UID        PID   PPID  C STIME TTY        TIME CMD
root         1      0  0 08:34 ?      00:00:06 /sbin/init splash
root         2      0  0 08:34 ?      00:00:00 [kthreadd]
root         3      2  0 08:34 ?      00:00:00 [rcu_gp]
root         4      2  0 08:34 ?      00:00:00 [rcu_par_gp]
root         5      2  0 08:34 ?      00:00:13 [kworker/0:0-events]
```

윈도우의 cmd 화면에서 tasklist를 입력하면 다음과 같이 전체 프로세스를 확인 할 수 있다. 유닉스의 swapper에 해당하는 PID 0번 프로세스가 'System Idle Process(시스템 유휴시간 프로세스)'이다.

```
C:>tasklist

이미지 이름                  PID  세션 이름        세션#    메모리 사용
=====================  =======  ============  ===========  ============
System Idle Process          0  Services          0            8 K
System                       4  Services          0        6,168 K
Registry                   180  Services          0       40,092 K
smss.exe                   664  Services          0          304 K
csrss.exe                  972  Services          0        3,148 K
wininit.exe                924  Services          0          768 K
```

커널 프로세스가 모두 생성되면 login 프로세스가 만들어진다. login 프로세스는 사용자가 컴퓨터에 처음으로 접근할 때 사용하는 프로세스이며 아이디와 패스워드가 일치하는지를 확인한다. login 프로세스가 종료되면, 셸(shell) 프로세스가 생성된다. 셸은 사용자와 커널을 연결하는 인터페이스 역할이다. 이후로는 사용자 프로세스가 생성된다. init 프로세스부터 사용자 프로세스까지 모든 프로세스가 하나의 계층구조를 형성한다.

2 프로세스 생성 시스템 호출

1장에서 언급했듯이, 프로세스는 시스템 호출system call을 통해서만 커널에 작업을 요청할 수 있다. 따라서 새로운 프로세스를 생성하거나 기존 프로세스를 변경하려면 반드시 시스템 호출을 실행해야 한다. 자식 프로세스를 생성하는 시스템 호출은 fork()이고, 프로세스 내용을 변경하는 시스템 호출은 exec()이다. 일반적으로 exec()는 fork()와 함께 사용하는데, fork()를 호출하여 자식 프로세스를 만든 다음 exec()를 호출하여 자식 프로세스의 내용을 변경한다.

자식 프로세스를 생성하는 fork()

fork()는 기존의 프로세스로부터 **자식 프로세스를 생성하는 시스템 호출**이다. fork()를 실행하면 새로운 자식 프로세스가 생성되며, 원래 존재하던 프로세스는 부모 프로세스가 된다. fork()를 통해 만들어진 부모-자식 프로세스는 서로 독립적인 프로세스이다.

구글 크롬Google Chrome 브라우저에서 Ctrl+N을 누르면 새로운 창이 생성된다. fork() 시스템 호출을 사용하여 부모 프로세스로부터 새로운 자식 프로세스를 만든 것이다. 처음 크롬 프로그램을 실행할 때는 하드디스크에서 메모리로 불러오기 때문에 속도가 느리다. 그러나 새로운 창을 열 때는 fork()를 통해 기존 프로세스를 메모리에서 복사하기 때문에 속도가 빠르다.

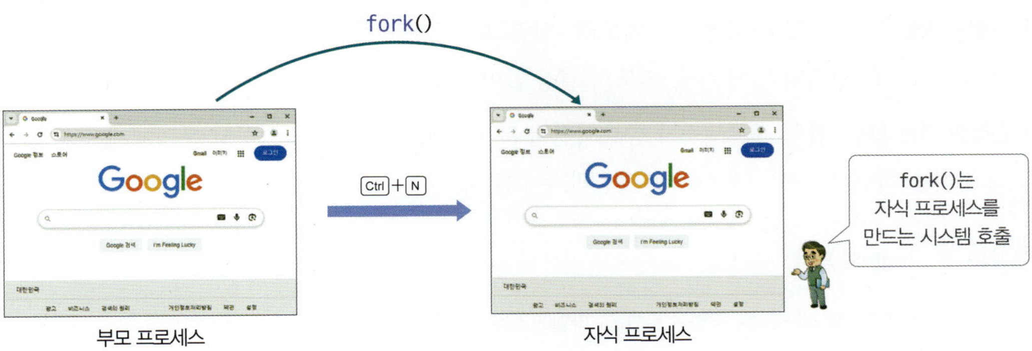

그림 3-15 fork() 시스템 호출

fork()를 사용하면 같은 프로세스를 여러 개 만들어 실행할 수 있다. 이 같은 방식을 다중 인스턴스multi-instance라고 부른다. 다중 인스턴스와 비교해서 한 번에 1개의 프로세스만 실행하는 방식을 단일 인스턴스single instance라고 부른다.

다중 인스턴스의 필요성은 login 프로세스에서 확인할 수 있다. 동시 접속자가 3명인데 login 프로세스가 하나만 실행된다고 가정하자. 단일 인스턴스에서는 첫 번째 사용자의 login 프로세스가 완료될 때까지 다른 사용자들이 기다려야 한다. 반면 fork()를 사용하여 사용자마다 개별로 login 프로세스를 생성하면, 동시에 여러 사용자가 로그인할 수 있다. 즉, 동시 접속자 수가 늘어날 때마다 login 프로세스를 생성하면 모든 사용자를 동시에 처리할 수 있다는 장점이 있다.

(a) 단일 인스턴스 (b) 다중 인스턴스

그림 3-16 fork()와 다중 인스턴스

fork() 시스템 호출의 장점은 다음과 같다.

- **병렬 처리 구현**: 여러 프로세스를 동시에 실행하여 안정적인 병렬 처리 환경을 제공한다.
- **빠른 프로세스 생성**: 현재 실행 중인 프로세스를 복제하여 새로운 프로세스를 생성하므로, 복잡한 초기화 과정 없이 빠르게 프로세스를 만들 수 있다.
- **손쉬운 자원 상속**: 부모 프로세스의 메모리, 열린 파일, 환경 변수 등 대부분의 자원이 자식 프로세스에 그대로 상속되기 때문에, 별도의 설정 없이 부모의 자원을 그대로 사용할 수 있다.
- **편리한 자원 회수**: 자식 프로세스가 종료되면 부모 프로세스가 이를 감지하고 운영체제가 자동으로 자원을 회수하기 때문에 시스템 자원의 누수를 방지하는 데 도움이 된다.

Note **login의 의미**

운영체제에서 이루어지는 모든 작업은 로그log 파일에 보관된다. 따라서 login 프로세스란 컴퓨터 작업 기록인 로그에 들어간다는 의미이다. 반대로 시스템을 빠져나가는 프로세스는 로그에서 나간다는 의미로 logout이라 부른다.

[그림 3-17]은 fork() 코드의 작동 과정을 보여준다. pd = fork()가 실행되면 자식 프로세스가 만들어진다. 부모와 자식을 구별하는 것은 pd 값이다. pd == 0이면 자식 프로세스이고 pd > 0이면 부모 프로세스이다.

```c
#include <stdio.h>
#include <unistd.h>
#include <sys/wait.h>

int main( ) {
   int pd;

   pd = fork();

   if (pd == 0) {
      printf("Child %d\n", getpid());
   } else if (pd > 0) {
      wait(NULL);
      printf("Parent %d\n", getpid());
   } else {   // pid == -1
      printf("Fork failed\n");
   }
   return 0;
}
```

부모 프로세스

```c
#include <stdio.h>
#include <unistd.h>
#include <sys/wait.h>

int main( ) {
   int pd;

   pd = fork();

   if (pd == 0) {
      printf("Child %d\n", getpid());
   } else if (pd > 0) {
      wait(NULL);
      printf("Parent %d\n", getpid());
   } else {   // pid == -1
      printf("Fork failed\n");
   }
   return 0;
}
```

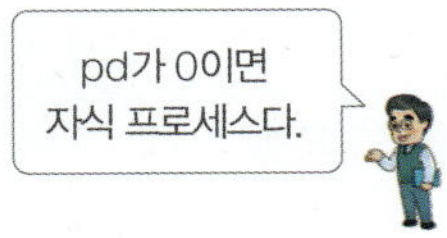

자식 프로세스

그림 3-17 fork() 작동 사례

fork() 이후부터는 부모 프로세스(pd > 0)와 자식 프로세스(pd == 0)가 서로 독립적인 프로세스이기 때문에 누가 먼저 실행될지는 알 수 없다. 그러나 부모 프로세스는 자식 프로세스 종료를 기다렸다가 자원을 회수할 의무가 있다. 그래서 부모 프로세스는 wait() 함수를 사용하여 자식 프로세스를 기다린다. 그동안 자식 프로세스는 printf("Child %d \n", getpid())를 실행한다. getpid()는 프로세스 구분자(PID) 값을 반환하는 함수이다. 자식 프로세스 종료 이후에 부모 프로세스의 printf("Parent %d \n", getpid())가 실행된다. 따라서 Child의 PID가 출력된 다음에 Parent의 PID가 출력된다.

> **Note** **fork()의 반환 값**
>
> pd = fork()에서 pd는 부모(pd > 0), 자식(pd == 0), fork 실패(pd == -1)의 값만 가진다. pd는 운영체제가 부여한 프로세스 구분자(PID)와는 다르다. PID 값을 알고 싶으면 getpid()를 사용한다.

[그림 3-18]은 fork() 실행 이후 부모 프로세스와 자식 프로세스의 PCB 변화를 보여준다. 부모 프로세스 PCB의 대부분이 자식 프로세스의 PCB에 복사되지만, 일부 내용이 달라진다.

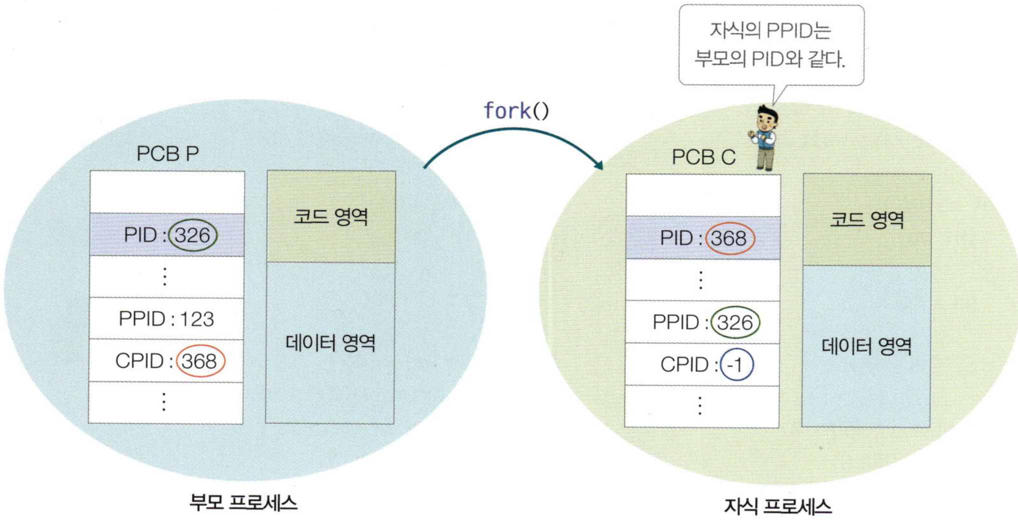

그림 3-18 fork() 호출 후의 PCB

우선 부모 프로세스와 자식 프로세스가 차지하는 메모리의 위치가 다르므로 메모리 정보가 변경된다. 그림에서 부모 프로세스의 PID는 326, 자식 프로세스의 PID는 368로 서로 다르다. 부모와 자식의 집 주소가 같더라도 주민등록번호가 다른 것과 마찬가지이다.

부모 프로세스 PID를 저장하는 부모 프로세스 구분자(PPID)와 자식 프로세스 PID를 저장하는 자식 프로세스 구분자(CPID)도 변경된다. [그림 3-18]의 부모 프로세스 PCB에서 자식 프로세스를 가리키는 CPID는 368이다. 자식 프로세스의 PCB에서 부모 프로세스를 가리키는 PPID는 326이다. 또한 새로 만들어진 프로세스에는 자식 프로세스가 없으므로 CPID가 −1이다.

3 프로세스 재사용 시스템 호출

프로세스를 재사용하는 exec()

exec()는 운영체제에서 기존 프로세스를 완전히 종료하고 새로운 프로세스를 실행하는 대신 **기존 프로세스에서 코드만 새로운 프로그램으로 변경**하는 시스템 호출이다.

유닉스에서 login 프로세스가 완료되면 shell 프로세스가 실행되어 사용자의 명령을 처리한다. [그림 3-19]의 (a)는 login 프로세스를 종료하고 새로운 shell 프로세스를 생성하는 경우를 보여준다. login 프로세스가 차지한 메모리 공간을 비우고 PCB를 제거한다. 이후에 shell 프로세스를 위한 메모리 공간을 확보하고 새로운 PCB를 만든다.

반면 (b)와 같이 exec()를 호출하면 기존 login 프로세스를 재사용할 수 있다. 다시 말해 exec("shell")은 login 프로세스의 틀을 유지한 채 내부 코드만 shell 프로세스로 바꿔준다. 메모리와 PCB를 정리하고 새로 만드는 과정이 생략되기 때문에 (a)보다 효율적이다.

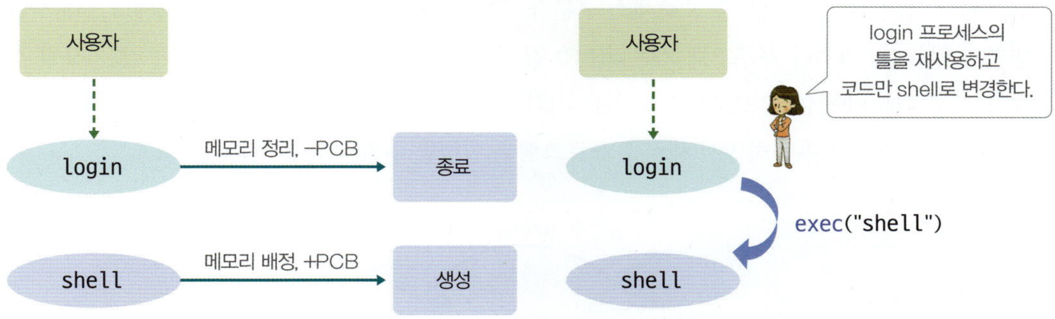

(a) 프로세스를 없애고 새로운 프로세스 생성

(b) exec()를 호출하여 기존 프로세스 재사용

그림 3-19 exec()와 프로세스 재사용

[코드 3-1]은 exec()를 실행하는 예제이다. 6행은 화면에 Before exec()를 출력한다. 7행 execlp()이 실행되면, 기존 코드가 ls 프로세스로 완전히 변경되어 ls -a의 실행 결과가 화면에 출력된다. 7행부터 코드가 ls로 바뀌었기 때문에 8행은 화면에 출력되지 않는다.

코드 3-1 exec() 실행 사례

```
01  #include <stdio.h>
02  #include <unistd.h>
03
04  void main( ) {
05
06      printf("Before exec() \n");
07      execlp("ls", "ls", "-a", (char *)NULL);
08      printf("After exec() \n");
09  }
```

```
Before exec()
. .. a.out  main.c      <- ls -a 실행 결과
```

Note **exec() 함수의 종류**

exec() 함수는 unistd.h 라이브러리에 있으며, 매개변수parameter 형식에 따라 execl(), execlp(), execle(), execv(), execvp(), execvpe() 중 하나를 사용한다.

[그림 3-20]은 exec() 사용 후 프로세스의 변화를 나타낸다. exec()를 실행하면 기존의 PCB를 유지하면서, 기존의 코드 영역이 새로운 코드로 완전히 교체된다. 또한 데이터 영역은 리셋reset 된다.

프로세스 제어 블록의 내용 중 프로세스 구분자, 부모 프로세스 구분자, 자식 프로세스 구분자는 변하지 않는다. 그러나 프로그램 카운터(PC) 값을 비롯한 각종 레지스터나 파일과 같은 자원 정보가 모두 리셋되어 마치 프로세스를 처음 시작하는 것처럼 정리된다. 이와 같이 exec()는 기존의 PCB와 메모리를 유지하면서 새로운 프로그램을 실행할 수 있도록 바꿔준다.

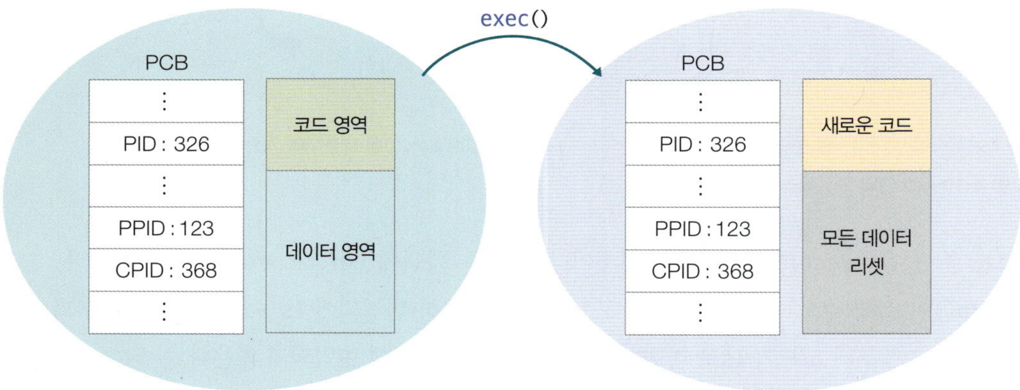

그림 3-20 exec() 사용 후 프로세스의 변화

유닉스 셸에서 fork()와 exec()을 함께 사용하기

일반적으로 exec()는 fork()와 함께 사용한다. fork()를 사용하여 자식 프로세스를 생성한 다음 exec()를 사용하여 자식 프로세스를 새로운 프로세스로 변경한다. 다시 말해 fork()-exec()를 사용하면 부모-자식 관계를 유지하면서도 새로운 프로세스를 실행할 수 있다.

fork()-exec()를 사용하는 대표적인 경우가 유닉스의 셸 프로세스에서 명령어를 실행할 때이다. 다음은 유닉스 셸의 한 종류인 bash에서 현재 실행 중인 프로세스를 출력하는 ps -f 명령어를 실행한 결과이다. bash 프로세스의 PID와 자식 프로세스인 ps -f 프로세스의 PPID가 2168로 서로 같다. 이는 셸에서 fork()를 호출하여 자식 셸 프로세스를 만들고, 자식 셸 프로세스에서 exec("ps -f")를 실행했기 때문이다.

```
$ ps -f
UID       PID     PPID      C   STIME TTY          TIME   CMD
hs        2168    2153      0   11:59 pts/0    00:00:00   bash
hs        3030    2168      0   12:00 pts/0    00:00:00   ps -f
```

[그림 3-21]은 fork()와 exec()를 함께 사용했을 때 프로세스의 변화를 보여준다. fork()를 호출하여 새로 만들어진 bash 프로세스는 exec("ps")를 호출한 후에 ps -f 프로세스로 바뀐다. 자식 프로세스인 ps -f가 종료되면, 부모 프로세스인 bash에 끝났음을 알리는 신호를 보낸다. wait()를 사용하여 기다리고 있던 bash는 종료 신호를 받은 후 다음 명령을 실행한다.

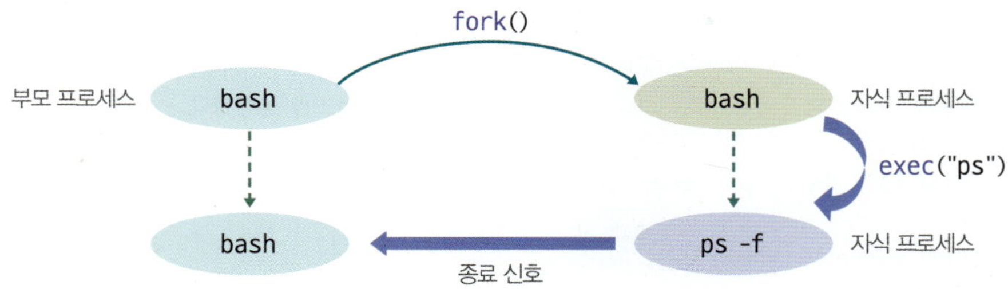

그림 3-21 fork()와 exec()을 함께 사용

4 프로세스 동기화

부모가 자식 프로세스를 기다리게 하는 wait()

프로세스의 계층구조가 중요한 이유는 자식 프로세스가 종료될 때 부모 프로세스에 알려야 운영체제가 자식 프로세스의 자원을 회수하기 때문이라고 설명했다. 그런데 자식 프로세스가 종료되기 전에 부모 프로세스가 먼저 종료되면 자식 프로세스는 돌아갈 곳이 없는 고아 프로세스orphan process가 된다. 고아 프로세스를 방지하기 위해서는 부모 프로세스에서 wait()를 호출해야 한다. wait()는 자식 프로세스가 끝나서 종료 신호를 보낼 때까지 기다리는 함수이다.

[코드 3-2]는 fork()와 exec()를 사용한 사례이다. 8행에서 fork()를 호출하여 자식 프로세스를 생성한 후, 10행에서 execlp()를 호출하여 ls -a 프로세스로 변경한다. 13행에서 wait()을 호출했기 때문에 부모 프로세스의 14행은 자식 프로세스가 끝날 때까지 실행되지 않는다. 실행 결과를 보면, 자식 프로세스의 ls -a 실행을 마친 후에 14행에서 Child Finished를 출력하고 부모 프로세스가 끝난다.

만약 13행의 wait()가 없다면, 부모 프로세스의 Child finished가 먼저 출력된 후에 ls -a의 결과가 출력될 수도 있다. 이 경우 부모 프로세스가 먼저 종료되었기 때문에 자식 프로세스는 고아 프로세스가 된다.

코드 3-2 fork()와 exec()의 동작

```
#include <stdio.h>
#include <unistd.h>
#include <sys/wait.h>

int main( ) {
    int pd;

    pd = fork();                               // 자식 프로세스를 생성한다.
    if (pd == 0)
        execlp("ls", "ls", "-a", (char *)NULL);   // 자식을 ls로 변경한다.
    else {
        printf("Parent waiting \n");
        wait(NULL);                            // 자식을 기다린다.
        printf("Child finished \n");
    }
    return 0;
}
```

```
Parent waiting
. .. a.out  main.c
Child Finished
```

고아 프로세스가 발생하면 운영체제는 이를 init 프로세스로 입양 보낸다. 즉 고아 프로세스의 부모 PID는 init의 PID인 1이 되며, 이후 init가 부모 프로세스의 역할을 한다. **좀비 프로세스zombie process는 자식 프로세스가 종료되었지만 부모 프로세스가 이를 인식하지 못했을 때 발생**한다. 좀비 프로세스는 고아 프로세스와 달리 운영체제가 정리하지 않아 남겨진 프로세스이다. 따라서 좀비 프로세스가 많아질수록 시스템이 느려진다.

[그림 3-22]는 wait()와 exit()을 포함하여 앞의 [그림 3-21]을 좀 더 정확하게 그린 것이다. 자식 프로세스는 종료될 때 exit()을 호출하여 프로세스가 끝났음을 알리며, 부모 프로세스는 wait()를 호출하여 자식 프로세스를 기다렸다가 자식 프로세스가 종료되었을 때 다음 작업을 시작한다.

Note **프로세스 종료를 알리는 방법**

C 언어를 처음 배울 때 main() 함수의 가장 마지막에 return 0;을 쓰라고 배웠을 것이다. 모든 프로세스는 계층구조를 가지기 때문에, 실행 중인 C 코드도 누군가(유닉스에서는 셸)의 자식 프로세스이다. 따라서 return 0은 C 코드의 부모 프로세스에 작업이 끝났음을 알려준다. return 0을 만나면 프로세스가 종료되고, 사용하던 자원은 회수된다.

[코드 3-2]에서는 보이지 않지만, execlp()를 통해 만들어진 ls 프로세스의 마지막 코드는 exit(0)이다. return 0보다 더 명시적으로 프로세스가 끝났음을 알리는 함수가 exit()이다. exit(0)이나 return 0을 사용하지 않아도 컴파일된 실행 파일의 마지막에는 exit(0)이 자동으로 삽입된다. 그래서 return 0을 사용하지 않아도 문제가 발생하지는 않는다.

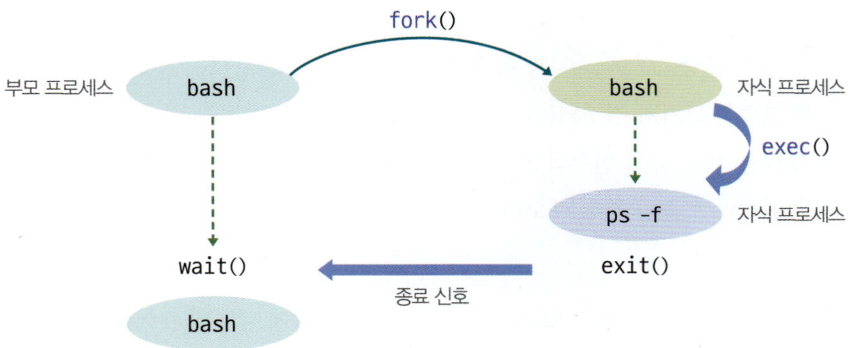

그림 3-22 wait()와 exit()의 동작

Note **전면 프로세스와 후면 프로세스**

윈도우 운영체제에서 눈에 보이는 창에서 작동하는 프로세스를 전면 프로세스foreground process라 부르고, 뒤에서 작동하는 프로세스를 후면 프로세스background process라고 부른다. 유닉스의 셸에도 전면 프로세스와 후면 프로세스 개념이 적용되는데, 후면 프로세스를 만들려면 명령어 뒤에 &를 붙인다. 예를 들어 ls -l은 전면 프로세스로 실행되고, ls -l &은 후면 프로세스로 실행된다.

```
$ ls -l &          <- 후면 프로세스로 실행
```

전면 프로세스에서는 작업이 끝날 때까지 셸이 다음 명령어의 입력을 받아들이지 않는다. 반대로 후면 프로세스에서는 프로세스를 실행한 후 셸이 바로 다음 명령어를 실행할 준비를 한다. 이는 새로운 프로세스를 실행할 때 wait() 함수를 사용한 경우와 사용하지 않은 경우의 차이이다. 전면 프로세스에서는 셸이 wait() 함수를 사용하기 때문에 자식 프로세스가 끝날 때까지 다음 명령어를 입력받을 수 없지만, 후면 프로세스에서는 셸이 wait() 함수를 사용하지 않기 때문에 다음 명령어를 받아들일 수 있다.

SECTION 04 심화 프로세스의 데이터 영역

데이터 영역

코드가 사용하는 변수를 전역변수global variable와 지역변수local variable로 나눌 수 있다. 전역변수는 코드가 실행되는 동안 유지되는 변수이다. 지역변수는 함수를 호출할 때 만들어졌다가 호출이 끝나면 사라지는 변수이다.

한편 변수 할당 방식은 정적 할당static allocation과 동적 할당dynamic allocation으로 구분한다. 정적 할당은 변수를 생성할 때 변수의 크기가 결정되는데, 배열array을 비롯한 일반적인 변수는 모두 정적 할당 변수이다. 동적 할당은 실행 중에 변수의 크기가 변한다. 대표적인 동적 할당 변수인 포인터 변수는 `malloc()` 등의 시스템 호출을 통해 메모리를 할당받고, `free()`를 통해 메모리 할당을 해제한다.

[그림 3-23]은 오른쪽 코드를 실행할 때의 프로세스 상세 구조를 왼쪽에 나타낸 것이다.

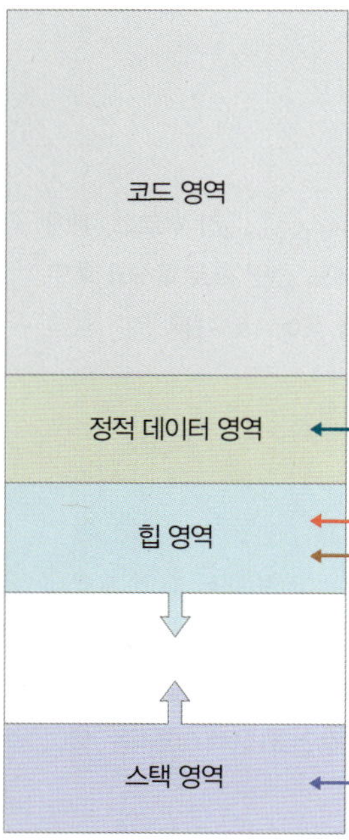

프로세스 구조

```c
#include <stdio.h>
#include <stdlib.h>

int sum = 0;        /* 전역변수 */

int main() {
    int max;        /* 지역변수 */
    double *dmp;

    dmp = (double *)malloc(sizeof(double));
    scanf("%lf", &dmp);
    sum = sum + dmp;

    free(dmp);
    printf("sum = %.1lf", sum);

    return 0;
}
```

코드

그림 3-23 프로세스의 상세 구조

코드는 기계어로 번역되어 코드 영역에 위치한다. 또한 코드 실행 중에 사용되는 데이터들은 종류에 따라 정적 영역, 힙 영역, 스택 영역에 배치된다.

프로세스의 가변적 영역

코드 영역과 정적 데이터 영역은 크기가 고정되어 있으며, 프로세스 실행 중에 계속 유지된다. 프로세스 구조에서 정적 데이터 영역은 프로세스가 실행되는 동안 계속 살아 있는 시스템 호출 중 크기가 결정된 변수가 저장되는 영역이다.

반면 힙 영역과 스택 영역은 생성되었다가 사라지는 데이터가 사용하는 영역이기 때문에 크기가 동적으로 변한다. 힙 영역은 동적 할당되는 데이터가 저장되는 영역이다. `malloc()`을 사용하여 메모리를 동적으로 할당하고, `free()`로 메모리 할당을 해제한다. 스택 영역은 함수 호출 시 지역 변수 및 복귀 주소$_{\text{return address}}$가 저장되는 영역으로, 마찬가지로 크기가 가변적이다.

그런데 프로세스마다 할당된 공간이 제한적이므로 가변적인 힙 영역과 스택 영역을 같은 방향으로 움직이게 하면 공간 관리가 어려워진다. 따라서 힙 영역은 낮은 주소에서 높은 주소 방향으로 성장하고, 스택 영역은 높은 주소에서 낮은 주소 방향으로 성장하게 만든다. 이렇게 하면 힙과 스택이 서로 반대 방향으로 확장할 공간을 확보할 수 있으며, 메모리 낭비를 최소화하여 효율적으로 관리할 수 있다.

코드에서 함수를 호출하면 해당 함수 안에서 사용하는 지역변수가 만들어지며, 지역변수는 함수가 종료될 때 자동으로 메모리에서 제거된다. 또한 함수가 종료된 후 다시 실행을 이어갈 위치(복귀 주소)도 함께 저장되어야 한다.

스택에 데이터를 넣는 동작을 PUSH라 부르고, 스택에서 데이터를 빼내는 동작을 POP이라 부른다. 함수를 호출하여 사용한 후에 다시 원래의 위치로 돌아오는 과정은 스택 동작에 들어맞는다. 함수를 호출할 때 지역변수와 복귀 주소를 스택에 저장(PUSH)하고, 함수 실행이 끝나면 저장된 데이터를 제거(POP)하고 원래 위치로 복귀한다.

[그림 3-24]는 함수 호출과 스택의 변화를 보여준다. `main()` 함수에서 사용하는 지역변수 `a`와 `b`가 스택에 저장(PUSH)된다. `main()`의 13행에서 함수 `add(a, b)`를 호출하면 `add()`가 사용하는 지역변수 `c`와 `d`, 함수의 복귀 주소인 14가 같이 스택에 저장(PUSH)된다. 또한 `add()`의 6행에서 `mul(c, d)`를 호출하면 `mul()`이 사용하는 지역변수 `e`와 `f`, 함수의 복귀 주소인 7이 같이 스택에 저장된다.

```
01  mul(int e, int f) {
02      printf("mul %d\n", e * f);
03  }
04
05  add(int c, int d) {
06      mul(c, d);
07      printf("add %d\n", c + d);
08  }
09
10  void main() {
11      int a = 1, b = 2;
12
13      add(a, b);
14      printf("main \n");
15  }
```

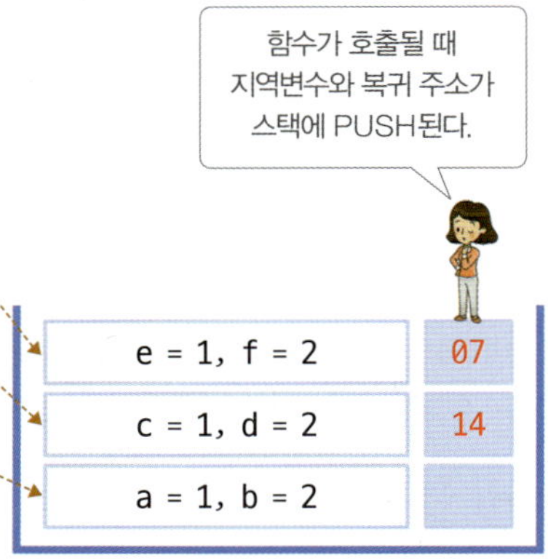

그림 3-24 함수 호출과 스택

요약

01 운영체제에서 프로세스는 하나의 작업 단위이며, 프로그램이 실행된다는 것은 해당 코드가 메모리에 올라와 프로세스가 된다는 것을 의미한다.

02 메모리에 있는 프로세스는 코드 영역과 데이터 영역으로 나뉘며, 데이터 영역은 다시 정적 데이터 영역, 힙 영역, 스택 영역으로 나뉜다. 코드 영역은 읽기 전용이다.

영역		설명
코드 영역		읽기 전용 영역이며, 프로그램 실행 코드를 저장한다.
데이터 영역	정적 데이터 영역	크기가 고정된 영역이며, 정적 변수나 전역변수를 저장한다.
	힙 영역	동적 메모리 할당 영역이다.
	스택 영역	스택을 사용하여 함수를 호출하고 지역변수를 관리한다.

03 프로세스는 생성, 준비, 실행, 대기, 완료 상태를 거친다.

상태	설명
생성	프로그램이 메모리에 올라와 프로세스로 변환된다.
준비	준비 큐에서 실행 차례를 기다린다.
실행	CPU를 할당받아 작업을 수행한다.
대기	입출력 요청으로 인해 대기하는 상태이며, 입출력 완료 후에는 준비 상태로 이동한다.
완료	프로세스가 작업을 끝내고 사용한 자원을 반납하여 종료된 상태이다.

04 프로세스 제어 블록(PCB)은 프로세스가 실행하는 동안 필요한 정보를 저장하는 자료구조이다. 프로세스가 생성 상태일 때 커널 영역에 PCB가 만들어진다. 문맥 교환은 CPU를 사용하던 프로세스가 중단되고 새로운 프로세스로 전환되는 과정이다. 문맥 교환 중에는 CPU가 연산 작업을 할 수 없으므로 문맥 교환의 빈도가 컴퓨터 성능에 영향을 미친다.

05 모든 프로세스는 부모-자식 관계의 계층구조를 가진다. 유닉스에서 `init` 프로세스는 프로세스 번호 1번이면서 모든 프로세스의 최고 조상 프로세스이다. 프로세스의 계층구조는 프로세스가 종료되었을 때 가비지 컬렉션을 효과적으로 수행하기 위함이다.

06 프로세스 관련 주요 시스템 호출로 `fork()`, `exec()`, `exit()`, `wait()`이 있다.

함수	설명
fork()	자식 프로세스를 생성한다. 원래 프로세스는 부모 프로세스가 된다.
exec()	프로세스의 껍데기를 재사용하여 부모-자식 관계를 유지하면서 코드 내용만 변경한다.
exit()	부모 프로세스에 프로세스 종료 신호를 보낸다.
wait()	부모가 자식 프로세스 종료를 기다리도록 하여 고아 프로세스나 좀비 프로세스를 방지한다.

연습 문제

01 프로그램이 실행을 위해 메모리에 적재된 동적인 상태는 무엇인가?

① 소스 코드 ② 프로세스

③ 프로그램 ④ PCB

02 운영체제에서의 작업 단위는 무엇인가?

① 소스 코드 ② 프로세스

③ 프로그램 ④ PCB

03 프로그램이 실행된다는 것은 해당 코드가 (　)에 적재되어 프로세스로 전환되는 것이다. 괄호에 들어갈 용어는 무엇인가?

① 캐시 ② 저장장치

③ 메모리 ④ CPU

04 다음 중 프로세스가 실행되는 동안 작업 처리에 필요한 정보를 저장하는 자료구조는 무엇인가?

① stack ② PC

③ queue ④ PCB

05 프로세스 제어 블록은 메모리의 어느 영역에 만들어지는가?

① kernel ② queue

③ stack ④ MBR

06 다음 중 프로세스를 구성하는 영역이 아닌 것은 무엇인가?

① 코드 영역 ② 정적 데이터 영역

③ 스왑 영역 ④ 스택 영역

07 프로세스 영역 중 나머지 세 개와 종류가 다른 것을 찾으시오.

① 코드 영역 ② 정적 데이터 영역

③ 힙 영역 ④ 스택 영역

08 다음 중 프로세스 영역에 대한 설명으로 틀린 것을 찾으시오.

① 코드 영역 내의 모든 데이터는 읽기 전용이다.

② 전역변수는 정적 데이터 영역에 저장된다.

③ 지역변수는 크기가 동적으로 변하는 힙 영역에 저장된다.

④ 함수 호출 후 돌아올 주소는 스택 영역에 저장된다.

09 다음 중 프로세스 상태에 대한 설명으로 맞는 것을 찾으시오.

① 준비 상태는 입출력 효율과 가장 관련 있는 프로세스 상태이다.

② 대기 상태는 프로세스가 CPU를 할당받기 전에 기다리는 상태이다.

③ 실행 상태의 프로세스가 입출력을 요청하면 생성 상태가 된다.

④ 실행 상태의 프로세스가 작업이 끝나기 전에 타임 슬라이스 아웃에 걸리면 준비 상태가 된다.

10 다음 중 프로세스 상태에 대한 설명으로 틀린 것을 찾으시오.

① CPU 스케줄러가 디스패치한 프로세스는 실행 상태가 된다.

② 실행 상태는 활성 상태에 해당한다.

③ 보류 상태는 프로세스가 메모리에 남아 있지만 작업을 정지한 상태이다.

④ 대기 상태의 프로세스는 입출력이 완료되면 완료 상태가 된다.

11 다음 프로세스 상태 중 활성 상태가 아닌 것을 찾으시오.

① 보류 상태 ② 대기 상태

③ 완료 상태 ④ 준비 상태

12 다음 프로세스 상태 중 프로세스가 살아 있지만 메모리에서 쫓겨난 상태를 찾으시오.

① 보류 상태　② 대기 상태
③ 완료 상태　④ 휴식 상태

13 다음 중 준비 상태가 아닌 프로세스를 찾으시오.

① 프로세스 A가 CPU를 할당받기 전에 기다리고 있다.
② 프로세스 B가 데이터 출력을 요청했는데, 방금 완료되었다.
③ 프로세스 C가 데이터 입력을 요청하고 기다리고 있다.
④ 프로세스 D의 작업이 끝나지 않았지만 타임 슬라이스 아웃되었다.

14 다음 중 두 프로세스의 PCB를 교환하고 작업 환경을 교체하는 작업은 무엇인가?

① 활성 상태　② 다단계 큐
③ 다중 인스턴스　④ 문맥 교환

15 다음 중 타임 슬라이스의 크기를 정하는 기준으로 적절한 것은 무엇인가?

① 문맥 교환　② 다단계 큐
③ 다중 인스턴스　④ 활성 상태

16 다음 중 종료된 프로세스가 사용하던 자원을 회수하는 작업은 무엇인가?

① init process　② zombi process
③ orphan process　④ garbage collection

17 다음 중 유닉스 운영체제에서 프로세스 번호 1번이면서 모든 프로세스의 조상인 프로세스는 무엇인가?

① `init`　② `login`
③ `shell`　④ `swapper`

18 다음 중 fork()와 exec() 시스템 호출에 대한 설명으로 맞는 것을 찾으시오.

① fork()는 메모리에 있는 프로세스를 그대로 복사하여 프로세스 생성이 빠르다.
② fork()는 프로세스 PCB 내용 전체를 자식 프로세스의 PCB에 똑같이 복사한다.
③ fork()를 사용하여 생성한 다중 인스턴스는 각각 따로 관리해야 한다.
④ exec()를 사용했을 때 프로세스의 데이터 영역에는 변화가 없다.

19 다음 중 부모 프로세스와 자식 프로세스 관련 시스템 호출에 대한 설명으로 틀린 것을 찾으시오.

① 다중 인스턴스를 만들 때 fork( )를 사용한다.
② exec( )는 프로세스를 재사용한다.
③ wait( )는 부모 프로세스가 자식 프로세스를 기다리도록 한다.
④ exit( )는 자식 프로세스에 부모 프로세스가 종료되었다는 신호를 보낸다.

20 pd = fork( ) 이후 부모 프로세스의 pd 값을 찾으시오.

① pd == 0　② pd == -1234
③ pd == -1　④ pd > 0

21 pd = fork( ) 이후 자식 프로세스의 pd 값을 찾으시오.

① pd == 0　② pd == -1234
③ pd == -1　④ pd > 0

22 부모 프로세스의 PID는 268이고 자식 프로세스의 PID는 364일 때, 부모 프로세스의 CPID와 자식 프로세스의 PPID를 맞게 짝지은 것을 찾으시오.

① 0, 1　② 1, 268
③ 364, 268　④ 364, -

23 부모 프로세스의 PID는 268이고 자식 프로세스의 PID는 364일 때, 자식 프로세스의 CPID를 찾으시오.

① −1　② 0　③ 268　④ 364

24 자식 프로세스가 종료되기 전에 부모 프로세스가 먼저 종료되면 자식 프로세스는 무엇이 되는가?

① init 프로세스　② zombi 프로세스
③ orphan 프로세스　④ swapper 프로세스

25 자식 프로세스가 종료되었지만 부모 프로세스가 이를 인식하지 못한 경우 자식 프로세스는 무엇이 되는가?

① init 프로세스　② zombi 프로세스
③ orphan 프로세스　④ swapper 프로세스

26 심화 프로세스에서 지역변수가 저장되는 영역은 무엇인가?

① 힙 영역　② 데이터 영역
③ 코드 영역　④ 스택 영역

27 심화 다음 중 함수 호출 및 돌아오기와 관련 있는 프로세스 영역은 무엇인가?

① 힙 영역　② 데이터 영역
③ 코드 영역　④ 스택 영역

28 심화 프로세스에서 동적 할당 변수가 저장되는 영역은 무엇인가?

① 힙 영역　② 데이터 영역
③ 코드 영역　④ 스택 영역

29 심화 프로세스에서 `free()` 함수와 가장 관련 있는 영역은 무엇인가?

① 힙 영역　　② 데이터 영역

③ 코드 영역　　④ 스택 영역

30 PCB에 대하여 설명하시오.

31 프로세스의 구조를 설명하시오.

32 프로세스의 5가지 상태를 설명하시오.

33 문맥 교환에 대하여 설명하시오.

CHAPTER

04

스레드와 프로세스 간 통신

학습목표

- 프로세스와 스레드의 차이점을 이해하고, 스레드를 사용하는 이유를 학습한다.
- 멀티스레딩 모델별 특징을 살펴본다.
- 프로세스 간 통신 기법을 학습하고, 각 기법을 비교하여 특징을 이해한다.

Preview

CPU에 코어가 하나뿐이었던 과거에는 모든 프로세스가 하나의 코어에서 순차적으로 실행되었다. 멀티코어 프로세서가 등장한 이후, 하나의 프로세스 내에서 여러 개의 스레드를 생성하고 서로 다른 코어에서 동시에 실행하는 멀티스레드가 도입되었다.

이 장에서는 스레드의 개념과 멀티스레드의 장점을 학습한다. 또한 세 가지 멀티스레딩 모델을 살펴보고 모델별 특징과 차이점을 알아본다.

프로세스끼리는 서로 협력하기 위하여 데이터를 주고받는다. 프로세스 간 통신에는 공유 메모리, 공유 파일, 파이프, 소켓 기법이 사용된다. IPC 기법의 특징과 차이점을 학습하고, 실제로 활용된 사례를 살펴본다.

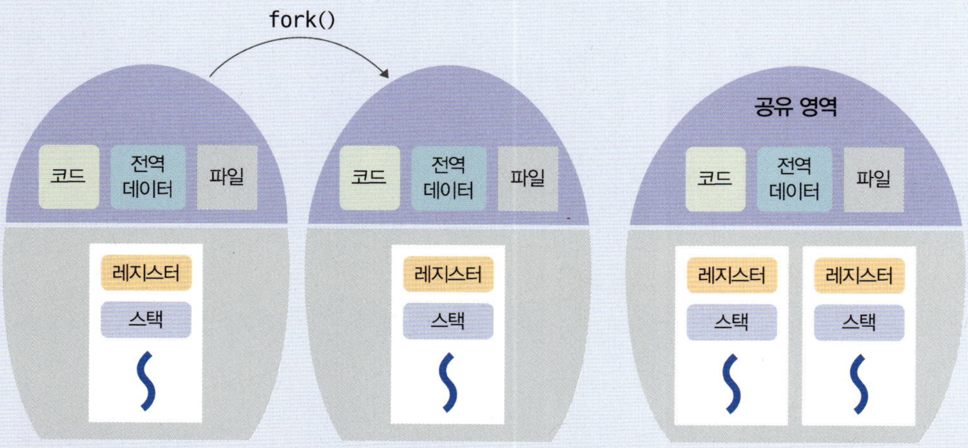

SECTION 01 스레드의 개념과 특징

1 스레드의 개념

스레드의 필요성

유닉스가 처음 개발되었을 당시의 CPU에는 단 하나의 코어core만 있었다. 모든 프로세스는 하나의 코어에서 순차적으로 실행되었다. 그러다가 여러 개의 코어를 가진 멀티코어multi-core CPU가 개발되면서 여러 개의 프로세스를 동시에 처리할 수 있게 되었다. 그러나 프로세스 개념만으로는 병렬 처리의 이점을 충분히 활용하기 어려웠다.

스레드thread는 실이라는 뜻의 영어 단어인데, 여기에서는 **프로세스 내부에서 실처럼 이어지는 실행 단위**operation를 의미한다. 스레드의 필요성을 이해하기 위해 식당에서 스테이크를 만드는 과정을 살펴보자. 주방이 하나일 때는 고기를 굽고 나서 곁들임 채소를 구워 접시에 담아야 한다. 반면 주방이 여러 개일 때는 각각의 주방에서 고기와 채소를 동시에 구워 접시에 담을 수 있어 전체 작업 속도가 빨라진다. 스테이크 만들기라는 프로세스 안에서 실행 단위인 고기 굽기와 채소 굽기가 스레드에 해당한다.

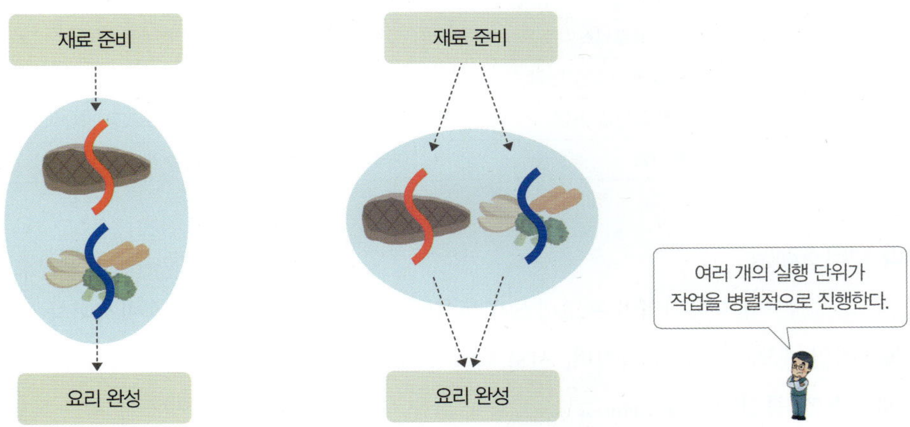

(a) 단일 스레드 (b) 멀티스레드

그림 4-1 스레드의 개념

스레드와 프로세스의 관계

스레드는 프로세스의 코드에 정의된 절차에 따라 CPU에 작업을 요청하는 실행 단위이다. 프로세스의 실행 과정을 생각해 보자. 프로세스가 생성되면 CPU 스케줄러는 프로세스가 해야 할 일을 CPU에 전달한다. 이때 CPU 스케줄러가 CPU에 전달하는 실행 단위가 스레드이다. 다시 말해 운영체제 입장에서의 작업 단위task는 프로세스이지만, CPU 입장에서의 실행 단위operation는 스레드이다. 전체 작업job은 여러 개의 작업 단위로 나뉘고, 하나의 작업 단위는 여러 개의 실행 단위로 나뉜다. 따라서 단위가 큰 것부터 정리하면 '작업 > 프로세스 > 스레드'이다.

2000년대 초반까지의 운영체제에는 작업 단위가 프로세스 하나뿐이었다. 프로세스 내부에서 작업 단위를 여러 개로 나누기가 어려웠기 때문에 하나의 프로세스에는 하나의 스레드만 있었다(단일 스레드). 이때에는 프로세스와 스레드를 구분하지 않았다. CPU 설계기술이 발전하면서 2005년부터 멀티코어 CPU가 등장했다. 오늘날에는 서로 다른 프로세스의 스레드를 멀티코어에 배정하는 방식뿐 아니라, 하나의 프로세스 내부에서 여러 개의 스레드를 생성하여 실행하는 방식(멀티스레드)도 가능해졌다. 따라서 **프로세스는 여러 개의 실행 단위(스레드)를 담는 틀**이라고 할 수 있다.

프로세스의 작업이 여러 개의 스레드로 나뉘짐에 따라 병렬처리 방식에도 변화가 생겼다. 1장에서 설명했듯이, 시분할time-sharing 기법을 사용하여 하나의 CPU에서 여러 개의 프로세스를 병렬로 처리하는 방식을 멀티태스킹이라 부른다. 멀티태스킹과 대비해, 하나의 프로세스를 여러 개의 스레드로 나누어 실행하는 방식을 멀티스레딩이라 부른다.

표 4-1 프로세스와 스레드의 비교

구분	프로세스	스레드
정의	실행 중인 프로그램의 작업 단위	프로세스 내의 실행 단위
메모리	독립적인 메모리 공간을 가짐	같은 프로세스의 스레드들이 메모리를 공유함
실행 흐름	실행 흐름이 하나임	여러 개의 실행 흐름을 만들 수 있음

멀티태스킹과 멀티스레딩

멀티태스킹multi-tasking은 서로 독립적인 프로세스가 동시에 각자의 작업을 수행하는 방식이다. **각 프로세스는 독립적인 메모리 공간을 가지며,** 서로 다른 프로세스가 협업을 위하여 데이터를 주고받기 위해 **프로세스 간 통신**(IPCInter-Process Communication)을 사용한다. 또한 프로세스는 서로 독립적이기 때문에, 한 프로세스의 작업이 다른 프로세스의 실행을 방해하지 않는다.

예를 들어 문서 편집기에서 작성한 문서를 프린터로 출력하는 경우가 멀티태스킹이다. 문서 편집기 프로세스는 출력할 데이터를 프린터 프로세스(스풀러)에 보내두고 계속 문서 편집 작업을 수행할 수 있다. 또한 문서 편집기가 갑자기 종료되더라도 프린터 프로세스는 정상적으로 문서를 출력할 수 있다([그림 4-2]의 (a) 참고).

멀티스레딩multi-threading**은 하나의 프로세스 내부에서 여러 개의 스레드가 동시에 작업하는 방식이다.** 멀티스레딩은 메모리나 파일과 같은 시스템 자원을 공유한다. 따라서 프로세스 간 통신 없이도 스레드끼리 데이터를 주고받을 수 있다. 또한 프로세스가 비정상적으로 종료되면 그 안에 있는 모든 스레드도 강제 종료된다.

예를 들어 문서 편집기에서 문서 입출력 스레드, 문서 편집 스레드, 맞춤법 검사 스레드가 독립적으로 동작한다. 사용자가 문서 내용을 입력할 때 입출력 스레드가 실행되는 동시에 맞춤법 검사 스레드가 실행되어 실시간으로 맞춤법 오류를 표시할 수 있다. 문서 편집기가 종료되는 경우, 맞춤법 검사 스레드도 강제 종료된다([그림 4-2]의 (b) 참고).

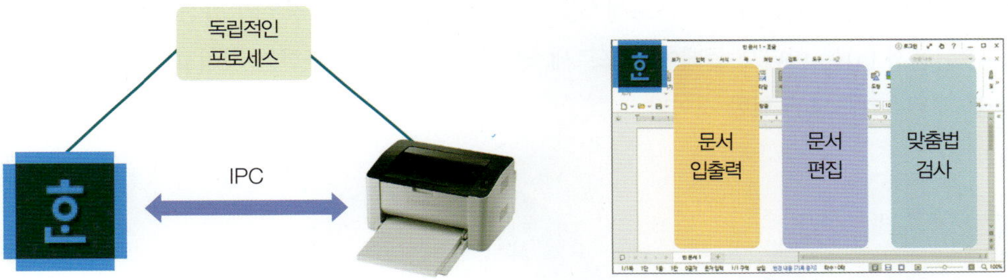

(a) 멀티태스킹 (b) 멀티스레딩

그림 4-2 멀티태스킹과 멀티스레딩

2 멀티스레드의 장단점

멀티스레드의 구조

[그림 4-3]은 멀티태스킹과 멀티스레드에서 프로세스의 구조적 차이를 보여준다. (a)와 같이 `fork()` 시스템 호출을 실행하여 프로세스를 복사하는 경우를 보자. 멀티태스킹에서는 각 프로세스가 독립적인 메모리 공간을 가지기 때문에 코드 영역, 데이터 영역, 파일, 프로세스 제어 블록이 중복되어 자원이 낭비된다.

반면 (b)와 같이 멀티스레딩 방식에서는 자원을 공유함으로써 낭비를 줄이고 작업 효율을 높인다. 멀티스레딩 방식에서는 각 스레드가 독립적인 레지스터와 스택을 가지며 코드, 데이터, 파일 등의 자원은 공유한다. 그래서 스레드는 **가벼운 프로세스**, 약어로 LWP Light Weight Process라고도 불린다.

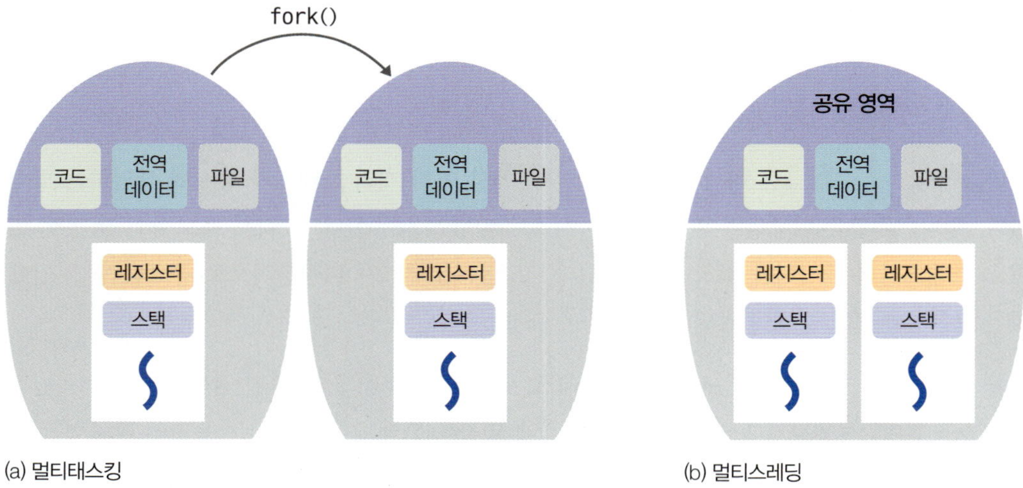

그림 4-3 프로세스의 구조

비디오 데이터를 화면에 출력하는 프로세스를 멀티스레드로 만드는 경우의 장점을 생각해 보자. [그림 4-4]에서 (a)는 비디오 플레이어 프로세스를 단일 스레드로 구현한 것이고, (b)는 같은 프로세스를 멀티스레드로 구현한 것이다.

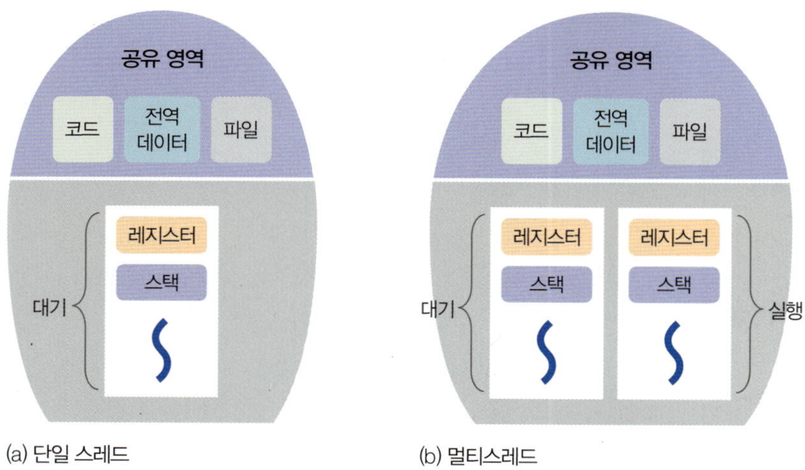

그림 4-4 비디오 플레이어 프로세스의 상태

비디오 플레이어는 저장된 비디오 데이터를 불러오는 입출력 기능과 이를 화면에 출력하는 재생 기능으로 구성된다. 이러한 기능을 단일 스레드로 구현하면 파일을 읽는 동안 전체 프로세스가 대기 상태에 진입한다. 즉 데이터를 모두 불러올 때까지 영상 재생이 멈춘다. 반면 비디오 플레이어의 입출력과 재생을 멀티스레드로 구현하면 입출력 스레드와 재생 스레드가 독립적으로 실행된다. 입출력 스레드가 데이터 불러오기를 기다리는 동안에도 재생 스레드는 기존에 불러온 데이터를 계속 출력할 수 있다. 결국 멀티스레드로 구현했을 때 프로세스의 응답 속도가 더 빠르다.

Note **병렬처리 관련 용어 정리**

병렬처리의 방식으로는 멀티태스킹, 멀티프로세싱, 멀티스레딩, CPU 멀티스레딩 등이 있으며 정의는 다음과 같다.

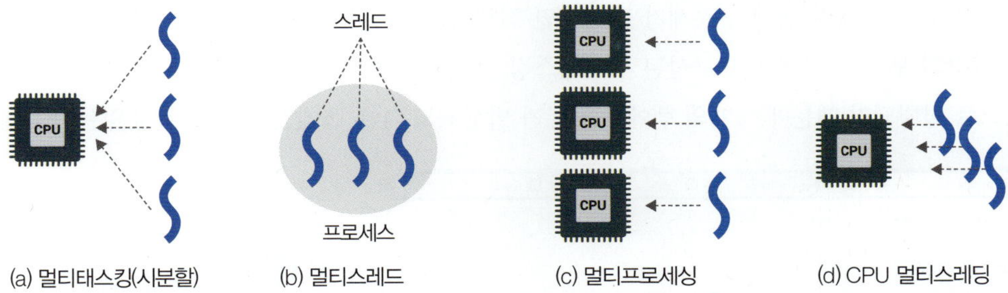

그림 4-5 스레드 관련 개념

- **멀티태스킹(시분할)**: 하나의 CPU에서 시간을 나눠 여러 작업(프로세스)을 번갈아 실행하는 방식이다.
- **멀티스레드**: 하나의 프로세스 안에서 작업을 여러 개의 스레드로 나누어 동시에 실행하는 기법이다.
- **멀티프로세싱**: 두 개 이상의 CPU나 멀티코어 환경에서 각 작업을 실제로 동시에 실행하는 방식이다. 진정한 병렬처리로, 작업 성능이 향상되며, 네트워크로 연결된 여러 컴퓨터가 협업하는 분산 처리도 여기에 포함된다.
- **CPU 멀티스레딩**: CPU 한 코어에서 하드웨어적으로 여러 스레드를 병렬 처리하는 기술이다. 대표적인 예로 인텔의 하이퍼스레딩Hyper-Threading이 있으며, CPU 내부에서 스레드 처리 성능을 향상시키기 위한 기술이다.

멀티스레드의 장점

멀티태스킹과 비교하여 멀티스레드의 장점은 다음과 같다.

- **자원 공유**: 하나의 프로세스 내부에서 여러 개의 스레드가 코드, 데이터, 파일 등의 자원을 공유하여 낭비를 최소화할 수 있다.
- **문맥 교환이 효율적**: 스레드는 프로세스 내에서 실행되므로, 문맥 교환 시 변경할 정보가 상대적으로 적어 속도가 빠르다. 또한 프로세스 간 통신(IPC) 없이도 변수를 통해 데이터를 주고받을 수 있어 통신 비용이 감소한다.
- **응답 속도 향상**: 입출력을 담당하는 스레드만 대기 상태가 되고 나머지 스레드는 계속 실행할 수 있어 응답 속도가 향상된다.
- **적응성 향상**: 멀티코어 CPU 환경에서 여러 개의 코어에 스레드를 분배하여 멀티코어 환경을 최적화할 수 있다.

멀티스레드의 단점

멀티스레드 방식은 모든 스레드가 프로세스와 운명을 함께한다는 것이 단점이다. 웹 브라우저에서 여러 개의 웹사이트를 동시에 열어둘 때는 멀티탭 기능을 사용한다. 윈도우의 인터넷 익스플로러에서 멀티탭은 하나의 프로세스 내에서 작동하는 멀티스레딩 방식을 사용했다. 인터넷 익스플로러에서는 한 개의 탭에서 문제가 발생하면 전체 웹브라우저가 종료되었다. 반면, 구글의 크롬은 각각의 탭이 프로세스로 구성된 멀티태스킹 방식을 사용한다. 크롬은 각 탭이 독립적인 프로세스로 실행되기 때문에, 1개의 탭에서 오류가 발생해도 다른 탭에 영향을 미치지 않는다.

그림 4-6 크롬 웹 브라우저의 멀티태스킹

과거에는 시스템 자원이 부족해 멀티스레드 방식을 선호했지만, 현대 컴퓨터 환경에서는 메모리 용량이 증가하고 멀티코어 CPU가 보편화되면서 멀티프로세스 방식도 사용된다.

> **Note** **익스플로러와 엣지 브라우저**
>
> 익스플로러 IE 7이하 버전에서는 모든 탭이 하나의 프로세스 내에서 스레드로 동작했다. IE 8부터는 여러 개의 탭을 그룹화하여 일부만 별도의 프로세스로 실행하도록 개선되었다. 마이크로소프트는 익스플로러에 한계를 느껴 업데이트를 포기했고, 엣지Edge 브라우저를 새로 출시했다. 엣지 브라우저는 크롬과 같이 각 탭이 독립적인 프로세스로 실행되는 방식을 채택했다.

SECTION 02

스레딩

1 멀티스레딩 모델

프로세스가 커널 프로세스와 사용자 프로세스로 나뉘듯이 스레드도 커널 스레드(KLT Kernel-Level Thread)와 사용자 스레드(ULT User-Level Thread)로 나뉜다. 사용자 스레드가 커널 스레드를 사용하려면 시스템 호출을 통해 커널 스레드를 요청해야 한다. 커널 스레드와 사용자 스레드의 관계에 따라 멀티스레딩 모델을 1 to N, 1 to 1, M to N으로 나눌 수 있다.

1 to N 모델: 사용자 스레딩

운영체제 커널이 멀티스레드를 지원하지 않았을 때는 사용자 수준에서 라이브러리를 이용해 멀티스레드를 구현했다. 이를 사용자 스레딩이라고 한다. 사용자 스레딩은 라이브러리 수준에서 스레드를 구현하는 방식이며, 스레드가 커널의 직접적인 개입 없이 동작한다. 사용자 프로세스의 여러 개의 스레드가 모두 하나의 커널 스레드에 연결되기 때문에 1 to N 모델이라고 부른다.

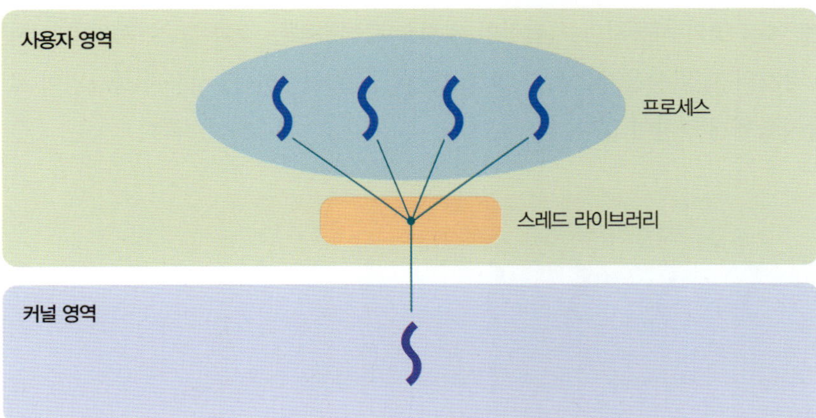

그림 4-7 1 to N 모델

1 to N 모델은 넷플릭스 계정 하나를 여러 명이 공유하는 것과 비슷하다. 넷플릭스 입장에서는 한 명의 사용자(커널 스레드)가 접속한 것처럼 보인다. 그러나 실제로는 여러 명이 서로 다른 프로필(사용자 스레드)로 넷플릭스를 이용한다. 커널 입장에서 사용자 스레드들은 단순히 하나의 프로

세스처럼 보이지만, 내부적으로는 라이브러리 수준에서 자체적으로 여러 개의 스레드를 스케줄링해서 실행된다. 이 모델은 빠르게 동작하지만, 몇 가지 단점 때문에 실용성이 낮다.

1 to N 모델의 장단점은 다음과 같다.

- **낮은 문맥 교환 비용**: 커널에서 문맥 교환이 일어나는 이유는 CPU를 시간으로 나누어 서로 다른 프로세스에 돌아가면서 할당하기 위해서이다. 그런데 사용자 스레딩은 커널의 개입 없이 스레드를 전환하므로 부가적인 작업이 줄어들어 오버헤드가 적다.
- **입출력 대기 비효율**: 커널 스레드가 입출력 작업을 위해 대기 상태에 들어가면 모든 사용자 스레드가 멈춘다.
- **멀티코어 활용 불가능**: 커널 입장에서 사용자 스레드 여러 개가 하나의 프로세스로 인식되어 작업을 나눌 수 없으므로 스레드를 여러 개의 코어에 분산하여 실행할 수 없다.
- **보안 취약**: 공유 변수 보호 등의 기능을 커널이 아닌 스레드 라이브러리에서 구현해야 하므로 안정성이 떨어질 수 있다.

1 to 1 모델: 커널 스레딩

1 to 1 모델은 하나의 사용자 스레드가 하나의 커널 스레드와 연결되는 모델이며, 커널 스레딩 모델이라고도 부른다. 각 스레드가 독립적으로 커널에서 관리되며, 하나의 스레드가 멈춰도 다른 스레드는 계속 실행할 수 있다.

이 모델은 넷플릭스에 여러 명의 사용자가 독립적인 계정으로 접속하는 것과 같은 구조이다. 사용자(커널 스레드)는 각자의 계정(사용자 스레드)으로 넷플릭스를 이용한다. 사용자 중 1명이 로그아웃해도 다른 사용자들에게 영향이 없다.

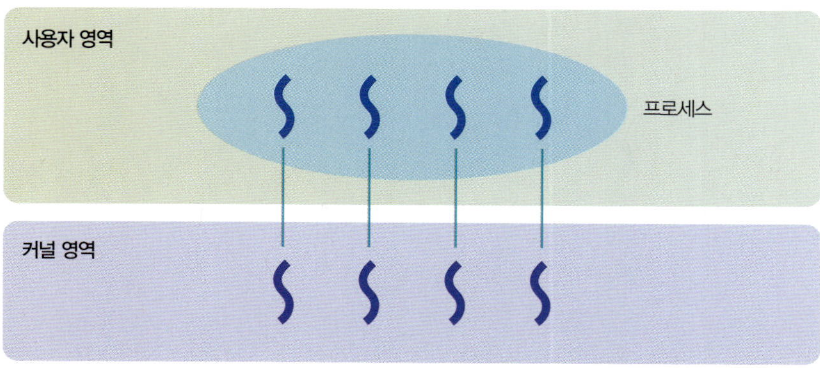

그림 4-8 1 to 1 모델

1 to 1 모델의 장단점은 1 to N 모델과 반대라고 생각하면 된다.

- **높은 문맥 교환 비용**: 커널이 직접 스레드를 관리하기 때문에 문맥 교환 시 오버헤드가 발생한다.
- **입출력 대기 효율**: 커널이 직접 스레드를 스케줄링하므로 입출력 대기 상태에서도 다른 스레드가 작업을 수행할 수 있다.
- **멀티코어 활용 가능**: 운영체제가 스레드를 여러 개의 CPU에 분산하여 실행할 수 있다.
- **안정성**: 커널에서 공유 변수 보호 기능을 제공하므로 사용자 스레드보다 데이터 충돌과 보안 문제가 적다.

M to N 모델: 멀티레벨 스레딩

멀티레벨 스레딩multi-level threading은 사용자 스레딩과 커널 스레딩을 혼합한 방식이다. M개의 사용자 스레드가 N개의 커널 스레드와 연결되기 때문에 M to N 모델이라고도 하며, 커널 스레드의 개수가 사용자 스레드보다 적거나 같다.

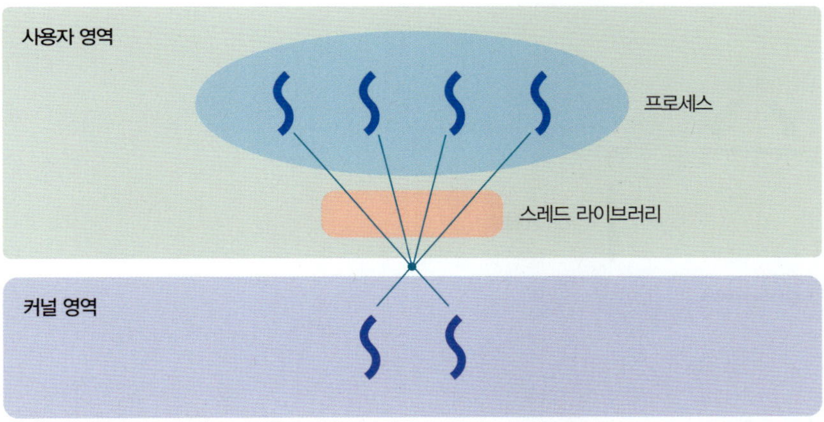

그림 4-9 M to N 모델

M to N 모델은 사용자 스레드의 빠른 처리 속도와 커널 스레드의 안정성을 모두 가지고 있다.

- **입출력 대기 유연성**: 하나의 커널 스레드가 대기 상태일 때 다른 커널 스레드가 대신 작업하여 사용자 스레드보다 유연하게 작업을 처리할 수 있다.
- **멀티코어 활용 가능**
- **높은 문맥 교환 비용**: 커널 스레드를 공동으로 사용하기 때문에 문맥 교환 시 오버헤드가 있어 사용자 스레드만큼 빠르지 않다.
- **스케줄링 및 동기화가 복잡함**: 사용자 스레드와 커널 스레드의 혼합 모델이므로 스케줄링 및 동기화가 복잡해질 수 있다.

스레드 모델은 실행 환경과 요구사항에 따라 선택한다. 속도가 중요하다면 1 to N(사용자 스레딩) 모델을 사용하고, 안정성과 멀티코어 활용이 중요하다면 1 to 1(커널 스레딩) 모델을 사용한다. 속도와 안정성을 모두 고려하는 경우 멀티레벨 스레드가 적절하지만, 대신 코드의 복잡도가 상승한다.

2 심화 스레드 코드

유닉스에서 스레드 만들기

유닉스 스레드는 운영체제가 지원하는 라이브러리를 통해 생성된다. 대표적인 라이브러리로 마하 운영체제의 Cthread, 리눅스와 솔라리스 운영체제의 Pthread가 있다.

유닉스에서의 스레드 생성 및 동작 방식은 fork()−wait()와 유사하다. 스레드를 만드는 함수는 pthread_create()이며, 만들어진 스레드를 기다리는 함수는 Pthread_join()이다. 따라서 fork()는 create()에 해당하고 wait()는 join()에 해당한다고 생각하면 된다.

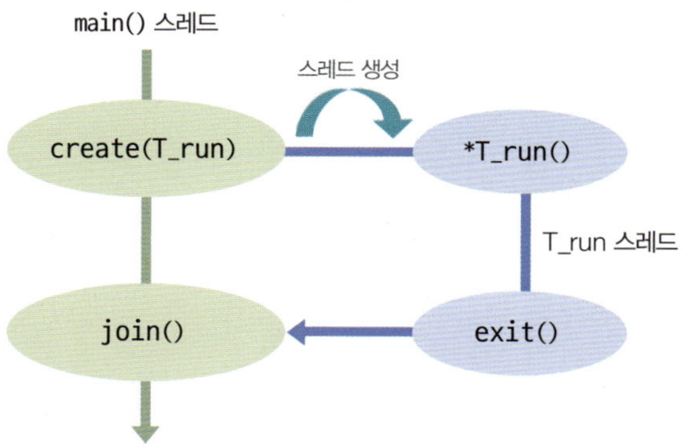

그림 4-10 스레드 관련 시스템 호출

[코드 4−1]은 pthread 라이브러리를 사용하여 스레드를 생성하는 코드이다.

- 2행에서 pthread.h를 코드에 포함한다. 6행부터 10행까지의 T_run() 함수가 스레드 실행 코드이다. T_run()은 4행에 선언된 전역변수 sum에 1부터 4까지 더한 값을 저장한다.
- main() 함수 안의 15행이 스레드를 생성하는 코드이다. pthread_create()의 매개변수는 총 4개이다. 첫 번째 매개변수는 스레드 구조체 tid이다. 스레드 구조체 tid는 13행에서 pthread_t tid로 선언한 스레드 ID이다. 두 번째 매개변수는 스레드 속성attribute인데, NULL을 사용하면 기본 속성으로 만들어진다. 세 번째 매개변수는 실행할 스레드 함수 T_run의 주소이다. 다시 말해 T_run()의 시작 주소로 함수를 호출한다. 그래서 T_run()은 6행과 같이 함수 포인터 *T_run()

코드 4-1 **pthread 코드**

```c
01 #include <stdio.h>
02 #include <pthread.h>
03
04 int sum = 0;
05
06 void *T_run() {                    // 스레드 실행
07    for (int i = 1; i < 5; i++)
08       printf("Td: %d add -> sum = %d\n", i, sum = sum + i);
09    pthread_exit(NULL);             //  스레드 종료
10 }
11
12 int main() {
13    pthread_t tid;                            // 스레드 구조체
14
15    pthread_create(&tid, NULL, T_run, NULL);  // 스레드 생성  -> T_run()
16    printf("Main: sum = %d\n", sum);
17    pthread_join(tid, NULL);                  //  스레드 기다림 - 자원회수
18    printf("Main: sum = %d\n", sum);
19
20    return 0;
21 }
```

```
Main: sum = 0
Td: 1 add -> sum = 1
Td: 2 add -> sum = 3
Td: 3 add -> sum = 6
Td: 4 add -> sum = 10
Main: sum = 10
```

로 선언해야 한다. 네 번째 매개변수는 스레드 함수에 전달할 값이다. 이 코드에서는 T_run()에 전달할 값이 없어 NULL을 사용한다.

- 17행 pthread_join()은 스레드 T_run()의 종료를 기다리는 함수이며 wait()의 역할을 한다. pthread_join()은 9행의 pthread_exit()이 실행될 때까지 기다린다.
- 16행의 printf()는 스레드 T_run()과 병렬로 실행되기 때문에 `Main: sum = 0`이 출력된다. 그러나 pthread_join() 이후에 실행되는 18행 printf()는 스레드 T_run()이 끝난 후에야 출력된다. 따라서 스레드 T_run()이 1부터 4까지 더하는 작업이 끝난 후에 `Main: sum = 10`이 출력된다.

Note **스레드 코드의 실행**

앞서 배운 pd = fork()는 코드가 같은 프로세스를 2개 만들기 때문에 누가 부모이고 누가 자식 프로세스인지를 구별해야 했다. 그래서 pd ==0인 프로세스가 자식이고, pd > 0인 프로세스가 부모였다. 그러나 스레드 코드는 실행 함수만 호출하기 때문에 부모와 자식을 구별할 필요가 없다.

이 책에서 소개하는 유닉스와 자바 스레드 코드는 fork() – wait()를 이해한 사람이라면 누구나 읽을 수 있도록 단순하게 구성했으며, 온라인 에디터(https://www.onlinegdb.com)에서 코드를 입력하고 실행하면 결과를 확인할 수 있다.

자바에서 스레드 만들기

자바는 별도의 라이브러리를 사용할 필요 없이 자체적으로 스레드를 지원한다. [코드 4-2]는 자바에서 스레드를 만드는 코드이다.

자바 스레드는 Thread 클래스를 상속받아 만들어진다. 1행은 Thread 클래스를 상속받는 TH_test 스레드 클래스를 정의한다. 2행의 run() 메서드는 Thread를 5번 출력한다.

10행에서 TH_test 클래스로부터 TH_print 객체가 만들어진다. 12행에서 스레드 객체의 start() 메서드를 호출해야만 run() 메서드가 실행된다. start()를 호출하지 않고 run()을 직접 실행하면 멀티스레드가 아니라 일반 함수 호출과 동일하게 동작한다. 스레드 객체와 별개로 14행에서는 * main을 5번 출력한다.

실행 결과를 보면 * main이 1번 출력되고, Thread가 5번 출력된 다음, * main이 다시 4번 출력된다. main() 객체와 TH_print() 객체의 스레드가 독립적이기 때문이다. 코드를 실행할 때마다 출력 순서가 달라질 수 있다.

코드 4-2 자바 스레드 코드

```
class TH_test extends Thread {              // TH_test 스레드 클래스 정의
    public void run() {                       // run() 메서드는
        for (int i = 0; i < 5; i++)             // "Thread" 문자열을 5번 출력
            System.out.println("Thread");
    }
}

public class Main {
    public static void main(String[] args) {
        TH_test TH_print = new TH_test();       // 스레드 객체 생성

        TH_print.start();                       // 멀티스레드 실행

        for (int i = 0; i < 5; i++)
            System.out.println("* main");
    }
}
```

```
* main
Thread
Thread
Thread
Thread
Thread
* main
* main
* main
* main
```

자바에서 스레드 동기화하기

앞의 자바 스레드 코드에는 동기화 과정이 없어서 main()과 스레드가 독립적으로 실행되었다. 반면 join()을 사용하여 동기화하면, 스레드가 끝난 후 main()이 실행되도록 제어할 수 있다. 자바에서 join()을 사용할 때는 [코드 4-3]의 13행부터 15행까지와 같은 try-catch 방식이 일반적이다.

코드 4-3 join()을 사용하는 자바 스레드 동기화 코드

```
01  class TH_test extends Thread {
02     public void run() {
03        for (int i = 0; i < 5; i++)
04           System.out.println("Thread");
05     }
06  }
07
08  public class Main {
09     public static void main(String[] args) {
10        TH_test TH_print = new TH_test();
11
12        TH_print.start();
13        try {                                          // 동기화
14           TH_print.join();
15        } catch (InterruptedException e) {}
16
17        for (int i = 0; i < 5; i++)
18           System.out.println("* main");
19     }
20  }
```

```
Thread
Thread
Thread
Thread
Thread
* main
* main
* main
* main
* main
```

14행이 스레드를 기다리는 join() 메서드이다. join() 메서드는 try{} 내부에서 작동한다. catch (InterruptedException ie) {}의 괄호({}) 안에는 문제가 발생했을 때 문제를 처리할 함수나 코드를 등록한다. join()을 사용하면 스레드가 끝난 후에 main()이 실행된다. 따라서 실행 결과는 Thread가 5번 출력된 이후에 * main이 5번 출력된다.

SECTION 03

프로세스 간 통신

1 프로세스 간 통신의 개념

프로세스와 스레드는 독립적으로 실행되지만, 협업을 위해 데이터를 주고받아야 한다. 스레드는 하나의 프로세스 내에서 자원을 공유하므로 스레드 간 통신이 비교적 간단하다. 반면 서로 다른 프로세스는 각자 독립적인 메모리 공간을 가지므로 데이터를 공유하기 어렵다. **프로세스가 서로 데이터를 주고받는 것을 프로세스 간 통신**(IPC Inter-Process Communication)이라고 부른다. 운영체제는 프로세스끼리 데이터를 주고받도록 다양한 프로세스 간 통신 기법을 제공한다.

프로세스 간 통신 기법의 종류

[그림 4-11]은 운영체제가 지원하는 대표적인 프로세스 간 통신 기법을 나타낸다.

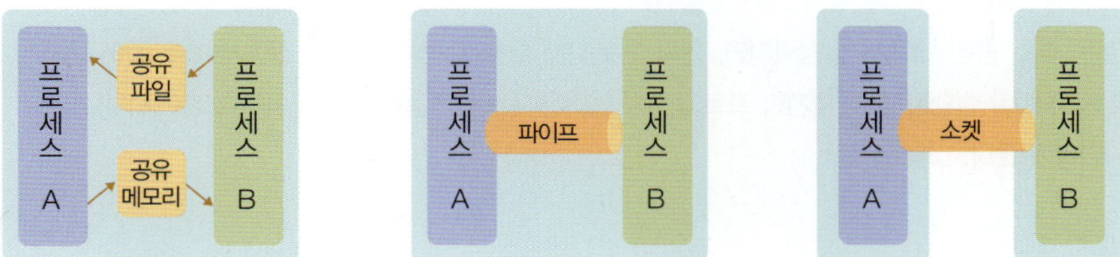

(a) 공유 메모리 및 공유 파일 (b) 파이프 통신 (c) 소켓 통신

그림 4-11 프로세스 간 통신 기법

가장 원시적인 프로세스 간 통신 방법은 그림에서 (a)의 공유 메모리 및 공유 파일 방식이다. 이 방식은 일정한 메모리 영역이나 동일한 파일을 공유하여 데이터를 전달한다. 이때 프로세스끼리 알아서 데이터 전달 방식을 정의해야 한다. (b)의 파이프 pipe는 동일한 컴퓨터 내의 프로세스 간 통신에 사용된다. (c)의 소켓 socket은 네트워크를 통해 서로 다른 컴퓨터에 있는 프로세스 간 통신에 사용된다. 소켓은 동일한 컴퓨터 내의 프로세스 간 통신에도 사용할 수 있다. 그러나 파이프 방식과 비교하면 소켓 방식은 초기화해야 할 내용도 많고 시스템 자원을 많이 사용한다. 따라서 동일한 컴퓨터 내에서 소켓을 사용하여 통신하는 것은 비효율적이다.

표 4-2 프로세스 간 통신 기법의 종류

구분	설명	데이터 전달 방식
공유 메모리	일정한 메모리 영역을 공유하여 데이터 전달	프로세스가 직접 처리
공유 파일	동일한 파일을 사용하여 데이터 교환	프로세스가 직접 처리
파이프	동일한 시스템 내에서 데이터 전달	운영체제가 처리
소켓	네트워크 또는 동일한 시스템 내에서 데이터 전달	운영체제가 처리

통신은 데이터를 보내는send 쪽과 받는receive 쪽으로 구성된다. 데이터를 보내는 프로세스는 시스템 호출 send(message)를 사용하고, 데이터를 받는 프로세스는 시스템 호출 receive(message)를 사용한다. 데이터를 주고받는 행위 자체는 단순하지만, 실제 통신에서는 다음에 살펴볼 몇 가지 요소를 고려해야 한다.

Note 공유 메모리 함수와 원격 프로시저 호출

유닉스 및 리눅스 운영체제에서 프로세스 간 공유 메모리shared memory를 생성하고 관리하는 시스템 호출이 shm_open()이다. 이를 통해 여러 프로세스가 같은 공유 메모리 영역을 열어 데이터를 읽고 쓸 수 있다. shm_open()은 파일 시스템을 활용하여 공유 메모리를 생성하며, sys/mman.h 헤더 파일을 포함해야 사용할 수 있다.

또한 컴퓨터 간 통신에 소켓 대신 원격 프로시저 호출(RPCRemote Procedure Call)도 사용할 수 있다. 일반적인 함수 호출은 같은 주소 공간 내에서 실행되지만, 원격 프로시저 호출은 다른 주소 공간에서(예를 들어 네트워크를 통해 원격 서버에서) 실행된다. 객체지향 프로그래밍 언어에서는 RPC를 원격 메서드 호출(RMIRemote Method Invocation)이라 부른다.

데이터 전달 방향에 따른 통신 분류

통신은 데이터 전달 방향에 따라 3가지로 나뉜다.

- **단방향simplex 통신**: 한쪽에서만 데이터를 보내고, 반대쪽에서는 받을 수만 있는 통신 방식이다. 모스 부호 시스템이 대표적인 단방향 통신이다.
- **양방향duplex 통신**: 양쪽에서 데이터를 자유롭게 주고받을 수 있는 통신 방식이다. 전화를 비롯한 대부분의 통신이 양방향 통신이다.
- **반양방향half duplex 통신**: 양방향으로 통신할 수 있지만, 동시에 송수신은 불가능하여 특정 시점에는 한쪽으로만 통신한다. 대표적인 반양방향 통신기기로 무전기가 있다.

파이프 통신은 단방향 통신이기 때문에, 양방향으로 통신하려면 2개의 파이프가 필요하다. 반면 소켓 통신은 기본적으로 양방향 통신을 지원하므로 소켓 1개만 있으면 된다.

동기화 통신과 비동기화 통신

프로세스 간 통신은 데이터 동기화 여부에 따라 비동기화 통신과 동기화 통신으로 나뉜다.

■ 비동기화 통신

비동기화 통신asynchronous communication의 특징은 **데이터가 언제 도착할지 모른다는 점**이다. 전보를 받는 사람이 전보가 언제 도착할지 알 수 없으며, 도착 여부를 직접 확인해야 하는 것과 유사하다.

비동기화 통신을 논 블로킹non-blocking 방식 통신이라고도 부른다. 운영체제가 데이터 도착 여부를 알려주지 않기 때문에 프로세스 스스로가 `while`과 같은 반복문을 사용하여 데이터가 도착할 때까지 기다려야 한다. 이러한 방식을 **바쁜 대기**busy waiting라고 부른다. IPC 기법 중 공유 메모리와 공유 파일이 비동기화 통신이다.

■ 동기화 통신

동기화 통신synchronous communication은 **데이터가 도착할 때까지 운영체제가 알아서 대기시켜주는 방식**이다. 전화를 걸어 상대방이 수화기를 들어야만 통신이 시작되는 것과 유사하다.

동기화 통신을 블로킹blocking 방식 통신이라고 부르며, **운영체제가 알아서 대기 처리하므로 바쁜 대기를 사용할 필요가 없다.** IPC 기법 중 파이프와 소켓이 동기화 통신으로, 두 기법에서는 데이터가 도착한 이후에 다음 코드가 실행된다.

2 프로세스 간 통신 기법

프로세스의 파일 접근

파일을 입출력할 때 프로세스가 파일에 접근하는 방식이 파이프 또는 소켓 통신과 유사하다. 따라서 파일 입출력 방식을 먼저 이해하면 파이프와 소켓 통신을 쉽게 이해할 수 있다.

찜질방에 방문하면 입구에서 이용료를 지불하고 사물함 키를 받는다. 찜질방을 나갈 때는 키를 반납해야 한다. 파일 접근 방식도 이와 유사하게 동작한다. 파일을 열어야만 파일에 접근할 수 있으며 사용이 끝난 후에는 반드시 닫아야 한다.

(a) fd = open() (b) read(fd), write(fd) (c) close(fd)

그림 4-12 파일 입출력 방법

파일을 사용하는 첫 번째 단계는 `fd = open()`이다. `open()`을 통해 파일 접근 권한을 확인하고, 권한이 있으면 키 `fd`를 받는다. 키의 정확한 이름은 **파일 기술자**file descriptor이다. 이후부터 파일에 대한 모든 접근은 키를 통해 이루어지며, `read(fd)`로 데이터를 읽거나 `write(fd)`로 데이터를 저장한다. 파일에 대한 작업이 모두 끝나면 `close(fd)`로 키를 반납한다.

> **Note 파일을 닫지 않았을 때의 문제점**
>
> `close()`는 버퍼에 있는 내용을 파일에 저장하고, 파일을 정상적으로 닫아서 다시 사용할 수 있도록 만든다. 그런데 파일을 닫지 않고 코드가 종결되면, 버퍼에 남아 있던 데이터가 파일에 저장되지 않을 수 있다. 또한 파일이 열린 상태로 남아있기 때문에 다른 프로그램이 해당 파일을 수정하거나 삭제할 수 없게 될 수도 있다.

[코드 4-4]는 test.txt 파일을 열고 데이터를 읽어오는 코드이다.

- 9행은 파일을 읽기 전용(`O_RDONLY`)으로 연다. `open()`이 정상적으로 이루어지면 파일에 접근하는 키(파일 기술자) `fd`를 넘겨준다. 만약 파일이 존재하지 않거나 접근 권한이 없으면 `fd` 값은 −1이고 프로그램이 종료된다.
- 정상적으로 파일 기술자 `fd`를 얻었기 때문에 모든 작업은 `fd`를 통해 이루어진다. 16행은 `fd`에서 5바이트를 읽고 `buf[]`에 저장하는 코드이다.
- 문자열의 끝에는 `NULL` 문자(`\0`)가 필요하지만, 파일에서 읽은 데이터에는 `NULL` 문자가 없다. 따라서 18행과 같이 `buf[]`의 맨 마지막에 `NULL` 문자를 넣은 후, 19행에서 출력한다. 23행에서는 `close(fd)`로 파일을 닫는다.

코드 4-4 파일 읽기 코드

```
#include <stdio.h>
#include <unistd.h>
#include <fcntl.h>

void main() {
    int fd, n;
    char buf[6];

    fd = open("test.txt", O_RDONLY);      // 파일 open

    if (fd == -1) {                        // 파일 열기 실패
        perror("Error opening file");
        return 1;
     }

    n = read(fd, buf, 5);                  // read(fd): n은 실제 읽은 문자 수
    if (n > 0) {
        buf[n] = '\0';                     // 맨 마지막에 NULL 문자 삽입
        printf("%s \n", buf);
    } else {
        perror("Error reading file");
    }
    close(fd);                             // 파일 close
}
```

Note 저수준 파일 입출력과 고수준 파일 입출력

파일 입출력은 운영체제의 시스템 호출을 사용하는 저수준 파일 입출력과 라이브러리를 사용하는 고수준 파일 입출력으로 나뉘며, [코드 4-4]는 저수준 파일 입출력 코드이다. 저수준 파일 입출력을 설명하는 이유는 파이프 코드와 유사하기 때문이다.

고수준 파일 입출력에 사용하는 라이브러리는 저수준 코드를 사용하여 만들어진다. 예를 들어 fread(), fwrite(), fprintf(), fscanf()가 고수준 파일 입출력 함수이며, 일반적인 입출력 함수 이름 앞에 f가 붙는다. 파일을 이용한 프로세스 간 통신에 대한 자세한 내용은 04절 '[심화] 프로세스 간 통신 코드'에서 설명한다.

파이프 통신

파이프는 운영체제가 제공하는 프로세스 간 통신 기법으로, 동기화 방식의 통신을 지원한다. 주로 fork() 함수를 통해 만들어진 부모-자식 프로세스 간 데이터 통신에 파이프 통신 기법이 사용된다. [코드 4-5]는 보내는 쪽의 파이프 통신 코드이다.

코드 4-5 파이프 통신 코드(보내는 쪽)

```c
#include <stdio.h>
#include <unistd.h>

int main() {
    int fd[2];    // 2개의 파일 기술자: 읽기용 fd[0], 쓰기용 fd[1]

    pipe(fd);     // 파이프 생성

    close(fd[0]);                // 읽기용 기술자 닫기
    write(fd[1], "TEST", 5);     // fd[1]을 통해 데이터 쓰기
    close(fd[1]);                // 쓰기용 기술자 닫기

    return 0;
}
```

파이프 통신은 파일 입출력과 유사하게 동작하지만, open() 대신 pipe(fd)를 사용하며, pipe()-read()와 write()-close() 형태이다. 파이프는 단방향 통신만 지원하며, 1개의 파이프에는 2개의 파이프 기술자pipe descriptor를 사용한다. 하나는 읽기용 파이프 기술자(fd[0])이고, 다른 하나는 쓰기용 파이프 기술자(fd[1])이다. pipe(fd)를 호출하면 fd[0]과 fd[1] 두 개의 기술자가 생성되며, fd[1]에 데이터를 쓰면 fd[0]에서 읽을 수 있는 구조로 동작한다.

[그림 4-13]은 파이프를 사용한 프로세스 간 통신 구조를 보여준다. 자식 프로세스인 프로세스 C는 파이프 0에 write()를 호출하여 부모 프로세스로 데이터를 보낸다. 부모 프로세스인 프로세스 P는 read()를 호출하여 자식 프로세스가 보낸 데이터를 받는다.

부모 프로세스가 read()를 호출했지만, 자식 프로세스가 아직 write()하지 않았다면, 운영체제는 부모 프로세스를 대기 상태blocking로 만든다. 자식 프로세스가 데이터를 write()하는 순간 부모 프로세스의 read()가 실행되면서 대기 상태가 해제된다. 파이프 통신에서는 운영체제가 동기화 처리해 주기 때문에 부모 프로세스는 바쁜 대기를 하지 않아도 된다.

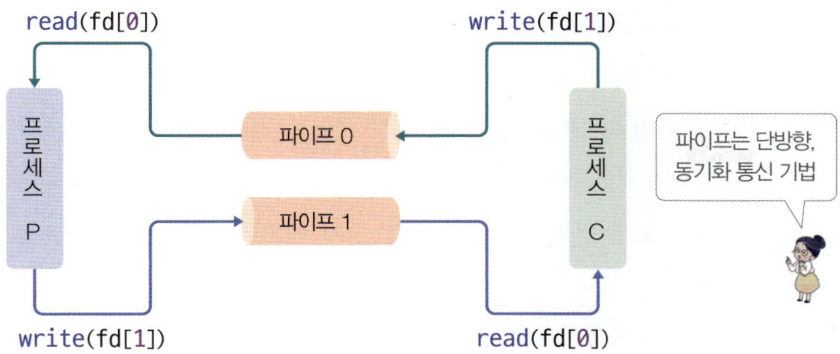

그림 4-13 파이프를 이용한 통신

> **Note** 이름 있는 파이프
>
> 지금까지 설명한 부모-자식 프로세스 간의 IPC에 사용하는 파이프는 이름 없는 파이프 anonymous pipe이다. 이름 있는 파이프named pipe는 이름이 지정된 형태의 파이프이다. 이름 있는 파이프는 파일 시스템 내에 생성되며, FIFOFirst In, First Out 파일이라고도 한다. 이름 있는 파이프는 파일 시스템 내에 생성되므로 독립적인 프로세스 간에도 사용할 수 있으며, 동기화 통신을 제공한다. 파이프 코드는 04절 '[심화] 프로세스 간 통신 코드'에서 한 번 더 설명한다.

네트워크 통신 이해하기

인터넷을 사용하려면 IP와 TCP가 필요하다. 여기서 IPInternet Protocol는 데이터를 목적지까지 전송하기 위해 개발된 통신 규약이며, 데이터를 전송할 대상 컴퓨터가 IP 주소address로 지정된다. TCPTransmission Control Protocol는 네트워크를 통해 받은 데이터를 정리하고, 인터페이스 역할을 하는 통신 규약이다.

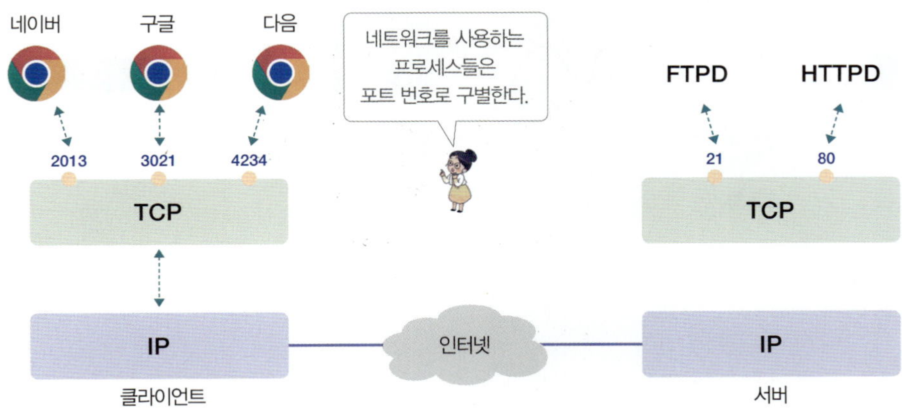

그림 4-14 IP 주소와 포트 번호

데이터가 특정 IP 주소를 가진 컴퓨터에 도착하면, 해당 컴퓨터 내에서 데이터를 수신할 프로세스를 찾는다. 예를 들어 크롬 브라우저를 이용해 네이버, 구글, 다음 웹사이트에 접속한다고 가정하자. 네이버, 구글, 다음 서버로부터 전송된 데이터가 모두 같은 IP 주소인 내 컴퓨터에 도착한다. 따라서 컴퓨터 내부에서 어느 프로세스가 어느 데이터를 받아야 하는지 구분하는 추가적인 주소가 필요하다. 이를 포트 번호라고 한다. **포트 번호**port number**는 TCP가 네트워크를 사용하는 프로세스를 구분하기 위해 사용하는 주소**이다. 쉽게 말해 IP 주소가 아파트 동 번호라면 포트 번호가 호수에 해당한다. 네트워크를 사용하는 프로세스는 생성될 때 운영체제로부터 0부터 65535까지의 포트 번호를 할당받는다.

서버에서 실행되는 프로세스(데몬daemon)도 마찬가지로 포트 번호를 사용한다. 만약 서버 데몬이 임의의 포트 번호를 사용한다면, 클라이언트가 서버에 접속할 때마다 해당 포트 번호를 찾아야 하니 불편하다. 따라서 중요한 서버 프로세스에는 미리 정해진 포트 번호를 할당한다. 예를 들어 웹 데몬(HTTPDHyper Text Transfer Protocol Daemon)의 포트 번호는 80번이고, 파일 데몬(FTPDFile Transfer Protocol Daemon)의 포트 번호는 21번이다.

서버의 웹 데몬이 80번 포트에서 클라이언트를 기다린다고 가정하자. 만약 하나의 클라이언트가 80번 포트를 독점하면 다른 클라이언트들은 웹 데몬과 연결할 수 없다. 이때 **소켓이 1개의 포트에 여러 개의 클라이언트를 동시에 연결하도록 돕는다.** 하나의 벽 콘센트에 여러 개의 가전제품을 연결하기 위해 멀티탭을 사용하는 것과 같다.

이를 통해 서버 프로세스는 동시에 여러 클라이언트에 서비스를 제공할 수 있다. 네트워크에서 데이터를 송수신한다는 것은 클라이언트 소켓이 서버 소켓과 데이터를 주고받는 것을 의미한다. 그래서 네트워크 프로그래밍을 소켓 프로그래밍이라고 부른다.

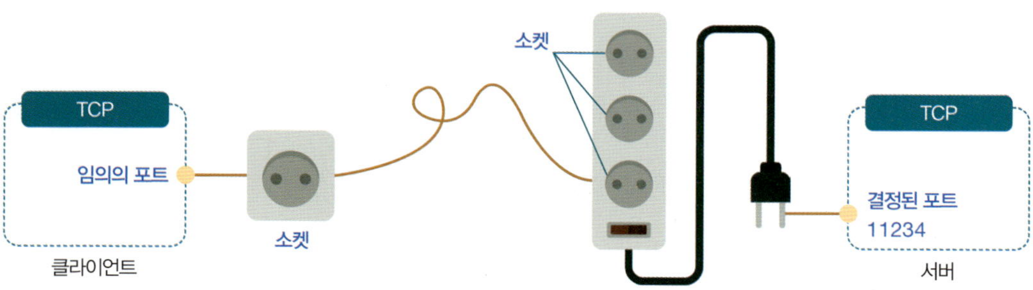

그림 4-15 클라이언트-서버 통신에서의 소켓

소켓 통신

소켓은 양방향 데이터 송수신이 가능하며, 동기화를 지원하기 때문에 데이터를 받는 쪽의 프로세스가 바쁜 대기를 하지 않아도 된다.

소켓 생성 과정은 파일에 접근하는 과정과 유사하다. cs = socket()으로 소켓이 만들어지며, 여기서 cs는 소켓 기술자socket descriptor이다. 두 컴퓨터 간 접속이 이루어지면 send(cs)를 사용하여 데이터를 보내고, recv(cs)를 사용하여 데이터를 받는다. 파일 코드의 write()가 send()로, read()가 recv()로 바뀐 것이다. 소켓을 다 사용한 후에는 close(cs)를 사용하여 소켓을 닫아준다.

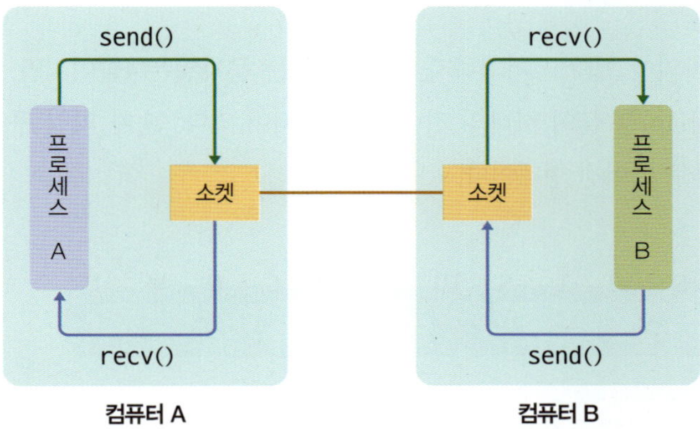

그림 4-16 소켓을 이용한 통신

> **Note 소켓 프로그래밍**
>
> 소켓 프로그래밍에서는 서버 프로세스가 먼저 실행되고 난 후에 클라이언트가 실행되어야 한다. 소켓이 만들어진 후에 서버 프로세스는 accept()로 클라이언트를 기다리고, 클라이언트는 connect()로 서버에 접속한다. 소켓 프로그래밍 코드는 04절 '[심화] 프로세스 간 통신 코드'에서 한 번 더 다룬다.

SECTION 04 [심화] 프로세스 간 통신 코드

1 파일 입출력

파일 포인터

[그림 4-17]의 왼쪽과 같은 test.txt 파일이 있다고 가정하자. 우리가 보는 문자열은 4줄이지만, 실제 파일에는 각 줄 끝에 줄바꿈 문자(\n)를 붙여 하나의 긴 줄로 저장되어 있다. 순차 파일 구조sequential file는 데이터가 하나의 긴 줄로 이어진 형태이다.

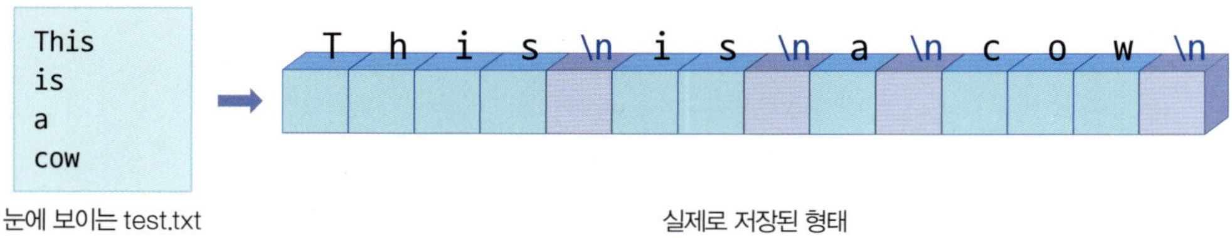

그림 4-17 순차 파일 구조

순차 파일 구조를 테이프형 저장 매체와 비교하여 쉽게 이해할 수 있다. 예를 들어 10개의 노래가 담긴 카세트테이프를 재생하면 1번 곡부터 10번 곡까지 순서대로 재생된다. 다른 곡을 듣고 싶다면 앞으로 감기forward 또는 뒤로 감기backward 기능을 이용한다.

파일에서는 파일 포인터가 작업 위치를 가리킨다. 파일 포인터file pointer는 파일 오프셋file offset 혹은 파일 위치 지시자file position indicator라고도 부른다. 파일 포인터는 현재 파일에서 읽거나 쓸 위치를 나타내며, 파일의 시작(0번 위치)에서부터 얼마나 떨어져 있는지를 바이트 단위로 나타낸다.

[그림 4-18]과 같이 test.txt에 `This is a cow`라는 문자열이 저장되어 있다고 가정하자. 참고로 `EOF`는 파일의 끝End Of File을 나타내는 제어 문자이다. 파일을 열었을 때 파일 포인터는 가장 앞의 `"This"`를 가리키고 있다. 파일 포인터는 단 하나만 존재하며, `read`와 `write` 작업이 파일 포인터를 공유하며, 앞으로만 이동한다.

예를 들어 read(fp, 4)와 write(fp, "Test")를 수행한다고 가정하자. read(fp, 4)를 실행하면 0번부터 3번까지의 "This"를 읽는다. 읽기 작업이 끝났을 때 파일 포인터는 다음 작업 위치를 가리키기 위해서 4번으로 이동한다. 다음으로 write(fp, "Test")를 실행하면 " is "가 "Test"로 덮어씌워진다. 쓰기 작업이 끝났을 때 파일 포인터는 다음 작업 위치를 가리키기 위해 8번으로 이동한다.

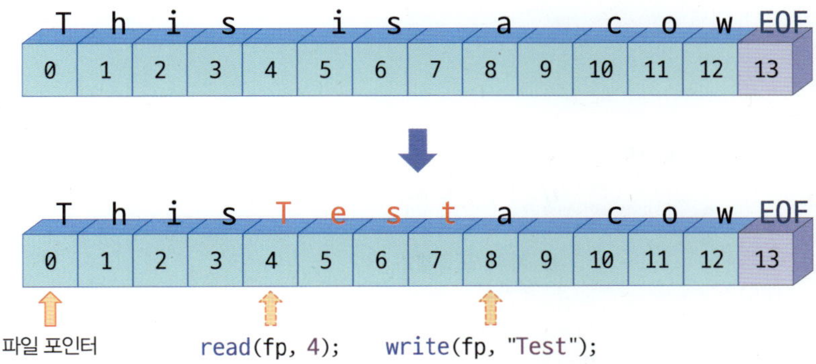

그림 4-18 파일 포인터의 이동

파일 포인터를 특정 위치로 이동하는 명령어는 lseek()이다. lseek()은 기준점을 정할 수 있는데, SEEK_SET는 파일의 처음 위치, SEEK_CUR는 파일 포인터의 현재 위치, SEEK_END는 파일의 마지막 위치가 기준이다. 따라서 lseek(fd, 0, SEEK_SET)는 파일의 처음 위치를 기준으로 0번째 위치에 파일 포인터를 옮기라는 의미이다.

fork()와 파일 기술자

fork()가 파일 입출력에 미치는 영향을 살펴보자. [코드 4-6]은 fork()와 파일 접근을 함께 사용하는 코드이다. fork()는 프로세스를 복사하면서 부모 프로세스의 자원을 자식에게 상속한다. 따라서 fork() 이전에 파일을 open()하면 생성된 **파일 기술자가 부모와 자식 프로세스에 공유되어 부모와 자식 프로세스가 같은 파일을 읽고 쓸 수 있다.** 이 코드에서는 자식 프로세스가 test.txt에 "TEST" 문자열을 쓰고, 부모 프로세스는 test.txt에 쓴 문자열을 읽는다.

코드 4-6 **fork()와 파일 접근 코드**

```
01 #include <stdio.h>
02 #include <stdlib.h>
03 #include <unistd.h>
04 #include <fcntl.h>
05 #include <sys/wait.h>
06
07 void main() {
08     int fd, pid, n;
09     char buf[6];
10
11     fd = open("test.txt", O_RDWR);    // ORDWR - 읽기 쓰기
12     pid = fork();                     // 자식 프로세스에게 파일 기술자 상속
13
14     if (pid == 0) {                   // 자식 프로세스
15         write(fd, "TEST", 5);
16         close(fd);                        // 자식 파일 기술자 닫음
17         exit(0);
18     } else {                          // 부모 프로세스
19         wait(0);                          // 자식을 기다림
20         lseek(fd, 0, SEEK_SET);           // 파일 포인터를 처음으로 이동
21         n = read(fd, buf, 5);
22         buf[n] = '\0';
23         printf("%s \n", buf);
24         close(fd);                        // 부모 파일 기술자 닫음
25     }
26 }
```

[코드 4-6]의 실행 과정은 다음과 같다.

❶ open()을 실행하여 test.txt 파일을 읽기 및 쓰기 모드로 연다(11행).

❷ fork()를 실행하여 부모 프로세스의 파일 기술자를 자식 프로세스로 복사한다(12행).

❸ 자식 프로세스는 "TEST" 문자열을 파일에 쓰고 close(fd)로 파일을 닫고 종료한다(14~17행).

❹ wait(0)을 실행하여 부모 프로세스가 자식 프로세스 종료를 기다리게 한다(19행).

❺ lseek()을 실행하여 파일 포인터를 맨 앞으로 이동시킨다(20행).

❻ read()를 실행하여 파일의 첫 5바이트를 읽는다(21행).

❼ print()를 실행하여 읽은 내용을 화면에 출력한다(23행).

❽ 부모 프로세스도 close(fd)을 실행하여 파일을 닫고 종료한다(24행).

파일 접근에는 파이프 통신과 달리 동기화 기능이 없다. 따라서 부모 프로세스가 자식 프로세스보다 먼저 실행되면 아무 데이터도 읽지 못할 수 있다. 이를 방지하기 위해 부모 프로세스는 `wait()`를 사용하여 자식 프로세스가 끝날 때까지 기다려야 한다. 19행의 `wait(0)`이 바로 그 역할을 한다.

또한 `read()`와 `write()`가 공유하는 파일 포인터는 명령을 수행할 때마다 앞으로 이동한다. ❸에서 자식 프로세스가 "TEST"를 쓴 후에 파일 포인터가 "TEST" 다음으로 이동한다. 따라서 부모 프로세스가 "TEST"를 읽기 위해서는 20행의 `lseek(fd, 0, SEEK_SET)`을 실행하여 파일 포인터를 처음으로 이동해야 한다.

2 파이프 코드를 통한 부모-자식 프로세스 간 통신

파이프는 단방향 통신을 제공하므로 양방향 통신을 하려면 `int fd[2]` 배열을 선언하여 2개의 파이프 기술자를 사용해야 한다. `pipe(fd)` 함수를 호출하면 `fd[0]`과 `fd[1]`을 가진 파이프가 생성된다. 이 상태에서 `fork()`를 호출하면 부모 프로세스의 파이프 기술자가 자식 프로세스에 상속된다. 결국 [그림 4-19]처럼 총 4개의 파이프 기술자가 존재하며, `close()`를 4번 사용하여 닫는다.

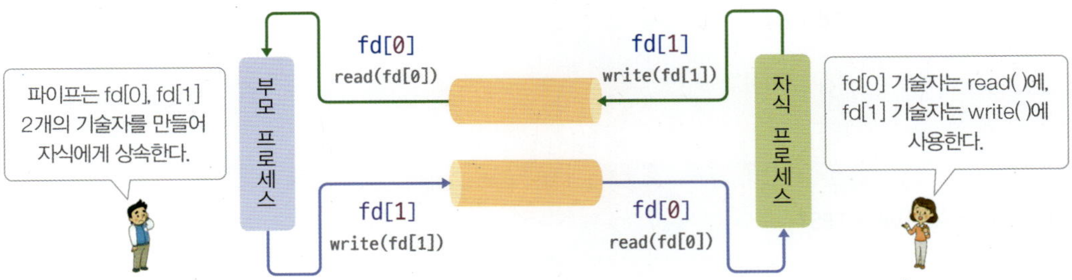

그림 4-19 파이프 통신의 구조

파이프 기술자 중에서 `fd[0]`은 `read()`에 사용하고, `fd[1]`은 `write()`에 사용된다. 따라서 데이터를 보내고 싶다면 `write(fd[1])`을 사용하고, 데이터를 읽고 싶다면 `read(fd[0])`를 사용한다. [코드 4-7]은 파이프를 사용하여 자식 프로세스가 부모 프로세스에 데이터를 전송하는 코드이다.

코드 4-7 파이프 통신 코드

```
01 #include <stdio.h>
02 #include <unistd.h>
03
04 void main() {
05     pid_t pid;
06     int fd[2], n;                  // 2개의 파일 디스크립터 fd[0] 읽기, fd[1] 쓰기
07     char buf[6];
08
09     pipe(fd);                      // 파이프 생성
10     pid = fork();                  // 자식 프로세스에게 파이프 기술자 상속
11
12     if (pid == 0)  {               // 자식 프로세스
13         close(fd[0]);                  // close fd[0]
14         write(fd[1], "TEST", 5);       // write to fd[1]
15         close(fd[1]);
16     } else {                       // 부모 프로세스
17         close(fd[1]);                  // close fd[1]
18         n = read(fd[0], buf, 5);       // read from fd[0]
19         buf[n] = '\0';
20         printf("Parent receive = %s\n", buf);
21         close(fd[0]);
22     }
23 }
```

```
Parent receive = TEST
```

- 6행 int fd[2]는 파이프 기술자 배열을 선언한다. 9행 pipe(fd)는 파이프를 생성한다. fd[0]는 read(), fd[1]은 write()에 사용된다. 10행 pid = fork()는 자식 프로세스를 생성한다. 부모 프로세스의 파이프가 자식 프로세스에 상속되어 2개의 fd[0]와 2개의 fd[1]이 존재한다.
- 13행 자식 프로세스에서 읽기용 기술자 fd[0]는 필요 없으므로 close(fd[0])로 닫는다. 14행에서 "TEST" 문자열을 부모 프로세스로 전송한 후 쓰기용 기술자 fd[1]도 close(fd[1])으로 닫고 종료한다.
- 17행 부모 프로세스에서 쓰기용 기술자 fd[1]은 필요 없으므로 close(fd[1])으로 닫는다. 이후 read(fd[0], buf, 5)를 실행하여 자식 프로세스로부터 데이터를 읽는다. 19행에서 문자열 끝을 처리한 후, 20행에서 데이터를 출력한다. 21행에서 읽기용 기술자 fd[0]도 close(fd[0])로 닫고 종료한다.

[코드 4-7]에는 wait()가 없으나 파이프는 동기화 기능을 지원하므로 정상적으로 동작한다. 예를 들어 부모 프로세스가 read(fd[0])를 실행했는데 아직 자식 프로세스가 14행의 write(fd[1], "TEST", 5)를 실행하지 않았다면, 부모 프로세스는 데이터가 올 때까지 대기한다. 즉 자식 프로세스의 write()가 실행될 때까지 read()는 블록block 상태가 되어 데이터가 정상적으로 전달된다.

3 소켓 코드를 통한 네트워크 기반 통신

소켓 코드의 구조

소켓은 파일과 마찬가지로 cs = socket()을 호출하면 소켓 기술자를 반환한다. 이후 모든 작업은 소켓 기술자(cs)를 통해 이루어진다.

[그림 4-20]은 클라이언트와 서버 소켓 간의 통신 절차를 보여준다. cs = socket() 이후에 클라이언트가 서버에 연결을 요청하는 connect()와 클라이언트의 요청을 수락하는 accept()가 추가된다. 서버 프로세스가 먼저 실행되어야 하며, socket()–accept()–send() 혹은 recv()–close() 순으로 작업이 이루어진다. 클라이언트 쪽은 socket()–connect()–send() 혹은 recv()–close() 순으로 작업이 이루어진다.

클라이언트 소켓을 보자. cs = socket() 이후에 connect(cs)가 서버와의 접속을 시도한다. 다음으로 서버에게 데이터를 보낼 때 send(cs)를 사용하고, 서버로부터 데이터를 받을 때는 recv(cs)를 사용한다. 소켓 사용을 마치면 close(cs)를 사용하여 소켓 기술자를 반환한다.

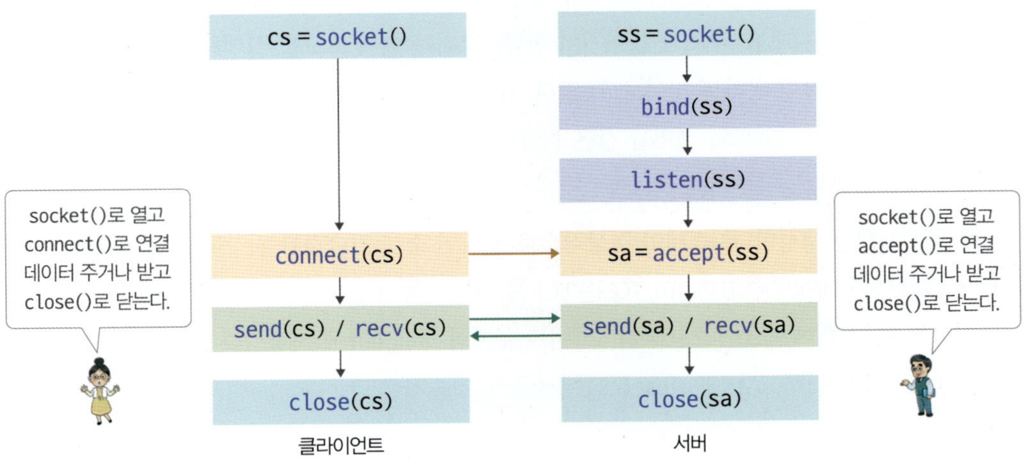

그림 4-20 클라이언트 소켓과 서버 소켓의 통신 절차

서버 쪽 소켓도 유사하다. ss = socket()이 성공하여 소켓 기술자를 받으면 sa = accept(ss)가 클라이언트와 접속한다. 이후 클라이언트에게 데이터를 보내는 경우 send(sa)를 사용하고, 클라이언트로부터 데이터를 받을 때는 recv(sa)를 사용한다. 소켓 사용을 마치면 close(sa)로 닫는다. 클라이언트와 달리 서버 쪽에는 bind()와 listen()이 추가되는 것을 주의해야 한다. 클라이언트의 경우 일반적으로 포트 하나에 소켓 하나가 연결된다. 그러나 서버 쪽에는 포트 하나에 여러 개의 소켓이 연결된다. IP 주소와 포트 번호에 소켓을 연결하는 단계가 bind()이다.

listen()은 클라이언트 요청을 받을 준비를 하는 단계이다. 서버 쪽 프로세스가 소켓을 듣고 있다가(listen()) 접속을 시도하는 클라이언트 중 하나를 받아들인다(accept()). listen(ss, 10)에서는 소켓 기술자 ss가 사용됐지만, sa = accept()에서 소켓 기술자가 sa로 바뀌는 점을 주의하자. 실제로 채택된 소켓 기술자 sa를 통해 데이터를 보내거나 받는다.

클라이언트 코드 분석

[코드 4-8]은 클라이언트 소켓 코드를 나타낸다.

- 4행과 5행은 소켓과 인터넷 관련 라이브러리이다. 10행의 sockaddr_in은 IP 주소나 포트 번호와 같은 주소 정보를 가지는 구조체이다.
- 12행은 주소 구조체인 csa를 초기화한다. 13행은 인터넷을 사용하겠다는 의미이다.
- 14행은 서버의 IP 주소를 설정하고, 15행은 서버의 포트 번호를 11234로 설정한다. 서버 IP 주소 127.0.0.1은 루프 백loop-back 주소라는 특별한 IP 주소이다. 소켓 프로그래밍에서 서버 코드는 클라이언트 코드와 다른 컴퓨터에서 실행된다. 따라서 서버 IP 주소에는 서버 코드가 실행 중인 컴퓨터의 실제 IP 주소가 들어가야 한다. 그러나 예제 코드를 실행하기 위해 고정 IP 주소를 가진 컴퓨터를 준비하는 것이 쉽지 않다. IP 주소 중 루프 백 주소는 자기 자신을 가리키는 IP 주소이므로 클라이언트와 서버를 같은 컴퓨터에서 실행해도 인터넷을 통해 데이터를 주고받는 환경처럼 만든다.
- 17행에서 소켓을 생성한다. 소켓이 정상적으로 열리면 소켓 기술자가 저장된 cs를 사용할 수 있다. socket()의 매개변수 IPPROTO_TCP는 TCP를 사용하여 통신한다는 의미이다. 18행에서 서버와 연결하고, 20행에서 소켓으로부터 5바이트 문자를 받아 buf에 저장한다. 21행에서 buf에 저장된 문자열을 출력하고 23행 close(cs)에서 소켓 기술자를 닫는다.

코드 4-8 클라이언트 소켓 코드

```
#include <stdio.h>                               // printf()
#include <string.h>                              // memset()
#include <unistd.h>                              // close()
#include <sys/socket.h>                          // socket library
#include <arpa/inet.h>                           // internet library

void main() {
    int cs;
    char buf[5];
    struct sockaddr_in csa;                      // 서버 주소 구조체

    memset(&csa, 0, sizeof(csa));                // 주소 구조체 초기화
    csa.sin_family = AF_INET;                    // 인터넷 소켓
    csa.sin_addr.s_addr = inet_addr(127.0.0.1);  // 서버 IP(루프 백 주소)
    csa.sin_port = htons(11234);                 // 서버 포트 번호 11234

    cs = socket(PF_INET, SOCK_STREAM, IPPROTO_TCP);      // 소켓 생성
    connect(cs, (struct sockaddr *) &csa, sizeof(csa));  // 서버 연결 요청

    recv(cs, buf, 5, 0);
    printf("Receive [%s]\n", buf);

    close(cs);                                   // 소켓 종료
}
```

서버 코드 분석

[코드 4-9]는 클라이언트 소켓 코드와 짝을 이루는 서버 소켓 코드이고, 이 코드가 클라이언트 소켓 코드보다 먼저 실행되어야 한다.

- 10행에서 13행까지의 소켓 초기화 부분은 클라이언트 코드와 비슷하다. 클라이언트 코드와 다른 부분은 12행이다. 클라이언트의 `csa.sin_addr.s_addr`은 서버의 IP 주소를 지정한다. 서버에서는 클라이언트의 주소를 알 수 없어 `htonl(INADDR_ANY)`라고 지정한다. `INADDR_ANY`는 어떤 주소든 상관없다는 의미이다.
- 15행에서 소켓을 열고, 16행에서 소켓을 연결한다. 앞에서 설명했듯이 `bind()`는 서버에만 있는 함수이며, 하나의 포트에 여러 개의 소켓을 연결한다. `socket()`을 연 이후에는 `bind()`를 한 번만 사용하면 된다. 17행 `listen(ss, 10)`에서 여러 소켓을 활성화하며, 10은 작업을 기다리는 클라이언트의 최대 개수를 의미한다.

코드 4-9 서버 소켓 코드

```
01 #include <string.h>                          // memset()
02 #include <unistd.h>                          // close()
03 #include <sys/socket.h>                      // socket library
04 #include <arpa/inet.h>                       // internet library
05
06 void main() {
07     int ss, sa;
08     struct sockaddr_in ssa;                  // 서버 주소 구조체
09
10     memset(&ssa, 0, sizeof(ssa));
11     ssa.sin_family = AF_INET;                // 인터넷 소켓
12     ssa.sin_addr.s_addr = htonl(INADDR_ANY); // 모든 IP 주소 허용
13     ssa.sin_port = htons(11234);             // 포트 번호 11234
14
15     ss = socket(PF_INET, SOCK_STREAM, IPPROTO_TCP);      // 소켓 생성
16     bind(ss, (struct sockaddr *) &ssa, sizeof(ssa));     // 소켓 바인딩
17     listen(ss, 10);                          // 최대 10개 클라이언트
18
19     while(1) {                               // 무한 루프 - 계속 실행
20         sa = accept(ss, 0, 0);               // 클라이언트 요청 수락
21         send(sa, "test", 5, 0);
22         close(sa);                           // 클라이언트 소켓 종료
23     }
24 }
```

- 19행 `while(1)`은 무한 루프를 만든다. 서버는 루프를 돌면서 클라이언트의 요청이 있을 때마다 서비스한다.
- 20행 `sa = accept(ss, 0, 0)`에서 소켓에 연결된 클라이언트를 받아들인다. `sa = accept()`에 의해 실제로 받아들여진 소켓 기술자는 `sa`이기 때문에 `send(sa)`나 `recv(sa)`를 사용해야 한다.
- 21행에서 클라이언트에 문자열 `"test"`를 보낸다. `test`는 4글자이지만 문자열 끝을 표시하는 `'\n'`이 추가되어 전체 크기는 5바이트이다.
- 22행에서 클라이언트 소켓 `sa`를 닫는다. 그런데 처음 열린 서버 소켓 기술자 `ss`는 아직 살아 있다. 클라이언트가 몇 번을 접속하더라도 서버는 계속 살아남아서 클라이언트에게 문자열 `"test"`를 보낸다. `close(ss)`를 사용한다면 서버가 서비스를 종료하겠다는 의미이다.

유닉스에서 서버와 클라이언트 소켓 코드를 실행하는 과정을 알아보자. 우선 서버와 클라이언트 코드를 컴파일한다. gcc -o server server.c를 사용하여 server라는 실행 파일을 만든다. gcc에서 -o 옵션은 실행 파일의 이름을 변경하는 것으로 -o 옵션을 지정하지 않으면 a.out이라는 실행 파일이 만들어진다. 같은 방식으로 gcc -o client client.c를 사용하여 클라이언트 코드의 실행 파일을 만든다.

```
$>gcc -o server server.c          서버 코드 컴파일
$>gcc -o client client.c          클라이언트 코드 컴파일
$>server &                        서버 코드를 백그라운드에서 실행
$>client                          클라이언트 실행
$>Receive [test]                  서버로부터 test 수신
$>client                          클라이언트 다시 실행
$>Receive [test]                  서버로부터 test 수신
```

그림 4-21 유닉스에서 서버와 클라이언트 소켓 코드의 실행 과정

앞에서 설명했듯이, 서버 코드(데몬)이 먼저 실행되어야 한다. 또한 루프백 주소를 사용하여 서버와 클라이언트 코드가 같은 컴퓨터에서 실행되기 때문에 서버는 백그라운드로 실행한다. 백그라운드 실행하려면 server &와 같이 실행 파일 마지막에 &를 붙인다. 이후 클라이언트 프로그램을 실행하면 서버로부터 "test"를 받아 Receive [test]가 출력된다. 클라이언트를 여러 번 다시 실행해도 같은 결과가 나온다.

클라이언트 프로세스는 한 번 실행하면 끝나지만 서버 프로세스는 계속 살아있다. 서버 프로세스를 중지하려면 ps 명령어를 사용하여 프로세스 구분자(PID)를 확인한 후 kill PID로 중지시키면 된다.

요약

01 스레드는 프로세스의 코드에 정의된 절차에 따라 CPU에 작업을 요청하는 실행 단위이며, 프로세스는 여러 실행 단위(스레드)를 담는 틀이다.

02 멀티스레드는 하나의 프로세스 내부에서 여러 개의 스레드가 동시에 작업하는 방식이다. 멀티스레드는 자원을 효율적으로 공유하고, 응답성을 높이며, 멀티코어 CPU의 장점을 극대화한다. 다만 프로세스가 비정상적으로 종료될 때 그 안의 다른 모든 스레드도 영향을 받아 강제 종료된다.

03 멀티스레드 모델은 사용자 프로세스 내 여러 개의 스레드가 커널의 스레드 하나에 연결되는 사용자 스레드, 하나의 사용자 스레드가 하나의 커널 스레드와 직접 연결되는 커널 스레드, 사용자 스레드와 커널 스레드를 혼합한 멀티레벨 스레드가 있다.

구분	사용자 스레드	커널 스레드	멀티레벨 스레드
커널 개입	없음	있음	있음
문맥 교환 비용	낮음	높음	중간
입출력 대기 영향	모든 스레드가 멈춤	다른 스레드 실행 가능	다른 커널의 스레드를 대신 실행
멀티코어 활용	불가	가능	가능
보안성	낮음	높음	중간

04 프로세스가 서로 데이터를 주고받는 것을 프로세스 간 통신(IPC)이라 부른다.

구분	비동기화 통신	동기화 통신
데이터 도착 여부	도착 여부를 반복 확인 (바쁜 대기)	도착할 때까지 기다림
운영체제 개입	프로세스가 직접 도착 여부 확인	운영체제가 대기 처리
블로킹	논블로킹	블로킹
IPC 종류	공유 메모리, 공유 파일	파이프, 소켓

05 파이프 통신과 소켓 통신은 `open()-read()` 혹은 `write()-close()` 시스템 호출을 사용한다. 프로세스는 파이프 또는 소켓을 얻어야만 데이터에 접근할 수 있으며, 사용이 끝난 후에는 반드시 파이프 또는 소켓을 닫아야 한다.

연습문제

01 다음 컴퓨터의 작업 단위 중 가장 큰 것은 무엇인가?

① 태스크 ② 작업

③ 프로세스 ④ 실행 단위

02 다음 중 light weight process라고 불리는 작업 단위는 무엇인가?

① 태스크 ② 작업

③ 프로세스 ④ 스레드

03 다음 중 멀티스레드의 장점이 아닌 것은 무엇인가?

① 스레드끼리 독립적이어서 서로 영향을 받지 않는다.

② 단일 스레드에 비하여 응답속도가 빠르다.

③ 프로세스에 비하여 통신 오버헤드가 적다.

④ 시스템 자원을 공유한다.

04 다음 중 멀티스레드의 특징이 아닌 것은 무엇인가?

① 1개의 프로세스에서 여러 스레드를 실행할 수 있다.

② 프로세스의 종료가 다른 프로세스에 영향을 주지 않는다.

③ 별도 통신 없이 자원을 공유할 수 있다.

④ 스레드끼리 메모리 및 자원을 공유한다.

05 다음 중 멀티태스킹의 특징이 아닌 것은 무엇인가?

① 프로세스가 서로 독립적이다.

② 프로세스의 종료가 다른 프로세스에 영향을 주지 않는다.

③ 별도 통신 없이 자원을 공유할 수 있다.

④ 프로세스 간 통신이 불필요하다.

06 다음 중 사용자 스레드 모델에 대한 설명으로 틀린 것을 찾으시오.

① 라이브러리로 구현된다.

② 문맥 교환이 없어 속도가 빠르다.

③ 여러 개의 CPU에서 동시에 작업을 실행할 수 있다.

④ 커널이 멀티스레드를 지원하지 않을 때 사용자 스레드가 사용된다.

07 다음 스레드 모델 중 멀티레벨 스레드와 관련 있는 것은 무엇인가?

① 1 to N 모델
② 커널 스레드
③ 사용자 스레드
④ M to N 모델

08 다음 중 프로세스 간 통신에 대한 설명으로 틀린 것을 찾으시오.

① 파이프는 주로 같은 컴퓨터 내의 프로세스 간 통신에 사용한다.

② 파이프 통신은 동기화를 지원한다.

③ 소켓 통신은 동기화를 지원하지 않는다.

④ 소켓 통신은 양방향 통신에 해당한다.

09 프로세스 간 통신 방식 중 서로 다른 컴퓨터의 프로세스 간 통신에 사용하는 것은 무엇인가?

① 공유 메모리
② 파이프
③ 공유 파일
④ 소켓

10 프로세스 간 통신 방식 중 양방향 통신에 해당하는 것은 무엇인가?

① 공유 메모리
② 파이프
③ 공유 파일
④ 소켓

11 다음 중 바쁜 대기를 사용하여 구현되는 통신은 무엇인가?

① 소켓
② 파이프
③ 전화
④ 공유 메모리

12 다음 중 동기화 통신의 특징이 아닌 것은 무엇인가?

① 데이터가 도착할 때까지 기다림　② 논 블로킹
③ 파이프와 소켓　④ 운영체제가 대기 처리

13 다음 중 비동기화 통신의 특징이 아닌 것은 무엇인가?

① 바쁜 대기　② 논 블로킹
③ 공유 메모리와 공유 파일　④ 운영체제가 대기 처리

14 다음 중 파일 관련 시스템 호출에 대한 설명으로 틀린 것을 찾으시오.

① `open()`은 파일 접근 권한을 확인한다.
② `close()`는 파일 접근 권한을 반납한다.
③ `read()`는 파이프를 생성한다.
④ `write()`는 파이프에서 데이터를 보낸다.

15 인터넷 통신 시 같은 컴퓨터 내에서 서로 다른 프로세스를 무엇으로 구별하는가?

① 데몬　② 소켓
③ IP 주소　④ 포트

16 인터넷에 있는 여러 컴퓨터를 무엇으로 구별하는가?

① 데몬　② 소켓
③ IP 주소　④ 포트

17 다음 중 포트 1개를 여러 프로세스가 공유할 수 있게 하는 장치는 무엇인가?

① 데몬　② 소켓
③ IP 주소　④ HTTPD

18 다음 시스템 호출 중 소켓에 데이터를 읽어오는 것은 무엇인가?

① socket() ② close()

③ recv() ④ send()

19 다음 시스템 호출 중 소켓에서 데이터를 내보내는 것은 무엇인가?

① socket() ② close()

③ recv() ④ send()

20 심화 다음 스레드 관련 시스템 호출 중 프로세스를 생성하는 fork()와 역할이 비슷한 것을 찾으시오.

① exit() ② wait()

③ join() ④ create()

21 심화 스레드 관련 시스템 호출 중 부모 프로세스가 자식 프로세스를 기다리게 하는 wait()와 역할이 비슷한 것을 찾으시오.

① join() ② exit()

③ create() ④ fork()

22 심화 스레드 관련 시스템 호출 중 스레드의 join()에 스레드가 끝났음을 알려주는 것은 무엇인가?

① wait() ② exit()

③ create() ④ fork()

23 심화 다음 중 자바에서 스레드를 실행시키는 메서드는 무엇인가?

① .start() ② .exit()

③ .create() ④ .wait()

24 심화 다음 중 자바에서 이벤트 처리에 사용하는 키워드는 무엇인가?

① `public` ② `Thread`

③ `class` ④ `try`

25 심화 다음 중 파일 포인터를 임의의 위치로 이동시키는 함수는 무엇인가?

① `open()` ② `close()`

③ `read()` ④ `lseek()`

26 심화 `open()`을 호출하여 파일을 정상적으로 연 다음 `fork()`를 호출했다면, `close()`는 몇 번 호출해야 하는가?

① 1번 ② 2번

③ 3번 ④ 4번

27 심화 기술자 2개를 사용하여 파이프를 만든 다음 `fork()`를 호출했다면, `close()`는 몇 번 호출해야 하는가?

① 1번 ② 2번

③ 3번 ④ 4번

28 심화 기술자 2개를 사용하여 파이프를 만들었다. 읽기(read)에 사용하는 기술자는 무엇인가?

① `fd[0]` ② `fd[1]`

③ `fd[2]` ④ `fd[3]`

29 심화 기술자 2개를 사용하여 파이프를 만들었다. 쓰기(write)에 사용하는 기술자는 무엇인가?

① `fd[0]` ② `fd[1]`

③ `fd[2]` ④ `fd[3]`

30 심화 다음 소켓 관련 함수 중 서버 쪽 코드에 없는 함수는 무엇인가?

① bind() ② accept()
③ connect() ④ listen()

31 심화 다음 소켓 관련 함수 중 클라이언트의 connect()에 대응하는 서버 쪽 함수는 무엇인가?

① bind() ② accept()
③ close() ④ listen()

32 멀티태스크(멀티프로세스)와 멀티스레드를 비교하시오.

33 멀티스레드의 장점을 설명하시오.

34 멀티스레드의 모델을 설명하시오.

35 프로세스 간 통신에 대하여 설명하시오.

36 통신 방향에 따른 통신에 대하여 설명하시오.

37 심화 파일 포인터의 특징을 설명하시오.

CHAPTER

05

CPU 스케줄링

학습목표

- 모든 프로세스의 진행을 관리하는 CPU 스케줄링의 개념을 이해한다.
- 다양한 CPU 스케줄링 알고리즘의 특징을 학습한다.
- 멀티프로세서 환경에서의 CPU 스케줄링 문제와 해결 방법을 설명한다.

Preview

운영체제의 CPU 스케줄러는 한정된 컴퓨터 자원을 프로세스에 할당하여 작업을 관리한다. CPU 스케줄러는 사용자의 체감 속도, 시스템 효율, 처리의 공정성을 고려하여 프로세스 실행 순서를 정한다.

이 장에서는 먼저 CPU 스케줄링의 목적과 필요성을 살펴보고, 다양한 스케줄링 알고리즘을 비교한다. 선입선출, 최단 작업 우선, 라운드 로빈, 다단계 큐 등 대표적인 스케줄링 방식들이 어떤 기준과 전략을 바탕으로 작동하는지 알아본다. 또한 알고리즘의 성능을 평가하는 기준과 우선순위를 조정하는 방식을 함께 익힌다. 마지막으로 멀티코어 환경에서의 CPU 스케줄링 방식을 다루며, 단일 큐와 다중 큐 기반 스케줄링의 차이점과 구현 시 고려할 점을 살펴본다.

이 과정을 통해 운영체제가 CPU라는 핵심 자원을 어떻게 공정하고 효율적으로 분배하는지 이해할 수 있다.

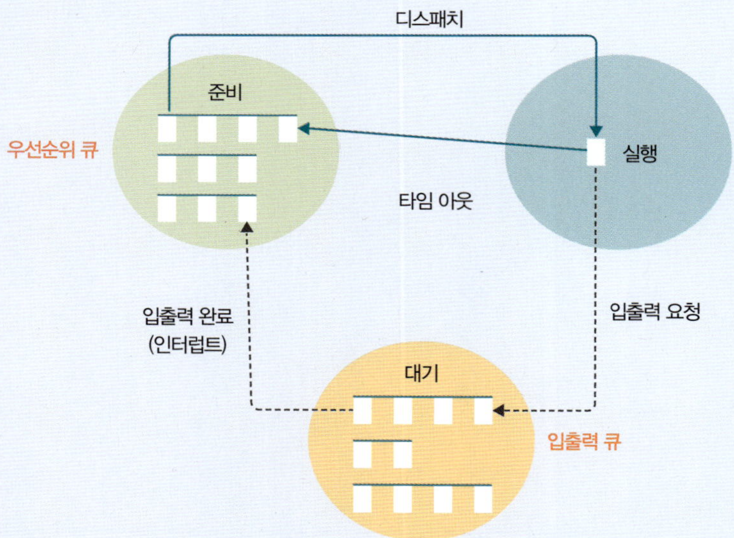

SECTION 01 CPU 스케줄링의 개요

1 CPU 스케줄링

운영체제는 동시에 실행 중인 프로세스들이 효율적으로 작업을 수행할 수 있도록 CPU 사용 순서를 조정한다. 프로세스에 언제 어떻게 CPU를 할당할지를 결정하는 과정을 **CPU 스케줄링**scheduling이라 한다. CPU 스케줄링은 시스템에서 작동하는 위치와 범위에 따라 고수준, 중수준, 저수준 스케줄링으로 나뉘며, 실행 제어 방식에 따라서는 선점형과 비선점형 스케줄링으로 구분할 수 있다.

단계별 스케줄링

CPU 스케줄링은 여러 단계로 이루어지는데, 이는 음식점에서 손님을 어떻게 배정하고 서비스를 제공할지 결정하는 과정과 비슷하다. 예를 들어 예약제로 운영되는 음식점에서 스케줄링하는 과정을 다음 세 가지 단계로 나눌 수 있다.

그림 5-1 음식점에서의 스케줄링

❶ 가장 큰 단위(고수준)의 스케줄링은 하루 동안 받을 예약 수를 결정하는 단계이다. 음식점의 규모와 직원 수를 고려해 하루 100명의 예약을 받는 것이 적절하다고 판단하면, 이를 초과하는 예약은 받지 않는다. 100명을 초과하는 과도한 예약을 받으면 재료 준비나 서비스 품질에 문제가 발생할 수 있기 때문이다.

❷ 중간 단위(중수준)의 스케줄링은 하루 안에 예약된 손님 100명이 한꺼번에 몰리는 것을 방지하기 위해 예약 시간을 나누어 지정하는 단계이다. 예약 시간대를 적절하게 배분하여 서비스가 원활히 진행되도록 한다.

❸ 가장 작은 단위(저수준)의 스케줄링은 음식점에 도착한 손님들이 최상의 서비스를 받을 수 있도록 조리 순서를 조절하는 단계이다. 도착한 순서대로 주방에 주문서를 전달하고, 조리가 완료되었을 때 바로 다음 요리를 준비하여 손님이 너무 오래 기다리지 않도록 조정한다. 세 가지 스케줄링 단계 중에서 손님이 가장 직접적으로 영향을 받는 스케줄링이다.

컴퓨터 시스템에서도 고수준, 중수준, 저수준 단계로 CPU를 스케줄링하여 모든 프로세스의 진행을 관리한다.

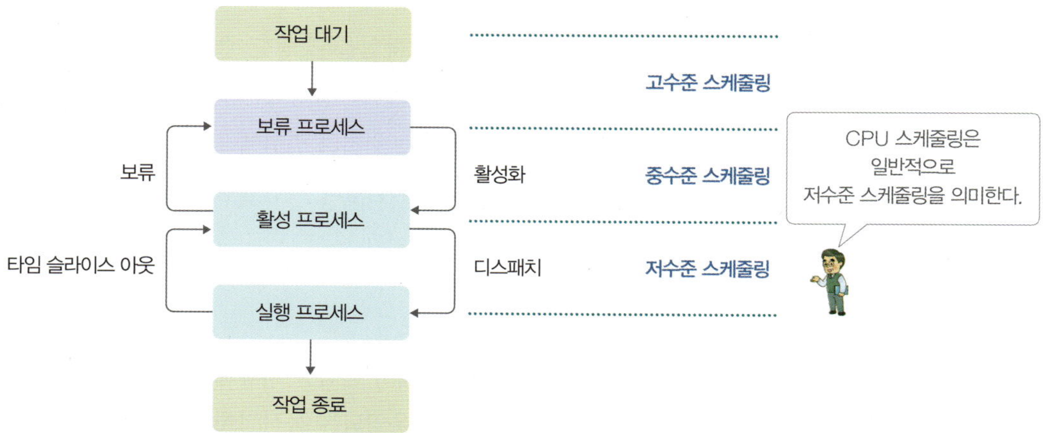

그림 5-2 CPU 스케줄링 단계

❶ **고수준 스케줄링**high level scheduling: 시스템에서 동시에 실행할 수 있는 전체 프로세스의 개수를 결정하는 단계이다. 전체 작업량이 처리 용량을 초과하면 시스템에 과부하가 걸려 성능이 저하될 수 있으므로, CPU 스케줄러가 적절한 수준에서 작업을 승인하거나 거부한다. 고수준 스케줄링은 메인프레임과 같은 대형 시스템에서 대규모 일괄 작업을 처리할 때 사용되며, 장기 스케줄링long-term scheduling 또는 작업 스케줄링job scheduling이라고도 부른다.

❷ **중수준 스케줄링**mid-level scheduling: 활성active 프로세스 수를 조절하여 시스템 과부하를 방지하는 단계이다. 특정 프로세스를 보류suspend하거나 다시 활성화activate하여 전체 시스템의 부하를 조정한다. 또한 중수준 스케줄링은 저수준 스케줄링이 원활하게 작동하도록 완충buffer 역할을 한다.

❸ **저수준 스케줄링**low-level scheduling: 활성화된 프로세스가 실제로 실행되는 단계이다. **CPU 스케줄링에서 대부분의 작업이 저수준 스케줄링**에 해당한다. 이 단계에서는 준비 상태에 있는 프로세스 중 하나를 선택dispatch하여 실행 상태로 전환한다. 실행 중인 프로세스를 대기 상태로

보내거나, 타임 슬라이스를 다 사용하면 다시 준비 상태로 되돌리는 작업도 수행한다. 저수준 스케줄링의 핵심은 선택 기준 설정과 타임 슬라이스 크기의 조정이다. 저수준 스케일링은 매우 짧은 시간 안에 이루어지므로 단기 스케줄링short-term scheduling이라고도 부른다.

선점형 스케줄링과 비선점형 스케줄링

스케줄링은 실행 중인 프로세스로부터 CPU를 빼앗을 수 있는지 혹은 없는지에 따라 선점형 스케줄링과 비선점형 스케줄링으로 나뉜다.

■ 선점형 스케줄링

선점형 스케줄링preemptive scheduling은 스케줄러가 실행 중인 프로세스의 CPU를 강제로 빼앗아 다른 프로세스에 할당할 수 있는 스케줄링 방식이다. 선점형 스케줄링의 대표적인 예가 시분할 시스템과 인터럽트이다. 시분할 시스템에서 각 프로세스는 CPU를 일정한 시간 동안만 사용하고 다음 프로세스에 양보해야 한다. 또한 인터럽트가 발생하면 현재 실행 중인 작업을 중단하고 인터럽트 처리를 수행한 후에 원래 작업으로 돌아간다.

선점형 스케줄링은 **문맥 교환 같은 부가적인 작업으로 낭비**가 생기는 단점이 있다. 그러나 하나의 프로세스가 CPU를 독점하지 않아 **빠른 응답 시간을 요구하는 대화형 시스템이나 시분할 시스템에 적합**하다. 대부분의 저수준 스케줄러는 선점형 스케줄링 방식을 사용한다.

■ 비선점형 스케줄링

비선점형 스케줄링non-preemptive scheduling은 프로세스가 CPU를 사용하면 작업이 끝날 때까지 빼앗을 수 없는 스케줄링 방식이다. 비선점형 스케줄링은 문맥 교환이 적어 오버헤드가 작지만, 실행 시간이 긴 프로세스가 있으면 실행 시간이 짧은 프로세스들이 오랫동안 기다려야 하는 문제가 있다. 과거의 일괄 작업 시스템batch job system에서 주로 사용되었다.

선점형 스케줄링 방식에서도 일부 프로세스가 비선점형으로 동작해야 하는 경우가 있다. 예를 들어 시스템 백업 프로세스는 중단 없이 실행되어야 하므로 비선점형 방식으로 처리된다. 이때 비선점형 프로세스의 우선순위를 낮게 설정하여 선점형 프로세스가 시스템 성능에 미치는 영향을 최소화할 수 있다.

표 5-1 선점형 스케줄링과 비선점형 스케줄링의 비교

구분	선점형 스케줄링	비선점형 스케줄링
작업 방식	실행 상태에 있는 작업을 중단시키고 새로운 작업을 실행할 수 있다.	실행 상태에 있는 작업이 완료될 때까지 다른 작업을 실행할 수 없다.
장점	CPU를 독점할 수 없어 빠른 응답을 요구하는 시스템에 적합하다.	문맥 교환과 같은 부가적인 작업이 없다.
단점	문맥 교환의 오버헤드가 많다.	실행 시간이 긴 작업 때문에 실행시간이 작은 작업이 오래 기다려서 처리율이 떨어진다.
사용	시분할 시스템, 인터럽트에 사용된다.	일괄 작업 시스템에 사용된다.
우선순위	높다.	낮다.

CPU 스케줄링의 목표

CPU 스케줄링의 목표는 모든 프로세스에 공정하게 CPU를 할당하여 시스템을 안정적으로 운영하는 것이다. 따라서 CPU 스케줄링에서는 다음과 같은 요소들을 고려한다.

- **공평성**: 모든 프로세스가 자원을 공평하게 배정받아야 하며, 자원 배정 과정에서 특정 프로세스가 배제되어서는 안 된다.
- **효율성**: 시스템 자원이 쉬고 있는 상태(유휴 상태)가 되지 않도록 스케줄링해야 하며, 사용 가능한 자원이 있으면 이를 필요로 하는 프로세스가 즉시 활용할 수 있도록 한다.
- **안정성**: 프로세스 개수와 관계없이 시스템이 안정적으로 작동해야 하며, 커널 프로세스와 같은 중요한 작업이 우선으로 실행되도록 하여 시스템을 보호해야 한다.
- **확장성**: 프로세스 개수가 증가하더라도 성능이 급격히 저하되지 않아야 하며, 시스템 자원이 확장되면 그 혜택이 반영되어야 한다.
- **반응 시간 보장**: 응답이 없으면 시스템이 멈춘 것으로 착각할 수 있으므로 사용자가 일정 시간 안에 응답을 받도록 보장해야 한다.
- **무한 연기 방지**: 특정 프로세스가 계속해서 실행되지 못하고 무한히 대기하는 상황을 방지해야 한다.

일반적으로 모든 프로세스가 골고루 CPU를 할당받는 것이 이상적이다. 그러나 시스템의 안정성과 효율성을 위해 특정 프로세스를 먼저 처리해야 할 수 있다. 따라서 CPU 스케줄러는 공평성을 희생할 때도 있다.

2 우선순위와 CPU 스케줄링

우선순위의 개념과 필요성

프로세스의 우선순위priority가 없다는 것은 모든 프로세스의 중요도가 같다는 의미이다. 우선순위가 같을 때는 준비 상태에 있는 모든 프로세스가 한 줄로 서서 순차적으로 실행된다. 그러나 커널 프로세스와 사용자 프로세스를 같은 우선순위로 처리한다면, 중요한 커널 작업이 적절한 시점에 실행되지 않아 시스템이 불안정해질 위험이 있다.

그래서 일반적으로 CPU 스케줄러는 우선순위를 기반으로 스케줄링을 수행한다. **우선순위가 높은 프로세스가 먼저 실행되고 더 오래 CPU를 차지한다.** 커널 프로세스의 우선순위가 사용자 프로세스보다 높으며, 그중에서도 상대적으로 중요한 커널 프로세스가 더 높은 우선순위를 갖는다.

사용자 프로세스끼리도 우선순위가 다를 수 있다. 예를 들어 문서 편집기와 비디오 플레이어 중에서는 비디오 플레이어의 우선순위가 더 높다. 사용자의 입력 속도가 CPU의 연산보다 훨씬 느리기 때문에, 문서 편집기 프로세스의 실행 속도가 조금 느려져도 실행에 문제가 없다. 반면 비디오 플레이어는 실시간으로 데이터를 가져와 영상과 소리를 출력해야 해서 비디오 플레이어 프로세스가 자주 실행되지 않으면 화면이 끊길 수 있다.

윈도우 운영체제에서는 사용자가 직접 프로세스의 우선순위를 변경할 수 있다.

프로세스의 우선순위를 조정하면 특정 프로세스뿐만 아니라 다른 프로세스의 실행 속도에도 영향을 미친다. [그림 5-4]는 윈도우에서 작동하는 비디오 플레이어의 우선순위를 설정하는 화면이

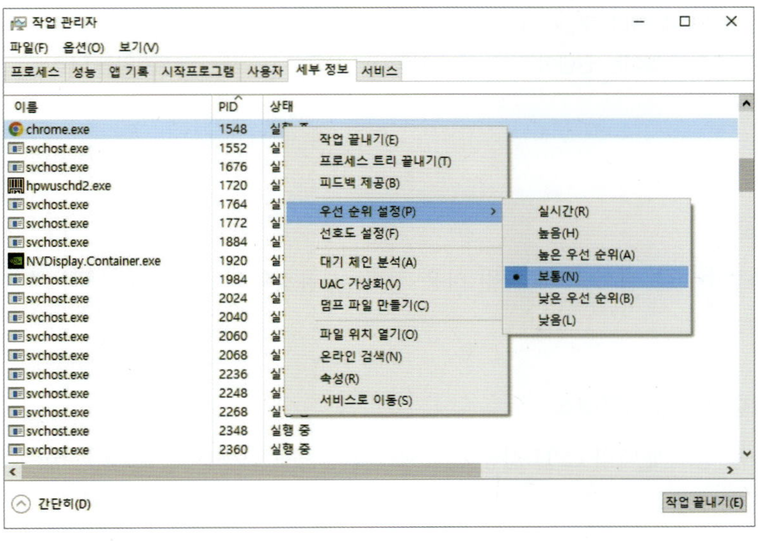

그림 5-3 윈도우에서의 프로세스 우선순위 사용자 설정

다. 비디오 플레이어의 우선순위를 '보통'에서 '보통 이하' 또는 '낮음'으로 설정하면 CPU를 차지하는 순서가 늦어져서 재생 화면이 끊길 수 있다. 반대로 우선순위를 '보통 이상' 또는 '높음'으로 설정하면 끊김 현상이 줄어들지만, 비디오 플레이어 프로세스가 CPU를 독점하여 다른 프로세스가 상대적으로 느려질 수 있다.

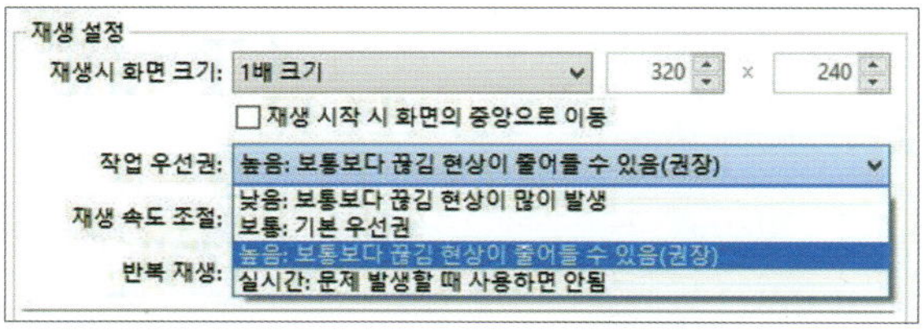

그림 5-4 비디오 플레이어에서의 우선순위 사용자 설정

특정 프로세스의 우선순위를 일부러 낮춰야 할 때가 있다. 예를 들어 문서 편집기, 비디오 플레이어, 대용량 파일 압축, 디스크 백업을 동시에 실행 중일 때, 문서 편집기나 비디오 플레이어의 응답 속도를 빠르게 유지하기 위해 대용량 파일 압축이나 디스크 백업의 우선순위를 낮춘다.

시스템 종류에 따라 높은 숫자가 높은 우선순위를 나타내기도 하고, 낮은 숫자가 높은 우선순위를 나타내기도 한다. 이 책에서는 낮은 숫자로 높은 우선순위를 나타내기로 한다. 따라서 **우선순위 0번이 가장 높은 우선순위**이다.

> **Note 유닉스에서의 우선순위 설정**
>
> 유닉스에서는 nice 명령어를 사용하여 프로세스의 우선순위를 조정할 수 있으며, renice 명령어를 통해 실행 중인 프로세스의 우선순위를 변경할 수 있다. 우선순위 조정은 다른 프로세스의 실행 속도에 영향을 미치므로, 관리자administrator에게만 우선순위를 높이는 권한이 있다. 일반 사용자는 사용자 프로세스 우선순위를 낮추는 설정만 할 수 있다.

우선순위의 주요 결정 기준

운영체제는 프로세스의 우선순위를 결정할 때 자원 사용 정도, 사용자와의 상호작용 등의 여러 가지 특성을 종합적으로 고려한다.

■ CPU 집중 프로세스와 입출력 집중 프로세스

프로세스는 CPU를 사용하는 정도에 따라 CPU 집중 프로세스와 입출력 집중 프로세스로 나눌 수 있다.

- **CPU 집중 프로세스**CPU-bound process: 수학 연산과 같이 CPU를 많이 사용하는 프로세스이다. 입출력이 거의 없기 때문에 자신에게 주어진 타임 슬라이스 동안 실행 상태에 계속 머무를 확률이 높다.
- **입출력 집중 프로세스**I/O-bound process: 저장장치에서 데이터를 복사하는 것과 같이 입출력 작업이 많은 프로세스이다. 대기 상태로 옮겨갈 가능성이 상대적으로 높다.

CPU 집중 프로세스와 입출력 집중 프로세스가 있을 때 어떤 프로세스에 먼저 CPU를 할당해야 할까? CPU 집중 프로세스가 먼저 실행된다면, 타임아웃까지 다른 프로세스가 실행될 수 없다. 그러나 입출력 집중 프로세스가 먼저 실행된다면, 해당 프로세스가 대기 상태로 이동하는 경우에는 다른 프로세스가 CPU를 사용할 기회가 생긴다. 따라서 입출력 집중 프로세스의 우선순위를 CPU 집중 프로세스보다 높게 설정하면 전체 시스템 효율이 향상된다.

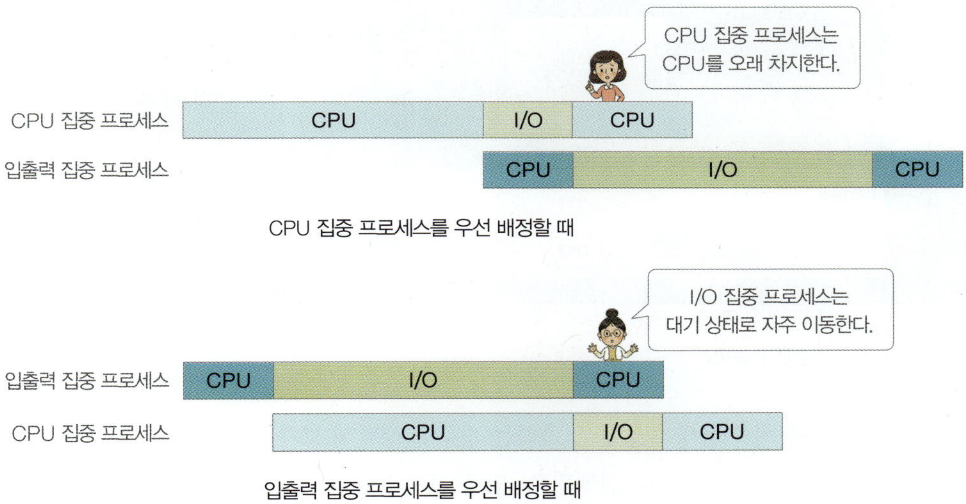

그림 5-5 CPU 집중 프로세스와 입출력 집중 프로세스의 우선순위

> **Note** **사이클 훔치기**
>
> 2장에서 설명한 직접 메모리 접근(DMA)에서 CPU와 입출력 장치가 동시에 메모리에 접근했을 때 CPU는 입출력 관리자가 메모리를 우선 사용하도록 양보한다. CPU 입장에서는 입출력 장치가 자신의 작업 사이클(순서)을 가로챈 것과 같아서 이를 사이클 훔치기cycle stealing라고 불렀다. 같은 맥락에서, CPU 집중 프로세스가 입출력 집중 프로세스에 CPU를 양보하는 경우도 사이클 훔치기라고 할 수 있다. CPU 집중 프로세스 입장에서는 입출력 집중 프로세스가 실행 순서를 가로챈 것과 같기 때문이다.

■ 전면 프로세스와 후면 프로세스

- **전면 프로세스**foreground process: 그래픽 사용자 인터페이스 환경에서 화면의 맨 앞에서 실행되는 프로세스를 의미한다. 전면 프로세스는 키보드 및 마우스 입력을 사용하는 프로세스이며, 사용자와 상호작용이 가능하기 때문에 상호작용interactive 프로세스라고도 한다.
- **후면 프로세스**background process: 사용자와의 상호작용이 없는 일괄 작업 프로세스이다. 일반적으로 압축 프로그램, 디스크 백업, 자동 업데이트 작업이 후면 프로세스로 실행된다.

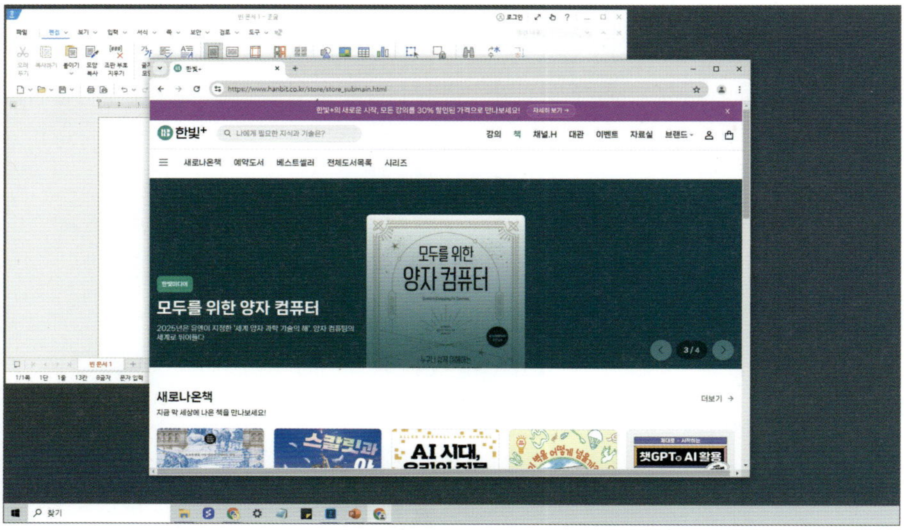

그림 5-6 전면 프로세스와 후면 프로세스

문서 편집기를 사용하면서 대용량 파일을 압축하는 경우를 생각해 보자. 문서 편집기는 사용자의 입력을 받기 때문에 전면 프로세스로 실행되고, 압축 프로그램은 압축이 끝날 때까지 사용자의 입력이 필요 없어 후면 프로세스로 실행된다. 전면 프로세스는 사용자의 요구에 즉각 반응해야 하므로 전면 프로세스의 우선순위가 후면 프로세스보다 높으며, CPU를 우선적으로 할당받는다.

지금까지 설명한 우선순위와 CPU 스케줄링과의 관계를 정리해 보자. 작업의 중요도가 높은 프로세스, 즉 우선순위가 높은 프로세스는 커널 프로세스, 전면 프로세스, 대화형 프로세스, 입출력 집중 프로세스이다. 반대로 우선순위가 낮은 프로세스는 사용자 프로세스, 후면 프로세스, 일괄 작업 프로세스, CPU 집중 프로세스이다.

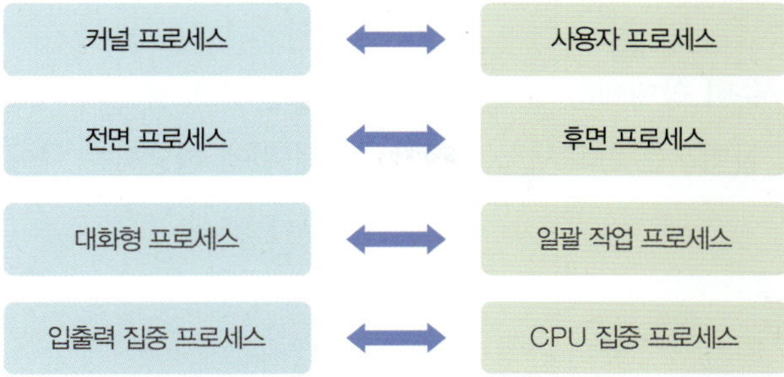

그림 5-7 프로세스의 우선순위를 판단하는 기준

커널 프로세스와 사용자 프로세스, 전면 프로세스와 후면 프로세스는 분명하게 구분할 수 있다. 따라서 커널 프로세스와 전면 프로세스에 상대적으로 높은 우선순위를 부여한다. 반면, 대화형 프로세스와 일괄 작업 프로세스, 입출력 집중 프로세스와 CPU 집중 프로세스는 명확하게 구분되지 않을 수도 있어 우선순위를 고려하기 어려울 수 있다.

고정 우선순위와 변동 우선순위

프로세스의 우선순위를 배정하는 방식에는 고정 우선순위와 변동 우선순위가 있다. 고정 우선순위static priority는 운영체제가 프로세스에 우선순위를 부여하면 프로세스가 종료될 때까지 우선순위가 변경되지 않는 배정 방식이다. 고정 우선순위 배정은 구현하기가 쉬우나, 시스템 변화에 대응하기 어렵기 때문에 작업 효율이 떨어진다.

변동 우선순위dynamic priority는 프로세스의 상태나 시스템 상황에 따라 우선순위가 변경되는 방식이다. 상대적으로 구현하기 어렵지만 시스템의 효율을 높일 수 있다. 변동 우선순위 방식으로 시스템의 효율을 높이는 사례를 살펴보자. 우선순위가 낮은 프로세스 P1이 중요한 자원을 사용하고 있고, 이 자원을 사용하려는 다른 프로세스들이 기다리고 있다. 이때 프로세스 P1의 우선순위를 높이면 다른 프로세스보다 CPU를 더 자주 할당받게 되어 작업을 빨리 끝낼 수 있으며, 자원을 기다리던 다른 프로세스 작업도 원활하게 진행된다.

준비 큐와 대기 큐

프로세스들은 다양한 우선순위를 가지며, 준비 상태에는 우선순위별로 구분된 준비 큐ready queue가 있다. [그림 5-8]과 같이 준비 상태에 들어오는 프로세스는 각자 우선순위에 해당하는 큐에 삽입된다.

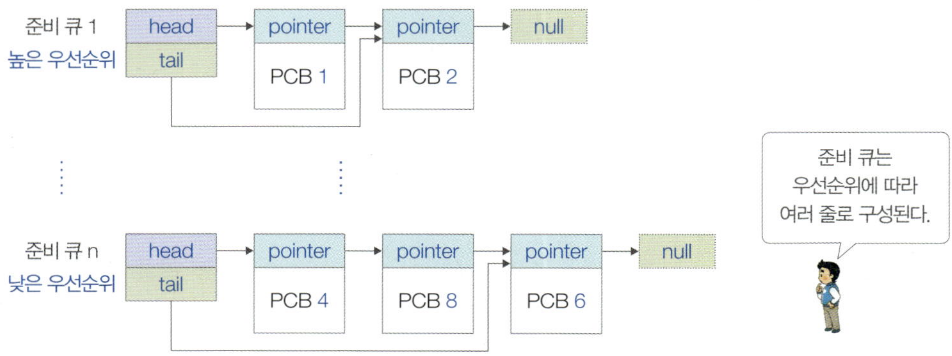

그림 5-8 우선순위별로 분리된 준비 큐 구조

대기 상태에도 입출력 장치마다 별도의 대기 큐waiting queue가 존재한다. 입출력이 끝나 인터럽트가 발생했을 때, 입출력을 요청한 프로세스 제어블록(PCB)을 찾아 준비 상태로 옮겨야 한다. 그런데 PCB가 아무렇게나 흩어져 있으면 해당 PCB를 찾기가 어렵다. 따라서 [그림 5-9]와 같이 입출력을 기다리는 PCB는 동일한 입출력 큐에 모여 있다. 예를 들어 하드디스크의 입출력을 기다리는 프로세스 제어 블록은 모두 HDD 큐에 저장된다. 인터럽트가 발생했을 때 해당 장치의 큐에서만 PCB를 찾기 때문에 관리가 수월해진다.

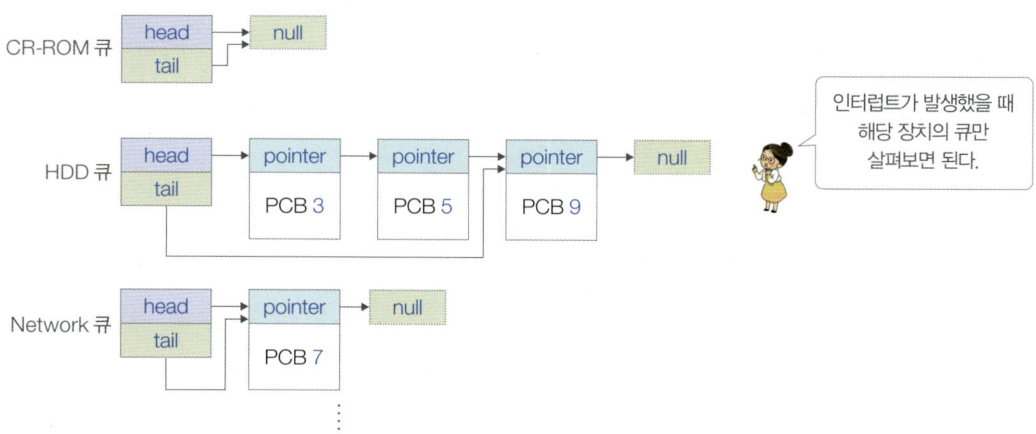

그림 5-9 장치별 입출력 대기 큐 구조

[그림 5-10]은 우선순위 큐, 입출력 큐, 프로세스의 상태를 합한 그림이다. PCB는 준비 상태의 다중 큐에 삽입되었다가 CPU 스케줄러에 의해 실행 상태로 옮겨지기도 하고, 입출력 요청이 있으면 대기 상태의 다중 큐에 삽입되기도 한다. 그리고 입출력이 완료되면 다시 준비 상태의 다중 큐로 이동한다. 이러한 과정 전체를 CPU 스케줄러가 관리한다.

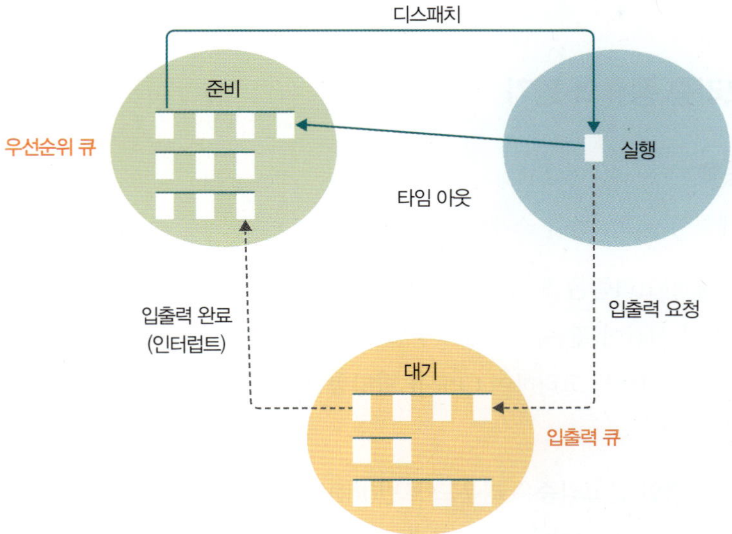

그림 5-10 우선순위 큐를 포함한 프로세스 상태 전이 흐름

Note 큐의 처리 방식

준비 큐에서는 나중에 들어온 PCB가 먼저 실행되기도 한다. 예를 들어 인터럽트가 발생하면 준비 큐의 순서와 관계없이 인터럽트 처리 프로세스(핸들러)가 우선으로 실행된다. 또한 입출력 장치는 CPU나 메모리보다 속도가 느리므로, 시스템의 작업 효율을 높이기 위해 작업 순서를 조정하기도 한다. 이때 나중에 요청된 작업이 먼저 처리될 수도 있다.

따라서 준비 큐나 대기 큐에서 항상 맨 앞의 PCB가 먼저 처리되는 것은 아니다. 그럼에도 이러한 구조를 큐queue라고 부르는 이유는, 기본적으로 큐에 들어온 순서대로 처리되기 때문이다.

SECTION 02

CPU 스케줄링 알고리즘

1 CPU 스케줄링 알고리즘 종류와 평가

CPU 스케줄링 알고리즘 종류

이 절에서 살펴볼 다양한 스케줄링 알고리즘을 소개한다.

비선점형non-preemptive 스케줄링 알고리즘은 도착한 순서대로 CPU를 할당하는 선입선출(FCFS) 스케줄링, 큐의 프로세스 중 작업 시간이 짧은 프로세스에 먼저 CPU를 할당하는 최단 작업 우선(SJF) 스케줄링, 대기 시간과 작업 시간을 고려하여 CPU를 할당할 프로세스를 결정하는 최고 응답 우선(HRN) 스케줄링이 있다.

선점형preemptive 스케줄링의 기본적인 알고리즘은 라운드 로빈(RR)이다. 라운드 로빈 스케줄링은 선입선출 스케줄링을 선점형으로 변환한 것이다. 준비 큐에 도착한 순서대로 CPU를 할당받지만, 주어진 타임 슬라이스를 다 사용하면 큐의 맨 뒤로 이동한다. 최단 작업 우선 스케줄링을 선점형으로 변환한 최소 잔여 시간(SRT) 스케줄링은 남은 작업 시간이 더 짧은 프로세스에 먼저 CPU를 할당한다. 고정형 우선순위를 사용하는 대표적인 선점형 스케줄링 알고리즘은 다단계 큐(MLQ) 스케줄링이고 이 다단계 큐의 단점을 개선한 알고리즘이 다단계 피드백 큐(MLFQ) 스케줄링이다.

표 5-2 CPU 스케줄링 알고리즘의 분류

구분	우선순위 미적용	우선순위 적용
비선점형 스케줄링	선입선출(FCFS)	최단 작업 우선(SJF), 최고 응답 우선(HRN)
선점형 스케줄링	라운드 로빈(RR)	최소 잔여 시간(SRT), 다단계 큐(MLQ), 다단계 피드백 큐(MLFQ)

Note 윈도우의 CPU 스케줄링 알고리즘

윈도우 초기버전(Windows 1.0, 2.0, 3.x)은 비선점형 스케줄링인 선입선출(FCFS)을 사용했으며, 윈도우 NT 버전 이후부터 선점형 스케줄링을 사용하기 시작했다.

CPU 스케줄링 알고리즘의 평가 기준

CPU 스케줄링 알고리즘의 성능을 평가할 때 일반적으로 다음과 같은 기준을 활용한다.

- **CPU 사용률**: 전체 시스템 동작 시간 중 CPU가 실제로 사용된 시간을 의미한다. 이론적으로 100%가 이상적이지만, 실제로는 90%에도 못미치는 경우가 많다.
- **처리량**throughput: 단위 시간당 처리된 프로세스의 개수를 의미한다. 처리량이 많을수록 효율적인 알고리즘이다.
- **대기 시간**waiting time: 프로세스가 준비 큐에 도착해서 실행되기 전까지 대기하는 시간이다. 대기 시간이 짧을수록 효율적인 알고리즘이다.
- **응답 시간**response time: 대화형 시스템에서 사용자의 요청에 대한 첫 번째 응답이 나오는 데 걸리는 시간이다. 응답 시간이 짧을수록 효율적인 알고리즘이다.
- **반환 시간**turnaround time: 프로세스가 생성되어 종료될 때까지의 시간으로, '대기 시간+실행 시간'으로 계산한다. 반환 시간이 짧을수록 효율적인 알고리즘이다.

CPU 사용률이나 처리량은 측정이 어렵기 때문에 주로 대기 시간, 응답 시간, 반환 시간으로 알고리즘을 평가한다. [그림 5-11]은 프로세스 시작부터 프로세스 종료까지 대기 시간, 응답 시간, 반환 시간, 실행 시간을 나타낸 것이다.

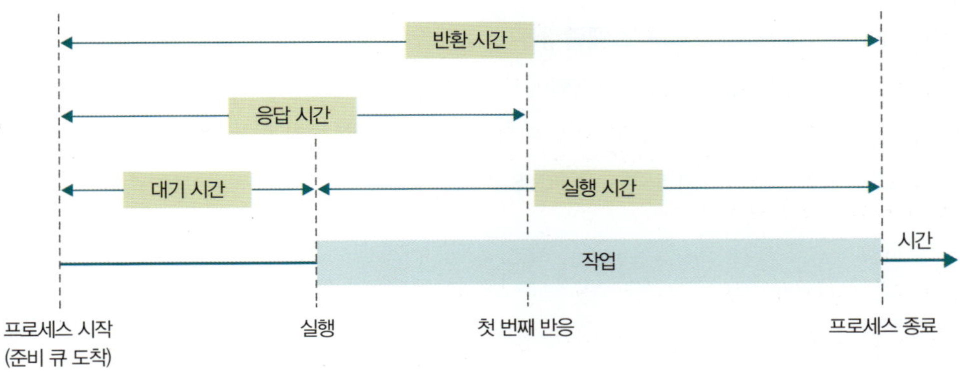

그림 5-11 대기 시간, 응답 시간, 실행 시간, 반환 시간의 관계

여러 CPU 스케줄링 알고리즘을 대기 시간으로 평가할 때, 동일한 작업 패턴에서의 평균 대기 시간을 구하여 비교한다. 평균 대기 시간은 모든 프로세스의 대기 시간을 합한 후, 프로세스 수로 나눈 값이다. 예를 들어 3개의 프로세스(P1, P2, P3)가 순서대로 실행된다고 가정하자.

❶ P1은 바로 실행되므로 대기 시간이 0이다.

❷ P2는 P1이 끝난 후 실행되므로, P2의 대기 시간은 P1의 실행 시간이다.

❸ P3는 P1과 P2가 끝난 후 실행되므로, P3의 대기 시간은 P1과 P2의 실행 시간을 더한 값이다.

모든 프로세스의 대기 시간을 합한 뒤 3으로 나누면 평균 대기 시간을 구할 수 있다. [그림 5-12]는 프로세스 P1, P2, P3의 대기 시간을 그림으로 나타낸 것이다.

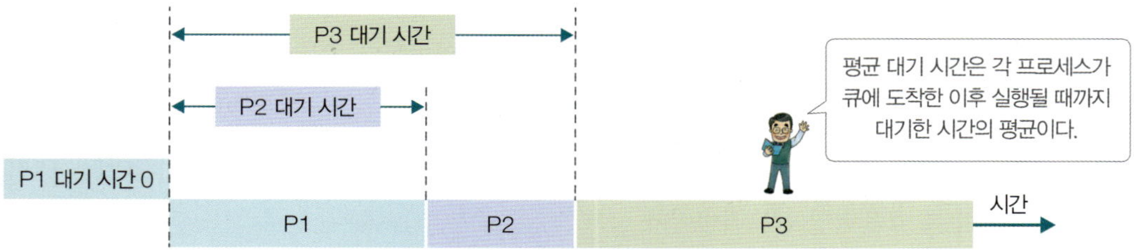

그림 5-12 평균 대기 시간

스케줄링 알고리즘의 성능을 비교할 때 평균 대기 시간은 절대적인 성능 지표가 아니다. 특정 작업 패턴에서 A 알고리즘이 B 알고리즘보다 평균 대기 시간이 짧더라도, 다른 작업 패턴에서 반대 결과가 나올 수 있다. 따라서 스케줄링 알고리즘을 평가할 때는 단순히 평균 대기 시간만 볼 것이 아니라 알고리즘의 동작 방식과 특정 환경에서의 성능 특성을 함께 고려해야 한다.

2 선입선출(FCFS) 스케줄링

선입선출(FCFS First Come First Served) 스케줄링은 프로세스가 준비 큐에 도착한 순서대로 CPU를 할당하는 방식이며, 일괄 작업batch job 시스템에서 사용되었다. 비선점형 스케줄링이기 때문에 한 번 CPU를 할당받은 프로세스는 작업이 끝날 때까지 CPU를 반환하지 않는다. 또한 모든 프로세스의 우선순위가 동일하다. [그림 5-13]은 FCFS 스케줄링 알고리즘의 동작을 보여준다.

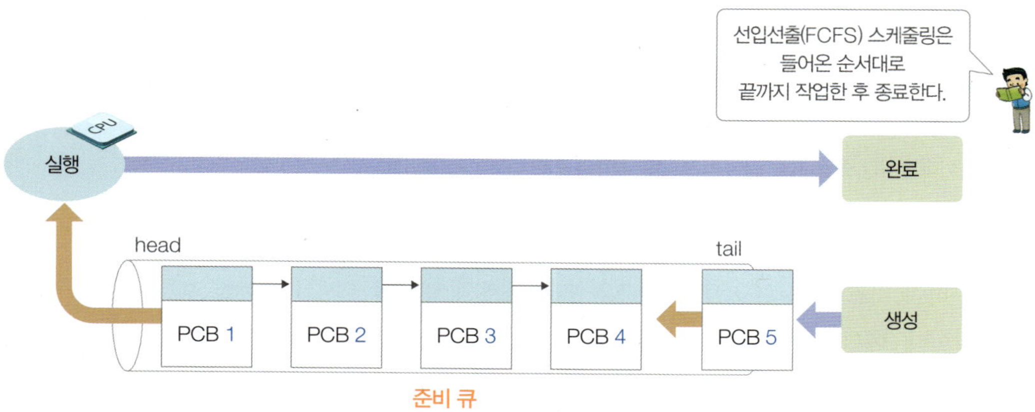

그림 5-13 선입선출 스케줄링

Note **FCFS와 FIFO**

FCFS 스케줄링은 FIFOFirst In First Out라고도 부를 수 있다. 그러나 FIFO는 일반적으로 큐를 가리키는 용어이므로, CPU 스케줄링 알고리즘에서는 일반적으로 FCFS를 사용한다.

FCFS 스케줄링의 성능을 평균 대기 시간으로 평가해 보자. [표 5-3]과 같이 프로세스 P1, P2, P3가 순서대로 준비 큐에 도착했다고 가정한다. 프로세스 P1이 0ms, P2는 3ms, P3는 6ms에 도착했으며, 프로세스 실행 시간은 P1이 30ms, P2가 18ms, P3가 9ms이다.

표 5-3 프로세스 P1, P2, P3 도착 시간과 실행 시간

프로세스	도착 시간(ms)	실행 시간(ms)
P1	0	30
P2	3	18
P3	6	9

[그림 5-14]는 프로세스 P1, P2, P3를 FCFS 스케줄링으로 처리했을 때의 프로세스 대기 시간을 나타낸 것이다.

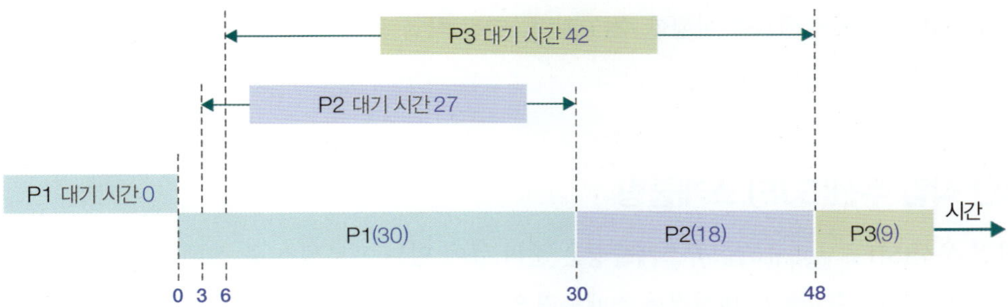

그림 5-14 FCFS 스케줄링의 프로세스 대기 시간

❶ P1은 도착하자마자 실행되어 대기 시간은 0ms, 실행 시간은 30ms이다.

❷ P2는 3ms 후에 도착하고, P1 작업이 끝날 때까지 기다린다. 따라서 대기 시간은 30−3=27ms 이다.

❸ P3는 6ms 후에 도착하고, P1과 P2 작업이 끝날 때까지 기다린다. 따라서 대기 시간은 48−6=42ms이다.

❹ 평균 대기 시간은 (0+27+42)÷3=23ms이다.

FCFS 스케줄링 알고리즘은 처리 시간이 긴 프로세스가 먼저 도착하면 나중에 짧은 프로세스가 도착해도 오랫동안 기다려야 하는 문제가 있다. 이를 콘보이 효과convoy effect 또는 호위 효과라고 한다. 컨베이어 벨트에 작업물이 한 줄로 늘어서 있을 때 앞의 작업이 오래 걸려서 뒤의 작업이 지연되는 것과 비슷한 현상이다.

그림 5-15 콘보이 효과

FCFS 스케줄링의 다른 단점은 입출력 요청으로 인한 CPU 사용률 저하이다. 현재 실행 중인 프로세스가 입출력 작업을 요청하면, CPU는 해당 프로세스가 입출력 작업을 끝낼 때까지 아무 작업도 수행하지 못하고 대기 상태가 된다. 시분할 시스템에서는 입출력을 요청한 프로세스를 대기 상태로 보내고 다른 프로세스를 실행할 수 있지만, 일괄 작업 시스템은 비선점형 스케줄링이므로 CPU 사용률이 떨어진다.

3 최단 작업 우선(SJF) 스케줄링

최단 작업 우선(SJFShortest Job First) 스케줄링은 준비 큐에 있는 프로세스 중 실행 시간이 가장 짧은 작업부터 CPU를 할당하는 비선점형 스케줄링 알고리즘이다. 정수기 앞에 줄을 섰는데 앞사람이 큰 물통 여러 개에 물을 채우려 한다고 생각해 보자. 선입선출 스케줄링은 도착한 순서대로 물을 받는 것과 같다. 반면 최단 작업 우선 스케줄링은 큰 물통을 채울 사람이 물 한 잔만 마실 사람에게 양보해서, 기다리는 시간을 줄이는 전략이다.

최단 작업 우선 스케줄링에서는 프로세스에 CPU를 배정할 때 오래 걸리는 작업이 앞에 있고 간단한 작업이 뒤에 있으면 그 순서를 바꾸어 실행한다. 이렇게 하면 짧은 작업이 줄줄이 지연되는 콘보이 효과를 해결할 수 있다.

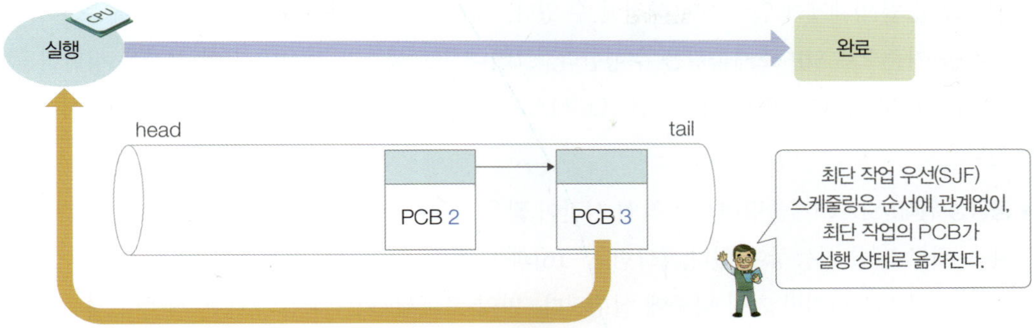

그림 5-16 최단 작업 우선 스케줄링

앞서 사용한 예제 데이터를 기반으로 SJF 방식의 평균 대기 시간을 계산해 보자. [그림 5-17]은 프로세스 P1, P2, P3를 SJF 스케줄링으로 처리할 때의 프로세스 대기 시간이다.

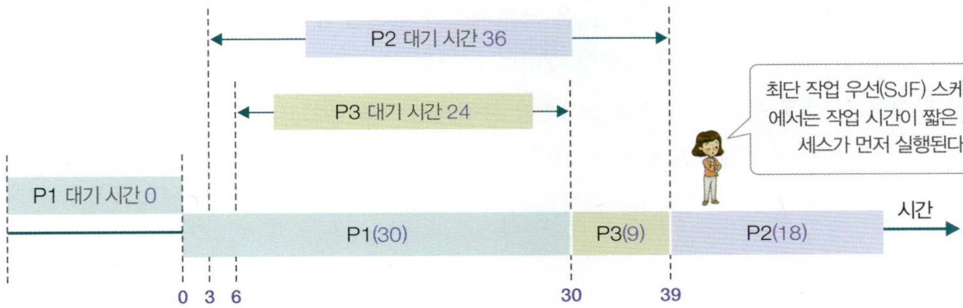

그림 5-17 최단 작업 우선 스케줄링의 프로세스 대기 시간

❶ P1은 도착하자마자 실행되어 대기 시간은 0ms이다.

❷ P1이 30ms 동안 실행된 후 큐에 P2와 P3가 남아 있다. P3(9ms)가 P2(18ms)보다 실행 시간이 짧으므로 먼저 실행된다. 따라서 P3의 대기 시간은 30−6=24ms이다.

❸ P3가 9ms 동안 실행된 후 P2가 실행된다. P2의 대기 시간은 39−3=36ms이다.

❹ 모든 프로세스의 평균 대기 시간은 (0+24+36)÷3 = 20ms이다.

SJF 방식에서는 작업 시간이 긴 프로세스가 뒤로 밀리므로 평균 대기 시간(20ms)이 FCFS 스케줄링(23ms)보다 작다. 그러나 SJF 스케줄링은 다음과 같은 이유로 사용하기 까다롭다.

- **종료 시간 예측의 어려움**: 일괄 작업 프로세스에서 프로그램의 전체 연산 개수만 계산하면 프로그램 종료 시간을 추정할 수 있었다. 그러나 현대의 프로세스는 사용자와의 상호작용이 빈번하여 프로세스의 실제 작업 길이를 추정하기 어렵다. 예를 들어 문서 편집기 사용을 몇 분 만에 종료할 때도 있고 몇 시간 동안 작업할 때도 있다. 키보드와 같은 사용자의 입력을 기다리는 경우도 마찬가지이다. 사용자가 얼마 만에 입력을 마칠지 알 수 없다. 이 문제는 프로세스가 자신의 작

업 시간을 운영체제에 알려주어 해결할 수 있다. 예를 들어 운영체제는 프로세스가 제출한 사용 시간을 기준으로 SJF 스케줄링을 수행한다. 그러나 프로세스가 자신의 작업 시간을 정확히 알기 어려울 뿐 아니라, 일부 악의적인 프로세스가 작업 시간을 속인다면 시스템의 효율성이 떨어진다.

- **공평성 위배:** SJF 스케줄링에서는 작업 시간이 짧은 프로세스가 우선으로 실행되므로, 긴 작업이 계속 뒤로 밀릴 가능성이 있다. [그림 5-16]과 [그림 5-17]에서 프로세스 P2는 P3보다 먼저 준비 큐에 도착하지만 가장 나중에 실행된다. 만약 프로세스 P3와 같이 작은 작업이 계속 준비 큐에 들어오면 프로세스 P2의 작업이 계속 연기될 것이다. 이를 기아 현상 또는 아사(굶어 죽음) 현상이라고 부른다.

기아 현상starvation**이란 특정 프로세스가 CPU나 자원을 계속 할당받지 못하는 상태이다.** 작업 시간이 길다는 이유만으로 작업이 계속 뒤로 밀린다면 공평성이 현저히 떨어질 것이다. 기아 현상은 에이징으로 완화할 수 있다. **에이징**aging**은 프로세스가 양보할 수 있는 상한선을 정하는 기법이다.** 즉 프로세스가 자신의 순서를 양보할 때마다 나이를 한 살씩 먹게 하여 최대 몇 살까지만 양보할지 규정한다. 예를 들어 앞의 SJF 스케줄링 사례에서 프로세스 P1이 세 살만 먹으면(세 번만 양보하면) 무조건 먼저 실행되도록 하는 것이다. 그러나 에이징 값의 기준을 정해야 한다는 문제가 있다.

> **Note** **starvation**
>
> 영어 단어 'starvation'은 기아 현상, 기아 상태, 무한 봉쇄 현상 등으로 번역할 수 있다. 이 책의 이전 판에서는 생물학적으로 '굶어 죽음'을 의미하는 '아사 현상'으로 표현했으나, 3판부터는 독자들이 이해하기 쉽도록 '기아 현상'으로 표현한다. .

4 최고 응답 우선(HRN) 스케줄링

최고 응답 우선(HRNHighest Response Ratio Next) **스케줄링**은 최단 작업 우선(SJF) 스케줄링에서 발생할 수 있는 기아 현상을 완화하는 비선점형 알고리즘이다.

SJF 스케줄링은 CPU 사용 시간이 짧은 프로세스를 우선 실행한다. 반면 HRN 스케줄링은 대기 시간과 실행 시간을 모두 고려하여 우선순위를 결정한다. HRN 스케줄링에서 프로세스의 우선순위를 결정하는 기준은 다음 응답률이다. 응답률이 높을수록 높은 우선순위인 점을 주의해야 한다.

$$\text{응답률} = \frac{\text{대기 시간} + \text{CPU 사용 시간}}{\text{CPU 사용 시간}}$$

HRN 스케줄링에서는 앞의 식에 따라 대기 시간이 길수록 응답률 값이 커지므로, 오래 기다린 프로세스가 우선 실행될 가능성이 높다. 즉 HRN 스케줄링은 에이징을 고려하는 알고리즘이다.

FCFS 및 SJF 스케줄링에서 사용한 것과 동일한 프로세스가 큐에 도착했을 때 HRN 방식의 평균 대기 시간을 계산해 보자. [그림 5-18]은 HRN 스케줄링으로 처리했을 때 프로세스의 대기 시간을 나타낸 것이다. 단, 프로세스별 실행 시간을 미리 알고 있다고 가정했다.

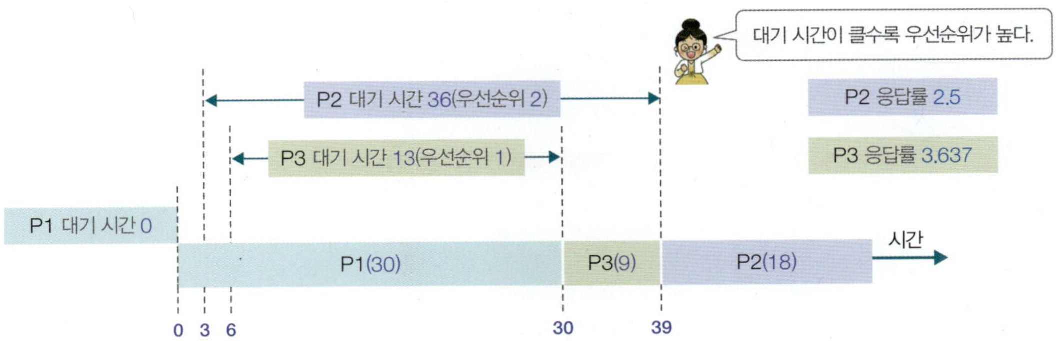

그림 5-18 최고 응답 우선 스케줄링의 프로세스 대기 시간

❶ P1이 실행되는 동안 P2와 P3는 대기한다. P2와 P3의 우선순위를 계산하려면 대기 시간을 알아야 한다. P2는 3ms 후에 도착했고, 대기 시간은 30 − 3=27ms이다. P3는 6ms 후에 도착했고, 대기 시간은 30−6=24ms이다. 따라서 P2의 응답률은 (27+18) ÷ 18=2.5이고, P3의 응답률은 (24+9) ÷ 9=3.67이다. 응답률이 클수록 우선순위가 높으므로 P3가 먼저 실행된다.

❷ 다음으로 P2가 실행된다. P2의 대기 시간은 39−3=36ms이다.

❸ 평균 대기 시간은 (0+24+36) ÷ 3=20ms이다.

HRN 스케줄링은 대기 시간이 긴 프로세스의 우선순위를 높게 설정하여 기아 현상을 완화한다. SJF와 비교했을 때 공평성을 조금 더 확보하지만, 여전히 실행 시간이 긴 프로세스가 불리할 가능성이 있다. 게다가 [그림 5-17]에서 계산한 HRN 스케줄링의 평균 대기 시간과 [그림 5-16]에서 계산한 SJF 스케줄링의 평균 대기 시간이 같다. 따라서 HRN 스케줄링은 실제로 널리 사용되지는 않는다.

5 라운드 로빈(RR) 스케줄링

라운드 로빈(RR Round Robin) 스케줄링은 모든 프로세스가 일정한 시간(타임 슬라이스) 동안만 CPU를 사용하는 방식이다. 라운드 로빈 스케줄링은 우리말로 순환 순서 방식이라고 번역할 수 있으며, 선점형 알고리즘 중 가장 단순하고 대표적인 방식이다.

라운드 로빈 스케줄링에서 **각 프로세스는 타임 슬라이스만큼만 실행한 후, 작업이 끝나지 않으면 준비 큐의 맨 뒤로 이동**하여 다시 차례를 기다린다. 선입선출과 유사하지만, 타임 슬라이스를 적용한다는 점에서 차이가 있다. 우선순위를 고려하지 않으며, 선점형 방식이므로 특정 프로세스가 CPU를 독점할 수 없어 긴 작업을 무작정 기다리는 콘보이 효과가 줄어든다. 따라서 RR 스케줄링은 사용자 응답 시간을 일정하게 유지하는 데 효과적이며, 시분할 시스템의 기본 스케줄링 방식이다.

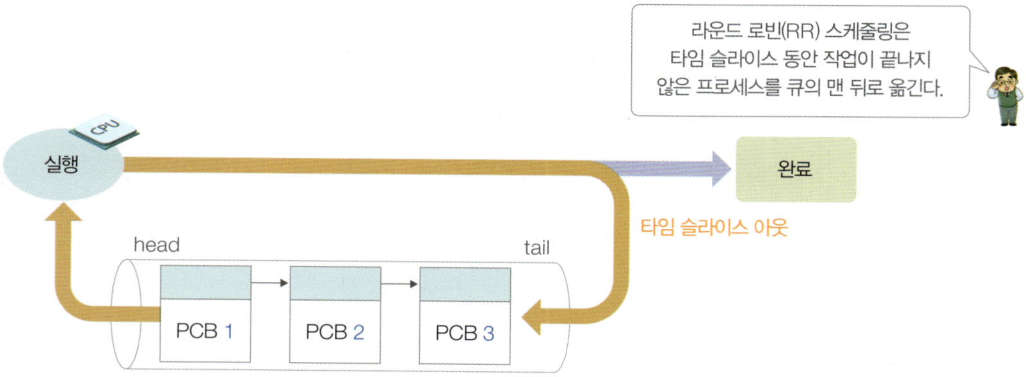

그림 5-19 라운드 로빈 스케줄링

타임 슬라이스가 10ms인 시스템에서 이전과 동일한 P1, P2, P3 프로세스를 라운드 로빈 스케줄링으로 처리할 때의 평균 대기 시간을 계산해 보자.

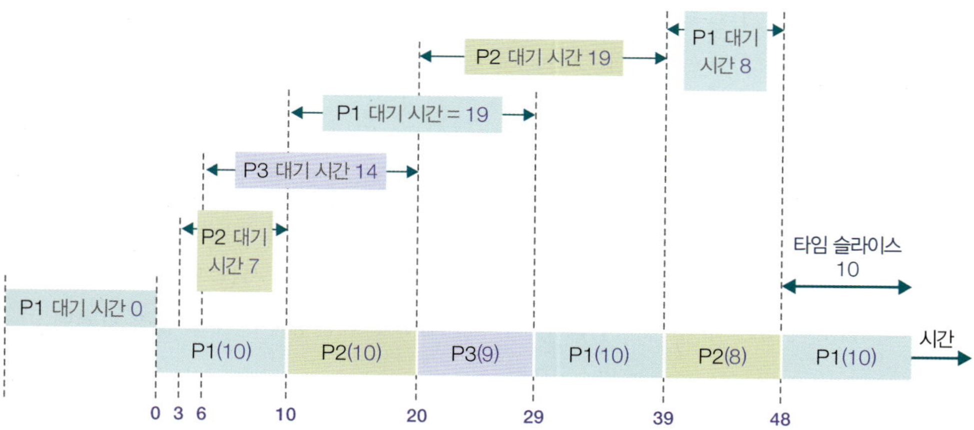

그림 5-20 라운드 로빈 스케줄링의 평균 대기 시간

❶ P1은 도착하자마자 10ms 실행된 후 준비 큐의 맨 뒤로 이동한다. 따라서 대기 시간은 0ms이다.

❷ P2는 3ms 후에 도착하여 7ms 대기한 후 10ms 실행된다. 따라서 대기 시간은 7ms이다.

❸ P3는 6ms 후에 도착하여 14ms 대기하고, 9ms 실행된 후 종료된다. 따라서 대기 시간은 14ms이다.

❹ P1은 19ms 대기하고 재시작되어 10ms 실행된 후 큐의 맨 뒤로 이동한다. 따라서 대기 시간은 19ms이다.

❺ P2는 19ms 대기하고 재시작되어 남은 8ms 실행되고 종료된다. 따라서 대기 시간은 19ms이다.

❻ P1은 8ms 대기하고 재시작되어 남은 10ms를 실행하고 종료된다. 따라서 대기 시간은 8ms이다.

❼ 총 대기 시간은 0(P1)+7(P2)+14(P3)+19(P1)+19(P2)+8(P1)=67ms이고, 평균 대기 시간은 67÷3≒22.33ms이다.

앞서 계산한 선입선출 스케줄링의 평균 대기 시간과 라운드 로빈 스케줄링의 평균 대기 시간은 각각 23ms와 22.33ms로 미세하게 RR 스케줄링이 앞선다. 그러나 선점형 스케줄링에는 문맥 교환 시간이 추가되기 때문에 평균 대기 시간을 절대적인 성능 지표로 볼 수는 없다.

RR 스케줄링은 긴 작업이 CPU를 계속 차지하는 것을 방지하여, 콘보이 효과가 줄어든다. 또한 일정 주기로 실행되기 때문에 사용자 응답 시간을 보장하고, 모든 프로세스가 동일한 기회를 얻는다.

그러나 RR 스케줄링은 각 프로세스가 실행을 마칠 때마다 문맥 교환이 발생하며, 이에 따른 오버헤드가 발생한다. 또한 타임 슬라이스 설정에 영향을 많이 받는다. 타임 슬라이스가 너무 길면 FCFS처럼 작동하여 프로세스가 자원을 독점하는 문제가 발생할 수 있으며, 반대로 타임 슬라이스가 너무 짧으면 문맥 교환이 빈번하게 발생하여 오버헤드가 커진다. **현대의 운영체제는 기본적으로 라운드 로빈 스케줄링을 활용하며, 여기에 우선순위를 적용하여 변형된 형태를 사용**한다.

6 최소 잔여 시간(SRT) 스케줄링

최소 잔여 시간(SRT Shortest Remaining Time) 스케줄링은 최단 작업 우선(SJF) 스케줄링을 선점형으로 변환한 것이다. 최소 잔여 시간 스케줄링은 라운드 로빈과 최단 작업 우선 스케줄링의 특징을 결합하여 **남아 있는 작업 시간이 더 적은 프로세스에 먼저 CPU를 할당**한다.

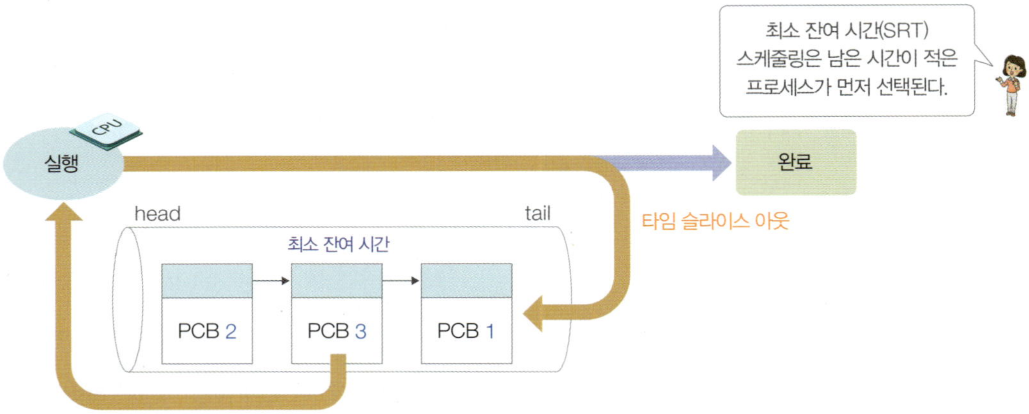

그림 5-21 최소 잔여 시간 스케줄링

타임 슬라이스가 10ms인 시스템에서 이전과 동일한 P1, P2, P3 프로세스를 실행했을 때 최소 잔여 시간 스케줄링의 평균 대기 시간을 계산해 보자. [그림 5-22]는 SRT 스케줄링으로 이 프로세스들을 처리했을 때의 프로세스 대기 시간을 나타낸 것이다.

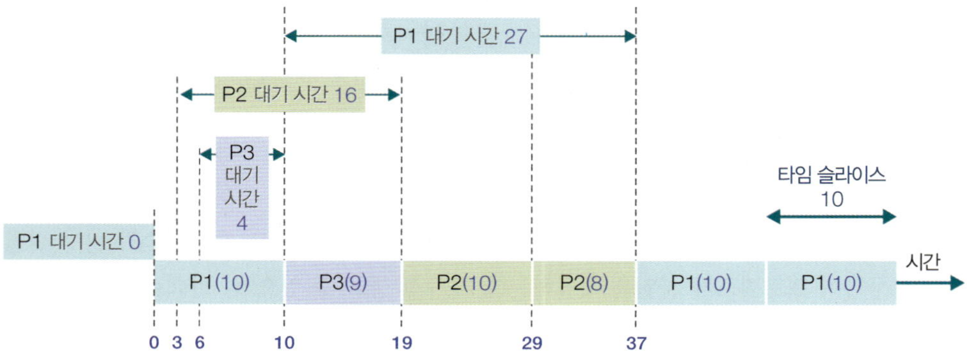

그림 5-22 최소 잔여 시간 스케줄링의 프로세스 대기 시간

❶ P1은 도착하자마자 10ms 실행된다. 따라서 대기 시간은 0ms이다.

❷ P2가 3ms 후에 도착하고 P3가 6ms 후 도착한다. P1의 남은 작업 시간, P2의 작업 시간, P3의 작업 시간 중 작업 시간이 9ms로 가장 짧은 P3가 실행된다. 따라서 P3의 대기 시간은 10 – 6=4ms이다. P3는 작업 시간이 타임 슬라이스보다 짧으므로 실행 후 종료된다.

❸ P1의 남은 작업 시간은 20ms이고 P2의 남은 작업 시간은 18ms이다. 남은 작업 시간이 짧은 P2가 10ms 동안 실행된다. 따라서 P2의 대기 시간은 19 – 3=16ms이다.

❹ P1의 남은 작업 시간은 20ms이고 P2의 남은 작업 시간은 8ms이다. 남은 작업 시간이 짧은 P2가 다시 실행되고, 8ms 후 종료된다.

❺ P1이 남은 작업을 마친다. 대기 시간은 37−10=27ms이다.

❻ 총 대기 시간은 0(P1)+4(P3)+16(P2)+27(P1)=47ms이고, 평균 대기 시간은 47÷3≒15.66ms 이다.

SJF 스케줄링(20ms)과 비교하면 SRT 스케줄링의 평균 대기 시간이 더 짧아지는 경향이 있다. 그러나 SRT 스케줄링은 SJF 스케줄링과 마찬가지로 운영체제가 프로세스의 종료 시간을 예측하기 어렵고 기아 현상이 발생한다. 또한 큐에 있는 모든 프로세스의 남은 실행 시간을 주기적으로 계산하므로 오버헤드가 커 실제 운영체제에서는 널리 사용되지 않는다.

7 우선순위를 고려한 스케줄링

프로세스의 중요도에 따라 **우선순위**priority를 부여하고 우선순위가 더 높은 프로세스를 먼저 실행할 수 있다. **우선순위는 비선점형 방식 또는 선점형 방식에 모두 적용할 수 있으며,** 우선순위 설정 기준에 따라 [표 5−4]와 같이 분류할 수 있다.

표 5-4 우선순위를 사용하는 스케줄링

유형	스케줄링	우선순위 부여 기준
비선점형	최단 작업 우선(SJF)	작업 시간이 짧은 프로세스에 높은 우선순위 부여
비선점형	최고 응답 우선(HRN)	작업 시간이 짧거나 대기 시간이 긴 프로세스에 높은 우선순위 부여
선점형	최소 잔여 시간(SRT)	남은 작업 시간이 짧은 프로세스에 높은 우선순위 부여

예를 들어 선입선출(FCFS) 스케줄링에서 [표 5−5]와 같이 작업 시간이 짧은 프로세스에 우선순위를 높게 설정하면 최단 작업 우선(SJF) 스케줄링과 같아진다.

표 5-5 프로세스의 우선순위

도착 순서	도착 시간	작업 시간	우선순위
P1	0	30	3
P2	3	18	2
P3	6	9	1

❶ 시작 시점에는 P1만 있으므로 P1 실행

❷ P1이 끝난 후 P3의 우선순위(1)가 가장 높으므로 P3 실행

❸ P3가 끝난 후 P2 실행

❹ 총 대기 시간과 평균 대기 시간은 SJF 스케줄링과 동일하다.

우선순위 스케줄링은 시스템의 전체적인 효율성보다는 각 프로세스의 중요도에 따라 우선순위를 부여하는 방식이다. 실제로 대부분의 현대 운영체제는 이와 같은 우선순위 기반의 스케줄링을 채택하고 있다.

그러나 우선순위 스케줄링에는 몇 가지 단점도 존재한다. 대표적인 문제는 기아 현상이다. 우선순위가 낮은 프로세스는 높은 우선순위의 프로세스가 계속해서 큐에 들어올 경우, 장시간 동안 실행되지 못할 수 있다. 또한 준비 큐에 있는 프로세스들을 우선순위에 따라 지속적으로 다시 정렬해야 하는 오버헤드도 발생할 수 있다. 특히 사용자 프로세스와 커널 프로세스의 우선순위가 동일하게 설정된 경우, 커널 프로세스의 실행이 지연되어 시스템 안정성에 문제가 생길 수도 있다. 이런 이유로 우선순위는 단순한 효율성보다는 프로세스의 역할과 중요도에 따라 정해야 한다.

앞서 우선순위 스케줄링 방식으로 고정 우선순위 스케줄링과 변동 우선순위 스케줄링이 있다고 설명하였다. 선점형 스케줄링 중 고정 우선순위를 사용하는 다단계 큐 스케줄링과 변동 우선순위를 사용하는 다단계 피드백 큐 스케줄링에 대하여 살펴본다.

8 다단계 큐(MLQ) 스케줄링

다단계 큐(MLQMulti-Level Queue) 스케줄링은 우선순위에 따라 여러 개의 준비 큐를 사용하는 고정 우선순위 방식이다. MLQ 스케줄링에서 프로세스는 우선순위에 따라 정해진 큐에 삽입된다. 각 프로세스는 독립적으로 스케줄링되며, 우선순위가 높은 큐가 먼저 실행된다. 또한 **각 단계는 라운드 로빈(RR) 방식으로 운영된다.**

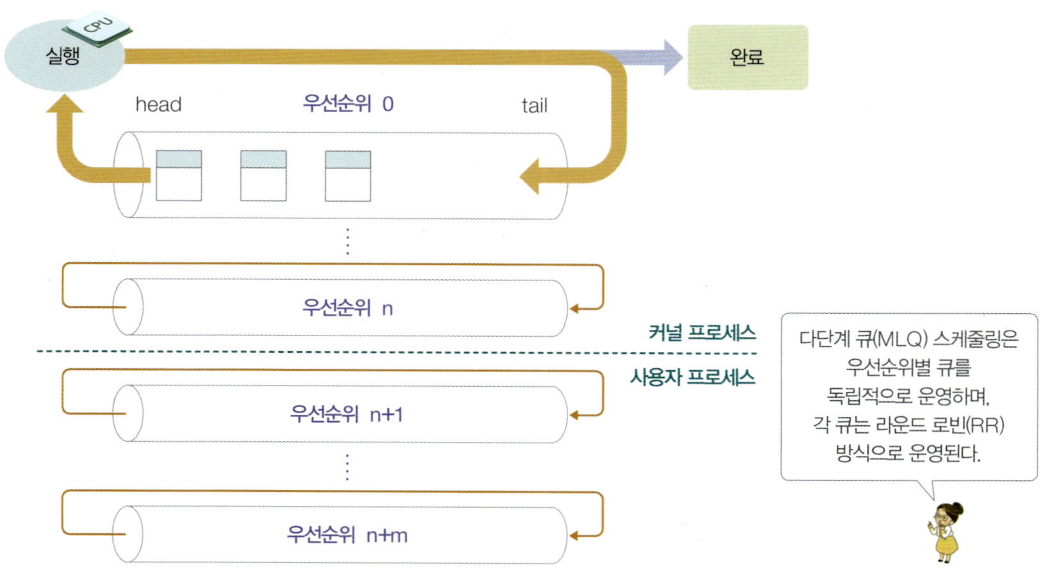

그림 5-23 다단계 큐 스케줄링의 동작

MLQ 스케줄링은 우선순위에 따라 타임 슬라이스 크기를 조절하여 작업 효율을 높일 수 있다. 예를 들어 사용자와 상호작용이 없는 후면 프로세스는 우선순위가 낮아서 CPU를 차지할 확률이 낮다. 이런 프로세스에는 타임 슬라이스 크기를 크게 하여, 어렵게 CPU를 잡았을 때 충분히 오래 작업하도록 배려한다.

MLQ 스케줄링의 단점은 하위 큐에 있는 우선순위가 낮은 프로세스의 실행이 계속 지연된다는 것이다. 우선순위가 높은 프로세스의 작업이 끝나기 전에 하위 큐의 프로세스는 실행되지 못하고 계속 기다려야 하기 때문이다. 이러한 문제를 해결하는 것이 다단계 피드백 큐 스케줄링이다.

9 다단계 피드백 큐(MLFQ) 스케줄링

다단계 피드백 큐(MLFQ Multi-Level Feedback Queue) 스케줄링은 프로세스의 우선순위가 동적으로 변하는 변동 우선순위 방식이다.

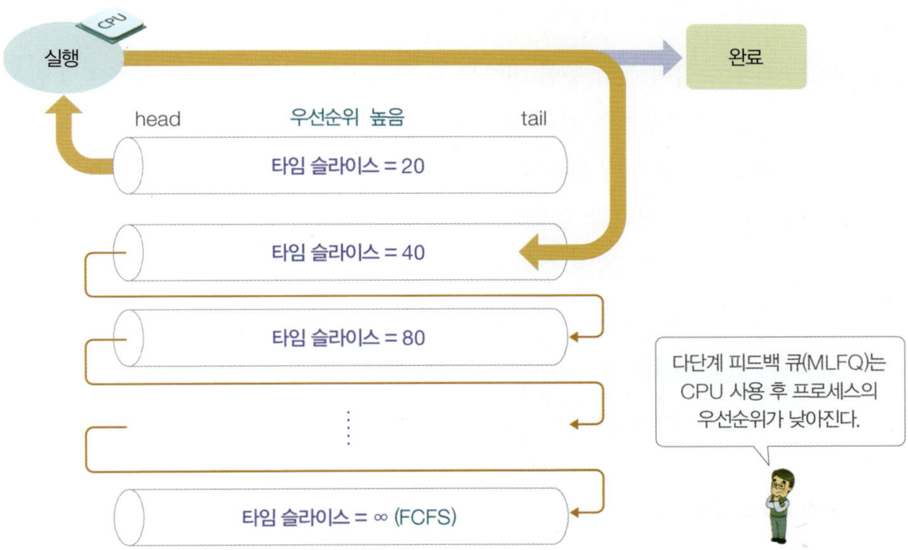

그림 5-24 다단계 피드백 큐 스케줄링의 동작

MLFQ 스케줄링에서는 모든 프로세스가 높은 우선순위 큐에 배정된다. 그리고 프로세스가 CPU를 사용할 때마다 우선순위가 한 단계씩 낮아진다. 다시 말해 CPU를 사용하고 난 프로세스는 원래의 큐로 되돌아가지 않고 우선순위가 하나 낮은 큐로 들어간다. 그러면 오래 대기한 프로세스의 우선순위가 상대적으로 높아져서, 우선순위가 낮은 프로세스의 실행이 연기되었던 문제가 완화된다.

MLFQ는 주로 사용자 프로세스의 우선순위 기반 CPU 스케줄링을 관리하기 위해 사용된다. MLFQ에서는 커널 프로세스나 시스템 수준 작업에 대해 별도의 높은 우선순위를 할당하거나, 실시간 우선순위 클래스로 따로 다룬다. 따라서 사용자 프로세스는 높은 우선순위 큐에 배정되더라도 커널 프로세스보다 먼저 실행되지 않는다.

MLFQ 스케줄링도 MLQ 스케줄링과 마찬가지로 **우선순위에 따라 타임 슬라이스의 크기를 다르게 설정한다.** [그림 5-24]에서 프로세스의 우선순위가 낮아질수록 해당 큐의 타임 슬라이스가 커진다. MLFQ 스케줄링은 동적 우선순위 방식을 사용하여 낮은 우선순위 프로세스에 실행 기회를 더 주지만, 우선순위가 낮은 프로세스는 우선순위가 높은 프로세스보다 CPU를 얻을 확률이 여전히 낮다. 따라서 어렵게 얻은 CPU를 더 오래 사용할 수 있도록 우선순위가 낮은 큐의 타임 슬라이스를 크게 설정한다. MLFQ 스케줄링에서 우선순위가 가장 낮은 큐에 있는 프로세스는 무한대의 타임 슬라이스를 얻는다. 무한대의 타임 슬라이스를 얻는다는 것은 끝까지 CPU를 빼앗기지 않고 작업을 마친다는 의미이다. 그러므로 MLFQ 스케줄링에서 우선순위가 가장 낮은 큐는 들어온 순서대로 작업을 마치는 선입선출(FCFS) 스케줄링처럼 동작한다.

MLFQ 스케줄링에서는 사용자 입력 대기 중인 대화형 프로세스와 같은 단기 작업에 빠르게 반응한다. 또한 계산 위주의 배치 프로세스와 같은 장기 작업은 점점 낮은 큐로 내려가 CPU를 오래 쓰게 된다. MLFQ 스케줄링의 장점은 우선순위가 낮은 프로세스에도 실행 기회를 보장하며, 대화형 시스템과 배치 작업을 동시에 처리할 수 있어 시스템 자원을 효율적으로 사용한다는 것이다. 단점은 각 우선순위에 해당하는 타임 슬라이스의 크기 설정이 어렵고, 악의적인 프로세스가 우선순위를 조작할 가능성이 있다는 것이다.

MLFQ 스케줄링은 다양한 프로세스를 효과적으로 관리할 수 있어 현대 운영체제에서 가장 널리 사용된다. 유닉스와 리눅스 운영체제에서는 MLFQ 스케줄링을 기반으로 타임 슬라이스를 조정한다.

Note **리눅스의 MLFQ 스케줄링**

리눅스는 MLFQ를 기반으로 하면서 CFS Completely Fair Scheduler도 사용한다. 따라서 커널 작업을 포함한 실시간 프로세스는 고정 우선순위 정책을 적용하여 항상 사용자 프로세스보다 우선으로 처리한다.

SECTION
03 멀티프로세서 스케줄링

1 멀티프로세서 스케줄링의 고려 사항

비대칭형 스케줄링과 대칭형 스케줄링

과거에는 CPU 하나에 한 개의 코어core가 장착된 경우가 대부분이었지만, 최근에는 멀티코어multicore CPU가 보편화되었다. 멀티코어 CPU는 여러 개의 CPU가 결합한 멀티프로세서 시스템과 유사한 구조로 동작한다. 앞서 살펴본 CPU 스케줄링 알고리즘은 단일 코어를 기준으로 설계되었다. 전통적인 프로세스는 단일 스레드single-threaded 구조이므로 멀티프로세서를 제대로 활용하지 못한다. 따라서 멀티프로세서 또는 멀티코어 환경에서는 기본적으로 스레드를 기반으로 스케줄링한다.

멀티프로세서 스케줄링은 비대칭형 스케줄링과 대칭형 스케줄링으로 나뉜다.

- **비대칭형 스케줄링**asymmetric scheduling: 하나의 프로세서가 스케줄러 역할을 하고, 나머지 프로세서는 단순히 작업을 수행한다. 이때 스케줄링 프로세서에 부하가 집중될 위험이 있다. 따라서 이 방식은 임베디드 시스템이나 마이크로컨트롤러 기반의 단순한 시스템에서 사용된다.
- **대칭형 스케줄링**symmetric scheduling: 모든 프로세서가 독립적으로 스케줄링을 수행한다. 모든 CPU는 동일한 역할을 수행하는데, 모든 CPU가 하나의 큐를 공유하거나 각 CPU가 개별 큐를 가질 수 있다. 이 방식은 윈도우, 리눅스, 맥OS와 같은 멀티코어 CPU 환경의 일반적인 운영체제에서 사용된다. 앞으로는 이 대칭형 스케줄링에 대해 자세히 설명한다.

CPU 선호도

멀티코어 CPU에서는 각 코어가 가진 개별적인 캐시cache 메모리를 사용하여 데이터 접근 속도를 높인다. 예를 들어 [그림 5-25]와 같이 프로세스 P1과 P2에 스레드가 각각 2개씩 있어 총 4개의 스레드가 2개의 코어에서 실행된다고 가정하자.

코어 1에서 스레드 A가 실행되면 코어 1의 캐시에는 프로세스 P1과 관련된 데이터가 저장된다. 그리고 코어 2에서 스레드 C가 실행되면 코어 2의 캐시에는 프로세스 P2와 관련된 데이터가 저장된다. 만약 프로세스 P1의 스레드 B가 코어 2에서 실행되면 어떻게 될까? 프로세스 P2의 데이터로 채워진 코어 2의 캐시가 P2 데이터를 비우고 P1 데이터를 다시 가져오기 때문에 성능이 떨어진다. 이렇게 **동일한 프로세스에 속한 스레드를 계속 같은 코어에서 실행시키는 것**을 CPU 선호도affinity 혹은 프로세스 선호도, 코어 선호도, 캐시 선호도라고 한다. CPU 선호도를 이용하면 캐시를 비우지 않고 계속 활용할 수 있어 성능이 향상된다.

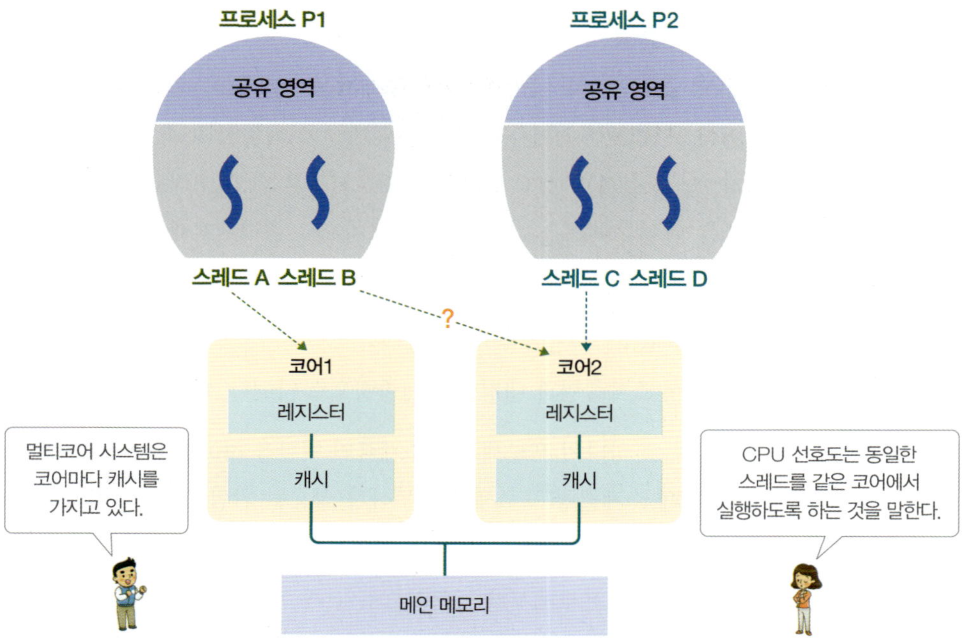

그림 5-25 멀티코어 CPU에서의 멀티스레드 실행

윈도우 7 이상 버전에서는 [그림 5-26]과 같이 작업 관리자 화면에서 각 프로세스에 CPU 선호도를 지정할 수 있다. 기본적으로는 운영체제가 각 코어에 자동으로 스레드를 배치하지만, 사용자가 특정 프로세스를 특정 CPU에서만 실행하도록 수동으로 프로세서 선호도를 지정할 수도 있다.

Note **캐시 일관성 문제**

하나의 프로세스 안의 멀티스레드가 서로 다른 코어에서 실행될 때 캐시 일관성cache coherence 문제가 발생할 수 있다. 서로 다른 2개의 스레드가 같은 데이터에 접근하는 경우, 한쪽 스레드 캐시의 데이터를 변경하였음에도 캐시에 이전 데이터가 남아 있으면 캐시의 일관성이 깨진다. 캐시의 일관성을 유지하려면 하드웨어적인 잠금lock을 사용해야 한다. 공유 데이터 일관성의 문제와 해결 방법은 06장 '임계구역과 동기화'에서 자세히 설명한다.

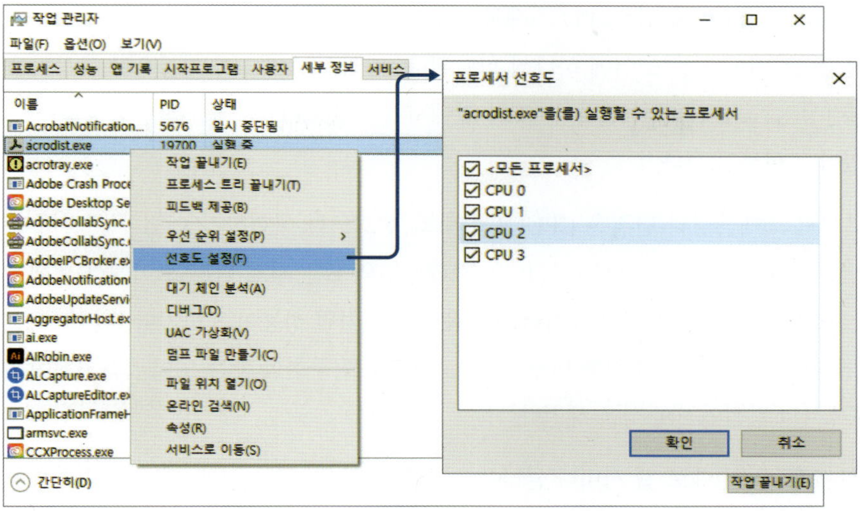

그림 5-26 윈도우의 프로세서 선호도 설정 화면

2 단일 큐 멀티프로세서 스케줄링

멀티프로세서 환경에서 스케줄링을 구현하는 가장 간단한 방법은 모든 스레드를 하나의 큐에 넣어 스케줄링하는 것이다. 이를 단일 큐 멀티프로세서 스케줄링(**SQMS** Single Queue Multprocessor Scheduling)이라고 한다. [그림 5-27]은 [그림 5-25]에서 예로 든 P1, P2 프로세스에 대한 단일 큐 멀티프로세서 스케줄링의 구조를 보여준다.

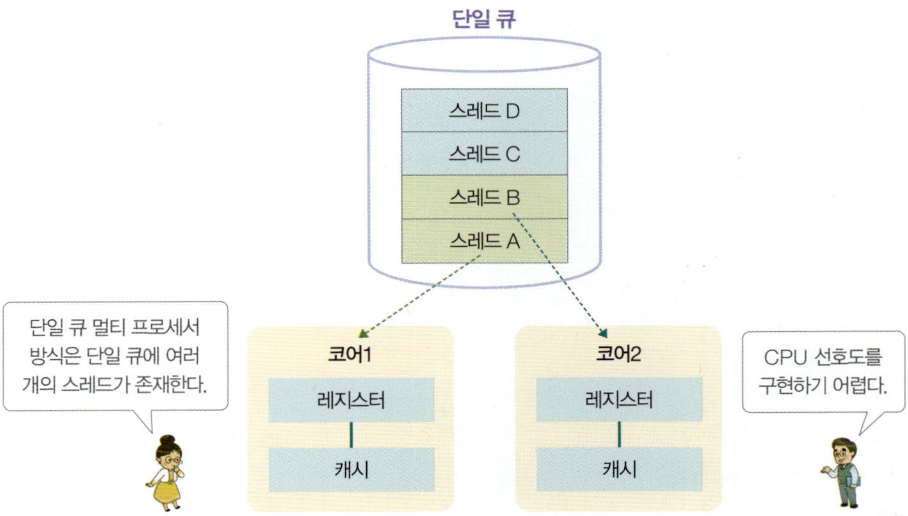

그림 5-27 단일 큐 멀티프로세서 스케줄링

단일 큐 멀티프로세서 스케줄링에서는 CPU 스케줄러가 선택한 스레드들이 하나의 큐에 삽입되고, 큐에 있는 작업들은 비어 있는 코어에 하나씩 할당된다. 따라서 스레드가 자동으로 균등하게 배분되는 로드 밸런싱load balancing이 수월하다. 또한 앞에서 살펴본 CPU 스케줄링 알고리즘을 그대로 사용할 수 있어 구현하기 쉽다.

단일 큐 멀티프로세서 스케줄링의 단점은 CPU(프로세스) 선호도를 구현하기 어렵다는 것이다. [그림 5-27]의 단일 큐에 들어 있는 프로세스 P1의 스레드 A와 B는 서로 다른 코어에서 실행된다. 따라서 CPU 선호도가 무시되어 캐시 데이터를 공유하기 어려워 성능이 저하된다. 단일 큐 멀티프로세서 스케줄링에서도 스레드 순서를 바꾸어 CPU 선호도를 구현할 수는 있다. 그러나 이는 단일 큐 멀티프로세서의 장점인 단순성을 해친다.

단일 큐를 사용하는 대표적인 예로 웹 서버나 클라우드 서버가 있다. 웹 서버에서 여러 개의 요청이 들어오면, 모든 프로세서가 요청을 하나의 큐로 가져가 처리한다.

3 다중 큐 멀티프로세서 스케줄링

단일 큐 멀티프로세서 스케줄링의 단점을 개선한 다중 큐 멀티프로세서 스케줄링(**MQMS**Multi Queue Multiprocessor Scheduling)은 코어마다 별도의 큐를 배치하는 방식이다.

[그림 5-28]과 같이 다중 큐 멀티프로세서 스케줄링에서 각 코어는 하나 이상의 큐를 가진다. 다중 큐 멀티프로세서 스케줄링에서 스레드는 코어별로 독립적으로 스케줄링된다.

다중 큐 멀티프로세서 스케줄링은 같은 프로세서에 속한 스레드를 같은 큐에 삽입하여 CPU 선호도를 쉽게 구현할 수 있다. 같은 프로세스의 스레드가 동일한 코어에서 실행될 가능성이 높으므로 캐시 활용도가 높아진다.

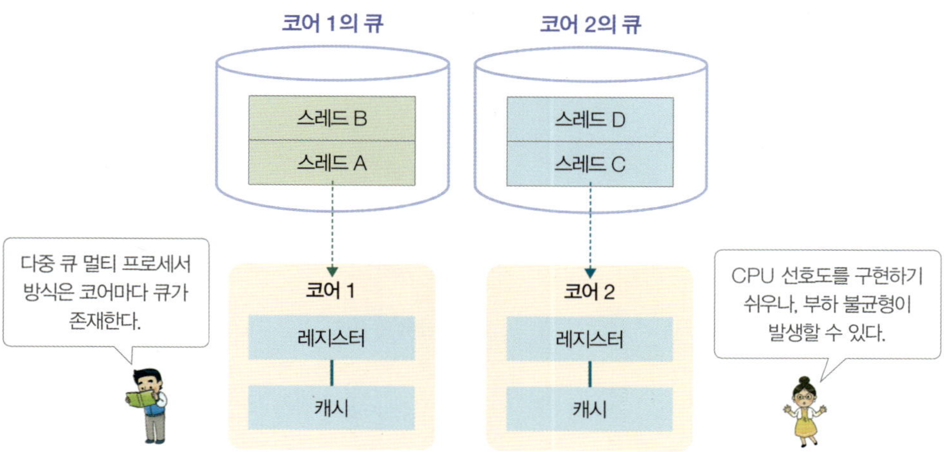

그림 5-28 다중 큐 멀티프로세서 스케줄링

그러나 다중 큐 멀티프로세서 스케줄링에서는 부하 불균형의 문제가 발생한다. 부하 불균형load imbalance이란 특정 큐에는 스레드가 몰려 과부하가 발생하는데 다른 큐에는 스레드가 없어 코어가 쉬고 있는 상태를 의미한다. [그림 5-29]에서 코어 1의 큐에는 스레드가 있지만, 코어 2는 코어 2의 큐에 작업이 없어 쉬고 있다.

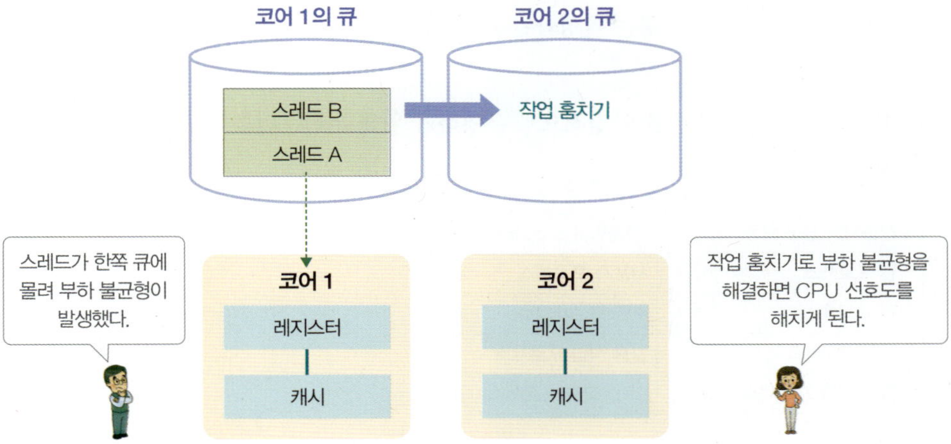

그림 5-29 부하 불균형과 작업 훔치기

부하 불균형 문제 해결을 위해 스레드가 많은 큐에서 작업을 가져와 스레드가 없는 큐에 분배하는 기법을 작업 훔치기work stealing라 부른다. 그러나 작업 훔치기를 통해 큐들 사이의 스레드를 분배하는 일은 간단하지 않다. 앞서 설명한 것처럼, 같은 프로세스에 속한 스레드를 여러 코어에 나누어 실행시키면 CPU 선호도를 해치게 된다.

다중 큐를 사용하는 대표적인 예로 게임 엔진이 있다. 게임 엔진은 부하가 큰 여러 가지 연산을 동시에 처리할 때 여러 개의 CPU 코어를 활용한다. 예를 들어 물리 엔진은 한 프로세서에서 실행하고, 그래픽 렌더링은 다른 프로세서에서 실행하는 식이다.

요약

01 CPU 스케줄링은 세 단계로 이루어진다. 고수준 스케줄링은 시스템 내의 전체 작업 수를 조절하며, 중수준 스케줄링은 활성화된 프로세스 수를 조절하여 시스템의 과부하를 방지하고, 저수준 스케줄링은 활성화된 프로세스들의 실제 실행 순서를 관리한다.

02 CPU 스케줄러는 시스템을 안정적으로 운영하기 위해 우선순위를 기반으로 스케줄링을 수행한다.

우선순위가 높은 프로세스 ↔ 우선순위가 낮은 프로세스	
커널 프로세스	사용자 프로세스
전면 프로세스	후면 프로세스
대화형 프로세스	일괄 작업 프로세스
입출력 집중 프로세스	CPU 집중 프로세스

03 주요 스케줄링 알고리즘의 특징은 다음과 같다.

알고리즘	분류	특징	장점	단점
FCFS	비선점	먼저 도착한 프로세스를 먼저 실행	단순하고 이해하기 쉬움	콘베이 효과 발생
SJF	비선점	실행 시간이 짧은 프로세스를 먼저 실행	평균 대기 시간 감소	기아 현상 발생
HRN	비선점	SJF를 개선	에이징을 구현	기아 현상 발생
RR	선점	일정한 타임 슬라이스 동안 실행 후 다음 프로세스로 변경	공평한 CPU 분배, 응답 시간 보장	문맥 교환으로 오버헤드 발생
SRT	선점	SJF의 선점형 버전	평균 대기 시간이 SJF보다 짧음	기아 현상 발생
MLQ	선점	여러 개의 고정 우선순위 큐를 사용하여 관리	특정 프로세스 유형에 최적화 가능	우선순위가 낮은 프로세스가 계속 실행되지 못함
MLFQ	선점	MLQ를 개선하여 변동 우선순위 적용	공평성 개선	설정이 복잡함

04 멀티프로세서 환경에서 공유 큐 방식은 모든 스레드를 하나의 큐에 저장한 후에 여러 CPU에서 큐를 공유하는 단일 큐 멀티프로세서 스케줄링이다. 그리고 개별 큐 방식은 각 코어가 하나 이상의 개별 큐를 관리하는 다중 큐 멀티프로세서 스케줄링이다.

연습문제

01 프로세스 스케줄링 단계에 대한 설명으로 틀린 것을 고르시오.

① 고수준 스케줄링은 시스템 내에서 동시에 실행 가능한 프로세스 수를 결정한다.

② 중수준 스케줄링은 활성화 프로세스 수를 조절하여 시스템 과부하를 막는다.

③ 저수준 스케줄링은 작업 요청을 받고 시스템 상황을 고려하여 작업 승인 또는 거부를 결정한다.

④ 저수준 스케줄링은 준비 상태의 프로세스 중 하나를 선택한다.

02 프로세스 스케줄링 단계 중 저수준 스케줄링이 원만하게 이루어지도록 완충하는 것은 무엇인가?

① 장기 스케줄링 ② 중수준 스케줄링

③ 고수준 스케줄링 ④ 작업 스케줄링

03 선점형 스케줄링에 대한 설명으로 틀린 것을 고르시오.

① 비선점형 스케줄링보다 우선순위가 낮다.

② 실행 상태에 있는 작업을 중단시키고 새로운 작업을 실행할 수 있다.

③ 문맥 교환의 오버헤드가 크다.

④ 시분할 방식 스케줄러에 사용된다.

04 비선점형 스케줄링에 대한 설명으로 틀린 것을 고르시오.

① 실행 상태에 있는 작업이 완료될 때까지 다른 작업이 불가능하다.

② 선점형 스케줄링보다 우선순위가 낮다.

③ 문맥 교환의 오버헤드가 크다.

④ 일괄 작업 방식 스케줄러에 사용된다.

05 프로세스의 우선순위에 대한 설명으로 틀린 것을 고르시오.

① 커널 프로세스의 우선순위가 사용자 프로세스보다 높다.

② 입출력 집중 프로세스보다 CPU 집중 프로세스의 우선순위가 높다.

③ 후면 프로세스보다 전면 프로세스의 우선순위가 높다.

④ 일괄처리 프로세스보다 대화형 프로세스의 우선순위가 높다.

06 프로세스의 우선순위에 대한 설명으로 틀린 것을 고르시오.

① 우선순위가 높은 프로세스가 먼저 실행된다.

② 커널 프로세스의 우선순위가 사용자 프로세스보다 높다.

③ 사용자 프로세스의 우선순위는 모두 같다.

④ 커널 프로세스는 중요도에 따라 우선순위가 서로 다르다.

07 프로세스 스케줄링의 목표에 대한 설명으로 틀린 것을 고르시오.

① 시스템 자원이 유휴 상태가 되지 않도록 스케줄링해야 한다.

② 프로세스 개수와 관계없이 시스템이 안정적으로 작동해야 한다.

③ 프로세스 개수가 증가하더라도 성능이 급격히 저하되지 않아야 한다.

④ 모든 프로세스에 무조건 공평하게 스케줄링해야 한다.

08 프로세스 중 우선순위가 높은 프로세스는 무엇인가?

① 일괄처리 프로세스　　② 사용자 프로세스

③ 커널 프로세스　　④ CPU 집중 프로세스

09 CPU 집중 프로세스보다 입출력 집중 프로세스에 먼저 CPU를 할당했을 때 효율이 높아지는 이유는 무엇인가?

① 사이클 훔치기　　② 프로세스 선호도

③ 작업 훔치기　　④ 기아 현상

10 프로세스 쌍 중 우선순위가 높은 것–우선순위가 낮은 것 순서로 연결되지 않은 것을 고르시오.

① 전면 프로세스 – 후면 프로세스

② 커널 프로세스 – 사용자 프로세스

③ CPU 집중 프로세스 – 입출력 집중 프로세스

④ 대화형 프로세스 – 일괄 작업 프로세스

11 프로세스 쌍 중 우선순위가 높은 것–우선순위가 낮은 것 순서로 연결되지 않은 것을 고르시오.

① 전면 프로세스 – 후면 프로세스

② 커널 프로세스 – 사용자 프로세스

③ 입출력 집중 프로세스 – CPU 집중 프로세스

④ 일괄 작업 프로세스 – 대화형 프로세스

12 시스템의 효율을 위하여 실행 상황에 따라 프로세스의 우선순위를 동적으로 변경하는 방식을 무엇이라고 하는가?

① 고정 우선순위 ② 사이클 훔치기

③ 작업 훔치기 ④ 변동 우선순위

13 프로세스가 종료될 때까지 우선순위를 변경하지 않는 방식을 무엇이라고 하는가?

① 고정 우선순위 ② 사이클 훔치기

③ 작업 훔치기 ④ 변동 우선순위

14 나머지 3개와 종류가 다른 스케줄링 알고리즘은 무엇인가?

① 최고 응답 우선(HRN) ② 최단 작업 우선(SJF)

③ 최소 잔여 시간(SRT) ④ 선입선출(FCFS)

15 나머지 3개와 종류가 다른 스케줄링 알고리즘은 무엇인가?

① 다단계 큐(MLQ) ② 다단계 피드백 큐(MLFQ)
③ 라운드 로빈(RR) ④ 최단 작업 우선(SJF)

16 준비 큐에 도착한 순서대로 CPU를 할당하는 비선점형 스케줄링 알고리즘은 무엇인가?

① 최고 응답 우선(HRN) ② 최단 작업 우선(SJF)
③ 최소 잔여 시간(SRT) ④ 선입선출(FCFS)

17 콘보이 효과가 발생할 수 있는 스케줄링 알고리즘은 무엇인가?

① 최고 응답 우선(HRN) ② 최단 작업 우선(SJF)
③ 최소 잔여 시간(SRT) ④ 선입선출(FCFS)

18 준비 큐에 있는 프로세스 중에서 실행 시간이 가장 짧은 작업부터 CPU를 할당하는 비선점형 스케줄링 알고리즘은 무엇인가?

① 최고 응답 우선(HRN) ② 최단 작업 우선(SJF)
③ 최소 잔여 시간(SRT) ④ 선입선출(FCFS)

19 기아 현상이 발생할 수 있는 비선점형 스케줄링 알고리즘은 무엇인가?

① 라운드 로빈(RR) ② 최단 작업 우선(SJF)
③ 최소 잔여 시간(SRT) ④ 선입선출(FCFS)

20 최단 작업 우선(SJF) 스케줄링에서 발생할 수 있는 기아 현상을 완화하는 비선점형 스케줄링 알고리즘은 무엇인가?

① 최고 응답 우선(HRN) ② 다단계 피드백 큐(MLFQ)
③ 최소 잔여 시간(SRT) ④ 선입선출(FCFS)

21 서비스를 받기 위해 기다린 시간과 CPU 사용 시간을 고려하는 비선점형 스케줄링 알고리즘은 무엇인가?

① 최고 응답 우선(HRN) ② 다단계 피드백 큐(MLFQ)
③ 최소 잔여 시간(SRT) ④ 선입선출(FCFS)

22 비선점형 스케줄링 알고리즘이 아닌 것은 무엇인가?

① 최고 응답 우선(HRN) ② 최단 작업 우선(SJF)
③ 최소 잔여 시간(SRT) ④ 선입선출(FCFS)

23 선점형 스케줄링 알고리즘이 아닌 것은 무엇인가?

① 다단계 큐(MLQ) ② 다단계 피드백 큐(MLFQ)
③ 라운드 로빈(RR) ④ 최단 작업 우선(SJF)

24 프로세스를 항상 타임 슬라이스만큼만 실행하여 사용자 응답 시간을 보장하는 스케줄링 알고리즘은 무엇인가?

① 라운드 로빈(RR) ② 최단 작업 우선(SJF)
③ 최소 잔여 시간(SRT) ④ 선입선출(FCFS)

25 선점형 스케줄링 알고리즘 중 우선순위가 적용되지 않는 가장 단순한 알고리즘은 무엇인가?

① 다단계 큐(MLQ) ② 다단계 피드백 큐(MLFQ)
③ 라운드 로빈(RR) ④ 최단 작업 우선(SJF)

26 현대 운영체제에서 기본으로 사용하는 스케줄링 알고리즘은 무엇인가?

① 라운드 로빈(RR) ② 최단 작업 우선(SJF)
③ 최소 잔여 시간(SRT) ④ 선입선출(FCFS)

27 기아 현상을 완화할 수 있는 기법은 무엇인가?

① 사이클 훔치기　　② 에이징
③ 작업 훔치기　　④ 우선순위

28 프로세스가 실행 순서를 양보하는 데 상한선을 정하는 기법을 무엇이라고 하는가?

① 사이클 훔치기　　② 에이징
③ 작업 훔치기　　④ 우선순위

29 선입선출(FCFS) 스케줄링과 유사하지만, 각 프로세스에 CPU를 사용할 수 있는 타임 슬라이스가 정해져 있으며 우선순위가 없는 스케줄링 알고리즘은 무엇인가?

① 다단계 큐(MLQ)　　② 다단계 피드백 큐(MLFQ)
③ 라운드 로빈(RR)　　④ 최단 작업 우선(SJF)

30 준비 큐에 있는 프로세스의 남은 실행 시간을 주기적으로 계산하는 스케줄링 알고리즘은 무엇인가?

① 최고 응답 우선(HRN)　　② 최단 작업 우선(SJF)
③ 최소 잔여 시간(SRT)　　④ 선입선출(FCFS)

31 프로세스의 실제 작업 길이를 알아야 우선순위를 배정할 수 있는 스케줄링 알고리즘은 무엇인가?

① 다단계 큐(MLQ)　　② 다단계 피드백 큐(MLFQ)
③ 라운드 로빈(RR)　　④ 최단 작업 우선(SJF)

32 최단 작업 우선(SJF)과 라운드 로빈(RR)을 혼합한 선점형 스케줄링 알고리즘은 무엇인가?

① 최고 응답 우선(HRN)　　② 다단계 피드백 큐(MLFQ)
③ 최소 잔여 시간(SRT)　　④ 선입선출(FCFS)

33 최단 작업 우선(SJF) 알고리즘에서 긴 작업이 계속 뒤로 밀리는 현상을 가리키는 용어는 무엇인가?

① 사이클 훔치기 ② 기아 현상
③ 작업 훔치기 ④ 우선순위

34 기본적으로 라운드 로빈 스케줄링을 사용하지만, CPU를 할당받을 프로세스를 선택할 때 남아 있는 작업 시간이 가장 적은 프로세스를 선택하는 스케줄링 알고리즘은 무엇인가?

① 최고 응답 우선(HRN) ② 다단계 피드백 큐(MLFQ)
③ 최소 잔여 시간(SRT) ④ 선입선출(FCFS)

35 우선순위에 따라 여러 개의 큐를 사용하는 알고리즘 중 고정 우선순위 방식의 스케줄링 알고리즘은 무엇인가?

① 선입선출(FCFS) ② 다단계 피드백 큐(MLFQ)
③ 다단계 큐(MLQ) ④ 최고 응답 우선(HRN)

36 우선순위에 따라 여러 개의 큐를 사용하는 알고리즘 중 변동 우선순위 방식의 스케줄링 알고리즘은 무엇인가?

① 선입선출(FCFS) ② 다단계 피드백 큐(MLFQ)
③ 다단계 큐(MLQ) ④ 최고 응답 우선(HRN)

37 우선순위에 따라 여러 개의 큐를 사용하며, 각 큐의 타임 슬라이스 크기가 다른 변동 우선순위 스케줄링 알고리즘은 무엇인가?

① 선입선출(FCFS) ② 다단계 피드백 큐(MLFQ)
③ 최소 잔여 시간(SRT) ④ 최고 응답 우선(HRN)

38 다단계 피드백 큐(MLFQ)에서 우선순위가 가장 낮은 큐는 어느 스케줄링 알고리즘처럼 작동하는가?

① 최고 응답 우선(HRN)

② 최단 작업 우선(SJF)

③ 최소 잔여 시간(SRT)

④ 선입선출(FCFS)

39 동일한 프로세스에 속한 스레드를 계속 같은 코어에서 실행하는 기법을 무엇이라고 하는가?

① 사이클 훔치기

② 프로세스 선호도

③ 작업 훔치기

④ 우선순위

40 다음 중 다중 큐 멀티프로세서 스케줄링의 단점을 고르시오.

① 사이클 훔치기가 어렵다.

② 프로세스 선호도를 구현하기 어렵다.

③ 코어 간 부하 불균형이 발생한다.

④ 프로세스를 우선순위대로 처리하기 어렵다.

41 다중 큐 멀티프로세서 스케줄링에서 스레드가 많은 큐에서 스레드가 없는 큐로 스레드를 분배하는 기법은 무엇인가?

① 사이클 훔치기

② 프로세스 선호도

③ 작업 훔치기

④ 우선순위

42 프로세스 도착 시간과 작업 시간이 다음 표와 같다. 선입선출(FCFS)과 최단 작업 우선(SJF), 최고 응답 우선(HRN) 스케줄링 알고리즘을 적용했을 때의 평균 대기 시간을 계산하시오.

프로세스	준비 큐 도착 시각(ms)	작업 시간(ms)
P2	0	18
P1	3	30
P3	6	9

(1) 선입선출

(2) 최단 작업 우선

(3) 최고 응답 우선

43 프로세스 도착 시간과 작업 시간이 다음 표와 같다. 선입선출(FCFS)과 최단 작업 우선(SJF), 최고 응답 우선(HRN) 스케줄링 알고리즘을 적용했을 때의 평균 대기 시간을 계산하시오.

프로세스	준비 큐 도착 시각(ms)	실행 시간(ms)
P1	0	30
P2	3	18
P3	6	9

(1) 선입선출

(2) 최단 작업 우선

(3) 최고 응답 우선

44 CPU 스케줄링의 3단계를 설명하시오.

45 선점형 스케줄링과 비선점형 스케줄링을 비교하시오.

46 CPU 스케줄링에서의 사이클 훔치기에 대하여 설명하시오.

47 프로세스 유형에 따른 우선순위를 설명하시오.

48 고정 우선순위와 변동 우선순위에 대하여 설명하시오.

49 최단 작업 우선(SJF) 스케줄링에서 에이징의 역할과 한계를 설명하시오.

50 다단계 피드백 큐 스케줄링에 대하여 설명하시오.

51 단일 큐 멀티프로세서 스케줄링과 다중 큐 멀티프로세서 스케줄링을 설명하시오.

CHAPTER

06

임계구역과 동기화

학습목표

- 임계구역에서 발생하는 동기화 문제를 이해하고, 그 해결 방식을 단계적으로 학습한다.
- 공유 자원의 문제를 해결하기 위한 조건과, 이를 충족하기 어려운 이유를 살펴본다.
- 운영체제가 제공하는 대표적인 동기화 도구인 뮤텍스, 세마포어, 모니터의 작동 방식과 특징을 알아본다.
- 공유 자원 접근 시 발생하는 경쟁 상태를 코드로 확인하고, 주요 동기화 도구의 작동 방식을 비교·이해한다.

Preview

스레드는 서로 독립적으로 실행되지만, 서로 통신하거나 공유 자원에 접근하여 공동 작업을 수행하기도 한다. 그런데 둘 이상의 스레드가 동시에 공유 자원에 접근하여 실행 결과가 예측할 수 없게 되는 상황을 경쟁 상태라고 하며, 둘 이상의 스레드가 동시에 접근해서는 안 되는 공유 영역을 임계구역이라 부른다.

임계구역을 보호하는 대표적인 방법은 잠금과 잠금 해제이다. 잠금을 사용하는 경우, 상호 배제, 한정 대기, 진행의 융통성을 반드시 충족해야 한다. 이장에서는 임계구역을 보호하는 방법인 뮤텍스, 세마포어, 모니터에 대하여 학습한다. 그리고 코드 사례를 통해 경쟁 상태를 해소하는 잠금과 잠금 해제 과정을 살펴본다.

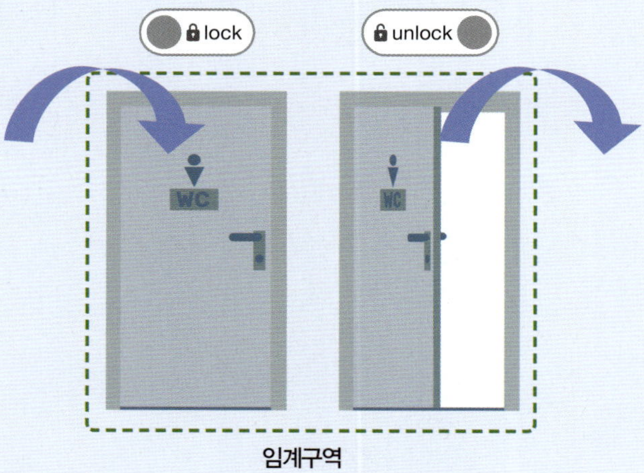

SECTION 01

임계구역과 동기화

1 임계구역의 필요성

공유 자원 접근 시 발생하는 경쟁 상태 문제

독립적으로 실행되는 여러 개의 스레드는 서로 통신하거나, 변수 · 파일 · 주변장치와 같은 공유 자원shared resource을 함께 사용하여 공동 작업을 수행하기도 한다. 그런데 둘 이상의 스레드가 동시에 공유 자원에 접근하면 예상하지 못한 문제가 발생할 수 있다. 누가, 언제 데이터를 읽거나 쓰느냐에 따라 실행 결과가 달라질 수 있기 때문이다. 예를 들어 [그림 6-1]은 두 개의 스레드가 공유 변수인 예금에 접근하여 작업을 진행하는 사례이다. 예금의 초깃값은 0원이며 스레드 T1은 예금을 읽은 후 10만 원을 더하고 그 결과를 저장한다. 스레드 T2도 예금을 읽은 후 10만 원을 더하고 그 결과를 저장한다. 정상적으로 실행되었다면 예금은 20만 원이 되어야 한다.

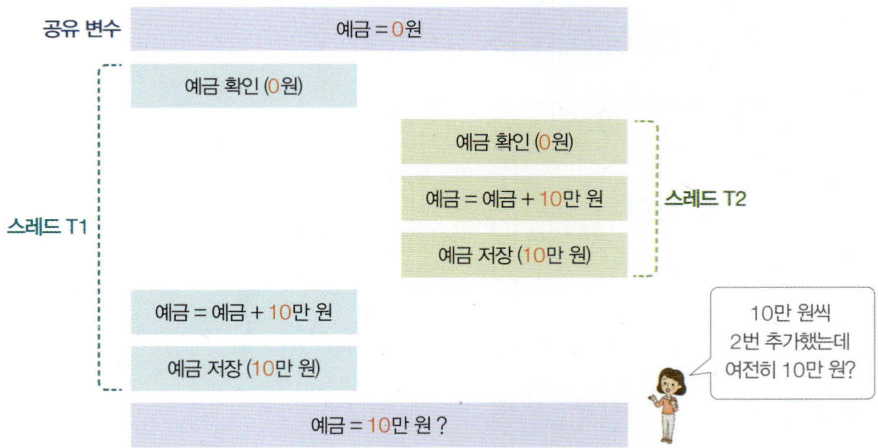

그림 6-1 공유 자원과 경쟁 상태

그러나 다음과 같은 순서로 스레드가 실행될 경우, 문제가 발생할 수 있다.

❶ 스레드 T1이 예금 0원을 읽고 10만 원을 더한다. 아직 값을 저장하기 전이다.

❷ 스레드 T2도 예금 0원을 읽고 10만 원을 더한다.

❸ 스레드 T2가 예금에 10만 원을 저장한다.

❹ 스레드 T1이 예금에 10만 원을 덮어쓴다.

스레드 T1과 T2가 각 10만 원씩 더해서 최종 20만 원이 되어야 하지만, 결과는 10만 원뿐이다. 두 개의 스레드가 같은 값을 읽고 동시에 업데이트했기 때문에 결과가 올바르게 반영되지 않는다.

이처럼 둘 이상의 스레드가 동일한 공유 자원에 동시에 접근하여 실행 결과가 예측할 수 없게 되는 상황을 **경쟁 상태**race condition라고 한다. 경쟁 상태에서 공유 자원의 접근 순서에 따라 실행 결과가 달라질 수 있으므로 이를 방지하기 위한 조치가 필요하다. 경쟁 상태의 문제를 해결하기 위해서는 임계구역을 지정해야 한다. **임계구역**critical section은 둘 이상의 스레드가 동시에 접근해서는 안 되는 공유 영역을 가리킨다. 앞으로의 실행 결과에 중대한 영향을 미치기 때문에 '중요한(critical)'이라는 용어가 붙는다.

공유 자원을 임계구역으로 지정하면, 하나의 스레드가 임계구역에서 작업을 완료할 때까지 다른 스레드는 대기해야 한다. [그림 6-2]는 앞의 예금 예제를 임계구역으로 지정하여 작업하는 과정이다.

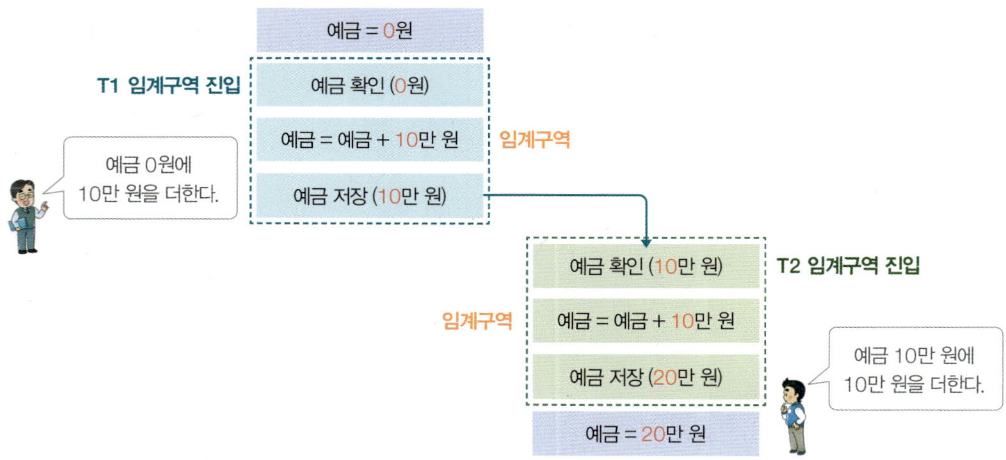

그림 6-2 임계구역과 동기화

예금을 임계구역으로 지정하면, 먼저 실행된 T1이 완료될 때까지 T2가 기다려야 한다. T1이 작업을 마쳤을 때 기다리고 있는 T2에 임계구역에 진입할 수 있다는 사실을 알린다. 따라서 T1이 예금 0원을 읽어서 10만 원을 더한 후에 저장하면, T2가 임계구역에 진입하여 예금 10만 원을 읽어서 10만 원을 더한 후 20만 원을 저장한다. 예금은 정상적으로 20만 원이 된다.

이처럼 임계구역에 대한 접근을 제어하는 과정을 **동기화**synchronization라 부른다. 따라서 임계구역의 문제는 곧 동기화의 문제이다.

임계구역 문제는 공유 변수를 사용하는 스레드 간의 동기화에서 발생하는 문제이다. 그런데 프로세스는 1개 이상의 스레드를 가지므로, 결국 프로세스 간에도 동기화 문제가 발생할 수 있다. 즉 스레드의 동기화가 프로세스의 동기화 문제로 확장될 수 있다.

생산자-소비자 문제 사례

임계구역의 필요성을 설명하는 전형적인 예로 생산자-소비자 문제producer-consumer problem가 있다. 생산자-소비자 문제란 계속해서 데이터를 생산하여 버퍼에 저장하는 생산자producer와 버퍼에서 데이터를 꺼내 사용하는 소비자comsumer 사이에서 발생하는 문제이다. [그림 6-3]은 생산자-소비자 문제를 도식화한 것이다.

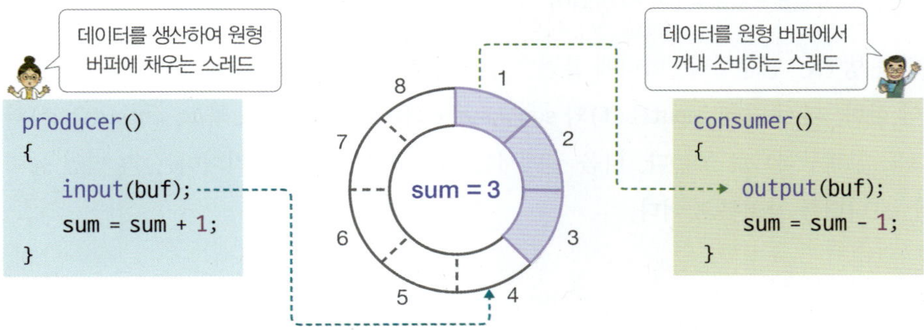

그림 6-3 생산자-소비자 문제

생산자-소비자 문제에서 생산된 데이터는 원형 버퍼circular buffer에 저장되며, 현재 버퍼에 저장된 데이터 개수를 나타내는 변수는 sum이다. 생산자인 producer()는 input(buf)를 호출하여 버퍼에 데이터를 넣은 후, sum 값을 1 증가시킨다. 소비자인 consumer()는 output(buf)를 호출하여 버퍼에서 데이터를 빼낸 후, sum의 값을 1 감소시킨다.

sum = 3인 상태에서 생산자 코드와 소비자 코드가 동시에 실행되면, [그림 6-4]와 같이 실행 순서에 따라 서로 다른 결과가 발생한다. producer()가 데이터 하나를 buf에 저장하고 consumer()가 데이터 하나를 buf에서 빼냈기 때문에 올바른 값은 sum = 3이지만, 실행 순서에 따라 결과가 달라진다.

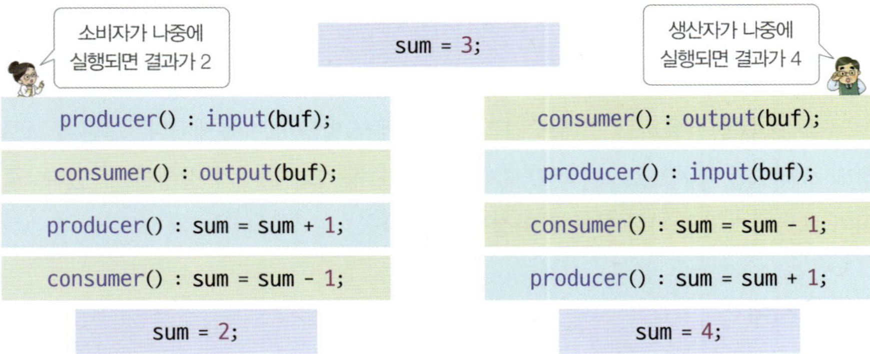

그림 6-4 실행 순서에 따른 결과 차이

[그림 6-4]의 왼쪽에서는 생산자의 sum = sum + 1이 먼저 실행되고(sum = 4), 다음으로 소비자의 sum = sum - 1이 실행되어 결과는 sum = 2이다. 오른쪽의 경우 소비자의 sum = sum - 1이 실행되고(sum = 2), 다음으로 생산자의 sum = sum + 1이 실행되어 결과는 sum = 4이다. 두 경우 모두 틀린 값이다.

문제를 해결하는 방법은 단순하다. 버퍼에 물건을 넣거나 빼는 것과 sum을 변경하는 것을 임계구역으로 묶어야 한다. 다시 말해 input(buf)와 sum = sum + 1을 임계구역으로 묶고, output(buf)와 sum = sum - 1도 임계구역으로 묶는다. 다음 절에서는 임계구역을 묶는(동기화하는) 방법인 뮤텍스, 세마포어, 모니터를 살펴볼 것이다.

하이퍼링크

임계구역을 지정하지 않아서 결과가 잘못되는 코드는 03절 '[심화] 동기화 코드 사례'에서 설명한다.

2 임계구역 문제의 해결 조건

경쟁 상태를 방지하기 위해 임계구역을 지정하더라도, 단순히 구역만 설정해서는 충분하지 않다. 임계구역을 보호하는 대표적인 방법으로는 잠금과 잠금 해제가 있지만, 어떤 방법을 사용하든 임계구역이 제대로 기능하려면 일정한 조건(상호 배제, 한정 대기, 진행의 융통성)을 만족해야 한다. 이 절에서는 이러한 세 가지 필수 조건이 충족되지 않을 때 어떤 문제가 발생하는지 사례를 통해 살펴본다.

임계구역 잠금과 해제를 통한 보호 방식

공중화장실에 들어가면 먼저 문에 잠금을 걸고 이용한다. 화장실 사용이 끝났을 때는 잠금 해제한다. 그리고 기다리는 사람에게 화장실이 비었으니 사용해도 된다는 신호를 보낸다. 잠금 해제와 동시에 동기화 신호를 보내는 것이다. 임계구역critical section을 보호하는 대표적인 방법은 **잠금**lock과 **잠금 해제**unlock이다. 스레드는 잠금을 걸고 난 후, 임계구역에 진입하고, 임계구역을 나올 때는 잠금 해제와 동시에 동기화한다.

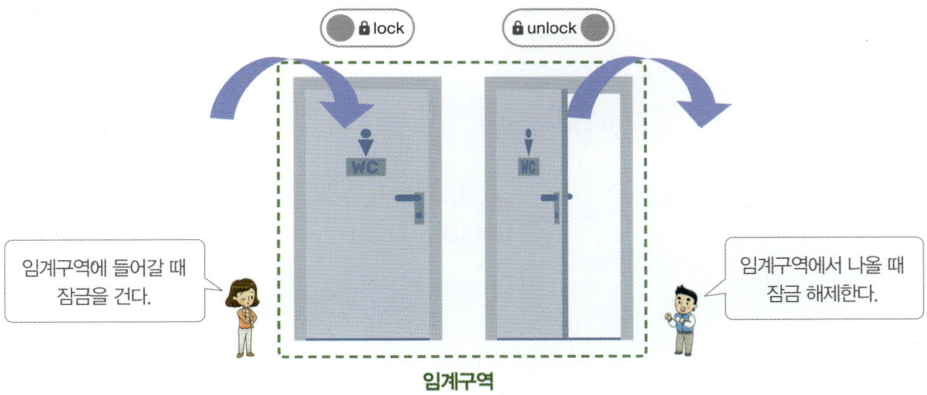

그림 6-5 임계구역 잠금과 잠금 해제

잠금과 잠금 해제를 이용하여 임계구역을 보호하는 여러 가지 소프트웨어적 방법이 있다. 어떤 방법을 사용하든지 임계구역을 안전하게 보호하려면 상호 배제, 한정 대기, 진행의 융통성을 반드시 충족해야 한다.

- **상호 배제**mutual exclusion: 한 스레드가 임계구역에 들어가면 다른 스레드는 임계구역에 들어갈 수 없다. 이것이 지켜지지 않으면 임계구역을 설정한 의미가 없다.
- **한정 대기**bounded waiting: 임계구역에 진입하려는 스레드 중 무한히 기다리는 스레드가 있어서는 안 된다.
- **진행의 융통성**progress flexibility: 한 스레드의 작업이 임계구역에 진입하려는 다른 스레드의 진행을 방해해서는 안 된다.

세 가지 조건을 모두 충족하지 않으면 임계구역 보호가 제대로 이루어지지 않는다. 각 조건에 위배되는 사례를 살펴보자.

상호 배제 조건 위반 사례

[그림 6-6]의 코드는 임계구역을 지정했으나, 조건을 위반하여 공유 자원을 보호하지 못한다. 두 개의 스레드 T1과 T2는 전역변수 `lock`을 공유한다. `lock`의 초깃값은 `false`이며, 이는 잠금이 해제된 상태를 의미한다. 반대로 `lock`이 `true`이면 잠금이 걸린 상태이다. 임계구역에 진입하려는 스레드는 `while(lock == true)`로 만약 잠금이 걸려 있는지를 확인한다. 잠금이 걸려 있지 않다면, `lock = true`를 실행하여 잠금을 걸고 임계구역에 진입한다. 반대로 잠금이 걸려 있으면(`lock == false`), `lock`이 참이 될 때까지 무한 루프를 돈다. 다시 말해 잠금이 해제될 때까지 바쁜 대기busy loop를 한다. 스레드가 임계구역에서 작업을 마치면 `lock = false`로 잠금을 해제한다.

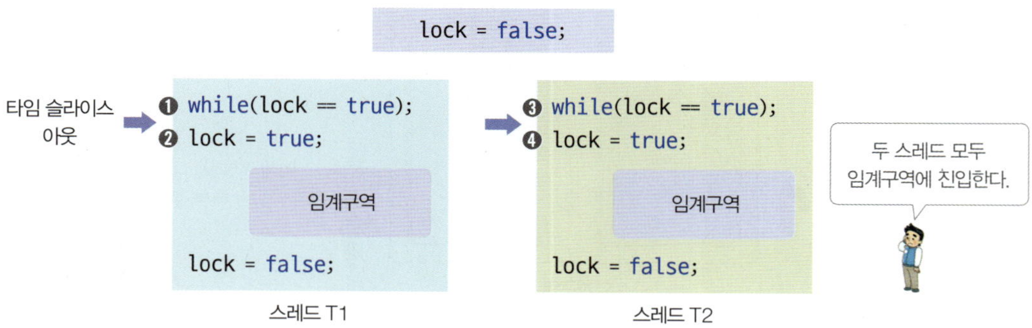

그림 6-6 상호 배제 조건 위반

[그림 6-6]의 코드는 특별한 문제가 없어 보이지만, 특정한 상황에서 두 개의 스레드가 동시에 임계구역에 진입하는 문제가 발생하여 상호 배제mutual exclusion를 위반한다. 다음과 같은 순서로 진행된다고 가정해 보자.

- T1은 ❶ `while(lock == true)`을 통과하고, ❷에서 잠금을 걸기 전에 타임 슬라이스 아웃이 발생하여 준비 상태로 옮겨진다.
- T2가 실행된다. T1이 아직 잠금을 걸지 못했기 때문에 잠금은 `false` 상태이다. 따라서 T2는 ❸ `while(lock == true)`을 통과한다.
- T2는 ❹ `lock = true`를 실행한 후 임계구역에 진입한다.
- T1이 다시 실행되어 ❷ `lock = true`를 실행하고 임계구역에 진입한다. 결국 T1과 T2 둘 다 임계구역에 진입한다.

스레드 T1은 ❶ `while(lock == true)`을 실행하고 나서 곧바로 ❷ `lock = true`를 실행해야만 다른 스레드가 임계구역에 들어오는 것을 막을 수 있다. 그러나 ❶과 ❷ 사이에 타임 슬라이스 아웃이 발생하면, 두 개의 스레드가 모두 임계구역에 진입하여 상호 배제 조건을 위반한다.

한정 대기 조건 위반 사례

임계구역 조건을 위반하는 두 번째 코드를 살펴보자. [그림 6-7]에서 스레드 T1과 T2는 각자 다른 잠금을 사용한다. T1은 잠금 `lock1`을 사용하고, T2는 잠금 `lock2`를 사용한다. 두 잠금의 초깃값은 모두 `false`이다.

T1은 먼저 자신의 잠금을 설정한 다음, 상대방인 T2의 잠금이 걸려 있는지를 확인한다. 상대방의 잠금이 걸려 있지 않다면 임계구역에 진입하고, 임계구역에서 작업을 마친 후 잠금을 해제한다. 반대쪽 스레드 T2의 코드도 같은 구조이다.

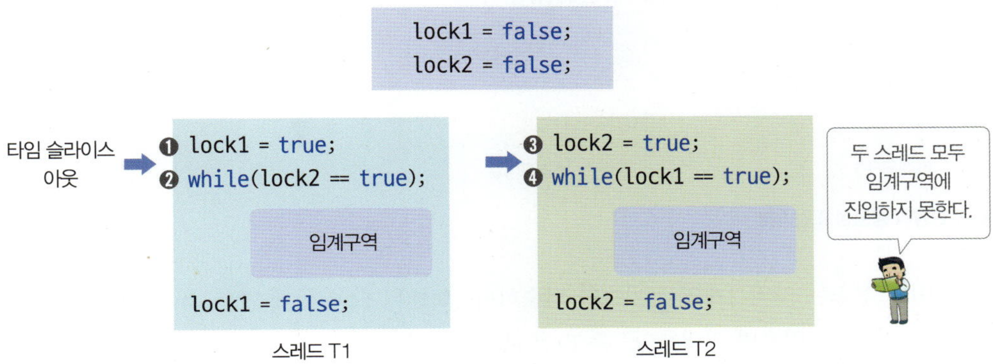

그림 6-7 한정 대기 조건 위반

이번에는 일단 임계구역을 잠근 다음에 다른 스레드의 잠금을 확인하기 때문에 [그림 6-6]과 같이 둘 다 임계구역에 진입하는 문제는 없다. 그러나 특정한 상황에서 두 스레드 모두 임계구역에 진입하지 못하고 무한정 기다리게 된다. 다음과 같은 순서대로 코드가 진행된다고 가정해 보자.

- T1은 ❶ `lock1 = true`를 실행한 후 타임 슬라이스 아웃에 걸려 준비 상태로 간다.
- T2가 실행되어 ❸ `lock2 = true`를 실행한 후 타임 슬라이스 아웃에 걸려 준비 상태로 간다.
- T1이 ❷ `while(lock2 == true)`를 실행하면 이미 잠금이 걸렸기 때문에 무한 루프에 빠진다.
- T2가 ❹ `while(lock2 == true)`를 실행하면 이미 잠금이 걸렸기 때문에 무한 루프에 빠진다.

결국 스레드 T1과 T2 모두 임계구역에 진입하지 못하고 무한 대기 상태가 유지된다. 따라서 해당 코드는 한정 대기 조건을 보장하지 못한다.

진행의 융통성 조건 위반 사례

[그림 6-8]는 임계구역 해결 조건을 위반하여 공유 자원을 보호하지 못하는 세 번째 사례이다. 이 코드는 앞의 코드와 달리 현재 누가 임계구역을 사용하고 있는지를 표시한다. 예를 들어 lock이 1이면 T1이 임계구역을 사용한다는 뜻이고, lock이 2이면 T2가 임계구역을 사용한다는 뜻이다. lock의 초깃값은 1이고, 이는 T1이 먼저 임계구역을 사용한다는 의미이다.

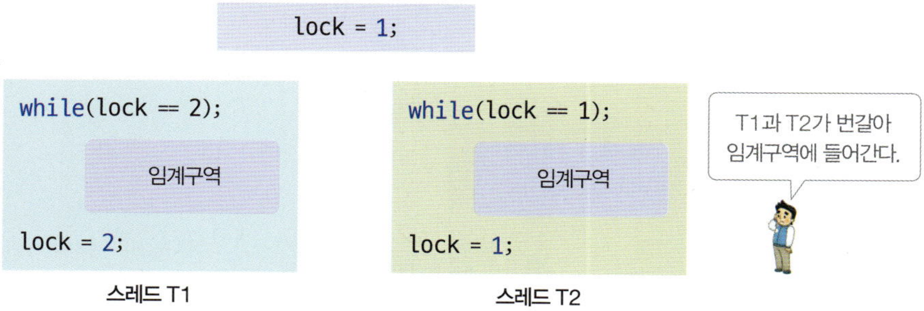

그림 6-8 진행의 융통성 조건 위반

[그림 6-9]의 코드는 앞의 2개의 코드보다 단순하다. lock의 값을 통해 다른 스레드가 임계구역에 있는지 확인하고, 없으면 진입한다. 즉 T1은 while(lock == 2)을 실행하는데, lock의 초깃값이 1이므로 임계구역에 진입할 수 있다. 임계구역을 다 사용하고 나면 다음은 T2가 임계구역을 사용할 차례라는 의미로 lock에 2를 저장한다.

[그림 6-8]의 코드는 상호 배제와 한정 대기를 보장한다. 그러나 두 스레드가 반드시 서로 번갈아 실행되어 진행의 융통성 조건을 보장하지 못한다. T1은 T2가 임계구역에 진입했다가 나와서 lock을 1로 만들어 주어야 임계구역에 진입할 수 있다. 반대로 말하면 스레드 T2가 임계구역을 사용하지 않으면, T1이 다시 임계구역에 진입할 수 없다. 한 스레드가 두 번 연달아 임계구역에 진입하고 싶어도 불가능하다. 이렇게 다른 스레드가 서로 진행을 방해하는 현상을 경직된 동기화lockstep synchronization라고 한다.

하이퍼링크

잠금을 사용하면 교착상태가 발생할 수 있다. 교착상태란 프로세스가 살아있으나 작업이 더 이상 진행되지 않는 상태이다. 교착상태의 정의와 해결 방법은 07장 '교착상태'에서 자세히 다룬다.

3 임계구역 문제의 하드웨어적 해결 방식

앞에서는 임계구역이 제대로 기능하기 위한 소프트웨어적 접근 방식이 상호 배제, 한정 대기, 진행의 융통성 조건을 위반하는 사례를 통해 문제점을 확인했다. 이번에는 이러한 문제를 하드웨어 명령으로 해결하는 기법인 **검사와 지정**test-and-set에 대해 알아본다.

[그림 6-6]의 상호 배제를 위반하는 코드에서는 잠금을 확인test하고 잠금을 거는set 사이에 타임 슬라이스 아웃이 발생하는 것이 문제의 원인이었다. 다시 말해 [그림 6-9]의 왼쪽과 같이 `while(lock == true)`와 `lock = true` 사이에 문맥 교환context switching이 일어나면 문제가 생긴다.

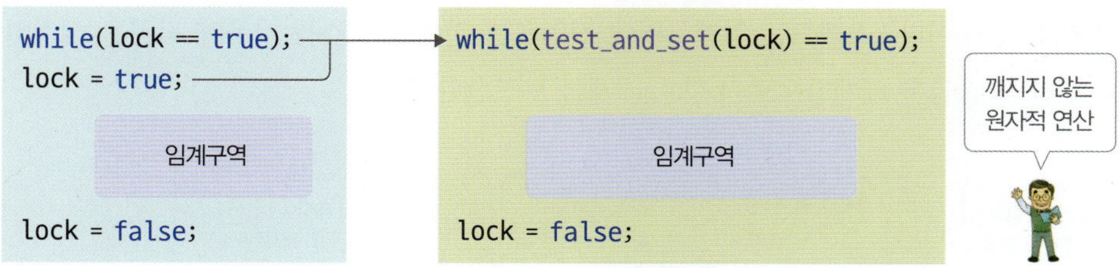

그림 6-9 검사와 지정 코드

이 문제를 해결하기 위해서는 두 개의 연산을 원자적으로atomic 묶을 필요가 있다. 두 개의 연산이 서로 떨어지지 않고 하나의 연산처럼 실행된다는 의미이다. `test_and_set()`은 하드웨어의 도움을 받아 `while(lock == true)`과 `lock = true`를 원자적으로 연산한다. 다시 말해 `test_and_set()` 안의 코드가 실행되는 동안에는 문맥 교환이 발생하지 않도록 하드웨어적으로 지원된다. 따라서 스레드 T1과 T2가 동시에 `test_and_set()`을 실행하는 경우, T1과 T2의 `test_and_set()`은 순차적으로 실행되어 두 스레드가 동시에 임계구역에 진입하는 문제가 해결된다.

`test_and_set()`은 소프트웨어 방식보다 안전하며, 타임 슬라이스 아웃에 영향을 받지 않는다. 또한 문맥 교환이 발생하지 않으므로 경쟁 상태를 원천적으로 방지한다. 그러나 `test_and_set()`은 하드웨어 의존적이므로 저수준 언어로 프로그래밍해야 하며, 시스템마다 `test_and_set()`을 구현하는 방식이 다르다. 따라서 운영체제는 고수준 언어에서 사용할 수 있는 동기화 도구로 뮤텍스, 세마포어, 모니터를 제공한다.

SECTION 02

동기화 도구

1 뮤텍스

뮤텍스mutex는 'MUTual EXclusion(상호 배제)'의 약자로, 임계구역을 보호하기 위해 사용하는 기본적인 동기화 도구이다. 스레드는 임계구역에 진입하기 전에 뮤텍스를 사용해 잠금을 설정하고, 작업을 마친 후 잠금을 해제함으로써 상호 배제를 보장한다.

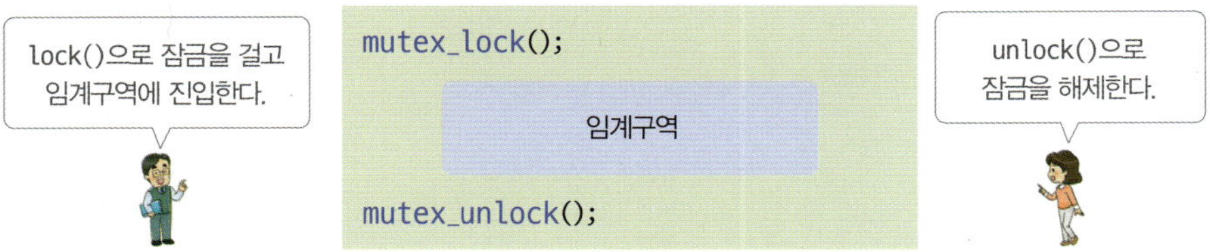

그림 6-10 뮤텍스 사용법

[그림 6-10]은 뮤텍스의 사용법이다. 임계구역에 진입하기 전에 `mutex_lock()`을 호출하여 잠금을 설정하며, 임계구역에서 작업을 마치고 나오면 `mutex_unlock()`을 호출하여 잠금을 해제한다. 잠금을 건 이후에 다른 스레드가 임계구역에 들어가려 하면 해당 스레드는 잠금이 풀릴 때까지 기다려야만 한다.

뮤텍스는 오래된 동기화 기법이어서 하나의 공유 자원에 대해서만 동기화할 수 있다. 잠긴 상태lock에서 대기하는 스레드는 CPU를 양보하고 대기 상태로 전환된다. 따라서 임계구역 진입을 기다리는 스레드는 CPU를 사용하지 않는다.

Note 스핀락

뮤텍스와 유사한 동기화 도구로 스핀락spinlock이 있다. 스핀락은 잠긴 상태에서 스레드가 대기상태로 전환되지 않고 CPU를 계속 사용하면서 바쁜 대기를 하는 기법이다. 스핀락은 스레드가 회전하면서spin 기다리느라 자원을 낭비하기 때문에 자주 사용하지 않는다.

2 세마포어

세마포어의 개념과 구조

화장실이 2칸인 곳을 여러 사람이 사용하려 하는 상황을 생각해 보자. 뮤텍스는 화장실 칸마다 줄을 서서 기다리는 것과 같다. 화장실을 이용하는 시간은 각자 다르기 때문에, 서 있는 줄에 따라 먼저 도착한 사람이 나중에 도착한 사람보다 늦게 화장실을 사용하게 될 수 있다.

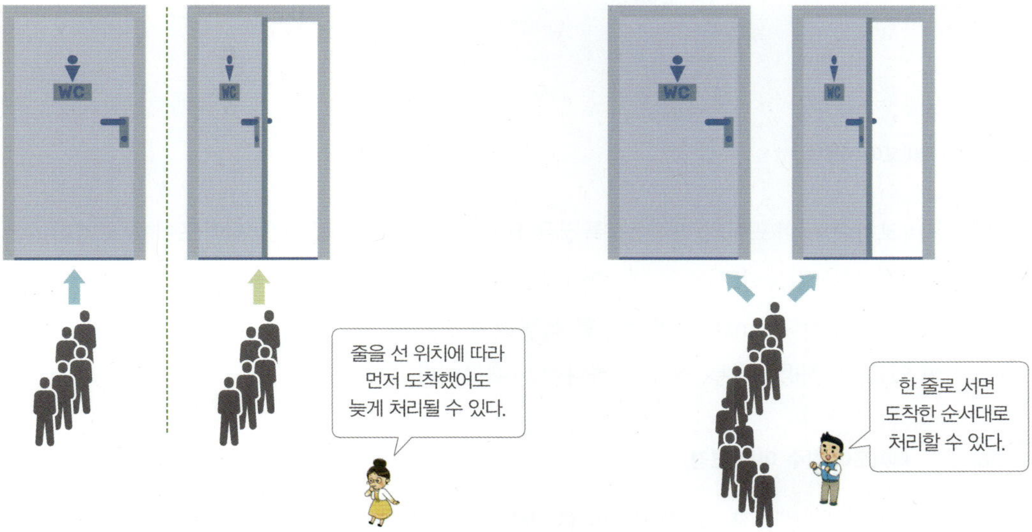

(a) 뮤텍스 (b) 세마포어

그림 6-11 자원이 여러 개일 때의 임계구역 처리

화장실을 공정하게 이용하려면 먼저 도착한 사람이 먼저 칸에 들어갈 수 있도록 도착한 순서대로 한 줄로 서서 기다려야 한다. 그러나 뮤텍스에는 스레드를 한 줄로 세우는 기능이 없어 먼저 도착한 스레드가 오히려 나중에 임계구역에 진입하는 상황이 발생할 수 있다. 이러한 문제를 해결하기 위해 데이크스트라Edsger Dijkstra는 도착한 순서대로 스레드를 임계구역에 진입시키는 세마포어를 제안했다.

이 방식에서 스레드는 차례가 되면 스위치를 '사용 중'으로 바꾸고 임계구역에 들어가며, 작업을 마친 후에는 스위치를 '비어 있음'으로 변경하고 다음 스레드에 접근 권한을 전달한다. 이처럼 **세마포어**semaphore는 자원을 사용하려는 스레드가 세마포어 큐에 순서대로 대기하도록 하여, 자원의 접근을 제어하는 동기화 도구이다. 하나의 자원만 보호할 수 있는 뮤텍스와 달리 세마포어는 여러 개의 자원을 동시에 관리할 수 있으며, 스레드의 진입 순서까지 제어할 수 있어 활용도가 더 높다.

[그림 6-12]는 세마포어의 사용법을 나타낸다. 임계구역에 들어갈 때는 wait()를 사용하여 잠금을 걸고, 임계구역을 빠져나올 때는 post()로 잠금을 해제한다. 세마포어의 wait()와 post()는 뮤텍스의 lock()과 unlock()에 해당한다.

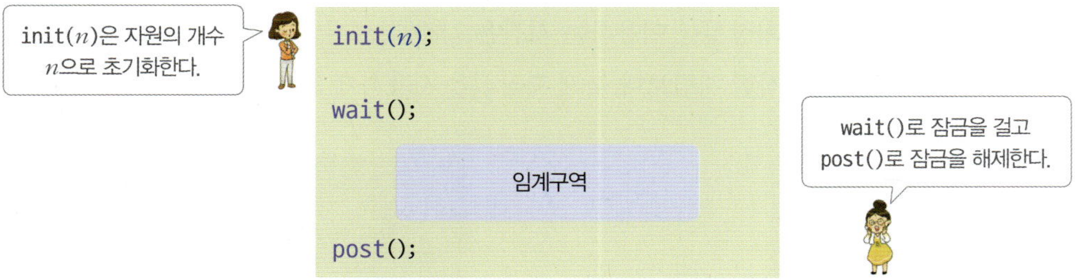

그림 6-12 세마포어 사용법

뮤텍스와 비교하여 세마포어의 가장 큰 특징은 init(*n*)이다. init(*n*)은 세마포어를 초기화하는 함수이며, *n*은 사용 가능한 자원의 개수를 나타낸다. 따라서 init(1)은 사용할 수 있는 자원이 1개이므로 뮤텍스와 같다. init(1)인 경우를 특별히 이진binary 세마포어라 부른다. 모든 자원의 상태가 '비어 있음'과 '사용 중' 두 가지 중 하나이기 때문이다.

> **Note 세마포어 함수 이름 변경**
>
> 처음 세마포어가 만들어졌을 때, 잠금에 함수 p()를 사용하고 잠금 해제에 함수 v()를 사용했다. 그러나 이 이름은 직관적이지 않았기 때문에 현재 세마포어 함수는 p() 대신 wait()를 사용하고 v() 대신 post()를 사용한다. 또한 post()는 동기화하는 함수이므로 signal()이라고도 한다.

[그림 6-13]은 세마포어의 내부 코드를 나타낸다. 세마포어 변수 S는 현재 사용할 수 있는 자원의 수를 나타낸다. init(*n*)는 내부 변수 S를 *n*으로 초기화한다.

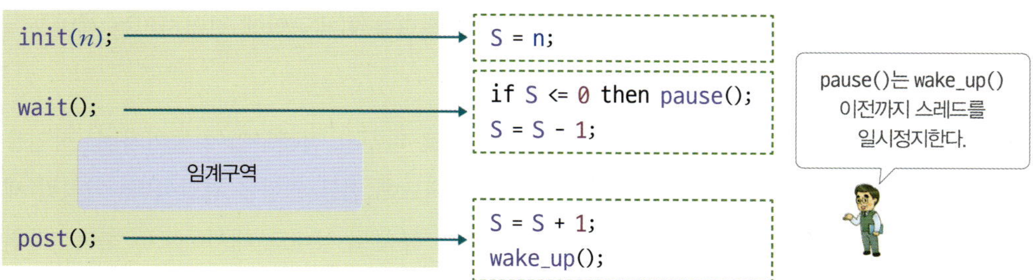

그림 6-13 세마포어 내부 코드

wait()는 임계구역에 진입하기 전에 사용하는 함수이다. wait() 함수 내부 코드의 첫 번째 행은 if S <= 0 then pause()이다. 만약 S가 0보다 작거나 같다면 사용할 수 있는 자원이 없다는 뜻이다. 따라서 해당 스레드는 일시정지(pause()) 상태가 된다. 다른 스레드가 임계구역을 빠져나와서 임계구역을 사용할 수 있는 상태가 되면 동기화 신호를 받는다. 이 신호를 받으면 일시정지가 해제되고 다음 코드를 실행한다. 다음 코드는 S의 값을 1 감소시키고 임계구역에 진입한다.

post()는 임계구역을 빠져나올 때 사용하는 함수이다. post() 함수의 내부 코드의 첫 번째 행은 S = S + 1이므로, 사용할 수 있는 자원의 개수인 S의 값을 1 증가시킨다. 그 다음 wake_up() 신호를 보낸다. 만약 pause()로 일시정지된 스레드가 있다면 해당 동기화 신호를 받은 후 깨어나서 임계구역에 진입하게 된다.

세마포어에서 wait()나 post() 내부 코드가 실행되는 도중에 문맥 교환이 발생하면 상호 배제와 한정 대기 조건을 보장하지 못한다. 그러므로 wait()와 post()의 내부 코드는 검사와 지정test-and-set과 같이 하드웨어의 도움을 받아 분리 실행되지 않도록 설정되어 있다.

세마포어 작동 원리

[그림 6-14]는 앞의 [그림 6-1]에서 예금 10만 원이 사라진 경쟁 상태 문제를 세마포어를 사용하여 해결하는 과정이다. 예금의 개수는 1개(S = 1)이므로 init(1)로 초기화한다.

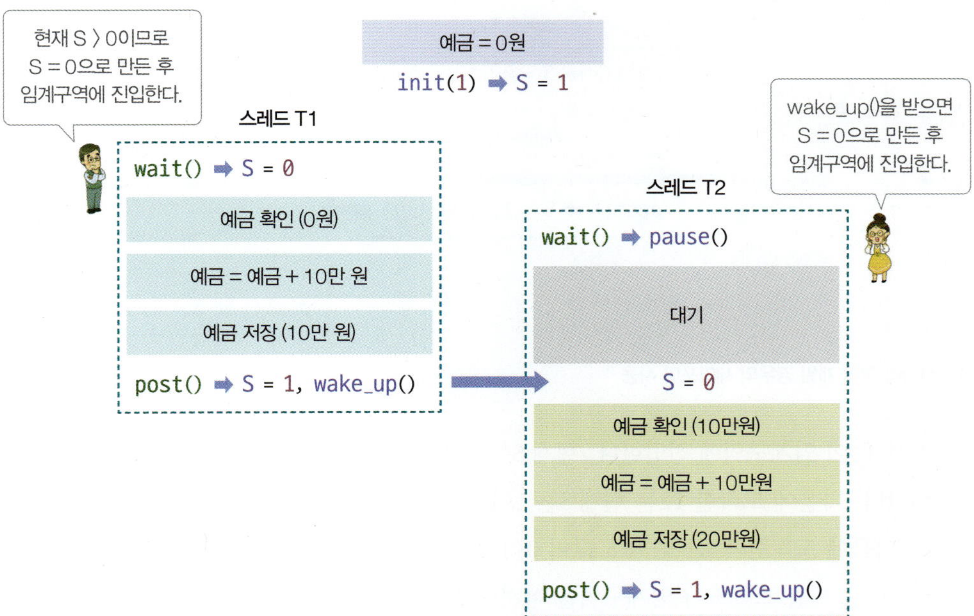

그림 6-14 단일 자원에서의 세마포어 사용

• 먼저 도착한 T1이 wait()를 실행한다. 현재 S는 1이기 때문에 if S <= 0 then pause()를 빠져나온다. 다음으로 S를 1 감소시킨 후(S = 0) 임계구역에 진입한다. 나중에 도착한 T2는 현재 S 값이 0이므로 pause()가 실행되어 일시정지 상태가 된다. 그리고 T2는 T1이 임계구역을 빠져나올 때까지 세마포어 큐에서 기다린다.

• T1은 현재 예금이 0원인 것을 확인하고 10만 원을 더해 10만을 저장한 다음 작업을 마친다. T1은 post()를 실행하여 S 값을 1만큼 증가시키고(S = 1) T2에 wake_up() 신호를 보낸다.

• wake_up() 신호를 받은 T2는 일시정지가 해제되고 S를 1 감소시킨 후(S = 0) 임계구역에 진입한다. T2는 현재 예금이 10만 원인 것을 확인하고 10만 원을 더해 20만 원을 저장한다.

이와 같이 세마포어가 임계구역을 보호함에 따라 스레드 T1과 T2가 차례로 실행되고 예금은 20만 원이 된다.

[그림 6-15]는 세마포어를 사용하여 2개의 공유 자원을 가지고 3개의 스레드가 작업하는 사례를 나타낸 것이다. 이는 화장실 2개를 3명이 사용하려는 것과 같다. 공유 자원이 2개이므로(S = 2), init(2)로 초기화한다.

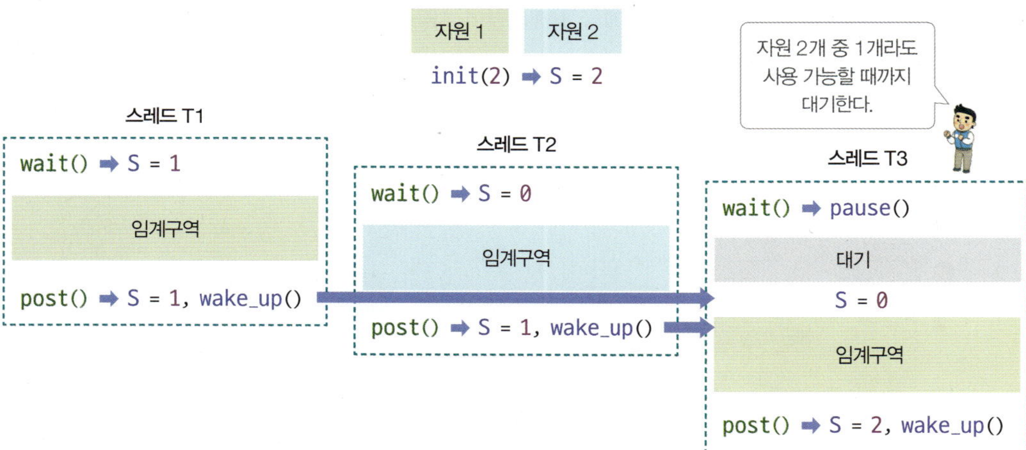

그림 6-15 자원이 여러 개일 경우의 세마포어 사용

• 먼저 도착한 T1이 임계구역에 진입한다. 현재 S는 2이므로 이 값을 1 감소시킨 후(S = 1) 임계구역에 진입한다. 다음에 도착한 T2는 현재 S는 1이므로 이 값을 1 감소시킨 후(S = 0) 임계구역에 진입한다. 다음에 도착한 T3는 현재 S 값이 0이므로 pause()가 실행되어 일시 정지 상태가 된다. 따라서 T3는 다른 스레드가 임계구역을 빠져나올 때까지 세마포어 큐에서 기다린다.

- T1이 작업을 마치면 post()를 실행된다. S 값을 1 증가시키고(S = 1) T3에 wake_up() 신호를 보낸다. 신호를 받은 T3는 일시정지가 해제되고 S를 1 감소시키고(S = 0) 임계구역으로 진입한다.
- T3가 임계구역에서 작업하는 동안 T2가 작업을 마치고 post()를 실행하여 S = 1이 된다. T3가 임계구역에서 작업을 마친 후 post()를 실행하면 S = 2가 된다.

이 사례에서 확인할 수 있듯이, 세마포어는 자원이 여러 개인 경우에도 스레드 도착 순서에 따라 순서대로 임계구역에 진입하도록 한다.

하이퍼링크

세마포어 예제 코드는 04절 '[심화] 동기화 코드 사례'의 '3. 세마포어를 이용한 동기화 구현'에서 살펴본다.

3 모니터

세마포어를 잘못 사용했을 때 임계구역이 제대로 보호되지 않을 수 있다. 예를 들어 스레드가 세마포어를 사용하지 않고 바로 임계구역에 접근하는 경우에는 임계구역을 보호할 수 없다. 또한 wait()와 post()을 서로 바꾸어 사용하거나, wait()를 2번 사용하거나, post()를 2번 사용한 경우에도 임계구역을 보호할 수 없다.

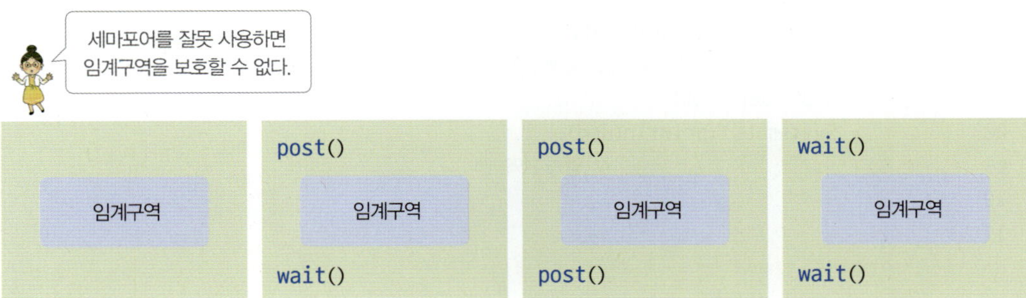

그림 6-16 세마포어를 잘못 사용하는 사례

공유 자원을 사용할 때 모든 스레드가 세마포어를 사용한다면, wait()와 post()를 사용하지 않고 자동으로 임계구역을 보호할 수 있다. 이를 구현한 동기화 도구가 모니터이다.

모니터monitor는 공유 자원을 안전하게 보호하고 임계구역에 대한 동기화를 자동으로 처리하는 고수준 동기화 도구이다. 모니터는 임계구역을 보호할 수 있는 인터페이스만 제공하여 스레드가 임의로 임계구역에 접근하는 상황을 방지한다. 즉 스레드는 직접 동기화 연산을 수행하지 않고, 모니터를 통해서만 임계구역에 접근할 수 있다.

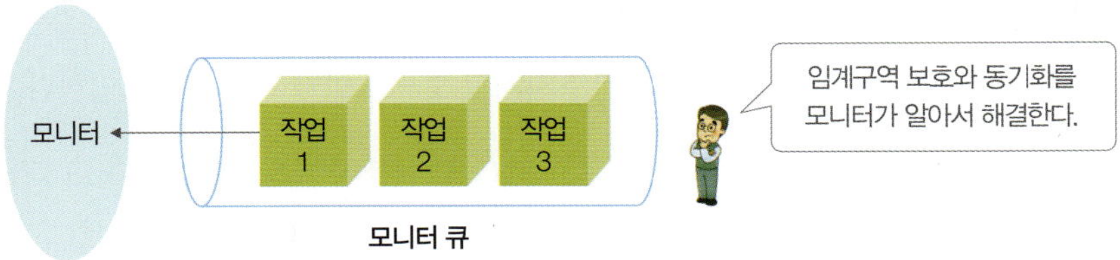

그림 6-17 모니터의 임계구역 보호

[그림 6-17]은 모니터의 작동 원리를 나타낸 것이다. 임계구역에 접근하려는 스레드는 모니터에게 작업 요청을 보낸다. 모니터는 요청을 모니터 큐queue에 저장하여 순서대로 처리하고, 작업이 끝나면 결과를 해당 스레드에 알려준다. 따라서 모니터를 사용하면 뮤텍스의 lock()과 unlock(), 세마포어의 wait()와 post()를 사용하지 않고도 임계구역 보호와 동기화가 가능하다.

코드를 통하여 모니터의 작동 원리를 살펴보자. [코드 6-1]은 자바로 구현한 모니터 코드이며, 6행의 synchronized(lock)이 모니터의 핵심 코드이다. 또한 synchronized(lock){ }으로 둘러싼 코드는 임계구역으로 보호받는다.

코드 6-1 자바로 구현한 모니터 코드

```
01  class MonitorCode {
02      private int dep = 0;
03      private Object lock = new Object();
04
05      public void increase(int amt) {
06          synchronized(lock) {   // 임계구역 시작
07              dep = dep + amt;
08              System.out.println(dep);
09          }                      // 임계구역 끝
10      }
11  }
```

앞에서 본 뮤텍스나 세마포어의 경우 임계구역에 진입할 때 잠금을 사용하고, 임계구역에서 빠져나오면서 잠금을 해제하는 방식이었다. 모니터에서는 임계구역으로 보호받으려는 모든 스레드가 synchronized(lock)을 사용하는데, 이 함수가 임계구역 진입과 임계구역 탈출을 알아서 처리한다. 위의 코드를 실행할 때 스레드에서 increase(10)과 같이 함수를 호출하면 모니터가 알아서 동기화 처리한다.

스레드 T1	스레드 T2
`increase(10);`	`increase(10);`

그림 6-18 모니터 코드 사용법

4 동기화에서 발생하는 문제: 우선순위 역전

지금까지 임계구역을 보호하기 위한 다양한 동기화 도구를 살펴보았다. 그러나 이들 도구를 사용하는 실제 시스템 환경에서는 예상치 못한 문제가 발생할 수 있다. 여기서는 그 대표적인 사례와 이를 해결하는 방법을 살펴본다.

일반적으로 우선순위가 높은 프로세스가 우선순위가 낮은 프로세스보다 먼저 실행되고 먼저 종료된다. 그러나 임계구역에 진입하거나 공유 자원에 접근할 때는 우선순위가 낮은 프로세스 때문에 우선순위가 높은 프로세스가 지연되는 현상이 발생한다. 이를 우선순위 역전priority inversion이라 부른다.

[그림 6-19]는 스레드 T1, T5, T9 사이의 우선순위 역전을 나타낸 것이다. 우선순위가 9인 스레드 T9이 가장 먼저 작업을 시작하여 임계구역에 진입한다. 이후 우선순위가 1인 T1이 생성된 후 임계구역에 들어가려 하지만 이미 T9이 임계구역을 사용하고 있어 일시정지(pause()) 상태가 된다.

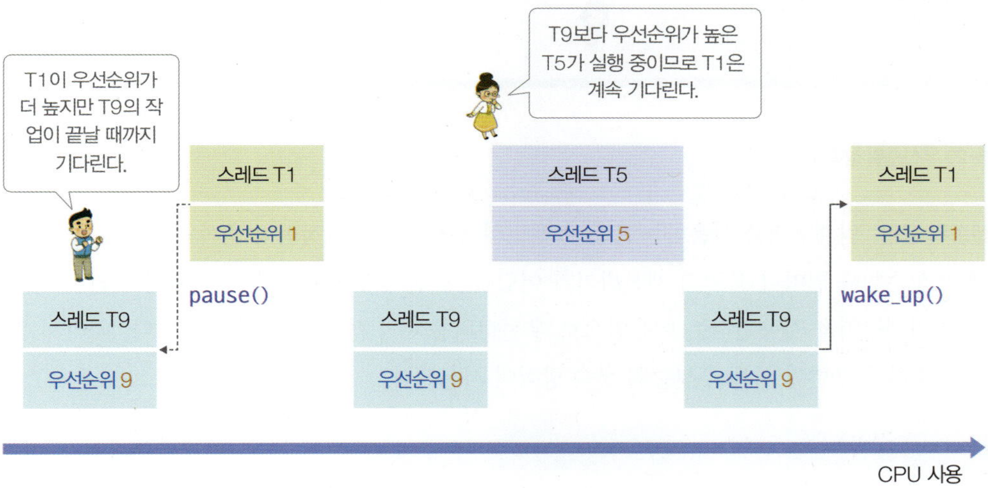

그림 6-19 우선순위 역전

T9이 작업을 하는 중에 우선순위 5의 T5가 생성된다. T5는 임계구역을 사용하지 않지만 우선순위가 높으므로 T9보다 먼저 실행되고, T9의 작업은 T5의 작업이 끝날 때까지 연기된다. 스레드 T5의 작업 때문에 T9의 작업이 연기되고, 동시에 T1의 작업도 같이 연기된다. 결과적으로 우선순위가 가장 높은 T1이 가장 늦게 실행되는 우선순위 역전이 발생한다.

우선순위 역전이 발생한 이유는 다음과 같다. 스레드 T1이 기다리는 임계구역을 사용하는 T9의 우선순위가 낮아서 우선순위가 높은 다른 스레드(T5)에 의해 작업이 지연되기 때문이다. 이러한 우선순위 역전을 해결하는 방법으로 우선순위 상속priority inheritance과 우선순위 상한priority ceiling이 있다.

- **우선순위 상속**: 스레드 T1이 공동자원을 기다릴 때 T1의 우선순위를 T9에 상속한다. 높은 우선순위가 상속되면 중간에 다른 스레드가 끼어들어 작업이 지연되는 것을 막을 수 있다. [그림 6-20]은 우선순위 상속이 이루어진 경우의 작업 진행을 나타낸다. T9이 T1의 우선순위를 상속받아 우선순위 1로 작업을 진행한다. 그 사이에 T5가 생성되더라도 다른 스레드의 방해 없이 T9의 작업이 계속 진행된다. T9 작업이 완료되면 T1의 작업도 바로 진행되어 우선순위 역전이 없어진다.

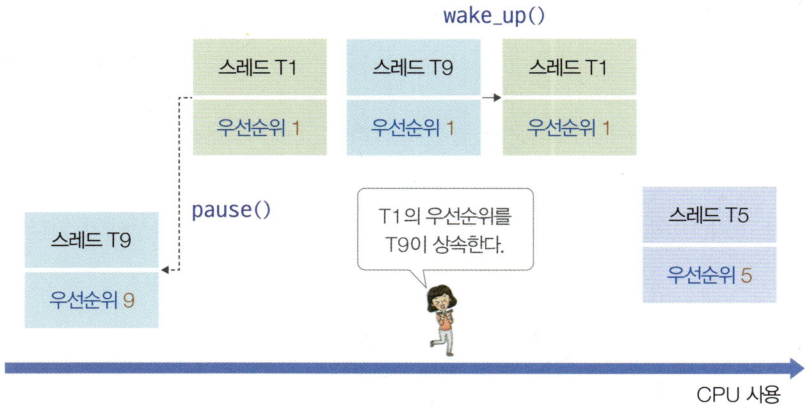

그림 6-20 우선순위 상속

- **우선순위 상한**: 임계구역을 사용하는 모든 스레드의 우선순위를 일정한 수준까지 높인다. 그러나 이때 우선순위를 얼마나 올릴지 계산하기가 어렵다. 또한 우선순위 역전이 발생하지 않은 상황에서도 임계구역을 사용한다는 이유만으로 우선순위를 무조건 높이는 문제가 있다. 따라서 비교적 단순하고 구현이 쉬운 우선순위 상속 방식이 사용된다.

SECTION 03 심화 동기화 코드 사례

1 경쟁 상태 발생 코드 분석

동기화 없이 스레드가 공유 자원에 접근하는 경우에 발생하는 문제를 코드를 통해 확인해보자. [코드 6-2]는 2개의 스레드가 전역변수인 dep에 동시에 접근하여 결과가 예상과 달라지는 문제가 발생한다.

코드 6-2 경쟁 상태 코드

```c
#include <stdio.h>
#include <unistd.h>
#include <pthread.h>               // sleep()이 있는 라이브러리

int dep = 0;                       // 예금 초깃값 0

void *ThreadTest(void *name) {     // 스레드 본체
    char *t_name = (char *)name;                    // 스레드 매개변수 문자열로 변환

    for (int i = 0; i < 3; i++) {
        dep = dep + 10;                             // 10만 원씩 3번 입금
        printf("Td %s: dep %d\n", t_name, dep);
        sleep(1);
    }
    pthread_exit(NULL);                             // 스레드 종료
}

int main() {
    pthread_t tid1, tid2;                           // 스레드 구조체

    pthread_create(&tid1, NULL, ThreadTest, "1"); // 스레드1 실행
    pthread_create(&tid2, NULL, ThreadTest, "2"); // 스레드2 실행
    pthread_join(tid1, NULL);
    pthread_join(tid2, NULL);
}
```

```
Td 1: dep 10
Td 2: dep 20
Td 1: dep 30
Td 2: dep 30     <- 여러 번 실행하면 가끔씩 10이 사라짐
Td 1: dep 40
Td 2: dep 50     <- 결과가 60이어야 하는데 50
```

- 5행의 dep는 예금 금액을 저장하는 전역변수이다. 두 개의 스레드가 dep를 공유하며, 초깃값은 0이다.
- 스레드의 본체 코드는 7행부터 16행까지이고, 21행과 22행의 pthread_create()가 1번 스레드와 2번 스레드를 하나씩 만들어 실행한다. 이때 각 스레드 번호가 pthread_create()의 4번째 매개변수로 전달된다. 따라서 21행에서 "1"이 스레드 번호이며, 7행에서 void 포인터 *name 변수에 "1"이 전달된다.
- 8행은 전달받은 매개변수 1을 문자열로 변경하여 t_name에 저장한다. t_name의 값을 출력하면 어떤 스레드가 예금 dep 값을 증가시켰는지 확인할 수 있다. 22행도 마찬가지 구조로 2번 스레드를 생성한다.
- 11행에서 dep에 10을 더하고, 12행에서 스레드 번호와 dep 값을 출력한 다음, 13행 sleep(1)은 1초간 작업을 멈춘다.
- 10행의 for 반복문 때문에 하나의 스레드가 11행부터 13행까지의 작업을 3번 반복한다. 반복이 끝나면 스레드 하나가 dep에 30을 더하고, 작업하는 스레드는 2개이므로 dep 값은 최종적으로 60이 되어야 정상이다.

[코드 6-2]를 실행했을 때 dep 값은 보통 60일 것이다. 그러나 여러 번 실행하면 가끔은 표시된 실행 화면과 같이 dep 값이 50으로 틀린 것을 볼 수 있다. 컴퓨터에서 덧셈 연산 3번은 매우 빠르게 이루어진다. 따라서 일반적으로는 스레드 하나가 작업을 마친 이후에 다음 스레드가 실행되어 정확한 결과가 나온다. sleep(1)은 연산 하나하나를 천천히 진행하여 틀린 결과를 유도하기 위해 삽입한 코드이다.

2 뮤텍스를 이용한 임계구역 보호

뮤텍스를 사용하여 경쟁 상태를 해결하는 방법을 코드로 구현하고, 그 효과를 실행 결과를 통해 이해해보자. [코드 6-3]은 [코드 6-2]의 경쟁 상태에서 뮤텍스를 사용하여 임계구역을 보호하는 코드이다. pthread.h에 뮤텍스 잠금과 해제 함수가 포함되기 때문에 추가로 사용하는 라이브러리

는 없다. 앞의 경쟁 상태 코드와 비교하여 추가되는 코드는 6행, 11행, 16행, 23행이다.

코드 6-3 뮤텍스 코드

```
01  #include <stdio.h>
02  #include <pthread.h>
03  #include <unistd.h>
04
05  int dep = 0;                          // 예금 초깃값 0
06  pthread_mutex_t mlock;                // 뮤텍스 구조체 선언
07
08  void *ThreadTest(void *name) {        // 스레드 본체
09      char* t_name = (char *)name;          // 스레드 매개변수 문자열로 변환
10
11      pthread_mutex_lock(&mlock);           // 잠금 획득(lock)
12      for (int i = 0; i < 3; i++) {
13          dep = dep + 10;                   // 10만 원씩 3번 입금
14          printf("Td %s: dep %d\n", t_name, dep);
15      }
16      pthread_mutex_unlock(&mlock);         // 잠금 해제(unlock)
17      pthread_exit(NULL);
18  }
19
20  int main() {
21      pthread_t tid1, tid2;
22
23      pthread_mutex_init(&mlock, NULL);   // 뮤텍스 초기화
24      pthread_create(&tid1, NULL, ThreadTest, "1");
25      pthread_create(&tid2, NULL, ThreadTest, "2");
26      pthread_join(tid1, NULL);
27      pthread_join(tid2, NULL);
28  }
```

```
Td 1: dep 10
Td 1: dep 20
Td 1: dep 30
Td 2: dep 40
Td 2: dep 50
Td 2: dep 60    <- 스레드가 순서대로 실행된다
```

- 6행 pthread_mutex_t mlock은 잠금에 사용할 뮤텍스 구조체 mlock을 선언한다.
- 23행 pthread_mutex_init(&mlock, NULL)은 뮤텍스를 초기화하는 코드이다. 이후부터는 잠금에 mlock을 사용한다.
- 임계구역에 들어가기 전에 11행과 같이 pthread_mutex_lock(&mlock)으로 잠금을 건다. 임계구역을 다 사용한 다음에 16행과 같이 pthread_mutex_unlock(&mlock)으로 잠금을 해제한다.

실행 결과를 보면, 스레드 1이 실행되고 난 이후에 스레드 2가 실행된다. dep에 입금하는 영역이 임계구역으로 묶였기 때문에 스레드가 1개씩 순서대로 실행된다. 스레드 1이 30을 입금하고 난 이후에 스레드 2는 dep 값 30을 읽고, 추가로 30을 더 넣어 결과는 60이 된다.

3 세마포어를 이용한 동기화 구현

세마포어를 사용한 동기화 코드를 분석하고, 뮤텍스와의 구조적 차이 및 자원 관리 방식의 특징을 이해해보자. [코드 6-4]는 앞에서 살펴본 [코드 6-3]의 뮤텍스 대신 세마포어를 사용하여 예금 dep를 임계구역으로 지정하는 코드이다. 다만 세마포어는 semaphore.h 라이브러리에 있으므로 4행 #include <semaphore.h>를 추가해야 한다. 이외에도 세부적인 구현에 뮤텍스 코드와 차이가 있다.

뮤텍스 구조체를 선언할 때는 pthread_mutex_t mlock을 사용했지만, 세마포어는 7행과 같이 sem_t smp로 선언한다. 또한 뮤텍스와 달리 세마포어는 자원의 개수를 초기화해야 한다. 25행 sem_init(&smp, 0, 1)은 세마포어를 초기화하는 코드이다. sem_init() 함수의 매개변수 맨 마지막 1이 자원의 개수를 나타낸다.

뮤텍스가 pthread_mutex_lock(&mlock)으로 잠금을 거는 반면 세마포어는 12행과 같이 sem_wait(&smp)으로 임계구역에 진입한다. 또한 세마포어는 pthread_mutex_unlock(&mlock)으로 잠금을 해제하는 대신에 18행 sem_post(&smp)로 동기화한다.

이러한 부분을 제외하면 뮤텍스 코드와 세마포어 코드의 전체적인 구조는 같다. 실행 결과는 뮤텍스 코드와 마찬가지로, dep에 입금하는 영역이 임계구역으로 묶였기 때문에 스레드가 1개씩 순서대로 실행되고 결과는 60이다.

코드 6-4 세마포어 코드

```c
#include <stdio.h>
#include <pthread.h>
#include <unistd.h>
#include <semaphore.h>          // 세마포어가 있는 라이브러리

int dep = 0;                    // 예금 전역변수, 초기값 0원
sem_t smp;                      // 세마포어 구조체 선언

void *ThreadTest(void *name) {  // 스레드 본체
    char* t_name = (char *)name;

    sem_wait(&smp);             // 세마포어 wait() - lock
    for (int i = 0; i < 3; i++) {
        dep = dep + 10;         // 10만 원씩 3번 입금
        printf("Td %s: dep %d\n", t_name, dep);
    }
    sem_post(&smp);             // 세마포어 post()  - unlock
    pthread_exit(NULL);
}

int main() {
    pthread_t tid1, tid2;

    sem_init(&smp, 0, 1);       // 세마포어 init(1) - 공유 자원 1
    pthread_create(&tid1, NULL, ThreadTest, "1");
    pthread_create(&tid2, NULL, ThreadTest, "2");
    pthread_join(tid1, NULL);
    pthread_join(tid2, NULL);
}
```

```
Td 1: dep 10
Td 1: dep 20
Td 1: dep 30
Td 2: dep 40
Td 2: dep 50
Td 2: dep 60    <- 스레드가 순서대로 실행된다
```

4 자바 모니터를 이용한 동기화 구현

모니터 기반 동기화 구현을 자바 예제를 통해 학습하고, 고수준 동기화 도구의 특징을 이해해보자. [코드 6-5]는 앞의 뮤텍스와 세마포어에서 설명한 예제를 모니터로 변경한 코드이다.

뮤텍스나 세마포어는 임계구역에 들어가기 전에 잠금을 걸고, 임계구역을 빠져나올 때 잠금을 해제하는 방식이었다. 모니터는 6행부터 11행과 같이 `synchronized() { }` 메소드를 사용한다. 중괄호({ }) 안이 임계구역이며, 여러 스레드가 임계구역에 진입하는 경우, 도착한 순서에 따라 차례로 진입한다. 스레드가 임계구역을 빠져나온 후, 다른 스레드가 진입하게 하는 것(동기화)까지 `synchronized()`가 알아서 처리한다.

- 1행부터 13행까지는 모니터 클래스를 선언하는 코드이다. 예금 전역변수 `dep`는 `private int dep = 0`으로 선언하여 외부에서는 접근할 수 없다.
- 3행 `private Object lock = new Object()`은 `synchronized(lock)`에 사용할 객체 변수 `lock`을 선언한다.
- 각 스레드는 `increase(int amt, int no)`를 호출하여 예금 `dep`에 접근할 수 있다. 여기서 `int amt`는 예금에 추가되는 값이며, `int no`는 스레드 번호이다. 따라서 `increase(10, 1)`은 스레드 1번이 예금을 10만 원씩 3번, 총 30만 원을 증가시키는 코드이다.
- 6행에서 `synchronized() { }`로 임계구역을 만들어 7행과 9행을 보호한다. 따라서 7행과 9행은 공유되지 않고 스레드가 모니터 큐에 도착한 순서대로 접근할 수 있다.
- 15행부터 26행까지는 스레드 클래스이다. 스레드 객체 `ThreadTest` 안에 모니터 변수 `mt`를 선언하고, 20행 `this.mt = mt`를 사용하여 모니터 객체를 연결한다.
- `int no`는 스레드 번호이다. 24행 `mt.increase(10, no)`는 스레드 `no`번이 10을 입금하는 코드이다. 스레드 하나마다 10씩 3번, 결국 30이 증가한다.
- 30행에서 모니터 객체 `mo`를 생성하고, 31행 `new ThreadTest(mo, 1)`에서 스레드 1번이 만들어지며, 32행 `new ThreadTest(mo, 2)`에서 스레드 2번이 만들어진다.

출력 결과는 뮤텍스나 세마포어 코드와 같다. 스레드 1번이 `mt.increase(10, 1)`을 호출하여 10씩 3번 더하고, 스레드 2번이 `mt.increase(10, 2)`를 호출하여 10씩 3번 더했기 때문에 60이 출력된다.

코드 6-5 자바 모니터 코드

```
class MonitorCode {
   private int dep = 0;
   private Object lock = new Object();

   public void increase(int amt, int no) {
      synchronized(lock) {          // 모니터 - 스레드 동기화
         for (int i = 0; i < 3; i++) {
              dep = dep + amt;
              System.out.println("Td " + no + ":  " + dep);
         }
      }
   }
}

class ThreadTest extends Thread {
   MonitorCode mt;
   int no;

   ThreadTest(MonitorCode mt, int no) {
      this.mt = mt;                 // 매개변수 mt를 ThreadTest의 mt로 변환
      this.no = no;                 // 매개변수 no를 ThreadTest의 no로 변환
   }
   public void run() {
      mt.increase(10, no);          // MonitorCode의 increase() 호출
   }
}

public class Main {
   public static void main(String args[]) {
      MonitorCode mo = new MonitorCode();
      ThreadTest t1 = new ThreadTest(mo, 1);
      ThreadTest t2 = new ThreadTest(mo, 2);
      t1.start();
      t2.start();
   }
}
```

```
Td 1:  10
Td 1:  20
Td 1:  30
Td 2:  40
Td 2:  50
Td 2:  60
```

Note **Vector<E>와 ArrayList<E>**

자바의 컬렉션collection 클래스 중 Vector<E>와 ArrayList<E>는 구조적으로 매우 유사하지만, 동기화에서 중요한 차이점이 있다.

Vector는 내부적으로 모니터를 사용하여 동기화를 지원하며, 대부분의 메서드에서 synchronized 키워드로 동기화가 구현되어 있다. 따라서 여러 스레드가 동시에 Vector 객체를 공유하더라도 데이터가 안전하게 보호된다. 반면 ArrayList는 동기화를 지원하지 않기 때문에, 멀티스레드 환경에서 ArrayList 객체를 사용할 때는 개발자가 직접 동기화를 처리해야 한다. 그러나 단일 스레드 환경이나 동기화가 필요 없는 상황에서는 동기화 오버헤드가 없는 ArrayList가 더 빠르게 작동한다는 장점이 있다.

요약

01 경쟁 상태는 둘 이상의 스레드가 동시에 공유 자원에 접근하는 상태이다. 경쟁 상태에서 실행 순서에 따라 실행 결과가 달라지는 문제를 해결하려면, 임계구역을 지정하여 공유 자원을 보호해야 한다. 임계구역이란 둘 이상의 스레드가 동시에 접근해서는 안 되는 공유 영역이다.

02 임계구역을 보호하려면 상호 배제, 한정 대기, 진행의 융통성 조건을 충족해야 한다.

조건	설명
상호 배제	한 스레드가 임계구역에 진입했을 때 다른 스레드는 임계구역에 들어갈 수 없다.
한정 대기	임계구역에 진입하려는 스레드 중 무한히 기다리는 스레드가 있어서는 안 된다.
진행의 융통성	한 스레드의 작업 속도가 임계구역에 진입하려는 다른 스레드의 진행을 방해해서는 안 된다.

03 임계구역을 보호하는 방법은 소프트웨어적 방법과 하드웨어적 방법으로 구분된다.

구분	설명
소프트웨어적 방법	상호 배제, 한정 대기, 진행의 융통성 조건을 충족하는 코드를 작성한다.
하드웨어적 방법	검사와 지정 함수(test_and_set())를 이용하여 코드를 하나의 함수로 만들고, 원자적으로 실행되도록 한다.

04 임계구역 문제를 해결하는 동기화 도구로 뮤텍스, 세마포어, 모니터가 있다.

동기화 도구	설명
뮤텍스	임계구역에 진입하기 전에 잠금을 획득하고, 임계구역을 지나면 잠금을 해제한다.
세마포어	자원을 사용하려는 스레드가 세마포어 큐에서 한 줄로 대기한다.
모니터	공유 자원을 사용할 때 임계구역 보호와 동기화를 자동으로 처리한다.

05 우선순위 역전은 임계구역에 진입하거나 공유 자원에 접근할 때 우선순위가 더 높은 프로세스의 작업이 지연되는 현상이다.

우선순위 역전 해결 방법	설명
우선순위 상속	높은 우선순위의 스레드가 임계구역 사용 중인 낮은 우선순위 스레드에 우선순위를 상속한다.
우선순위 상한	임계구역을 사용하는 모든 스레드의 우선순위를 일정 수준까지 높인다.

연습문제

01 다음 중 나머지 3개와 가장 거리가 먼 용어를 찾으시오.

① 기아 현상　　② 동기화
③ 경쟁 상태　　④ 임계구역

02 다음 중 스레드의 공유 자원에 대한 설명으로 맞는 것을 찾으시오.

① 여러 스레드가 공유 자원을 동시에 읽거나 쓰려고 할 때 기아 현상이 발생한다.
② 경쟁 상태는 2개 이상의 스레드가 공유 자원에 접근하는 순서에 따라 결과가 달라지는 상황이다.
③ 임계구역은 2개 이상의 스레드가 동시에 접근할 수 있는 공유 영역이다.
④ 한 스레드가 임계구역 사용을 마치면 우선순위 역전에 따라 다른 스레드가 임계구역을 사용한다.

03 스레드가 임계구역을 사용하고 난 이후에 다른 프로세스에 임계구역을 사용해도 된다고 알리는 것은 무엇인가?

① 기아 현상　　② 동기화
③ 경쟁 상태　　④ 우선순위 역전

04 임계구역을 보호하는 가장 기본적인 방법은 무엇인가?

① 잠금　　② 우선순위 상속
③ 경쟁 상태　　④ 우선순위 역전

05 다음 중 임계구역 보호의 조건이 아닌 것은 무엇인가?

① 상호 배제　　② 한정 대기
③ 진행의 융통성　　④ 우선순위 상속

06 임계구역 보호의 조건에 대한 설명으로 틀린 것을 찾으시오.

① 상호 배제는 임계구역에 한 번에 1개의 스레드만 접근해야 한다는 조건이다.

② 진행의 융통성은 한 스레드가 다른 스레드의 진행을 방해해서는 안 된다는 조건이다.

③ 임계구역 보호 조건 중 경직된 동기화와 가장 관련 있는 것은 한정 대기이다.

④ 한정 대기 조건은 임계구역을 사용하기 위하여 무한히 기다리는 스레드가 있어서는 안 된다는 조건이다.

07 초깃값이 `lock1 = false`와 `lock2 = false`일 때, 다음 코드는 임계구역 보호의 3가지 조건 중 어느 것을 위배하는가?

```
lock1 = true;
while(lock2 == true);
   [임계구역]
lock1 = false;
```

① 상호 배제 ② 한정 대기

③ 진행의 융통성 ④ 우선순위 상속

08 초깃값이 `lock = 1`일 때, 다음 코드는 임계구역 보호의 3가지 조건 중 어느 것을 위배하는가?

```
while(lock == 2);
   [임계구역]
lock = 2;
```

① 상호 배제 ② 한정 대기

③ 진행의 융통성 ④ 우선순위 상속

09 초깃값이 `lock = false`일 때, 다음 코드는 임계구역 보호의 3가지 조건 중 어느 것을 위배하는가?

```
while(lock == true);
lock = true;
   [임계구역]
lock = false;
```

① 상호 배제 ② 한정 대기

③ 진행의 융통성 ④ 우선순위 상속

10 하드웨어의 도움을 받아 원자적으로 실행되는 함수는 무엇인가?

① 검사와 지정 ② 모니터

③ 뮤텍스 ④ 세마포어

11 검사와 지정에 대한 설명 중 틀린 것은 무엇인가?

① 하드웨어의 도움을 받는 임계구역 보호 기법이다.

② C 언어 또는 자바와 같은 고수준 언어에서 사용하기 쉽다.

③ 함수를 원자적으로 실행한다.

④ 문맥 교환이 발생하지 않는다.

12 다음 중 나머지 3개와 종류가 다른 것을 찾으시오.

① 파이프 ② 모니터

③ 뮤텍스 ④ 세마포어

13 다음 중 동기화 도구에 대한 설명으로 틀린 것을 찾으시오.

① 뮤텍스는 `lock`과 `unlock`을 사용한다.

② 뮤텍스는 여러 개의 공유 자원에 대해서 적용 가능한 도구이다.

③ 뮤텍스는 바쁜 대기를 하지 않는 도구이다.

④ 스핀락은 바쁜 대기를 하는 도구이다.

14 다음 동기화 도구 중 wait()와 post()를 사용하면서 여러 자원에 대하여 적용 가능한 것은 무엇인가?

① 스핀락　　② 모니터
③ 뮤텍스　　④ 세마포어

15 다음 동기화 도구 중 lock과 unlock을 사용하면서 동기화를 자동으로 처리하는 것은 무엇인가?

① 스핀락　　② 모니터
③ 뮤텍스　　④ 세마포어

16 세마포어 내부 변수가 S일 때, 다음 중 init(n)의 내부 코드에 가장 가까운 것을 고르시오.

① S = n;　　② n = S;
③ S = S + n;　　④ n = S - n;

17 세마포어 내부 변수가 S일 때, 다음 중 wait()의 내부 코드 첫 번째 행을 고르시오.

① if S >= 0 then pause()　　② if S <= 0 then pause()
③ if S == 0 then pause()　　④ if S != 0 then pause()

18 세마포어 내부 변수가 S일 때, 다음 중 wait()의 내부 코드 두 번째 행을 고르시오.

① S = S + 1　　② S = S + n
③ S = S - 1　　④ S = S - n

19 다음 중 세마포어 코드 순서로 맞는 것을 찾으시오.

① wait() – wait()　　② wait() – post()
③ post() – wait()　　④ post() – post()

20 세마포어 내부 변수가 S일 때, 다음 중 `post()`의 내부 코드 첫 번째 행을 고르시오.

① `S = S + 1` ② `S = S + n`

③ `S = S - 1` ④ `S = S - n`

21 공유 자원이 2개이고 스레드 3개가 작업할 때, 다음 중 세마포어의 초기화 함수를 고르시오.

① `wait(3)` ② `init(3)`

③ `wait(2)` ④ `init(2)`

22 다음 중 이진 세마포어의 초기화 코드를 고르시오.

① `wait(1)` ② `init(1)`

③ `wait(2)` ④ `init(2)`

23 임계구역으로 인하여 우선순위가 더 높은 프로세스의 작업이 나중으로 밀리는 현상은 무엇인가?

① 우선순위 상한 ② 우선순위 상속

③ 경쟁 상태 ④ 우선순위 역전

24 다음 중 우선순위 역전을 해결하는 방법을 고르시오.

① 우선순위 상속 ② 경직된 동기화

③ 경쟁 상태 ④ 기아 현상

25 우선순위 역전을 해결하는 방법 중 임계구역을 사용하는 모든 스레드의 우선순위를 일정한 수준까지 높이는 것을 찾으시오.

① 우선순위 상속 ② 우선순위 상한

③ 우선순위 역전 ④ 기아 현상

26 우선순위 역전을 해결하는 방법 중 임계구역을 기다리는 스레드의 높은 우선순위를 낮은 우선순위인 스레드에 넘겨주는 것을 찾으시오.

① 우선순위 상속 ② 우선순위 상한

③ 경직된 동기화 ④ 기아 현상

27 다음 중 자바 모니터의 핵심 함수를 찾으시오.

① `synchronized()` ② `increase()`

③ `thread()` ④ `println()`

28 임계구역과 임계구역 해결의 3가지 조건을 설명하시오.

29 다음 코드의 스레드 T1과 T2는 임계구역을 공유한다. 이 코드의 작동 과정을 설명하고, 임계구역 보호 조건 중 무엇을 위반하는지 밝히시오.

```
lock = false;
```

```
while(lock == true);
lock = true;

    임계구역

lock = false;
```

스레드 T1

```
while(lock == true);
lock = true;

    임계구역

lock = false;
```

스레드 T2

30 다음 코드의 스레드 T1과 T2는 임계구역을 공유한다. 이 코드의 작동 과정을 설명하고, 임계구역 보호 조건 중 무엇을 위반하는지 밝히시오.

```
lock1 = false;
lock2 = false;
```

```
lock1 = true;
while(lock2 == true);
    임계구역
lock1 = false;
```

스레드 T1

```
lock2 = true;
while(lock1 == true);
    임계구역
lock2 = false;
```

스레드 T2

31 다음 코드의 스레드 T1과 T2는 임계구역을 공유한다. 이 코드의 작동 과정을 설명하고, 임계구역 보호 조건 중 무엇을 위반하는지 밝히시오.

```
lock = 1;
```

```
while(lock == 2);
    임계구역
lock = 2;
```

스레드 T1

```
while(lock == 1);
    임계구역
lock = 1;
```

스레드 T2

32 검사와 지정에 대하여 설명하시오.

33 세마포어 내부 코드에 대하여 설명하시오.

34 모니터의 특징과 장점을 설명하시오.

35 우선순위 역전과 그 해결 방법을 설명하시오.

CHAPTER

07

교착상태

학습목표

- 교착상태의 개념과 필요조건을 살펴보고 자원할당 그래프로 이를 설명할 수 있다.
- 예방, 회피, 검출, 회복 등 교착상태 처리 전략의 원리와 차이를 이해한다.

Preview

임계구역을 보장하기 위하여 잠금을 사용했을 때 작업이 진행되지 못하는 문제가 발생할 수 있다. 프로세스가 잠금으로 보호된 자원을 기다리며 더 이상 진행되지 못하는 상태를 교착상태라고 한다. 교착상태는 운영체제뿐 아니라 데이터베이스와 같이 잠금을 사용하는 모든 시스템에서 자연적으로 발생하는 문제이다.

운영체제에는 교착상태를 해결하는 방안이 마련되어 있다. 이 장에서는 컴퓨터 시스템에서 교착상태가 발생하는 조건을 알아보고, 운영체제가 교착상태에 대응하는 여러 가지 방법을 학습한다.

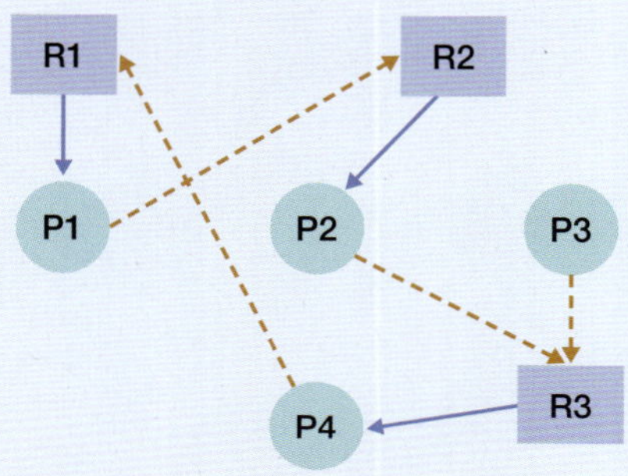

SECTION 01

교착상태의 개념과 필요조건

1 교착상태의 개념과 사례

교착상태 개념

교착상태deadlock란 둘 이상의 프로세스가 각기 자원을 점유한 채, 다른 자원을 기다리면서 작업을 더 이상 진행하지 못하는 상태이다. 실생활에서는 교통 체증이 심할 때 아무도 움직이지 못하는 상태를 교착상태라고 부른다. 또한 협상 중에 각자 입장을 고수하여 아무런 진전이 없는 상태 역시 교착상태에 빠졌다고 표현한다.

그림 7-1 교통 체증과 교착상태

교착상태는 05장에서 설명한 기아 현상starvation과 비슷해 보이지만, 두 개념 사이에는 중요한 차이가 있다. 기아 현상은 특정 프로세스가 CPU나 자원 할당에서 계속 제외되어 자원을 오랫동안 할당받지 못하는 상태를 말한다. 반면 교착상태는 둘 이상의 프로세스가 각기 자원을 점유한 채, 다른 자원을 기다리며 모두가 작업을 진행하지 못하는 상태이다. 기아 현상은 지연의 문제지만, 교착상태는 정지의 문제이며 관련된 모든 프로세스가 멈추게 된다. 따라서 교착상태가 발생하면 보다 근본적인 처리 전략이 필요하다.

교착상태는 잠금lock을 사용하는 모든 시스템에서 발생할 수 있다. 예를 들어 06장에서 두 스레드가 동시에 예금에 값을 더했을 때 예금 10만 원이 사라지는 문제를 살펴봤다. [그림 7-2]에서 두 개의 잠금을 사용하여 한정대기 조건을 위배하는 코드를 다시 살펴보자.

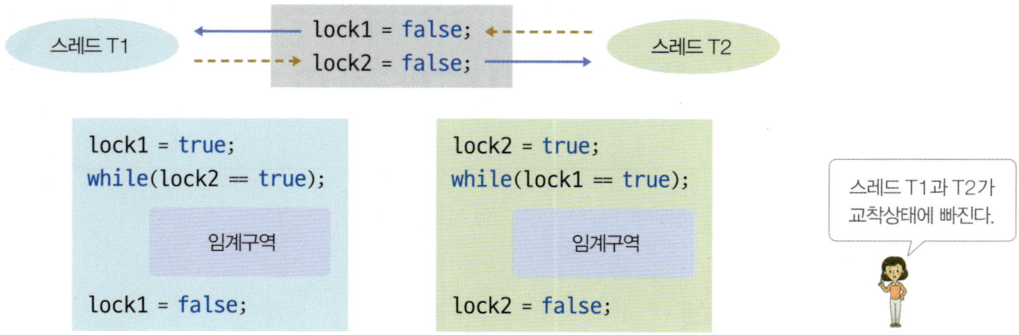

그림 7-2 교착상태를 발생시키는 임계구역 코드

스레드 T1과 T2는 잠금 lock1과 lock2를 사용하여 예금에 접근한다. T1이 lock1을 true로 만든 다음에 T2가 lock2를 true로 만든다. 이후 T1은 lock2가 해제되기를 기다리고, T2는 lock1이 해제되기를 기다린다. 결국 T1과 T2 모두 임계구역에 진입하지 못하는 교착상태에 빠진다. 교착상태에 빠진 스레드 또는 프로세스들은 정상적으로 실행 중이지만 더 이상 작업을 진행할 수 없다.

운영체제뿐 아니라 잠금을 사용하는 데이터베이스 시스템에서도 교착상태가 발생한다. 또한 잠금을 사용하는 스레드에서도 교착상태는 발생할 수 있다. 따라서 이번 장에서는 '프로세스의 교착상태'로 설명하지만, '스레드의 교착상태'도 동일한 의미이다.

교착상태 사례: 식사하는 철학자 문제

[그림 7-3]의 식사하는 철학자 문제dining philosopher's problem는 교착상태를 설명하는 데 자주 사용되는 비유이다.

그림 7-3 식사하는 철학자 문제

철학자 5명이 포크 5개가 놓인 둥그런 식탁에 앉아 식사하려 한다. 모든 철학자는 왼쪽 포크를 잡은 뒤에 오른쪽 포크까지 잡아야만 식사를 시작할 수 있다. 그러나 모든 철학자가 동시에 왼쪽 포크를 잡는다면 아무도 오른쪽 포크를 잡을 수 없어 아무도 식사를 시작할 수 없다. 이처럼 각자가 자원을 점유한 상태로 다른 자원을 기다리는 구조가 만들어지면, 누구도 작업을 진행하지 못하게 되는 교착상태에 빠진다.

2 교착상태 필요조건

교착상태의 4가지 필요조건

교착상태가 발생하기 위해서는 상호 배제, 비선점, 점유와 대기, 순환 대기의 조건이 충족되어야 한다. 이 4가지 조건을 교착상태의 필요조건necessary condition이라 부른다. 필요조건이라 부르는 이유는 4가지 조건이 동시에 만족되어야만 교착상태가 발생할 수 있기 때문이다. 반대로 말하면, 4가지 조건 중 1가지라도 만족되지 않는 상태에서는 교착상태가 발생하지 않는다. [그림 7-4]는 교착상태의 4가지 필요조건을 도식화한 것이다. 점선 화살표은 프로세스가 요청하는 자원을 나타내고, 실선 화살표는 자원이 프로세스에 할당되어 있음을 나타낸다.

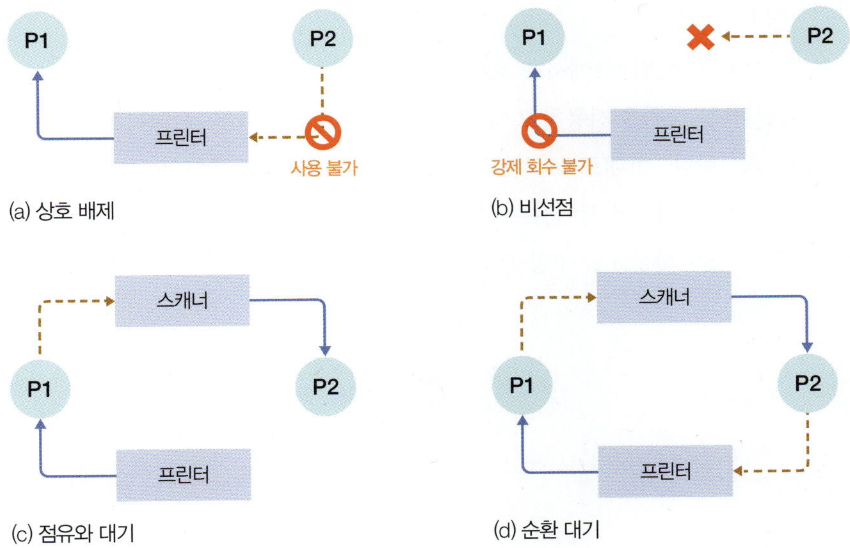

그림 7-4 교착상태의 4가지 필요조건

- **상호 배제**Mutual Exclusion **조건**: 자원은 한 번에 하나의 프로세스만 사용할 수 있어야 한다. [그림 7-4]의 (a)에서 프로세스 P1과 프로세스 P2가 프린터를 동시에 사용할 수는 없다.
- **비선점**No Preemption **조건**: 한 프로세스가 점유한 자원을 강제로 빼앗을 수 없다. [그림 7-4]의

(b)에서 프로세스 P2는 프로세스 P1으로부터 프린터를 강제로 회수할 수 없다.

- **점유와 대기**Hold and Wait **조건:** 자원을 보유하고 있는 프로세스는 다른 자원을 기다리는 상태여야 한다. [그림 7-4]의 (c)에서 프린터를 점유하고 있는 프로세스 P1은 프로세스 P2가 점유하고 있는 스캐너가 해제되기를 기다려야 한다.
- **순환 대기**Circular Wait **조건:** 프로세스 간에 자원을 기다리는 형태가 순환 구조를 이루어야 한다. 예를 들어 [그림 7-4]의 (d)에서 프로세스 P1은 프린터를 점유하며 스캐너를 기다리고, 프로세스 P2는 스캐너를 점유하며 프린터를 기다린다.

강조하지만, 4가지의 조건이 모두 만족할 때만 교착상태가 발생할 수 있다. 다시 말해 프로세스가 동시에 사용할 수 없는 자원(상호 배제)을 점유한 채(점유와 대기), 운영체제가 자원을 강제로 회수하지 못하는 상황(비선점)에서 자원 요청 관계가 순환 구조를 이루게 되면(순환 대기) 교착상태가 발생할 수 있다.

교착상태 분석을 위한 자원할당 그래프

자원할당 그래프resource allocation graph는 프로세스가 어떤 자원을 사용하고 있으며, 어떤 자원을 기다리고 있는지를 표현한 방향 그래프directed graph이다. 이 그래프를 사용하면 교착상태의 발생을 직관적으로 파악할 수 있다.

[그림 7-5]를 살펴보자. 자원할당 그래프에서 프로세스 P1, P2, P3, …는 원으로, 자원 R1, R2, R3, …는 사각형으로 표현한다. 자원을 사용하고 있는 경우(할당받은 경우)는 자원으로부터 프로세스로 향하는 화살표로 표시한다. 반대로 프로세스가 자원을 기다리는 경우는 프로세스로부터 자원으로 향하는 화살표로 표시한다. 이 책에서는 자원을 할당받은 경우 화살표를 보라색 실선으로 그리고, 자원을 기다리는 경우 화살표를 주황색 점선으로 표시한다.

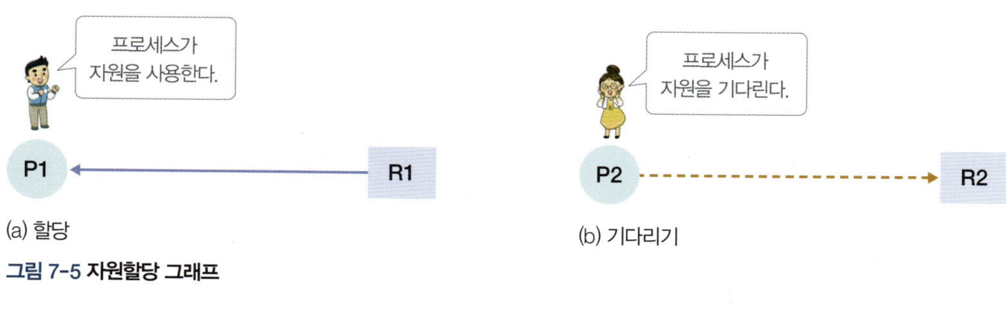

그림 7-5 자원할당 그래프

06장 [그림 6-7]의 한정 대기 조건을 위반하는 임계구역 문제를 자원할당 그래프로 그리면 [그림 7-6]과 같다. P1은 `lock1`을 잠근 상태에서 `lock2`를 기다린다. P2도 `lock2`를 잠근 상태에서 `lock1`을 기다린다.

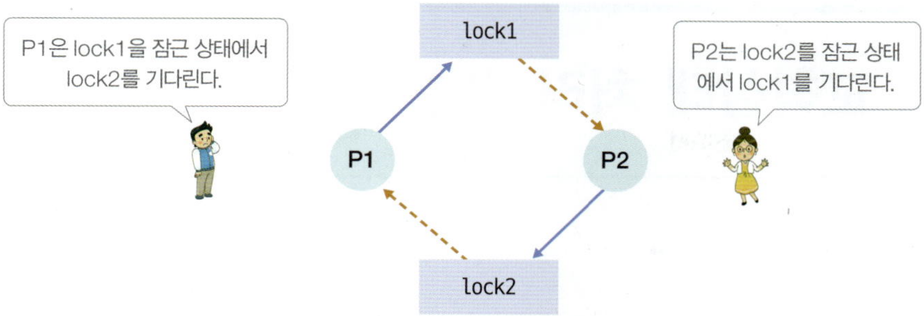

그림 7-6 한정 대기 조건을 위반하는 임계구역 문제의 자원할당 그래프

프로세스 P1과 P2는 자원 lock1과 lock2를 서로 공유할 수 없을 뿐 아니라 빼앗을 수도 없다. 따라서 교착상태의 상호 배제와 비선점 조건을 만족한다. 또한 P1은 lock1을 잡은 상태에서 lock2를 기다리며, P2는 lock2를 잡은 상태에서 lock1을 기다린다. 이는 점유와 대기의 조건을 만족한다. 또한 화살표를 따라가면 원이 만들어지기 때문에 순환 대기 조건을 만족한다. 따라서 교착상태가 발생한다.

식사하는 철학자 문제도 [그림 7-7]의 자원할당 그래프로 표현할 수 있다. 철학자가 프로세스라면 포크는 자원이다. 철학자 P1은 왼쪽 포크 R1을 잡은 상태로 오른쪽 포크 R5를 기다린다. 철학자 P2는 R2를 잡은 상태로 R1을 기다리며, 철학자 P3는 R3를 잡은 상태로 R2를 기다리고, 철학자 P4는 R4를 잡은 상태로 R3를 기다리고, 철학자 P5는 R5를 잡은 상태로 R4를 기다린다. 따라서 포크는 공유할 수 없고 빼앗을 수도 없는 자원이다. 또한 모든 철학자가 왼쪽 포크를 점유한 채 오른쪽 포크를 기다리면, 순환 대기 조건이 성립되면서 교착상태가 발생한다.

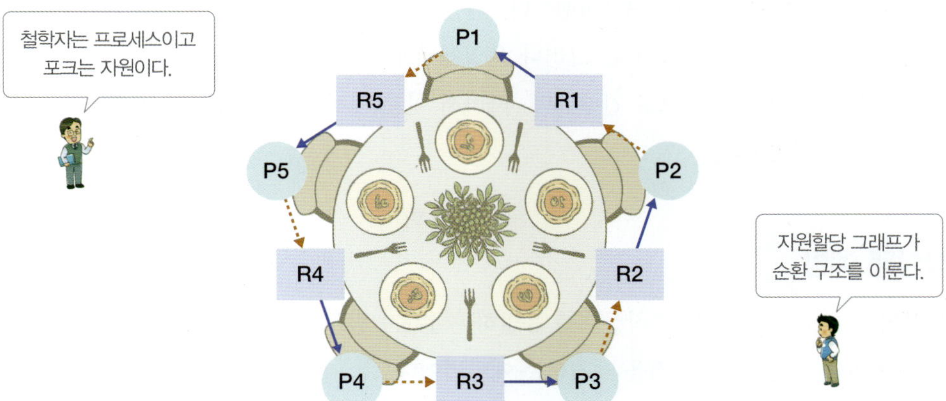

그림 7-7 식사하는 철학자 문제의 자원할당 그래프

SECTION 02

교착상태 처리 방법

1 교착상태 처리 방법의 종류

교착상태를 처리하는 방법에는 교착상태 예방, 교착상태 회피, 교착상태 검출과 회복detection and recovery이 있다. 교착상태는 4가지 필요조건(상호 배제, 비선점, 점유와 대기, 순환 대기)이 모두 충족될 때만 발생한다는 점을 기억하자. 이 조건들을 사전에 제거하거나, 자원 할당을 조절하거나, 발생 후 복구하는 방식에 따라 다음과 같이 처리 방법을 분류할 수 있다.

교착상태 예방은 교착상태를 유발하는 네 가지 필요조건 중 하나 이상을 사전에 제거하여 교착상태 발생 자체를 차단하는 방법이다. 따라서 예방 기법은 각 조건을 제거하는 네 가지 방식으로 나뉜다. 교착상태 회피는 자원을 할당하기 전에 교착상태 발생 가능성을 판단하여, 위험한 경우 자원 할당을 중단하는 방식이다. 예를 들어 시스템에 자원이 한 개만 있다면 점유와 대기의 조건을 만족하지 않기 때문에 교착상태가 발생하지 않는다. 반대로 자원을 많이 사용할수록 안정 상태를 유지하기 어려워 교착상태 발생 가능성이 높아진다. 교착상태 검출과 회복은 자원 할당에 특별한 제약을 가하지 않고 시스템을 운용하다가, 교착상태 발생 여부를 모니터링하는 방식이다. 타임아웃 방식 또는 자원할당 그래프 분석 등을 통해 교착상태를 검출하고, 발생 시에는 프로세스를 종료하거나 자원을 회수하여 복구 절차를 진행한다. 일반적으로 타임아웃 방식은 교착상태를 명확하게 검출하는 정식 알고리즘은 아니다. 그러나 운영체제에서는 이 방식이 널리 사용되며, 교착상태에 대한 실용적인 대응 방법으로 간주된다. 따라서 이 책에서는 타임아웃 방식을 검출 방식의 하나로 포함하여 설명한다.

2 교착상태 예방

교착상태 예방deadlock prevention은 교착상태를 유발하는 4가지 필요조건 중 하나라도 발생하지 않도록 막는 방법이다. 다음은 각 조건을 제거하는 예방법이다.

상호 배제 예방

상호 배제 예방은 교착상태의 네 가지 필요조건 중 하나인 상호 배제 조건을 사전에 제거하여 교착상태 발생을 막는 방식이다. 즉 시스템 내의 자원을 여러 프로세스가 동시에 사용할 수 있도록 공유 자원으로 설계하는 것이다. 식사하는 철학자 문제에서도 모든 철학자가 동시에 포크를 공유할 수 있다면 교착상태는 발생하지 않는다.

그러나 현실적으로 모든 자원을 공유하는 것은 불가능하다. 예를 들어 프린터나 스캐너처럼 물리적으로 여러 프로세스가 동시에 사용할 수 없는 자원도 있고, 임계구역 보호 없이 자원에 접근할 때 발생하는 문제는 06장 '임계구역과 동기화'에서 설명한 바 있다. 따라서 실제 시스템에서 상호 배제 조건을 제거하는 것은 거의 불가능하다.

비선점 예방

비선점 예방은 교착상태의 네 가지 필요조건 중 하나인 비선점 조건을 사전에 제거하여 교착상태 발생을 막는 방식이다. 즉 프로세스가 사용 중인 자원을 운영체제가 강제로 회수할 수 있도록 하여 교착상태를 방지한다. 식사하는 철학자 문제에서도 옆 사람의 포크를 강제로 빼앗을 수 있다면 교착상태는 발생하지 않는다.

그러나 자원을 선점할 수 있다고 해도, 어떤 기준으로 자원을 빼앗을지, 빼앗은 자원을 얼마나 오래 사용할지를 결정하기는 쉽지 않다. 또한 자원을 지속적으로 빼앗기는 쪽에서 기아 현상이 발생할 수 있다. 예를 들어 우선순위가 높은 프로세스가 우선순위가 낮은 프로세스의 자원을 무조건 선점할 수 있다면 낮은 우선순위의 프로세스는 계속 자원을 빼앗겨 실행되지 못한다.

기아 현상을 해결하기 위해 에이징aging 기법을 적용할 수 있다. 이는 우선순위가 낮은 프로세스가 자원을 여러 번 양보하면 일정 시점 이후에는 자원을 사용할 수 있도록 보장하는 방식이다. 그러나 에이징으로 확보한 자원은 다시 빼앗을 수 없기 때문에, 다시 비선점 조건이 성립되어 교착상태가 발생할 수 있다. 따라서 에이징을 사용하더라도 비선점 조건을 완전히 제거하기는 어렵다.

점유와 대기 예방

점유와 대기 예방은 교착상태의 네 가지 필요조건 중 하나인 점유와 대기 조건을 사전에 제거하여 교착상태 발생을 막는 방식이다. 이 방식은 프로세스가 자원을 점유한 상태에서는 추가 자원을 요청하지 못하도록 한다. 즉 프로세스는 실행에 필요한 자원을 모두 확보한 경우에만 실행을 시작할 수 있으며, 자원을 모두 확보하지 못하면 실행 자체를 시작할 수 없다. 이러한 방식은 '전부 할당하거나 전혀 할당하지 않기all or nothing' 원칙에 기반한다.

식사하는 철학자 문제에서도 한 철학자가 식사를 시작하려면 양손에 포크를 모두 확보한 상태여야 한다고 가정할 수 있다. 만약 두 개의 포크를 모두 확보하지 못하면 식사를 시작할 수 없다. 마찬가지로 프로세스가 실행되기 전에 필요한 모든 자원을 확보하게 하면 점유와 대기 상황이 발생하지 않는다. [그림 7-8]에서 프로세스 P2는 필요한 자원을 먼저 확보한 P1이 자원을 사용하고 반납할 때까지 기다렸다가 자원을 확보해 실행된다.

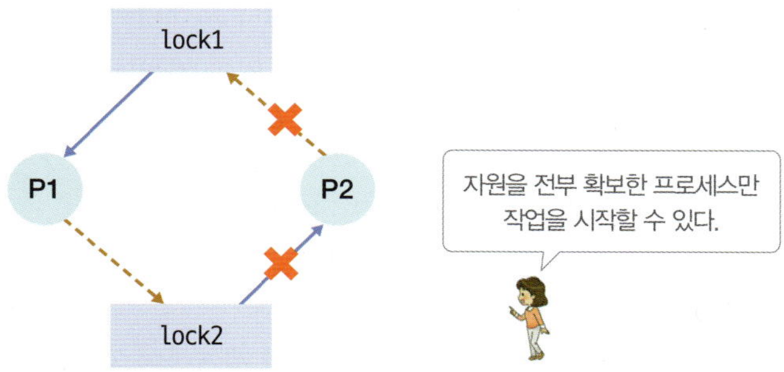

그림 7-8 점유와 대기 예방

앞서 살펴본 상호 배제 예방과 비선점 예방은 자원에 대한 제약을 없애는 방법으로, 임계구역으로 보호되는 자원에 대해서는 적용하기 어려웠다. 반면 점유와 대기 예방은 자원이 아닌 프로세스의 자원 사용법을 변화시켜 교착상태를 처리한다는 점에서 의미가 있다. 그러나 점유와 대기 예방은 다음과 같은 이유로 사용하기 어렵다.

- **프로세스 실행 전에 필요한 모든 자원을 미리 알기 어려움:** 모든 프로세스는 앞으로 사용할 전체 자원을 알기 어렵다. 또한 프로세스가 필요한 자원을 모두 확보한 후 실행했는데 추가로 필요한 자원이 생기면 이를 다시 확보하기도 어렵다.
- **자원을 미리 점유하면 자원 활용률이 낮아짐:** 프로세스가 필요하지 않은 자원을 미리 선점하면, 다른 프로세스가 그 자원을 사용할 수 없어 낭비가 발생한다.
- **많은 자원을 사용하는 프로세스는 실행을 시작하기가 더욱 어려움:** 자원을 많이 사용하는 프로세스일수록 모든 자원을 한꺼번에 확보하기 어렵기 때문에 기아 현상이 발생할 가능성이 커진다.
- **결국 일괄 작업 방식이 되어 시스템 효율이 떨어짐:** 거의 모은 프로세스가 필요로 키보드, 마우스, 프린터와 같은 자원에 대하여 선점한 프로세스가 작업을 마칠 때까지 다른 프로세스들은 실행되지 못한다. 따라서 모든 작업이 일괄 작업 방식으로 실행되어 시스템의 효율이 떨어진다.

순환 대기 예방

순환 대기 예방은 교착상태의 네 가지 필요조건 중 하나인 순환 대기 조건을 사전에 제거하여 교착상태 발생을 막는 방식이다. 이 방식은 자원에 순서를 부여하고, 프로세스가 자원을 요청할 때 정해진 순서에 따라 요청하도록 제한하여 자원 요청이 순환 구조를 이루지 않도록 한다. 식사하는 철학자 문제에서도 포크에 번호를 매기고 철학자가 항상 번호가 낮은 포크를 먼저 집도록 하면, 자원 요청 순서가 일방향으로 유지되기 때문에 순환이 발생하지 않는다. 이처럼 자원 요청의 방향을 통제하면, 원형 대기 조건이 성립되지 않아 교착상태를 예방할 수 있다.

순환 대기 예방 방식에서는 한쪽 방향으로만 자원을 할당한다. 다시 말해 모든 자원에 번호를 부여하고 번호가 증가하는 방향으로만 자원을 요청할 수 있도록 제한한다. 작은 번호의 자원을 사용하는 상태에서 큰 번호의 자원을 추가로 사용하는 것은 허용하지만, 큰 번호의 자원을 사용하는 상태에서 작은 번호의 자원을 추가로 사용하는 것을 허용하지 않는다. 이와 같은 방식은 반대 방향(큰 번호에서 작은 번호)로의 자원 할당이 없어서 순환 구조가 만들어지지 않는다.

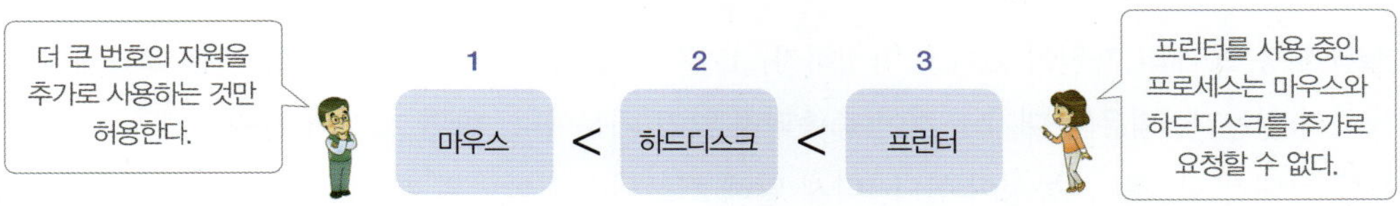

그림 7-9 순환 대기 예방

[그림 7-9]는 시스템 자원에 숫자를 부여한 순환 대기 예방이다. 마우스는 1번, 하드디스크는 2번, 프린터는 3번이다. 그러면 프로세스가 마우스를 할당받은 상태에서 프린터를 할당받을 수는 있지만, 프린터를 할당받은 상태에서는 마우스나 하드디스크를 할당받을 수 없다. 이렇게 하면 모든 자원이 한쪽 방향으로만(작은 번호에서 큰 번호로만) 할당되기 때문에 자원할당 그래프에 순환 경로가 생기지 않아 순환 대기 조건이 발생하지 않는다.

순환 대기 예방은 다음과 같은 단점이 있다.

- **프로세스 작업의 유연성이 떨어짐:** 사용자가 프린터 사용 중에 마우스를 사용하려고 할 때, 운영체제가 이를 거부하는 경우가 발생할 수 있다.
- **자원의 번호를 어떻게 부여할 것인지 결정하기 어려움:** 자원 간의 사용 패턴이 복잡할 경우, 적절한 순서를 정하지 못하면 자원의 활용도를 오히려 떨어뜨릴 수 있다.

지금까지 살펴본 교착상태 예방 기법들은 교착상태를 원천적으로 방지한다. 그러나 자원의 활용률을 낮추거나 시스템의 유연성을 떨어뜨리기 때문에, 실제로는 운영체제에 적용하기 어렵다.

표 7-1 교착상태 예방 방법

교착상태 예방 방법	설명	문제점
상호 배제 예방	모든 자원을 여러 프로세스가 동시에 사용할 수 있도록 설계	경쟁 상태 발생
비선점 예방	자원을 사용 중인 프로세스에서 운영체제가 자원을 회수할 수 있도록 함	기아 현상 발생
점유와 대기 예방	필요한 모든 자원을 한꺼번에 확보하지 못하면 실행하지 않음	자원 효율성 저하
순환 대기 예방	자원에 번호를 부여하고 번호가 증가하는 방향으로만 요청하게 함	작업 진행의 유연성 저하

3 교착상태 회피

교착상태 회피의 개념

교착상태 회피deadlock avoidance는 프로세스에 자원을 할당할 때, 교착상태가 발생할 가능성을 먼저 평가하고 안전한 범위 내에서만 자원을 할당하는 방법이다. 즉 교착상태가 발생하지 않는 범위에서만 자원을 할당하고, 교착상태가 발생할 가능성이 있다면 자원 할당을 중단한다.

시스템에 총 20개의 자원이 있다고 가정하자. 1개의 자원만 프로세스에 할당할 때는 교착상태가 발생하지 않는다. 점유와 대기 조건이 충족되지 않기 때문이다. 반면 20개의 자원을 모두 할당할 때 교착상태가 발생할 가능성이 높다. 다시 말해 프로세스에 할당된 자원이 많을수록 교착상태가 발생할 확률이 커진다.

교착상태 회피에서는 시스템의 자원 보유 상황과 프로세스의 자원 요청 정보를 바탕으로 시스템을 안정상태와 불안정상태로 구분한다. 안정상태safe state란 할당된 자원으로 모든 프로세스가 작업을 완료할 수 있는 상태이다. 불안정상태unsafe state는 일부 프로세스가 자원을 기다리게 되어, 모든 프로세스가 반드시 완료된다는 보장을 할 수 없는 상태이다.

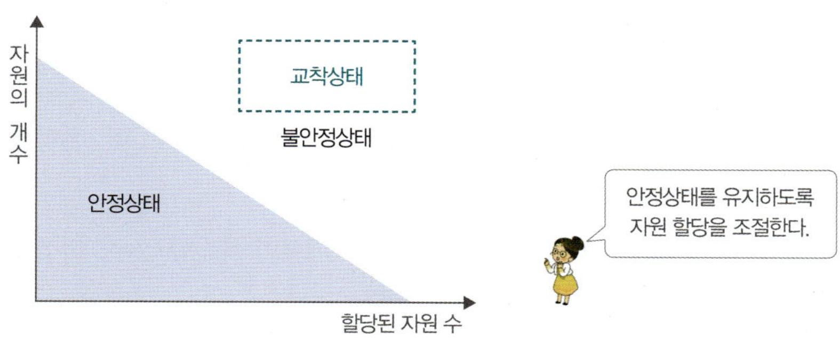

그림 7-10 안정상태와 불안정상태

[그림 7-10]의 그래프와 같이 할당된 자원이 적으면 안정상태일 가능성이 높고, 할당된 자원이 많아질수록 불안정상태일 가능성이 높다. 불안정상태가 반드시 교착상태를 의미하는 것은 아니지만, 불안정상태일 때 교착상태가 발생할 가능성이 높다.

교착상태 예방은 프로세스의 작업 방식을 제한하지만, 교착상태 회피는 시스템의 운영 방식만 변경하므로 상대적으로 유연하다.

은행원 알고리즘

은행원 알고리즘banker's algorithm은 교착상태 회피를 구현하는 대표적인 방법이다. 이 알고리즘은 프로세스의 자원 요청이 들어왔을 때, 해당 요청을 수락해도 교착상태가 발생하지 않을 것이라고 판단하면 자원을 할당하고, 그렇지 않으면 할당을 보류한다. 이는 은행이 고객의 대출 요청을 받고, 고객이 대출금을 상환할 수 있을지를 고려하여 승인 여부를 결정하는 방식과 유사하다.

은행원 알고리즘은 최악의 경우를 가정하여 자원을 할당하는 특징이 있다. 예를 들어 음식점에 우동 10인분과 스파게티 20인분을 만들 수 있는 재료가 준비되어 있다고 가정하자. 최대 30명분의 재료가 있지만, 은행원 알고리즘을 적용하면 예약은 10명까지만 받는다. 왜냐하면 예약을 11명 받았다가 모두가 우동을 주문하면 누군가 한 명은 주문한 우동을 먹지 못하기 때문이다.

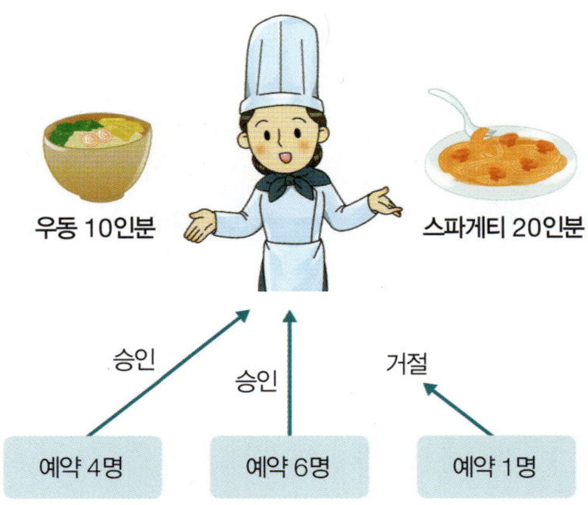

그림 7-11 음식점의 은행원 알고리즘

은행원 알고리즘이 작동하는 과정을 살펴보자. 은행원 알고리즘에서 사용하는 변수는 [표 7-2]와 같다.

표 7-2 은행원 알고리즘의 변수

변수	설명
전체 자원	시스템 내 전체 자원의 수
가용 자원	시스템 내 현재 사용할 수 있는 자원의 수 (가용 자원 = 전체 자원 − 모든 프로세스의 할당 자원)
최대 자원	각 프로세스가 선언한 최대 자원의 수
할당 자원	각 프로세스에 현재 할당된 자원의 수
기대 자원	각 프로세스가 앞으로 사용할 자원의 수 (기대 자원 = 최대 자원 − 할당 자원)

은행원 알고리즘에서 각 프로세스는 자신이 사용할 자원의 최대 수$_{Max}$를 운영체제에 알려준다. 자원의 최대 수는 운영체제가 자원을 할당할 때 시스템의 상태를 파악하는 데 필요한 정보이다. 프로세스에 할당된 자원의 수는 할당 자원$_{Allocation}$으로 표시한다. 프로세스가 선언한 최대 자원에서 현재 할당된 자원의 수를 뺀 값이 기대 자원$_{Expect}$이다. 또한 전체 자원에서 각 프로세스에 할당되고 남은 자원의 수가 가용 자원$_{Available}$이다. 따라서 가용 자원은 전체 자원$_{Total}$에서 모든 프로세스의 할당 자원을 뺀 값이다. 자원을 할당할 때의 기준은 다음과 같다.

- 각 프로세스의 기대 자원과 비교하여 가용 자원이 1이라도 크거나 같으면 자원을 할당한다. 가용 자원이 기대 자원보다 크다는 것은 그 자원을 사용하여 작업을 끝낼 수 있는 프로세스가 있다는 의미이므로 안정상태이다.
- 가용 자원이 기대 자원보다 작으면 자원을 할당하지 않는다. 가용 자원을 사용해도 작업을 마칠 수 있는 프로세스가 없으므로 불안정상태이다.

각 프로세스의 기대 자원과 비교하여 가용 자원이 크거나 같은 경우가 안정상태이다. [그림 7-12]은 안정상태의 사례이다. 시스템의 전체 자원은 14개이고, 프로세스가 필요로 하는 자원은 P1이 최대 5개, P2가 최대 6개, P3가 최대 10개이다. 현재 각 프로세스에 할당된 자원은 총 12개이다. 따라서 시스템 전체에서 사용할 수 있는 가용 자원은 전체 자원 14개에서 P3의 최대 자원 수인 12개를 뺀 2개이다. 또한 기대 자원은 P1이 3개, P2가 2개, P3가 4개이다.

Total = 14 Available = 2

Process	Max	Allocation	Expect
P1	5	2	3
P2	6	4	2
P3	10	6	4

그림 7-12 안정상태

이 시스템이 안정상태인 이유는 현재 가용 자원(2개)으로 프로세스 P2(기대 자원 2개)가 작업을 끝낼 수 있기 때문이다. 프로세스 P2가 실행을 종료하면 이미 할당받아 사용하던 자원까지 6개를 반환하고, 이를 프로세스 P1이나 P3에 할당하여 전체 작업을 완료할 수 있다. 그러나 현재 가용 자원을 P2가 아닌 P1(기대 자원 3개)이나 P3(기대 자원 4개)에 할당하면 이 시스템은 불안정상태가 된다. P1과 P3는 자원 2개를 할당받더라도 기대 자원을 충족하지 못하기 때문에 작업을 마칠 수 없다. 가용 자원 2개는 프로세스 P2에 할당해야만 안정상태를 계속 유지할 수 있다.

[그림 7-13]은 불안정상태의 사례이다. 가용 자원이 1개이고, 이것으로는 어떤 프로세스의 기대 자원도 충족할 수 없다. 이는 현재 남은 자원으로는 어떤 프로세스도 끝낼 수 없다는 의미이다. 은행원 알고리즘에서는 [그림 7-13]과 같은 불안정 상태를 만들지 않는다.

Total = 14 Available = 1

Process	Max	Allocation	Expect
P1	7	3	4
P2	6	4	2
P3	10	6	4

그림 7-13 불안정상태

회피 기법의 한계

교착상태 회피 기법은 자원 요청 시점에 교착상태 발생 가능성을 사전에 판단하여 자원을 할당하기 때문에, 이론적으로는 교착상태를 원천적으로 차단할 수 있다. 그러나 현실적인 제약이 많아 실제 시스템에서는 적용이 어려운 경우가 많다.

- **프로세스가 사용할 모든 자원을 미리 선언해야 함:** 회피 기법은 프로세스가 실행되기 전에 사용할 모든 자원을 미리 알려야 한다. 그러나 실제로는 실행 중 동적으로 자원이 필요해지는 경우가 많기 때문에, 이를 정확히 예측하기 어렵다. 잘못된 자원 수를 선언하면 예상과 다르게 교착상태가 발생할 수도 있다.
- **시스템의 전체 자원 수가 고정적이어야 함:** 은행원 알고리즘은 전체 자원 수가 변하지 않는다고 가정한다. 하지만 현실에서는 하드웨어 고장, 네트워크 장애, 새로운 자원 추가 등의 요인으로 인해 자원 수가 유동적이다.

- **자원을 낭비할 가능성이 높음:** 회피 기법은 최악의 경우를 가정하여 자원 할당을 제한한다. 그러나 실제로는 프로세스가 모든 자원을 사용하지 않고 종료하는 경우도 많다. [그림 7-13]의 불안정 상태일지라도 프로세스 P2가 자원을 일부만 사용하고 종료하면, 그 반납된 자원을 활용해 다른 프로세스가 작업을 완료할 수 있었을지도 모른다. 이처럼 최악의 경우를 기준으로 자원을 제한하면 자원이 효율적으로 활용되지 못할 수 있다.

4 교착상태 검출

교착상태 무시

운영체제를 포함한 대부분의 시스템에서는 교착상태가 발생할 수 있지만, 이를 정확히 검출하고 해결하는 데는 많은 시간과 비용이 소요된다. 따라서 교착상태를 처리하는 가장 단순한 방법은 교착상태를 명시적으로 처리하지 않고 무시하는 것이다. 이 방식은 주로 교착상태 발생 빈도가 낮고, 영향이 크지 않은 일반적인 환경에서 사용된다.

시스템에 따라 교착상태의 발생 빈도와 교착상태가 미치는 영향이 다르다. 공장 운영 시스템, 원자로 제어, 무기 제어 시스템과 같은 중요한 시스템에서는 교착상태가 발생하면 심각한 문제가 발생할 수 있다. 반면 일반적인 운영체제에서는 교착상태를 검출하고 해결하는 데 드는 노력이 부담될 수 있다. 차라리 작업이 멈춘 프로세스를 종료하거나, 전체 시스템을 재부팅하는 편이 더 효율적일 수 있다.

타임아웃 기반 간접 검출

타임아웃 기반 간접 검출은 일정 시간 동안 응답하지 않는 프로세스를 교착상태에 빠졌다고 간주하고, 해당 프로세스를 종료하거나 사용자에게 종료 여부를 선택하게 하는 방식이다. 윈도우는 [그림 7-14]와 같이 일정 시간 반응이 없는 프로세스(타임아웃 프로세스)를 알리고, 해당 프로세스를 종료할지 아니면 대기할지를 사용자가 결정하도록 한다. 이 방식은 정식 교착상태 검출 기법은 아니지만, 실용적인 대응 방법으로 널리 활용된다.

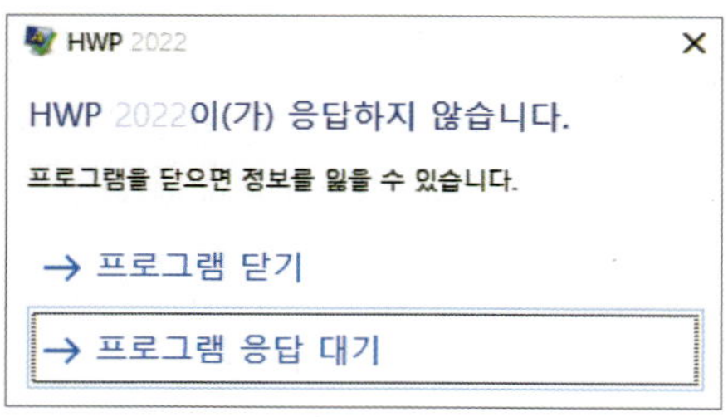

그림 7-14 타임아웃 프로세스 종료 알림

타임아웃 프로세스를 종료하고 다시 시작하는 것이 효율적인 경우가 많다. 그러나 모든 타임아웃 프로세스가 교착상태에 빠진 것은 아니다. 소프트웨어 오류, 입출력 지연, 하드웨어 문제 등으로 프로세스가 응답하지 않을 수도 있다. 따라서 타임아웃 방식에서는 교착상태가 아닌 프로세스가 억울하게 종료될 수 있다.

타임아웃을 이용한 프로세스 종료를 교착상태 무시가 아닌 '가벼운 교착상태 검출'로 보는 시각도 있다. 이러한 관점에서 뒤에서 배울 자원할당 그래프를 이용하는 교착상태 검출을 '무거운 교착상태 검출'이라 부른다.

자원할당 그래프 기반 검출

자원할당 그래프resource allocation graph는 교착상태를 검출하기 위해 사용하는 대표적인 구조이다. [그림 7-15]와 같이 시스템 내의 프로세스와 자원 사이의 요청 및 할당 관계를 방향 그래프로 나타내며, 이를 통해 어떤 자원이 점유 중인지, 어떤 자원을 기다리고 있는지를 파악할 수 있다. 이 그래프에 순환 구조(사이클)가 있다면 교착상태가 발생한 것으로 간주하며, 순환 구조가 없다면 교착상태가 없는 것으로 판단할 수 있다.

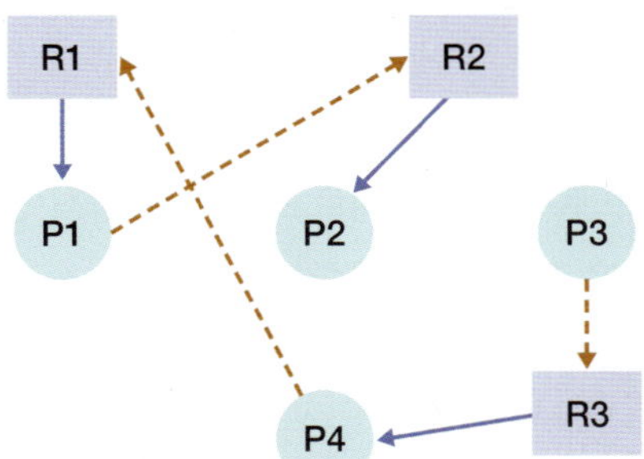

(a) 순환 구조 없음—교착상태 아님

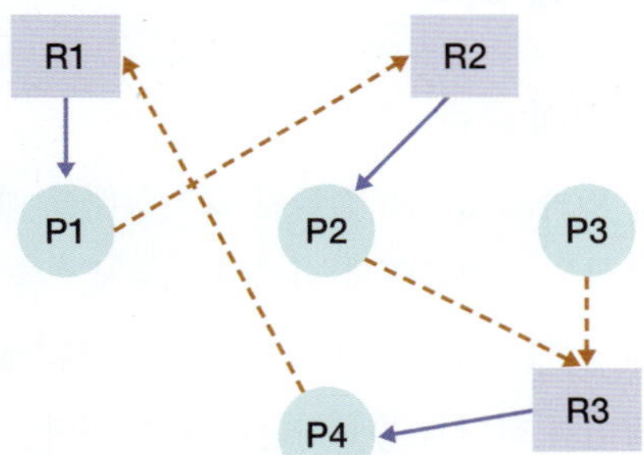

(b) 순환 구조 있음—교착상태

그림 7-15 자원할당 그래프와 교착상태

[그림 7-15]에서 (a)의 자원할당 그래프를 살펴보자. P1은 P2가 자원 R2를 다 사용하여 반환하기를 기다리고, P4는 P1을 기다리며, P3는 P4를 기다리고 있다. 이 경우는 자원할당 그래프에 순환 구조가 없어 교착상태가 아니다. P2가 작업을 마치고 자원 R2를 반환하면 나머지 프로세스의 작업이 진행되어 교착상태가 발생하지 않는다. 그러나 (b)의 자원할당 그래프에서는 (a)와 비교하여 P2가 자원 R3를 추가로 요구한다. 이 경우 P1 → P2 → P4 → P1의 순환 구조가 나타난다. 따라서 교착상태가 발생한 것으로 검출된다.

자원할당 그래프를 이용한 교착상태 검출은 프로세스의 작업 방식을 제한하지 않으면서도 교착상태를 정확하게 파악할 수 있다. 그러나 자원할당 그래프를 유지하고 업데이트하는 과정에서 오버헤드가 발생한다. 또한 자원이 할당될 때마다 실시간으로 순환 구조를 검사하면 시스템 성능이 저하될 수 있다. 이를 방지하기 위해 일정 시간마다 순환 구조 검사를 수행할 수도 있지만, 여전히 오버헤드가 발생한다.

> **Note 다중 자원과 교착상태 검출**
>
> 단일 자원 환경에서는 자원할당 그래프에 순환 구조가 있으면 교착상태가 발생한 것이다. 그러나 하나의 자원을 여러 개의 프로세스가 공유할 수 있는 다중 자원multi-instance resource 환경에서는 단순히 순환 구조만으로 교착상태를 판단할 수 없다. 다중 자원 환경에서 순환 구조가 존재하더라도 모든 프로세스가 자원을 기다리지 않는다면 교착상태가 아닐 수 있기 때문이다. 따라서 다중 자원 환경의 순환 구조에서 일부 프로세스가 실행될 가능성이 있는지 확인한다. 다시 말해 현재 가용 자원과 이미 자원을 점유한 프로세스 중 일부라도 실행을 완료하고 자원을 반환할 수 있다면 교착상태가 아니며, 반대로 어떤 프로세스도 실행될 수 없는 경우 교착상태이다.

5 교착상태 회복

프로세스 강제 종료

교착상태 회복recovery은 검출된 교착상태를 해결하기 위해 프로세스를 강제로 종료하는 방식이다. 이 방식은 교착상태에 관여된 프로세스를 종료하여 자원을 회수하고, 다른 프로세스를 정상적으로 실행하는 것을 목표로 한다. 프로세스를 종료하는 방식에는 모든 프로세스를 한꺼번에 종료하는 방법과 하나씩 종료하는 방법이 있다.

❶ 모든 교착상태 프로세스를 한꺼번에 종료하는 방법은 단순하고 신속하다. 그러나 프로세스를 다시 실행했을 때 동일한 교착상태가 다시 일어날 가능성이 높다. 따라서 프로세스를 순차적으로 실행하도록 조정해야 한다. 이때 어떤 프로세스를 먼저 실행할 것인지 결정하는 기준이 필요하다.

❷ 교착상태를 일으킨 프로세스를 하나씩 순서대로 종료하면서 나머지 프로세스에서 교착상태가 해결되었는지 확인하는 방법도 있다. 이 경우에도 어느 프로세스부터 종료할 것인지 결정하는 기준이 필요하다.

❶에서 프로세스 종료 후 어떤 프로세스를 먼저 실행할지 결정하거나 ❷에서 어떤 프로세스를 먼저 종료할지 결정할 때, 다음과 같은 기준을 사용할 수 있다.

- **우선순위를 고려하기**: 높은 우선순위의 프로세스를 먼저 실행한다. 또는 낮은 우선순위의 프로세스를 먼저 종료한다.
- **우선순위가 같을 때 작업 시간을 고려하기**: 작업 시간이 가장 길었던 프로세스를 먼저 실행한다. 또는 작업 시간이 짧은 프로세스를 먼저 종료한다.
- **우선순위와 작업 시간이 같을 때 자원 사용량을 고려하기**: 자원 사용량이 적었던 프로세스를 먼저 실행한다. 또는 자원 사용량이 많은 프로세스를 먼저 종료한다.

교착상태 회복에는 관련 프로세스의 강제 종료뿐만 아니라, 시스템을 정상 상태로 복구하는 과정까지 포함된다. 운영체제의 교착상태는 시스템 재부팅으로 해결할 수 있지만, 데이터베이스의 교착상태는 재부팅만으로 해결하지 못할 수도 있다. 데이터베이스에서는 데이터를 업데이트할 때마다 잠금을 한 후 작업을 진행한다. 여러 개의 잠금을 걸어 놓은 상태에서 교착상태가 발생하면 문제가 심각해질 수 있다. 예를 들어, A 계좌에서 B 계좌로 돈을 이체하는 경우를 생각해 보자. A 계좌에서 돈이 빠져나갔지만 B 계좌에는 반영되지 않은 상태에서 교착상태가 발생하여 프로세스가 종료되면, A 계좌에서 빠져나간 돈이 사라져 버린다. 이는 데이터의 일관성이 깨지는 문제이다.

> **Note** **트랜잭션**
>
> A 계좌에서 B 계좌로 돈을 송금했을 때, A 계좌의 예금 감소와 B 계좌의 예금 증가는 반드시 원자적atomic으로 처리되어야 한다. 즉 두 작업이 모두 완료되거나 어느 하나라도 이루어지지 않아야 한다. 데이터베이스에서 분리할 수 없이 한꺼번에 이루어져야 하는 작업을 트랜잭션transaction이라고 한다.

데이터베이스에서는 교착상태뿐만 아니라 네트워크 문제나 데이터 관리 시스템(DBMS)의 오류로 작업이 강제 종료될 수 있으며, 이로 인해 데이터의 일관성이 깨질 위험이 있다. 이를 해결하는 데 체크포인트와 롤백을 사용한다.

- **체크포인트**checkpoint: 시스템에 문제가 발생했을 때 안전한 상태로 복구할 수 있도록 특정 시점의 데이터를 저장하는 작업이다. 체크포인트를 설정하면 현재 시스템 상태가 저장장치에 보관되며, 이를 스냅샷snapshot이라고 한다.
- **롤백**rollback: 시스템에 문제가 발생한 후에 체크포인트로 설정된 시점으로 시스템을 되돌리는 작업이다. 롤백을 수행하면 스냅샷을 이용하여 문제 발생 이전의 상태로 시스템을 복원할 수 있다.

[그림 7-16]은 롤백을 통하여 체크포인트 시점의 시스템을 복원하는 작업을 그림으로 나타낸 것이다. 데이터베이스에서 데이터 잠금을 요청하면 체크포인트를 설정하고 해당 시점의 스냅샷을 저장한다. 그리고 잠금을 얻은 후에 작업을 계속 진행한다. 만약 타임아웃에 걸려 프로세스를 중단하거나 잠금을 포기해야 한다면 롤백을 사용하여 체크포인트 시점의 상태로 시스템을 복원한다.

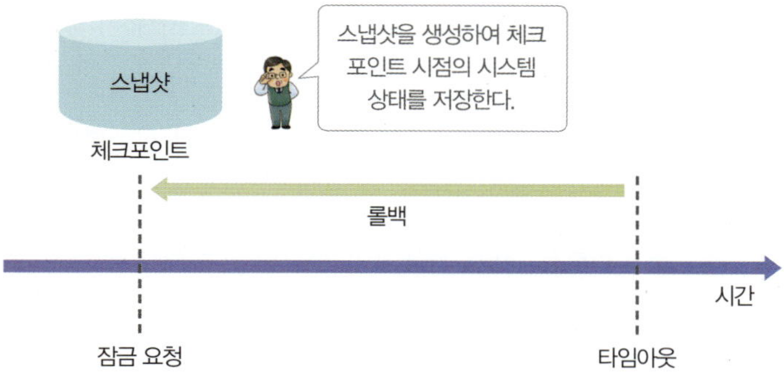

그림 7-16 시스템 복원

이러한 시스템 복원은 운영체제에서도 적용된다. [그림 7-17]에 나타난 윈도우의 '시스템 복원'은 스냅샷을 이용하여 운영체제를 이전 상태로 롤백하는 기능이다.

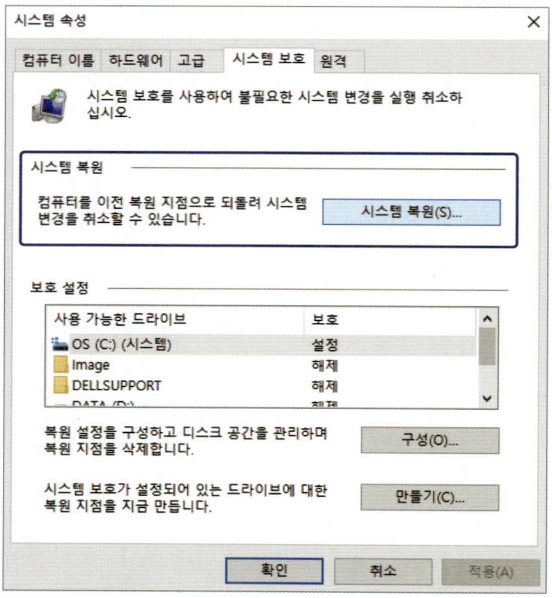

그림 7-17 윈도우의 시스템 복원 기능

주기적으로 시스템 복원 지점(체크포인트)을 설정하면 시스템을 효과적으로 관리할 수 있다. 예를 들어 특정 소프트웨어를 설치한 후 문제가 발생했거나 시스템을 오래 사용하여 느려졌을 때 안정적인 상태로 되돌릴 수 있다. 오늘날에는 스냅샷을 클라우드에 저장해 두었다가, 필요할 때 스냅샷을 불러와 시스템을 복원하는 방식도 사용된다.

요약

01 교착상태란 둘 이상의 프로세스가 각기 자원을 점유한 채, 서로가 보유한 자원을 기다리면서 작업을 더 이상 진행하지 못하는 상태이다. 상호 배제, 비선점, 점유와 대기, 순환 대기의 4가지 필요조건이 모두 충족될 때 교착상태가 발생한다.

02 교착상태를 해결하는 방법은 교착상태 예방, 교착상태 회피, 교착상태 검출과 회복이 있다.

해결 방법	설명
교착상태 예방	교착상태를 유발하는 4가지 필요조건을 사전에 차단한다.
교착상태 회피	교착상태를 유발할 가능성이 있다고 판단하면 자원 할당을 중단한다.
교착상태 검출과 회복	자원 할당에 특별한 제약을 가하지 않고 시스템을 운용하면서 교착상태 발생 여부를 모니터링한다. 교착상태가 검출되면 회복을 수행한다.

03 교착상태 예방은 다음과 같이 4가지 필요조건을 차단한다. 조건을 하나라도 차단하면 교착상태가 발생하지 않는다.

교착상태 예방 방법	설명	문제점
상호 배제 예방	모든 자원을 여러 프로세스가 동시에 사용할 수 있도록 설계	경쟁 상태 발생
비선점 예방	자원을 사용 중인 프로세스에서 운영체제가 자원을 회수할 수 있도록 함	기아 현상 발생
점유와 대기 예방	필요한 모든 자원을 한꺼번에 확보하지 못하면 실행하지 않음	자원 효율성 저하
순환 대기 예방	자원에 순서를 부여하고 작은 번호에서 큰 번호 순으로만 요청하게 함	작업 진행의 유연성 저하

04 교착상태 회피는 프로세스에 자원을 할당할 때, 교착상태가 발생할 가능성을 먼저 평가하고 안전한 범위 내에서만 자원을 할당하는 방법이다. 시스템의 자원 보유 상황과 프로세스의 자원 요청 정보를 바탕으로 시스템을 안정상태와 불안정상태로 구분하며, 항상 안정상태를 유지하도록 자원을 할당한다.

05 교착상태 검출에서 가장 단순한 방법은 교착상태를 명시적으로 처리하지 않고 무시하는 것이다. 타임아웃 방식은 일정 시간 동안 응답하지 않는 프로세스를 교착상태에 빠졌다고 간주하고, 해당 프로세스를 종료하거나 사용자에게 종료 여부를 선택하게 한다. 자원 할당 그래프를 사용한 방식에서는 순환 구조가 존재하면 교착상태가 발생한 것으로 판단한다. 검출된 교착상태를 해결하기 위해 프로세스를 강제로 종료하는 방식이 교착상태 회복이다.

연습문제

01 다음 중 교착상태에 대한 설명으로 틀린 것을 찾으시오.

① 교착상태는 여러 스레드가 서로 작업이 끝나기를 기다려 작업이 중지된 상태이다.
② 잠금을 사용하는 모든 시스템에서 교착상태가 자연 발생한다.
③ 잘못된 자원 할당 정책 때문에 특정 프로세스의 작업이 지연되어 발생한다.
④ 식사하는 철학자 문제가 교착상태를 설명하는 사례이다.

02 다음 중 교착상태의 필요조건이 아닌 것은 무엇인가?

① 순환 대기　　② 점유와 대기
③ 우선순위　　④ 상호 배제

03 교착상태의 필요조건 중 다른 프로세스와 공유할 수 없는 배타적인 자원과 관련 있는 조건은 무엇인가?

① 순환 대기　　② 점유와 대기
③ 비선점　　④ 상호 배제

04 교착상태의 필요조건 중 한 스레드가 이미 점유한 자원을 다른 스레드가 빼앗을 수 없을 때 만족되는 것은 무엇인가?

① 순환 대기　　② 점유와 대기
③ 비선점　　④ 상호 배제

05 교착상태의 필요조건 중 자원을 할당받은 스레드가 다른 자원을 기다릴 때 만족되는 것은 무엇인가?

① 순환 대기　　② 점유와 대기
③ 비선점　　④ 상호 배제

06 교착상태의 필요조건 중 스레드가 사용 중인 자원과 요청하는 자원을 나타내는 방향 그래프의 순환 구조와 관련 있는 것은 무엇인가?

① 순환 대기　② 점유와 대기
③ 비선점　④ 상호 배제

07 프로세스가 사용 중인 자원과 요청하는 자원을 나타내는 방향 그래프는 무엇인가?

① 기아 현상　② 순환 대기
③ 자원할당 그래프　④ 스냅샷

08 교착상태 처리 방법 중 교착상태를 일으키는 조건을 사전에 무력화하는 방법은 무엇인가?

① 교착상태 검출　② 교착상태 예방
③ 교착상태 회복　④ 교착상태 회피

09 교착상태 처리 방법 중 자원의 할당을 조절하며 교착상태가 발생하는지 살펴보는 방법은 무엇인가?

① 교착상태 검출　② 교착상태 예방
③ 교착상태 회복　④ 교착상태 회피

10 교착상태 처리 방법 중 시스템에 어떠한 제약도 가하지 않고 교착상태를 찾아내는 방법은 무엇인가?

① 교착상태 검출　② 교착상태 예방
③ 교착상태 회복　④ 교착상태 회피

11 다음 교착상태 처리 방법 중 교착상태를 찾은 후에 진입하는 것은 무엇인가?

① 교착상태 검출　② 교착상태 예방
③ 교착상태 회복　④ 교착상태 회피

12 교착상태 예방법 중 특정 스레드에 필요 자원을 전부 할당하거나 전혀 할당하지 않는 것은 무엇인가?

① 상호 배제 예방　　② 점유와 대기 예방
③ 비선점 예방　　④ 순환 대기 예방

13 교착상태 예방법 중 시스템 내의 모든 자원을 공유하도록 하는 것은 무엇인가?

① 상호 배제 예방　　② 점유와 대기 예방
③ 비선점 예방　　④ 순환 대기 예방

14 교착상태 예방법 중 스레드가 다른 스레드의 어떤 자원이든 빼앗을 수 있도록 만드는 것은 무엇인가?

① 상호 배제 예방　　② 점유와 대기 예방
③ 비선점 예방　　④ 순환 대기 예방

15 교착상태 예방법 중 자원에 숫자를 매겨 현재 사용 중인 자원보다 더 낮은 번호의 자원을 추가로 사용하지 못하도록 제약하는 것은 무엇인가?

① 상호 배제 예방　　② 점유와 대기 예방
③ 비선점 예방　　④ 순환 대기 예방

16 교착상태 예방법 중 시스템이 일괄 작업 방식과 같아져 효율이 낮아지는 것은 무엇인가?

① 상호 배제 예방　　② 점유와 대기 예방
③ 비선점 예방　　④ 순환 대기 예방

17 자원할당 그래프를 이용한 교착상태 검출에서 교착상태 발생의 기준은 무엇인가?

① 순환 구조　　② 프로세스 실행 시간
③ 타임 슬라이스 아웃　　④ 사용하는 자원 수

18 교착상태 회피의 문제점과 가장 거리가 먼 것을 찾으시오.

① 사용할 자원의 개수를 알 수 없음 ② 시스템 자원이 고정적이어야 함
③ 일괄 작업 시스템으로 작동 ④ 자원이 낭비됨

19 교착상태 처리 방법 중 은행원 알고리즘과 가장 관련 있는 것은 무엇인가?

① 교착상태 검출 ② 교착상태 예방
③ 교착상태 회복 ④ 교착상태 회피

20 다음 중 교착상태 회피의 단점이 아닌 것을 찾으시오.

① 프로세스가 실행되기 전에 필요한 모든 자원을 정확히 예측하기 어렵다.
② 일괄 작업 방식으로 처리될 가능성이 높다.
③ 자원이 낭비될 가능성이 높다.
④ 시스템의 전체 자원 수가 고정적이어야 한다.

21 교착상태 처리 방법 중 시스템을 안정상태와 불안정상태로 나누고 안정상태 범위에서만 자원을 배분하는 것은 무엇인가?

① 교착상태 검출 ② 교착상태 예방
③ 교착상태 회복 ④ 교착상태 회피

22 교착상태 처리 방법 중 교착상태가 없다고 가정하는 것은 무엇인가?

① 교착상태 검출 ② 교착상태 예방
③ 교착상태 무시 ④ 교착상태 회피

23 교착상태 처리 방법 중 자원할당 그래프와 가장 관련 있는 것은 무엇인가?

① 교착상태 검출 ② 교착상태 예방
③ 교착상태 무시 ④ 교착상태 회피

24 교착상태 처리 방법 중 교착상태의 프로세스를 강제로 종료했다가 다시 실행하는 것은 무엇인가?

① 교착상태 검출 ② 교착상태 예방
③ 교착상태 회복 ④ 교착상태 회피

25 자원할당 그래프를 이용한 교착상태 검출에서 교착상태 발생의 기준은 무엇인가?

① 사이클 ② 롤백
③ 스냅샷 ④ 체크포인트

26 데이터베이스나 운영체제에서 복원하는 시점을 가리키는 단어는 무엇인가?

① 자원할당 그래프 ② 롤백
③ 스냅샷 ④ 체크포인트

27 데이터베이스나 운영체제에서 오류가 발생하여 특정 시점의 상태로 복원하는 행위는 무엇인가?

① 자원할당 그래프 ② 롤백
③ 스냅샷 ④ 체크포인트

28 데이터베이스나 운영체제 시스템에서 특정 시점의 상태를 복원하기 위하여 저장된 데이터는 무엇인가?

① 자원할당 그래프 ② 롤백
③ 스냅샷 ④ 체크포인트

29 교착상태의 4가지 필요조건을 서술하시오.

30 교착상태 해결 방법 3가지에 대하여 설명하시오.

31 비선점 예방을 사용하기 어려운 이유를 쓰시오.

32 교착상태 예방 방법 중 점유와 대기 예방의 단점에 대하여 설명하시오.

33 교착상태 예방 방법 중 순환 대기 예방에 대하여 설명하시오.

34 교착상태 해결 방법 중 교착상태 회피에 대하여 설명하시오.

35 체크포인트와 롤백에 대하여 설명하시오.

PART

03

메모리 관리

PART 03 Preview

메모리는 한정된 자원이자, 운영체제가 가장 정교하게 관리해야 할 핵심 공간이다. 03부에서는 운영체제가 메모리를 어떻게 배치하고 보호하는지, 그리고 물리적 제약을 넘어 확장하기 위해 어떤 기법들을 사용하는지를 다룬다. 기본 구조와 주소 변환, 고정 · 가변 분할 방식의 차이, 가상 메모리와 페이지 교체 전략 등을 통해, 메모리의 효율성과 안정성을 동시에 확보하기 위한 운영체제의 설계 원리를 학습한다.

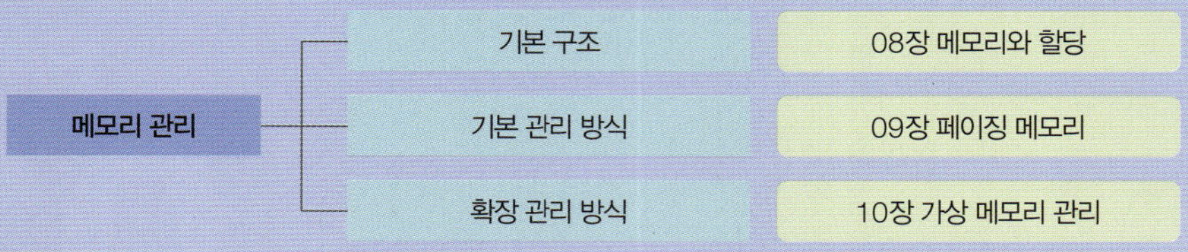

CHAPTER

08

메모리와 할당

학습목표

- 메모리의 구성과 역할, 메모리를 보호하는 방식과 컴파일 과정을 살펴본다.
- 논리 주소와 물리 주소의 차이점과 주소를 변환하는 이유를 이해한다.
- 주요 메모리 할당 방식과 단편화 해결 기법을 비교하여 학습한다.

Preview

메모리는 컴퓨터에서 유일한 작업 공간이며, 운영체제를 포함한 모든 프로그램은 메모리에 올라와야 실행될 수 있다. 따라서 운영체제는 제한된 메모리 공간을 프로그램의 실행 흐름에 맞게 제공하고, 여러 프로세스가 공동으로 사용하는 메모리에서 서로 영역을 침범하지 않도록 보호하는 역할을 한다.

이 장에서는 먼저 메모리의 기본 구조와 함께, 실행 파일이 메모리에 적재되기까지의 컴파일과 링킹 과정, 메모리 보호 원리를 살펴본다. 이어서 논리 주소와 물리 주소 간의 변환 원리, 프로세스가 메모리에서 차지하는 위치와 구조, 그리고 운영체제가 메모리를 나누고 프로세스에 할당하는 기법을 학습한다. 특히 가변 분할과 고정 분할의 장단점을 비교하여 이해한다.

이 장을 통해 독자는 운영체제가 메모리를 어떻게 구성하고 배치하며, 프로그램 실행을 위해 어떤 전략을 사용하는지를 전체적인 흐름 속에서 이해할 수 있게 된다.

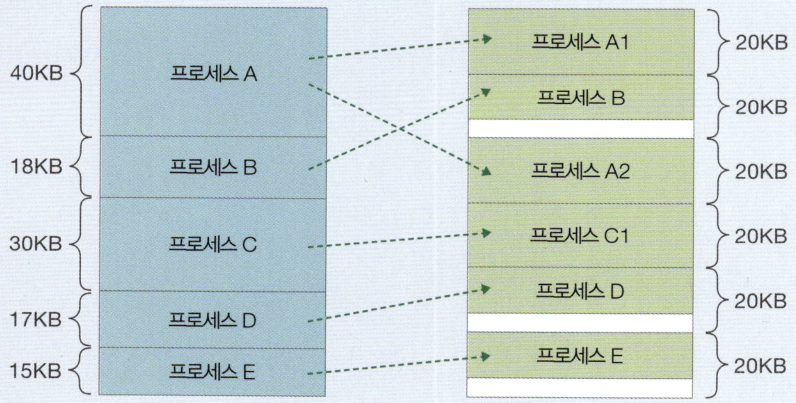

SECTION 01

메모리 구조와 프로그램 실행 준비

1 메모리와 프로그램 실행 구조

메모리의 기본 구조

폰노이만 구조에서 **메모리는 CPU의 유일한 작업 공간이며, 모든 프로그램은 메모리에 올라와야 실행할 수 있다.** 일반적으로 프로그램은 하드디스크나 SSD와 같은 보조 저장장치에 보관되어 있다. 프로그램이 실행된다는 것은 보조 저장장치에 있던 프로그램이 메모리에 적재되어 프로세스가 되었다는 의미이다.

메모리는 모눈종이처럼 1바이트 단위로 나뉘고, 각 바이트를 고유한 주소address로 구분한다. 일반적으로 주소는 0번지부터 시작하며, CPU는 메모리의 주소를 이용하여 데이터를 읽고 쓴다. 예를 들어 메모리의 24번지 데이터를 읽고, 작업 결과 데이터를 39번지에 저장한다. 이처럼 주소는 CPU와 메모리 사이의 작업 기준이고, 메모리 관리의 출발점이다.

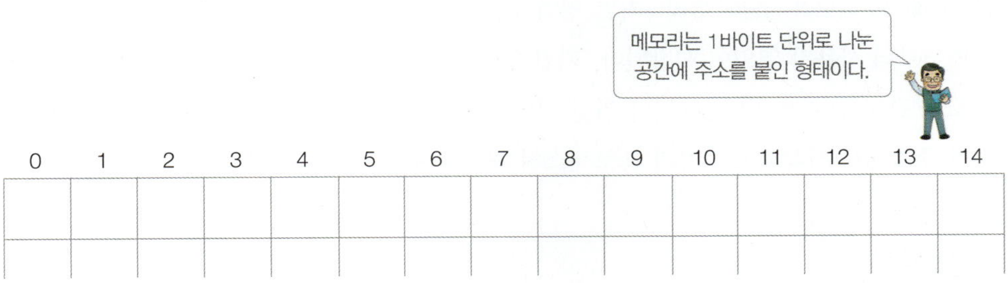

그림 8-1 개념적으로 표현한 메모리

운영체제도 하나의 프로그램이므로 실행되려면 메모리에 적재되어야 한다. 따라서 메모리에는 사용자 프로세스뿐만 아니라 운영체제 프로세스도 함께 존재한다. 컴퓨터나 스마트폰의 전원을 켜면 부팅이 시작되며, 이때 저장장치에 보관된 운영체제가 메모리로 올라온다. 부팅이 완료되면 응용 프로그램이 실행될 수 있는 환경이 마련된다.

CPU가 메모리에 있는 데이터를 가져오는 과정을 생각해 보자. 먼저 접근하려는 메모리 주소를 메모리 주소 레지스터(MAR)에 저장하고, 해당 주소는 주소 버스를 통해 메모리에 전달된다. 메모리는 데이터 버스를 통해 메모리 주소를 메모리 버퍼 레지스터(MBR)로 보낸다. 이후 MBR의 데이터가 레지스터로 이동하면 메모리 접근이 완료된다. 이 과정에는 시스템 버스(FSB)의 클록 속도를 기준으로 10클록 이상이 소요된다.

그러나 CPU가 레지스터에 접근하여 작업할 때는 1~3 클록이면 충분하다. 이처럼 메모리는 CPU에 비해 상대적으로 느린 장치이고, CPU가 레지스터에 접근하는 속도보다 메모리에 접근하는 속도가 몇 배 느리다. 이를 보완하기 위해 CPU 내부에 캐시$_{\text{cache}}$를 만들고, 메모리의 일부 데이터를 미리 가져온다$_{\text{prefetch}}$. 또한 용량이 크고 가격이 저렴하지만 상대적으로 느린 하드디스크나 SSD를 보조 저장장치로 활용하여 저장장치 계층 구조를 형성한다.

커널의 메모리 배치

유닉스 초기 시스템(PDP-11)이나 MS-DOS 운영체제에서는 커널 영역이 메모리의 낮은 주소에 배치되었다. 그러나 메모리 관리 기법이 발전함에 따라, 현대적인 운영체제는 다음과 같은 이유로 높은 주소에 커널 영역을 배치한다.

- **운영체제의 보안 향상**: 커널 영역을 [그림 8-2]의 (a)와 같이 메모리의 낮은 주소에 배치했을 때, 사용자 프로세스가 커널 영역과 물리적으로 가까운 위치에서 실행된다. 따라서 프로세스의 오류나 악성 코드 공격으로 인하여 커널이 위험할 수 있다. 반면 (b)와 같이 커널 영역을 메모리에 높은 주소에 배치하면, 사용자 영역과 커널 영역이 물리적으로 분리된다. 따라서 사용자 프로세스가 직접 커널 영역에 침범하기 어려워지고, 운영체제의 보안이 향상된다.
- **사용자 프로세스의 메모리 할당에 유리**: 커널 영역을 메모리의 낮은 주소에 배치하면 커널 영역을 제외한 영역부터 사용자 영역이 시작된다. 커널 영역의 크기가 변하는 경우, 사용자 프로세스의 시작 주소도 같이 변해야 한다. 그러나 커널 영역을 높은 주소에 배치하면, 사용자 영역이 언제나 일정한 주소에서 시작되어 사용자 프로세스의 메모리 주소 할당이 단순해지는 장점이 있다.

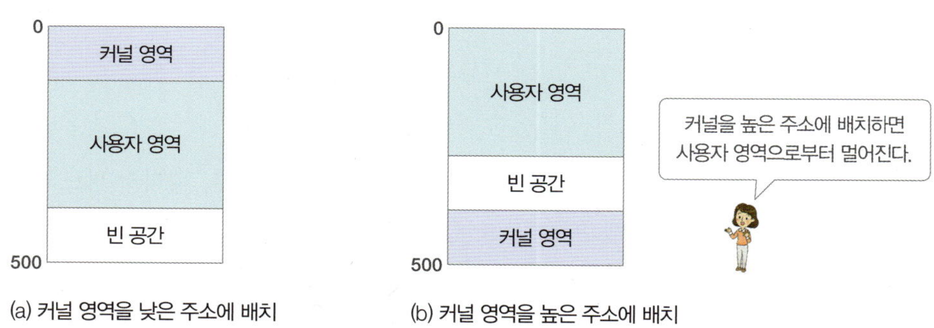

그림 8-2 커널 영역과 사용자 영역의 분리

이 책에서 지금까지는 운영체제의 구조를 단순하게 표현하기 위하여 커널이 낮은 주소에 배치된 것처럼 나타냈지만, 앞으로는 커널을 높은 주소에 나타낸다.

Note **운영체제별 커널의 위치**

리눅스의 경우 32비트 시스템에서는 사용자 영역을 메모리의 가장 낮은 주소인 0x00000000부터 시작하고, 커널 영역을 0xC0000000 이상의 높은 주소부터 배치한다. 64비트 시스템에서는 더 넓은 주소 공간을 활용하며, 커널과 사용자 공간의 경계를 다르게 설정할 수도 있다.
윈도우도 리눅스와 마찬가지로 커널을 높은 주소에 배치한다. 32비트 윈도우는 사용자 영역을 낮은 주소에서 시작하고, 커널 영역을 0x80000000 이상의 높은 주소에 배치하여 운영한다. 64비트 윈도우는 더 넓은 가상 주소 공간을 활용하지만, 기본적인 설계 원리는 32비트와 같다.

메모리 보호 방식

현대의 운영체제는 시분할 기법을 사용하여 여러 프로그램을 동시에 실행한다. 커널도 CPU를 사용하는 작업이므로, 사용자 프로세스를 실행하는 동안 커널의 작업은 일시적으로 중단된다. 이러한 상황에서 악성 코드가 커널 영역을 침범하거나 데이터를 변경하려 하면 시스템이 손상될 수 있다. 사용자 영역도 여러 개의 작업 공간으로 나뉘는데, 사용자 프로세스가 자신의 영역을 넘어가면 다른 프로세스를 파괴할 수 있다.

운영체제는 커널과 사용자 프로세스를 모두 보호하기 위해 메모리 보호 기능을 제공한다. 메모리 보호memory protection는 프로세스가 허용되지 않은 메모리 영역에 접근하지 못하도록 제한하는 기능으로, 하드웨어와 운영체제가 협력하여 수행한다. 이를 통해 각 프로세스가 자신에게 할당된 작업 공간을 벗어나지 못하도록 하여, 시스템 전체의 안정성을 유지할 수 있다.

커널이나 프로세스는 자신이 속한 메모리 영역을 스스로 보호할 수 없으므로 하드웨어의 지원을 받는다. CPU는 실행 중인 작업의 메모리 시작 주소를 경계 레지스터bound register에 저장하고, 마지막 주소를 한계 레지스터limit register에 저장한다. 사용자 프로세스가 실행되는 동안 CPU는 프로세스가 두 레지스터의 주소 범위를 벗어나는지 검사한다. 만약 프로세스가 허용된 범위를 벗어나면 인터럽트가 발생하고, 해당 프로세스는 강제 종료된다.

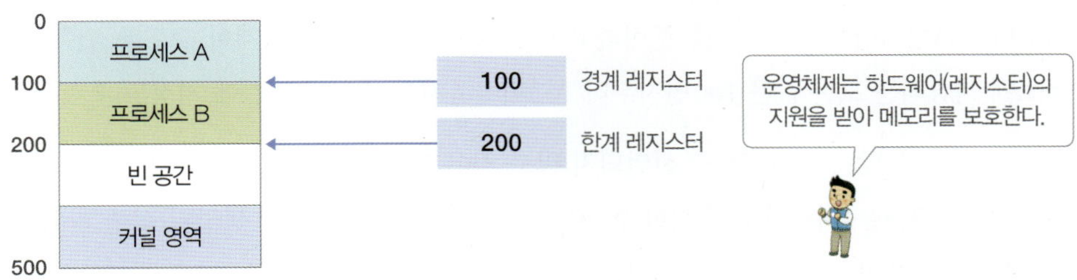

그림 8-3 메모리 보호

[그림 8-3]은 경계 레지스터와 한계 레지스터의 역할을 보여준다. 프로세스 B에 할당된 메모리 영역의 시작 주소 100번지는 경계 레지스터에 저장되고, 프로세스 B의 마지막 주소 200번지는 한계 레지스터에 저장된다. 프로세스 B가 데이터를 읽거나 쓸 때마다 CPU는 해당 작업이 100번지와 200번지 사이에서 이루어지고 있는지 검사한다. 만약 이를 벗어나면 인터럽트가 발생하고, 커널 프로세스가 개입하여 프로세스 B를 강제로 종료시킨다.

2 컴파일과 실행 준비

프로세스가 메모리에 어떻게 배치되는지를 이해하려면, 그 전에 프로그램이 실행 가능한 형태로 어떻게 준비되는지를 먼저 알아야 한다. 소스 코드는 곧바로 메모리에 적재되어 실행되는 것이 아니라, 컴파일과 링킹을 거쳐 실행 가능한 파일로 바뀐 뒤에야 메모리에 적재된다. 여기서는 소스 코드가 실행 파일로 변환되는 과정과 실행 파일이 메모리에 올라갈 준비가 어떻게 이루어지는지를 살펴본다. 이를 통해 이후에 배울 메모리 구조나 배치가 왜 그렇게 구성되어 있는지 훨씬 더 쉽게 이해할 수 있을 것이다.

컴파일러의 작업 이해하기

일반적으로 응용 프로그램은 고급 프로그래밍 언어로 작성되며, 작성된 소스 코드source code는 기계어로 번역된 후 실행된다. 따라서 프로그래밍 언어의 번역이란 고급 언어로 작성된 코드를 컴퓨터가 이해할 수 있는 기계어로 변환하는 것이다. 대표적인 번역 방식으로는 컴파일러compiler 방식과 인터프리터interpreter 방식이 있다.

인터프리터 방식은 소스 코드를 한 줄씩 읽어 실행하는 반면, 컴파일러 방식은 모든 코드를 한꺼번에 읽고 점검하여 파일을 만든 후, 해당 파일을 실행한다. 이때 소스 코드를 실행 파일로 변환하는 과정을 컴파일compile이라 하며, 컴파일을 수행하는 프로그램을 컴파일러compiler라고 한다. 소스 코드를 컴파일한다는 것은 메모리에서 이루어지는 모든 작업을 기계어 형태로 변환하는 것이다. 예를 들어 `int num = 3;` 코드에 대하여, 컴파일러는 정수(`int`)를 저장할 공간으로 메모리의 100번지부터 103번지까지 4바이트를 준비하고 이곳에 3을 저장하는 기계어 코드를 만든다. 이후 변수 num에 저장되는 모든 값은 100번지부터 103번지까지의 메모리 공간에 저장된다.

또한 컴파일러는 문법에 맞지 않는 코드, 선언되지 않고 사용되는 변수, 함수의 매개변수 불일치 등과 같은 오류를 찾아내는 최적화도 수행한다. 따라서 컴파일 과정을 거쳐 생성된 실행 파일은 오류 없이 최적화된 기계어 코드가 된다. 이러한 장점 때문에 C 언어나 자바와 같은 대부분의 프로그래밍 언어는 컴파일 방식을 사용한다.

Note **유닉스에서 실행 파일의 이름 변경하기**

윈도우 환경에서 컴파일한 실행 파일의 확장자는 exe 또는 com이다. 유닉스에서 GNU C 컴파일러(GCC)가 만드는 실행 파일의 이름은 a.out이다. gcc에서 실행 파일의 이름을 변경하려면 **-o** 옵션을 사용한다. 또한 **-c** 옵션을 사용하면 실행 파일을 생성하지 않고 확장자가 .obj 또는 .o인 목적 코드 파일만 만들 수 있다.

컴파일의 주요 단계

컴파일러는 다음과 같은 단계를 거쳐서 실행 파일을 생성한다.

❶ **소스 코드 분석:** 소스 코드의 문법 오류를 검출한다.

❷ **최적화 및 목적 코드 생성:** 불필요한 변수와 중복된 명령을 제거하여 코드를 최적화한다. 이렇게 만들어진 코드가 **목적 코드**object code이며 목적 코드를 저장하는 파일의 확장자는 obj이다.

❸ **연결 단계:** 목적 코드에 라이브러리 코드를 삽입하여 최종 실행 파일을 생성한다.

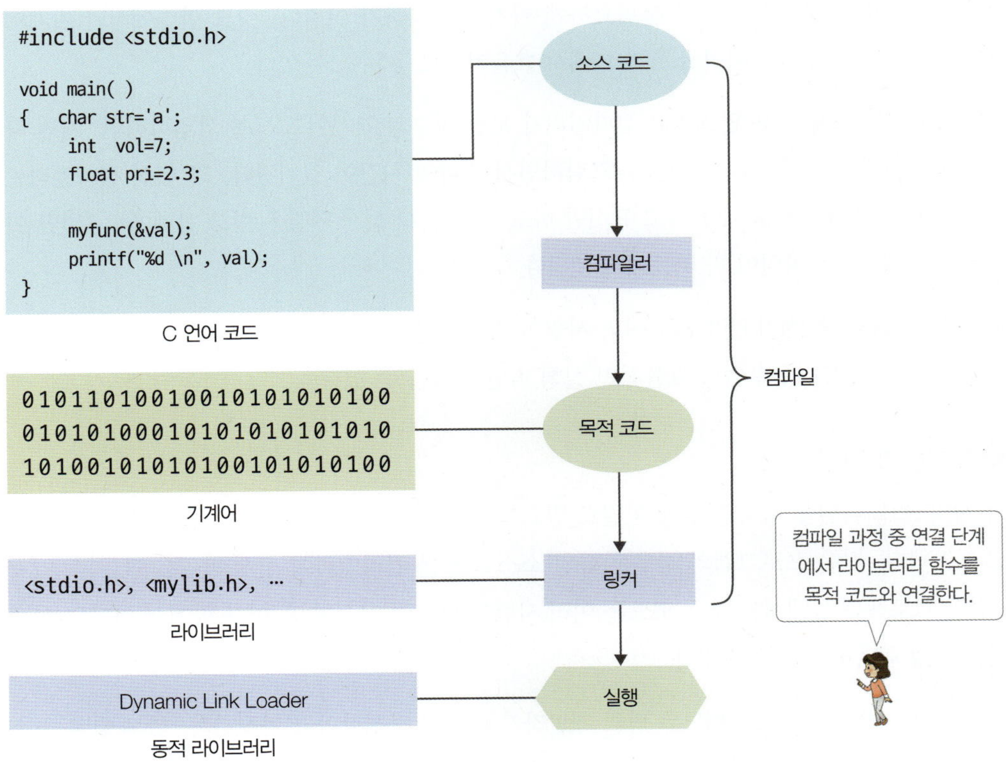

그림 8-4 컴파일 과정

컴파일은 목적 코드를 만드는 단계와 목적 코드를 라이브러리와 연결하는 연결linking 단계로 나뉜다. 목적 코드는 기계어 코드로 변환되기 직전의 중간 형태 코드이며, 문법적으로 오류가 없으나 라이브러리에 해당하는 기계어 코드가 비어 있다. 따라서 연결 단계에서 목적 코드와 필요한 라이브러리를 결합하여 최종 실행 파일을 만든다. 연결을 수행하는 프로그램을 링커linker라 부른다.

예를 들어 <stdio.h> 라이브러리에 속하는 printf()를 포함하는 소스 코드의 컴파일 과정을 살펴보자. 컴파일 단계에서는 printf()의 사용에 문제가 없는지를 검사한다. 문법적으로 문제가 없다면 printf()의 기계어 코드가 비어 있는 상태로 목적 코드가 만들어진다. 연결 단계에서는 <stdio.h>에서 printf()의 기계어 코드를 가져와서 목적 코드에 삽입한 다음, 최종 실행 파일을 만든다.

목적 코드를 만들 때 라이브러리 함수에 해당하는 코드를 비워두었다가 연결 단계에서 삽입하는 이유를 생각해 보자.

- **함수의 실제 코드를 1번만 삽입한다**: 여러 소스 코드에서 함수를 공통으로 사용할 때 똑같은 코드를 중복 삽입하면 프로그램 크기가 불필요하게 커지고 관리하기 어렵다. 링크 단계에서만 기계어 코드를 연결하면 함수를 여러 소스 코드에서 효율적으로 공유할 수 있다.
- **함수의 기계어 코드를 1번만 연결한다**: 컴파일러가 모든 함수의 기계어 코드를 삽입하려면, 매번 라이브러리 전체를 탐색하고 분석한 후 포함하면서 컴파일 시간이 길어진다. 그 대신 컴파일러는 "여기에 printf()가 필요하다"라고 표시만 하고 넘어간다. 실제 연결은 링크 단계에서 1번만 이루어지기 때문에 컴파일이 더 빠르게 진행된다.
- **여러 사람이 공동 작업하기 편리하다**: 여러 사람이 각자 소스 코드를 작성했더라도 분할 컴파일 방식을 사용하면 코드 중복 없이 효율적인 실행 파일을 만들 수 있다.

분할 컴파일과 링킹

여러 개의 소스 파일을 하나의 실행 파일로 만드는 것을 분할 컴파일 또는 다중 소스multiple source 코드라고 한다. 작은 프로그램의 경우는 단일 소스 코드를 컴파일하여 실행 파일을 만들 수 있지만, 협업 프로젝트 등에서는 소스 코드를 여러 사람이 나누어 작성한 후 이를 합쳐서 하나의 실행 파일을 완성해야 하는 경우가 많다.

예를 들어 하나의 큰 프로그램을 두 명의 개발자가 나누어 작성한다고 가정하자. 한 사람은 소스 코드 my_main.c를 만들고 다른 사람은 소스 코드 other.c를 만든 후 실행 파일은 하나만 만들어야 한다. 이때 other.c의 코드를 복사하여 my_main.c에 붙여넣은 후 컴파일하면 어떻게 될까? 아직 컴파일하기 전이기 때문에 my_main.c의 오류에 other.c의 오류까지 더해져 더 많은 오류가 발생할 것이다. 자신의 코드뿐 아니라 다른 사람의 코드까지 완전히 이해하고 오류를 처리하기란 매우 어려운 일이다. 그럴 바에는 차라리 혼자 코드를 만드는 편이 나을 수도 있다.

분할 컴파일 방식에서는 각자가 만든 소스 코드를 개별적으로 컴파일하여 목적 파일object file을 만든다. 목적 파일은 이미 오류 검사가 끝난 상태이다. 따라서 개발자가 각자 자신의 코드만 컴파일하여 오류를 수정한 후 목적 파일을 공유하면, 간편하게 하나의 실행 파일을 만들 수 있다. 분할 컴파일에서 서로 다른 목적 코드를 하나로 만드는 단계가 연결 단계이다.

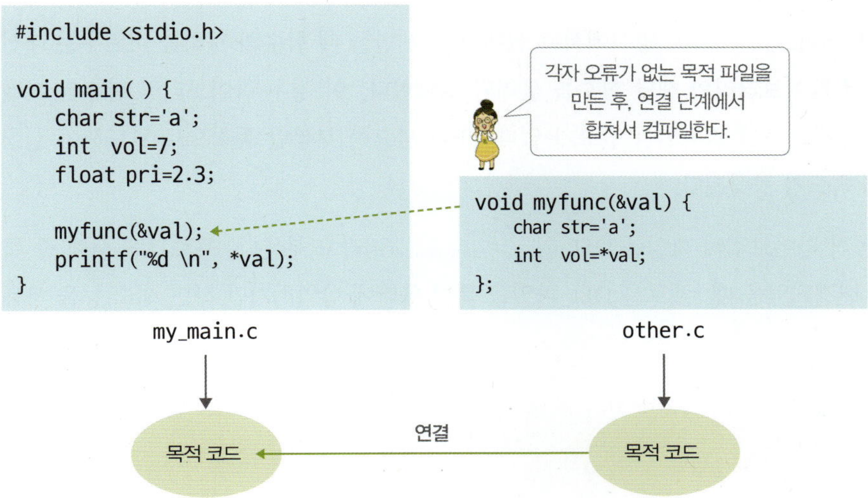

그림 8-5 다중 소스 코드 작업에서의 연결 단계

분할 컴파일이 필요한 상황이 또 있다. 소스 코드를 만들 때마다 자주 사용하는 함수가 있거나, 여러 명이 나누어 작업할 때 공동으로 사용하는 함수가 있다고 가정하자. 이때마다 자주 사용하는 사용자 함수인 `project_func()`을 매번 복사하고 붙여넣기가 번거롭고 비효율적이다. 가장 좋은 방법은 `project_func()`과 같이 공동으로 사용하는 함수를 모아서 `projectlib.h`에 정의해두는 것이다. 그러면 `project_func()`가 필요한 파일에 헤더 `#include "projectlib.h"`만 추가하면 된다. 이처럼 링킹 단계에서는 라이브러리 함수뿐 아니라 각자 분할 컴파일된 코드들도 함께 연결되어 실행 파일을 완성한다.

Note 사용자가 만든 라이브러리

컴파일러가 제공하는 라이브러리를 코드에 포함할 때는 `#include <stdio.h>`처럼 꺾쇠 괄호(<>)를 사용한다. 또한 사용자가 만든 라이브러리를 코드에 포함할 때는 `#include "projectlib.h"`처럼 쌍따옴표(" ")를 사용한다.

동적 라이브러리

동적 라이브러리를 활용하면 프로그램의 유지 보수와 업데이트가 훨씬 편리해진다. 지금까지 사용했던 `<stdio.h>`의 `printf()`에 기능이 추가되어 기계어 코드가 변경되었다고 가정하자. 일반적으로 실행 파일에는 라이브러리의 기계어 코드가 포함된다. 따라서 새로운 `printf()`를 사용하기 위해서는 변경된 `<stdio.h>` 라이브러리를 가져와서 다시 컴파일해야 한다. 이것이 정적 라이브러리 방식이다. 정적 라이브러리 방식에서는 라이브러리 함수에서 오류를 정정하거나 새로운 기능이 추가될 때마다 변경된 라이브러리를 가져와 다시 컴파일해야 하는 번거로움이 있다.

반면 **동적 라이브러리**dynamic library 방식에서는 실행 파일을 만들 때 함수의 자리를 비워두는 대신에 **실행 시점에서 라이브러리의 해당 함수를 불러와 실행**한다. 이 경우 라이브러리 함수의 기계어 코드가 변경되어도 새로 컴파일할 필요가 없다. 또한 필요한 부분만 동적으로 로드하여 실행할 수 있어 실행 속도가 향상된다.

윈도우에서는 동적 라이브러리 파일을 DLLDynamic Link Loader이라고 부른다. 프로그램 실행 중 특정 DLL 파일이 변경되었을 때, 새로운 DLL 파일을 특정 폴더에 삽입하기만 하면 새 기능을 사용할 수 있다.

SECTION 02

프로세스의 메모리 배치

1 메모리 주소

변수와 주소 추상화

다음과 같이 문자형char 변수 alp를 선언하고 해당 변수에 대문자 A를 저장했다. 이 코드가 실행되면 메모리의 어딘가에 문자 A가 저장된다. 문자가 저장된 주소를 35번지라고 가정하자.

```
char alp = 'A';
```

프로그램을 만든다는 것은 메모리에 저장된 데이터를 가공하여 원하는 정보로 만드는 과정이다. 이때 메모리에 있는 데이터에 접근하려면 주소 35번지를 사용해야 한다. 그러나 사용자가 수많은 주소를 직접 기억하기는 어렵다. 여러 종류의 데이터를 사용할 경우, 특정 주소에 어떤 데이터를 저장했는지 쉽게 잊어버릴 수 있다.

이를 해결하기 위해 저장된 주소에 이름을 붙인 것이 변수이다. 다시 말해 변수는 메모리 주소를 문자로 추상화한 것이다. 따라서 alp = 'A'는 alp라고 이름이 붙여진 메모리 주소(35번지)에 문자 A를 넣으라는 명령이다. 휴대폰의 전화번호부에서 전화번호와 이름을 같이 저장하면, 전화번호를 외우지 않아도 이름으로 전화를 걸 수 있는 것과 마찬가지이다.

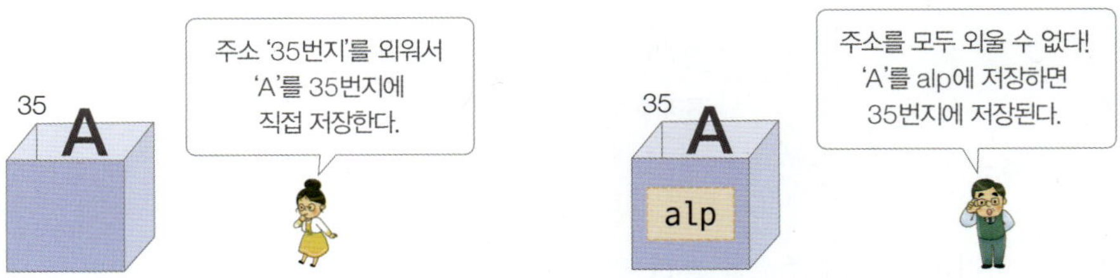

(a) 주소로 메모리에 접근 (b) 추상화된 이름으로 메모리에 접근

그림 8-6 메모리 주소의 추상화

> **Note** **C 언어에서의 직접 접근과 간접 접근**
>
> C 언어에서 변수는 메모리 주소를 추상화한 것이므로, 변수를 통해 직접적으로 메모리에 접근하여 값을 변경할 수 있다. 반면 포인터pointer는 변수의 주소를 가리키므로, 포인터를 통해 간접적으로 메모리에 접근하여 값을 변경할 수 있다. 따라서 C 언어에서 변수를 통한 접근을 직접 접근이라고 하며, 포인터를 사용하여 변수의 주소를 참조하는 방식을 간접 접근이라고 한다.

논리 주소와 물리 주소

`char alp = 'A'` 코드를 컴파일하여 실행 파일이 만들어졌다면 해당 실행 파일에는 메모리 35번지에 A를 저장하라는 기계어 코드가 포함되어 있을 것이다. 그러나 실행 파일이 메모리에 적재되어 실행됐을 때, 컴퓨터의 물리 메모리physical memory의 주소 35번지에 'A'가 저장되는 것은 아니다. 이는 컴파일 시 지정된 주소(논리 주소)와 실행 시 운영체제가 배정하는 주소(물리 주소)가 다르기 때문이다.

[그림 8-7]과 같이 프로세스 B가 물리 메모리의 100번지에 배치되었다면, 35번지에 저장될 것으로 예상했던 데이터가 실제로는 물리 메모리의 135번지에 저장된다. 프로세스 B가 200번지에서 시작했다면 `alp`의 물리 주소는 235번지이다. 중요한 점은 프로그램을 실행할 때마다 물리 메모리에서의 시작 주소가 바뀔 수 있다는 것이다.

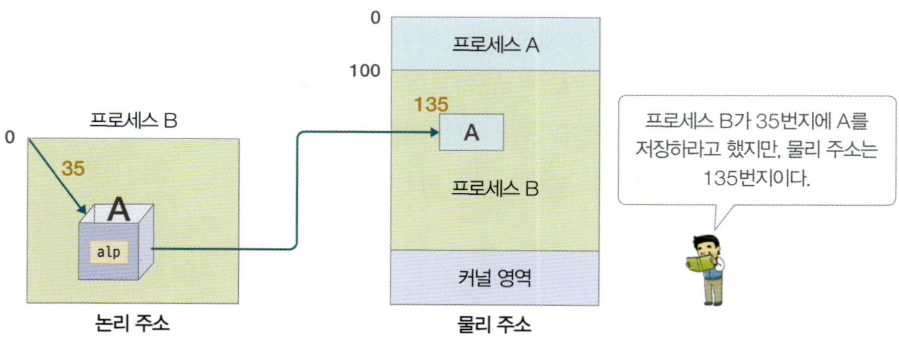

그림 8-7 논리 주소와 물리 주소

프로세스의 입장에서 바라본 메모리 주소를 **논리 주소**logical address라 부르고, 메모리의 입장에서 바라본 물리 메모리의 주소를 **물리 주소**physical address 혹은 실제 주소라 부른다. 프로세스가 사용하는 주소와 실제 물리 메모리의 주소가 다를 수 있으므로, 프로세스가 논리 주소를 이용하여 메모리 접근을 요청하면 논리 주소를 물리 주소로 변환해야 한다. 변환 작업은 CPU 안에 있는

메모리 관리 유닛(MMU Memory Management Unit)이 수행한다. 예를 들어 프로세스 B가 물리 메모리의 100번지에 배치되었다면, 프로세스가 논리 주소 공간의 35번지를 참조할 때 MMU가 이를 135번지로 변환한다.

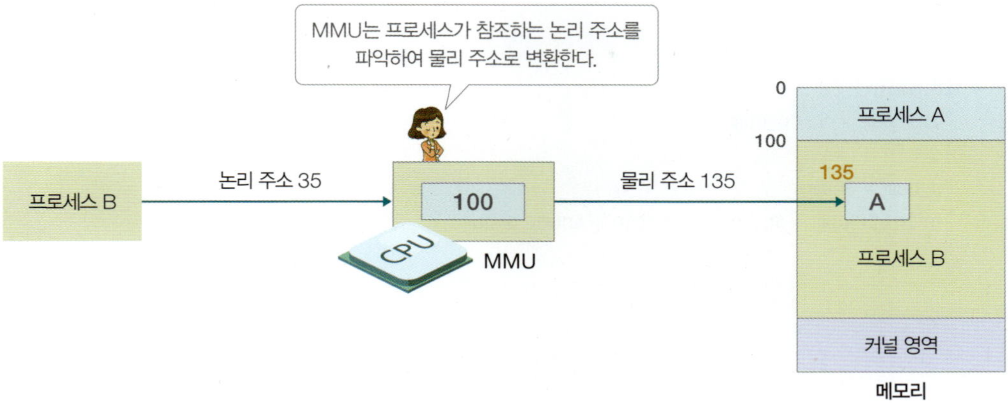

그림 8-8 논리 주소를 물리 주소로 변환

32비트 CPU와 64비트 CPU의 메모리 주소

CPU의 비트bit 수는 한 번에 처리하는 데이터의 최대 크기를 의미하며, CPU가 접근할 수 있는 메모리 주소의 범위와도 밀접한 관계가 있다. 자동차의 번호판이 세 자릿수라면 000부터 999까지 총 10^3개의 차량 번호를 만들 수 있다. 마찬가지로 32비트 CPU는 메모리 주소를 저장하는 메모리 주소 레지스터(MAR)의 크기가 32비트이므로, 표현할 수 있는 메모리 주소의 범위가 0부터 $2^{32}-1$까지 총 2^{32}개이다. 32비트 CPU가 나타낼 수 있는 메모리 주소를 16진수로 나타내면 00000000부터 FFFFFFFF까지이다. 또한 메모리 크기는 2^{32}B로 약 4GB이므로, 32비트 CPU에서 컴퓨터에 설치할 수 있는 물리 메모리의 최대 크기는 4GB이다. 한 개의 프로세스가 사용할 수 있는 논리 주소 공간의 최대 크기도 4GB이다.

64비트 CPU는 레지스터의 크기와 버스의 대역폭, 한 번에 처리하는 데이터의 최대 크기가 모두 32비트 CPU의 2배이다. 또한 32비트 CPU보다 처리 속도가 빠를 뿐 아니라, 사용할 수 있는 논리 주소 공간도 훨씬 크다. 64비트 CPU가 표현할 수 있는 메모리 주소의 범위는 0부터 $2^{64}-1$까지이다. 이는 2^{64}B이므로 약 16,777,216TB이기 때문에 이론적으로 논리 주소와 물리 주소의 크기가 무한대에 가깝다.

Note 주소 출력하기

다음 코드를 실행하면 0x로 시작하는 16진수가 출력된다. 그러나 이 값은 물리 주소가 아닌 논리 주소이다. 메모리 관리 유닛(MMU)은 논리 주소를 물리 주소로 변환하지만, 사용자가 물리 주소를 직접 확인할 수는 없다.

```
#include <stdio.h>

void main() {
    int num = 5, *p_num;

    p_num = &num;
    printf("num = %p, p_num = %p\n", &num, p_num);
}
```

2 메모리 오버레이

과거에는 메모리가 값비싼 장치였기 때문에 개인용 컴퓨터에 큰 메모리를 사용하기 어려웠다. 예를 들어 MS-DOS의 내장 메모리는 640KB에 불과했다. 현재는 메모리 가격이 저렴하고 용량도 충분하지만, 당시에는 작은 메모리로 큰 프로그램을 실행하는 것이 중요한 과제였다. 4MB의 물리 메모리를 가진 컴퓨터에서 10MB의 프로그램을 실행하는 방법은 의외로 간단하다.

요리사가 작업대보다 큰 고깃덩어리를 손질하는 경우를 생각해 보자. 고깃덩어리를 도마보다 작게 잘라서 조각을 따로 손질하면 된다. 이처럼 프로그램이 물리 메모리보다 클 때, 프로그램을 여러 개의 모듈로 나누어 필요한 부분을 메모리에 가져오는 방식을 메모리 오버레이memory overlay라고 한다.

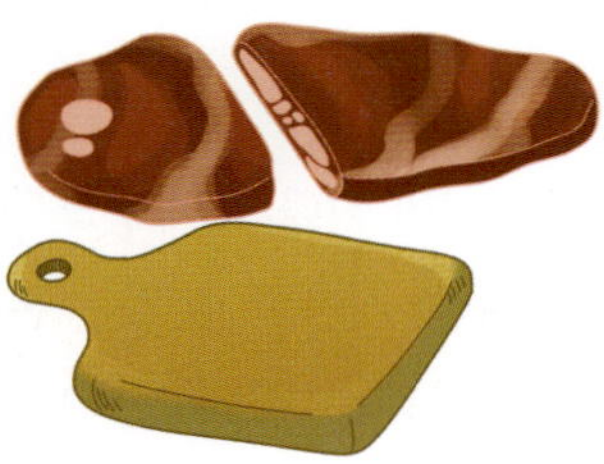

그림 8-9 메모리보다 큰 프로그램을 실행하는 방법

프로그램 전체를 한 번에 메모리에 올릴 수 없으니, 실행 중에는 핵심 모듈만 유지하고 나머지 모듈은 필요할 때마다 메모리에 불러와 교체한다. 이 방식은 메모리의 효율을 극대화하여 제한된 환경에서도 큰 프로그램을 실행할 수 있게 해준다. 영어 단어 'overlay'는 '겹겹이 덮다' 또는 '덧씌우다'라는 의미이고, 메모리 오버레이는 하나의 메모리에 모듈을 덮어써 가며 프로그램을 실행하는 방식이다.

[그림 8-10]은 메모리 오버레이의 작동 방식을 보여준다. 예를 들어 아래아한글과 같은 문서 편집기에는 기본적인 문서 편집 기능 외에도 맞춤법 검사, 출력, 도형 삽입 등 다양한 기능이 포함되어 있다. 이러한 기능들은 각각 모듈로 분리되어 있으며, 프로그램 실행 시 필요한 모듈만 메모리로 가져온다. 기본 문서 편집 기능을 사용하다가 도형이 필요하면 메모리에 도형 모듈을 올리고, 맞춤법 검사가 필요하면 도형 모듈을 메모리에서 내보내고 그 자리에 맞춤법 검사기 모듈을 가져온다. 이렇게 하면 프로그램 전체를 메모리에 올려 실행하는 것보다 속도가 느리지만, 메모리가 부족한 환경에서도 프로그램 실행이 가능하다는 장점이 있다.

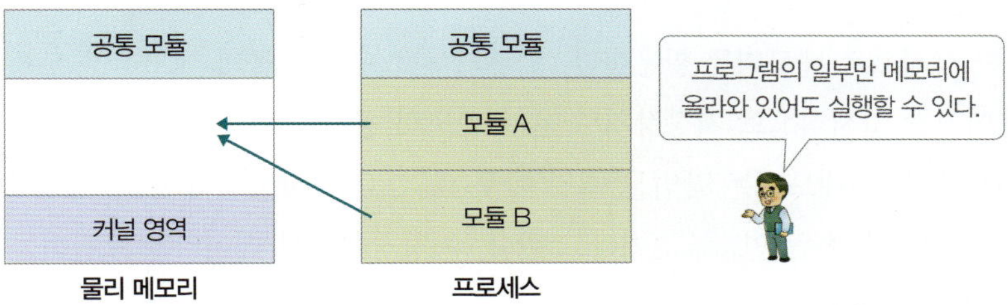

그림 8-10 메모리 오버레이

메모리 오버레이에서 어떤 모듈을 가져오거나 제거할지는 CPU 레지스터인 프로그램 카운터(PC)가 결정한다. 프로그램 카운터는 실행할 명령어의 위치를 가리키는 레지스터로, 프로그램 카운터 가리키는 모듈이 메모리에 없을 때는 메모리 관리자에게 요청하여 해당 모듈을 가져오도록 한다.

메모리 오버레이에서 **프로그램의 일부만 메모리에 존재해도 작업을 수행할 수 있다**는 점이 중요하다. 현대 컴퓨터 시스템에서는 프로그램이 메모리보다 클 경우 메모리 오버레이 대신 10장에서 다루는 가상 메모리virtual memory 기술을 사용한다. 가상 메모리는 운영체제가 하드디스크와 메모리를 연동하여 전체 프로그램이 한꺼번에 메모리에 올라오지 않아도 실행될 수 있도록 지원한다. 비록 메모리 오버레이는 현재 사용되지 않지만, 프로그램에서 일부만 메모리에 올려 실행한다는 개념이 가상 메모리 기술의 기반이 되었다.

3 스왑

메모리 시스템에서 중요한 개념으로 스왑이 있다. 메모리 오버레이는 메모리가 부족할 때 사용하는 오래된 기법이지만, 현대 운영체제에서 메모리가 부족할 때는 스왑을 이용한다. 작업대에 고기 조각이 올라와 있을 때 새로운 고기 조각을 손질하려면 기존의 고기 조각을 어딘가로 옮겨야 한다. 이를 위해 보관 창고에 별도의 공간을 마련하고, 작업대에서 옮겨온 고기 조각을 임시로 저장한다.

그림 8-11 보관 창고의 임시 저장 공간

컴퓨터에서도 이와 비슷한 방식으로 메모리를 활용한다. 컴퓨터 시스템에서 물리 메모리가 부족할 때, 사용하지 않는 데이터를 일시적으로 저장장치로 옮겨 메모리 공간을 확보하는 기법을 **스왑**swap이라고 한다. 이때 데이터를 내보내는 작업은 스왑 아웃swap-out, 저장장치에 있던 데이터를 다시 메모리로 불러오는 작업을 스왑 인swap-in이라고 한다. 저장장치에서 데이터를 보관하는 장소는 스왑 영역swap area이라 부른다.

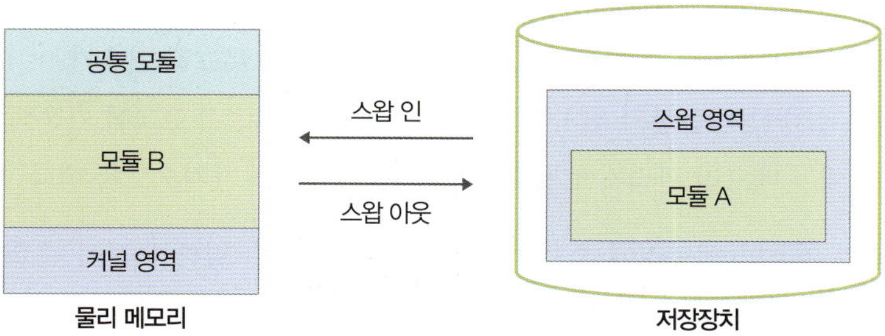

그림 8-12 스왑 인과 스왑 아웃

스왑 영역은 보조 저장장치의 일부이지만 운영체제가 이를 메모리처럼 관리하여 물리 메모리가 확장된 것처럼 동작하게 한다. 따라서 메모리 관리자가 스왑 영역을 관리하고, 보조 저장장치는 단순히 공간을 제공할 뿐이다. 또한 이때 전체 메모리 용량은 스왑 영역의 크기까지 포함하여 확장된다. 예를 들어 실제 물리 메모리가 1GB이고 스왑 공간이 3GB라면, 사용자에게 제공되는 전체 메모리는 4GB로 인식된다. 실제로 물리 메모리가 4GB인 시스템보다 속도는 느리지만, 부족한 메모리 용량을 효과적으로 보완하여 실제 메모리 용량과 관계없이 큰 프로그램을 실행할 수 있다. 메모리 오버레이와 스왑은 10장에서 설명할 가상 메모리 시스템의 기초가 된다.

Note **유닉스와 윈도우의 스왑 영역**

유닉스 운영체제에서는 운영체제를 설치할 때 보조 저장장치의 분리된 파티션에 스왑 영역을 배정한다. 따라서 스왑 영역을 직접 확인하려면 `free` 명령어를 사용해야 한다. `free`는 메모리 상태를 확인하는 명령어이며, `-m` 옵션은 결과를 메가바이트(MB) 단위로 출력하도록 지정한다.

```
$free -m
         total    used    free   shared   buff/cache    available
Mem:      1349     857      71        9          420          329
Swap:      923     296              626
```

윈도우에서는 스왑 영역이 파일 형태로 존재하는데, 일반적으로 C:\ 드라이브의 `pagefile.sys`라는 파일이다. 이 파일은 숨겨진 시스템 파일로 보호되어 있으므로 탐색기 옵션에서 숨김 파일 표시 설정을 변경해야 확인할 수 있다.

컴퓨터의 전원 옵션 중 '최대 절전 모드'는 현재 작업 상태를 유지한 채 컴퓨터의 전원을 끄고, 다시 켤 때 기존 작업 상태를 복구하는 기능이다. 최대 절전 모드일 때 CPU와 메모리의 전력 공급이 완전히 차단되어 메모리에 있는 데이터가 모두 사라진다. 따라서 현재 메모리의 데이터를 스왑 공간인 `hiberfil.sys` 파일에 임시 저장해 두어야 한다. 이 파일도 숨겨진 시스템 파일이므로 윈도우 설정에서 이를 확인하거나 관리할 수 있다.

SECTION 03

메모리 할당 기법

1 가변 분할과 고정 분할

물리 메모리에는 여러 프로세스가 공존하기 때문에 메모리를 적당한 크기로 분할하여 각 프로세스에 나눠주어야 한다. 메모리를 나누는 방법은 가변 분할과 고정 분할이 있다.

- **가변 분할** variable-size partitioning은 프로세스의 크기에 따라 메모리를 나누는 방식이다. 따라서 메모리가 각 프로세스의 크기에 맞추어 분할된다.
- **고정 분할** fixed-size partitioning은 프로세스의 크기와 관계없이 메모리를 같은 크기로 나누는 방식이다. 고정 분할에서 크기가 큰 프로세스는 여러 개의 메모리 공간을 사용한다.

의자를 예로 들어 가변 분할과 고정 분할의 차이를 살펴보자. A 대학은 신입생 각자의 신체에 맞는 맞춤형 의자를 제공한다. B 대학은 모든 교실에 동일한 의자를 배치한다. A 대학은 가변 분할에 해당하고, B 대학은 고정 분할에 해당한다.

가변 분할은 학생에게 맞는 의자를 제공한다는 측면에서 바람직해 보이지만, 관리하기 힘들다. 학생들은 수업 종료 후 다른 교실로 이동할 때마다 자신의 의자를 들고 가야 한다. 따라서 쉬는 시간마다 의자를 든 학생들로 복도가 붐빌 것이다. 또한 크기가 다른 의자를 쌓아서 보관하기 어려울뿐더러, 학생이 졸업할 때 의자를 가져가거나 폐기해야 한다.

반면 고정 분할은 학생들이 의자를 들고 이동할 필요가 없으며, 의자를 쌓아서 보관하기가 수월하다. 또한 의자보다 체구가 큰 학생은 의자 2개를 붙여서 사용하면 된다.

그림 8-13 가변 분할과 고정 분할

가변 분할과 고정 분할의 구현

[그림 8-14]는 가변 분할과 고정 분할이 메모리에서 어떻게 구현되는지를 보여준다. 가변 분할은 프로세스의 크기에 맞게 메모리가 분할되므로 프로세스가 차지하는 영역의 크기가 다 다르다. 그림에서 가장 큰 영역은 40KB이고 가장 작은 영역은 17KB이다. 가변 분할에서 하나의 프로세스는 물리 메모리의 연속된 공간에 배치되며, 이를 연속 메모리 할당contiguous memory allocation이라고 부른다.

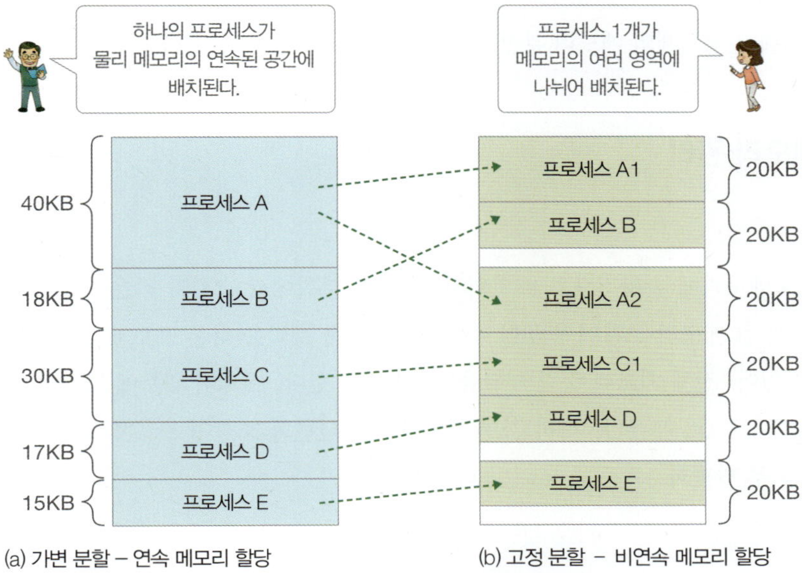

그림 8-14 메모리 분할 방식의 구현

고정 분할에서는 프로세스의 크기와 상관없이, 메모리가 20KB의 크기로 나뉜다. 따라서 20KB보다 큰 프로세스가 메모리에 올라오면 여러 조각으로 나뉘어 배치된다. [그림 8-15] (b)의 고정 분할에서는 40KB인 프로세스 A가 20KB인 프로세스 A1과 20KB인 프로세스 A2로 나뉘어 배치된다. 30KB의 프로세스 C도 20KB인 프로세스 C1과 10KB인 프로세스 C2로 나뉘는데, 물리 메모리 내에는 프로세스 C1만 존재한다. 물리 메모리가 부족하기 때문에 프로세스 C2는 스왑영역으로 옮겨진다. 이와 같이, 고정 분할에서 하나의 프로세스가 여러 개로 나뉘어 배치되는 것을 비연속 메모리 할당noncontiguous memory allocation이라고 한다.

가변 분할의 장점은 프로세스를 한 덩어리로 처리하여 하나의 프로세스를 연속된 공간에 배치할 수 있다는 것이다. 그러나 가변 분할은 메모리 관리가 복잡하다. [그림 8-15] (a)의 가변 분할에서 프로세스 B와 D가 먼저 작업을 마쳤다면, 각각 18KB와 17KB의 빈 공간이 생긴다. 이때 크기가 19KB인 프로세스가 메모리에 올라오면 어떻게 될까? 빈 공간이 서로 떨어져 있으므로 19KB인 프로세스를 현재 남은 공간에 배치할 수가 없다. 이 프로세스에 연속적인 공간을 할당하려면 떨어져 있는 빈 공간을 합쳐야 하며, 이 과정에서 프로세스 C의 자리까지 옮겨야 한다. 이처럼 가변 분할은 빈 메모리를 합치는 것과 같은 부가적인 작업이 필요하기 때문에 관리가 복잡해진다.

고정 분할은 메모리 통합 같은 부가적인 작업이 필요하지 않지만, 하나의 프로세스가 여러 곳에 나뉠 수 있다는 단점이 있다. 그러나 프로세스가 여러 곳에 나뉘어 배치되거나, 심지어 일부만 물리 메모리에 있고 나머지는 스왑 영역에 있어도 실행에는 문제가 없다는 것을 메모리 오버레이에서 설명했다. 따라서 현대 운영체제의 메모리 분할 방식은 기본적으로 고정 분할을 사용한다.

2 가변 분할의 메모리 관리

외부 단편화

일반적으로 프로세스는 메모리에 순차적으로 배치되지만, 가변 분할에서 크기가 작은 프로세스가 먼저 종료되면 중간에 빈 메모리 조각이 발생할 수 있다. 이러한 조각은 다른 프로세스를 배치하기 어려운 크기일 수 있어, 전체 메모리 공간의 활용도를 떨어뜨린다. 메모리 외부에 조각이 생기는 현상을 **단편화**fragmentation라 부른다. 특히 가변 분할에서는 단편화 조각이 프로세스의 바깥쪽에 위치하기 때문에 **외부 단편화**external fragmentation라 부른다.

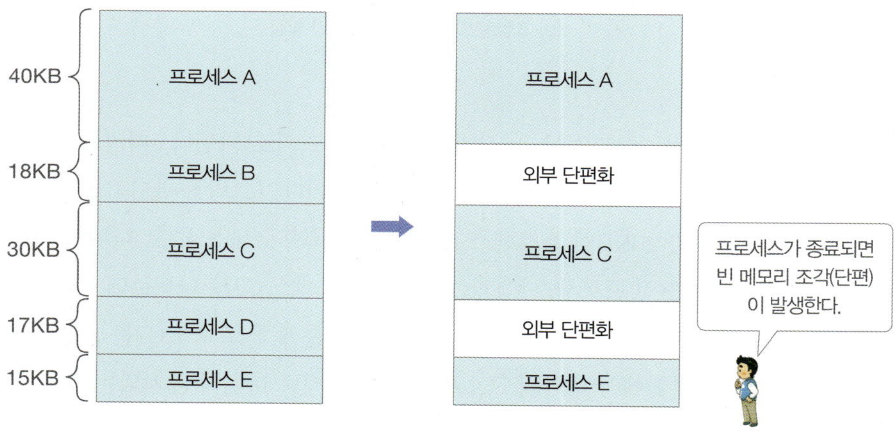

그림 8-15 가변 분할과 외부 단편화

가변 분할에서는 외부 단편화의 문제를 줄이기 위해 메모리 배치 전략이나 조각 모음을 사용한다. 가변 분할에서 메모리 배치 전략은 선처리에 해당하며, 조각 모음은 후처리에 해당한다.

메모리 배치 전략

메모리 배치 전략memory placement strategy은 작은 조각이 발생하지 않도록 프로세스를 배치하는 작업이다. 가변 분할의 대표적인 메모리 배치 전략으로는 최초 배치first fit, 최적 배치best fit, 최악 배치worst fit, 버디 시스템buddy system이 있다. 버디 시스템은 이 장의 04절에서 따로 다룬다.

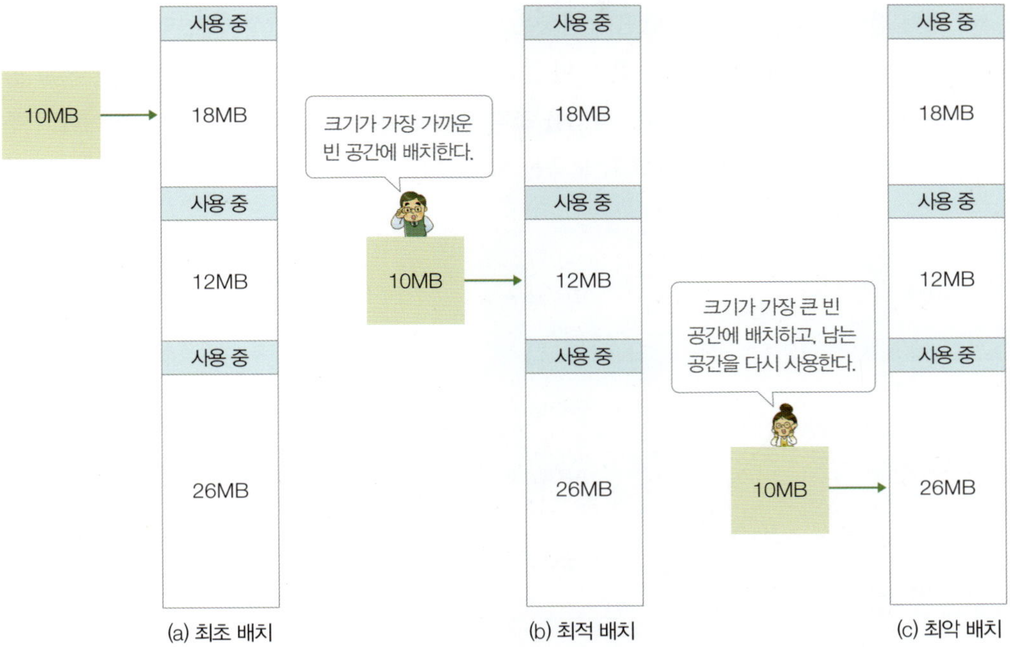

그림 8-16 메모리 배치 전략 비교

- **최초 배치**: 단편화를 고려하지 않는 방식으로, 프로세스를 메모리의 빈 공간에 배치할 때 메모리에서 적재 가능한 공간을 순서대로 찾다가 첫 번째로 발견한 공간에 프로세스를 배치한다. [그림 8-16]의 (a)에서 크기가 10MB인 프로세스는 위에서부터 첫 번째 빈 공간인 18MB짜리 빈 공간에 배치된다. 빈 공간을 찾아다닐 필요가 없다는 장점이 있다.
- **최적 배치**: 메모리의 빈 공간을 모두 확인한 후 프로세스와 크기가 가장 가까운 빈 공간에 프로세스를 배치한다. 빈 공간을 모두 확인하는 부가적인 작업이 필요하지만, 딱 맞는 공간을 찾는다면 단편화가 일어나지 않는다. 그러나 딱 맞는 공간이 없을 때는 아주 작은 조각이 만들어져 메모리를 낭비하기 쉽다. (b)에서 크기가 10MB인 프로세스는 크기가 18MB, 12MB, 26MB인 빈 공간 중 12MB에 배치되어 2MB가 남는다.
- **최악 배치**: 최적 배치와 정반대로, 빈 공간을 모두 확인한 후 가장 큰 공간에 프로세스를 배치한다. 최악 배치에서는 프로세스를 배치하고 남은 공간을 다시 사용할 수 있다. (c)에서 크기가 10MB인 프로세스는 크기가 18MB, 12MB, 26MB인 빈 공간 중 26MB에 배치된다. 이때

16MB가 남는데, 이는 다른 프로세스가 충분히 사용 가능한 크기이다. 최악 배치는 빈 공간의 크기가 클 때는 효과적이지만 빈 공간의 크기가 점점 줄어들면 최적 배치와 마찬가지로 작은 조각이 만들어진다.

조각 모음

메모리 배치 전략을 사용하더라도 단편화 현상은 발생한다. 단편화가 발생하면, 메모리 활용도를 다시 높이기 위해 프로세스를 옆으로 옮겨 빈 공간을 하나의 큰 덩어리로 만들어야 한다. 서로 떨어져 있는 여러 개의 빈 공간을 합치는 작업을 조각 모음$_{\text{defragmentation}}$ 또는 메모리 통합이라고 부른다. [그림 8-17]은 메모리에서의 조각 모음을 보여준다.

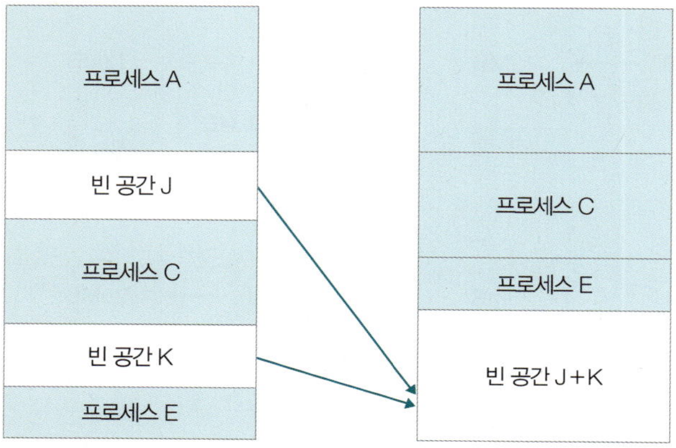

그림 8-17 조각 모음

메모리에서 조각 모음을 하려면 프로세스를 중지시키고, 프로세스를 이동시키고, 주소를 바꾸고, 프로세스를 다시 시작해야 한다. 이는 시간이 오래 걸리는 작업이다. 이처럼 가변 분할은 외부 단편화를 해결하기 위해 조각 모음 같은 부가적인 작업이 필요하므로 메모리 관리가 복잡하다.

Note 저장장치의 외부 단편화

외부 단편화는 하드디스크와 같은 보조 저장장치에서도 발생한다. 하드디스크에는 동영상과 같은 큰 파일도 저장하고 문서와 같은 작은 파일도 저장한다. 빈 하드디스크에 데이터를 채울 때 처음에는 데이터가 차곡차곡 쌓이다가 데이터 삭제와 저장이 반복되면 데이터가 여러 공간에 나뉘어 저장되기 시작한다. 외부 단편화는 시간이 지날수록 더욱 심해져 하드디스크의 데이터 입출력 속도를 떨어뜨리고 컴퓨터의 성능을 저하한다. 따라서 주기적으로 조각 모음을 실행해야 한다.

반면 플래시 메모리를 사용하는 SSD는 단편화가 발생해도 성능이 저하되지 않는다. 따라서 과거에는 하드디스크 조각 모음 소프트웨어가 많았으나, SSD가 대중화된 후로는 조각 모음이 이전만큼 중요하지 않게 되었다.

3 고정 분할의 메모리 관리

가변 분할과 달리 고정 분할은 프로세스의 크기에 상관없이 메모리를 같은 크기로 나누기 때문에 관리하기가 편하다. 그래서 현대의 메모리 관리는 고정 분할을 기본으로 한다.

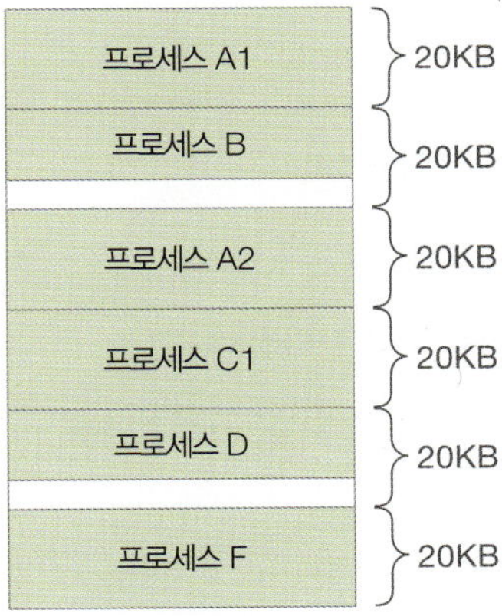

그림 8-18 고정 분할의 프로세스 배치

고정 분할에도 단점이 있다. 일정하게 나뉜 메모리보다 크기가 작은 프로세스가 배치되었을 때 공간이 낭비된다는 것이다. [그림 8-18]과 같이 메모리를 20KB씩으로 나누었다고 가정하자. 크기가 18KB인 프로세스 B와 크기가 17KB인 프로세스 D를 배치하면 사용할 수 없는 메모리 영역이 각각 2KB와 3KB만큼 생긴다. 고정 분할에서 프로세스가 배치된 메모리 안쪽에 공간이 남는 현상을 **내부 단편화**internal fragmentation라 부른다.

가변 분할의 외부 단편화는 조각 모음으로 해결할 수 있으나, 내부 단편화로 남는 공간은 다른 프로세스에 배정할 수 없다. 따라서 고정 분할에서 내부 단편화를 줄이기 위해서는 메모리를 분할하는 크기를 신중하게 결정해야 한다. 메모리를 분할하는 크기와 오버헤드에 대해서는 09장 '페이징 메모리'에서 자세히 살펴본다.

SECTION 04 심화 버디 시스템

버디 시스템의 작동 방식

가변 분할의 단점인 외부 단편화를 완화하는 메모리 배치 전략 중 하나로 버디 시스템buddy system이 있다. 버디 시스템은 가변 분할과 고정 분할의 중간 구조이며, 작동 방식은 다음과 같다.

❶ 요청된 프로세스가 들어가는 최소 크기가 될 때까지 전체 메모리를 1/2로 자르기를 반복한다.

❷ 나뉜 메모리의 각 구역에는 프로세스가 1개만 들어간다.

❸ 프로세스가 종료되면 주변의 빈 조각을 합쳐서 하나의 큰 덩어리를 만든다.

버디 시스템에서 프로세스를 배치할 때는 메모리를 프로세스가 들어가는 최소 크기가 될 때까지 1/2로 잘라나간다. 크기가 같은 메모리 블록 2개가 짝buddy을 이루기 때문에 버디 시스템이라 부른다. [그림 8-19]는 크기가 16B(바이트)인 메모리에서 버디 시스템이 메모리를 어떻게 나누는지를 보여준다. 사각형 블록 1개의 크기는 1B이다.

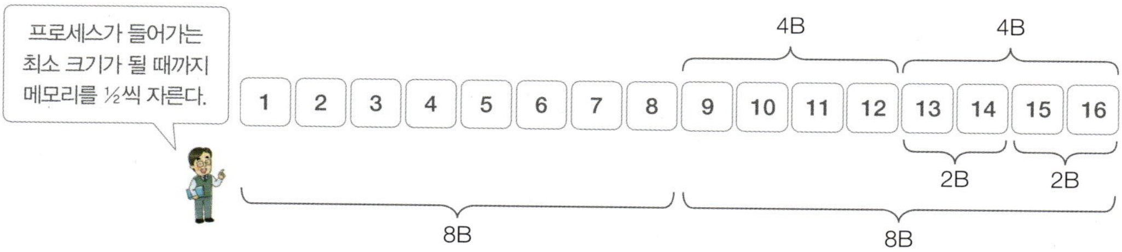

그림 8-19 버디 시스템의 메모리 분할

크기가 2B인 프로세스 1개를 메모리에 올리려면 메모리 블록 한 개가 2B가 될 때까지 전체 메모리를 1/2로 나눈다. 처음 한 번 나누면 1번~8번과 9번~16번으로 8B씩 2개의 블록이 만들어진다. 9번~16번 블록을 다시 1/2로 나누면 9번~12번, 13번~16번으로 4B씩 2개의 블록이 만들어진다. 13번~16번 블록을 다시 1/2로 나누면 13번~14번과 15번~16번으로 2B씩 2개의 블록이 만들어진다. 따라서 2B인 프로세스는 13번~14번 또는 15번~16번 블록에 배치한다.

버디 시스템에서 프로세스 여러 개를 연달아 메모리에 올리는 예를 살펴보자. 그림과 같이 크기가 3B인 프로세스 A, 2B인 B, 2B인 C, 1B인 D, 4B인 E, 1B인 F, 2B인 G를 메모리에 배치한다.

그림 8-20 프로세스가 여러 개일 때의 버디 시스템

❶ 프로세스 A를 배치할 때, 전체를 1/2로 나누고 이를 다시 1/2로 나누어 크기가 4B인 블록을 만든다. 따라서 A는 9번~12번 중 9번, 10번, 11번 자리에 배치한다. 2B인 프로세스 B와 C는 각각 13번~14번과 15번~16번 블록에 배치한다.

❷ 크기가 1B인 프로세스 D는 오른쪽 8B 영역(9번~16번 영역)에 배치할 수 없다. 12번이 비어 있지만, 12번은 프로세스 A가 사용하고 남은 영역이기 때문에 다른 프로세스를 배치하지 않는다. 따라서 왼쪽의 1번~8번 블록을 1/2로 나누기를 반복해서 1B가 되는 7번에 프로세스 D를 배치한다.

❸ 같은 방법으로 1번~4번 블록에 크기가 4B인 프로세스 E를 배치하고, 8번에 F, 5번~6번에 G를 배치한다.

버디 시스템의 단편화 완화

버디 시스템은 가변 분할과 고정 분할의 특징을 모두 가지고 있다. 가변 분할처럼 메모리를 프로세스 크기대로 나누며, 고정 분할처럼 하나의 구역에 다른 프로세스가 들어갈 수 없어 단편화가 발생한다. 예를 들어 [그림 8-20]에서 프로세스 A가 속한 블록 중 비어 있는 12번이 단편화에 해당한다.

단편화가 발생하는데도 버디 시스템이 기존의 가변 분할보다 효과적으로 공간을 관리할 수 있는 이유는 비슷한 크기의 빈 조각이 서로 모여 있기 때문이다. 가변 분할에서는 작은 조각이 큰 조각 사이사이에 있어 조각 모음을 하려면 프로세스가 사용 중인 영역까지 옮겨야 했다. 그러나 버디 시스템에서는 프로세스가 종료되면 짝을 이루는 블록을 합쳐서 쉽게 큰 덩어리를 만들 수 있다.

예를 들어 프로세스 D와 F가 종료되면 둘을 합쳐서 크기가 2B인 공간을 만든 후, G가 종료되면 새로 2B를 합쳐서 4B의 공간을 만든다.

공간 관리의 효율 측면에서는 고정 분할과 버디 시스템이 비슷한 수준이다. 그러나 공간을 1/2로 반복하여 나누기보다는 모든 공간을 똑같은 크기로 나누는 방식이 메모리 관리 측면에서 더 단순하다. 따라서 버디 시스템보다는 고정 분할이 주로 사용된다.

요약

01 메모리에서 커널을 높은 주소에 배치하여 사용자 영역과 커널 영역을 서로 떨어뜨린다. 이렇게 하면 사용자 프로세스가 커널 영역을 침범하기 어려워지므로 운영체제의 보안이 향상된다. 또한 메모리 매핑을 단순화할 수 있으며, 성능 최적화에도 도움이 된다.

02 메모리 보호를 위해 CPU는 현재 진행 중인 프로세스의 메모리 시작 주소를 경계 레지스터에 저장하고, 프로세스의 마지막 주소를 한계 레지스터에 저장한다. 그리고 실행 중 프로세스가 두 레지스터의 주소 범위를 벗어나는지를 하드웨어적으로 검사한다.

03 컴파일은 오류 점검, 목적 코드 생성, 연결 단계로 이루어진다. 현대 운영체제는 실행 파일 실행 시에 라이브러리에서 해당 함수를 불러와 실행하는 동적 라이브러리 방식을 사용한다.

04 논리 주소는 실행 중인 프로세스가 참조하는 상대적 주소이고 물리 주소는 실제로 프로세스와 메모리가 저장되는 물리 메모리의 주소이다. 메모리 관리 유닛(MMU)이 논리 주소를 물리 주소로 변환한다.

05 프로그램 전체가 아니라 필수 모듈만 메모리에 올라와도 실행할 수 있다. 메모리 오버레이는 프로그램의 크기가 물리 메모리보다 클 때 적당한 크기로 잘라서 가져오고, 다른 모듈을 사용할 때는 같은 메모리에 덮어쓰는 기법이다. 메모리가 모자라면 데이터를 저장장치의 스왑 영역으로 옮겨 임시로 보관한다. 스왑 영역은 저장장치에 있지만 메모리 관리자가 관리한다.

06 운영체제는 가변 분할 또는 고정 분할 방식으로 메모리를 프로세스에 할당한다.

구분	가변 분할	고정 분할
특징	연속 메모리 할당	비연속 메모리 할당
장점	프로세스를 한 덩어리로 관리 가능	메모리 관리가 편리
단점	빈 공간의 관리가 어려움	프로세스가 분할되어 처리됨
단편화	외부 단편화	내부 단편화

07 메모리를 가변 분할했을 때 프로세스 배치 전략은 최초 배치, 최적 배치, 최악 배치, 버디 시스템이 있다.

- **최초 배치:** 메모리에서 적재 가능한 첫 번째 공간에 프로세스를 배치한다.
- **최적 배치:** 메모리의 빈 공간을 모두 확인한 후 프로세스 크기와 가장 크기가 가까운 공간에 프로세스를 배치한다.
- **최악 배치:** 빈 공간을 모두 확인한 후 가장 큰 공간에 프로세스를 배치한다.
- **버디 시스템:** 프로세스가 들어가는 최소 크기가 될 때까지 메모리를 블록으로 분할하여 프로세스를 배치하고, 프로세스가 종료되어 짝 블록이 비어 있으면 합쳐서 큰 블록으로 만든다.

연습문제

01 저장장치 계층구조에서 가장 상위에 있으며 속도가 가장 빠른 저장장치는 무엇인가?

① 메인 메모리 ② 레지스터
③ SSD ④ 하드디스크

02 미리 가져오기prefetch가 일어나는 저장장치는 무엇인가?

① 메인 메모리 ② 레지스터
③ SSD ④ 캐시

03 메모리에 주소를 붙이는 단위는 무엇인가?

① 1비트 ② 1헤르츠
③ 1바이트 ④ 16비트

04 메모리의 특정 영역에 접근하는 방법과 가장 관련 있는 것을 찾으시오.

① 큐 ② 헤르츠
③ 블록 ④ 주소

05 다음 중 메모리에서 커널 영역을 사용자 영역보다 높은 주소에 배치했을 때의 장점이 아닌 것을 찾으시오.

① 사용자 프로세스가 커널 영역을 침범하기 어려워진다.
② 사용자 프로세스를 메모리에 배치하는 방법이 단순해진다.
③ 사용자 프로세스가 커널 영역과 물리적으로 가까운 위치에서 실행된다.
④ 사용자 영역이 시작하는 주소가 일정하다.

06 다음 중 운영체제의 메모리 보호에 대한 설명으로 맞는 것을 찾으시오.

① 경계 레지스터에 실행 중인 사용자 프로세스의 시작 주소를 저장한다.
② 한계 주소 레지스터에 실행 중인 사용자 프로세스의 시작 주소를 저장한다.
③ 메모리 주소 레지스터에 실행 중인 사용자 프로세스의 마지막 주소를 저장한다.
④ 메모리 버퍼 레지스터에 실행 중인 사용자 프로세스의 PID를 저장한다.

07 다음 중 운영체제의 메모리 보호에 대한 설명으로 틀린 것을 찾으시오.

① 경계 레지스터에 실행 중인 사용자 프로세스의 시작 주소를 저장한다.

② 한계 주소 레지스터에 실행 중인 사용자 프로세스의 시작 주소를 저장한다.

③ 메모리 주소 레지스터에 실행 중인 사용자 프로세스의 마지막 주소를 저장한다.

④ 메모리 버퍼 레지스터에 실행 중인 사용자 프로세스의 PID를 저장한다.

08 다음 중 작성된 소스 코드를 실행 가능한 기계어로 번역하는 프로그램은 무엇인가?

① 링커　　② 어셈블리어

③ 소스 코드　　④ 컴파일러

09 다음 중 소스 코드를 기계어로 번역한 중간 결과물은 무엇인가?

① 연결 단계　　② 목적 코드

③ 중간 코드　　④ 동적 라이브러리

10 다음 중 컴파일할 때 목적 코드에는 라이브러리 함수를 비워두었다가 연결 단계에서 삽입하는 이유가 아닌 것을 찾으시오.

① 프로그램의 크기가 불필요하게 커지는 것을 방지

② 코드의 문법적 오류를 찾기 쉬움

③ 분할 컴파일

④ 컴파일러의 효율성 증대

11 컴파일 과정 중 소스 코드의 오류를 점검하고 일부를 기계어로 번역했으나 라이브러리에 속한 함수의 기계어 코드가 없는 상태는 무엇인가?

① 연결 단계　　② 목적 코드

③ 라이브러리　　④ 동적 라이브러리

12 다음 컴파일 과정 중 컴파일러가 `<stdio.h>` 라이브러리의 기계어 코드를 삽입하는 단계는 무엇인가?

① 연결 단계　　② 실행 단계
③ 디버깅 단계　　④ 부팅 단계

13 다음 컴파일 과정 중 `printf()`의 실제 기계어 코드가 삽입되는 단계는 무엇인가?

① 연결 단계　　② 실행 단계
③ 디버깅 단계　　④ 부팅 단계

14 큰 프로그램을 만들 때 두 명의 개발자가 나누어 소스 코드를 작성하고, 각자 작성한 소스 코드의 오류를 검사했다. 이때 기계어 코드로 변환되지 않은 중간 형태의 코드는 무엇인가?

① 링커　　② 목적 코드
③ 디버깅　　④ 동적 라이브러리

15 다음 중 사용자 라이브러리를 코드에 포함하기 위하여 사용하는 기호를 찾으시오

① 쌍따옴표(" ")　　② 중괄호({ })
③ 꺽쇠 괄호(<>)　　④ 따옴표(' ')

16 실행 파일을 실행할 때 삽입되는 함수 코드는 어디에 포함되어 있는가?

① 연결 단계　　② 목적 코드
③ 디버깅　　④ 동적 라이브러리

17 다음 중 DLL Dynamic Link Loader과 가장 관련 있는 용어는 무엇인가?

① 연결 단계　　② 목적 코드
③ 디버깅　　④ 동적 라이브러리

18 메모리 관리 유닛(MMU)은 무엇을 물리 주소로 변환하는가?

① 간접 주소　　② 커널 주소
③ 논리 주소　　④ 직접 주소

19 32비트 시스템에서 논리 주소 공간의 가장 마지막 주소를 찾으시오.

① 232−1　　② 232
③ 322−1　　④ 322

20 프로세스가 물리 주소 124번지에 올라와 있다면, 논리 주소 공간의 74번지에 접근하려 할 때 물리 주소 몇 번지에 접근해야 하는가?

① 50　　② 74　　③ 125　　④ 198

21 논리 주소는 몇 번지부터 시작하는가?

① 1　　② 100　　③ 0　　④ 200

22 물리 메모리의 시작 주소는 무엇인가?

① 1　　② 100　　③ 0　　④ 200

23 컴퓨터에서 물리 메모리보다 큰 프로세스를 실행할 수 있게 하는 기법은 무엇인가?

① 메모리 오버레이　　② 고정 분할
③ 가변 분할　　④ 스왑

24 메모리 오버레이 방식에서 당장 필요하지 않아 메모리에서 내보낸 모듈은 어디로 옮겨지는가?

① 논리 주소　　② 고정 분할
③ 가변 분할　　④ 스왑

25 저장장치 관리자가 아닌 메모리 관리 시스템이 관리하는 저장장치 영역은 무엇인가?

① 메모리 오버레이 ② 고정 분할

③ 가변 분할 ④ 스왑

26 다음 중 가변 분할과 가장 거리가 먼 것을 찾으시오.

① 조각 모음 ② 외부 단편화

③ 내부 단편화 ④ 연속 메모리 할당

27 가변 분할에서 서로 떨어져 있는 빈 메모리 영역을 통합하는 작업은 무엇인가?

① 조각 모음 ② 외부 단편화

③ 내부 단편화 ④ 연속 메모리 할당

28 가변 분할에서 발생하는 빈 메모리 조각과 관련 있는 용어는 무엇인가?

① 메모리 오버레이 ② 외부 단편화

③ 내부 단편화 ④ 비연속 메모리 할당

29 가변 분할의 메모리 배치 방법에 대한 설명으로 틀린 것을 고르시오.

① 최초 배치는 메모리의 앞쪽 주소부터 프로세스를 적재할 공간을 찾다가 첫 번째로 발견한 빈 공간에 프로세스를 배치한다.

② 최적 배치는 메모리의 빈 공간을 모두 확인한 후 프로세스와 가장 가까운 크기의 빈 공간에 프로세스를 배치한다.

③ 최적 배치는 프로세스와 딱 맞는 빈 공간이 없을 때 아주 작은 조각이 만들어져 메모리를 낭비하게 된다.

④ 최대 배치는 메모리의 빈 공간을 모두 확인한 후 가장 큰 빈 공간에 프로세스를 배치한다.

30 다음 중 고정 분할과 가장 거리가 먼 것을 찾으시오.

① 프로세스의 분할　　② 외부 단편화
③ 내부 단편화　　④ 비연속 할당 방식

31 메모리 보호에 필요한 레지스터의 종류를 설명하시오.

32 컴파일 과정을 설명하시오.

33 목적 코드를 만드는 단계에서 라이브러리 함수를 비워두었다가 링크 단계에서 삽입하는 이유를 설명하시오.

34 동적 라이브러리에 대하여 설명하시오.

35 논리 주소와 물리 주소를 비교하여 설명하시오.

36 메모리 오버레이에 대하여 설명하시오.

37 스왑 영역에 대하여 설명하시오.

38 메모리의 가변 분할을 설명하시오.

39 최초 배치, 최적 배치, 최악 배치를 설명하시오.

CHAPTER
09

페이징 메모리

학습목표

- 페이징 방식의 주소 변환 원리와 메모리 공유, 지역성의 개념을 살펴본다.
- 페이지 테이블의 구조와 TLB, 역 페이지 테이블, 다단계 페이지 테이블의 동작 방식을 이해한다.
- 세그먼테이션 방식의 구조와 주소 변환 과정을 설명할 수 있다.

Preview

현대 운영체제는 프로세스에 메모리를 할당할 때 기본적으로 고정 분할인 페이징을 사용한다. 페이징에서 논리 주소 공간은 페이지로, 물리 메모리는 프레임으로 나뉘며, 각 페이지가 독립적으로 프레임에 매핑된다. 메모리 관리 유닛(MMU)은 페이징 매핑 테이블을 사용하여 논리 주소를 물리 주소로 변환한다.

이 장에서는 페이징 메모리 관리 방식에서의 주소 변환 과정을 알아보고, 여러 프로세스가 한정된 메모리를 효율적으로 사용하는 방법으로 메모리 공유와 쓰기 시점 복사를 살펴본다. 또한 주소 변환 속도를 높이기 위한 페이지 테이블 관리 기법으로 변환 색인 버퍼와 다양한 매핑 방식을 비교해 본다.

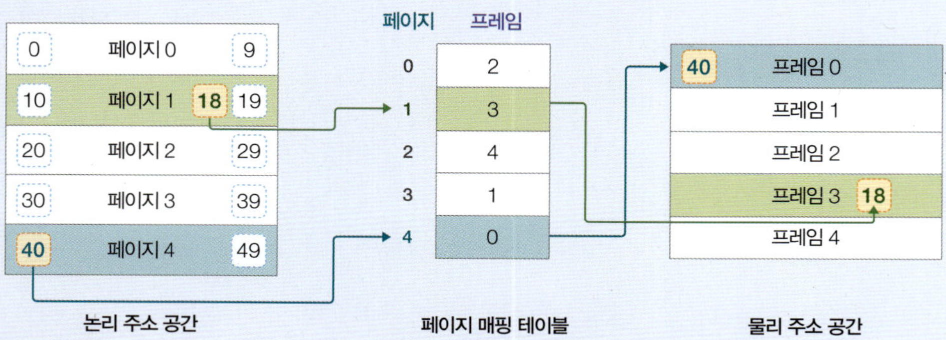

SECTION 01 페이징 메모리 관리

1 페이지 매핑 테이블과 주소 변환

매핑 테이블이 필요한 이유

매일 손님들로 붐비는 맛집이 있다. 매시간 밀려드는 손님의 자리 배정과 주문을 효과적으로 관리하는 방법은 [그림 9-1]과 같이 테이블 형태의 자료를 만드는 것이다. 이를 손님-좌석 매핑 테이블이라고 부른다. 매핑mapping이란 한쪽 값을 다른 쪽 값과 연결하여 정보를 조직화하는 구조로, 운영체제에서 주소 변환에 핵심적으로 사용된다.

손님-좌석 매핑 테이블은 손님이 도착한 순서와 식당의 좌석을 연결한다. 손님-좌석 매핑 테이블에는 손님들이 도착한 순서뿐 아니라 인원, 주문 내용 등의 정보가 포함된다. 식당 관리자는 매핑 테이블을 이용하여 좌석을 배정하고, 요리를 제공할 순서를 결정한다.

순번	좌석	인원	주문
1	1~4	4	코스 1×4개
2	대기 1	2	코스 2, 코스3
3	5~7	3	코스 2×3개
4	대기 2	3	코스 3, 코스 4
⋮	⋮		

그림 9-1 손님-좌석 매핑 테이블

운영체제에서도 이와 유사한 방식으로, 여러 프로세스가 사용하는 논리 주소를 물리 주소에 매핑한다. 즉 각 프로세스의 주소 공간은 실제 메모리 공간의 특정 위치에 연결되며, 이러한 매핑 정보를 저장하는 자료구조가 바로 **매핑 테이블**mapping table이다.

메모리 관리 방식은 크게 두 가지가 있다. 세그먼테이션segmentation은 메모리를 크기가 가변적인 논리 단위(세그먼트)로 나누며, 페이징paging은 메모리를 고정 크기의 블록(페이지) 단위로 나눈다. 세그먼테이션은 논리적 단위에 따라 메모리를 유연하게 사용할 수 있지만, 외부 단편화가 발생하고 할당 관리가 복잡해 실제 운영체제에서는 널리 사용되지 않는다. 반면 페이징은 고정 크기 단위로 나누기 때문에 관리가 간편하고 주소 변환 속도도 빠르므로, 대부분의 현대 운영체제에서 기본적인 메모리 관리 방식으로 채택된다. 이 절에서는 먼저 페이징 방식의 메모리 관리를 설명하고, 세그먼테이션 방식의 메모리 관리는 3절에서 살펴본다.

페이지 테이블의 구조와 역할

페이징은 논리 주소 공간과 물리 주소 공간을 동일한 크기의 고정 단위로 나누어 매핑하는 메모리 관리 방식이다. 이때 나누어진 논리적 단위를 페이지page, 물리적 단위를 프레임frame이라 부른다.

[그림 9-2]의 (a)는 프로세스 입장에서 바라본 논리 주소 공간을 나타낸다. 논리 주소는 항상 0번지부터 시작하며, 일정한 크기로 분할된 각 영역은 페이지로 간주된다. 예를 들어 첫 번째 영역은 페이지 0번, 다음은 페이지 1번처럼 순차적으로 번호가 부여된다. (b)는 물리 주소 공간을 나타낸다. 이 공간도 페이지와 같은 크기의 단위로 나뉘며, 각 단위는 프레임이라 불린다. 프레임에도 0번부터 시작하는 번호가 붙는다. 페이지와 프레임은 크기가 동일하기 때문에, 페이지를 어느 프레임에든지 자유롭게 배치할 수 있다. 이 그림은 페이지 0번은 프레임 2번에, 페이지 1번은 프레임 3번에, 페이지 2번은 프레임 4번에, 페이지 3번은 프레임 1번에, 페이지 4번은 프레임 0번에 매핑되었다고 가정한 예시이다. 화살표는 각 페이지가 실제 물리 메모리 내 어느 프레임에 매핑되었는지를 시각적으로 나타낸다.

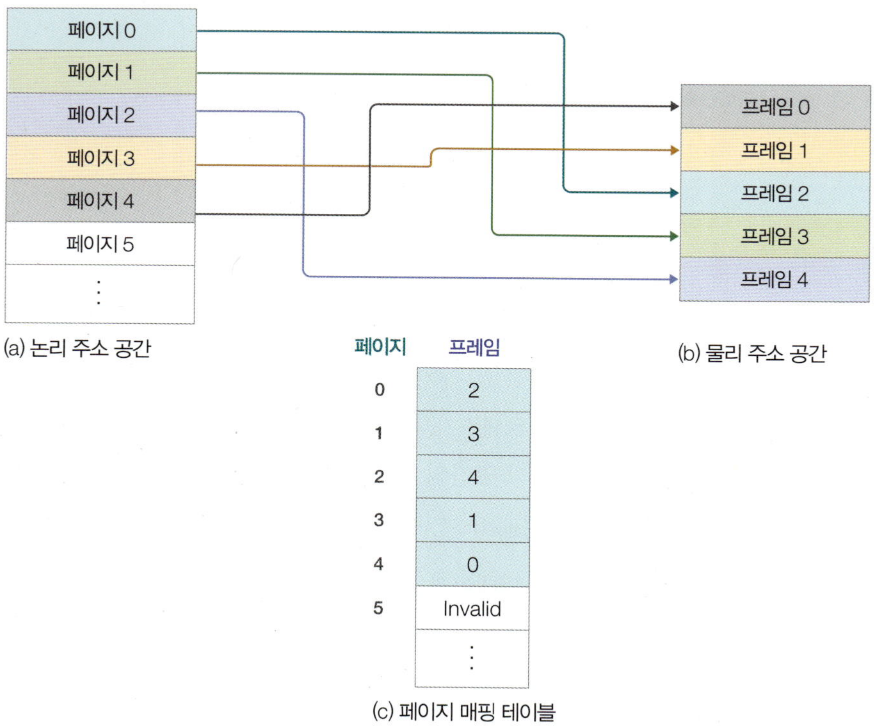

그림 9-2 페이징 구현

페이지 매핑 테이블의 구조를 자세히 살펴보자. (c)의 페이지 매핑 테이블은 하나의 열column로 구성되며, 위에서부터 차례대로 페이지 0번, 페이지 1번, 페이지 2번에 해당하는 프레임 번호가 저장되어 있다. 따라서 페이지 매핑 테이블의 첫 번째 칸에 있는 2는 페이지 0번이 프레임 2번에 있다는 의미이다. 또한 페이지 5번은 (b)의 물리 메모리에 없다. 따라서 페이지 매핑 테이블의 다섯 번째 칸에는 프레임 번호 대신 'Invalid'라고 표시되어 있다. 이는 해당 페이지가 스왑 영역으로 이동했거나 아직 저장장치에서 불러오지 못했다는 의미이다.

논리 주소를 물리 주소로 변환하는 작업은 매우 자주 발생하기 때문에, 작업 속도가 빨라야 한다. 따라서 CPU 내부의 하드웨어인 메모리 관리 유닛(MMU)이 주소 변환을 수행한다. 이렇게 페이지 매핑 테이블을 사용하여 논리 주소를 물리 주소로 변환하는 방식을 **직접 매핑**direct mapping이라 부른다. 직접 매핑 이외의 페이지 테이블 관리 방식은 다음 절에서 설명한다.

하이퍼링크

프로세스가 특정 페이지에 접근하려 하는데 페이지 매핑 테이블 값이 'Invalid'라면, 페이지 부재page fault가 발생한다. 이 경우 운영체제는 저장장치나 스왑 영역에서 해당 페이지를 가져와야 한다. 페이지 부재의 처리는 10장 '가상 메모리 관리'에서 자세히 다룬다.

2 주소 변환 방식과 페이지 테이블 구조

주소 변환의 단계별 과정

[그림 9-3]은 직접 매핑에서 논리 주소가 물리 주소로 변환되는 과정을 보여준다. 페이지와 프레임의 크기는 각각 10B라고 가정한다. 따라서 논리 주소 공간의 페이지 0번은 논리 주소 0번지~9번지이며, 페이지 1번은 논리 주소 10번지~19번지를 의미한다. 물리 주소공간의 각 프레임도 10개의 주소로 구성된다.

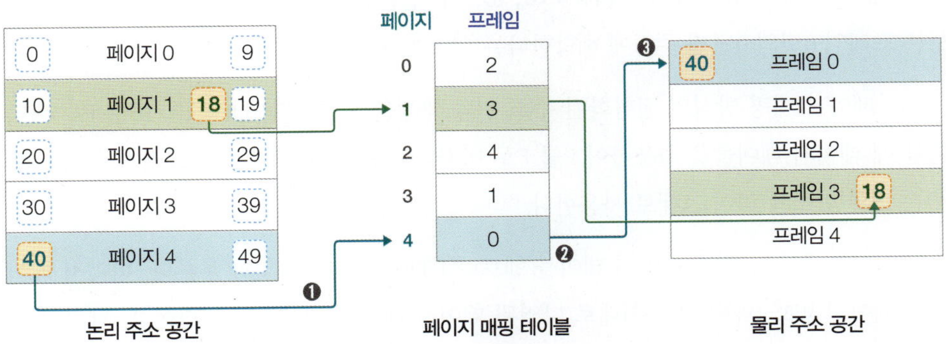

그림 9-3 페이지 매핑에서의 주소 변환 과정

프로세스가 논리 주소 40번지의 내용을 읽을 때의 주소 변환 과정은 다음과 같다.

❶ 논리 주소 40번지가 속한 페이지를 찾는다. 40번지는 페이지 4번의 0번째 위치에 있다.

❷ 페이지 매핑 테이블의 페이지 4번 위치에 있는 프레임 번호를 확인한다. 프레임 번호 0번은 물리 주소의 프레임 0번에 있다는 의미이므로 프레임 0번으로 이동한다.

❸ 페이지와 프레임의 크기가 같으므로 페이지 안에서의 0번째 주소는 프레임 안에서의 0번째 주소에 매핑된다. 따라서 프레임 0번의 0번째 위치의 값을 읽어온다.

프로세스가 논리 주소 18번지에 값을 저장할 때, 주소 변환 과정은 다음과 같다.

❶ 논리 주소 18번지가 속한 페이지와 페이지 안에서의 위치를 찾는다. 18번지는 페이지 1번의 8번째 주소에 해당한다.

❷ 페이지 매핑 테이블에서 페이지 1번의 프레임 번호가 3번인 것을 확인한다.

❸ 프로세스가 저장하려는 값을 프레임 3번의 8번 위치에 저장한다.

주소 변환의 정형화된 표현

지금까지의 주소 변환 과정을 정형화할 수 있다. 먼저 논리 주소Logical Address는 LA = <P, D>로 나타낸다. 여기서 P는 페이지 번호Page number이고, D는 해당 페이지 내에서의 거리Distance를 의미한다.

[그림 9-3]의 논리 주소 40번지를 LA = <P, D> 형식으로 표현하면 LA = <4, 0>이다. 이는 페이지 4번의 0번째 주소라는 의미이다. 같은 방법으로 논리 주소 18번지는 LA = <1, 8>로 표현하며, 페이지 1번의 8번째 주소라는 의미이다. 여기서는 페이지 1개의 크기를 10B로 정했기 때문에 논리 주소를 정형화된 표기법으로 나타내기 쉽다. 예를 들어 8번지는 LA = <0, 8>, 72번지는 LA = <7, 2>, 567번지는 LA = <56, 7>이다.

페이지 매핑에서의 주소 변환은 논리 주소 LA = <P, D>를 물리 주소Physical Address PA = <F, D>로 변환하는 것이다. 여기서 F는 프레임 번호Frame number이고, D는 해당 프레임 내에서의 거리Distance를 의미한다. 앞의 예에서 LA = <4, 0>이 PA = <0, 0>으로 변환된다는 것은 논리 주소 40번지가 물리 주소로는 프레임 0번의 0번째 주소에 해당한다는 의미이다.

[그림 9-4]는 페이지 매핑 방식의 정형화된 주소 변환 과정을 보여준다. LA = <P, D>를 PA = <F, D>로 변환할 때 페이지 테이블을 사용하여 P를 F로 바꾼다. 페이지와 프레임의 크기가 같기 때문에 거리 D는 변환할 필요 없이 그대로 사용한다.

페이지 매핑 테이블에서 각 행은 페이지 테이블 엔트리(PTEPage Table Entry)라 부른다. 따라서 페이지 테이블은 페이지 번호 0번부터 순서대로 나열된 페이지 테이블 엔트리의 집합이다. 페이지 매

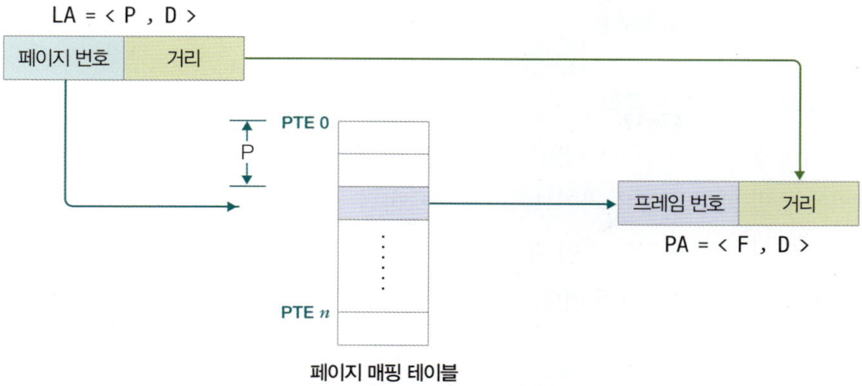

그림 9-4 페이지 매핑 방식의 주소 변환 정형화

핑 테이블에서 페이지 번호 P에 해당하는 프레임 번호 F를 찾을 때는 PTE P번째 위치의 값을 확인한다. 다시 말해 페이지 3번은 PTE 3번째 위치, 페이지 75번은 PTE 75번째 위치의 프레임 번호로 변환한다.

논리 주소 변환 공식

우리는 10진법에 익숙하기 때문에, 페이지 1개의 크기가 10B일 때에는 논리 주소를 `LA = <P, D>` 형태로 나타내기 쉽다.

그러나 컴퓨터는 2진법을 사용하기 때문에, 일반적으로 페이지 1개의 크기는 2의 거듭제곱이다. 실제로 유닉스 계열의 운영체제인 VAX는 페이지 크기가 512(=2^9)B이고, 마이크로소프트 윈도우 NT의 페이지 크기는 4,096(=2^{12})B, 오라클 솔라리스의 페이지 크기는 8,192(=2^{13})B이다. 이때 논리 주소를 `<P, D>`의 형태로 변환하는 공식은 다음과 같다.

```
P = (논리 주소 ÷ 페이지 크기)의 몫
D = (논리 주소 ÷ 페이지 크기)의 나머지
```

페이지 1개의 크기가 10B인 논리 메모리 시스템에서 논리 주소 중 1의 자리는 거리(D)가 되고 1의 자리를 제외한 나머지가 페이지 번호 P가 된다. 예를 들어 논리 주소 375번지의 페이지 번호 P는 375÷10의 몫인 37이며 거리 D는 375÷10의 나머지인 5이다. 따라서 주소를 `LA = <37, 5>`로 나타낸다. 페이지 1개의 크기가 512B인 시스템에서 논리 주소 2049번지의 페이지 번호 P는 2049÷512의 몫인 4이며 거리 D는 2049÷512의 나머지인 1이다. 따라서 주소를 `LA = <4, 1>`로 나타낸다. 또한 페이지 1개의 크기가 4,096B인 논리 주소에서 897654번지는 `LA = <219, 630>`로 나타낸다.

3 공유 페이지와 쓰기 시점 복사

페이지 단위로 메모리를 공유하는 방식

여러 개의 프로세스가 공동으로 사용하는 라이브러리가 메모리에서 어떻게 공유되는지 살펴보자. 프로세스를 메모리에 올릴 때마다 공유 라이브러리를 할당하면 물리 메모리가 낭비된다. 낭비를 줄이는 방법은 간단하다. [그림 9-5]와 같이 각 프로세스의 페이지 매핑 테이블에서 공유할 라이브러리를 동일한 프레임 번호로 지정하면 된다.

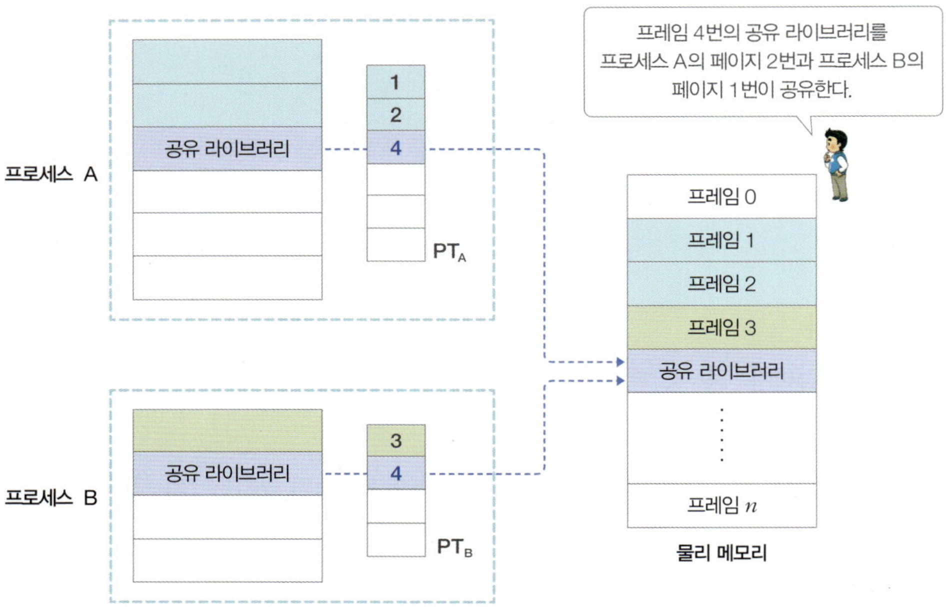

그림 9-5 메모리 공유

그림에서 공유 라이브러리는 프레임 4번에 있다. 프로세스 A에서 페이지 2번이 공유 라이브러리를 포함한다면, PTE 2번의 값을 4로 설정한다. 마찬가지로 프로세스 B에서 페이지 1번이 공유 라이브러리를 포함한다면 PTE 1번의 프레임 값을 4로 지정한다. 이렇게 두 프로세스가 하나의 라이브러리를 공유하면 물리 메모리를 효율적으로 사용할 수 있다.

쓰기 시점 복사의 원리

프로세스 A에서 `fork()`를 실행하여 자식 프로세스 B가 만들어졌다고 가정하자. 부모 프로세스 A와 자식 프로세스 B는 서로 독립적인 메모리 공간을 가진다고 설명했다. `fork()`를 실행하면 물리 메모리에 있는 프로세스 A의 모든 데이터가 새로운 프레임으로 복사되며, 프로세스 B의 페이지 매핑 테이블이 새로 만들어진다. 이때 프로세스 B의 페이지 테이블에서 페이지 0, 1, 2에 저장된 프레임 번호는 각각 3, 4, 5가 된다.

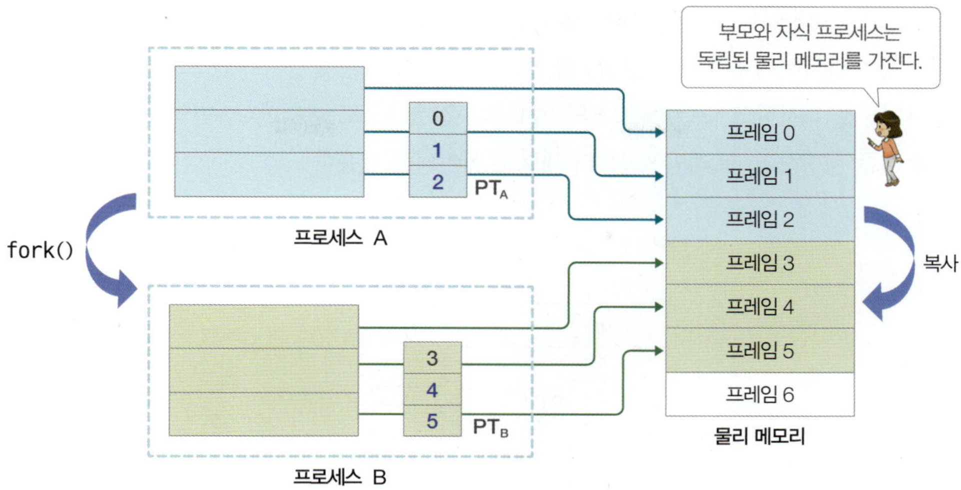

그림 9-6 자식 프로세스 생성과 물리 메모리 복사

그런데 fork() 실행 이후 자식 프로세스가 아무런 작업 없이 종료되거나 즉시 exec() 함수를 호출하여 새로운 프로세스로 변경하면, 프로세스 A의 데이터를 복사한 것이 소용없게 된다. 특히 exec() 함수는 기존 데이터를 지우고 새로운 프로세스의 데이터로 변경하기 때문에 불필요한 데이터 복사를 방지할 필요가 있다. 따라서 fork()를 호출할 때, [그림 9-7]과 같이 부모와 자식 프로세스가 기존 프레임을 공유하면서 메모리 복사를 지연시킨다. 그러다 두 프로세스 중 하나가 쓰기 연산을 수행하면 페이지의 데이터가 변경되기 때문에 더 이상 페이지를 공유할 수 없다. 이때 기존 프레임을 복사하여 두 프로세스의 메모리 영역을 분리한다. 이렇게 데이터 변경이 발생할 때까지 프레임 복사를 미루다가, 쓰기 연산이 발생하여 변경이 필요한 시점에 복사를 수행하는 방식을 쓰기 시점 복사copy on write라고 한다.

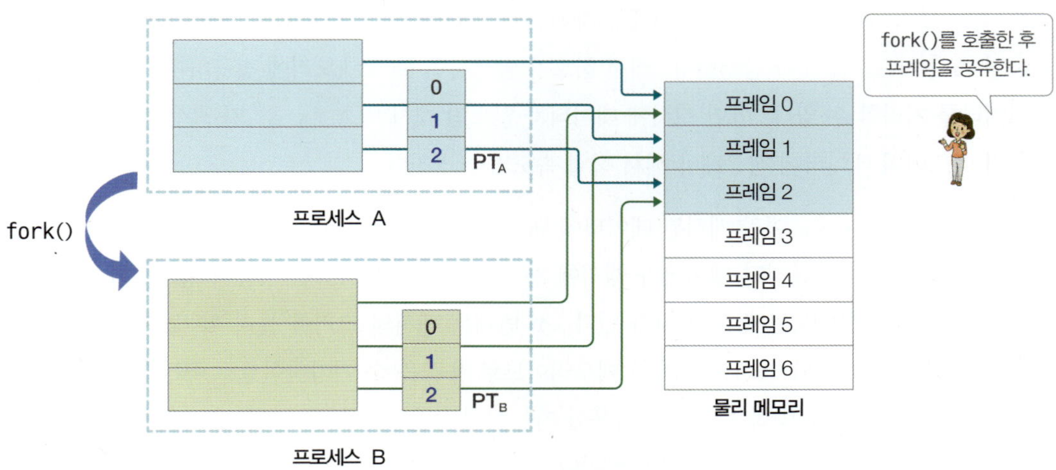

그림 9-7 부모와 자식 프로세스의 물리 메모리 공유

예를 들어 [그림 9-8]에서 프로세스 B가 페이지 2번에 대한 쓰기 연산을 수행하면, 해당 주소가 포함된 프레임을 복사하여 분리해야 한다. 즉 두 프로세스가 기존에 공유하던 프레임 2번을 새로운 프레임 3번으로 복사하고, 프로세스 B의 PTE 2의 값을 3으로 변경한다. 만약 이후에 프로세스 B가 exec()를 실행하면, 프레임 3번부터 새로운 데이터를 채운다.

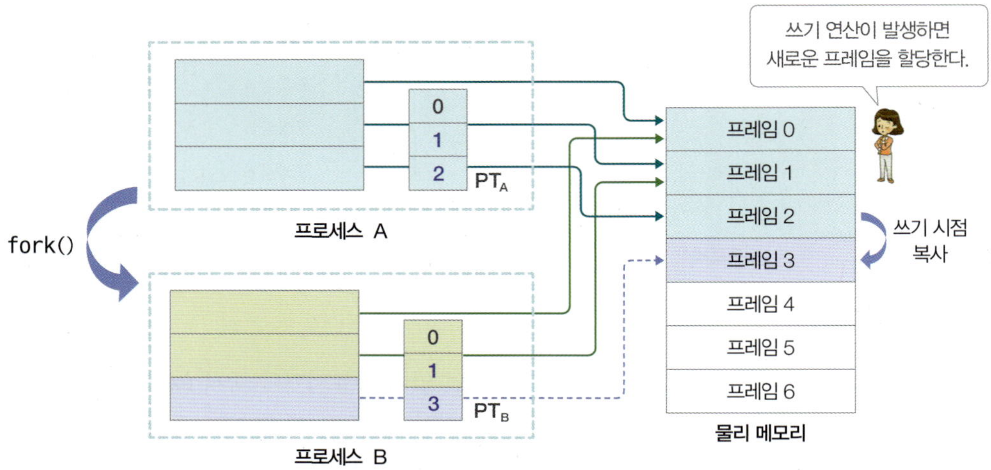

그림 9-8 쓰기 시점 복사

4 지역성의 개념과 메모리 접근 최적화

물리 메모리는 CPU 입장에서 상대적으로 속도가 느린 저장장치이다. 따라서 CPU에는 캐시cache 메모리를 두어 메인 메모리의 일부 데이터를 미리 가져와 저장해 둔다. 이 과정을 통해 메모리 접근 속도를 개선할 수 있다. 메모리 관리 유닛(MMU)이 논리 주소를 물리 주소로 변환하면, CPU는 해당 물리 주소의 데이터가 캐시에 존재하는지 확인한다. 만약 원하는 데이터가 캐시에 존재하면 캐시 히트cache hit가 발생한다. 캐시 히트가 발생하면 물리 메모리에 접근하지 않고도 빠르게 데이터를 처리할 수 있다. 반면 캐시에 데이터가 없으면 캐시 미스cache miss가 발생한다. 이때에는 물리 메모리의 데이터에 접근해야 해서 작업 속도가 느려진다.

캐시 히트율cache hit ratio이란 캐시된 데이터에 대한 요청이 성공적으로 처리되는 비율을 나타낸다. 높은 캐시 히트율은 요청된 데이터가 캐시에 자주 존재하므로 시스템 성능이 향상된다. 캐시 히트율을 높이는 방법은 크게 두 가지가 있다. 첫 번째는 캐시의 크기를 늘려 더 많은 데이터를 저장하는 것이다. 그러나 캐시는 고가의 메모리이므로 용량을 수 기가바이트로 확장하기가 현실적으로 어렵다. 두 번째 방법은 앞으로 사용할 가능성이 높은 데이터를 미리 캐시에 가져오는 것이다. 여기에 사용되는 개념이 지역성 이론이다.

지역성locality이란 메모리 전체에 균등하게 접근하는 것이 아니라 특정 영역에 집중되어 접근하는 경향을 의미한다. 지역성은 크게 공간의 지역성, 시간의 지역성, 순차적 지역성으로 구분된다. 문헌에 따라 지역성을 국부성 또는 집약성이라고도 부르며, 일부는 순차적 지역성을 공간 지역성의 특별한 경우로 보고 지역성을 공간 지역성과 시간 지역성 두 가지로만 구분하기도 한다.

- **공간의 지역성**spatial locality: 집에서 가까운 편의점과 집에서 먼 편의점 중 집에서 가까운 편의점에 갈 확률이 더 높다. 공간의 지역성은 현재 접근한 데이터의 근처에 있는 데이터에 접근할 확률이 먼 곳에 있는 데이터에 접근할 확률보다 높다는 의미이다.
- **시간의 지역성**temporal locality: 최근에 구매한 음악 CD와 1년 전에 구매한 음악 CD 가 있다면 최근에 구매한 CD를 들을 확률이 더 높다. 시간의 지역성은 현재를 기준으로 가까운 시간에 접근한 적 있는 데이터를 다시 사용할 확률이 높다는 의미이다.
- **순차적 지역성**sequential locality: 일반적인 프로그램은 처음부터 끝까지 순서대로 실행되는 경향이 있다. 순차적 지역성은 현재 10행이 실행 중이라면 다음으로 20행보다는 11행이 실행될 확률이 높다는 의미이다.

[그림 9-9]는 세 가지 지역성을 비교하여 나타낸 것이다. 주황색 원으로 나타낸 기준점 다음으로 파란색 사각형에 접근할 확률이 회색 삼각형에 접근할 확률보다 높다.

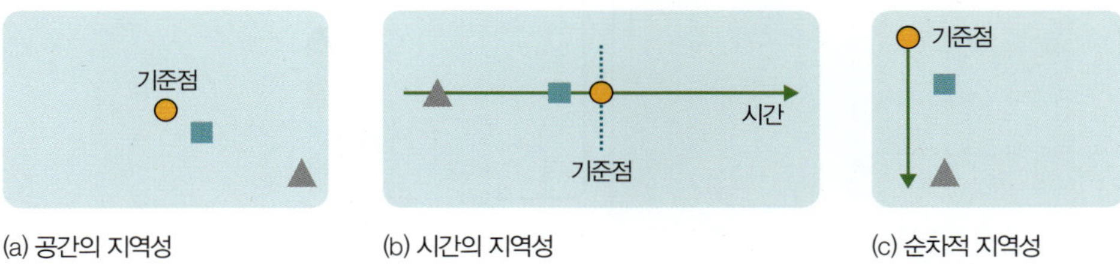

그림 9-9 지역성

캐시는 지역성 이론을 바탕으로 현재 실행 중인 코드를 기준으로 시간적으로나 위치적으로 가까운 데이터를 가져옴으로써 캐시 히트율을 높인다. 지역성 이론은 다음 절에서 배울 변환 색인 버퍼에도 사용되며, 10장에서 설명할 페이지 교체 알고리즘page replacement algorithm도 지역성 이론을 기반으로 한다. 메모리가 가득 찬 상태에서 새로운 페이지를 가져오기 위해 기존 페이지 중 하나를 제거할 때, 앞으로 사용될 가능성이 적은 페이지가 무엇인지 아는 것이 중요하다. 이때 지역성 개념을 활용하는 페이지 교체 알고리즘을 통해 효율적인 교체 정책을 수립할 수 있다.

Note **goto 문 사용 자제**

캐시 히트율을 높이기 위하여 현재 실행 중인 행과 인접한 코드를 캐시 메모리로 가져온다. 따라서 goto 명령문의 사용을 자제할 필요가 있다. goto 문을 사용하면 프로그램의 실행 흐름이 예측할 수 없게 이동하여, 캐시 메모리에 미리 가져온 데이터가 쓸모없어질 수 있기 때문이다.

SECTION 02

페이지 테이블 관리

1 페이지 테이블 관리의 필요성

지금까지는 프로세스 1개의 논리 주소를 물리 주소로 변환하는 방법을 살펴보았다. 그런데 실제로는 여러 개의 프로세스가 물리 메모리에 올라와 있다. [그림 9-10]과 같이 프로세스 A, B, C가 물리 메모리에 올라와 있는 경우, 프로세스 A, B, C가 실행될 때마다 논리 주소를 물리 주소로 변환해야 한다. 이를 위해 개별 프로세스마다 페이지 매핑 테이블이 필요하다. 결국 실행 중인 프로세스의 개수만큼 페이지 매핑 테이블이 만들어진다.

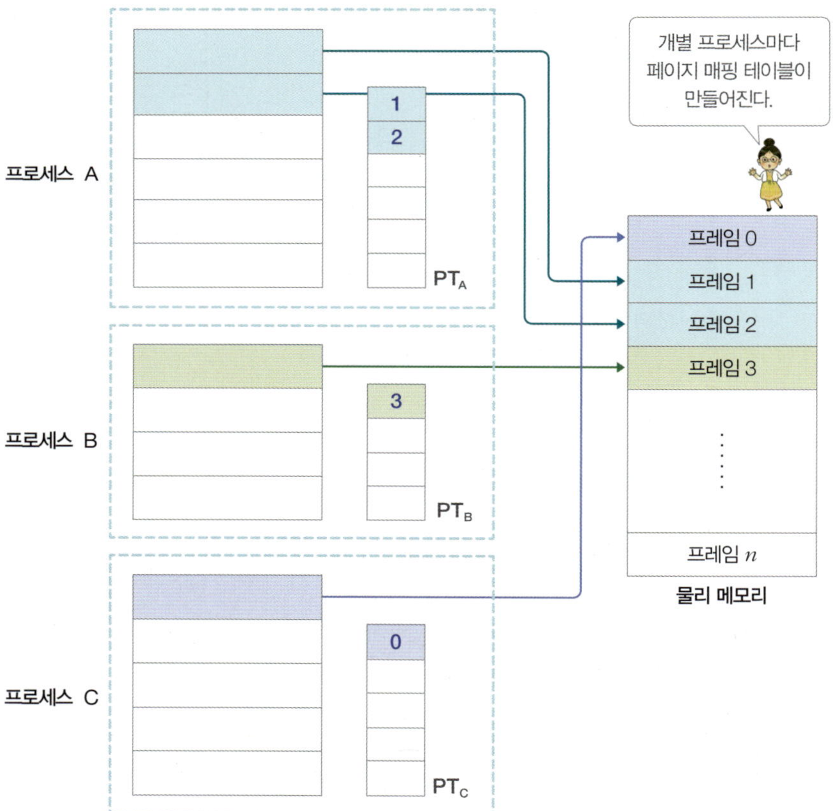

그림 9-10 여러 개의 프로세스가 있는 페이징 시스템

[그림 9-11]은 물리 메모리 내 페이지 테이블의 구조를 나타낸 것이다. 페이지 테이블은 메모리 관리자가 자주 사용하는 핵심 자료구조이므로, 운영체제가 페이지 테이블에 빠르게 접근할 수 있어야 한다. 따라서 페이지 테이블은 커널 영역에 위치하며 프로세스별로 배열되어 저장된다. 또한 페이지 테이블의 시작 주소를 페이지 테이블 기준 레지스터(PTBR Page Table Base Register)에 저장한다. PTBR은 CPU 레지스터 중 하나이며, PTBR 값은 각 프로세스의 프로세스 제어 블록(PCB)에 저장된다.

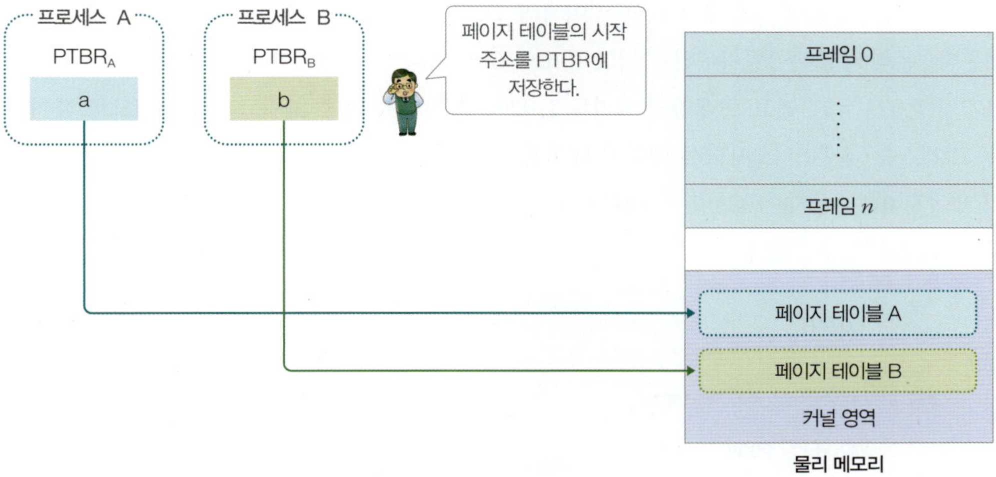

그림 9-11 물리 메모리 내 페이지 테이블의 구조

2 페이지 테이블의 크기와 주소 공간

16비트 CPU 환경의 주소 체계

16비트 CPU가 한 번에 처리할 수 있는 데이터 크기는 16비트이며, 메모리 주소 또한 16비트를 사용한다. 따라서 16비트 CPU 환경에서 한 개의 프로세스가 사용할 수 있는 논리 주소 공간은 65,536(=2^{16})B이다. 사용자는 0번지부터 65535(=$2^{16}-1$)번지까지의 논리 주소를 사용할 수 있다.

16비트 시스템에서 페이지 1개의 크기를 1,024(=2^{10})B로 정했다고 가정하자. 그러면 논리 주소 LA = <P, D>에서 페이지 내에서의 거리 offset에 해당하는 D가 10비트를 사용하므로 페이지를 나타내는 P는 남은 6비트를 사용한다. 따라서 페이지 테이블 엔트리(PTE)의 개수는 2^6=64개이다.

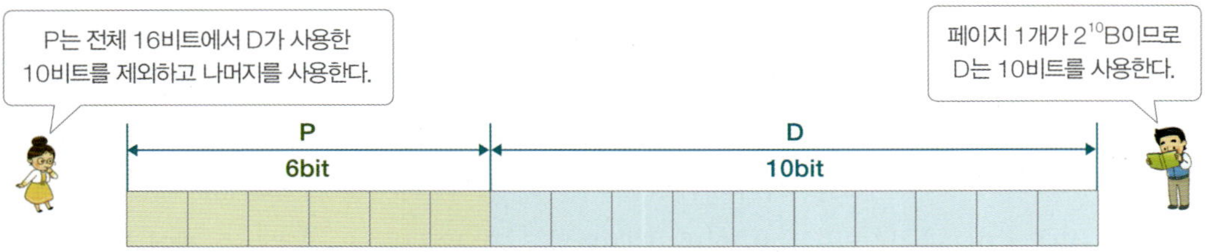

그림 9-12 16비트 시스템에서 논리 주소의 구성

[그림 9-13]은 16비트 시스템에서 한 페이지의 크기가 2^{10}B인 페이징 메모리 시스템의 구성을 보여준다. 논리 주소는 0번지부터 마지막 주소인 65535(=2^{16}−1)번지까지이다. 또한 페이지 1개의크기가 1,024(=2^{10})이고 프레임의 크기도 1,024(=2^{10})이다. D에 10비트가 사용되므로 페이지는 총 2^6개, 즉 64개이다. 따라서 페이지 테이블 엔트리(PTE)는 0번부터 63번까지이다. 논리 주소의 페이지 0은 0번지~1023번지, 페이지 1은 1024번지~2047번지, …, 페이지 63은 64512번지~65535번지로 구성된다.

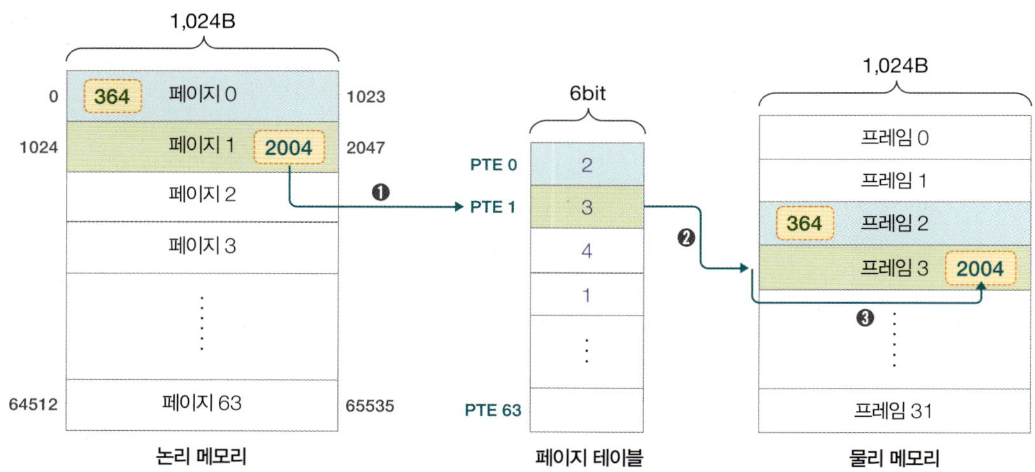

그림 9-13 16비트 CPU 환경의 페이징 메모리 관리 시스템

이러한 시스템에서 프로세스가 논리 주소 2004번지에 저장된 데이터를 요청했을 때 논리 주소를 물리 주소로 변환하는 과정은 다음과 같다.

❶ 논리 주소 2004번지의 페이지 P와 거리 D를 구한다. P는 1(2004÷1024의 몫), 거리는 980(2004÷1024의 나머지)이므로 논리 주소는 `LA = <1, 980>`이다.

❷ 페이지 테이블에서 페이지 1번이 프레임 3에 저장되어 있다는 것을 확인한다.

❸ 물리 메모리의 프레임 3번의 시작 주소에서부터 980만큼 더한 주소의 데이터를 가져온다.

같은 방법으로 논리 주소 364번지를 물리 주소로 변환하면 `LA = <0, 364>`이다. PTE 0에 프레임 번호 2가 있으므로 물리 주소는 `PA = <2, 364>`로 변환된다. 다시 말해 논리 주소 364번지는 프레임 2번의 364번지에 해당한다.

32비트 시스템의 주소 체계

32비트 시스템에서는 주소 크기가 32비트이며, 논리 주소 공간의 크기가 약 4GB(=2^{32}B)이다. 32비트 윈도우 운영체제에서 페이지 1개의 크기가 4,096B(=2^{12}B)인 경우에 거리 D가 12비트를 사용한다. 따라서 페이지의 번호 P가 나머지 20비트를 차지한다. 즉 프로세스 1개의 페이지 테이블에는 1,048,576(=2^{20})개의 PTE가 존재한다.

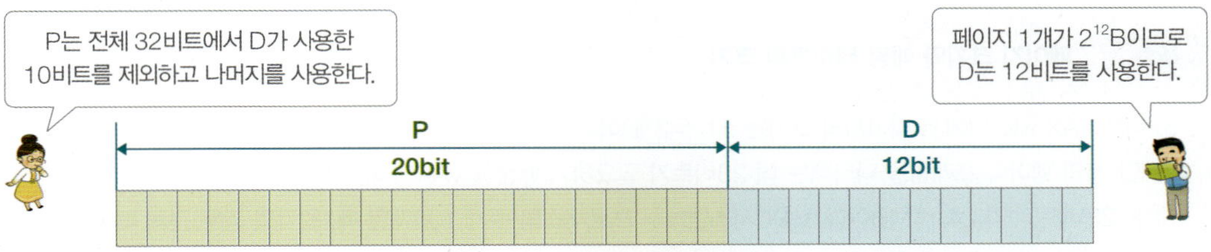

그림 9-14 32비트 CPU 환경에서 논리 주소의 구성

[그림 9-15]는 32비트 윈도우에서 사용하는 페이지 테이블의 크기를 보여준다. 페이지 테이블 엔트리(PTE)는 1,048,576개이고, 페이지 매핑 테이블은 1,048,576개의 행을 표현할 수 있도록 주소 공간 20비트가 필요하다. 따라서 페이지 테이블이 차지하는 공간은 1,048,576개×20비트 = 약 2.62MB이다.

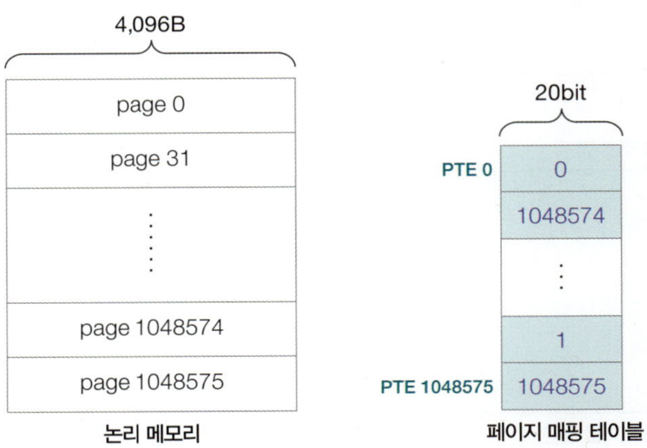

그림 9-15 윈도우 NT의 페이지 테이블 크기

페이지 1개의 크기가 4,096B인 32비트 시스템에서 페이지 테이블 1개는 약 2.62MB이다. 실행 중인 프로세스가 100개라면, 최악의 경우에 메모리에서 전체 페이지 테이블이 차지하는 공간이 262MB나 된다. 시스템 내에는 여러 개의 프로세스가 존재하고 프로세스마다 페이지 매핑 테이블이 필요하므로 전체 페이지 테이블의 크기는 프로세스의 수에 비례해서 커진다. 따라서 프로세스의 수가 많아짐에 따라 페이지 테이블이 차지하는 공간이 커지게 되고, 프로세스가 실제로 사용할 수 있는 물리 메모리는 줄어든다.

페이지 1개의 크기를 늘리면 PTE의 개수가 줄어들기 때문에 페이지 테이블의 크기가 작아진다. 그러나 페이지가 커지면 내부 단편화로 인해 낭비되는 공간이 많아진다. 따라서 무작정 페이지의 크기를 늘릴 수는 없으니 적정선에서 페이지 테이블의 크기가 결정된다.

> **Note** **페이지 크기와 매핑 테이블의 크기**
>
> 32비트 VAX 시스템에서 페이지의 크기는 512(=2^9)B이다. 이 경우 전체 페이지는 8,388,608(=2^{23})개이다. 약 8백만 개의 행마다 프레임을 나타내는 데 23비트가 필요하기 때문에 VAX의 페이지 테이블 크기는 8,388,608개 × 23비트 = 약 24.11MB이다. VAX 시스템에서 프로세스의 수가 100개일 때, 최악의 경우 전체 페이지 매핑 테이블이 약 2.4GB를 차지한다. 이렇듯 같은 32비트라도 페이지의 크기에 따라 페이지 매핑 테이블의 크기에 차이가 있다.

3 연관 매핑

[그림 9-16]은 직접 매핑 방식에서 메모리 관리 유닛의 주소 변환 과정을 나타낸다. 그림과 같이 논리 주소를 물리 주소로 변환하기 위해서는 메모리에 두 번 접근해야 한다.

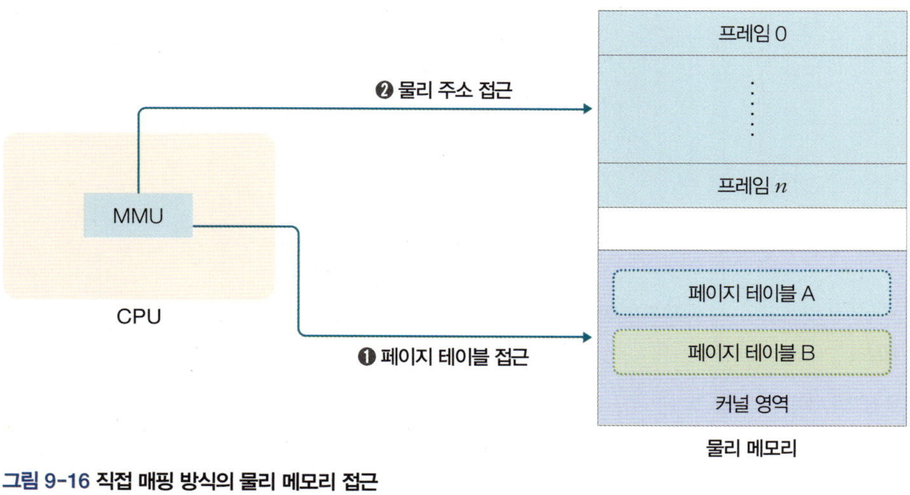

그림 9-16 직접 매핑 방식의 물리 메모리 접근

❶ 메모리 관리 유닛(MMU)이 논리 주소를 받으면, 해당 논리 주소를 물리 주소로 변환하기 위해 페이지 매핑 테이블을 참조한다. 페이지 매핑 테이블은 물리 메모리의 커널 영역에 저장되어 있으므로, MMU는 먼저 메모리에서 페이지 테이블을 검색해야 한다.

❷ 변환된 물리 주소를 이용하여 원하는 데이터를 메모리에서 가져온다.

CPU 내부의 레지스터나 캐시보다 메인 메모리에 접근할 때 훨씬 많은 시간이 소요되기 때문에, 주소 변환을 위해 두 번이나 메모리에 접근하는 것은 시스템 성능을 크게 떨어뜨린다. 이러한 문제를 해결하기 위해 페이지 테이블 일부를 CPU 안쪽으로 가져오는데 이를 **변환 색인 버퍼**(TLB Translation Lookahead Buffer)라 부른다. 변환 색인 버퍼는 캐시된 페이지 매핑 테이블이다. 지역성 원리를 기반으로 현재 사용 중이거나 곧 사용할 가능성이 높은 페이지 테이블 일부를 미리 TLB에 저장함으로써 주소 변환 속도를 크게 향상한다.

페이지 매핑 테이블을 직접 참조하여 물리 주소를 변환하는 방식을 직접 매핑이라 불렀다. 변환 색인 버퍼를 이용하여 일부 테이블을 CPU 내부에 저장하는 방식을 **연관 매핑** associative mapping이라 부른다.

[그림 9-17]은 변환 색인 버퍼(TLB)를 이용하여 논리 주소를 물리 주소로 변환하는 과정을 보여준다. 변환 색인 버퍼는 캐시 메모리와 유사하게 사용되며, 주소 변환을 위해 먼저 변환 색인 버퍼를 찾아본다. 그 결과는 TLB 히트 또는 TLB 미스로 나타난다.

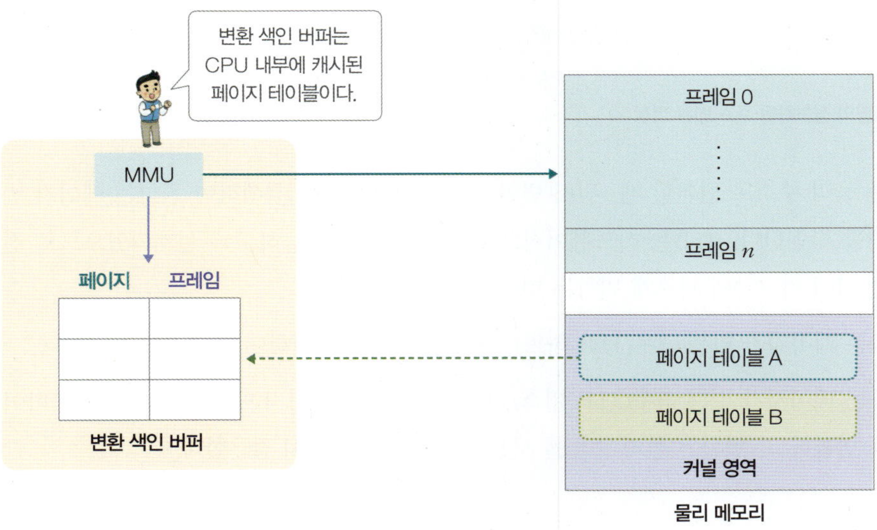

그림 9-17 변환 색인 버퍼를 이용하는 물리 메모리 접근

- **TLB 히트**TLB hit: 원하는 페이지 번호가 TLB에 있는 경우를 의미한다. 즉시 물리 주소로 변환할 수 있어 추가로 메모리에 접근할 필요가 없다.
- **TLB 미스**TLB miss: 원하는 페이지 번호가 변환 색인 버퍼에 없는 경우를 의미한다. 메모리에 있는 페이지 매핑 테이블을 사용하여 물리 주소를 변환한 후, 변환된 주소를 TLB에 저장하고 데이터를 가져온다.

[그림 9-18]은 연관 매핑에서의 정형화된 주소 변환 과정을 나타낸다. 메모리에 있는 페이지 테이블에는 모든 페이지 번호가 순서대로 나열되어 있기 때문에 한 개의 열column만으로 구성된다. 그러나 TLB에는 전체 페이지 테이블 중 일부만 있기 때문에 **<페이지 번호, 프레임 번호>**의 쌍으로 구성된다. 다시 말해 TLB는 페이지 번호와 프레임 번호 2개의 열로 구성된다.

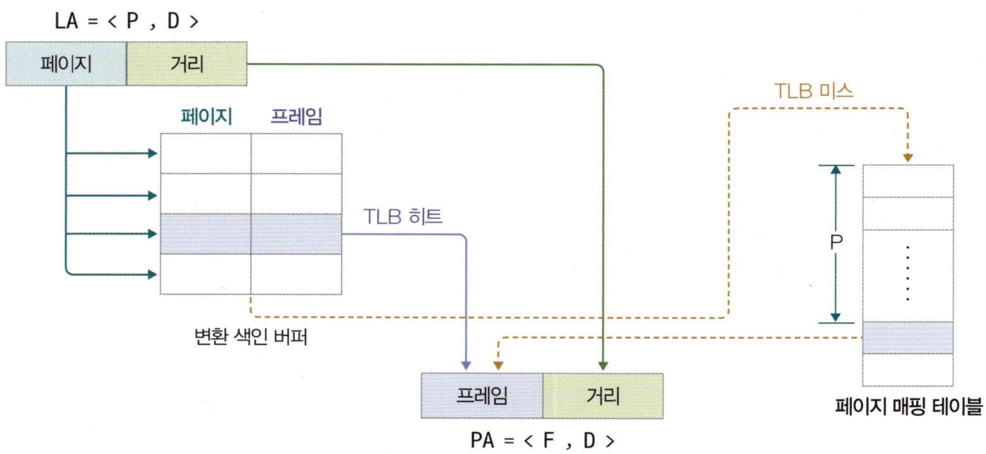

그림 9-18 연관 매핑의 정형화된 주소 변환 과정

❶ 논리 주소를 물리 주소로 변환할 때, 먼저 변환 색인 버퍼(TLB)를 검색하여 원하는 페이지 번호가 있는지를 확인한다. TLB는 하드웨어적으로 병렬 검색이 가능하도록 설계되었으므로 전체 항목을 동시에 비교하여 빠르게 원하는 데이터를 찾을 수 있다.

❷ TLB에 원하는 페이지가 있는 경우(TLB 히트), 프레임 번호로 변환하여 메모리에 접근한다.

❸ TLB에 원하는 페이지가 없는 경우(TLB 미스), 메모리에 있는 페이지 매핑 테이블에 접근하여 물리 주소로 변환하고, 변환된 물리 주소를 사용하여 메모리에 다시 접근한다.

운영체제에서 문맥 교환이 발생하면 현재 실행 중인 프로세스의 TLB 데이터를 새로운 프로세스의 페이지 매핑 테이블 정보로 변경한다. 따라서 새로운 프로세스가 실행될 때도 빠른 주소 변환이 가능하다.

4 역 매핑

역 매핑invert mapping은 기존의 페이징 방식과는 반대로, 물리 메모리의 프레임을 기준으로 페이지 테이블을 구성한다. 다시 말해 각 프레임에 어느 프로세스의 어느 페이지가 할당되어 있는지를 저장한다. 역 매핑의 가장 큰 특징은 프로세스 수와 관계없이 시스템 전체에서 1개의 테이블만 유지된다는 점이다. 직접 매핑이나 연관 매핑에서는 프로세스마다 별도의 페이지 테이블을 생성하지만, 역 매핑에서는 물리 메모리를 기준으로 프레임을 관리하기 때문에 단 1개의 테이블만 유지하면 된다.

[그림 9-19]는 역 페이지 테이블의 구성을 보여준다. 역 페이지 테이블 0번 행은 프레임 0번에 어느 프로세스의 어떤 페이지가 매핑되는지를 PID와 페이지의 쌍으로 매핑한다. 그림에서 프레임 0에는 프로세스 1번의 2번 페이지가 매핑된다. 같은 방식으로 프레임 1번에는 프로세스 7번의 3번 페이지, 프레임 2번에는 프로세스 4번의 5번 페이지, 프레임 3번에는 프로세스 1번의 8번 페이지가 매핑된다.

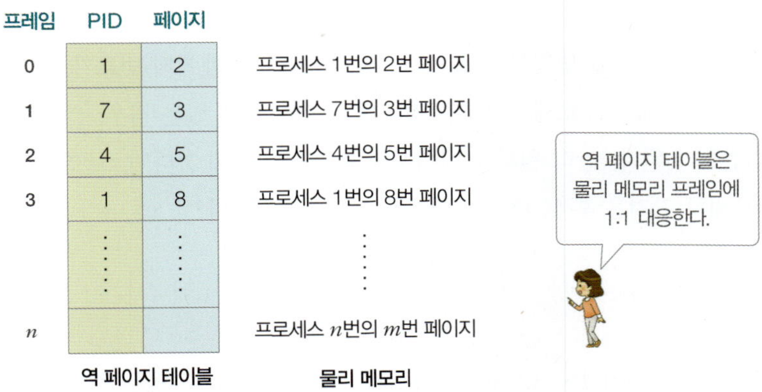

그림 9-19 역 페이지 테이블의 구성

역 매핑 방식은 시스템 전체에 1개의 테이블만 유지하기 때문에 메모리 사용량이 적다는 장점이 있다. 또한 프로세스의 개수가 증가해도 페이지 테이블의 크기가 변하지 않으므로, 메모리 공간을 효율적으로 사용할 수 있다.

그러나 역 매핑 방식은 논리 주소를 변환하는 과정에서 추가로 탐색 연산이 필요하다는 단점이 있다. [그림 9-19]의 역 페이지 테이블에서 프로세스 1의 페이지 10이 물리 메모리에 존재하는지 확인하려면, 모든 테이블을 검색하여 해당 프로세스 구분자와 페이지 번호가 일치하는 행을 찾아야 한다. 따라서 직접 매핑 방식보다 검색이 오래 걸리며, 논리 주소 변환 속도가 상대적으로 느리다.

[그림 9-20]은 역 매핑 방식에서 정형화된 주소로 변환하는 방법을 나타낸다. 역 페이지 테이블에서 논리 주소는 <PID, P, D>로 구성되며, PID는 프로세스 구분자, P는 페이지 번호, D는 거리를 나타낸다.

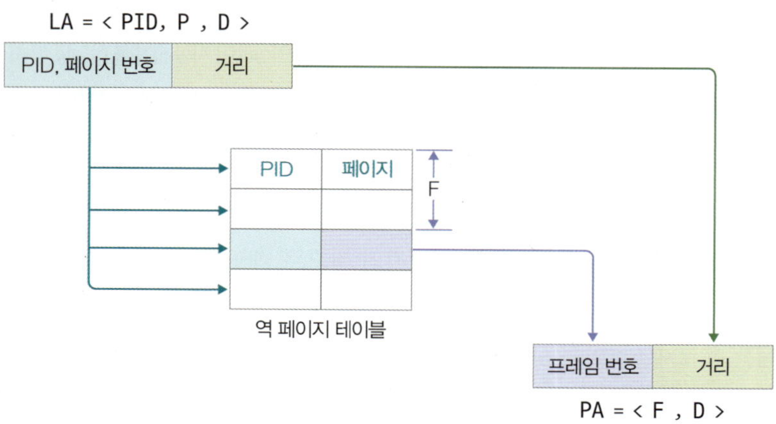

그림 9-20 역 매핑의 정형화된 주소 변환 과정

역 매핑 방식에서 메모리 관리자는 주소를 변환할 프로세스 구분자(PID)와 페이지 번호가 역 페이지 테이블에 있는지를 검색한다. 해당 프로세스의 페이지 번호가 테이블에 있는 경우, 역 페이지 테이블의 위치가 프레임 번호가 된다. 만약 원하는 페이지 번호가 테이블에 없다면, 보조 저장장치에서 해당 페이지를 메모리로 가져온 후 역 페이지 테이블을 업데이트한다.

5 다단계 매핑

CPU가 한 번에 처리할 수 있는 데이터가 16, 32, 64비트로 커지면서 사용할 수 있는 주소 공간도 기하급수적으로 커졌다. 주소 공간이 늘어나면 페이지 테이블의 크기도 함께 증가한다. 예를 들어 페이지 1개의 크기가 4,096(=2^{12})B인 64비트 시스템에서는 거리 D에 사용하는 12비트를 빼면 페이지의 개수 P는 2^{52}이므로 PTE의 개수가 약 1,000조 개나 된다. 현실적으로 이렇게 큰 주소 공간을 사용하는 프로세스는 없지만, 거대한 페이지 매핑 테이블을 한 번에 관리하기는 매우 어렵다. 이를 해결하기 위해 다단계 매핑이 등장했다.

다단계 매핑multi-level mapping**은 큰 페이지 테이블을 일정 크기로 나누고, 이를 관리하는 상위 테이블을 추가하는 방식**이다. 다단계 페이지 테이블에서 최상위 페이지 테이블은 집합 테이블set table 또는 디렉터리 테이블directory table이라고 부른다. 따라서 다단계 매핑 방식을 집합-연관 매핑set-associative mapping 혹은 디렉터리 매핑directory mapping이라고도 부른다.

[그림 9-21]은 2단계 매핑 방식의 테이블 구성을 나타낸다. 그림에서 페이지 테이블을 5개씩 묶어서 2차 페이지 테이블을 만들고, 이를 관리하는 1차 페이지 테이블을 추가했다. 1차 페이지 테이블(집합 테이블set table)은 각 2차 페이지 테이블의 물리 메모리 시작 주소를 저장한다. 페이지 0번~4번의 정보를 가진 2차 테이블은 물리 메모리 70번지에 있고, 페이지 5번~9번의 정보를 가진 2차 테이블은 물리 메모리 130번지에 있다. 따라서 페이지 3번의 정보가 필요할 때 1차 페이지 테이블을 조회하여 70번지에 있는 2차 페이지 테이블을 찾은 후, 해당 2차 페이지 테이블에서 프레임 번호를 가져온다.

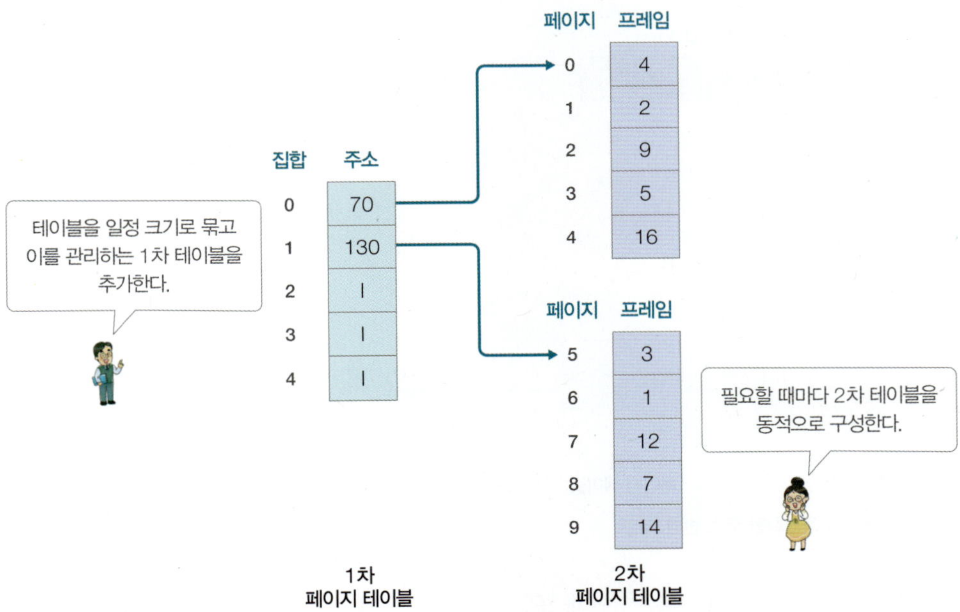

그림 9-21 2단계 페이지 테이블

다단계 매핑 방식에서는 전체 페이지 테이블을 한꺼번에 만들지 않고, 필요할 때마다 2차 페이지 테이블을 동적으로 구성한다. 그리고 2차 페이지 테이블이 만들어지면 1차 페이지 테이블의 값을 업데이트한다. 1차 테이블의 I(Invalid)는 아직 해당 2차 페이지 테이블이 만들어지지 않았다는 의미이다. 예를 들어 프로세스가 페이지 12번지에 있는 논리 주소에 접근한다고 가정하자. 10번지~14번지에 해당하는 2차 페이지 테이블이 만들어지면 1차 페이지 테이블의 2번 행에 있는 I를 2차 페이지 테이블의 시작 주소로 덮어쓴다.

[그림 9-22]는 2단계 매핑 방식에서의 주소 변환 과정을 나타낸다. 2단계 매핑에서 논리 주소는 LA = <P1, P2, D>로 표현된다. 여기서 P1은 1차 테이블에서의 위치 정보, P2는 2차 페이지 테이블에서의 위치 정보, D는 거리를 나타낸다.

주소를 변환하기 위해서는 1차 페이지 테이블에서 P1을 찾아 2차 페이지 테이블의 시작 주소 a를 얻는다. 그리고 물리 메모리의 a 위치에서 P2를 찾아 해당 프레임 번호 F를 얻는다. 따라서 논리 주소는 LA = <P1, P2, D>는 2단계를 거쳐서 물리 주소 PA = <F, D>로 변환된다.

예를 들어 페이지 테이블을 10개씩 2차 테이블 하나로 묶는다고 가정하자. 0번~9번 테이블은 1차 테이블 0번에 있고, 10번~19번 테이블은 2차 테이블 1번에 있다. 논리 주소 32번지는 직접 매핑에서 <3, 2>로 변환되지만, 2단계 페이지 테이블에서 <0, 3, 2>로 변환된다. 또한 논리 주소 127번지는 직접 매핑에서 <12, 7>로 변환되지만, 2단계 페이지 테이블에서 <1, 2, 7>로 변환된다. 같은 방식으로 논리 주소 1784번지는 <17, 8, 4>로 변환된다.

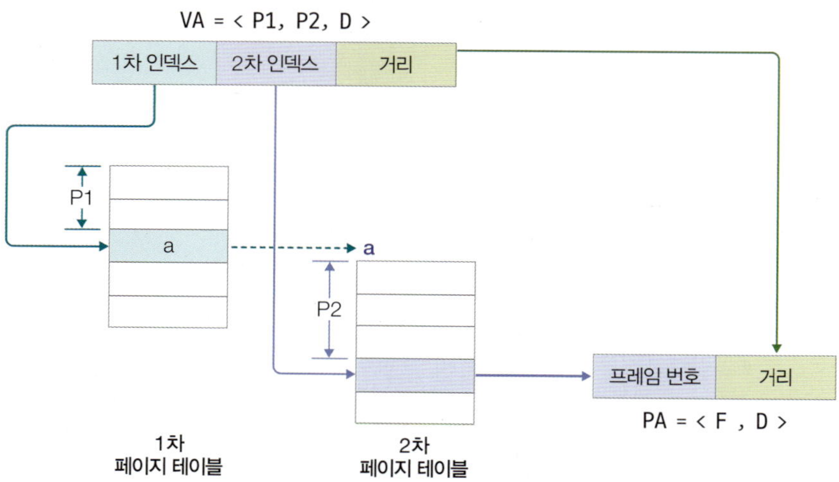

그림 9-22 다단계 매핑의 정형화된 주소 변환 과정

페이지 테이블의 크기가 너무 클 때는 3단계 또는 4단계 매핑 방식을 사용할 수 있다. 이때 페이지 테이블의 주소가 더욱 세분화된다. 예를 들어 3단계 매핑 방식에서는 페이지 번호를 P1, P2, P3의 3단계로 나누어 관리한다. [그림 9-21]의 예에서 페이지 번호 3은 1차 인덱스 0과 2차 인덱스 3으로, 12는 1차 인덱스 1과 2차 인덱스 2로, 178은 1차 인덱스 17과 2차 인덱스 8로 분할된다.

현대적인 운영체제에서는 다단계 매핑이 널리 사용된다. 다단계 매핑의 장점은 2차 페이지 테이블을 필요 시 동적으로 생성하여 메모리를 효율적으로 사용할 수 있다는 점이다. 또한 페이지 테이블을 일정한 크기의 묶음으로 관리하므로, 페이지 테이블이 필요 이상으로 커지는 문제를 방지할 수 있다. 다만 페이지 테이블에 단계별로 접근하기 때문에 직접 매핑보다는 주소 변환 속도가 조금 느리다.

표 9-1 페이지 매핑 방식 비교

	직접 매핑	연관 매핑	역 매핑	다단계 매핑
설명	프로세스마다 개별적 테이블 유지	TLB를 사용하여 직접 매핑을 개선	물리 메모리의 프레임을 기준으로 단일 테이블 구성	계층적인 페이지 테이블 구조로 나눠서 관리
페이지 테이블 크기	프로세스 수에 비례하여 증가	TLB 사용으로 테이블 사용 최소화	시스템 전체에 하나의 테이블만 유지	테이블을 여러 단계로 나누어 크기 조절
주소 변환 속도	빠름	매우 빠름	느림	단계별 접근으로 다소 느림
장점	구현이 간단함	주소 변환 속도 최적화	테이블 크기 최소화	대용량 주소 공간을 효율적으로 관리
단점	프로세스가 많으면 메모리가 낭비됨	TLB 미스 발생 시 속도 저하	검색이 오래 걸림	구현이 복잡함

6 심화 CPU 캐시의 매핑 방식

즉시 쓰기와 지연 쓰기

캐시에 있는 데이터가 변경되는 경우 이를 메모리에 반영하여 데이터의 일관성을 유지해야만 한다. 캐시는 메모리에 있는 데이터를 임시로 가져온 것이기 때문에 캐시에 있는 데이터가 변경되면 메모리에 있는 원래의 데이터도 같이 변경해야 한다. 캐시의 변경된 데이터를 메모리에 반영하는 데는 즉시 쓰기 방식과 지연 쓰기 방식이 있다.

- **즉시 쓰기**write through: 캐시에 있는 데이터가 변경되면 이를 즉시 메모리에 반영하는 방식이다. 메모리와의 데이터 전송이 잦아 성능이 느려진다는 것이 단점이다. 그러나 메모리의 최신 값이 항상 유지되기 때문에 갑작스러운 정전에도 데이터를 잃어버리지 않는다.
- **지연 쓰기**write back: 캐시에 있는 데이터가 변경되면 이를 즉시 메모리에 반영하는 것이 아니라 변경된 내용을 모아서 주기적으로 반영하는 방식으로, 카피백copy back이라고도 한다. 메모리와의 데이터 전송 횟수가 줄어들어 시스템 성능을 향상할 수 있으나 메모리와 캐시된 데이터 사이의 불일치가 발생할 수도 있다는 것이 단점이다.

캐시 직접 매핑

메모리의 페이징과 마찬가지로 캐시도 메모리를 일정 크기로 나누는데, 일정 크기로 나눈 덩어리가 페이지 P이다. CPU가 메모리에 접근할 때 사용하는 주소를 <P, D>로 표현한다. 여기서 P는 페이지 번호, D는 페이지 내에서 거리를 의미한다. 여기까지는 메모리 페이징과 같다. P 대신 메모리가 한 번에 데이터를 옮길 수 있는 최대 크기인 워드라고 정의하는 문헌도 있으나, 이 책에서는 메모리 페이징과 연관 지어 이해하도록 페이지라고 정의한다.

메모리가 N개의 페이지로 구성되고, 캐시는 M개의 페이지로 구성된다고 가정하자. 캐시의 크기가 메모리보다 작기 때문에 N이 M보다 훨씬 크다(N≫M). 직접 매핑에서는 메모리의 페이지 수 N을 캐시의 페이지 수 M으로 나누고 이를 블록block이라고 부른다. 따라서 메모리의 페이지 수 N은 'M×블록의 수'가 된다.

캐시 직접 매핑에서는 메모리의 블록이 항상 캐시의 같은 위치에 올라온다. 즉 모든 블록의 첫 번째 페이지는 캐시의 첫 번째 페이지로, 블록의 두 번째 페이지는 캐시의 두 번째 페이지로만 올라온다. 그러므로 캐시 직접 매핑에서는 메모리의 어느 블록에서 올라온 페이지인지만 확인하면 된다. 따라서 캐시에 블록 번호인 태그tag를 명시하고, 캐시 히트나 캐시 미스가 있는지 알기 위해 태그를 확인한다. CPU가 메모리에 접근하려는 주소 <P, D>는 <tag, bd, D>로 바꿀 수 있고, 원하는 데이터를 캐시에 얻기 위해 <tag, D>를 사용한다. bd는 블록에서의 거리block distance를 의미한다.

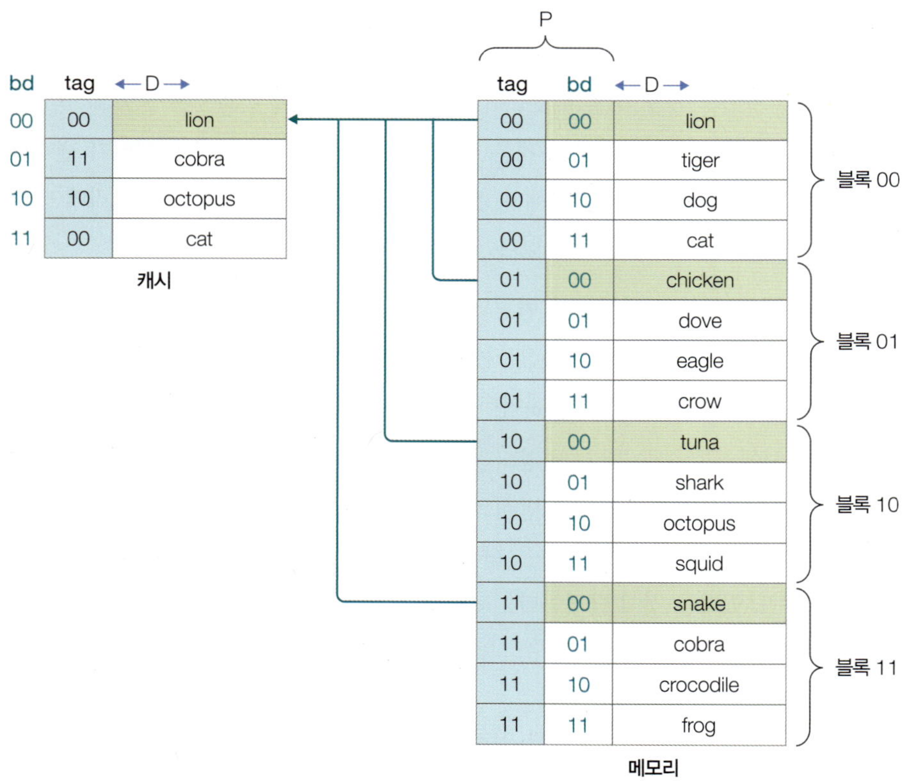

그림 9-23 캐시 직접 매핑

[그림 9-23]은 캐시의 직접 매핑 구조를 보여준다. 메모리의 전체 크기를 16B, 페이지 1개의 크기를 8비트(=1B)라고 가정하면 메모리의 페이지 수는 총 16개이고 페이지의 주소 P는 0000번지부터 1111번지까지이다. 또한 캐시 메모리의 크기를 4B라고 가정하면 캐시 내의 페이지 수는 4개이고 캐시의 주소는 00번지부터 11번지까지이다.

메모리는 캐시와 같은 크기(페이지 4개)인 블록들로 나뉜다. 그림에서는 가장 위의 4개를 00번 블록, 다음 4개를 01번 블록으로 나타냈다. 주소 4비트 중 앞의 2비트는 태그이며, 이는 블록 번호를 의미한다. 뒤의 2비트는 블록에서의 거리 bd$_{\text{block distance}}$이며, 캐시의 위치 정보를 나타낸다. 블록을 구분하기 위해 각 블록에 4개씩 포유류, 조류, 어류, 파충류에 해당하는 동물 이름을 넣었다.

캐시 직접 매핑의 가장 큰 특징은 메인 메모리의 페이지가 캐시의 정해진 위치에만 들어갈 수 있다는 것이다. 메모리의 주소 4비트 중 끝의 2비트에 주목하라. 끝자리 2비트는 bd라고 표시했는데, 00은 캐시의 00 위치에, 01은 캐시의 01 위치에만 올라간다. 따라서 캐시의 00 위치에는 lion, chicken, tuna, snake만 올라올 수 있다. 같은 이유로 캐시의 01 위치에는 각 블록의 01 위치에 있는 tiger, dove, shark, cobra만 올라올 수 있다.

현재 캐시의 00 위치에 lion, chicken, tuna, snake 중 어떤 데이터가 올라왔는지 확인하기 위해 캐시에서는 태그를 유지한다. 태그는 메모리 주소의 앞 2비트에 해당하는 값으로, 어떤 블록에서 올라온 데이터인지를 나타낸다. 예를 들어 메모리 워드 1101의 cobra가 필요할 때 CPU는 캐시의 01 위치(주소의 뒷자리)에 가서 태그가 11인지 확인한다. 실제로 태그가 11이므로 캐시 히트이다. 또 다른 예로 0111의 crow가 필요하다면 먼저 캐시의 11 위치로 가서 태그가 01인지 확인한다. 캐시의 11 위치 태그가 현재 00이므로 캐시 미스가 발생하고, CPU는 메모리의 0111로 가서 crow를 가져온다.

직접 매핑의 장점은 메모리의 페이지가 캐시의 같은 위치에 올라오기 때문에 태그만 확인하면 캐시 히트인지 캐시 미스인지 빠르게 확인할 수 있다는 것이다. 그러나 페이지가 같은 위치에만 올라오기 때문에 자리다툼이 발생한다는 단점이 있다. 예를 들어 CPU에서 1100, 1000, 0100가 연달아 필요하다면 매번 bd 00 위치(캐시의 00 위치)에 있는 데이터만 캐시로 올라왔다가 금세 쫓겨나는 현상이 발생한다. [그림 9-23]에서는 캐시의 00 위치에 lion을 유지한 채 1100의 snake를 가져올 수 없다. lion과 snake가 연달아 필요한 경우, 캐시에 여유가 있어도 00 위치만 사용해야 하므로 캐시 히트율이 떨어진다. 이런 문제를 완화한 방법이 연관 매핑이다.

캐시 연관 매핑

[그림 9-24]는 캐시의 연관 매핑을 나타낸 것이다. 캐시의 연관 매핑은 페이지 테이블의 연관 매핑과 동일하게, 메모리 페이지가 캐시의 어느 위치에도 자유롭게 올라갈 수 있다. 따라서 캐시가 메모리 페이지의 주소를 전부 가지고 있다.

연관 매핑은 캐시 메모리를 자유롭게 사용할 수 있다는 것이 장점이다. 그러나 캐시 히트인지 캐시 미스인지 확인하기 위해 캐시의 모든 주소를 검색해야 한다는 단점도 있다. 따라서 연관 매핑은 직접 매핑보다 느리다.

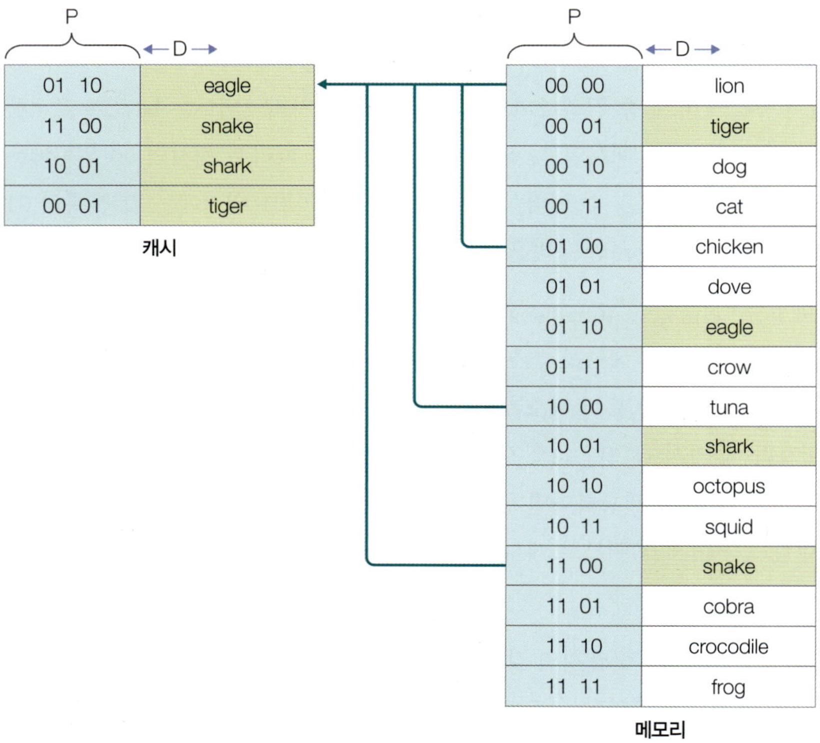

그림 9-24 캐시 연관 매핑

캐시 집합-연관 매핑

집합-연관 매핑은 직접 매핑과 연관 매핑의 장점만 취한 방식이다. 캐시 집합-연관 매핑은 캐시를 K개의 집합으로 나누고 각 집합에 직접 매핑을 사용한다. 집합-연관 매핑을 이해하기 위해 직접 매핑의 단점을 다시 살펴보자. 끝이 00(bd 00)으로 끝나는 페이지는 캐시에 하나밖에 없어 자리다툼이 일어난다고 앞에서 언급했다. 집합-연관 매핑은 직접 매핑을 하는 캐시 메모리를 K개로 나눈다. 끝자리가 같은 캐시 메모리가 K개이기 때문에 직접 매핑의 자리다툼 문제가 완화된다. 또한 집합 내에서 직접 매핑을 사용하기 때문에 연관 매핑처럼 모든 캐시를 검색하는 일 없이 바로 캐시 히트 여부를 알 수 있다.

[그림 9-25]는 캐시의 집합-연관 매핑을 나타낸 것으로, 캐시를 2개의 집합(K=2)으로 나누고 하나의 집합에 2개의 페이지를 사용하도록 했다. 따라서 주소 P의 4비트 중 마지막 1비트만 bd를 나타내고 태그는 앞의 3비트이다. 다시 말해 주소의 끝이 0인 페이지는 2개의 집합 중 비어 있는 첫 번째 위치에 들어가고, 끝이 1인 페이지는 2개의 집합 중 비어 있는 마지막 위치에 들어간다.

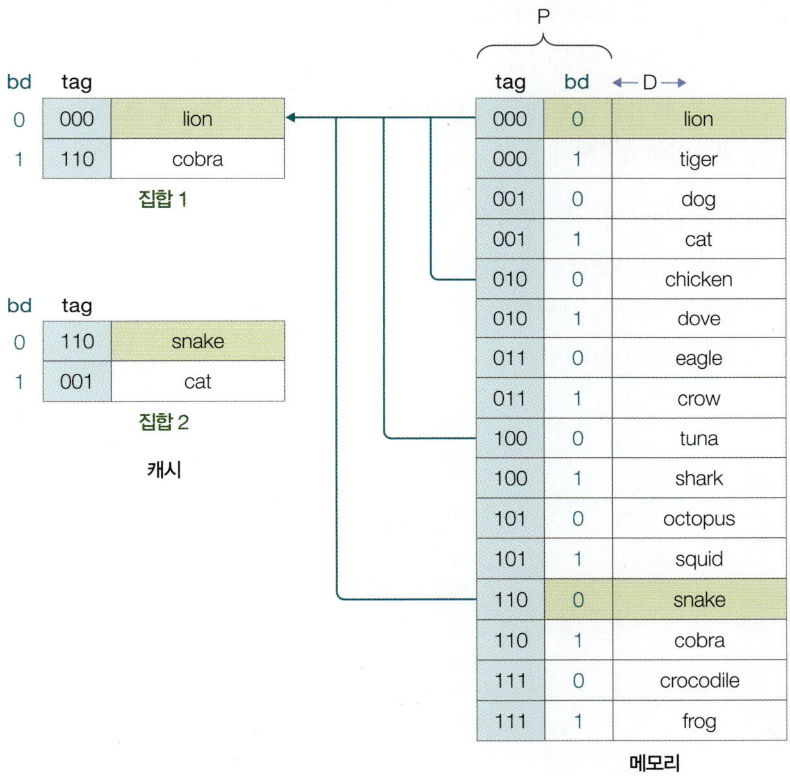

그림 9-25 캐시 집합-연관 매핑

[그림 9-23]의 캐시 직접 매핑에서는 lion과 snake가 캐시에 동시에 존재할 수 없었으나, [그림 9-25]의 캐시 집합-연관 매핑에서는 lion이 캐시의 집합 1에, snake가 캐시의 집합 2에 있다.

SECTION

03 세그먼테이션 메모리 관리

1 세그먼테이션의 개념과 구조

세그먼테이션segmentation은 프로세스를 논리적 단위인 세그먼트segment로 나누고, 한 단위를 하나의 덩어리로 처리하는 연속 메모리 할당 방식이다. 예를 들어 프로세스는 코드 세그먼트, 데이터 세그먼트, 스택 세그먼트와 같은 논리적인 블록으로 나뉜다. 길이가 각기 다른 세그먼트를 하나의 덩어리로 처리하는 것이 세그멘테이션이다.

[그림 9-26]은 세그먼테이션 방식에서의 세그먼트와 매핑 테이블의 구조를 나타낸다. 세그먼테이션 방식에서 사용하는 테이블은 세그먼테이션 매핑 테이블segmentation mapping table이다. 세그먼테이션 매핑 테이블에는 물리 메모리상의 시작 주소를 나타내는 시작 주소base address와 세그먼트의 크기를 나타내는 제한 크기limit 열이 있다.

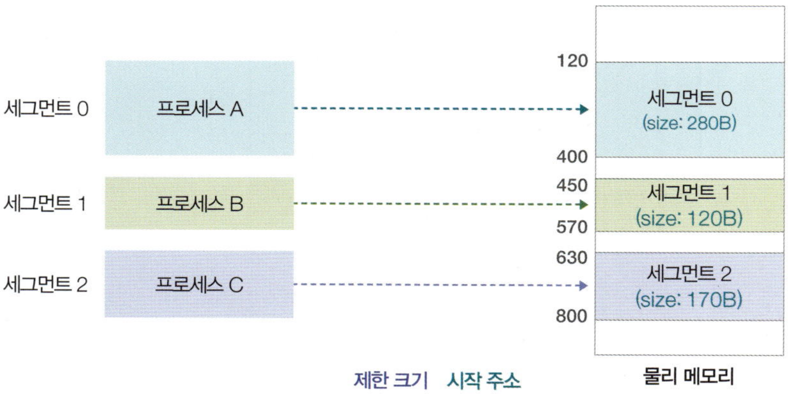

	제한 크기	시작 주소
0	280	120
1	120	450
2	170	630
3	800	I
	⋮	⋮

세그먼테이션 매핑 테이블

그림 9-26 세그먼테이션 메모리 관리

페이징은 메모리를 크기가 일정한 페이지 단위로 분할하기 때문에 매핑 테이블에 영역의 크기 정보가 없었다. 반면 세그먼테이션 방식에서는 세그먼트의 크기에 따라 메모리를 나누고, 각 세그먼트는 할당받은 메모리 영역을 넘어가서는 안 된다. 따라서 매핑 테이블에 크기 정보가 포함되며, 세그먼트의 크기 정보를 제한 크기라 부른다.

[그림 9-26]과 같이 세그먼트 0, 1, 2를 실행하는 경우 메모리에 세그먼트 0, 1, 2가 적재된다. 크기가 280B인 세그먼트 0은 물리 메모리 120번지에 있고, 크기가 120B인 세그먼트 1은 450번지에 있다. 크기가 170B인 세그먼트 2는 물리 메모리 630번지에 있다. 세그먼테이션에서도 물리 메모리가 부족할 때 스왑 영역을 사용한다. 그림에서는 크기가 800B인 세그먼트 3이 스왑 영역에 있기 때문에 세그먼테이션 테이블의 시작 주소에 'Invalid'라고 표시된다.

2 세그먼테이션 기반 주소 변환 방식

세그먼테이션 방식에서는 논리 주소를 LA = <S, D>로 표현한다. S는 세그먼트 번호$_{\text{Segment Number}}$, D는 세그먼트 시작 지점에서 해당 주소까지의 거리$_{\text{Distance}}$를 의미한다. 논리 메모리 시스템에서 사용자에게 보이는 메모리는 항상 0부터 시작하므로 페이징 방식이든 세그먼테이션 방식이든 거리 D는 사용자가 지정한 주소 그 자체이다.

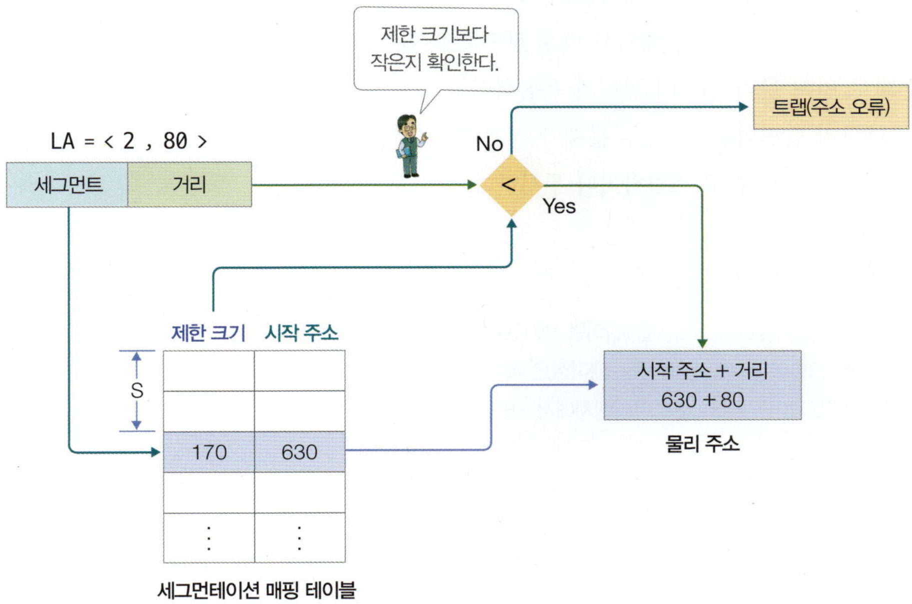

그림 9-27 세그먼테이션 방식의 주소 변환

[그림 9-27]은 세그먼테이션 방식에서 LA = <2, 80>의 논리 주소를 물리 주소로 변환하는 과정을 보여준다. LA = <2, 80>은 세그먼트 2번이 80번지의 주소를 요청하는 경우를 의미한다. 따라서 세그먼테이션 매핑 테이블의 2번째 행에 접근한다. 2번째 행에는 시작 주소가 630이며 제한 크기는 170이라 기록되어 있다. 이는 세그먼트 2번이 물리 메모리 630번지에 있으며 크기는 170B라는 의미이다. 따라서 물리 메모리 710(=630 + 80)번지에 접근하면 된다.

세그먼테이션 테이블의 제한 크기는 메모리를 보호하는 역할을 한다. 따라서 물리 메모리에 접근할 때마다 거리 D가 제한 크기보다 작은지를 매번 확인한다. D가 제한 크기보다 작을 때만 물리 메모리에 접근할 수 있다.

만약 프로세스가 제한 크기보다 더 큰 주소에 접근하려고 하면 메모리 관리자는 해당 프로세스를 강제 종료시킨다. 이때 발생하는 오류를 트랩이라고 한다. 트랩trap은 영역을 벗어나는 주소에 접근하는 것과 같이 사용자가 의도치 않게 일으키는 인터럽트를 말한다. 트랩이 발생하면 운영체제는 사용자에게 세그먼테이션 오류segmentation fault 메시지를 보낸다. 세그먼테이션 오류는 자신에게 주어진 메모리 영역을 벗어났다는 의미이다.

세그먼테이션 방식은 가변 분할을 기반으로 만들어졌기 때문에 가변 분할의 장점과 단점을 모두 가지고 있다. 장점은 메모리를 프로세스 단위로 관리하여 페이지 테이블이 작고 단순하다는 것이다. 페이징 방식에서는 페이지 매핑 테이블을 프로세스마다 유지하지만, 세그먼테이션 방식에서는 전체 프로세스에 대하여 세그먼테이션 매핑 테이블을 한 개만 유지한다. 단점은 물리 메모리의 외부 단편화로 인해 물리 메모리 관리가 복잡하다는 것이다. 페이징은 단순하고 하드웨어 구현이 쉬우며, 메모리 단편화fragmentation 문제가 적기 때문에 현재는 대부분의 운영체제가 페이징만 사용하고, 세그멘테이션은 최소화하거나 무시한다.

Note **세그먼테이션-페이징**

세그멘테이션-페이징segmentation with paging이란 세그멘테이션과 페이징 각각의 장점을 활용하여 결합한 하이브리드 메모리 관리 기법이다. 세그멘테이션-페이징은 세그먼트를 먼저 나누고, 각 세그먼트 내부를 다시 페이지로 나누는 방식이다. 과거 인텔의 x86 아키텍처에서 사용되었지만, 구현이 복잡하여 현재는 거의 사용되지 않는다.

요약

01 페이징 방식에서는 논리 주소는 LA = <P, D>로 표현한다. LA는 논리 주소, P는 페이지 번호, D는 페이지의 처음 위치에서 해당 주소까지의 거리이다. 페이징 방식에서의 주소 변환이란 논리 주소를 물리 주소 PA = <F, D>로 변환하는 것이다. PA는 물리 주소를 가리키며, F는 프레임 번호를 의미한다. 페이지 매핑 테이블에서 각 행은 페이지 테이블 엔트리(PTE)이다. 논리 주소를 물리 주소로 변환할 때, 페이지 매핑 테이블의 페이지 번호에 해당하는 위치에서 프레임 번호를 얻을 수 있다.

02 쓸모없는 복사의 문제를 해결하기 위하여 `fork()`를 통하여 새로 만들어지는 프로세스는 초기에 프레임을 공유하다가 쓰기 연산이 이루어지는 순간 프레임을 복사한다. 데이터의 변화가 있을 때까지 복사를 미루었다가 쓰기 연산이 발생할 때 프레임을 복사하여 분리하는 방식을 쓰기 시점 복사라 부른다.

03 페이지 매핑 기법은 직접 매핑, 연관 매핑, 역 매핑, 다단계 매핑이 있다.

- **직접 매핑**: 프로세스마다 개별 테이블을 유지하여 논리 주소를 물리 주소로 변환
- **연관 매핑**: TLB를 사용하여 페이지 테이블 일부를 CPU에 미리 가져옴
- **역 매핑**: 물리 메모리의 프레임을 기준으로 역 페이지 테이블을 구성
- **다단계 매핑**: 페이지 테이블을 일정 크기로 나누고, 이를 상위 테이블이 관리

04 세그먼테이션 매핑은 프로세스를 논리적 단위인 세그먼트로 나누고, 세그먼트를 하나의 덩어리로 취급하는 메모리 관리 방식이다. 세그먼테이션 매핑에서 논리 주소는 세그먼트 번호 S와 세그먼트 시작 지점으로부터의 거리 D를 사용하여 LA=<S, D>로 표현한다. 프로세스는 D가 세그먼트의 제한 크기보다 작을 때만 물리 메모리에 접근할 수 있다.

연습 문제

※ (01~06) 페이지를 10B씩으로 나누었을 때, 그림과 같은 페이지 매핑 테이블을 보고 문제의 답을 찾으시오.

0	2
1	3
2	4
3	1
4	0

01 논리 주소 19번지는 물리 주소 몇 번지에 매핑되는가?

① 19번지 ② 29번지
③ 39번지 ④ 91번지

02 논리 주소 43번지는 물리 주소 몇 번지에 매핑되는가?

① 34번지 ② 3번지
③ 24번지 ④ 43번지

03 논리 주소 20번지는 물리 주소 몇 번지에 매핑되는가?

① 40번지 ② 30번지
③ 21번지 ④ 11번지

04 논리 주소 9번지는 물리 주소 몇 번지에 매핑되는가?

① 31번지 ② 9번지
③ 39번지 ④ 29번지

05 페이지 매핑 테이블을 참고하여 논리 주소 578번지를 <P, D>의 형태로 올바르게 정형화한 것을 찾으시오.

① <578, 0> ② <0, 578>
③ <57, 8> ④ <5, 78>

06 페이지 매핑 테이블을 참고하여 논리 주소 42번지를 물리 주소 <F, D>의 형태로 올바르게 변환한 것을 찾으시오.

① <0, 2> ② <4, 2>
③ <0, 42> ④ <42, 0>

07 페이징 메모리 관리의 LA = <P, D>에서 페이지 번호 P를 구하는 공식으로 맞는 것을 찾으시오.

① 논리 주소 / 페이지 크기 ② (논리 주소 / 페이지 크기)의 나머지
③ (페이지 크기 / 논리 주소)의 몫 ④ (논리 주소 / 페이지 크기)의 몫

08 페이징 메모리 관리의 LA = <P, D>에서 거리 D를 구하는 공식으로 맞는 것을 찾으시오.

① 논리 주소 / 페이지 크기 ② (논리 주소 / 페이지 크기)의 나머지
③ (페이지 크기 / 논리 주소)의 몫 ④ (논리 주소 / 페이지 크기)의 몫

09 페이지 1개가 512B인 페이징 시스템에서 논리 주소 12번지를 <P, D>의 형태로 올바르게 정형화한 것을 찾으시오.

① <0, 12> ② <1, 12>
③ <512, 12> ④ <512, 12>

10 페이지 1개가 512B인 페이징 시스템에서 논리 주소 520번지를 <P, D>의 형태로 올바르게 정형화한 것을 찾으시오.

① <0, 520> ② <512, 520>
③ <1, 8> ④ <520, 8>

11 페이지 1개가 2^9B인 페이징 시스템에서 논리 주소 2049번지를 <P, D>의 형태로 올바르게 정형화한 것을 찾으시오.

① <4, 512> ② <4, 1>
③ <3, 8> ④ <4, 8>

12 페이지 1개가 2^{10}B인 페이징 시스템에서 논리 주소 2004번지를 `<P, D>`의 형태로 올바르게 정형화한 것을 찾으시오.

① `<1024, 1>` ② `<1, 1004>`

③ `<1, 980>` ④ `<1024, 2004>`

13 다음 중 페이지 테이블의 각 행을 나타내는 용어는 무엇인가?

① TLB ② PTE ③ PTBR ④ locality

14 페이지 테이블의 시작 주소가 저장되는 레지스터의 이름은 무엇인가?

① TLB ② PTE ③ PTBR ④ locality

15 16비트 시스템에서 페이지 1개가 2^{10}B라고 가정한다. 이 시스템이 가질 수 있는 최대 크기의 프로세스는 페이지 테이블 행을 몇 개 가지는가?

① 6개 ② 12개 ③ 32개 ④ 64개

16 16비트 시스템이 가질 수 있는 최대 크기의 프로세스가 2^{20}행까지 있는 페이지 테이블을 가진다고 가정한다. 이때 페이지 1개가 몇 B인가?

① 212 ② 232 ③ 220 ④ 216

17 `fork()`를 호출했을 때 물리 영역에 변화가 있을 때까지 부모 프로세스와 자식 프로세스가 프레임을 공유하는 것은 무엇인가?

① 공간의 지역성 ② 쓰기 시점 복사

③ 시간의 지역성 ④ 변환 색인 버퍼

18 데이터 접근 패턴이 메모리의 특정 영역에 집중되는 성질은 무엇인가?

① 지역성 ② 쓰기 시점 복사

③ 세그먼테이션 ④ 변환 색인 버퍼

19 현재 접근한 데이터의 근처에 있는 데이터에 접근할 확률이 먼 곳에 있는 데이터에 접근할 확률보다 높은 경향은 무엇인가?

① 공간의 지역성 ② 쓰기 시점 복사
③ 시간의 지역성 ④ 트랩

20 현재를 기준으로 가까운 시간에 접근한 적 있는 데이터가 더 오래전에 접근한 데이터보다 다시 사용될 확률이 높은 경향을 무엇이라고 하는가?

① 공간의 지역성 ② 쓰기 시점 복사
③ 시간의 지역성 ④ 트랩

21 다음 중 캐시된 페이지 매핑 테이블과 가장 관련 있는 단어를 찾으시오.

① 지역성 ② 쓰기 시점 복사
③ 세그먼테이션 ④ 변환 색인 버퍼

22 세그먼테이션에서 제한 크기보다 더 큰 주소에 접근하려고 할 때 발생하는 오류를 무엇이라고 하는가?

① 지역성 ② 쓰기 시점 복사
③ 트랩 ④ 변환 색인 버퍼

23 다음 중 페이지 매핑에 대한 설명으로 틀린 것을 찾으시오.

① 연관 매핑은 변환 색인 버퍼를 이용하여 논리 주소를 물리 주소로 변환하는 방식이다.
② 역 매핑은 페이지를 기준으로 매핑 테이블을 구성하는 방식이다.
③ 직접 매핑, 연관 매핑, 역 매핑, 다단계 매핑 중 연관 매핑의 주소 변환 속도가 가장 빠르다.
④ 직접 매핑, 연관 매핑, 역 매핑, 다단계 매핑 중 역 매핑의 주소 변환 속도가 가장 느리다.

24 다음 중 페이지 매핑에 대한 설명으로 맞는 것을 찾으시오.

① 역 매핑은 프로세스 수가 많아질수록 관리해야 하는 매핑 테이블 수가 많아진다.
② 연관 매핑에서 TLB 미스가 발생하면 주소 변환 속도가 저하된다.
③ 다단계 매핑에서 전체 페이지 테이블을 한꺼번에 만들어야 한다.
④ 다단계 매핑에서 1차 테이블과 2차 테이블이 있다면 2차 테이블이 상위 테이블이다.

25 논리 주소를 LA=<P1, P2, D>로 정형화했다면 다음 중 어느 매핑 방식에 해당하는가?

① 집합-연관 매핑　② 디렉터리 매핑
③ 연관 매핑　④ 다단계 매핑

26 페이징에서 주소 정형화와 변환을 설명하시오.

27 쓰기 시점 복사를 설명하시오.

28 지역성 이론을 설명하시오.

29 변환 색인 버퍼에 대하여 설명하시오.

30 세그먼테이션의 트랩을 설명하시오.

31 역 매핑의 장단점을 설명하시오.

32 다단계 매핑을 설명하시오.

CHAPTER

10

가상 메모리 관리

학습목표

- 가상 메모리 시스템의 구성과 작동 원리를 이해한다.
- 다양한 페이지 교체 알고리즘의 특징을 알아본다.
- 시스템 성능에 영향을 미치는 프레임 할당 방식을 학습한다.

Preview

현대 운영체제는 실제 메모리 크기와 상관없이 넓은 주소 공간을 제공하기 위해 가상 메모리 시스템을 사용한다. 가상 메모리는 물리 메모리와 스왑 영역을 활용하여 커다란 논리 주소 공간을 제공한다. 이 장에서는 가상 메모리의 개념과 작동 방식, 그리고 페이지 부재 시 시스템이 어떻게 동작하는지를 살펴본다.

페이지 교체 알고리즘은 스왑 영역으로 보낼 대상 페이지를 결정하는 알고리즘이며, 앞으로 사용할 가능성이 적은 페이지를 선택해야 시스템의 성능이 향상된다. 이 장에서는 다양한 페이지 교체 알고리즘을 비교하고, 각 알고리즘의 특징과 장단점을 설명한다. 마지막으로 프로세스에 프레임을 배분하는 방법, 스레싱 현상을 피하는 방법을 통해 가상 메모리 시스템의 전체 구조를 이해한다.

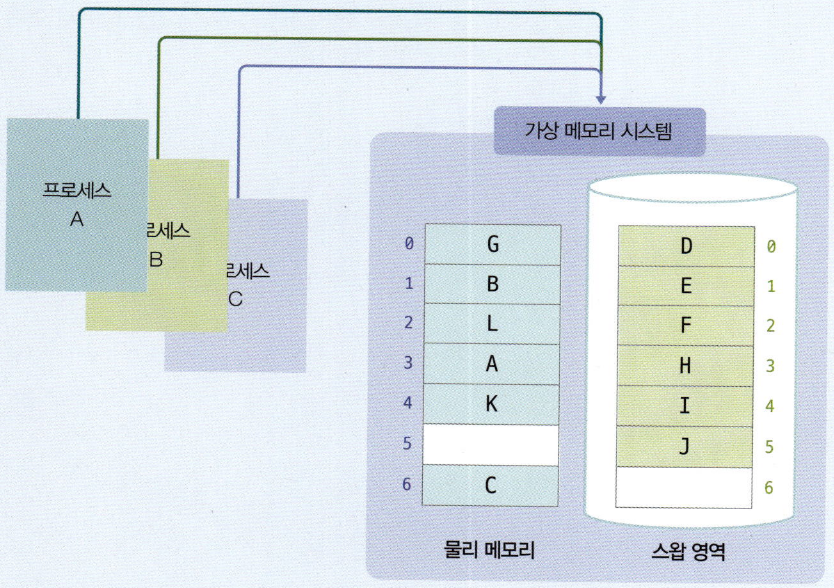

SECTION 01 가상 메모리 시스템

1 가상 메모리의 개념과 구조

가상 메모리의 필요성

컴퓨터마다 실제로 장착된 물리 메모리의 크기는 다르다. 메모리가 1GB인 컴퓨터도 있고, 메모리가 16GB인 컴퓨터도 있다. 따라서 실제로 장착된 메모리에만 의존하여 프로그램이 실행된다면, 1GB의 메모리를 가진 컴퓨터에서는 특정 프로세스가 작동하지 않을 수 있다. 또한 프로그래머가 물리 메모리 크기에 맞추어 프로그램을 만드는 것은 매우 어렵다. 1GB, 4GB, 16GB 중 어느 메모리에 맞추어 프로그램을 만들지 결정하기 힘들기 때문이다. 큰 메모리를 기준으로 프로그램을 만들면, 그보다 작은 메모리의 컴퓨터에서는 프로그램이 작동하지 않는다.

메모리 관리의 핵심은 프로그래머가 컴퓨터에 장착된 물리 메모리 크기에 신경 쓰지 않고도 프로그램을 만들 수 있도록 지원하는 것이다. **가상 메모리 시스템**virtual memory system은 **물리 메모리의 크기와 상관없이 큰 크기의 논리 주소 공간을 제공하는 메모리 관리 시스템**이다.

[그림 10-1]은 가상 메모리 시스템의 구성을 나타낸다. 가상 메모리 시스템에는 프로세스가 바라보는 논리 메모리 영역과 메모리 관리자가 바라보는 물리 메모리 영역이 있다. 가상 메모리 시스템에서는 물리 메모리의 크기와 상관없이, 모든 프로세스는 0번지부터 시작하는 큰 논리 메모리 영역을 가진다.

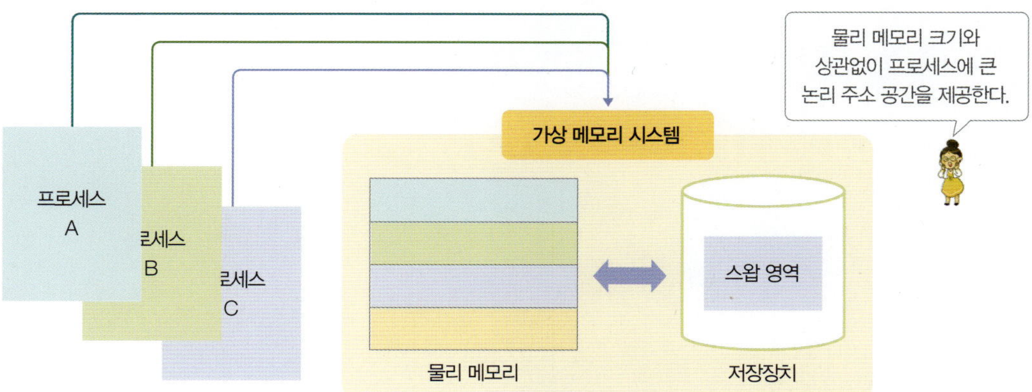

그림 10-1 가상 메모리의 구성

이론적으로 가상 메모리의 크기는 무한대이다. 그러나 실제 가상 메모리의 최대 크기는 그 컴퓨터 시스템이 가질 수 있는 물리 메모리의 최대 크기로 한정된다. 32비트 CPU가 이용할 수 있는 가상 메모리의 최대 크기는 32비트로 표현할 수 있는 메모리 주소의 최댓값이며, 약 4GB이다. 또한 64비트 CPU는 64비트로 표현할 수 있는 메모리 주소의 최댓값이며, 가상 메모리의 크기가 거의 무한대이다.

32비트 CPU에서 프로세스가 여러 개일 때를 생각해 보자. 각 4GB 크기의 논리 주소 영역을 사용하는 프로세스 10개를 동시에 실행하려면 물리 메모리가 40GB 이상 있어야 한다. 그러나 시스템에 장착할 수 있는 물리 메모리의 크기는 약 4GB이므로 10개의 프로세스를 동시에 물리 메모리에 올릴 수 없다. 따라서 가상 메모리 시스템에서는 물리 메모리와 더불어 보조 저장장치의 스왑 영역까지 물리 메모리처럼 사용한다.

가상 주소 공간과 스왑 영역

스왑 영역은 물리적으로 하드디스크나 SSD와 같은 보조 저장장치에 위치하지만, 메모리의 일부로서 가상 메모리 시스템을 구성한다. 메모리 관리자가 부족한 물리 메모리를 스왑 영역으로 보충한다. 물리 메모리가 가득 찼을 때 일부 페이지를 스왑 영역으로 보내고(스왑 아웃), 필요한 경우 스왑 영역에 있는 페이지를 메모리로 가져온다(스왑 인). 따라서 **가상 메모리 시스템에서 메모리의 크기는 물리 메모리의 크기+스왑 영역의 크기**로 정의한다.

현대의 모든 컴퓨터는 가상 메모리를 지원한다. 따라서 이 장에서는 지금까지 설명했던 논리 주소 공간을 가상 주소 공간이라 부른다. 가상 메모리 시스템에서 가상 주소를 실제 메모리의 물리 주소로 변환하는 작업을 **동적 주소 변환**(DAT Dynamic Address Translation)이라 부른다. 가상 메모리 시스템에서는 실제로 장착된 물리 메모리의 크기와 관계없이 모든 프로세스에 충분한 크기의 가상 주소 공간을 제공한다. 가상 메모리 시스템은 물리 메모리를 어떤 방법으로 나눌지, 사용자 프로세스를 어디에 배치할지, 부족한 물리 메모리를 어떻게 처리하는지 등의 복잡한 문제를 해결한다.

Note **윈도우의 가상 메모리 설정**

윈도우 운영체제가 설치된 드라이브(C: 드라이브)에는 스왑 파일 pagefile.sys가 있다. [그림 10-2]의 가상 메모리 설정 창에서 '페이징 파일 없음'으로 설정하면 pagefile.sys 파일의 크기가 0이 되고, 프로그램은 스왑 영역 없이 실제 메모리 공간만 사용하여 실행된다.

스왑 영역의 크기는 일반적으로 메모리 관리자가 보조 저장장치의 남은 공간과 메모리 사용량을 고려하여 유동적으로 조정한다. 메모리의 크기가 작은데 용량이 큰 프로그램을 많이 실행한다면 pagefile.sys 파일의 크기를 크게 설정한다. 또한 보조 저장장치에 남은 공간이 적으면 pagefile.sys 파일의 크기를 작게 설정한다. 따라서 윈도우 운영체제가 설치된 드라이브에는 여유 공간을 남겨두는 것이 좋다. 여유 공간이 적을 때 메모리 사용량이 큰 프로그램을 실행하면 스왑 영역을 더 늘릴 수 없어 시스템이 다운될 수 있다.

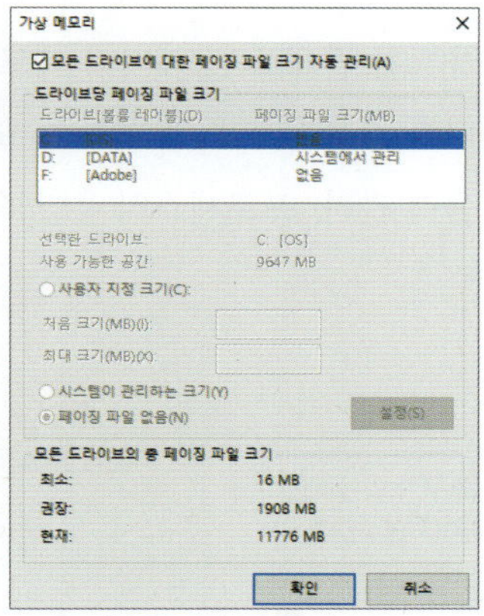

그림 10-2 윈도우의 가상 메모리 설정

2 요구 페이징

프로세스와 관련된 데이터를 언제 메모리로 가져올지 결정하기는 쉽지 않다. 프로세스가 실행되기 시작할 때 모든 데이터를 가져오는 경우를 생각해 보자. 프로세스가 실행되는 동안 1번 이상 사용하는 모듈도 있지만, 프로세스가 끝날 때까지 사용하지 않는 모듈도 있다. 예를 들어 문서 편집기를 구성하는 모든 모듈을 메모리로 가져왔지만 사전 모듈과 그림판 모듈을 사용하지 않는다면 메모리가 낭비된다.

운영체제는 프로세스를 구성하는 모든 모듈을 메모리에 올리지 않는다. 당장 필요한 모듈만 메모리에 올려 실행하고, 나머지 모듈은 필요하다고 판단할 때 메모리로 가져온다. 프로세스가 요구할 때만 페이지를 메모리로 가져오는 방법을 **요구 페이징**demand paging이라 한다.

현대 운영체제는 기본적으로 요구 페이징을 사용한다. 요구 페이징을 사용하는 가장 중요한 이유는 **물리 메모리를 절약**하기 위해서이다. 두 번째 이유는 **메모리를 효율적으로 관리**할 수 있기 때문이다. 메모리에 많은 모듈이 올라오면 페이지 테이블의 크기가 커져 관리하기가 힘들어진다. 따라서 적은 양의 모듈만 물리 메모리에 올려놓음으로써 메모리를 편리하게 관리한다. 세 번째 이유는 **응답 속도를 향상**하기 위해서이다. 용량이 큰 프로세스를 전부 실행하면 응답이 늦어질 수 있으므로 즉시 필요한 모듈만 메모리에 올려 실행한다.

예를 들어 포토샵 같은 대형 프로그램을 실행하는 경우를 생각해 보자. 포토샵에는 메인 프로그램 외에도 피부 보정 필터, 노이즈 제거 필터 같은 외부 필터가 있다. 포토샵을 실행할 때 메인 프로그램과 외부 필터를 메모리에 모두 올리는 경우에는 메모리를 많이 차지할 뿐 아니라 프로그램이 시작하는 시간도 오래 걸린다. 따라서 메모리에는 포토샵의 메인 프로그램만 올리고 필터는 사용자가 필요로 할 때마다 메모리로 가져오는 것이 효율적이다. 프로그램의 일부만 가져와 실행하다가 사용자가 특정 기능을 요구할 때 해당 모듈을 메모리에 올리면 메모리의 절약, 메모리의 효율적 관리, 프로세스의 응답 속도 향상 효과를 볼 수 있다.

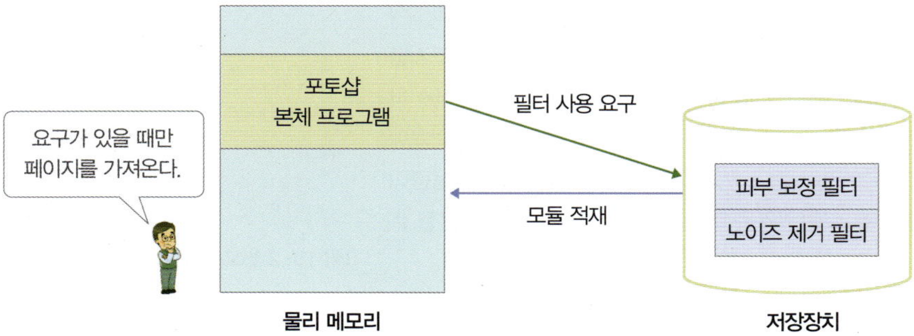

그림 10-3 요구 페이징

요구 페이징과 비교하여, 캐시는 미리 가져오기pre-fetch 방식을 사용한다. 앞으로 필요할 것이라고 예상되는 부분을 고속의 캐시 메모리에 미리 가져옴으로써 시스템의 성능을 향상시킨다.

> **Note** **게으른 스와퍼**
>
> 프로세스 입장에서는 프로세스를 구성하는 모든 모듈이 한꺼번에 메모리로 올라오는 것이 좋다. 이렇게 모든 페이지를 메모리에 올리는 기법을 순수 스와핑pure swapping이라고 한다. 이와 달리 사용자가 요구할 때 메모리에 올리는 기법은 게으른 스와퍼lazy swapper라고 한다.

3 페이지 부재와 교체 과정

페이지 테이블 구성요소

[그림 10-4]는 페이지 테이블 엔트리(PTE)의 구성을 보여준다. 09장에서 PTE는 페이지 번호 순서대로 나열되며, 그 안에는 프레임 번호가 저장되어 있다고 설명했다. 정확히 말하면, 프레임 번호 앞쪽에 플래그 비트flag bit가 존재한다.

PTE에서 가장 오른쪽의 주소 영역은 가상 주소를 물리 주소로 변환할 때 사용한다. 09장에서 설명했던 것처럼 주소 영역에는 프레임 번호 혹은 스왑 영역의 위치가 저장된다. 플래그 비트는 메모리를 관리하기 위해 추가되는 비트인데, CPU 종류에 따라 일부가 빠져 있기도 한다.

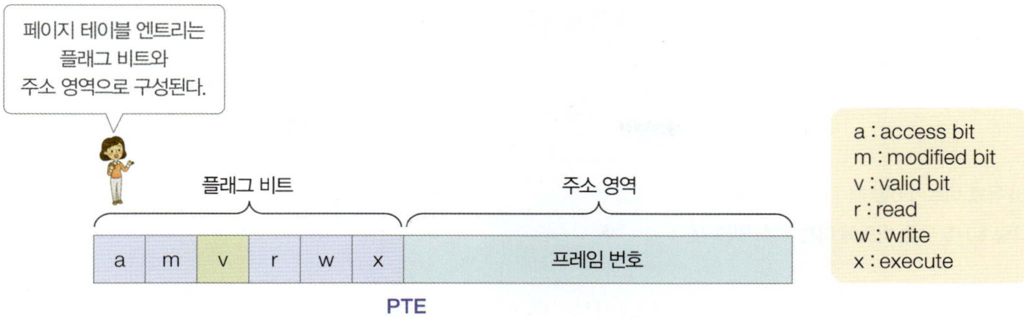

그림 10-4 페이지 테이블 엔트리의 구성

플래그 비트는 접근 비트, 변경 비트, 유효 비트, 읽기 비트, 쓰기 비트, 실행 비트로 구성된다. 각각의 의미는 다음과 같다.

- **접근 비트**access bit: 페이지가 메모리에 올라온 후 사용된 적이 있는지 알려주는 비트이다. 해당 메모리에서 읽기나 실행 작업을 했다면 접근 비트가 1이 된다. 접근 비트는 참조 비트reference bit라고도 한다.
- **변경 비트**modified bit: 페이지가 메모리에 올라온 후 데이터 변경이 있었는지 알려주는 비트이다. 해당 메모리에서 쓰기 등 데이터를 변경하는 작업을 했다면 변경 비트가 1이 된다. 변경 비트는 데이터가 새로운 값으로 오염되었는지 알려준다는 의미에서 더티 비트dirty bit라고도 한다.
- **유효 비트**valid bit: 페이지가 실제 메모리에 있는지 혹은 스왑 영역에 있는지를 나타내는 비트이다. 유효 비트는 현재 페이지가 메모리에 있는지를 나타내므로 현재 비트present bit라고도 한다.
- **읽기 비트**read bit, **쓰기 비트**write bit, **실행 비트**execute bit: 페이지에 대한 읽기, 권한, 실행 권한을 나타내는 비트이다. 권한이 없는 프로세스가 읽거나 쓰려고 할 때 접근을 차단하는 데 사용된다. 읽기 비트, 쓰기 비트, 실행 비트를 합쳐서 접근 권한 비트rights bit라고도 부른다.

유효 비트

여러 플래그 비트 중 주의 깊게 살펴볼 것은 유효 비트이다. 가상 메모리 시스템에서 프로세스를 구성하는 페이지는 물리 메모리와 스왑 영역 중 한 곳에 있다. 페이지가 스왑 영역에 있는 경우는 다시 두 가지로 나뉜다. 하나는 요구 페이징으로 처음부터 물리 메모리에 올라가지 못한 경우이다. 다른 하나는 메모리가 가득 차서 물리 메모리에 있던 일부 페이지를 스왑 영역으로 옮긴 경우이다. **유효 비트**valid bit는 해당 페이지가 메모리에 있는지 혹은 스왑 영역에 있는지를 표시한다.

[그림 10-5]는 유효 비트에 따른 주소 영역의 내용을 보여준다. 유효 비트가 0일 때는 페이지가 메모리에 있으므로 주소 영역에는 물리 메모리의 프레임 번호가 저장된다. 유효 비트가 1일 때는

페이지가 스왑 영역에 있으므로 주소 영역에는 스왑 영역의 주소가 저장된다.

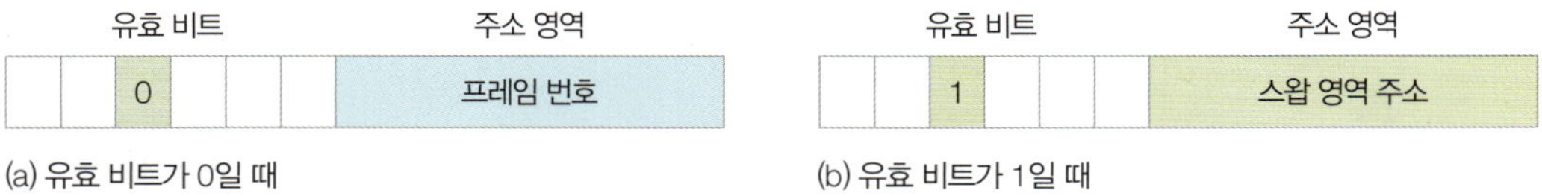

그림 10-5 유효 비트에 따른 주소 필드 값

[그림 10-6]은 가상 메모리, 페이지 테이블, 물리 메모리, 스왑 영역을 모두 나타낸 것이다. 가상 주소 공간의 페이지 0번(A)은 물리 메모리의 프레임 3번에 있다. 페이지 매핑 테이블에서 PTE 0번의 유효 비트가 0인데, 0번 페이지가 물리 메모리에 있다는 의미이다. 또한 주소 영역에는 3이 있는데, 물리 메모리에서의 프레임 번호 3번을 의미한다. 또한 가상 주소 공간의 페이지 4번(E)은 현재 스왑 영역에 있다. 따라서 페이지 매핑 테이블에서 PTE 4번의 유효 비트는 1이다. 또한 주소 영역의 1은 스왑 영역에서의 주소 1번을 의미한다.

그림 10-6 가상 메모리 시스템의 구성

페이지 부재

[그림 10-6]의 가상 메모리 시스템에서 프로세스가 페이지 3을 요청했다고 가정하자. 페이지 테이블 엔트리(PTE) 3번의 유효 비트가 1이므로 페이지 3번은 메모리가 아닌 스왑 영역에 있다. 프로세스가 페이지를 요청했을 때 해당 페이지가 메모리에 없는 상황을 **페이지 부재**page fault라고 한다. 페이지 부재 시에는 해당 페이지를 스왑 영역에서 물리 메모리로 옮겨야 한다.

[그림 10-7]은 가상 메모리 시스템에서 페이지 부재를 처리하는 과정을 나타낸다. 메모리 관리자는 스왑 영역에 있는 페이지를 메모리의 빈 영역에 올리고 페이지 테이블을 갱신한다.

❶ 프로세스가 페이지 3번(D)을 요청한다.

❷ 페이지 매핑 테이블 PTE 3번의 유효 비트가 1이다. 현재 물리 메모리에 페이지 D가 없다는 의미이므로 페이지 부재가 발생한다. PTE 3번의 주소 필드 값이 0이므로 페이지 D는 스왑 영역의 0번에 있다. 스왑 영역의 0번에 있는 페이지(D)를 물리 메모리 중 비어 있는 프레임 5번으로 가져온다(스왑 인).

❸ 프레임 5번에 D가 들어오면 PTE 3번을 갱신한다. 유효 비트는 1에서 0으로 변경하고, 주소도 0에서 5로 변경한다.

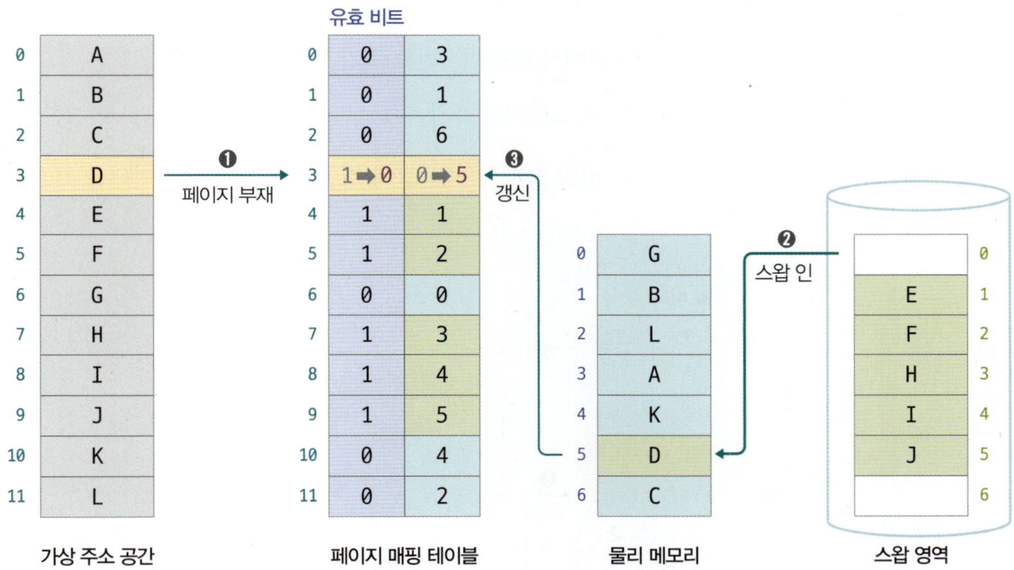

그림 10-7 페이지 부재 처리

페이지 부재가 처리된 이후에 메인 메모리의 프레임 5번에 접근하여 요청된 데이터를 프로세스에 전달한다. [그림 10-7]에서는 물리 메모리에 빈 프레임이 있지만, 빈 곳이 없으면 작업이 복잡해진다. 메모리에 있는 프레임 중 하나를 스왑 영역으로 내보낸 후에야 다른 페이지를 가져올 수 있기 때문이다.

페이지 교체

[그림 10-8]은 가상 메모리 시스템에서 메모리가 가득 찬 상태로 페이지 부재가 발생했을 때의 작업 과정을 나타낸다. [그림 10-7]의 상황 이후에, 이번에는 프로세스가 페이지 4번(E)을 요청했다고 가정하자.

❶ 페이지 매핑 테이블에서 페이지 4번(E)의 유효 비트가 1이므로 페이지 부재 상황이다.

❷ 메모리가 가득 차 있으니 스왑 영역에 있는 페이지 E를 가져오려면 현재 메모리에 있는 페이지 중 하나를 스왑 영역으로 내보내야 한다. 그림에서는 물리 메모리의 프레임 3번(A)에 저장된 페이지를 대상 페이지로 선정했다. 프레임 3번(A)을 스왑 영역의 6번으로 옮긴다(스왑 아웃).

❸ 스왑으로 옮겨진 프레임 3번(A)의 PTE를 갱신한다. PTE 0번의 유효 비트를 0에서 1로, 주소 영역 값을 프레임 3번에서 스왑 주소 6번으로 변경한다.

❹ 요청한 페이지 4번(E)을 스왑 영역 1번에서 프레임 3번으로 가져온다(스왑 인).

❺ PTE 4번의 유효 비트를 1에서 0으로, 주소 영역을 스왑 주소 1번에서 프레임 3번으로 변경한다.

페이지 부재가 처리된 이후에 물리 메모리의 프레임 3번(E)에 접근하여 요청된 데이터를 프로세스에 전달한다.

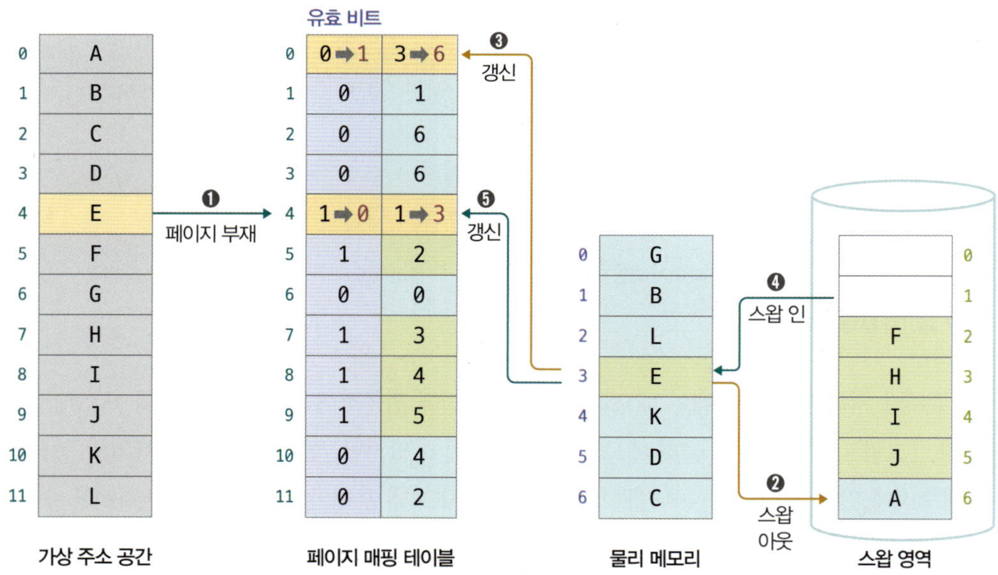

그림 10-8 메모리가 가득 찼을 때의 페이지 부재 처리

Note **세그먼테이션 오류와 페이지 부재**

세그먼테이션 오류segmentation fault와 페이지 부재page fault는 둘 다 이름이 'fault'이지만 큰 차이가 있다. 세그먼테이션 오류는 사용자 프로세스가 주어진 메모리 영역(세그먼트)을 벗어나거나 접근 권한이 없는 곳에 접근할 때 발생한다. 이때 해당 프로세스를 강제 종료하여 문제를 해결한다. 반면 페이지 부재는 사용자 프로세스와 무관하게 발생한다. 페이지 부재가 발생하면 메모리 관리자는 스왑 영역에서 해당 페이지를 물리 메모리로 옮긴 후 작업을 계속 진행한다. 따라서 페이지 부재는 요청한 페이지가 물리 메모리에 없다는 신호 정도로 해석하면 된다.

SECTION 02

페이지 교체 알고리즘

1 페이지 교체 알고리즘의 개념과 평가 기준

페이지 교체 알고리즘의 종류

페이지 부재가 발생했을 때 메모리가 가득 찼다면, 현재 메모리에 있는 페이지를 하나 골라 스왑 영역으로 내보낸 후에야 프로세스가 요구한 페이지를 가져올 수 있다. 이때 스왑 영역으로 내보내는 페이지를 대상 페이지victim page라 부른다. **페이지 교체 알고리즘은 스왑 영역으로 보낼 대상 페이지를 결정하는 알고리즘**이다. 이때 앞으로 사용할 가능성이 적은 페이지를 대상 페이지로 선택해야 페이지 부재를 줄이고 시스템의 성능을 향상시킬 수 있다.

[표 10-1]에 다양한 페이지 교체 알고리즘의 종류와 특징을 정리했다. 무작위 페이지 교체 알고리즘은 무작위로 대상 페이지를 선정한다. FIFO 페이지 교체 알고리즘은 처음 메모리에 올라온 페이지를 대상 페이지로 선정한다. 최적 페이지 교체 알고리즘은 미래의 메모리 접근 패턴을 미리 알고 대상 페이지를 선정한다. 최적 근접 알고리즘은 지역성locality 이론 기반으로, 과거에 페이지에 접근한 데이터를 기반으로 미래에 적게 사용될 것으로 예상되는 페이지를 대상 페이지로 선정한다. FIFO 변형 알고리즘은 FIFO 알고리즘을 변형하여 성능을 최적 근접 알고리즘과 비슷한 수준으로 향상한 것이다.

표 10-1 페이지 교체 알고리즘의 종류

유형	알고리즘	설명
구현이 간단한 알고리즘	무작위 알고리즘	임의의 페이지를 무작위로 선택하여 교체한다.
	FIFO 알고리즘	메모리에 가장 먼저 올라온 페이지를 교체 대상으로 선택한다.
이론적 알고리즘	최적 알고리즘	앞으로 가장 늦게 참조될 페이지를 교체 대상으로 선택한다.
최적 근접 알고리즘	LRU 알고리즘	가장 오랫동안 사용되지 않은 페이지를 교체 대상으로 선택한다.
	LFU 알고리즘	참조 횟수가 가장 적은 페이지를 교체 대상으로 선택한다.
	NUR 알고리즘	최근에 참조되지 않은 페이지를 교체 대상으로 선택한다. 참조 비트와 변경 비트를 조합하여 최근 사용 여부를 판단한다.
FIFO 변형	2차 기회 알고리즘	접근 비트가 설정된 경우 큐 뒤로 보내 기회를 한 번 더 부여한다.
	시계 알고리즘	원형 큐를 시계 방향으로 회전하면서 접근 비트를 확인한 후 교체 대상을 선택한다.

페이지 교체 알고리즘의 평가 기준

어떤 알고리즘이 다른 알고리즘보다 성능이 좋은지를 평가하는 다양한 방법이 있다. 페이지를 요청한 후 실제로 작업을 시작할 때까지의 평균 대기 시간을 비교하거나, 또는 전체 작업에 걸리는 시간을 비교할 수도 있다. 이 책에서는 모든 알고리즘에 같은 메모리 접근 패턴을 적용하여 페이지 부재 횟수와 페이지 성공 횟수를 비교한다.

앞으로 소개할 모든 페이지 교체 알고리즘은 [표 10-2]와 같은 메모리 접근 순서를 사용한다. 그림에서 상단의 숫자는 메모리의 접근 순서를 나타내며 페이지는 번호 대신 알파벳을 사용한다. 또한 물리 메모리에는 3개의 프레임이 있다고 가정한다.

표 10-2 공통으로 사용할 메모리 접근 패턴

접근 순서	1	2	3	4	5	6	7	8	9	10
요구 페이지	A	B	C	D	B	A	B	A	C	A

페이지 성공 횟수는 메모리 접근 패턴이 변하면 달라질 수 있으니, 알고리즘 작동 방식을 비교하기 위한 참고 사항으로만 사용한다. 또한 페이지 교체 알고리즘은 성능뿐 아니라 유지비용도 고려해야 한다. 물리 메모리는 CPU가 빠르게 자주 접근하는 장치이므로 계산이 많이 필요하거나 작동 방식이 복잡하다면 페이지 성공 횟수가 많더라도 좋은 알고리즘이 아니다.

2 무작위 페이지 교체 알고리즘

무작위random 페이지 교체 알고리즘은 교체할 페이지를 무작위로 선택하여 스왑 영역에 옮기는, 페이지 교체 알고리즘 중 구현이 가장 단순한 방식이다. 일반적인 프로세스는 메모리에서 인접한 영역을 연속적으로 참조하는데, 무작위 알고리즘은 이러한 지역성을 고려하지 않기 때문에 자주 사용하는 페이지가 대상 페이지로 선정되기도 한다. 따라서 성능이 좋지 않아, 일반적으로 무작위 페이지 교체 알고리즘을 사용하지 않는다.

3 FIFO 페이지 교체 알고리즘

FIFOFirst-In First-Out 페이지 교체 알고리즘은 메모리에 가장 오래 전에 올라온 페이지를 교체 대상으로 선정하여 스왑 영역으로 옮긴다. [그림 10-9]는 FIFO 페이지 교체 알고리즘의 동작 과정이다. 그림에서 페이지 부재는 FFail로 표시했고, 요청한 페이지가 메모리에 있는 경우는 SSuccess로 표시했다.

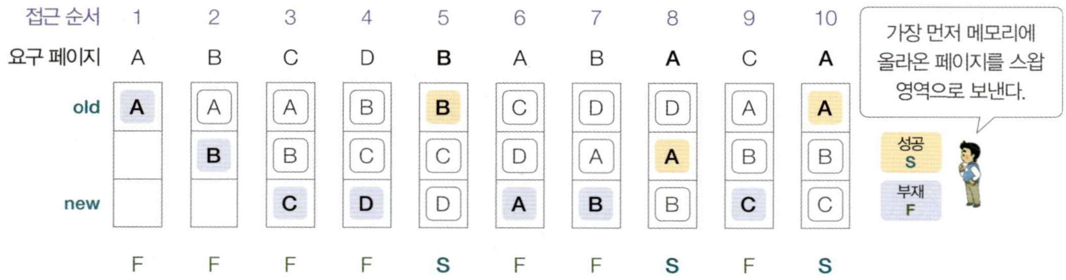

그림 10-9 FIFO 페이지 교체 알고리즘

FIFO 페이지 교체 알고리즘은 일반적으로 큐queue로 구현한다. 그림에서 페이지 3개를 세로로 연결하여 큐를 나타냈다. 메모리의 가장 위에 있는 페이지는 가장 오래된 페이지이고, 새로운 페이지는 항상 가장 아래에 삽입된다. 메모리가 가득 차면 가장 오래된 페이지(가장 위의 페이지)가 대상 페이지가 되어 스왑 영역으로 옮겨진다.

초기의 물리 메모리는 페이지 3개가 비어 있다. 따라서 접근 순서 1, 2, 3번에서 A, B, C가 메모리로 올라온다. 접근 순서 4번에서, 페이지 D를 가져오기 위해서는 메모리에 있는 페이지 중 하나를 스왑 영역으로 내보내야 한다. FIFO 페이지 교체 알고리즘에서는 가장 오래된 페이지 A를 스왑 영역으로 내보낸다. 그리고 페이지 D가 메모리에 올라온다. 접근 순서 1에서 4번까지 모두 페이지 부재(F)가 발생한다.

접근 순서 5번은 메모리에 있는 페이지 B를 요청했으니 성공(S)이다. 접근 순서 6, 7, 9번에서 다시 페이지 부재가 발생하고, 8번과 10번에서 성공한다. 따라서 총 10번의 페이지 요구 중 3번만 성공한다.

Note **FIFO 알고리즘의 큐 구현**

[그림 10-9]는 새로운 페이지와 오래된 페이지를 구별할 수 있도록 페이지들이 큐의 위쪽(오래된 페이지)으로 이동하는 것처럼 나타냈다. 그러나 실제로는 큐가 연결 리스트linked list 자료구조로 구현되어, 페이지가 이동하지 않고 연결 상태만 바뀐다.

페이지 교체 알고리즘에서는 앞으로 사용하지 않을 페이지를 찾는 것이 중요하다. 시간의 지역성temporal locality을 고려하면 메모리에 올라온 시간이 오래된 페이지를 대상 페이지로 선정하는 것은 타당하다.

그런데 메모리에 먼저 올라왔어도 자주 사용되는 페이지가 있고, 나중에 올라왔어도 한 번만 사용되는 페이지가 있다. 따라서 메모리에 올라온 지 오래되었더라도 자주 사용되는 페이지는 대상 페이지에서 제외해야 한다. 예를 들어 [그림 10-9]의 메모리 접근 순서 5~7번을 보면 5번에서 사용되었던 페이지 B가 6번에서 스왑 영역으로 옮겨졌다가 7번에서 다시 메모리로 올라온다. FIFO 페이지 교체 알고리즘에서는 이 점을 고려하지 않기 때문에 자주 사용되는 페이지가 스왑 영역으로 옮겨져서 성능이 나빠질 수 있다. FIFO 페이지 교체 알고리즘의 문제점을 개선한 것이 FIFO 변형 페이지 교체 알고리즘이다. FIFO 변형 알고리즘은 이 절의 마지막에서 살펴본다.

4 최적 페이지 교체 알고리즘

최적optimal 페이지 교체 알고리즘은 앞으로 사용되지 않을 페이지를 교체 대상으로 선택하여 스왑 영역으로 옮긴다. 이 알고리즘은 대상 페이지를 결정할 때, 미래의 접근 패턴을 살펴서 가장 나중에 사용될 페이지를 선택한다. [그림 10-10]은 최적 페이지 교체 알고리즘의 작동 과정이다.

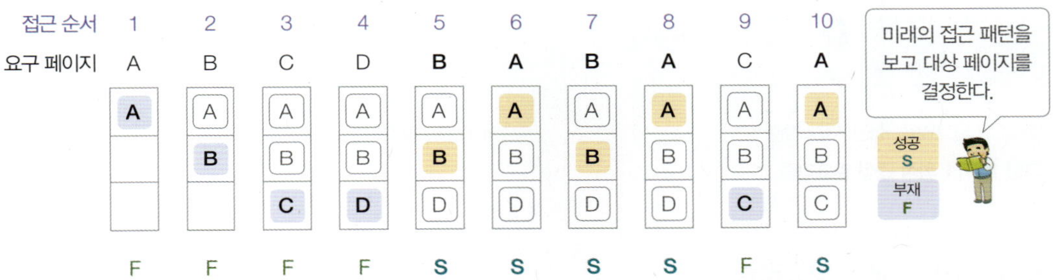

그림 10-10 최적 페이지 교체 알고리즘

접근 순서 4번을 [그림 10-9]의 FIFO 페이지 교체 알고리즘과 비교하여 살펴보자. FIFO 페이지 교체 알고리즘에서는 페이지 A가 스왑 영역으로 가고 메모리에 페이지 D가 올라왔다. 이때 최적 페이지 교체 알고리즘에서는 페이지 A, B, C가 앞으로 언제쯤 사용되는지를 미리 살펴본다. 페이지 A는 6번에서, 페이지 B는 5번에서, 페이지 C는 9번에서 사용된다. 따라서 가장 늦게 사용되는 페이지 C를 스왑 영역으로 보내고 그 자리에 페이지 D가 들어온다. 다음으로 접근 순서 5, 6, 7, 8번 모두 성공하며, 전체 접근 순서 10번 중 5번 성공한다.

최적 알고리즘은 미래의 접근 패턴을 보고 대상 페이지를 결정하기 때문에 당연히 성능이 좋다. 하지만 미래의 접근 패턴을 알 수 없으므로 실제로 구현할 수 없다. 따라서 구현이 가능하면서도 성능이 최적 페이지 교체 알고리즘에 근접한 알고리즘이 고안되었다.

5 최적 근접 페이지 교체 알고리즘

최적 근접optimal approximation 페이지 교체 알고리즘은 과거 사용 패턴을 바탕으로 미래의 접근 패턴을 예측하는 지역성 이론을 따른다. 오래 사용되지 않았거나 자주 사용되지 않은 페이지를 교체 대상으로 선택하는 이 알고리즘은 세부 구현 방식에 따라 LRU 알고리즘, LFU 알고리즘, NUR 알고리즘으로 나뉜다.

[그림 10-11]에서 (a)의 최근 최소 사용(LRU Least Recently Used) 알고리즘은 마지막 접근 시각을 기준으로 대상 페이지를 선정한다. 현재 시각이 11시이고 페이지 A, B, C에 마지막으로 접근한 시각이 각각 1시 40분, 8시 50분, 9시 30분이다. 따라서 현재와의 시간 차가 가장 큰 페이지 A가 선정된다. 반면 (b)의 최소 빈도 사용(LFU Least Frequently Used) 알고리즘은 접근 횟수를 기준으로 대상 페이지를 선정한다. 페이지 A, B, C가 메모리에 올라온 후 각각 1040번, 8번, 430번 사용되었다. 따라서 사용한 횟수가 가장 적은 페이지 B가 대상 페이지로 선정된다.

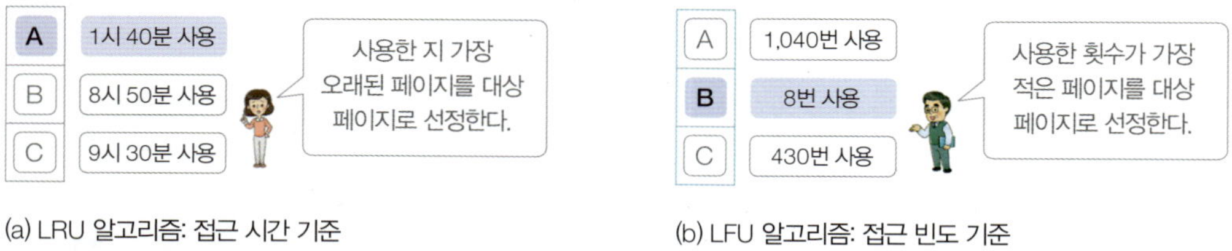

그림 10-11 최적 근접 알고리즘

LRU 페이지 교체 알고리즘

최근 최소 사용(LRU Least Recently Used) 페이지 교체 알고리즘은 메모리에 올라온 후 페이지 중 가장 오랫동안 참조되지 않은 페이지를 교체 대상으로 선택하여 스왑 영역으로 옮긴다. 다시 말해 최근에 사용한 페이지를 메모리에 두고 오래전에 사용한 페이지를 대상 페이지로 선정하여 스왑 영역으로 내보낸다.

LRU 알고리즘은 사용한 시각을 기준으로 하거나, 카운터 또는 참조 비트를 이용할 수도 있다. FIFO 페이지 교체 알고리즘이 메모리에 올라온 시각을 기준으로 가장 오래된 페이지를 교체한다면, LRU 알고리즘은 **접근한 지 가장 오래된 페이지를 교체**한다. 즉 페이지에 읽기, 쓰기, 실행과 같은 연산이 이루어진 시각을 기준으로 한다.

▪ 접근 시각을 사용하는 LRU 알고리즘

[그림 10-12]는 LRU 페이지 교체 알고리즘의 동작을 보여준다. 접근 순서 1개마다 1초가 소요된다고 가정하고, 페이지가 메모리에 올라오거나 사용될 때마다 시각(초)을 사각형 안에 표시했다. 예를 들어 접근 패턴 5번에서 B 아래의 숫자 5는 프로세스가 시작된 지 5초 만에 사용되었다는 의미이다.

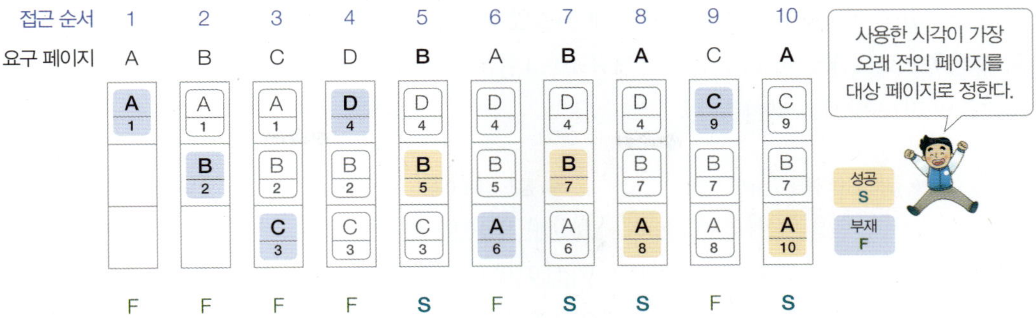

그림 10-12 LRU 페이지 교체 알고리즘

❶ 접근 순서 4번을 살펴보자. 페이지 D를 메모리에 올리려면 메모리에 있는 페이지 중 하나를 스왑 영역으로 내보내야 한다. 이때 접근 시각이 가장 이른 A를 스왑 영역으로 내보내고 페이지 D(접근 시각 4)를 메모리에 올린다. 접근 순서 5번에서 페이지 B에 접근했으므로 성공이다. 이때 페이지 B 아래의 숫자는 2는 새로운 접근 시각 5로 변경된다.

❷ 접근 순서 6번에서 페이지 A를 올리기 위해 가장 오랫동안 접근하지 않은 페이지 C(접근 시각 3)를 스왑 영역으로 내보낸다. 그리고 A가 올라오면서 접근 시각이 6으로 변경된다. 접근 순서 7번에서 다시 B가 성공하고 접근 시각이 5에서 7로 다시 변경된다. 접근 순서 8번에서 페이지 A 접근에 성공한다.

❸ 접근 순서 9번에서는 가장 오랫동안 접근하지 않은 페이지 D를 스왑 영역으로 옮기고, 그 자리에 페이지 C를 올린다. 마지막으로 접근 순서 10에서 페이지 A 접근에 성공한다.

같은 메모리 접근 패턴일 때 FIFO 페이지 교체 알고리즘의 페이지 성공 횟수는 3이고 LRU 페이지 교체 알고리즘의 페이지 성공 횟수는 4이다. 그러나 메모리 접근 패턴을 변경하면 LRU 페이지 교체 알고리즘의 성능이 FIFO 페이지 교체 알고리즘만큼 나빠지기도 하고 최적 페이지 교체 알고리즘만큼 좋아지기도 한다. 일반적으로 LRU 페이지 교체 알고리즘의 성능은 FIFO 페이지 교체 알고리즘보다 우수하고 최적 페이지 교체 알고리즘보다는 조금 떨어지는 것으로 알려져 있다.

LRU 페이지 교체 알고리즘 구현에 카운터를 사용할 수 있다. [그림 10-12]에서 가장 위의 숫자를 시간 대신 카운터 숫자라고 생각하면 된다. 그런데 접근 시각이나 카운터를 사용하면 추가적인 메모리 공간을 사용해야 한다. 예를 들어 0~1,023초를 표시하는 데 10bit가 필요하고, 그보다 더 큰 숫자를 표시하려면 더 많은 공간을 사용하여 메모리 공간이 낭비된다.

■ 참조 비트를 사용하는 LRU 알고리즘

LRU 페이지 교체 알고리즘 구현에 참조 비트 시프트$_{\text{reference bit shift}}$를 사용할 수 있다. 참조 비트 시프트 방식은 각 페이지에 일정 크기의 참조 비트 레지스터를 만들어 사용하는 것이다. 참조 비트의 초깃값은 0이며 페이지에 접근할 때마다 앞자리가 1로 바뀐다. 또한 참조 비트는 주기적으로 오른쪽으로 1칸씩 이동shift한다. [그림 10-13]은 크기가 1B인 참조 비트를 사용하는 LRU 알고리즘의 작동 방식을 보여준다.

그림 10-13 참조 비트 시프트

[그림 10-13]의 (a)에서는 먼저 모든 참조 비트가 오른쪽으로 1칸 이동한다. 그 다음 페이지 B에 접근하고, 페이지 B의 참조 비트 첫 번째 값이 1이 된다. 다음으로 (b)에서 페이지 A에 접근할 때 모든 참조 비트가 오른쪽으로 1칸 이동하고, 페이지 A의 참조 비트 첫 번째 값이 1이 된다. 그리고 (c)에서 다시 페이지 B에 접근할 때 모든 참조 비트가 오른쪽으로 1칸 이동하고, 페이지 B의 참조 비트 첫 번째 값이 1이 된다. 이와 같은 방식으로 참조 비트를 변경하다가 대상 페이지를 선정할 필요가 있으면 참조 비트 값이 가장 작은 페이지를 대상 페이지로 선정한다. 따라서 페이지 C가 대상 페이지로 선정된다.

참조 비트 시프트를 사용하는 LRU 페이지 교체 알고리즘을 LFU 페이지 교체 알고리즘과 혼동하기 쉽다. [그림 10-14]에서 참조 비트 시프트 방식과 LFU 페이지 교체 알고리즘의 차이를 이해할 수 있을 것이다. 페이지에 접근한 횟수는 B가 가장 적다. 그러나 참조 비트 중 가장 작은 값은 마지막 접근이 가장 오래된 페이지 C이다. 따라서 페이지 C가 대상 페이지로 선정된다. 참조 비트 시프트 방식은 참조한 횟수가 아니라 참조한 시간을 기준으로 대상 페이지를 선정하므로 LRU 페이지 교체 알고리즘의 한 방식으로 분류된다.

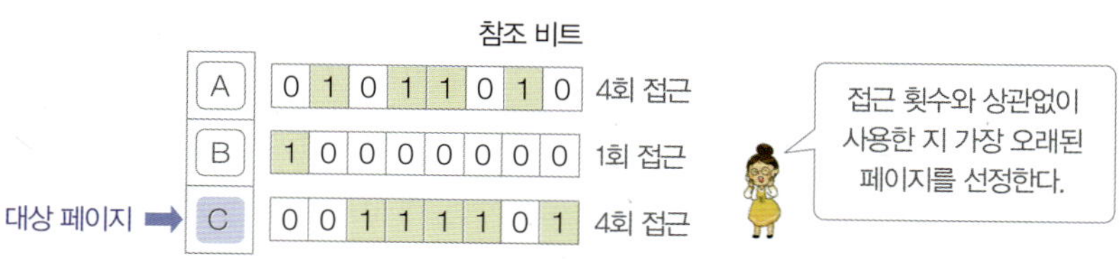

그림 10-14 참조 비트 시프트 방식의 대상 페이지 선정

비록 1B라는 작은 크기이지만, 참조 비트 시프트 방식도 메모리를 사용한다. 모든 LRU 페이지 교체 알고리즘은 접근 시각이나 참조 비트를 기록하기 위한 메모리가 추가로 필요하여 낭비되는 메모리 공간이 생긴다.

LFU 페이지 교체 알고리즘

최소 빈도 사용(LFULeast Frequently Used) 페이지 교체 알고리즘은 페이지가 얼마나 자주 사용되었는지, 즉 참조 횟수를 기준으로 대상 페이지를 선정한다. 다시 말해 각 프레임마다 참조 횟수를 저장하고 교체 시점에는 참조 횟수가 가장 적은 페이지를 선택해 스왑 영역으로 옮긴다.

[그림 10-15]는 LFU 페이지 교체 알고리즘의 동작을 보여준다. 알파벳 아래의 숫자는 사용 빈도를 나타낸다. 또한 대상 페이지를 선정할 때, 사용 빈도가 같은 경우 가장 위의 페이지를 대상 페이지로 선정한다.

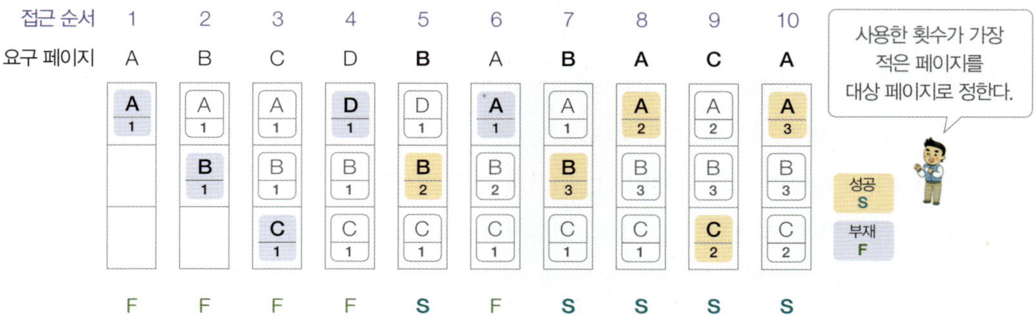

그림 10-15 LFU 페이지 교체 알고리즘

접근 순서 1, 2, 3번에서 처음 메모리에 올라온 페이지 A, B, C의 사용 빈도는 1이다. 접근 순서 4번에서 모든 페이지의 사용 빈도가 같아, 가장 위에 있는 페이지 A를 내보내고 페이지 D를 가지고 온다. 접근 순서 5번에서 페이지 B가 성공하고, 참조 횟수는 1에서 2로 증가한다. 이어서 접근 순서 6번에서 페이지 부재가 발생한다. 페이지 B는 참조 횟수가 2이므로 대상 페이지에서 제외되고, 사용 빈도가 같은 페이지 C와 D 중 더 위쪽에 있는 페이지 D가 스왑 영역으로 쫓겨난다.

같은 메모리 접근 패턴일 때 LRU 알고리즘의 페이지 성공 횟수는 4번이고 LFU 알고리즘의 페이지 성공 횟수는 5번이다. 이 접근 패턴에서는 LFU 페이지 교체 알고리즘이 LRU 페이지 교체 알고리즘보다 성능이 더 좋았으나, 일반적으로 두 알고리즘의 성능이 비슷하다고 알려져 있다. 또한 LRU와 LFU 페이지 교체 알고리즘은 FIFO 알고리즘보다 성능이 우수하다.

LFU 알고리즘은 페이지 접근 횟수(빈도)를 표시하는 데 추가적인 메모리 공간을 필요로 한다. 따라서 LRU 알고리즘뿐 아니라 LFU 알고리즘도 메모리가 낭비된다는 단점이 있다.

NUR 페이지 교체 알고리즘

최근 미사용(NUR Not Used Recently) 페이지 교체 알고리즘은 최근에 참조되지 않은 페이지를 교체 대상으로 선택하는 방식으로, 참조 비트와 변경 비트의 조합을 통해 최근 사용 여부를 판단한다. 이 알고리즘은 LRU나 LFU와 유사한 성능을 보이면서도 정확한 참조 시점이나 접근 빈도를 저장하지 않기 때문에 공간 낭비를 줄일 수 있다. 예를 들어 1,000과 20처럼 접근 횟수 차이가 큰 경우 교체할 페이지가 명확하지만, 90번과 91번처럼 접근 횟수가 유사한 경우에는 어느 쪽을 교체해도 큰 차이가 없다. 따라서 접근 시간이든 접근 빈도든 정확한 값이 필요한 것이 아니라 다른 페이지들과 차이가 큰 페이지만 찾으면 된다. NUR 페이지 교체 알고리즘은 이러한 경향을 반영한 방식으로, 2개의 추가 비트만으로 대상 페이지를 결정한다.

NUR 페이지 교체 알고리즘은 앞서 PTE의 구성요소에서 소개했던 접근 비트와 변경 비트를 이용한다. 접근 비트와 변경 비트의 초기 상태는 (0, 0)이다. 이 상태에서 페이지에 읽기 또는 실행 같은 접근 연산이 발생하면 비트 패턴이 (1, 0)으로 변경된다. 만약 페이지에 쓰기나 추가 등의 변경 연산이 발생하면 비트 패턴이 (0, 1)로 변경된다. 또한 접근과 변경 연산이 모두 발생하면 비트 패턴이 (1, 1)로 변경된다. 따라서 모든 페이지의 비트 패턴은 (0, 0), (0, 1), (1, 0), (1, 1) 네 가지 중 하나이다.

NUR 페이지 교체 알고리즘에서 대상 페이지를 선정할 때는 가장 먼저 비트 패턴이 (0, 0)인 페이지를 선정한다. 즉 접근하거나 변경한 적 없는 페이지를 스왑 영역으로 옮긴다. 만약 (0, 0)인 페이지가 없으면 (0, 1)인 페이지를, (0, 1)인 페이지가 없으면 (1, 0)인 페이지를 옮긴다. 마지막으로 (1, 0)인 페이지도 없으면 (1, 1)인 페이지를 스왑 영역으로 옮긴다. [그림 10-16]은 NUR 페이지 교체 알고리즘에서 대상 페이지를 선정하는 순서를 보여준다.

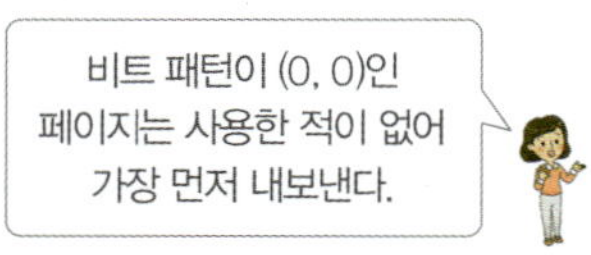

접근 비트	변경 비트
0	0
0	1
1	0
1	1

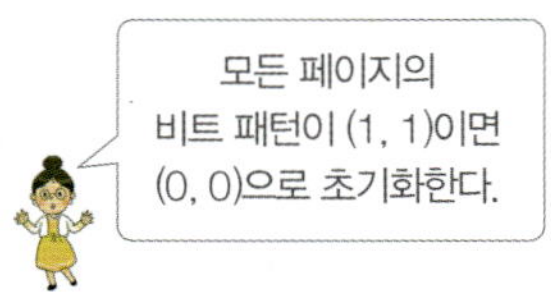

그림 10-16 NUR 알고리즘의 대상 페이지 선정 순서

NUR 페이지 교체 알고리즘에서는 접근 비트를 우선으로 고려한다. 먼저 접근 비트가 0인 페이지를 찾고, 없으면 변경 비트가 0인 페이지를 찾는다. 만약 비트 패턴이 같은 페이지가 여러 개라면 무작위로 대상 페이지를 선정한다. 흔한 경우는 아니지만 모든 페이지의 비트 패턴이 (1, 1)일 때는 어느 페이지가 더 자주 사용되는지 알 수 없어 NUR 알고리즘을 정상적으로 적용할 수 없다.

그러므로 모든 페이지의 비트 패턴이 (1, 1)이면 전부 (0, 0)으로 초기화한다.

[그림 10-17]은 NUR 페이지 교체 알고리즘의 동작을 보여준다. 알파벳 아래의 첫 번째 숫자는 접근 비트, 두 번째 숫자는 변경 비트를 나타낸다. 모든 작업은 읽기 연산이라고 가정하겠다. 따라서 변경 비트가 1인 페이지는 없다. 또한 비트 패턴이 (0, 0)인 페이지가 여러 개일 때는 가장 위에 있는 페이지를 대상 페이지로 선정하기로 한다.

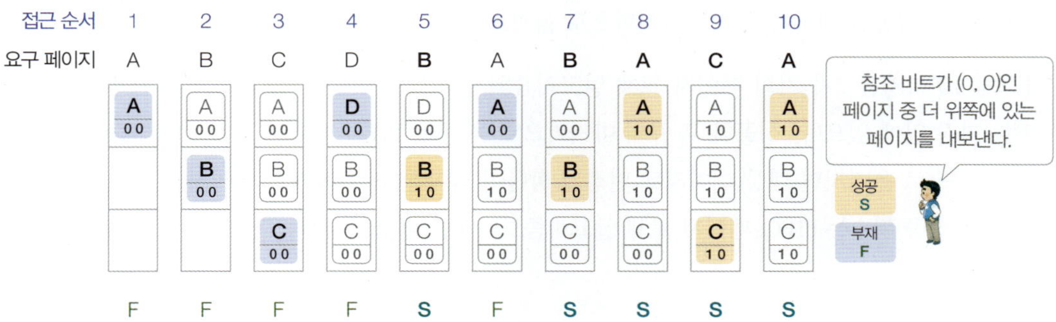

그림 10-17 NUR 페이지 교체 알고리즘

❶ 메모리에 처음 올라온 모든 페이지의 접근 비트와 변경 비트는 (0, 0)이다.

❷ 접근 순서 5번에서 페이지 B에 접근하면 페이지 B의 비트를 (1, 0)으로 변경한다.

❸ 접근 순서 6번에서 페이지 A를 가져오기 위해서 대상 페이지를 선정해야 한다. 페이지 B는 대상 페이지에서 제외되고, 비트 패턴이 (0, 0)인 페이지 C와 D 중 더 위쪽에 있는 페이지 D를 스왑 영역으로 내보낸다.

최종적으로 페이지 성공 횟수는 5번이고, 이는 LFU 페이지 교체 알고리즘의 페이지 성공 횟수와 같다. 단 2비트만 추가로 사용하는 NUR 알고리즘이 1B(=8비트)를 추가로 사용하는 LFU 알고리즘과 유사한 성능을 보였다는 것이 중요하다.

일반적으로 최적 근접 알고리즘인 LRU, LFU, NUR 페이지 교체 알고리즘의 성능은 비슷하고, 모두 FIFO 페이지 교체 알고리즘보다 우수하다. 이 중에서 NUR 페이지 교체 알고리즘은 2비트만 추가로 사용하면서 다른 알고리즘과 유사한 성능을 내고, 구현이 쉽다는 장점 때문에 가장 많이 사용된다.

6 FIFO 변형 알고리즘

FIFO 페이지 교체 알고리즘은 메모리에 올라온 순서만 고려하고 페이지 사용 빈도를 고려하지 않기 때문에 성능이 좋지 않다. 이러한 단점을 개선한 알고리즘으로 2차 기회 페이지 교체 알고리즘과 시계 알고리즘이 있다. 이 두 알고리즘은 FIFO 페이지 교체 알고리즘의 방식을 기본으로 하지만, 페이지에 접근할 때마다 순서를 변화시켜 성능을 향상한다.

2차 기회 페이지 교체 알고리즘

2차 기회second chance 페이지 교체 알고리즘은 FIFO 페이지 교체 알고리즘과 마찬가지로 큐 자료구조를 사용한다. 다만 접근에 성공한 경우, 해당 페이지를 큐의 가장 뒤로 이동시킨다. 다시 말해 접근에 성공한 페이지를 큐의 마지막으로 옮김으로써 두 번째 기회를 준다.

[그림 10-18]은 2차 기회 페이지 교체 알고리즘의 동작을 보여준다. 접근 순서 5번에서 페이지 B는 가장 앞에 있으나, 성공한 후 큐의 마지막으로 옮긴다. FIFO 페이지 교체 알고리즘에서는 큐의 뒤쪽으로 옮겨지면 대상 페이지로 선정될 확률이 낮아진다. 2차 기회 페이지 교체 알고리즘의 페이지 성공 횟수는 FIFO 페이지 교체 알고리즘보다 1번 더 많은 4번이다.

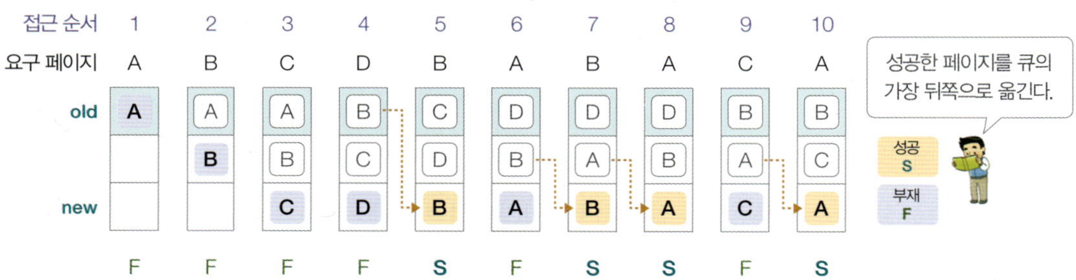

그림 10-18 2차 기회 페이지 교체 알고리즘

일반적으로 2차 기회 페이지 교체 알고리즘의 성능은 LRU, LFU, NUR 페이지 교체 알고리즘보다는 조금 낮고 FIFO 페이지 교체 알고리즘보다는 조금 높은 것으로 알려져 있다. 그러나 큐를 유지하고 변경하기 복잡하다는 단점이 있다.

시계 페이지 교체 알고리즘

시계clock 페이지 교체 알고리즘은 2차 기회 알고리즘과 마찬가지로 성공한 페이지에 기회를 한 번 더 준다. 다만, 2차 기회 알고리즘이 큐를 선형적으로 탐색하는 데 비해, 시계 알고리즘은 이를 원형 큐로 구현하여 효율성을 높인다.

[그림 10-19]는 시계 알고리즘의 특징을 보여준다. 시계 알고리즘에는 대상 페이지를 선정하는 대상 포인터victim pointer가 시계바늘처럼 회전한다. 대상 포인터가 가리키는 페이지가 스왑 영역으로 옮겨지면 포인터는 그 아래 페이지를 가리킨다. 포인터가 가장 아래에 도달한 뒤에 해당 페이지가 스왑 영역으로 옮겨지면, 다시 가장 위의 페이지를 가리키게 된다. 포인터가 회전하기 때문에 시계라는 이름을 붙였다.

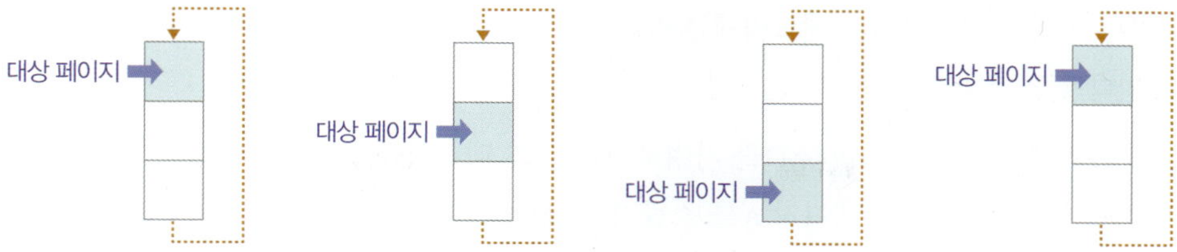

그림 10-19 시계 알고리즘

시계 알고리즘에서 각 페이지에는 접근 비트가 하나씩 있다. 접근 비트의 초깃값은 0이며, 페이지가 참조되면 1이 된다. 현재의 페이지가 스왑 영역으로 옮겨지면 대상 포인터가 1칸 아래로 내려간다. 이때 접근 비트가 0이면 그대로 멈춘다. 그러나 접근 비트가 1이면 접근 비트를 0으로 변경하고 대상 포인터는 다시 1칸 아래로 내려간다. 접근 비트가 1이면 최근에 그 페이지에 접근했다는 의미이므로 기회를 한 번 더 주기 위해서이다.

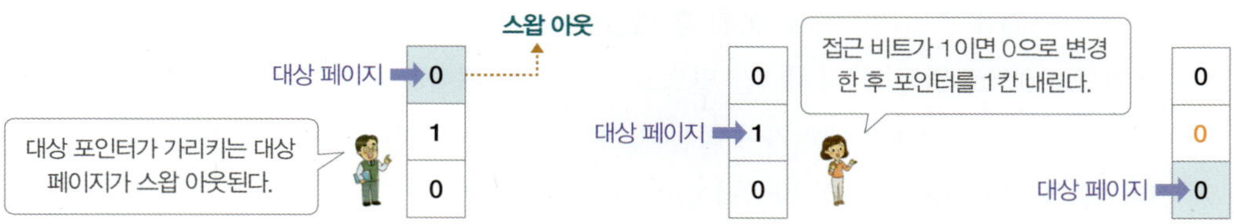

그림 10-20 접근 비트의 역할

[그림 10-21]은 시계 알고리즘의 동작을 보여준다. 각 페이지에 있는 접근 비트의 초깃값은 0이며, 대상 포인터는 메모리에 올라온 지 가장 오래된 페이지를 가리킨다. 다시 말해, 메모리가 가득 찼을 때 스왑으로 옮길 페이지를 가리킨다. 만약 대상 포인터가 가리키는 페이지가 스왑 영역으로 옮겨지면, 포인터는 아래로 한 칸 내려간다. 포인터가 가장 아래 페이지를 가리키게 되면, 대상 포인터는 다시 맨 위에서 시작한다.

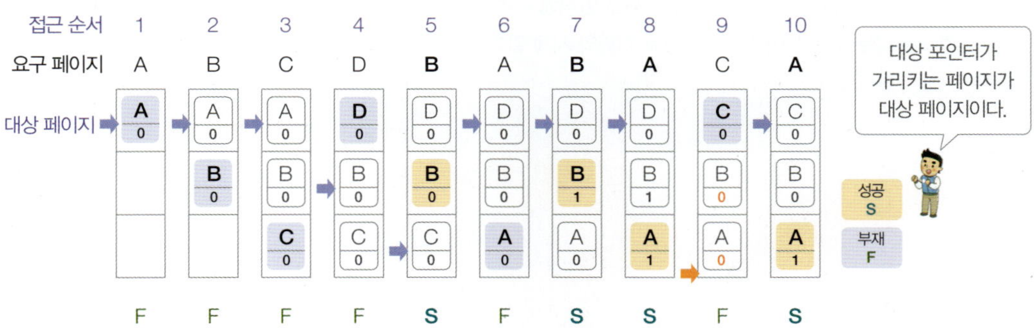

그림 10-21 시계 알고리즘

❶ 접근 순서 1번에서 페이지 A가 메모리에 올라오고, 접근 비트는 0이다. 대상 포인터는 A를 가리키고 있다.

❷ 접근 순서 4번에서 새로운 페이지 D를 가져오려면 다른 페이지를 스왑 영역으로 내보내야 한다. 대상 포인터가 가리키는 페이지 A를 스왑 영역으로 내보내고, 만들어진 공간에 페이지 D를 올린다. 대상 포인터는 1칸 아래로 내려간다.

❸ 접근 순서 5번을 주의 깊게 보자. 페이지 B는 접근이 성공해서 접근 비트가 1이 된다. 따라서 대상 포인터가 페이지 B를 가리키고 있지만 스왑 영역으로 내보내지 않고 두 번째 기회를 준다. 대신에 페이지 B의 접근 비트를 0으로 만들고, 포인터는 1칸 아래(C)로 내려간다.

❹ 접근 순서 6번에서 대상 포인터가 가리키는 페이지 C를 스왑 영역으로 내보내고, 해당 공간에 페이지 A를 올린다. 대상 포인터는 다시 가장 위(D)로 움직인다.

❺ 접근 순서 9번을 주의 깊게 보자. 페이지 C를 스왑 영역에서 메모리로 가져오기 위해 대상 포인터가 페이지 D를 스왑 영역으로 옮긴 후, 1칸 아래로 내려간다. 그런데 페이지 B의 접근 비트가 1이므로 0으로 만든 후 다시 1칸 밑으로 내려간다. 페이지 A의 접근 비트가 1이므로 0으로 만든 후 다시 1칸 아래로 내려가야 하는데, 현재 마지막 위치이므로 다시 가장 위로 올라가게 된다. 결국 대상 포인터는 한 바퀴를 돌아 페이지 C를 가리킨다.

시계 알고리즘은 대상 포인터와 각 페이지에 참조 비트를 1개씩만 추가하기 때문에 NUR 페이지 교체 알고리즘보다 추가 메모리가 적게 든다. 그러나 알고리즘이 복잡하고 계산량이 많다는 단점이 있다.

Note **2차 기회 페이지 교체 알고리즘과 시계 페이지 교체 알고리즘**

일부 문헌에서는 2차 기회 페이지 교체 알고리즘과 시계 페이지 교체 알고리즘을 같은 개념을 가진 하나의 알고리즘으로 취급하기도 한다. 또한 NUR 알고리즘을 2차 기회 페이지 교체 알고리즘의 변형된 형태로 보는 문헌도 있다. 그러나 같은 LRU 알고리즘이라도 구현 방식에 따라 접근 시각을 사용하는 방법과 참조 시프트를 사용하는 방법으로 나누었듯이, 이 책에서는 2차 기회와 시계 알고리즘을 구분하여 설명한다.

SECTION
03 프레임 할당

1 스레싱

스레싱의 개념

물리 메모리가 512MB인 컴퓨터를 사용하는 사람이 “이 컴퓨터는 너무 느려.”라고 투덜댄다면 주변 사람들은 물리 메모리의 용량을 늘리면 컴퓨터가 빨라진다고 조언할 것이다. 우리는 경험적으로 물리 메모리의 용량을 늘리면 컴퓨터가 빨라진다는 사실을 알고 있다.

02장의 요리사 모형을 떠올려 보자. 음식을 조리하는 속도에 영향을 미치는 요소로 요리사가 조리하는 속도도 중요하지만, 조리대의 크기도 중요하다. 조리대가 충분히 크면 조리에 필요한 재료를 모두 조리대에 가져다놓을 수 있지만, 작업대가 작으면 필요할 때마다 보관 창고에서 재료를 가져와야 해서 작업 효율이 떨어진다.

컴퓨터도 마찬가지이다. CPU의 속도도 빨라야 하지만 물리 메모리의 크기도 커야 성능이 좋아진다. 그 이유는 명백하다. 가상 메모리 시스템에서 물리 메모리의 모자란 부분을 스왑 영역으로 보충한다. 그러나 스왑 영역은 느린 보조 저장장치에 있으므로, 스왑을 사용한다는 것은 곧 컴퓨터가 느리게 반응한다는 것이다.

문서 편집기, 웹 브라우저 등 여러 프로그램을 동시에 실행한다고 가정해 보자. 프로세스를 2개나 3개씩 실행할 때는 문제가 없겠지만, 100개 이상의 프로세스를 실행하면 보조 저장장치의 입출력이 계속되어 프로그램이 정지한 것 같은 현상이 발생한다. 처음에는 프로그램이 정상적으로 메모리에 올라오다가, 메모리가 가득 찬 후에는 새로운 프로그램을 메모리에 올리기 위해 기존 프로그램을 스왑 영역으로 내보내는 작업이 잦아지기 때문이다. 이처럼 보조 저장장치의 입출력에 시간을 소비하여 작업이 멈춘 것 같은 상태를 스레싱이라 부른다. 즉 **스레싱**thrashing은 과도한 페이지 부재로 인해 CPU가 실질적인 작업을 거의 수행하지 못하고 대부분의 시간을 페이지 교체에만 사용하는 상태를 말한다.

물리 메모리의 크기와 스레싱과의 관계

동시에 실행 중인 프로그램의 수를 **멀티프로그래밍 수준**level of multiprogramming이라 부른다. 현재 멀티프로그래밍 수준이 시스템이 허용하는 것보다 높으면 스레싱이 발생한다. [그림 10-22]는 멀티프로그래밍 수준과 CPU 사용률의 관계이다. 프로그램의 수가 적을 때는 CPU 사용률이 계속 증가한다. 그러다 메모리가 가득 차면 스왑 영역으로 페이지를 보내고 새로운 페이지를 메모리에 가져오는 작업이 빈번해지고, CPU가 작업할 수 없는 상태에 이른다. 이러한 현상이 발생하는 시점이 스레싱 발생 지점thrashing point이다.

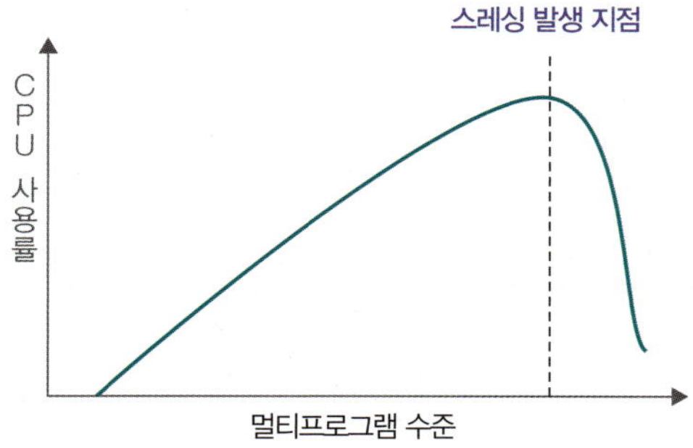

그림 10-22 멀티프로그래밍 수준과 스레싱 발생 지점

이제는 물리 메모리를 늘리면 왜 컴퓨터가 빨라지는지를 이해했을 것이다. 컴퓨터는 운영체제를 포함하여 많은 프로그램을 동시에 실행한다. 자주 사용하는 프로세스가 필요로 하는 메모리보다 물리 메모리가 작으면 스레싱 발생 지점에 빨리 도달하여 컴퓨터가 느려진다. 따라서 물리 메모리의 크기를 늘리면 스레싱 발생 지점이 늦춰져 프로세스를 원만하게 실행할 수 있다.

물리 메모리의 용량을 512MB에서 8GB로 늘리면 컴퓨터 성능이 향상된다. 물리 메모리의 용량을 8GB에서 100GB로 늘리면 어떨까? 일반적으로 더 이상 빨라지지 않는다. 물리 메모리의 크기가 충분히 클 때, 그보다 크기를 늘려도 작업 속도에 영향을 미치지 않는다. 식탁만 한 조리대를 방 하나만큼 큰 조리대로 바꾼다고 해서 작업이 더 빨라지지 않는 것과 마찬가지이다.

2 정적 프레임 할당

스레싱은 각 프로세스에 프레임을 할당하는 문제와도 연관된다. 실행 중인 여러 프로세스에 프레임을 얼마나 나누어주느냐가 시스템의 성능에 영향을 미친다. 어떤 프로세스에는 너무 적은 프레임을 할당하여 페이지 부재가 빈번히 일어나고, 또 다른 프로세스에는 너무 많은 프레임을 할당하여 메모리를 낭비한다면 전반적으로 시스템의 성능이 낮아진다. 따라서 실행 중인 프로세스에 대하여 사용 가능한 프레임을 적절히 나누어주는 정책이 필요하다. 프레임을 프로세스에 할당하는 방식은 크게 정적 프레임 할당과 동적 프레임 할당으로 구분된다. 이 절에서는 다루는 정적 프레임 할당static frame allocation은 프로세스 실행 시점에 프레임 수를 미리 결정하고, 실행 중에는 그 수를 변경하지 않는 방식이다. 정적 프레임 할당 방식에는 균등 할당과 비례 할당이 있다.

균등 할당

균등 할당equal allocation은 프로세스의 크기와 관계없이, 사용 가능한 프레임을 모든 프로세스에 동일한 수로 할당하는 방식이다. 균등 할당 방식을 나타낸 [그림 10-23]에서 현재 가용 프레임이 12개이다. 그리고 프로세스 A는 프레임 6개를, 프로세스 B는 프레임 3개를, 프로세스 C는 프레임 9개를 필요로 한다. 균등 할당 방식에서는 12개의 가용 프레임을 3등분하고 3개의 프로세스에 4개씩 나누어준다. 균등 할당 방식에서는 크기가 큰 프로세스가 필요한 만큼 프레임을 할당받지 못하기 때문에 페이지 부재가 빈번하게 발생하고, 크기가 작은 프로세스가 할당받은 메모리는 낭비된다. 그림에서 프로세스 B에 할당된 프레임 4개 중 1개는 낭비되고, 프로세스 C는 필요한 프레임 수의 절반에도 못 미치는 4개를 할당받았다.

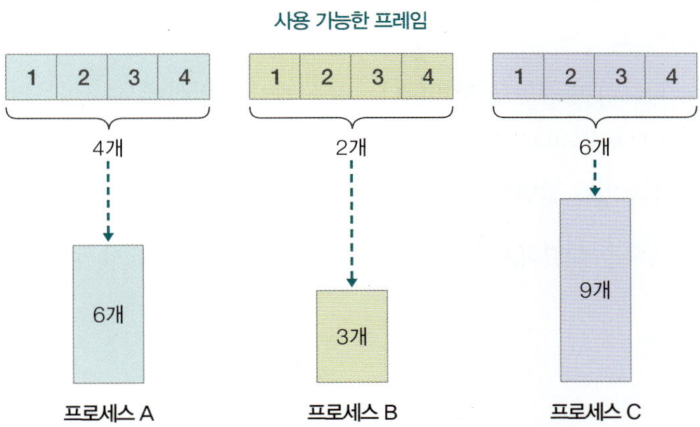

그림 10-23 균등 할당

비례 할당

비례 할당proportional allocation은 프로세스의 크기에 비례하여 프레임 수를 할당하는 방식이다. [그림 10-24]에서는 A, B, C 모든 프로세스에 필요한 프레임 합이 18(=6+3+9)개이고 가용 프레임이 12개이다. 비례 할당 방식에서는 프레임을 프로세스 A에 4(=6×12÷18)개, 프로세스 B에 2(=3×12÷18)개, 프로세스 C에 6(=9×12÷18)개 할당한다.

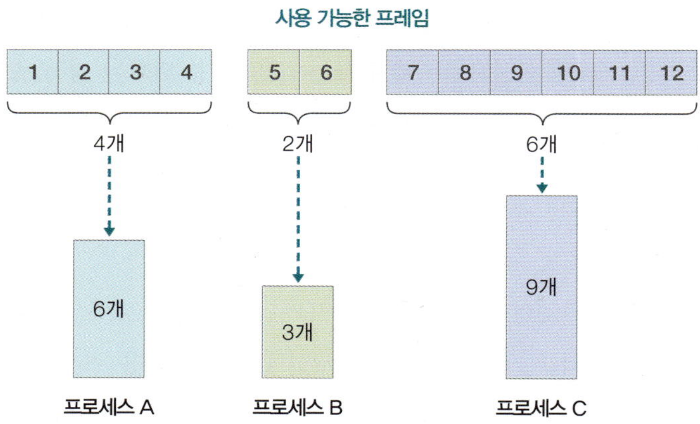

그림 10-24 비례 할당

비례 할당은 고정 할당보다 현실적이나, 다음 두 가지 문제점이 있다.

- 프로세스가 실행 중에 필요로 하는 프레임을 유동적으로 반영하지 못한다. 프로세스 크기가 아무리 작아도 실행 중에 프레임이 많이 필요한 상황이 있다. 대표적으로 동영상 플레이어는 프로그램 자체의 크기는 작지만, 재생하는 동영상은 매우 큰 파일이기 때문에 실행 중에는 처음 상태보다도 수십 배 큰 메모리가 필요하다.
- 사용하지 않을 메모리를 처음부터 확보하여 공간을 낭비한다. 요구 페이징 방식에서는 아무리 큰 프로세스라도 처음부터 메모리에 모두 올리지 않는다. 그런데 비례 할당은 큰 프로세스를 실행하면서 당장 필요하지 않은 프레임을 미리 할당하기 때문에 메모리가 낭비된다.

균등 할당과 비례 할당 모두 프레임 부족을 해결하지 못하기 때문에, 현대 운영체제에서 정적 프레임 할당은 잘 사용되지 않는다.

3 동적 프레임 할당

하나의 프로세스는 실행 중 특정 시점에 많은 프레임을 필요로 하다가 이후에는 적은 수의 프레임만으로 원활히 작동할 수 있다. 동적 프레임 할당dynamic frame allocation은 이런 프레임 수요의 변화를 반영하여, 프로세스의 실행 시점에서의 요구에 따라 프레임을 유연하게 조절하는 방식이다. 동적 프레임 할당 방식에는 작업 집합 모델을 이용하는 방법과 페이지 부재 빈도를 이용하는 방법이 있다.

작업 집합 모델

작업 집합 모델working set model은 지역성 이론을 기반으로, 최근 일정 시간 동안 참조된 페이지들을 물리 메모리에 유지하는 방식이다. 이 모델은 가까운 과거에 접근된 페이지가 다시 참조될 가능성이 높다는 가정에서 출발하며, 최근 일정 시점의 참조 기록을 분석해 작업 집합working set을 구성한다. 작업 집합에 포함된 페이지 수는 곧 물리 메모리에 유지할 페이지 수를 의미한다. 이 수를 작업 집합 크기working set size라 한다. [그림 10-25]는 작업 집합 모델의 개념을 나타낸 것으로, 작업 집합 크기를 5로 설정한 예이다.

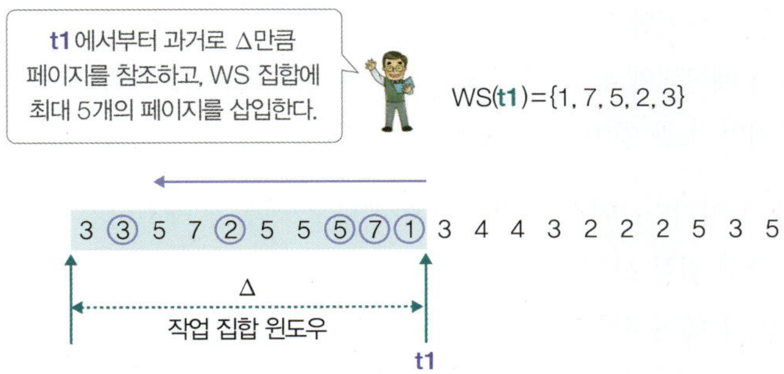

그림 10-25 작업 집합 모델

작업 집합 윈도우(WSWWorking Set Window)는 작업 집합을 구성하기 위해 참조하는 페이지 범위이다. 작업 집합 윈도우는 현재 시점 이전으로 최대 어디까지 페이지를 살펴볼 것인지 결정한다. 이 사례에서는 작업 집합 윈도우를 10으로 설정하고, 델타(Δ)로 표시했다. 현재 시점인 `t1` 이전에 Δ 동안 페이지 10개를 참조한다. 그리고 작업 집합에는 중복을 제거하여 `WS(t1) = {1, 7, 5, 2, 3}`이 삽입된다. 다음 작업 집합 윈도우에 도달할 때까지 5개의 페이지가 물리 메모리에 보존된다. 작업 집합 윈도우에는 현재(`t1`)로부터 시간적으로 가까운 페이지부터 삽입된다는 점을 주의하길 바란다.

작업 집합 크기는 얼마나 자주 작업 집합을 갱신할 것인지도 결정한다. 작업 집합 크기가 5이면 페이지에 5번 접근할 때마다 작업 집합을 갱신한다. [그림 10-26]은 프로세스가 진행되면서 작업 집합이 어떻게 변경되는지를 보여준다. 작업 집합 크기가 5이므로 `t1` 시점 이후에 5개 페이지에 접근한 `t2` 시점에 작업 집합을 갱신한다. 또한 작업 집합 윈도우를 10으로 설정했기 때문에 `t2` 시점 이전의 10개 페이지(`5 5 5 7 1 3 4 4 3 2`)를 살펴보고 작업 집합을 `WS(t2) = {2, 3, 4, 1, 7}`로 갱신한다.

원래 두 번째 Δ 안에는 `{2, 3, 4, 1, 7, 5}`로 6개의 페이지가 있다. 그러나 작업 집합 크기를 5로 설정했기 때문에, `t2`로부터 가까운 페이지부터 작업 집합에 삽입되어 가장 멀리 있는 5번 페이지는 작업 집합에 속하지 못한다. 같은 이유로 `t2`에서 5개 페이지를 지난 `t3` 시점에 작업 집합이 `WS(t3) = {5, 3, 2, 4}`로 갱신된다.

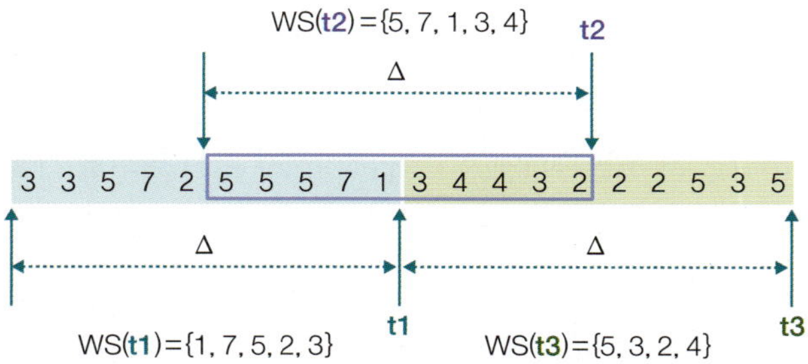

그림 10-26 시간에 따른 작업 집합의 변화

작업 집합 모델에서는 작업 집합 윈도우의 크기에 따라 프로세스 실행 성능이 달라진다. 작업 집합 윈도우가 너무 크면 필요 없는 페이지가 메모리에 남아 다른 프로세스에 영향을 준다. 반대로 윈도우가 너무 작으면 사용해야 하는 페이지가 스왑 영역으로 옮겨져 프로세스 실행 성능이 떨어진다.

작업 집합 모델은 프로세스의 성능을 높이지만, 여전히 자원의 한계로 스레싱을 해결하지 못한다. 그 이유는 두 가지이다. 첫째로, 작업 집합 모델은 물리 메모리에 충분한 프레임을 할당받지 못하면 작업 집합 전체를 유지할 수 없어 페이지를 자주 교체해야 한다. 둘째로, 어떤 프레임을 물리 메모리에 유지해야 하는지는 알 수 있어도 특정 프로세스에 프레임을 얼마나 많이 할당해야 하는지는 알 수 없다.

페이지 부재 빈도

페이지 부재 빈도를 이용하면 프로세스에 필요한 페이지 수를 동적으로 결정할 수 있다. 페이지 부재 빈도page fault frequency는 페이지 부재율을 모니터링하고, 부재율이 높으면 프레임을 추가하며, 낮으면 회수하는 방식이다. 즉 먼저 페이지 부재 횟수를 기록하여 페이지 부재율을 계산한 후, 페이지 부재율의 상한선과 하한선을 설정한다. 페이지 부재율이 상한선을 초과하면 할당한 프레임이 적다는 의미이므로 프레임을 추가 할당한다. 반대로 페이지 부재율이 하한선 밑으로 내려가면 메모리가 낭비된다는 의미이므로 할당한 프레임을 회수한다. 페이지 부재 빈도 방식은 일단 프로세스를 실행하고, 추가로 페이지를 할당하거나 회수하여 적정 페이지 할당량을 조절한다.

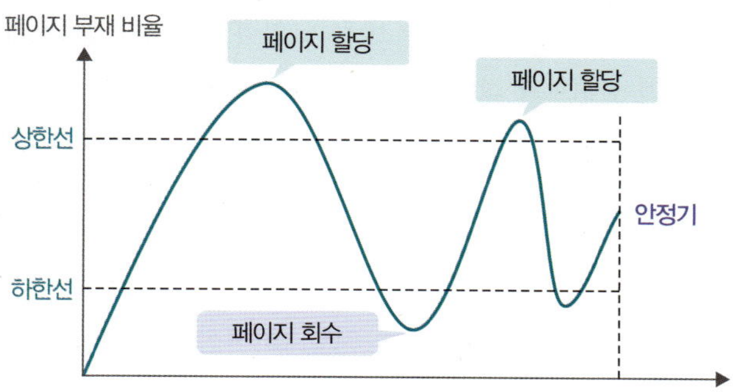

그림 10-27 페이지 부재 비율을 고려하는 동적 할당

4 전역 교체와 지역 교체

페이지 교체 알고리즘을 사용하여 특정 페이지를 교체할 때는 전역 교체 또는 지역 교체를 사용할 수 있다. 전역 교체global replacement는 모든 프로세스의 모든 프레임 중에서 교체 대상을 선택하는 방식이고, 지역 교체local replacement는 현재 실행 중인 프로세스에 할당된 프레임 내에서만 교체 대상을 선택하는 방식이다. 즉 전역 교체는 스왑 영역으로 옮길 페이지를 선정할 때 현재 실행 중인 프로세스뿐 아니라 다른 프로세스의 프레임도 교체 대상이 될 수 있다. 반면 지역 교체는 현재 실행 중인 프로세스의 프레임만을 교체 대상으로 삼아 다른 프로세스의 프레임에는 영향을 주지 않는다.

[그림 10-28]은 전역 교체와 지역 교체의 차이를 보여준다. 가상 메모리에 프로세스 A, B, C가 올라와 있고 NUR 페이지 교체 알고리즘을 사용하며, 각 프레임에 접근 비트와 변경 비트가 그림과 같이 설정되어 있다고 가정한다. 이 상황에서 프로세스 A가 페이지 4를 요청하는 경우, 프레임 하나를 대상 페이지로 선정하여 스왑 영역으로 옮겨야 한다.

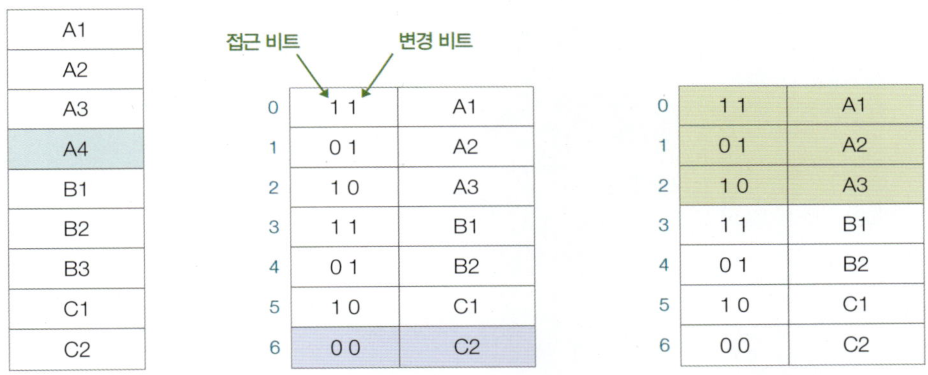

(a) 가상 주소 공간 (b) 전역 교체 (c) 지역 교체

그림 10-28 전역 교체와 지역 교체의 비교

전역 교체 방식에서는 [그림 10-28]의 (b)와 같이 물리 메모리의 모든 프레임을 대상으로 스왑 영역에 보낼 페이지를 찾는다. 그 결과 참조 비트와 변경 비트가 (0, 0)인 프레임 6의 C2를 스왑 영역으로 내보낸다. 지역 교체는 (c)와 같이 프로세스 A와 관련된 프레임을 대상으로 스왑 영역에 보낼 페이지를 찾는다. 그 결과 참조 비트와 변경 비트가 (0, 1)인 프레임 1의 A2를 스왑 영역으로 내보낸다.

지역 교체의 장점은 프로세스에 할당된 프레임 수가 유지되므로, 페이지 교체가 다른 프로세스에 영향을 미치지 않는다는 점이다. 반면 전역 교체 방식은 페이지 교체 시 다른 프로세스에 할당된 프레임을 빼앗으면 프레임을 빼앗긴 프로세스에서 스레싱이 발생할 수 있다. 지역 교체 방식은 전체 프로세스에 할당된 프레임 총량을 고정함으로써 스레싱을 줄일 수 있다.

지역 교체 방식의 단점은 자주 사용하는 페이지가 스왑 영역으로 옮겨져 시스템의 효율이 떨어진다는 것이다. (c)에서 스왑 영역으로 옮겨진 프로세스 A의 프레임 2는 접근 패턴이 (0, 1)이다. 메모리에 접근 패턴이 (0, 0)인 프레임 6이 있지만 더 자주 사용되는 프레임 2가 스왑 영역으로 옮겨졌다. 지역 교체 방식에서 자주 사용되는 페이지가 자꾸 교체된다면 해당 프로세스에 스레싱이 발생할 수 있다.

지역 교체 방식은 다른 프로세스의 스레싱을 줄이지만 반대로 실행 중인 프로세스의 성능을 떨어뜨릴 수 있다. 그러므로 전체 시스템을 고려하면 전역 교체 방식이 지역 교체 방식보다 효율적이다.

요약

01 가상 메모리 시스템은 물리 메모리의 크기와 상관없이 커다란 논리주소 공간을 제공하는 기술이며, 가상 메모리의 크기는 물리 메모리의 크기+스왑의 크기이다.

02 운영체제는 필요한 모듈만 메모리에 올려 실행하고 나머지 모듈은 필요하다고 판단될 때 메모리로 불러오는데, 이를 요구 페이징이라 한다.

03 프로세스가 페이지를 요청했을 때 해당 페이지가 메모리에 없는 상황을 페이지 부재라고 부른다. 또한 어떤 페이지를 스왑 영역으로 내보낼지 결정하는 알고리즘을 페이지 교체 알고리즘이라 부르며, 알고리즘에 의해 스왑 영역으로 보낼 페이지를 대상 페이지라 부른다.

04 선입선출(FIFO) 페이지 교체 알고리즘은 시간상으로 메모리에 가장 먼저 들어온 페이지를 대상 페이지로 선정하여 스왑 영역으로 쫓아내며 성능은 좋지 않다.

05 최적 알고리즘은 앞으로 사용하지 않을 페이지를 스왑 영역으로 옮기는 이상적인 알고리즘이지만 실제 구현이 불가능하다.

06 최근 최소 사용(LRU) 페이지 교체 알고리즘은 메모리에 올라온 후 가장 오랫동안 사용되지 않은 페이지를 스왑 영역으로 옮긴다. 최소 빈도 사용(LFU) 페이지 교체 알고리즘은 페이지가 몇 번 사용되었는지를 기준으로 대상 페이지를 선정한다. 두 알고리즘의 단점은 낭비되는 메모리 공간이 많다는 것이다.

07 최근 미사용(NUR) 페이지 교체 알고리즘은 LRU나 LFU 알고리즘과 성능이 비슷하면서도 불필요한 공간 낭비 문제를 해결한 알고리즘이다. 페이지마다 접근 비트와 변경 비트를 두고 (0, 0), (0, 1), (1, 0), (1, 1)의 순서대로 스왑 영역으로 옮긴다.

08 2차 기회 페이지 교체 알고리즘은 요구 페이징에 성공했을 때 페이지를 큐의 맨 뒤로 이동시켜 기회를 한 번 더 준다. 시계 알고리즘에서는 대상 페이지를 선정하는 포인터와 접근 비트가 있다. 대상 포인터가 가리키는 페이지가 스왑 영역으로 옮겨지고, 해당 포인터는 아래쪽으로 이동하지만, 접근 비트가 1이면 0으로 만들고 다시 1칸 아래로 이동한다.

09 스레싱은 프로세스가 많이 실행되고 보조 저장장치의 입출력이 너무 많아져서 작업이 멈춘 것 같은 상태이다. 스레싱은 각 프로세스에 프레임을 할당하는 문제와도 연관되며, 필요한 프레임을 프로세스에 할당하는 방식은 정적 할당과 동적 할당으로 구분된다.

10 작업 집합 모델은 최근 일정 시간 동안 참조된 페이지들을 집합으로 만들고, 이 집합에 있는 페이지들을 물리 메모리에 유지하여 프로세스의 실행을 돕는다.

연습문제

01 다음 중 물리 메모리 크기와 상관없이 큰 크기의 논리 주소 공간을 제공하는 메모리 관리 시스템의 이름을 찾으시오.

① 요구 페이징 ② 가상 메모리
③ 스레싱 ④ 페이지 부재

02 다음 중 프로세스의 요청이 있을 때만 데이터를 메모리로 가져오는 메모리 관리 방법의 이름을 찾으시오.

① 요구 페이징 ② 지역성
③ 스레싱 ④ 페이지 부재

03 다음 중 프로세스가 페이지를 요청했을 때 해당 페이지가 물리 메모리에 없는 상태를 가리키는 용어를 찾으시오.

① 요구 페이징 ② 지역성
③ 스레싱 ④ 페이지 부재

04 다음 중 메모리의 플래그 비트인 유효 비트와 가장 관련 있는 용어를 찾으시오.

① 요구 페이징 ② 세그먼테이션 오류
③ 스레싱 ④ 페이지 부재

05 다음 중 사용자 프로세스가 주어진 메모리 영역을 벗어난 상황과 가장 관련 있는 용어를 찾으시오.

① 요구 페이징 ② 세그먼테이션 오류
③ 스레싱 ④ 페이지 부재

06 다음 중 요구 페이징의 장점이 아닌 것을 찾으시오.

① 큰 주소 공간 제공 ② 메모리 절약
③ 효율적인 메모리 관리 ④ 프로세스 응답 속도 향상

07 다음 중 가상 메모리의 크기를 표현한 식으로 맞는 것을 찾으시오.

① 스왑 영역 크기 + 논리 메모리 크기

② 논리 메모리 크기 + 물리 메모리 크기

③ 스왑 영역 크기 + 물리 메모리 크기

④ 논리 메모리 크기 + 스왑 영역 크기

08 컴퓨터에서 포토샵을 실행할 때 각종 필터 모듈이 메모리에 바로 올라오지 않는 것과 가장 관련 있는 용어를 찾으시오.

① 요구 페이징 ② 멀티프로그래밍

③ 스레싱 ④ 페이지 부재

09 페이지 교체 알고리즘이 교체할 페이지를 선정하는 근거인 이론을 찾으시오.

① 요구 페이징 ② 지역성

③ 스레싱 ④ 페이지 부재

10 다음 중 캐시 미리 가져오는 데이터를 선정하는 근거인 이론을 찾으시오.

① 요구 페이징 ② 지역성

③ 스레싱 ④ 페이지 부재

11 다음 중 PTE 플래그 비트에 대한 설명으로 맞는 것을 찾으시오.

① 접근 비트는 메모리에 올라온 페이지에서 데이터 변경이 있었는지를 나타낸다.

② 변경 비트는 페이지가 메모리에 올라온 이후 사용된 적이 있는지를 나타낸다.

③ 유효 비트는 페이지가 현재 메인 메모리와 스왑 영역 중 어디에 있는지를 나타낸다.

④ 읽기 비트는 메모리에 올라온 페이지를 읽은 적이 있는지를 나타낸다.

12 다음 중 PTE 플래그 비트에 대한 설명으로 틀린 것을 찾으시오.

① 참조 비트가 1이면 메모리에서 페이지의 읽기 또는 실행 작업을 한 적이 있다는 의미이다.

② 메모리에서 쓰기 작업을 한 적이 있으면 페이지의 더티 비트가 1이 된다.

③ 현재 비트가 0이면 페이지가 스왑 영역에 있다는 의미이다.

④ 실행 비트가 1이면 페이지가 현재 실행 중이라는 의미이다.

13 다음 중 최적 근접 페이지 교체 알고리즘에 대한 설명으로 틀린 것을 찾으시오.

① 최근 최소 사용(LRU) 알고리즘은 시간을 기준으로 가장 오랫동안 사용하지 않은 페이지를 스왑 영역으로 보낸다.

② 최소 빈도 사용(LFU) 알고리즘은 접근한 빈도수가 가장 적은 페이지를 스왑 영역으로 보낸다.

③ 참조 비트 시프트를 이용하여 최근 최소 사용(LRU) 알고리즘을 구현할 수 있다.

④ 추가적인 메모리 공간을 사용하지 않아도 최소 빈도 사용(LFU)알고리즘을 구현할 수 있다.

14 다음 중 페이지 교체 알고리즘에 대한 설명으로 틀린 것을 찾으시오.

① 최근 미사용(NUR) 알고리즘은 2비트만 추가로 사용하여 구현할 수 있다.

② 2차 기회second chance 알고리즘은 선입선출(FIFO)을 변형한 알고리즘이다.

③ 2차 기회second chance 알고리즘은 한 번 접근한 페이지를 큐의 가장 앞으로 이동시킨다.

④ 시계clock 알고리즘은 최근에 접근한 페이지에 2번째 기회를 준다.

15 다음 중 시계 페이지 교체 알고리즘에 대한 설명으로 틀린 것을 찾으시오.

① 대상 포인터를 이용하여 최근에 접근한 페이지에 2번째 기회를 준다.

② 대상 포인터가 시계바늘처럼 회전한다.

③ 선입선출(FIFO)을 변형한 알고리즘이다.

④ 접근 비트를 사용하지 않는다.

16 페이지 교체 알고리즘 중 접근 비트와 변경 비트로 구현되는 알고리즘은 무엇인가?

① 최근 최소 사용(LRU) 알고리즘
② 2차 기회(second chance) 알고리즘
③ 최근 미사용(NUR) 알고리즘
④ 최소 빈도 사용(LFU) 알고리즘

17 최근 미사용(NUR) 알고리즘에서 비트 패턴이 다음과 같을 때, 가장 먼저 스왑 영역으로 이동할 페이지를 찾으시오.

① (0, 0)
② (0, 1)
③ (1, 0)
④ (1, 1)

18 최근 미사용(NUR) 알고리즘에서 비트 패턴이 다음과 같을 때, 두 번째로 스왑 영역으로 이동할 페이지를 찾으시오.

① (0, 0)
② (1, 0)
③ (1, 1)
④ (0, 1)

19 최근 미사용(NUR) 알고리즘에서 비트 패턴이 다음과 같을 때, 세 번째로 스왑 영역으로 이동할 페이지를 찾으시오.

① (0, 0)
② (1, 0)
③ (1, 1)
④ (0, 1)

20 최근 미사용(NUR) 알고리즘에서 언제 초기화가 발생하는가?

① 참조 비트가 (0, 0)인 페이지가 하나라도 있을 때
② 참조 비트가 (0, 0), (0, 1), (1, 0), (1, 1)인 페이지가 모두 있을 때
③ 참조 비트가 (1, 1)인 페이지가 하나라도 있을 때
④ 모든 페이지의 참조 비트가 (1, 1)일 때

21 최근 최소 사용(LRU) 알고리즘에서 참조 비트 시프트 패턴이 다음과 같을 때, 다음 중 가장 먼저 스왑 영역으로 이동할 페이지를 찾으시오.

① 00111011　　② 10000000

③ 01000001　　④ 11100000

22 페이지 교체 알고리즘 중 최적 근접 페이지 교체 알고리즘이 아닌 것은 무엇인가?

① LRU(최근 최소 사용)　　② FIFO(선입선출)

③ NUR(최근 미사용)　　④ LFU(최소 빈도 사용)

23 다음 페이지 교체 알고리즘 중 일반적으로 성능이 가장 낮은 것은 무엇인가?

① FIFO　　② second chance

③ NUR　　④ clock

24 다음 페이지 교체 알고리즘 중 나머지 3개와 가장 다른 것은 무엇인가?

① FIFO　　② second chance

③ optimal　　④ clock

25 메모리가 꽉 차서 작업이 멈춘 상태와 가장 관련이 있는 단어는 무엇인가?

① 요구 페이징　　② 지역성

③ 스레싱　　④ 페이지 부재

26 물리 메모리 크기를 1GB에서 8GB로 바꾸면 작업이 더 원활히 진행되는 이유와 가장 관련 있는 용어를 찾으시오.

① 요구 페이징　　② 지역성

③ 스레싱　　④ 페이지 부재

27 물리 메모리의 크기에 비해 멀티프로그래밍의 수준이 너무 높아서 작업이 거의 이루어지지 않는 현상은 무엇인가?

① 요구 페이징 ② 지역성
③ 스레싱 ④ 페이지 부재

28 다음 중 작업 집합 모델과 가장 관련 있는 용어는 무엇인가?

① 정적 프레임 할당 ② 동적 프레임 할당
③ 균등 할당 ④ 비례 할당

29 다음 중 나머지 3개와 종류가 다른 용어는 무엇인가?

① 정적 프레임 할당 ② 균등 할당
③ 페이지 부재 빈도 ④ 비례 할당

30 다음 중 나머지 3개와 종류가 다른 용어는 무엇인가?

① 정적 프레임 할당 ② 균등 할당
③ 비례 할당 ④ 동적 프레임 할당

31 최근 일정 시간 동안 참조된 페이지들을 물리 메모리에 유지하는 메모리 관리 기술은 무엇인가?

① 페이지 부재 빈도 ② 작업 집합 모델
③ 균등 할당 ④ 비례 할당

32 가상 메모리 시스템을 설명하시오.

33 요구 페이징을 설명하시오.

34 최적 알고리즘의 한계와 최적 근접 알고리즘과의 차이점을 설명하시오

35 참조 시프트로 구현되는 LRU 페이지 교체 알고리즘을 설명하시오.

36 NUR 페이지 교체 알고리즘에 대하여 설명하시오.

37 2차 기회 페이지 교체 알고리즘에 대하여 설명하시오.

38 시계 페이지 교체 알고리즘과 접근 비트에 대하여 설명하시오.

39 스레싱에 대하여 설명하고, 스레싱 발생 지점을 늦추는 방법을 한 가지 제시하시오.

PART

04

입출력 및 저장장치 관리

PART 04 Preview

운영체제는 데이터를 안정적으로 저장하고, 다양한 시스템 환경에서도 자원을 효율적으로 관리하며, 보안을 유지하는 역할을 수행한다. 04부에서는 운영체제가 파일과 디렉터리 구조를 어떻게 구성하고 하드디스크와 같은 저장장치를 어떤 방식으로 제어하는지 살펴본다. 또한 클라우드 기반의 분산 시스템과 가상화 기술을 통해 자원의 확장성과 유연성을 확보하는 방법, 그리고 운영체제 수준에서 적용되는 보안 기법과 암호화 기술도 함께 학습한다.

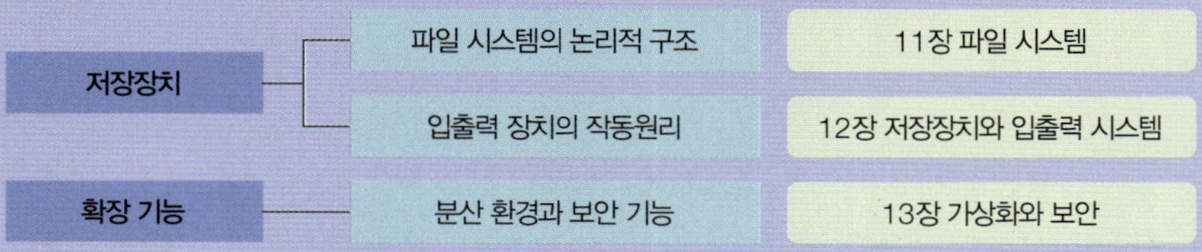

CHAPTER

11

파일 시스템

학습목표

- 파일 시스템이 파일 테이블을 이용하여 파일을 관리하는 방법을 살펴본다.
- 디렉터리와 파일의 위치를 나타내는 경로를 이해한다.
- 유닉스와 윈도우가 사용하는 파일 시스템의 구조에 대하여 학습한다.

Preview

운영체제는 파일 시스템을 통해 데이터를 저장장치에 파일 형태로 보존하고 접근하도록 지원한다. 이 장에서는 파일 시스템이 파일과 디렉터리를 어떻게 구성하고 관리하는지를 다양한 구조와 예시를 통해 이해한다.

먼저 파일의 개념과 파일이 가질 수 있는 속성을 정리하고, 파일 시스템이 사용자별로 접근 권한을 어떻게 설정하고 제어하는지를 학습한다. 다음으로 디렉터리의 다단계 구조를 살펴보고, 파일의 위치 정보를 절대 경로 또는 상대 경로로 표현하는 방법을 설명한다. 마지막으로 실제 파일 시스템 내부에서 데이터를 저장하고 빈 공간을 관리하는 방식을 학습한다.

이 장을 통해 파일 시스템의 기본 원리를 이해하고 실제 파일 시스템이 구현되는 구조를 폭넓게 익힐 수 있다.

이름	블록 번호
파일 A	1, 3, 9
파일 B	2, 4
파일 C	13
파일 D	12, 15
파일 E	7, 23

파일 테이블

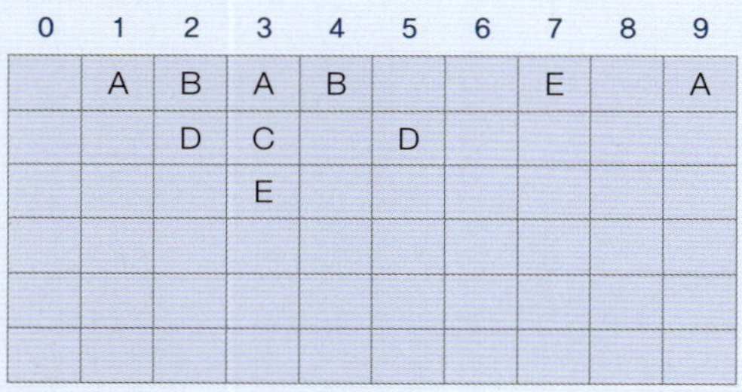

저장장치

SECTION 01 파일과 파일 시스템 이해하기

1 파일 시스템 개요

파일 시스템의 역할

컴퓨터 시스템에는 다양한 종류의 파일이 있다. 파일은 하드디스크, SSD, USB 메모리, CD, DVD와 같은 저장장치에 보관한다. 만약 사용자가 직접 저장장치에 접근하는 것이 허락된다면, 다른 사용자 소유의 파일을 삭제하거나 훼손하는 문제가 발생할 수 있다. 이를 막기 위해 운영체제는 사용자가 저장장치의 물리적 위치에 직접 접근하지 못하도록 차단하고, 파일 시스템을 통해 간접적으로 파일을 관리할 수 있도록 한다. 또한 접근 권한을 확인하여 권한이 없는 사용자의 파일 접근을 막는다.

운영체제의 파일 관리자는 파일 시스템을 이용하여 파일을 관리한다. 사용자는 파일 시스템을 통하여 파일의 생성, 수정, 읽기, 쓰기, 삭제의 작업을 수행할 수 있다. 반대로 생각하면, 파일 시스템은 사용자가 파일을 생성하고 읽고 쓰는 등의 고수준 작업을 수행할 수 있도록 추상화된 인터페이스를 제공한다.

파일 시스템은 파일 테이블과 저장장치로 구성되며, 운영체제마다 다른 파일 시스템을 사용한다. 윈도우 XP 이전 버전은 FAT File Allocation Table를 사용했고, 현재 윈도우는 NTFS New Technology File System를 사용한다. 또한 유닉스 계열 운영체제는 UFS Unix File System 또는 EXT EXTended file system 파일 시스템을 사용한다.

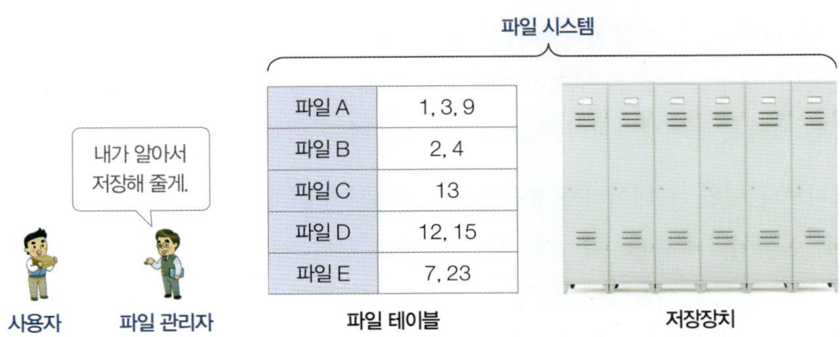

그림 11-1 사용자와 파일 관리자

가상 메모리 시스템에서 매핑 테이블을 사용하여 가상 주소를 물리 주소로 변환했듯이, 파일 시스템은 파일 테이블을 이용해 각 파일의 이름, 저장 위치, 접근 권한 등의 메타데이터를 관리한다. 메타데이터metadata란 다른 데이터를 정의하고 기술하는 데이터이다. **파일 테이블**에는 파일 이름, 파일의 위치, 파일의 종류, 파일 접근 권한이 명시되어 있다.

하나의 공간에 모든 파일을 보관하면 관리하기 어렵다. 따라서 파일 시스템 안에는 파일을 저장하는 공간이 여러 개 존재하며, 이를 **디렉터리**directory라 부른다. 유닉스에서의 디렉터리와 윈도우에서의 폴더는 같은 의미이지만, 이 책에서는 '디렉터리'만 사용할 것이다.

파일 시스템은 파일 및 디렉터리에 대하여 생성, 수정, 삭제 등의 관리를 한다. 파일 및 디렉터리에 대한 접근 방법을 제공하고, 권한이 없는 사용자의 접근을 차단하는 것도 파일 시스템의 중요한 역할이다. 또한 파일 시스템은 파일의 내용이 손상되지 않도록 무결성을 보장하며, 사고로부터 파일을 보호하기 위해 백업 및 복구 작업을 수행한다. 또한 파일을 암호화하여 악의적인 접근을 차단하는 기능도 제공한다. [표 11-1]은 파일 시스템의 기능을 정리한 것이다.

표 11-1 파일 시스템의 기능

기능	설명
파일 및 디렉터리 구성	사용자의 요구에 따라 파일과 디렉터리를 구성한다.
파일 및 디렉터리 관리	파일 및 디렉터리의 생성, 수정, 삭제 등 관리한다.
접근 방법 제공	파일과 디렉터리 읽기, 쓰기, 실행을 위한 접근 방법을 제공한다.
접근 권한 관리	파일과 디렉터리를 보호하기 위해 사용자 접근 권한을 관리한다.
무결성 보장	파일의 내용이 손상되지 않도록 무결성을 보장한다.
백업과 복구	사고로부터 파일을 보호하기 위해 백업과 복구 작업을 한다.
암호화	파일을 암호화하여 악의적인 접근으로부터 파일을 보호한다.

파일과 블록

메인 메모리는 바이트 단위로 나뉘고 주소도 바이트 단위로 부여된다. 메인 메모리는 보통 수 GB이지만 하드디스크는 수 TB이므로, 저장장치 크기가 메모리 크기보다 수백 배나 크다. 수 TB의 저장장치를 바이트 단위로 나누고 주소를 부여하려면 매우 큰 주소 체계가 필요하다. 또한 크기가 1B인 파일은 많지 않기 때문에 저장장치의 주소 체계에서는 더 큰 단위를 사용한다.

저장장치에서는 메모리보다 훨씬 큰 데이터를 효율적으로 관리하기 위해 파일을 일정 크기로 묶어서 관리하는데, 이를 블록이라 부른다. 따라서 메모리의 주소 단위는 바이트이지만, 파일 시스템에서는 블록block을 주소 단위로 사용한다. 파일 시스템은 각 블록에 고유한 주소를 할당하며, 운영체제와 저장장치 간의 데이터 전송도 블록 단위로 이루어진다.

[그림 11-2]는 파일 테이블과 블록 번호와의 관계를 나타낸다. 파일 테이블에는 각 파일이 저장된 블록의 위치 정보가 저장되어 있다. 파일 A가 1, 3, 9번 블록에, 파일 B가 2와 4번 블록에, 파일 C는 13번 블록에, 파일 D는 12와 15번 블록에, 파일 E는 7과 23번 블록에 저장되어 있다.

이름	블록 번호
파일 A	1, 3, 9
파일 B	2, 4
파일 C	13
파일 D	12, 15
파일 E	7, 23

파일 테이블

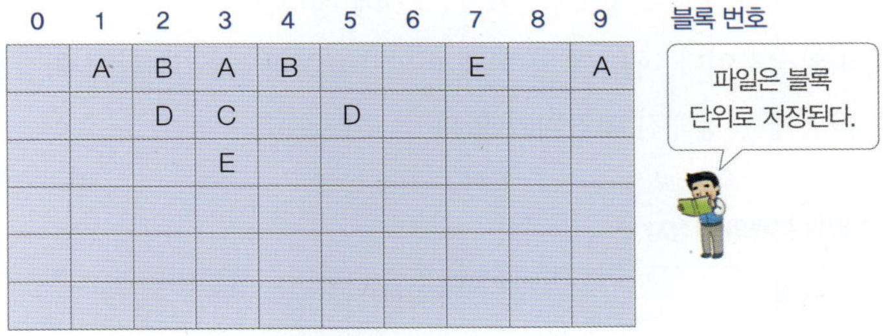

그림 11-2 파일 테이블과 블록 번호

사용자가 파일 시스템에 파일 A를 읽어올 것을 명령하면, 파일 관리자는 1, 3, 9번 블록의 데이터를 차례로 읽고 사용자에게 전달한다. 반대로 파일 F를 저장할 것을 명령하면, 파일 관리자는 파일을 빈 블록에 나누어 저장하고 파일 테이블에 블록 번호가 기록된다.

2 파일의 종류와 속성

파일의 종류

운영체제 입장에서 파일은 크게 실행 파일과 데이터 파일로 나뉜다. 실행 파일은 운영체제가 메인 메모리에 올리면 CPU가 작업을 수행하는 파일이다. 즉 실행 파일은 사용자의 요청으로 프로세스가 되는 파일이다.

데이터 파일은 실행 파일이 작업하는 데 필요한 데이터의 모음이다. 데이터 파일은 실행 파일과 달리 스스로 프로세스가 될 수 없다. 이미지 뷰어 프로그램의 사진 파일, 음악 재생 프로그램의 음악 파일, 문서 편집기의 문서 파일이 데이터 파일에 해당한다. 모든 데이터 파일은 0과 1로 이루어진 비트 패턴$_{\text{bit pattern}}$ 덩어리일 뿐이다. 이를 그림, 음악, 문서로 인식하는 것은 응용 프로그램의 역할이다.

모든 파일 이름에는 확장자를 붙여 파일의 종류를 표시한다. 이미지 파일에는 BMP, JPG, GIF, PNG, WEBP 등이 있고, 음악 파일도 WAV, MP3, OGG, AAC, FLAC 등이 있다. 예를 들어 이름이 '홍길동'인 사람이 여러 명일 때 '홍길동.서울', '홍길동.경북', '홍길동.제주'와 같이 확장자를 붙여 구별하는 것과 마찬가지이다.

주의할 점은 확장자를 바꾼다고 해도 내용이 바뀌지 않는다는 것이다. 예를 들어 `anim.avi` 파일을 `anim.txt` 파일로 바꾼다고 해서 동영상 파일이 문서 파일로 변하지 않는다. 확장자는 사용자가 파일을 구별하기 편하도록 붙여 놓은 것뿐이다.

자주 사용되는 파일의 확장자를 [표 11-2]에 정리했다. 실행 파일을 제외한 나머지는 모두 데이터 파일의 확장자이다. 윈도우의 실행 파일은 exe나 com과 같이 확장자가 정해져 있으나 유닉스의 실행 파일에는 정해진 확장자가 없다.

표 11-2 파일의 분류와 확장자

파일	확장자	설명
실행 파일	exe, com	유닉스에는 실행 파일 확장자가 없음
소스 코드 파일	c, cpp, pas, a, java	소스 코드의 확장자
라이브러리 파일	lib, a, dll	소스 코드를 위한 라이브러리의 확장자
배치 파일	bat, sh, csh	초기 배치 파일의 확장자
문서 파일	txt, doc, hwp, pdf, ps 등	문서 데이터 파일의 확장자
동영상 파일	avi, asf, mkv, mov, rmv	동영상 데이터 파일의 확장자
음악 파일	wav, mp3, ogg, flc, aac	음악 데이터 파일의 확장자
이미지 파일	bmp, gif, jpg, png, webp	이미지 데이터 파일의 확장자
압축 파일	rar, zip, arc, al	압축 파일의 확장자

Note 유닉스에서 다루는 파일의 종류

유닉스에는 윈도우와 다른 파일 종류가 존재한다. 유닉스에서 다루는 파일 종류는 일반 파일, 디렉터리, 장치 파일, 이름 있는 파이프named pipe 등이 있다. 유닉스에서 키보드와 같은 각종 장치들을 파일로 취급하여 관리하기 때문에, 장치에 접근하기 위해서는 장치 파일을 사용해야 한다. 이름 있는 파이프는 서로 다른 프로세스 간의 통신에 사용되는 파일이다.

파일 이름 규칙

대부분의 파일 이름은 '**파일이름.확장자**'의 형태로 구성된다. 파일 이름과 관련하여 유의할 사항은 다음과 같다.

- 초창기의 운영체제에서는 파일 이름이 8자, 확장자가 3자로 제한되었다. 그 영향으로 아직도 파일 확장자는 알파벳 3자 이하가 대부분이지만 4자나 5자로 된 확장자도 있다.
- 파일 이름에 마침표(.)를 여러 번 사용할 수 있고, 이때는 마지막 마침표의 다음 문자들을 확장자로 인식한다. 예를 들어 파일 이름이 `run.2017.10.avi`라면 마지막의 `avi`를 확장자로 인식한다.

- 파일 이름은 파일이 있는 디렉터리의 위치를 포함하여 최대 255자이다. 파일이 있는 디렉터리의 위치를 나타내는 정보를 경로path라 부른다.
- 파일 이름에는 영문자, 숫자, 붙임표(-), 밑줄(_), 마침표(.)를 사용할 수 있다. 윈도우에서는 파일 이름에 공백 문자, &, ~ 등의 특수문자도 사용할 수 있다. 그러나 \, /, :, *, ?, ", <, >, ¦는 사용할 수 없다. 유닉스에서는 파일 이름에 공백 문자를 포함하여 대부분의 특수문자를 사용할 수 없다. 따라서 한 컴퓨터에서 유닉스와 윈도우 운영체제를 동시에 사용한다면 파일이나 디렉터리 이름에 공백 문자 대신 밑줄(_)을 권장한다.

파일 이름에 있어서 윈도우 파일 시스템과 유닉스 파일 시스템의 가장 큰 차이점은 대소문자의 구분이다. **유닉스 파일 시스템은 대소문자를 구분**한다. 따라서 `test.c`와 `Test.c`는 서로 다른 파일이고, 같은 디렉터리에 보관할 수 있다. 그러나 **윈도우 파일 시스템은 대소문자를 구분하지 않는다**. 따라서 `test.c`와 `Test.c`는 서로 같은 파일이고, 같은 디렉터리에 존재할 수 없다.

응용 프로그램과의 연결

윈도우에서 실행 파일을 더블클릭하면 프로세스가 된다. 반면 데이터 파일을 더블클릭하면 미리 등록된 응용 프로그램이 실행된다. 데이터 파일은 특정 응용 프로그램과 연결되어 있으며, 이를 **연결 프로그램**associated program이라고 한다. 예를 들어 확장자가 hwp인 데이터 파일을 더블클릭하면 아래아한글 프로그램이 실행되어 운영체제가 데이터 파일을 아래아한글 프로그램에 넘겨준다. 실행 파일과 데이터 파일은 모두 더블클릭 시 동작하기 때문에, 겉보기에 유사하게 보일 수 있다. 그러나 실제로는 실행 파일은 스스로 실행되어 프로세스를 생성하지만, 데이터 파일은 운영체제가 해당 파일에 연결된 응용 프로그램을 실행시켜 간접적으로 처리하는 것이다. 윈도우에서 데이터 파일에 연결된 응용 프로그램을 바꾸고 싶으면 연결 프로그램을 변경한다. 데이터 파일을 선택한 후, 마우스 오른쪽 버튼을 누르고 [속성] 메뉴를 선택하면 연결 프로그램을 변경할 수 있다.

파일 속성

파일에는 파일의 이름, 종류, 크기, 만든 시간, 접근 권한과 같은 속성attribute이 있다. 운영체제는 파일 테이블의 속성 영역에서 파일의 속성을 관리한다.

- **이름**: 파일의 이름name은 확장자를 포함한 전체 이름을 의미한다.
- **종류**: 파일의 종류type는 해당 파일의 종류를 나타낸다. 파일 종류에는 시스템 파일, 실행 파일, 동영상 파일, 사진 파일, 음악 파일 등이 있으며, 확장자로 파일 종류를 구분할 수 있다.
- **크기**: 파일의 크기size는 저장장치에 저장된 파일의 용량을 의미한다.

- **시간**: 시간time은 일반적으로 파일을 수정하거나 변경한 시간을 가리킨다. 시간 속성은 수정 시간 이외에 생성 시간, 최근 파일을 열어본 시간 등으로 세분화된다.
- **위치**: 위치location는 파일이 저장된 디렉터리의 위치(경로)이다. 이름과 확장자가 모두 같은 두 파일은 한 디렉터리에 존재할 수 없으며 서로 다른 디렉터리에는 존재할 수 있다. 파일의 위치가 다르면 운영체제는 서로 다른 파일이라 생각한다.
- **소유자**: 소유자owner는 파일의 소유자를 가리킨다.
- **접근 권한**: 접근 권한accessibility은 파일에 어떤 작업이 가능한지를 나타낸다. 읽기, 쓰기 실행과 같은 작업 권한이 있다. 윈도우는 개인용 컴퓨터 운영체제이기 때문에 파일의 소유자와 접근 권한의 의미가 약하다. 그러나 유닉스는 다중 사용자를 위한 운영체제이기 때문에 소유자를 명확하게 구분할 뿐 아니라 소유자, 그룹, 그 외의 사용자에 접근 권한을 다르게 설정할 수 있다.

[그림 11-3]의 (a)는 윈도우 탐색기의 파일 속성 화면이다. [자세히]를 클릭하면 더 많은 속성을 표시할 수 있다. (b)는 유닉스에서 `ls -al` 명령어를 사용하여 파일 속성을 화면에 출력한 결과이다.

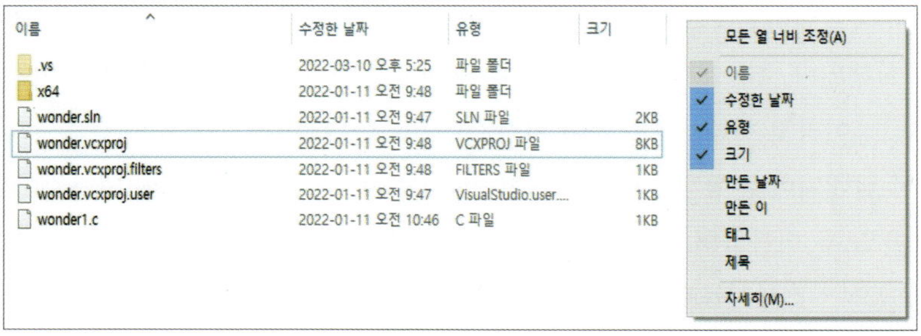

(a) 윈도우의 파일 속성 화면

```
$ls -al
drwxr-x--- 16 zoch zoch 4096  4월 19 14:07 .
drwxr-xr-x  3 root root 4096 12월  2  2021 ..
-rwxrwxr-- 16 zoch zoch  278  7월 13 11:23 doc1
```

(b) 유닉스의 파일 속성 화면

그림 11-3 파일 속성 확인

파일 헤더

지금까지 살펴본 파일 속성은 운영체제가 파일 테이블을 통해 관리하는 시스템 수준의 데이터이다. 이제는 파일 내부에 저장된, 응용 프로그램이 사용하는 정보에 대해 알아보자.

파일의 크기, 파일을 만든 날짜, 접근 권한과 같은 파일 속성은 모든 파일이 공통으로 가지는 정보이며, 운영체제가 파일 테이블을 통해 관리하는 시스템 수준의 데이터이다. 반면 파일 종류와 용도에 따라 필요한 개별적인 정보는 파일 헤더header에 저장한다. 파일 헤더는 파일의 가장 앞쪽에 있으며, 파일의 버전 번호, 크기, 특수 정보 등 응용 프로그램이 필요로 하는 정보를 저장하고 있다. 예를 들어 mp3 파일의 헤더에는 가수 이름, 음반 제목, 음반 표지 이미지 등이 기록되어 있다. 또한 아래아한글 문서 파일의 헤더에는 문서를 작성한 아래아한글 프로그램의 버전이 기록되어 있다.

[그림 11-4]는 파일 속성과 헤더의 관계를 나타낸다. 파일 속성은 운영체제의 파일 테이블에서 관리하는 시스템 수준 정보이고, 파일 헤더는 해당 파일 형식을 처리하기 위해 응용 프로그램이 사용하는 데이터이다.

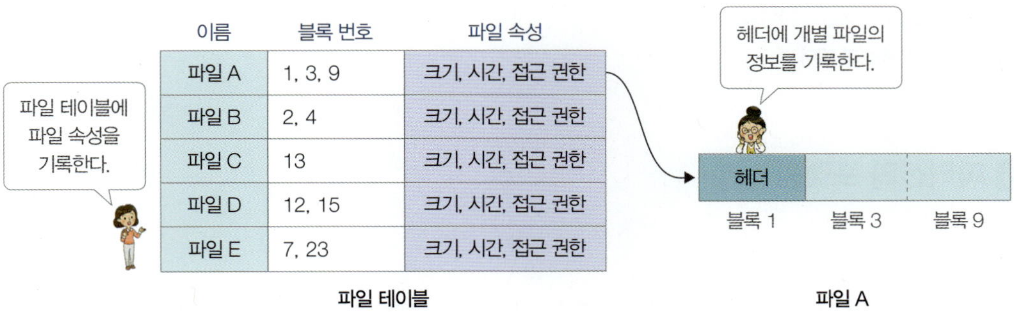

그림 11-4 파일 속성과 헤더

[그림 11-5]는 사진 파일 20211127_193203.jpg에 대하여 파일 속성과 파일 헤더의 차이점을 보여준다.

(a)의 파일 속성에는 파일 이름, 파일의 위치, 크기, 만든 날짜, 수정한 날짜와 시간, 마지막으로 파일에 접근한 날짜와 시간, 읽기 전용read-only 파일인지 혹은 숨김hidden 파일인지 표시된다. 한편 (b)에 나타난 같은 파일의 헤더에는 사진을 찍은 카메라의 종류, 해상도, 이미지를 만든 시간, 조리개 값, 셔터 속도 값과 같이 사진과 관련된 정보가 표시된다.

File Information

File:
20211127_193203.jpg
Located in:
D:₩Main Backup₩...₩2021년 11월 26일 제주도
Type: ACDSee Pro 2.0 JPEG Image
Size: 4.2 MB
Created: 2022-03-10 오후 8:25:58
Modified: 2021-11-27 오후 7:32:04
Accessed: 2021-11-29 오전 9:11:02
☐ Read only ☐ Hidden

(a) 20211127_193203.jpg 파일의 속성

Exposure time	1/360 s
Exposure program	Aperture priority
ISO speed ratings	ISO 160
Date/time original	2021-08-14 오후 4:25:06
Date/time digitized	2021-08-14 오후 4:25:06
Shutter speed value	1/341 s
Aperture value	f/11
Max. aperture value	f/1.4
Metering mode	Center weighted average
Flash	Flash did not fire
Focal length	35 mm

(b) 20211127_193203.jpg 파일의 헤더

그림 11-5 파일 속성과 헤더

3 파티션과 포맷팅

파티션

하드디스크나 SSD와 같은 대용량 저장장치는 그대로 사용할 수도 있지만, 저장장치 전체를 2개나 3개로 나누어 사용하는 경우도 많다. 이처럼 하나의 저장장치를 여러 개의 구획으로 나누는 작업을 '파티션을 나눈다'고 하며, 각각의 구획을 **파티션**partition이라 부른다. 파티션은 논리적으로 구분된 저장장치의 영역으로, 각 파티션에는 하나의 파일 시스템이 탑재되고, 해당 영역에 대한 독립적인 파일 테이블이 관리 역할을 수행한다. 예를 들어 윈도우에서는 각 파티션에 C:, D:, E:와 같은 알파벳으로 된 드라이브 이름을 부여하며, Z:까지 최대 22개의 파티션을 구분할 수 있다. 각 드라이브는 자체적으로 파일 테이블을 유지하며, C: 드라이브와 D: 드라이브는 서로 다른 파티션으로서 독립적으로 파일을 관리한다.

Note **운영체제의 저장 위치 변화**

IBM의 개인용 컴퓨터 초기 모델 XT는 운영체제로는 MS-DOS를 사용했는데, 마이크로소프트$_{MS}$에서 제작하여 디스크$_{Disk}$에 담은 운영체제$_{Operating\ System}$라는 의미이다. 당시에는 저장장치로 2개의 플로피디스크를 사용했는데, 첫 번째 플로피디스크는 A: 드라이브, 두 번째는 B: 드라이브였다. 이후 개인용 컴퓨터에 하드디스크를 장착하면서 C: 드라이브가 되었다. 현재는 플로피디스크를 거의 사용하지 않지만, 여전히 하드디스크는 C: 드라이브부터 시작한다.

[그림 11-6]은 저장장치와 파티션의 관계를 보여준다. (a)과 같이 윈도우가 설치된 컴퓨터에 저장장치가 2개 있을 때 2개의 파티션, 즉 2개의 논리적인 저장장치로 보인다. (b)와 같이 저장장치가 1개 있을 때도 파티션을 분리하면 2개의 논리적인 저장장치로 보인다.

그런데 윈도우와 같이 파티션을 나누어서 관리하는 일은 매우 불편하다. 예를 들어 서버가 100개의 하드디스크를 동시에 사용한다고 가정하자. 윈도우는 C:부터 Z:까지 22개까지만 파티션을 처리할 수 있다. 23번째부터는 AA:, AB:처럼 다른 이름을 붙여야 한다. 각 파티션 이름을 외우기 어려울뿐더러, 파티션을 관리하기 복잡하다.

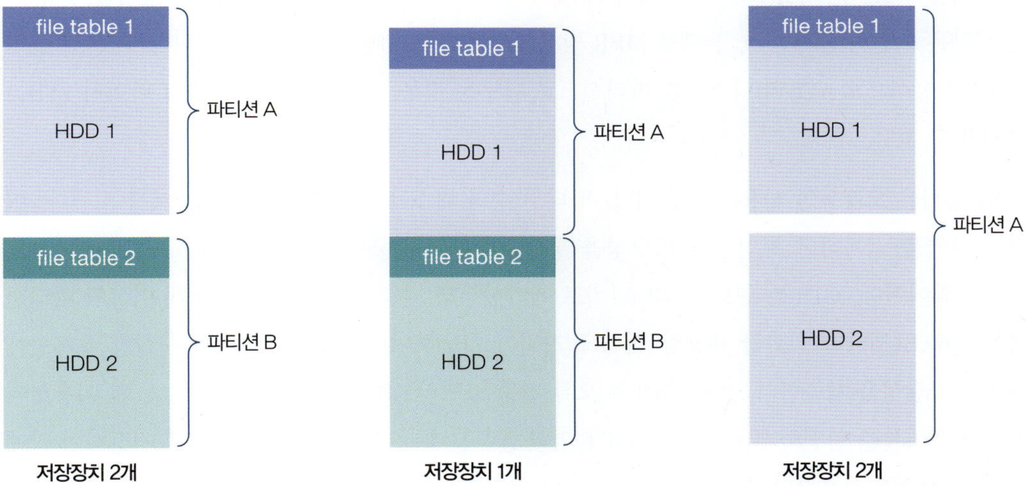

(a) 저장장치 2개, 파티션 2개 (b) 저장장치 1개, 파티션 2개 (c) 저장장치 2개, 파티션 1개

그림 11-6 디스크와 파티션의 관계

반면 유닉스에는 [그림 11-6]의 (c)와 같이 여러 파티션을 통합하는 기능이 있다. 여러 개의 파티션을 하나로 통합한다는 것은 **저장장치의 개수나 파티션 개수에 상관없이 하나의 파일 시스템만을 가진다**는 의미이다. 저장장치가 100개여도 파일 시스템이 하나이기 때문에 1개의 저장장치처럼 보인다. 사용자는 C:나 D:와 같은 파티션 구분 없이 저장장치를 사용할 수 있게 되어 편

리하다. 유닉스는 여러 파티션을 하나의 디렉터리 계층에 통합할 수 있으며, 이러한 과정을 **마운트**mount라고 한다.

파티션 정보의 위치

컴퓨터의 전원을 켜면 메인 보드의 롬 안에 있는 바이오스(BIOSBasic Input Output System)라는 펌웨어가 가장 먼저 실행된다. 펌웨어firmware란 하드웨어화된 소프트웨어를 의미한다. BIOS는 컴퓨터에 설치된 CPU, 메인 메모리, 하드디스크와 등 하드웨어에 접근하여 이상이 있는지 판단한다. 바이오스가 하드웨어 검사를 완료하면, 마스터 부트 레코드(MBR)에 있는 부트 로더를 실행하여 운영체제를 메모리로 올린다. MBR에는 부트 로더뿐만 아니라 파티션 정보도 함께 저장되어 있다. 그래야 어느 파티션에 운영체제 관련 파일이 있는지 알 수 있기 때문이다. MBR에 저장된 파티션 정보를 마스터 파티션 테이블master partition table이라고 부른다. 부트 로더와 마스터 파티션 테이블이 손상되면 시스템을 부팅할 수 없으므로, MBR는 악성 코드의 대표적인 공격 대상이 된다.

바이오스 펌웨어와 MBR을 통한 저장장치 관리는 윈도우 운영체제 초기부터 사용된 방식이지만, 몇 가지 큰 단점이 있다. 첫째로 MBR 방식은 기본적으로 하나의 디스크에 최대 4개의 주 파티션만 생성할 수 있다. 이를 보완하기 위해 확장 파티션과 논리 파티션 개념이 도입되었지만, 근본적인 제약은 여전히 존재한다. 둘째로 MBR 방식에서는 2TB 이상의 디스크를 인식하지 못한다. 만약 MBR 방식으로 3TB의 디스크를 파티션으로 나누는 경우, 2TB까지만 인식하고 나머지 1TB는 사용할 수 없다.

MBR 방식은 오랫동안 사용되어 왔지만, 파티션 수와 디스크 크기에서 구조적 한계를 지닌다. 이러한 제약을 극복하고 보안성과 확장성을 향상시키기 위해 도입된 것이 바로 GPTGUID Partition Table 펌웨어이다. GPT는 윈도우 XP 64비트 에디션부터 지원한다. GPT는 128개 이상의 파티션 생성과 8ZB(제타바이트)급 대용량 디스크 지원이 가능하여, 최신 시스템에서 사실상 무제한에 가까운 확장성을 제공한다. 또한 GPT는 오류 검출 코드인 CRCCyclical Redundancy Check를 이용하여 파티션 테이블을 안전하게 보호하고, GPT 영역 끝부분에는 중요 데이터의 백업을 저장하여 장애 발생 시 복구가 가능하다.

자신의 컴퓨터가 사용하는 파티션 관리 방식이 MBR인지 GPT인지를 확인하는 방법은 [그림 11-7]과 같다. 윈도우 운영체제에서 디스크 관리 프로그램을 실행하여 사용 중인 모든 디스크를 확인한다. 그중 윈도우가 설치된 디스크 0을 마우스의 오른쪽 버튼으로 눌러 [속성] 메뉴를 열고 [볼륨] 탭을 누르면 사용 중인 파티션 형식을 볼 수 있다.

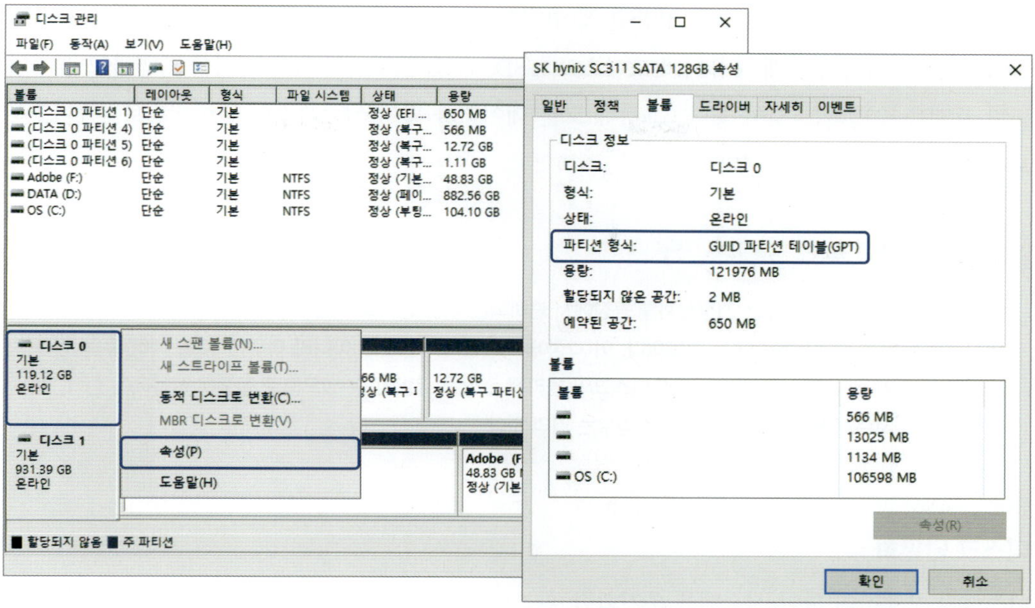

그림 11-7 윈도우의 파티션 관리 방식 확인

> **Note** **UEFI와 GPT**
>
> 과거 BIOS 펌웨어의 맨 마지막 단계에서 MBR에 있는 부트 로더를 실행하여 운영체제를 메모리에 로드했다. 그러나 현재에는 이 역할을 UEFI_{Unified Extensible Firmware Interface}가 대신 수행한다. UEFI는 BIOS 방식의 한계를 극복하고 안정성과 편의성을 높인 펌웨어 인터페이스이다. MBR 형식은 BIOS 부팅만 가능하며, GPT 형식에서는 부팅할 수 없다. 따라서 GPT 형식의 파티션을 사용하려면 메인보드가 UEFI를 지원하는지 확인해야 한다.

디스크 포맷

디스크 포맷format은 저장장치의 파일 시스템을 초기화하는 작업이다. 디스크 포맷 과정에서 파일 시스템이 없는 저장장치에 새로운 파일 시스템이 만들어진다. 만약 디스크에 이미 파일 시스템이 존재한다면, 이를 초기화하여 처음 상태로 되돌린다.

디스크 포맷은 빠른 포맷과 느린 포맷으로 나뉜다. 빠른 포맷은 디스크의 기존 데이터에는 손대지 않고, 파일 테이블만 초기화한다. 따라서 기존에 저장된 데이터가 물리적으로 그대로 남아 있지만, 사용자에게는 보이지 않는다. 따라서 하드디스크에서 파일을 단순히 삭제하거나 빠른 포맷을 한 다음에 복구 프로그램을 사용하면 일부 파일을 복구할 수 있다. 파일 복구는 기존 데이터 블록에 저장된 파일 헤더를 찾아 분석하는 방식으로 이루어진다.

반면 느린 포맷은 파일 테이블과 저장된 데이터를 모두 삭제하고, 각 블록을 검사하여 불량 섹터를 찾아낸다. 따라서 오래 사용한 하드디스크, SSD, USB 메모리의 불량 섹터를 확인하고 싶다면 느린 포맷을 수행하는 것이 좋다. 그러나 모든 데이터를 덮어쓰는 과정이 포함되므로 빠른 포맷보다 시간이 훨씬 오래 걸린다.

> **Note** **저수준 포맷**
>
> 저수준 포맷low-level format은 저장장치를 공장에서 출하되는 기본 상태로 되돌리는 작업으로, 일반적인 포맷과 달리 하드웨어 수준에서 수행되는 포맷이다. 이 과정에서 파일 시스템뿐만 아니라 파티션 정보, 섹터, 트랙 정보까지 모두 삭제된다. 저수준 포맷은 하드디스크의 물리적 손상을 유발할 수 있으므로 신중히 사용해야 한다. 일반 사용자가 저수준 포맷을 직접 실행하는 경우는 거의 없다.

디스크 단편화

디스크를 포맷하여 파일 시스템을 초기화한 후, 실제 파일을 저장하고 삭제하는 과정을 반복하면 저장 공간이 비효율적으로 사용되는 문제가 발생한다. 이러한 문제는 단편화fragmentation로 이어지며, 이를 이해하려면 디스크 블록의 배치 방식을 살펴볼 필요가 있다.

파일 시스템에서의 주소 단위는 블록block이며 블록의 크기는 사용자가 지정할 수 있다. [그림 11-8]은 윈도우의 NTFS 파일 시스템의 포맷 화면으로 [할당 단위 크기]에서 블록의 크기를 설정한다. 사용자는 디스크 포맷을 할 때 시스템이 정한 기본 블록 크기를 사용할 수도 있고, 블록 크기를 512B부터 2,048KB까지 직접 지정할 수 있다. 일반적으로 4KB(4,096B)가 많이 사용된다.

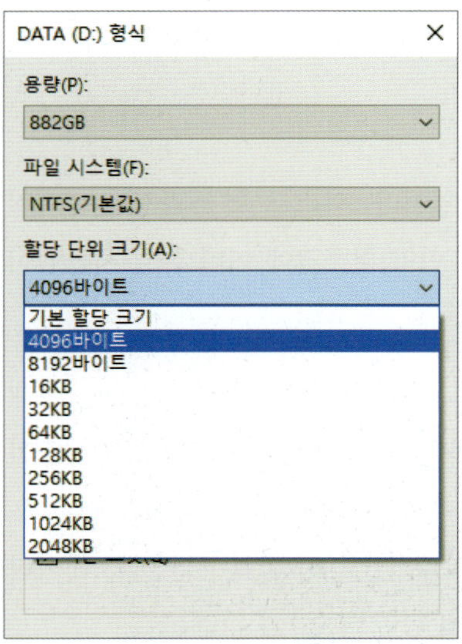

그림 11-8 디스크 포맷 블록 크기 설정

앞서 페이징 메모리 관리에서 페이지 1개의 크기를 너무 크게 하면 내부 단편화가 발생한다고 설명했다. 디스크 블록의 크기를 어떻게 정할 것인가는 메인 메모리의 분할 문제와도 비슷하다. 블록 1개 크기를 크게 잡으면 적은 주소로 많은 양의 데이터를 관리할 수 있지만, 낭비되는 공간이 생긴다. 반대로 블록 크기를 작게 잡으면 주소 관리 오버헤드는 증가하지만, 공간의 낭비는 줄어들어 내부 단편화는 줄어든다.

예를 들어 블록 크기가 16KB와 1,024KB일 때를 비교해 보자. 크기가 2,048KB인 파일을 저장하는 경우, 블록 크기가 16KB일 때는 128개의 블록이 필요한 반면에 1,024KB일 때는 2개의 블록에 파일을 저장할 수 있다. 크기가 16KB인 파일을 저장하는 경우, 둘 다 1개의 블록에 저장 가능하지만, 블록이 1,024KB일 때는 1,008KB의 내부 단편화가 생겨서 저장 공간이 낭비된다.

[그림 11-9]는 윈도우의 파일 속성 화면이다. 모든 파일의 크기는 42,881MB이고, 디스크 할당 크기는 42,927MB이다. 이처럼 실제 사용된 저장장치(디스크)의 크기는 실제 파일 크기보다 46MB 더 크다. 내부 단편화로 사용할 수 없는 부분이 존재하기 때문이다.

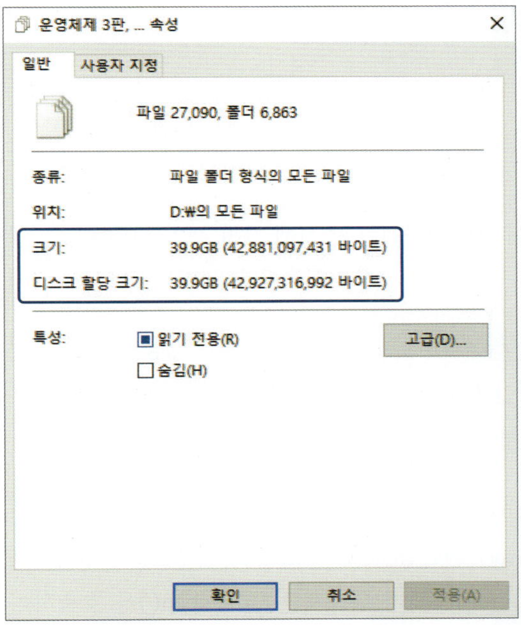

그림 11-9 디스크의 내부 단편화

디스크의 외부 단편화도 디스크 사용 효율을 떨어뜨린다. 파티션을 나누고 디스크 포맷한 다음 하드디스크를 사용하다 보면 점점 느려진다. 하드디스크를 처음 사용할 때는 데이터가 디스크의 앞쪽부터 차곡차곡 저장되지만, 파일을 저장했다 지우기를 반복하면 중간중간 빈 공간이 생겨 외부 단편화가 일어나기 때문이다.

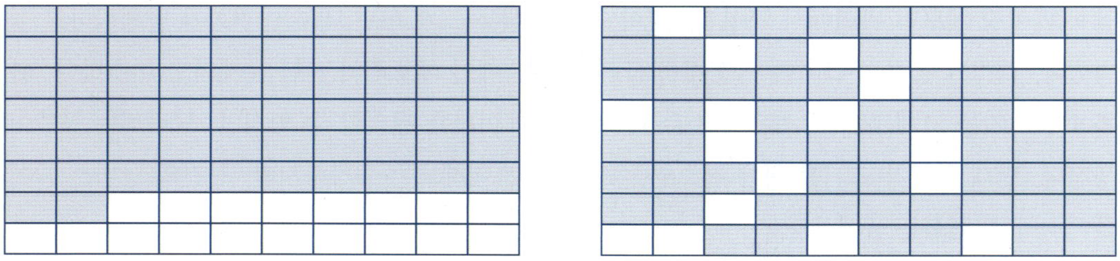

(a) 초기 상태　　　(b) 외부 단편화

그림 11-10 하드디스크의 외부 단편화

하드디스크에 조각이 많이 생기면 큰 파일이 여러 조각으로 나뉘어 저장되고, 파일을 읽으려면 디스크 헤드가 하드디스크의 여러 위치를 이동해야 해서 성능이 떨어진다. 따라서 하드디스크는 주기적으로 조각모음을 실행해야 한다. 조각모음에는 시간이 오래 걸리기 때문에, 윈도우에서는 작업이 없는 시간에 주기적으로 조각모음을 실행하도록 설정할 수 있다. 그러나 반도체를 사용하는 SSD는 플래시 메모리 특성상 저장 위치에 관계없이 일정한 접근 속도를 제공하므로, 조각 모음의 효과가 없으며 오히려 조각모음이 메모리 수명을 단축시킬 수 있다.

4 파일 구조

순차 파일 구조

파일 구조는 파일 내의 데이터를 저장하거나 데이터에 접근하는 방식에 따라 순차 파일 구조, 인덱스 파일 구조, 직접 파일 구조로 나눌 수 있다.

일반적인 파일은 순차 파일 구조이다. 순차 파일 구조sequential file structure는 파일 내용이 하나의 긴 줄로 늘어선 모양이다. 초기의 대형 컴퓨터와 개인용 컴퓨터는 카세트테이프를 저장장치로 사용했다. 따라서 컴퓨터의 모든 파일은 순차 파일 구조로 테이프에 저장되었다.

순차 파일 구조의 파일에 접근하는 방식을 순차 접근sequential access이라고 한다. 카세트테이프의 재생play 버튼을 누르면 앞으로 진행하고, 녹음record 버튼을 눌러도 앞으로 진행한다는 점을 떠올리며 순차 접근을 이해해 보자. 사용자가 파일을 사용하기 위해서는 먼저 `open()`을 호출하여 운영체제에 이용 권한을 요청한다. 파일 이용이 허용되면 운영체제는 파일 포인터 정보를 알려 준다. 파일 포인터는 파일의 가장 앞에 위치하며, 사용자가 `read()` 또는 `write()`를 호출하면 파일 포인터가 순차적으로 전진한다. 작업 중 파일의 특정 위치로 파일 포인터를 옮겨야 할 때는 `lseek()` 명령어를 사용한다.

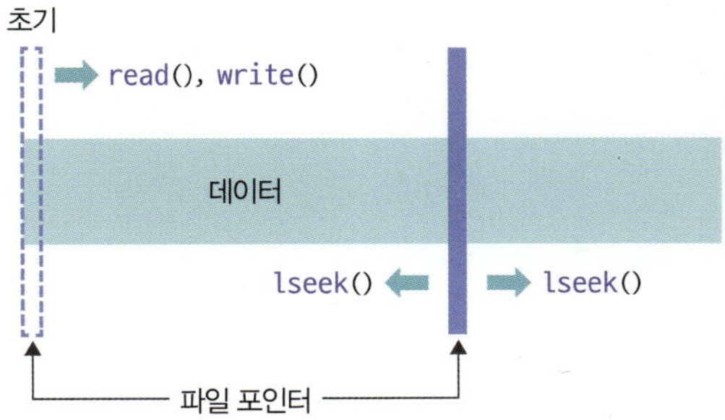

그림 11-11 순차 접근

순차 파일 구조의 장점은 모든 데이터가 순서대로 기록되기 때문에 저장 공간에 낭비되는 부분이 없다는 것이다. 또한 구조가 단순하여 테이프는 물론 플로피디스크나 메모리를 이용한 저장장치에도 적용할 수 있다. 특히 데이터를 순서대로 읽거나 저장할 때 처리 속도가 매우 빠르다.

순차 파일 구조의 단점은 파일에 새로운 데이터를 삽입하거나 삭제할 때 시간이 오래 걸린다는 것이다. 중간에 데이터를 삽입하려면 그 뒤에 있는 데이터를 뒤로 밀어 빈 공간을 만들어야 하고, 데이터를 삭제하면 빈 공간을 메우기 위해 그 뒤에 있는 데이터를 앞으로 당겨야 한다. 따라서 순차 파일 구조는 데이터의 변경이 잦은 경우에 적합하지 않다. 또한 특정 데이터로 이동하여 직접 접근하기 어렵기 때문에 데이터 검색에 적합하지 않다.

인덱스 파일 구조

순차 파일 구조는 단순하고 빠르지만, 데이터의 삽입·삭제나 검색에는 한계가 있다. 이러한 단점을 보완하기 위해 고안된 방식이 바로 인덱스 파일 구조이다. **인덱스 파일 구조**index file structure는 순차 파일 구조에 인덱스 테이블을 추가하여 순차 접근과 직접 접근이 모두 가능하다. 이 구조는 플로피디스크, CD-ROM, 하드디스크처럼 디스크를 이용한 저장장치가 보급되면서 개발되었다.

음악 CD를 재생할 때 기본적으로는 CD에 저장된 곡들이 순서대로 나온다. 그런데 3번 곡을 선택하면 3번 곡의 처음부터 재생할 수 있다. 인덱스 파일이 모든 곡의 시작 부분을 가지고 있어 특정 곡에 직접 접근할 수 있기 때문이다. 인덱스를 이용한 접근 방식을 인덱스 순차 접근indexed sequential access이라고 하며, 이러한 방식으로 구성된 파일을 ISAMIndex Sequential Access Method 파일이라 부른다.

[그림 11-12]는 인덱스 파일 구조를 보여준다. 음악 파일 10개가 오른쪽과 같이 순차 파일 구조로 저장되어 있고, 각 파일의 시작점에 블록 번호가 있다. 사용자가 특별한 작업 없이 데이터 파일을 실행하면 1번 곡부터 순서대로 재생된다. 왼쪽의 인덱스 테이블에는 노래 제목, 가수 이름

등의 정보가 순서대로 정렬되어 있고, 각 노래가 어느 블록에서 시작되는지를 가리키는 블록 번호도 있다. 만약 사용자가 4번 곡을 재생하라는 명령을 내리면 인덱스 테이블에서 4번 곡의 블록 번호를 찾고 39번 블록으로 이동하여 4번 곡을 재생한다.

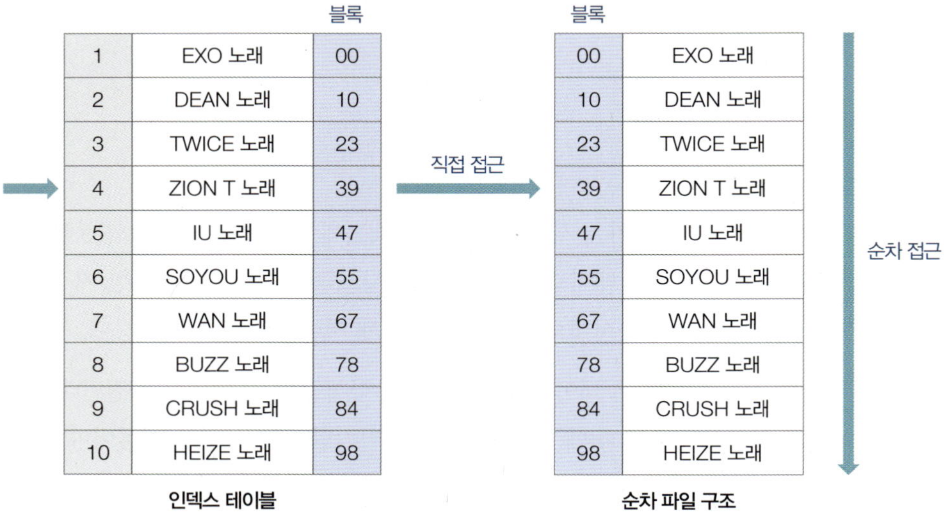

그림 11-12 인덱스 파일 구조

현대의 파일 시스템은 인덱스 파일 구조로 구성된다. 파일을 저장할 때는 순차 파일 구조로 단순하게 저장하고, 파일에 접근할 때는 인덱스(블록 번호)를 사용하여 원하는 파일에 직접 접근할 수 있어 편리하다.

인덱스 파일 구조에서 인덱스 테이블을 여러 개 만들면 용도에 따라 유연한 접근이 가능하다. 예를 들어 [그림 11-12]의 파일 구조에서 댄스 음악 테이블, 발라드 음악 테이블, 가나다순 테이블과 같이 다양한 재생 목록을 구성할 수 있다.

또한 인덱스 테이블을 여러 개 만들면 데이터베이스처럼 많은 양의 데이터에 빠르게 접근하는 시스템에서 사용하기 편리하다. 전 국민 주민등록 정보 데이터베이스를 만든다고 가정하자. 주민등록번호, 성별, 나이, 이름, 주소 등의 기본적인 데이터를 저장하는데, 이 데이터베이스에서 나이로 검색하거나 거주지로 검색할 수 있다. 이때 이름순, 나이순, 지역명 가나다순으로 인덱스 테이블을 만들면 사용자의 질의에 빠르게 응답할 수 있다. 데이터베이스의 인덱스 구축에는 다양한 알고리즘이 사용되며, 인덱스 구성 방법에 따라 데이터의 접근 속도가 달라진다.

직접 파일 구조

인덱스 파일 구조는 다양한 접근을 가능하게 하지만, 인덱스 테이블을 탐색해야 한다는 오버헤드가 존재한다. 이를 줄이고, 더욱 빠른 접근을 가능하게 한 방식이 직접 파일 구조이다. **직접 파일 구조**direct file structure는 저장할 데이터의 키(key)를 기반으로 해시 함수를 적용하여, 해당 데이터를 저장할 물리적 주소를 계산하는 방식이다.

학번을 키로 하여 직접 파일 구조로 학생 정보를 저장한다고 가정하자. 학번을 10으로 나눈 나머지를 사용하여 주소로 변경한다. 이 경우 끝자리가 0인 학생은 0번 저장장치에, 1인 학생은 1번 저장장치에 저장된다. 데이터를 찾을 때도 끝자리를 기준으로 찾는다. 직접 파일 구조는 특정 함수를 이용하여 직접 접근하는 파일 구조이며, 이때 사용하는 함수를 해시 함수hash function라고 한다. [그림 11-13]은 직접 파일 구조를 보여준다.

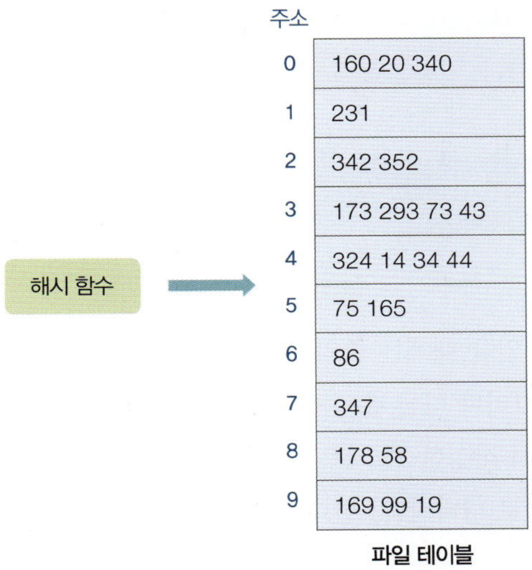

그림 11-13 직접 파일 구조

직접 파일 구조의 장점은 데이터 접근이 매우 빠르다는 것이다. 그러나 직접 파일 구조를 제대로 작성하려면 저장장치가 낭비되지 않도록, 전체 데이터가 고르게 저장될 수 있는 해시 함수를 찾아야 한다. [그림 11-13]의 해시 데이터는 모든 주소에 데이터가 고르게 저장되지 않고 들쑥날쑥하게 저장되어 있다. 이때 빈 공간이 생겨서 저장장치의 효율이 떨어진다.

5 운영체제별 파일의 특징

파일은 운영체제에 따라 내용 표현 방식뿐만 아니라, 접근 권한 설정 방식에도 차이가 있다. 여기에서는 운영체제별 파일 시스템의 차이를 텍스트 파일의 줄바꿈 문자 처리 방식과 파일 접근 권한 표현 방식이라는 두 가지 측면에서 살펴본다. 특히 유닉스 운영체제는 파일 보안과 다중 사용자 환경을 고려한 정교한 권한 체계를 제공하므로, 접근 권한은 유닉스를 중심으로 살펴본다.

줄바꿈 문자 저장 방식

운영체제마다 파일 저장 방식에 차이가 있다. C 언어에서 한 줄의 끝을 알리는 줄바꿈 문자인 \n은 운영체제마다 다른 형태로 저장된다. 유닉스와 리눅스에서는 C 언어와 똑같이 줄의 끝을 알리는 문자가 \n이다. 맥OS에서는 \n 대신 CR_{Carriage Return} 문자인 \r을 사용한다. 윈도우에서는 두 종류의 문자를 이어붙인 \n\r을 사용한다.

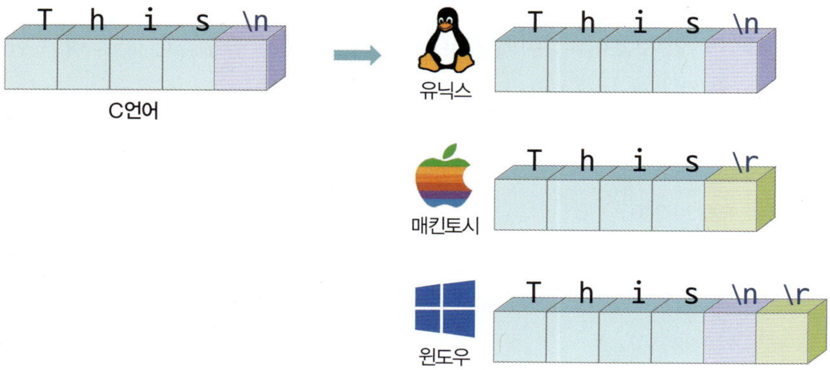

그림 11-14 운영체제별 줄바꿈 문자

운영체제마다 끝을 알리는 문자가 다르지만, 파일을 읽을 때에는 줄의 끝을 알리는 모든 문자를 \n으로 변환하기 때문에 걱정 없이 사용하면 된다. 그러나 다른 운영체제에서 작성한 텍스트 파일을 메모장에서 읽으면 문제가 발생한다. 유닉스에서 작성한 텍스트 파일을 윈도우 메모장에서 실행하면 줄바꿈이 적용되지 않아 전체 내용이 한 줄로 나타난다. 반대로 윈도우에서 작성한 텍스트 파일을 유닉스 메모장에서 실행하면 이상한 글자들이 섞여 나타난다.

유닉스에서의 파일 접근 권한

유닉스 계열 운영체제는 파일의 보안과 다중 사용자 환경을 고려해 정교한 권한 체계를 제공한다. [그림 11-15]는 유닉스 파일 시스템의 접근 패턴을 보여준다. 접근 패턴의 첫 번째 자리는 파일의 종류를 나타낸다. -는 일반 파일, d는 디렉터리, l은 링크를 뜻하며 보통 이 셋 중 하나를 사용한다. 여기서 링크는 윈도우의 바로가기와 같은 기능을 한다.

rwx는 각각 읽기read, 쓰기write, 실행execute 권한을 의미하며, 이 세 권한은 소유자owner, 그룹group, 기타 사용자others의 순서로 세 묶음으로 표현한다. [그림 11-15]의 사례에서 소유자는 rwx 권한으로 파일을 읽고, 쓰고, 실행할 수 있다. 같은 그룹에 속한 사용자는 rw- 권한을 가지며 읽기와 쓰기만 가능하고, 실행은 할 수 없다. 소유자도 아니고 그룹에도 속하지 않은 나머지 사용자는 r-- 권한만 가지고 있어 파일을 읽기만 가능하다.

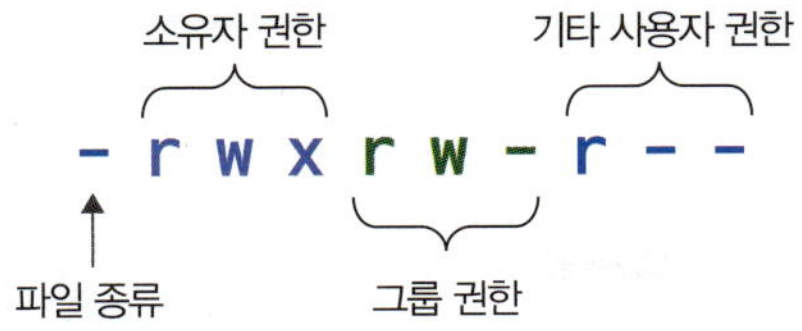

그림 11-15 유닉스의 파일 접근 패턴

윈도우에서는 확장자가 com이나 exe이면 실행 파일이지만 유닉스에서는 실행 파일에 특정한 확장자가 없다. 유닉스에서 어떤 파일이 실행 파일인지 아닌지 판단하려면 접근 패턴을 확인해야 한다. 접근 패턴에 x가 있으면 실행 가능한 파일이고 없으면 실행 불가능한 파일이다.

디렉터리에도 파일과 마찬가지로 접근 패턴이 있다. 디렉터리 접근 패턴에 r이 없으면 사용자가 해당 디렉터리 안을 확인할 수 없고, w가 없으면 디렉터리에서 파일을 지우거나 디렉터리 내부에 파일을 생성할 수 없다. x가 없으면 디렉터리에서 명령어를 실행할 수 없다.

파일이나 디렉터리의 접근 패턴을 변경하려면 chmod 명령어와 숫자를 사용한다. 읽기 권한은 4, 쓰기 권한은 2, 실행 권한은 1로 변경할 수 있다. chmod 한 덩어리에 한 자리씩, 해당 사용자에 부여하고 싶은 모든 권한의 숫자를 더하면 된다. [그림 11-16]의 (a)와 같이 모든 사용자에게 읽기 · 쓰기 · 실행 권한을 부여할 때 chmod 777 `test.c`를 실행한다. 또한 (b)와 같이 소유자에게 읽기 · 쓰기 · 실행 권한을, 그룹에 읽기 · 쓰기 권한을, 나머지 사용자에게 읽기 권한을 부여할 때 chmod 764 `test.c`를 실행한다.

(a) 모든 사용자에게 모든 권한을 부여

(b) 일부 사용자에게 권한을 부여

그림 11-16 유닉스의 접근 패턴 숫자

SECTION 02

디렉터리

1 디렉터리의 개념과 경로

디렉터리의 개념

디렉터리directory는 파일을 하나로 모아놓은 논리적인 저장 공간이다. 디렉터리는 1개 이상의 하위 디렉터리subdirectory를 가질 수 있으며, 0개 이상의 파일을 가질 수 있다. 따라서 하나의 디렉터리에는 여러 개의 파일과 하위 디렉터리가 존재할 수 있다.

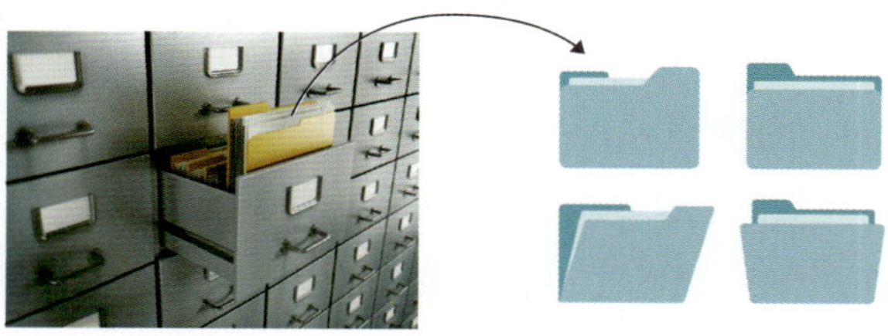

그림 11-17 디렉터리

디렉터리는 여러 계층으로 구성될 수 있다. 최상위에 있는 디렉터리를 루트 디렉터리root directory라고 한다. [그림 11-18]의 디렉터리 계층 구조에서 맨 위의 슬래시(/)가 루트 디렉터리를 나타낸다. 루트 디렉터리 하위에 program과 user 디렉터리가 있으며, program 디렉터리 하위에 data 디렉터리가 있고, data 디렉터리 하위에 exm.c 파일이 있다. 또한 user 디렉터리 하위에는 exm.c 파일과 cal.c 파일이 있다.

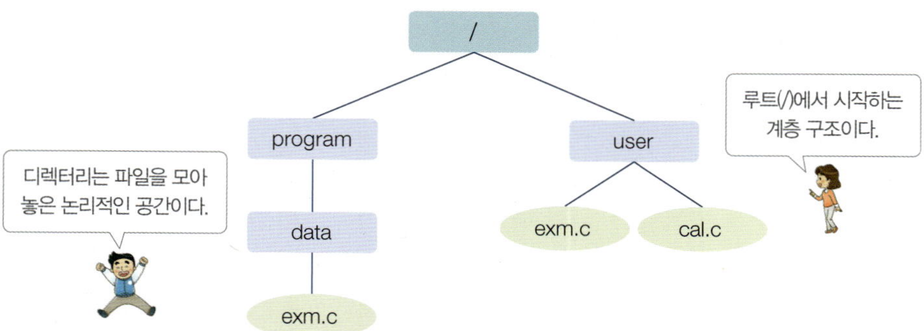

그림 11-18 디렉터리 계층 구조

운영체제 관점에서는 디렉터리도 파일의 한 종류이며 하나의 파일로 취급된다. 일반 파일에는 데이터가 저장되지만, 디렉터리에는 포함된 파일과 하위 디렉터리의 정보가 저장된다. 또한 디렉터리도 일반 파일과 마찬가지로 헤더를 가진다. 디렉터리 헤더에는 디렉터리의 이름, 생성 시간, 접근 권한 등의 정보가 포함된다.

모든 디렉터리에는 특별한 경로 항목인 `.`과 `..`이 존재한다. `.`은 현재 디렉터리를, `..`은 상위 디렉터리를 나타내며, 디렉터리 간 이동 시 경로 지정에 사용된다. 디렉터리를 이동할 때는 `cd`change directory 명령어를 사용한다. 예를 들어 [그림 11-18]의 루트 디렉터리에서 program 디렉터리로 이동하려면 `cd program`을 실행한다. `cd ..`는 상위 디렉터리로 이동하라는 명령어이다. `cd .`은 현재 디렉터리로 이동하라는 명령어이기 때문에, 실제로는 경로에 변화가 없으므로 화면상 변화는 보이지 않는다.

유닉스에서는 **슬래시(/)를 디렉터리 간 구분자로도 사용**한다. 윈도우에서는 루트 디렉터리와 디렉터리 간 구분자로 백슬래시(\)를 사용하고, 슬래시도 허용한다. 한글 키보드에서 백슬래시는 원화 기호(₩)로 표시되는 점을 주의하자.

윈도우에서 루트 디렉터리는 각 파티션의 알파벳 이름과 콜론(예를 들면 C:)으로 구성된다. 다음은 윈도우의 명령 프롬프트(cmd)에서 `cd ..`을 입력하여 상위 디렉토리로 이동하고, `cd .`을 입력하여 현재 디렉터리로 이동한 화면이다.

```
Microsoft Windows [Version 10.0.19044.1826]
(c) Microsoft Corporation. All rights reserved.

C:\Users\admin>cd ..

C:\Users>cd .

C:\Users>
```

그림 11-19 윈도우 명령 프롬프트에서 디렉터리 이동

절대 경로와 상대 경로

경로path는 파일 시스템에서 특정 파일이나 디렉터리에 접근하기 위해 필요한 계층 구조의 정보이다. [그림 11-20]에서 user 디렉터리에도 ❶번 exm.c 파일이 있고 data 디렉터리에도 ❷번 exm.c 파일이 있다. exm.c 파일을 사용하려면 어느 디렉터리에 속한 파일인지를 명시해야 한다. 파일 이름 앞에 파일이 속한 디렉터리 구조를 표시하면 어느 위치에 있는 파일인지 식별할 수 있다.

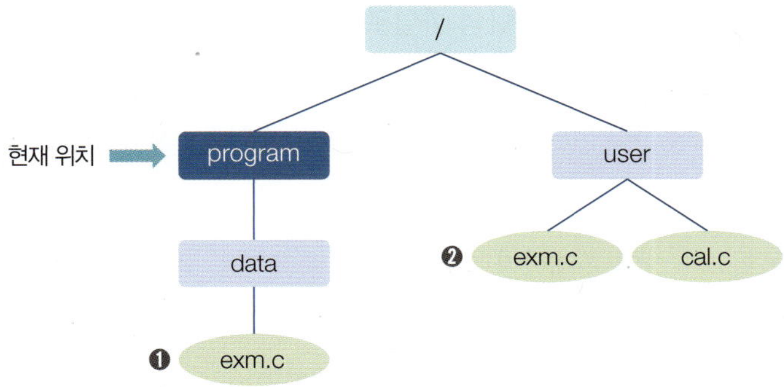

그림 11-20 절대 경로와 상대 경로

❶번 exm.c 파일의 경로는 `/program/data/exm.c`이고, ❷번 exm.c 파일의 경로는 `/user/exm.c`이다. 이와 같이 루트 디렉터리를 기준으로 파일의 절대적인 위치를 나타내는 방식을 **절대 경로**absolute path라고 한다. 절대 경로는 파일 시스템의 루트 디렉터리(/)를 기준으로 전체 경로를 지정하며, 항상 /로 시작한다.

반면 **상대 경로**relative path는 현재 있는 위치를 기준으로 파일의 위치를 표시한다. 만약 사용자가 현재 program 디렉터리에 있다면 ❶번 exm.c 파일은 `data/exam.c`로, ❷번 exm.c 파일은 `../user/exm.c`로 표시할 수 있다. 여기서 두 개의 마침표(..)는 현재 디렉터리의 한 단계 상위 디렉터리를 가리킨다. 상대 경로는 항상 슬래시(/)를 제외한 문자부터 시작한다.

디렉터리를 이동하는 명령어 `cd`에는 절대 경로와 상대 경로를 모두 사용할 수 있다. 현재 위치인 program 디렉터리에서 ❶번 exm.c 파일이 있는 data 디렉터리로 이동하려면 절대 경로로는 명령어가 `cd /program/data`이고 상대 경로로는 명령어가 `cd data`이다. 또한 2번 exm.c 파일이 있는 user 디렉터리로 이동한다면 절대 경로로는 명령어가 `cd /user`이고 상대 경로로는 명령어가 `cd ../user`이다. 일반적으로 현재 위치에서 하위 디렉터리를 방문할 때는 상대 경로를 이용해야 편하고, 루트 디렉터리를 거쳐 다른 디렉터리로 이동할 때는 절대 경로가 편하다.

2 디렉터리 구조

단순 구조와 계층 구조

최초의 파일 시스템에서 디렉터리는 1단계 구조였다. 당시에는 파일이 많지 않아서 디렉터리 구조가 단순했다. [그림 11-21]은 1단계 디렉터리 구조의 예시이다. 1단계 디렉터리single-level directory 구조에서는 디렉터리 안에 다시 하위 디렉터리를 만들 수는 없으며, 파일만 존재한다. 1단계 디렉터리 구조는 매우 단순하지만, 파일이 많아지면 관리하기가 불편하다.

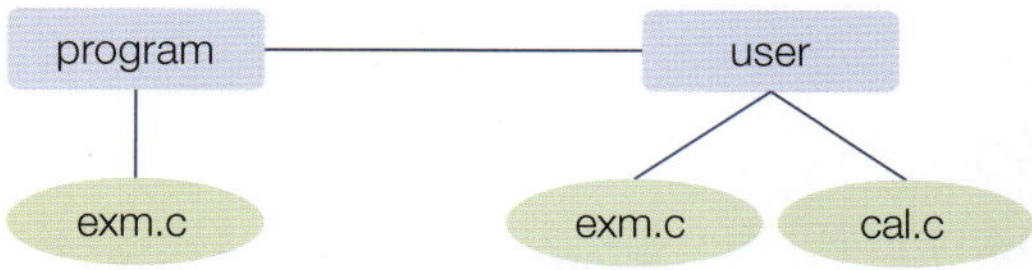

그림 11-21 1단계 디렉터리 구조

다단계 디렉터리multi-level directory 구조는 루트 디렉터리를 시작점으로 하여 디렉터리가 여러 단계로 뻗어나간다. 이 구조는 나무에서 가지가 뻗어나가는 모습을 위아래로 뒤집은 것과 같다. 다단계 디렉터리 구조는 단계 확장에 제약이 없고 디렉터리에 파일과 디렉터리를 둘 다 저장할 수 있다.

자료구조에서는 트리tree 구조를 순환이 없는 그래프acyclic graph라고 정의한다. 따라서 [그림 11-20]과 같이 순환cycle이 없는 다단계 디렉터리 구조를 트리 디렉터리 구조라고 부른다.

링크

현재의 디렉터리 구조에는 디렉터리와 디렉터리 혹은 파일과 파일을 연결하는 링크link가 있다. 예를 들어 유닉스에서는 `ln`이라는 명령어로 링크를 생성한다. 또한 윈도우의 링크는 [그림 11-22]와 같이 아이콘 왼쪽 하단에 화살표가 그려진 '바로가기'이다. 링크는 디렉터리와 디렉터리 혹은 파일과 파일을 연결하는 지름길 역할을 한다.

그림 11-22 윈도우의 바로가기 아이콘

바로가기 링크를 포함한 디렉터리 구조를 도식화하면 [그림 11-23]과 같이 링크를 통해 디렉터리 간에 순환 참조가 가능해지므로, 현대의 디렉터리 구조는 트리보다 그래프 구조로 분류된다.

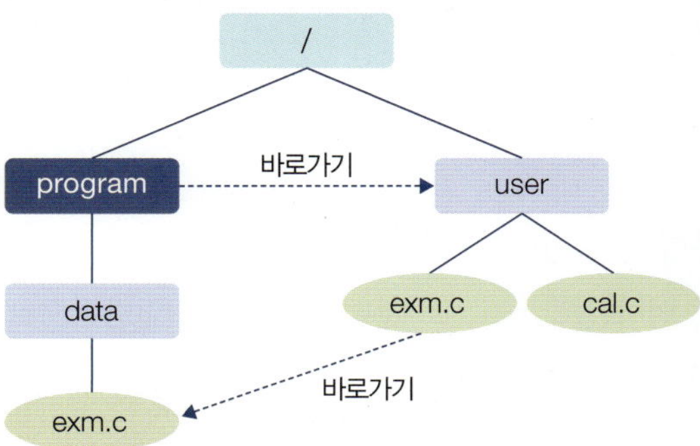

그림 11-23 그래프 디렉터리 구조

마운트

초기 윈도우에 사용되었던 파일 시스템은 최대 크기가 제한되어 하드디스크를 여러개의 파티션으로 나누어 사용해야 하는 제약이 있었다. 윈도우 FAT16 파일 시스템이 처리할 수 있는 저장장치는 최대 32GB였다. 당시 흔히 사용하던 저장장치인 플로피 디스크 한 장이 1.44MB였으므로 32GB면 충분할 것으로 여겨졌다. 그러나 곧 100GB 이상의 대용량 저장장치가 개발되었다. 100GB의 하드디스크를 FAT16 파일 시스템으로 포맷하면 32GB짜리 파티션 3개로 나누어야 했다.

유닉스는 서버용 운영체제이므로 파일 테이블 크기에 제한이 없다. 또한 여러 개의 디스크 혹은 파티션을 통합하여 하나의 파일 테이블로 관리할 수 있다. [그림 11-24]는 마운트를 이용하여 2개의 파티션을 하나의 파일 시스템으로 만든 예이다. 파티션 2의 루트 디렉터리를 파티션 1의 /mnt 디렉터리에 붙이면 2개의 파티션이 하나로 합쳐진다. 마운트 후 my.h 파일의 경로는 /mnt/video/test/my.h가 된다. 이때 /mnt를 마운트 연결 지점mounting point이라고 부른다. 마운트를 사용하면 여러 파티션이 디렉터리 구조에 통합되어, 사용자에게는 하나의 연속된 저장 공간처럼 보인다. 디렉터리 트리 내에서 다른 파티션으로 이동하더라도, 사용자는 경로만 이동할 뿐 파티션 간 경계를 인식하지 못한다.

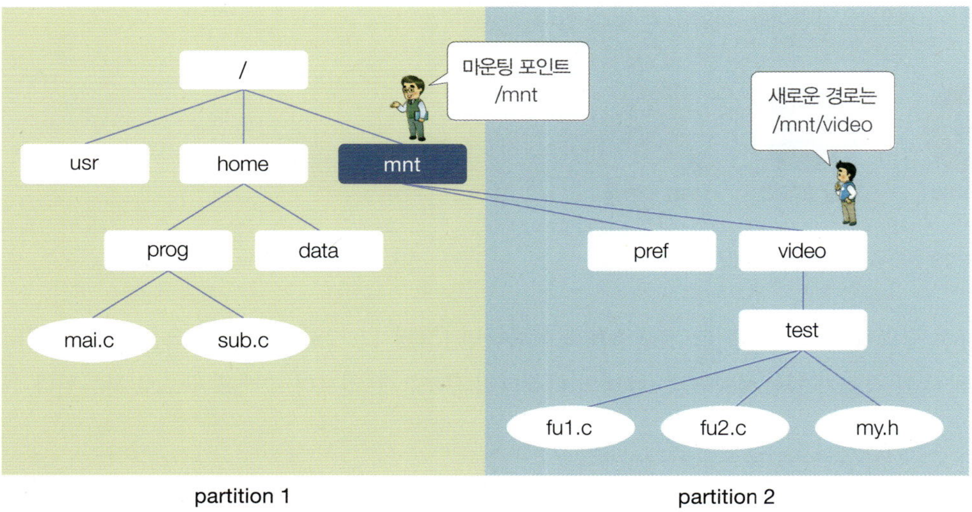

그림 11-24 유닉스의 마운트

마운트를 사용하면 파티션이 몇 개라도 하나로 통합할 수 있다. 또한 CD-ROM이나 USB 메모리 같은 외부 저장장치도 마운트로 파티션에 붙이고, 언마운트unmount로 분리할 수 있다. 일반적으로 유닉스에서는 외부 저장장치를 /dev 하위에 마운트하여 사용한다.

SECTION 03 파일 관리

1 파일 시스템의 구조

앞에서 운영체제에 따라 파일 저장 방식에 차이가 있음을 살펴보았다. 이제는 운영체제와 무관하게 대부분의 파일 시스템이 공통적으로 사용하는 파일 저장 구조를 알아보자.

파일 시스템은 전체 디스크 공간을 지정된 블록 크기로 나누고 각 블록에 주소를 붙여서 데이터를 관리한다. 일반적으로 파일 시스템은 부트 영역, 파일 테이블 영역, 블록 영역으로 구성된다. **부트boot 영역**은 운영체제 부팅에 사용되는 영역이며, 여기에는 부트 로더와 마스터 파티션 테이블이 저장된다. **파일 테이블 영역**에는 파일과 디렉터리 정보가 저장된다. 이 영역에는 파일과 디렉터리의 위치 정보뿐 아니라 이름, 접근 권한, 생성된 시간과 같은 다양한 정보들이 기록된다. **블록 영역**은 실제 데이터를 블록 단위로 저장하는 영역이다.

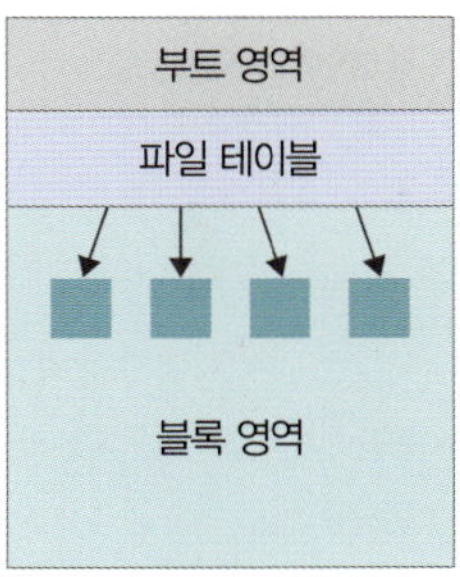

그림 11-25 파일 시스템의 구조

파일 시스템은 파일 테이블을 사용하여 파일의 이름과 해당 파일이 저장된 블록의 주소를 관리한다. 응용 프로그램이 특정 파일을 읽고자 하면, 파일 시스템은 파일 테이블에서 해당 파일의 블록 주소를 찾아 데이터를 가져온다.

하나의 파일은 여러 개의 블록으로 구성될 수 있으며, 블록들을 할당하고 연결하는 방식은 연속 할당과 불연속 할당으로 구분된다.

- **연속 할당**contiguous allocation: 파일을 저장장치에 연속된 블록에 배치하는 방식이다. 메모리 관리 방식 중 세그먼테이션과 유사하게 파일을 하나의 덩어리로 관리한다. 연속 할당 방식에서는 파일의 시작 블록의 주소만 알면 전체 파일을 빠르게 찾을 수 있다는 장점이 있다. 그러나 파일을 저장하거나 삭제하다 보면 빈 공간이 생겨, 디스크에 남은 공간 중 파일의 크기와 맞는 연속된 공간이 없을 때는 연속 할당이 불가능하다. 따라서 연속 할당 방식은 거의 사용되지 않는다.
- **불연속 할당**non-contiguous allocation: 비어 있는 블록에 데이터를 분산하여 저장하고 이에 관한 정보를 파일 시스템이 관리하는 방식이다. 대부분의 현대적인 파일 시스템이 불연속 할당 방식을 사용한다. 대표적인 불연속 할당 방식으로는 연결 리스트를 이용한 연결 할당과 인덱스를 이용한 인덱스 할당이 있다.

2 연결 할당

연결 할당linked allocation은 파일을 구성하는 블록들을 연결 리스트로 관리하는 불연속 할당 방식이다. 파일 테이블에는 시작 블록에 대한 정보만 저장하고, 각 블록은 다음 블록의 주소를 포함하여 체인 형태로 연결된다. 마지막 파일 블록에는 링크 대신 널null 값이 삽입된다. 블록을 체인으로 연결한 것처럼 보여서 체인 할당chained allocation이라고도 부른다.

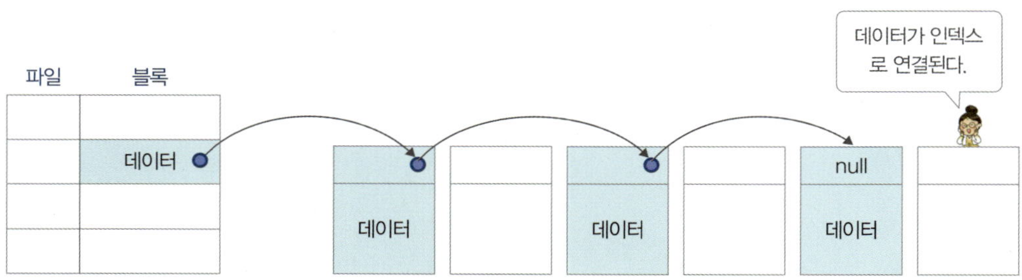

그림 11-26 연결 할당

연결 할당 방식의 대표적인 예가 윈도우에서 사용하는 FATFile Allocation Table이다. FAT는 파티션 전체 블록에 대한 정보를 관리하는 테이블로, 파일을 구성하는 블록들이 어떤 순서로 연결되어 있는지 나타낸다. [그림 11-27]은 FAT의 구조를 보여준다.

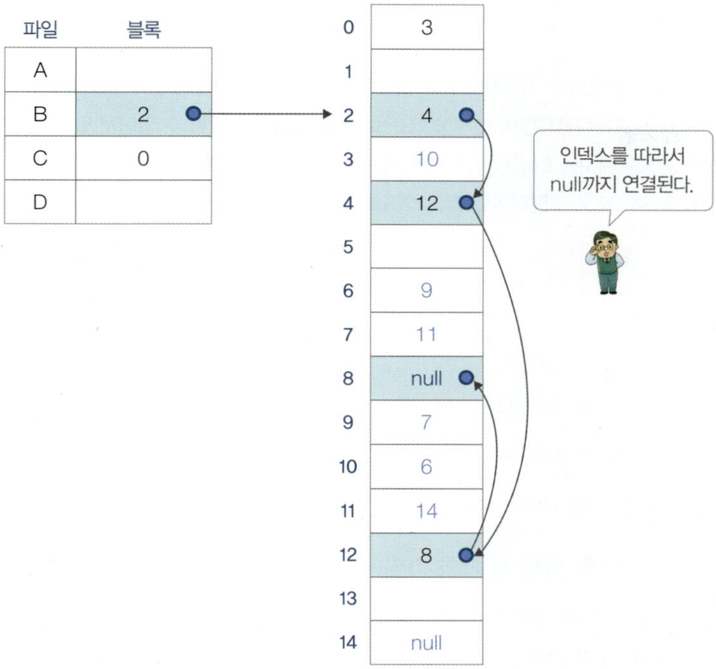

그림 11-27 연결 할당 방식의 FAT

[그림 11-27]에서 파일 B의 데이터 블록을 찾아보자. 왼쪽 파일 테이블은 파일의 정보와 함께 파일의 시작 블록 주소를 가지고 있다. 파일 테이블에서 파일 B의 블록 열에는 숫자 2가 있는데, 이는 저장장치의 2번 블록부터 파일 B가 시작된다는 의미이다. FAT의 2번 행에는 다음 블록의 정보인 4가 저장되어 있다. 또한 4번 행에는 12가 저장되어 있다. 이런 식으로 FAT의 값을 따라가면 파일 B의 전체 데이터를 알 수 있다. 2번 다음에 4번, 4번 다음에 12번, 12번 다음에 8번인데, 8번에서 null을 만났으므로 이곳이 파일의 끝이다. 정리하면 파일 B의 데이터는 순서대로 2, 4, 12, 8번 블록에 있다. 같은 방법으로 파일 C는 0, 3, 10, 6, 9, 7, 11, 14번 블록에 있음을 알 수 있다.

테이블을 이용한 연결 할당 방식의 단점은 하나의 파티션이 사용할 수 있는 디스크 용량이 테이블의 주소 크기로 제한된다는 것이다. 예를 들어 FAT16은 16비트 주소를 사용하기 때문에 지원하는 파티션의 최대 크기가 32GB이다. 또한 FAT32는 파티션을 8TB까지 지원하지만 파일 하나의 크기가 4GB로 제한된다. 또한 연결된 블록을 순차적으로 따라가기 때문에 임의 접근random access이 비효율적이다.

Note **FAT32**

오래 전에 제조되어 FAT32 파일 시스템을 사용하는 저장장치에 4GB보다 큰 파일을 저장하려고 하면 '빈 공간 없음' 메시지가 뜬다. 실제로는 빈 공간이 있지만 FAT32의 설계상 4GB보다 큰 파일을 저장할 수 없어서 발생하는 문제이다. 또한 NTFS를 지원하는 윈도우에서는 64GB 이상의 저장장치를 포맷할 때 FAT32를 지원하지 않는다. 따라서 64GB 이상의 저장장치를 FAT32로 포맷하려면 별도의 프로그램을 사용해야 한다.

3 인덱스 할당

인덱스 할당indexed allocation은 파일을 구성하는 블록들의 주소를 별도의 인덱스 블록에 저장하는 방식이다. 파일 테이블에는 인덱스 블록의 위치 정보가 저장되며, 인덱스 블록 내부에는 파일을 구성하는 데이터 블록 주소가 순서대로 나열되어 있다.

[그림 11-28]은 인덱스를 이용하는 불연속 할당 방식의 파일 시스템을 나타낸 것이다. 그림에서 인덱스 블록의 위치는 0번이다. 인덱스 블록 안에 저장된 블록 번호에 따르면 파일 데이터는 1, 2, 4번 블록에 있다. −1은 null처럼 파일의 끝을 의미한다.

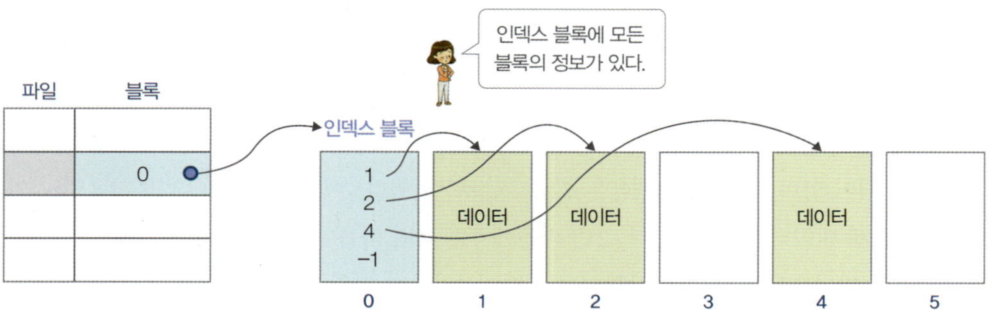

그림 11-28 인덱스를 이용한 불연속 할당

인덱스 할당은 블록 주소 테이블을 사용하여 연결할당 방식의 비효율적인 접근 속도를 개선한다. 별도의 테이블을 사용하여 데이터 블록을 직접 참조할 수 있기 때문에 임의의 위치의 블록에 빠르게 접근할 수 있는 장점이 있다. 또한 인덱스 블록이 꽉 차서 더 이상 데이터를 연결할 수 없을 때에는 간접 인덱스 블록indirect index block을 만들어 확장할 수 있다. 다시 말해 파일 테이블을 계속 늘려갈 수 있다.

이러한 인덱스 할당 방식을 채택한 대표적인 파일 시스템이 유닉스 파일 시스템(UFS)이다. UFS에서 핵심 개념은 아이노드이다. 아이노드(I-nodeIndex node)는 데이터 블록의 주소를 직접, 간접, 이중 간접, 삼중 간접 블록으로 관리하는 자료구조이다. 작은 파일은 직접 주소를 통해 접근하고, 큰 파일은 간접 블록을 통해 확장 가능하도록 설계되어 있다.

4 빈 공간 관리

저장장치에 파일을 저장할 때마다 모든 테이블을 뒤져서 빈 공간을 찾는 것은 비효율적이다. 파일 시스템은 빈 블록의 정보만 모아놓은 빈 공간 리스트free block list를 사용하여 빈 공간을 효율적으로 관리한다. 빈 공간 리스트에는 사용 가능한 빈 공간의 블록 번호가 연결되어 있다.

[그림 11-29]는 파일 B가 저장장치에 있을 때의 빈 공간 리스트와 파일 B가 삭제된 후의 빈 공간 리스트를 보여준다. 파일 B가 저장장치에 있을 때, 빈 공간 리스트에는 1, 5, 13번 블록이 있다. 파일 B가 삭제된 후에는 파일 B가 사용했던 2, 4, 12, 8번 블록이 빈 공간 리스트에 추가된다.

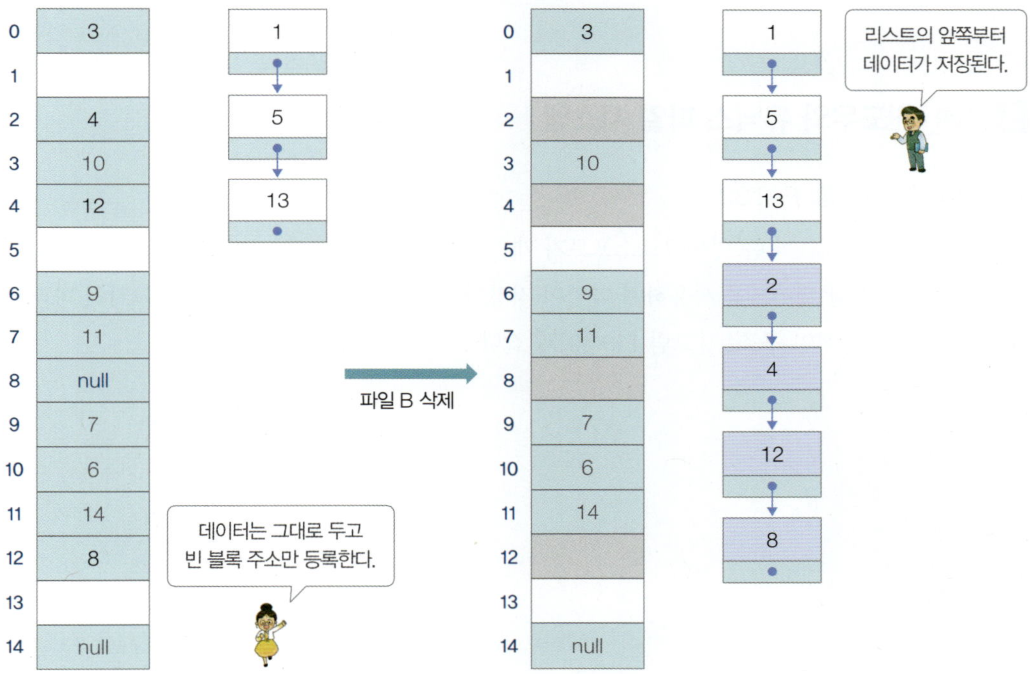

그림 11-29 빈 공간 리스트의 변화

주의해야 할 점은 2, 4, 12, 8번 블록의 내용은 지워지지 않고, 파일 B가 사용했던 블록 번호만 빈 공간 리스트에 삽입된다는 것이다. 저장장치에서 실제 데이터까지 삭제하는 작업은 시간이 많이 소요되므로, 일반적으로는 블록 번호만 빈 공간 목록에 등록한다. 파일 시스템에서는 사용했던 블록을 빈 공간 리스트에 등록만 하면 파일이 삭제된 것으로 간주한다.

블록에 새로운 파일 데이터를 할당할 때는 빈 공간 리스트에 먼저 들어온 블록부터 사용한다. 다시 말해 파일 B를 저장했던 2, 3, 12, 8번 블록은 앞의 1, 5, 13번 블록을 사용하고 난 후에야 사용할 수 있다. 따라서 블록 내용을 지우지 않고 빈 공간 리스트에 삽입했을 때, 해당 블록에 새로운 데이터를 덮어쓰기 전까지는 원래 데이터를 복구할 가능성이 남는다. 이러한 특징 때문에 저장장치에서 삭제한 데이터를 복구할 수 있다.

Note **디스크 오류 검사**

갑작스러운 정전이 일어나거나 전원을 강제로 차단했을 때, 또는 외부 저장장치를 안전 제거하지 않고 강제 분리했을 때 파일 시스템에 문제가 생길 수 있다. 데이터를 저장했으나 블록 포인터가 사라져서 데이터가 사라진 것처럼 보이거나, 디스크의 빈 공간이 리스트에 등록되지 않아 사용할 수 없게 될 수 있다. 운영체제는 이러한 오류를 수정하는 명령어를 가지고 있다. 윈도우에서 디스크 오류 복구 명령은 chkdsk이고, 유닉스에서는 fsck이다. 디스크 오류를 복구하면 사용할 수 있는 공간이 늘어나기도 한다.

5 심화 윈도우와 유닉스 파일 시스템

윈도우 파일 시스템: FAT32

FAT32File Allocation Table 32는 마이크로소프트가 개발한 파일 시스템으로, FAT16를 확장한 것이다. FAT32는 파일 할당 테이블을 사용하여 파일이 저장된 블록을 관리하며, 최대 8TB 크기의 파티션을 지원한다. 기본적인 구조는 [그림 11-30]과 같다.

그림 11-30 FAT32의 구조

- **부트 영역**: 부트 로더와 파티션 정보를 저장하는 영역이다.
- **FAT 영역**: 파일이 저장된 클러스터의 위치 정보를 저장하는 영역이다. FAT 영역에는 FAT 테이블이 2개 존재하여 데이터에 이상이 생겨도 복원할 수 있다.
- **블록 영역**: 실제 파일 데이터가 저장되는 영역이다.

FAT32는 클러스터 단위로 파일을 저장하며, 파일 크기 및 위치 정보는 FAT 테이블을 통해 관리된다. 클러스터란 여러 개의 블록을 하나로 묶은 단위이고, 각 클러스터는 체인으로 연결된다. 파일이 여러 개의 클러스터에 걸쳐 저장되어 있으면 FAT 테이블을 따라가며 해당 파일을 재구성할 수 있다.

FAT32는 오래된 파일 시스템으로, 일부 구형 시스템과의 호환성이 높다. USB 드라이브나 플래시 메모리 등 이동식 저장장치에는 여전히 FAT32가 널리 사용된다. 그러나 FAT32에는 다음과 같은 문제점이 있어 대용량 저장장치나 고성능 시스템에 적합하지 않다.

- 파일 하나의 최대 크기가 4GB로 제한된다.
- 파일이 여러 클러스터에 분산되어 있을 때 파일 접근 속도가 저하된다.
- 파일이나 폴더 단위의 접근 제어 기능이 부족하며, 권한 관리가 불가능하다.

윈도우 파일 시스템: NTFS

NTFS_{New Technology File System}는 마이크로소프트가 Windows NT 계열 운영체제를 위해 개발한 파일 시스템이다. NTFS는 FAT32보다 강력한 기능을 제공하며, 보안성과 안정성이 뛰어나 최신 윈도우 운영체제에서 기본 파일 시스템으로 사용된다.

- NTFS는 최대 16EB(엑사바이트)까지 지원한다.
- 단일 파일 크기에 제한이 없다.
- 파일이나 폴더에 개별 접근 권한을 설정할 수 있다.
- 변경 사항을 로그 파일에 기록하여 시스템 충돌 발생 시 데이터 손상을 복구 가능하다.
- 파일 시스템 수준에서 데이터 압축 및 암호화를 지원한다.

유닉스 파일 시스템

유닉스 파일 시스템(UFS)은 강력한 파일 관리 기능을 제공하며, 데이터 블록의 효율적인 할당과 확장을 지원한다. UFS는 파일 시스템의 계층적 구조를 유지하며 데이터와 메타데이터를 관리하는 아이노드I-node 기반 파일 시스템이다. UFS는 다음과 같이 구성된다.

- **수퍼 블록**super block: 파일 시스템 전체에 대한 메타데이터를 포함하는 영역이다. 메타데이터는 파일 시스템의 크기, 블록 크기, 사용 가능한 블록 수, 아이노드 테이블 위치 등이다. 파일에 대한 모든 권한 정보를 포함하고 있어 수퍼 블록super block이라 부른다.
- **아이노드 테이블**I-node table: 파일 및 디렉터리에 대한 정보를 저장하는 데이터 구조이다. 아이노드 테이블에는 파일 크기, 소유자, 권한, 생성 및 수정 시간 등의 메타데이터와 파일 데이터 블록의 주소 정보가 포함된다.

- **데이터 블록**data block: 실제 파일 데이터를 저장하는 영역이다. 파일의 크기에 따라 여러 개의 데이터 블록을 사용할 수 있다.
- **디렉터리 블록**directory block: 파일과 디렉터리의 목록을 저장하는 블록이다. 파일 이름과 해당 아이노드 번호를 포함한다.

[그림 11-31]은 UFS의 구조를 보여준다. UFS에서는 파일 크기에 따라 데이터를 저장하는 방식이 다르다. 작은 파일은 직접 포인터를 사용하여 빠르게 접근하고, 큰 파일은 간접 포인터를 사용하여 접근한다.

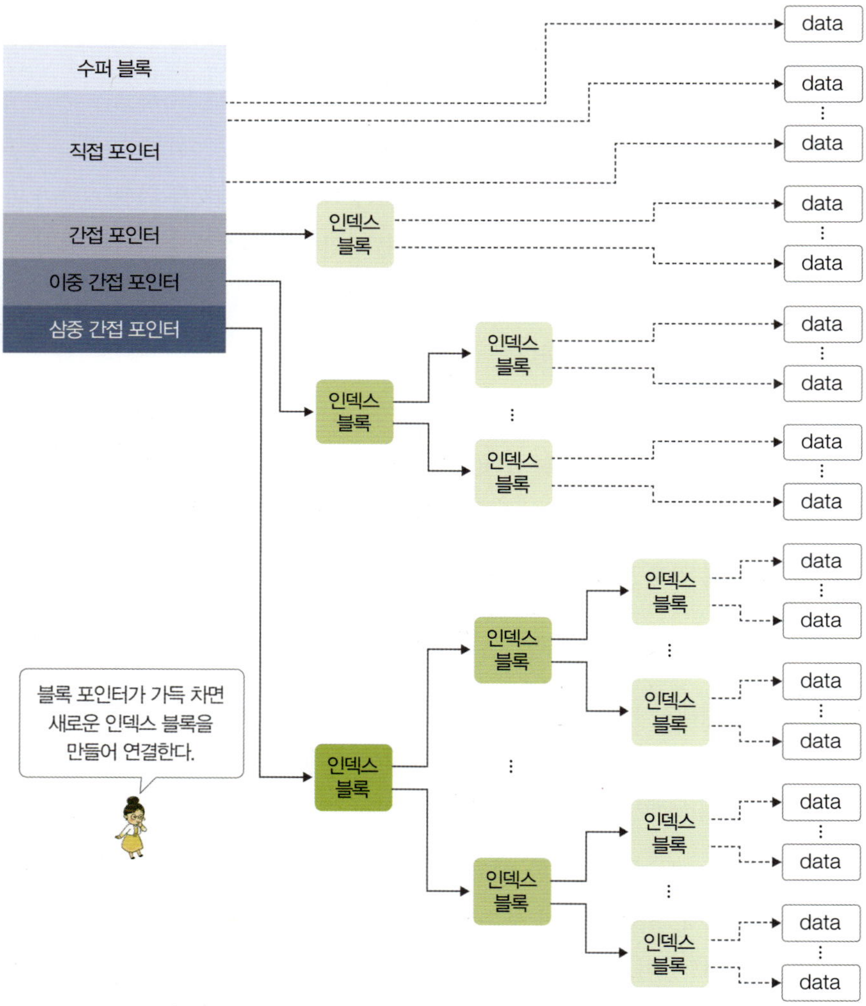

그림 11-31 유닉스 파일 시스템의 구조

직접 포인터direct pointer는 데이터가 있는 블록을 직접 가리키기 때문에 빠르게 접근할 수 있다. 파일 크기가 커지면 직접 포인터로는 부족해지고, 운영체제는 간접 포인터indirect pointer, 이중 간접 포인터doubly indirect pointer, 삼중 간접 포인터triply indirect pointer를 단계적으로 사용해 데이터를 확장 관리한다.

UFS는 이처럼 직·간접 포인터를 통하여 작은 파일과 대용량 파일 모두 효율적으로 관리한다. 또한 수퍼 블록 및 아이노드 테이블을 사용하여 파일 시스템의 일관성을 유지하며, 마운트 기능을 지원하기 때문에 여러 개의 디스크를 하나의 파일 시스템처럼 관리할 수 있다.

요약

01 파일 시스템은 파일 테이블을 사용하여 파일과 디렉터리를 관리한다. 저장장치에서는 파일을 일정 크기의 블록으로 묶어서 관리한다. 대부분의 파일 이름은 '파일 이름.확장자' 형태이다.

02 파일은 파일의 이름, 종류, 크기, 만든 시간, 접근 권한과 같은 속성을 가지며, 파일 헤더에는 응용 프로그램이 사용하는 데이터가 저장된다.

03 파티션은 논리적으로 구분된 저장장치 영역이다. 저장장치를 2개 이상의 파티션으로 나눌 수 있으며, 유닉스에서는 여러 개의 파티션을 하나로 통합하는 마운트가 가능하다.

04 파티션에 파일 시스템을 탑재하거나 초기화하는 작업을 디스크 포맷이라 부른다. 포맷 시, 블록의 크기를 정할 수 있는데, 블록의 크기를 크게 하면 주소 관리 오버헤드는 줄어들지만, 내부 단편화는 증가한다.

05 파일 구조의 유형은 다음과 같다.

- **순차 파일 구조**: 파일 내용이 하나의 긴 줄로 늘어선 형태
- **인덱스 파일 구조**: 순차 파일 구조에 인덱스 테이블을 추가하여 순차 접근과 직접 접근이 모두 가능
- **직접 파일 구조**: 저장하려는 데이터의 특정 값에 어떤 관계를 정의하여 물리적인 주소로 바로 변환

06 디렉터리는 파일을 모아놓은 논리적인 저장 공간이다. 경로는 전체 디렉터리 중 파일이 어디에 있는지를 나타내는 정보이다. 절대 경로는 루트 디렉터리를 기준으로 파일의 절대적인 위치를 나타내며, 상대 경로는 현재 있는 위치를 기준으로 파일의 위치를 나타낸다.

07 파일 시스템의 연결 할당은 파일에 속한 데이터를 연결 리스트로 관리하는 방식이다. 파일 테이블에는 시작 블록의 위치만 저장하고, 나머지 데이터는 이전 블록으로부터 연결하여 저장한다. 파일의 끝에 해당하는 블록에는 링크 대신 널(null)을 삽입한다.

08 파일 시스템의 인덱스 할당 방식에서 파일 제어 테이블은 인덱스 블록을 연결한다. 인덱스 블록 안에는 모든 실제 데이터의 위치(블록 정보)가 순서대로 저장되어 있다.

09 파일 시스템은 빈 블록의 정보를 빈 공간 리스트에 저장하여 빈 공간을 효율적으로 관리한다.

연습문제

01 다음 중 나머지 3가지와 종류가 다른 것을 찾으시오

① FAT　　② partition
③ NTFS　　④ UFS

02 다음 중 유닉스에서 사용하는 파일 시스템을 찾으시오.

① FAT　　② TLB
③ NTFS　　④ ext

03 다음 중 파일 시스템에서 파일 관리의 기본 단위를 찾으시오.

① block　　② path
③ directory　　④ format

04 다음 중 운영체제와 보조 저장장치 간 데이터 전송의 단위를 찾으시오.

① block　　② path
③ directory　　④ format

05 여러 개의 파일을 보관할 수 있는 논리적 저장 공간을 의미하는 용어는 무엇인가?

① block　　② path
③ directory　　④ format

06 윈도우에서 나머지 3가지와 파일 종류가 다른 파일 확장자를 찾으시오.

① exe　　② webp
③ cpp　　④ asf

07 다음 중 파일 이름에 대한 설명으로 틀린 것을 찾으시오.

① 영문자, 숫자, –, _, .를 사용한다.

② 윈도우는 파일 이름의 대소문자를 구분한다.

③ 파일 이름에 마침표(.)가 여러 개일 때 마지막 마침표 다음 글자가 확장자이다.

④ ₩, /, :, *, ?, “, 〈, 〉, | 등의 특수문자를 사용할 수 없다.

08 다음 중 유닉스에서 파일 이름으로 사용할 수 없는 것을 찾으시오.

① 마침표(.) ② 밑줄(_)

③ 공백 문자( ) ④ 붙임표(–)

09 다음 중 파일의 이름, 종류, 크기, 만든 시간, 접근 권한과 가장 관련 있는 단어를 찾으시오.

① 파티션 ② 파일 속성

③ 파일 경로 ④ 파일 헤더

10 파일 종류에 따라 중요한 정보가 다르다. 사진 파일의 해상도와 같은 정보는 어디에 보관되는가?

① 파일 테이블 ② 파일 속성

③ 파티션 ④ 파일 헤더

11 사진 파일이 ‘읽기 전용’이나 ‘숨김 파일’이라는 정보는 어디에 저장되는가?

① 파티션 ② 파일 속성

③ 포맷 ④ 파일 헤더

12 사진 파일의 셔터 속도나 조리개 값은 어디에 저장되는가?

① 파티션 ② 파일 속성

③ 포맷 ④ 파일 헤더

13 저장장치에서 논리적으로 구분된 영역을 가리키는 용어는 무엇인가?

① 파티션 ② 파일 속성
③ 파일 경로 ④ 파일 헤더

14 다음 중 나머지 3개와 가장 관계없는 개념은 무엇인가?

① 부팅 ② MBR
③ GPT ④ 디렉터리

15 컴퓨터의 전원을 켰을 때 가장 먼저 실행되어 하드웨어를 점검하는 펌웨어는 무엇인가?

① BIOS ② MBR
③ 파일 ④ 디렉터리

16 저장장치에서 마스터 파티션 테이블이 있는 곳은 어디인가?

① BIOS ② MBR
③ 파일 ④ 디렉터리

17 다음 중 포맷에 대한 설명으로 틀린 것을 찾으시오.

① 디스크 포맷이란 저장장치의 파일 시스템을 초기화하는 작업이다.
② 느린 포맷은 데이터를 그대로 둔 채 파일 테이블만 초기화하는 것이다.
③ 빠른 포맷 후에 복구 프로그램을 사용하면 일부 파일을 복구할 수 있다.
④ 느린 포맷으로 저장장치의 불량 섹터를 확인할 수 있다.

18 저장장치의 모든 데이터를 0으로 만들어 초기화하는 방식을 무엇이라 부르는가?

① 빠른 포맷 ② 느린 포맷
③ 파티션 ④ 부팅

19 다음 중 내부 단편화가 가장 많이 발생할 것으로 예상되는 블록 크기는 무엇인가?

① 2B　　② 256KB

③ 1B　　④ 512KB

20 다음 중 내부 단편화가 가장 적게 발생할 것으로 예상되는 블록 크기는 무엇인가?

① 2B　　② 512KB

③ 4096B　　④ 256KB

21 다음 파일 구조 중 순차 접근과 직접 접근이 둘 다 가능한 것은 무엇인가?

① 인덱스 파일 구조　　② 실행 파일 구조

③ 직접 파일　　구조 ④ 순차 파일 구조

22 다음 중 파일 구조에 대한 설명으로 틀린 것을 찾으시오.

① 초기 대형 컴퓨터와 초기 개인용 컴퓨터는 순차 파일 구조를 사용했다.

② 직접 파일 구조는 해시 함수를 사용하여 데이터를 저장할 물리적 주소를 계산한다.

③ 직접 파일 구조는 데이터 접근이 느리지만 저장장치 낭비가 거의 없다.

④ 데이터베이스에서 인덱스 파일 테이블을 여러 개 만들면 많은 양의 데이터에 빠르게 접근할 수 있다.

23 유닉스에서 루트 디렉터리를 나타내는 기호는 무엇인가?

① .　　② /

③ ..　　④ \

24 윈도우에서 디렉터리와 디렉터리를 구분하는 기호는 무엇인가?

① .　　② /

③ ..　　④ \

25 다음 중 상위 디렉터리를 나타내는 기호는 무엇인가?

① .　　② /
③ ..　　④ \

26 다음 중 자기 자신의 디렉터리를 나타내는 기호는 무엇인가?

① .　　② /
③ ..　　④ \

27 전체 디렉터리 안에서의 파일 위치를 나타내는 용어를 찾으시오.

① block　　② path
③ directory　　④ format

28 루트 디렉터리를 기준으로 파일의 위치를 나타내는 방식은 무엇인가?

① 절대 경로　　② 파티션
③ 상대 경로　　④ 바로가기

29 다음 중 유닉스에서 절대 경로의 시작 기호를 찾으시오.

① .　　② /
③ ..　　④ ?

30 파일 위치를 표현하는 방법 중 현재 위치를 기준으로 파일의 위치를 나타내는 것은 무엇인가?

① 절대 경로　　② 파티션
③ 상대 경로　　④ 바로가기

31 파일 위치를 표현하는 방법 중 슬래시(/)를 제외한 문자부터 시작하는 것은 무엇인가?

① 절대 경로　　② 파티션
③ 상대 경로　　④ 바로가기

32 파일 위치를 표현하는 방법 중 항상 슬래시(/)부터 시작하는 것은 무엇인가?

① 절대 경로 ② 파티션
③ 상대 경로 ④ 바로가기

33 바로가기를 포함한 현대의 디렉터리 구조를 가장 잘 표현하는 단어는 무엇인가?

① 1단계 구조 ② 그래프 구조
③ 다단계 구조 ④ 트리 구조

34 유닉스에서 여러 개의 파티션을 하나로 합치는 기능을 무엇이라 부르는가?

① block ② path
③ mount ④ format

35 다음 중 파일 시스템의 블록 할당 방식에 대한 설명으로 틀린 것을 찾으시오.

① 연속 할당은 파일을 하나의 덩어리로 관리한다.
② 연결 할당과 인덱스 할당은 연속 할당에 해당한다.
③ 연결 할당은 파일을 구성하는 블록들을 체인처럼 연결된 연결 리스트로 관리한다.
④ FAT 파일 시스템은 연결 할당 방식을 사용한다.

36 다음 중 파일 시스템의 블록 할당 방식에 대한 설명으로 틀린 것을 찾으시오.

① 연결 할당은 임의 접근할 때 효율적이다.
② 인덱스 할당은 블록 주소를 인덱스 블록에 저장한다.
③ 인덱스 할당 방식에서 인덱스 블록이 가득 찬 경우 간접 인덱스 블록을 만들어 파일 테이블을 계속 늘려갈 수 있다.
④ 유닉스 파일 시스템(UFS)은 인덱스 할당 방식을 사용한다.

37 빈 공간 리스트로 저장장치의 빈 공간을 관리하는 시스템에서 파일 A가 2, 4, 12, 8번 블록에 저장되어 있다. 다음 중 틀린 설명을 찾으시오.

① 현재 빈 공간 리스트에 4번 블록이 없다.

② 파일 A를 삭제하면 빈 공간 리스트에 2, 4, 12, 8번 블록이 추가된다.

③ 파일 A를 삭제하면 2번 블록의 내용이 삭제된다.

④ 파일 A를 삭제하기 전에 빈 블록이 있었다면, 파일 B를 새롭게 저장하려 할 때 2, 4, 12, 8번 블록보다 먼저 존재했던 빈 블록을 이용한다.

38 심화 유닉스 파일 시스템에서 접근 패턴의 첫 번째 자리에 썼을 때 링크를 나타내는 문자는 무엇인가?

① d ② l

③ b ④ -

39 심화 유닉스 파일 시스템에서 접근 패턴의 첫 번째 자리에 썼을 때 일반 파일을 나타내는 문자는 무엇인가?

① d ② l

③ b ④ -

40 심화 유닉스 파일 시스템에서 `drwxrw-r-- test`와 같이 test 디렉터리의 접근 권한을 변경하고자 한다. `chmod (    ) test`에서 괄호에 들어갈 내용을 찾으시오.

① 765 ② 652

③ 654 ④ 764

41 심화 다음 중 유닉스의 파일 시스템과 거리가 먼 것을 찾으시오.

① 마운트 ② 삼중 간접 포인터

③ 수퍼 블록 ④ 연결 할당

42 파일 시스템의 기능에 대하여 설명하시오.

43 파일 이름의 규칙에 대하여 설명하시오.

44 파티션에 대하여 설명하시오.

45 순차 파일 구조에 대하여 설명하시오.

46 인덱스 파일 구조에 대하여 설명하시오.

47 경로에 대하여 설명하시오.

48 연결 할당에 대하여 설명하시오.

49 인덱스 할당에 대하여 설명하시오.

50 빈 공간 관리에 대하여 설명하시오.

CHAPTER

12

저장장치와 입출력 시스템

학습목표

- 저장장치의 특징과 디스크 스케줄링 기법에 대하여 학습한다.
- 디스크 장애 발생 시 복구에 사용되는 RAID의 작동 방식을 이해한다.
- 입출력 장치의 속도를 향상하는 다양한 기술을 살펴본다.

Preview

반도체를 이용하는 저장장치인 SSD가 대중화되었지만, 원반과 모터를 사용하는 하드디스크는 용량 대비 가격이 저렴하여 현재까지도 사용된다. 이 장에서는 하드디스크의 구조와 특징을 살펴보고, 하드디스크의 입출력 효율을 높이는 디스크 스케줄링 기법에 대하여 학습한다.

입출력 시스템은 다양한 속도의 장치를 관리하는데, 느린 장치가 전체 시스템 성능에 영향을 주지 않도록 버스를 분리하거나 다중 채널을 사용하는 구조가 필요하다. 또한 현대 입출력 시스템에서는 인터럽트 방식을 사용하여 CPU의 개입 없이도 입출력이 이루어지도록 한다. 인터럽트 방식의 입출력이 원활하게 동작하도록 직접 메모리 접근(DMA)과 메모리 맵 입출력(MMIO)이 함께 활용된다. 이 장에서는 이러한 입출력 방식의 작동 원리를 함께 다룬다.

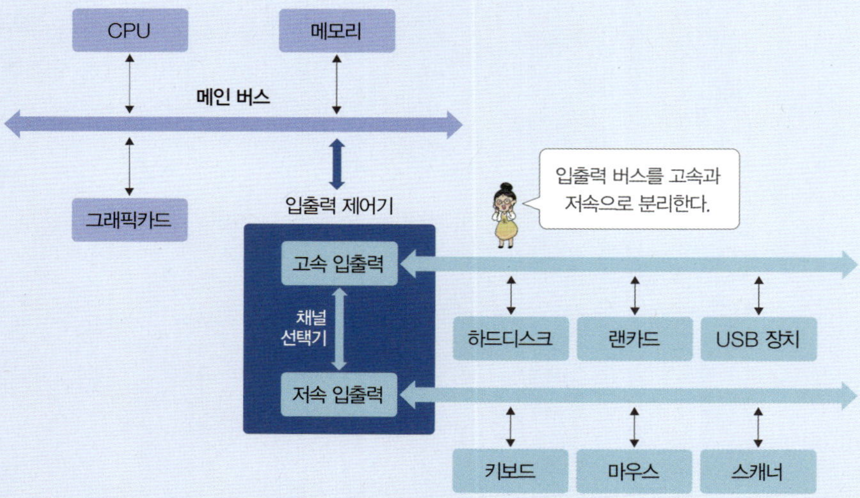

SECTION 01

저장장치와 디스크 스케줄링

1 자기 디스크 기반 저장장치

반도체 기술의 발전으로 USB 메모리나 SSDSolid State Disk와 같이 반도체를 이용하는 저장장치의 보급이 확대되고 있다. 그럼에도 하드디스크(HDDHard Disk Drive)는 용량 대비 가격이 저렴하여 여전히 많은 시스템에서 기본 저장장치로 사용된다.

오늘날 사용되는 하드디스크는 데이터를 읽고 쓰기 위해 움직이는 헤드를 사용하는 구조이며, 이를 이동 헤드moving-head 방식이라고 부른다. [그림 12-1]은 하드디스크의 구조를 보여준다. 하드디스크에는 자성체를 바른 디스크를 사용하는데, 이를 플래터platter라 부른다. 스핀들spindle이라 불리는 원통 축에 여러 개의 플래터가 달려 있다.

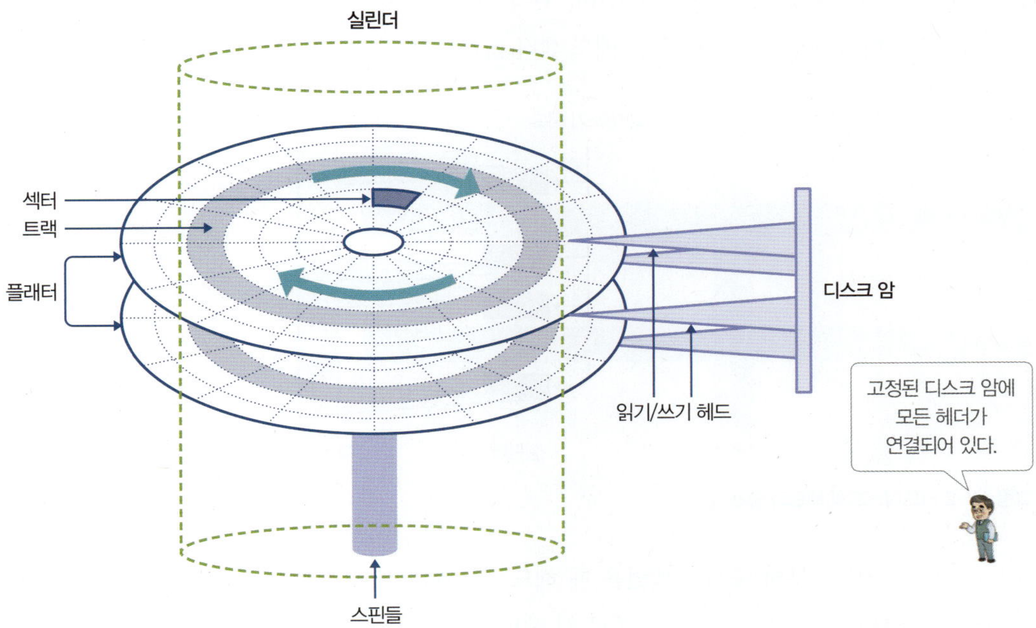

그림 12-1 하드디스크의 구조

플래터는 표면의 자성체가 N극을 띠면 0으로 인식하고, S극을 띠면 1로 인식한다. 데이터를 저장할 때는 플래터의 위와 아래 표면을 모두 사용할 수 있다. 플래터의 수는 하드디스크마다 다르지만 일반적으로 2장 이상으로 구성되며 항상 일정한 속도로 회전한다. 하드디스크의 사양에 7,500rpm rotations per minute이라 표시되어 있다면 플래터가 1분에 7,500바퀴의 일정한 속도로 회전한다는 의미이다.

섹터sector는 하드디스크의 최소 저장 단위이다. 운영체제가 하드디스크에 데이터를 보내거나 받을 때는 논리적 저장 단위인 블록을 사용한다. 반면 데이터를 하드디스크에 저장할 때는 섹터가 가장 작은 물리적 저장 단위이다. 일반적으로 블록은 여러 개의 섹터에 나뉘어 저장된다.

트랙track은 플래터에서 회전축을 중심으로 데이터가 기록되는 동심원이다. 트랙 하나는 같은 원 위에 있는 섹터의 집합이다. 데이터를 읽거나 쓰는 헤드는 디스크 암disk arm에 고정되어 있으며, 헤드의 수는 데이터가 저장되는 플래터의 면 수와 같다. 따라서 디스크는 여러 플래터의 같은 위치에 있는 트랙을 동시에 읽거나 쓸 수 있다. 여러 개의 플래터에서 같은 위치에 있는 트랙의 개념적인 집합을 실린더cylinder라 부른다.

[그림 12-2]는 하드디스크의 세로 단면을 나타낸 것이다. 하드디스크에서 데이터를 읽거나 쓸 때는 읽기/쓰기 헤드read/write head를 사용한다. 만약 헤드가 플래터에 붙어버리면 고속으로 회전하는 플래터의 표면에 상처가 생길 수도 있다. 따라서 헤드는 아주 가벼운 재료로 만들고, 플래터는 표면에서 약간 떠 있는 상태로 작동한다. 만약 자성체의 수명이 다하거나 플래터의 표면에 상처가 생기면, 데이터를 저장할 수 없는 배드 섹터bad sector가 된다.

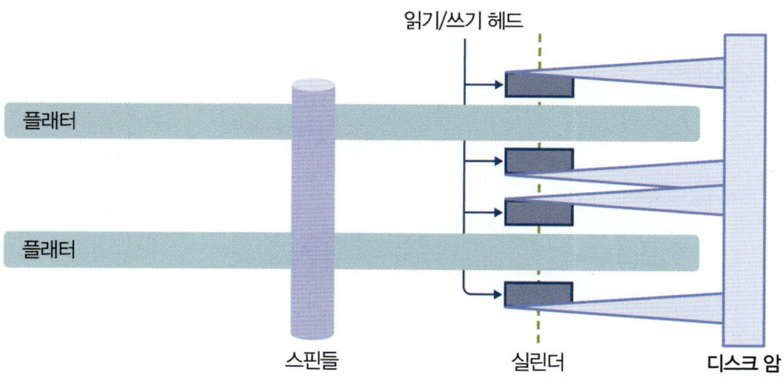

그림 12-2 하드디스크의 헤드와 플래터

하드디스크는 외부로부터 충격을 받았을 때 헤드가 플래터 표면에 흠집을 낼 수 있는 취약한 구조이다. 따라서 하드디스크는 컴퓨터 종료 시 헤드를 데이터가 저장되지 않는 플래터 가장자리로 이동시키는데, 이를 파킹parking이라 부른다. 갑자기 전원 코드를 뽑거나 정전이 일어나 전원이 갑자기 차단되거나 정전이 발생하면 헤드가 파킹되지 않은 채로 플래터에 붙어 배드 섹터를 유발할 위험이 있다.

2 반도체 기반 저장장치

SSD Solid State Drive는 비휘발성 메모리인 플래시 메모리를 이용하여 데이터를 저장하는 저장장치이다. SSD의 가장 큰 장점은 데이터 입출력 속도이다. 하드디스크의 연속 데이터 읽기/쓰기 속도는 초당 최대 200MB 수준이다. 반면 SSD는 하드디스크와 동일한 SATA 인터페이스를 사용할 경우 이론상 초당 최대 600MB의 속도를 낼 수 있으며, 이는 하드디스크의 속도(약 200MB/s 수준)보다 매우 빠르다. 모터로 헤드를 이동시키는 하드디스크와 전자의 이동으로 작동하는 SSD에 속도 차이가 클 수밖에 없다.

그림 12-3 SATA 인터페이스 SSD와 NVMe 인터페이스 SSD

초기의 SSD에는 하드디스크와 동일한 SATA 인터페이스를 사용했지만, 현재는 NVMe Non-Volatile Memory express 방식의 독자적인 인터페이스를 사용한다. NVMe 인터페이스 SSD는 전송 속도가 초당 최대 7GB로, 하드디스크 전송 속도의 수십 배로 뛰어나 차세대 표준으로 자리매김하고 있다.

SSD에는 모터와 같이 물리적으로 움직이는 부품이 없어서 소음이 없다. 또한 크기가 작고, 소비하는 전력량과 발열 수준이 하드디스크보다 낮으며, 외부 충격에도 강하다. 그러나 같은 용량의 하드디스크에 비해 가격이 훨씬 비싸다는 단점이 있다. 이러한 특징 때문에 SSD는 스마트폰이나 고성능 컴퓨터의 저장장치로 사용된다.

하드디스크나 SSD에서는 단편화 현상이 발생할 수 있다. 하드디스크에서 단편화가 심하면 큰 덩어리의 데이터를 읽을 때 헤드가 디스크의 여러 곳을 돌아다녀야 해서 속도가 느려진다. 따라서 하드디스크는 주기적으로 조각모음을 실행하여 물리적으로 흩어진 데이터를 재배열할 필요가 있다. 반면 SSD는 반도체 기반으로 동작하기 때문에 데이터가 여러 곳에 흩어져 있어도 접근 속도에는 큰 영향을 미치지 않는다. 오히려 SSD는 저장 셀의 수명이 제한되어 있으므로 불필요한 쓰기 작업을 유발하는 조각모음을 수행하지 않는 것이 바람직하다.

3 광 디스크 저장장치

CD, DVD, 블루레이 디스크는 레이저를 이용하는 광디스크 저장장치이다. 일반 CD는 12cm 크기의 디스크에 용량이 640MB 정도의 데이터를 저장할 수 있으며, 이는 보통 음악 CD 기준으로 약 74분 분량의 음악을 담을 수 있는 용량이다. CD 이후에는 더 많은 용량을 저장할 수 있는 DVD(약 4.7GB)와 블루레이 디스크(약 25GB) 같은 고용량 디스크들이 등장했다. 2중 레이어를 사용하는 경우 DVD는 9GB, 블루레이 디스크는 50GB까지 저장할 수 있다. 이러한 고용량 특성 때문에 대형 게임 소프트웨어는 블루레이 디스크로 배포된다.

하드디스크와 마찬가지로 CD도 트랙과 섹터로 구성되며, 헤드가 디스크의 트랙 사이를 수평으로 움직이면서 데이터를 읽는다. 차이점은 하드디스크에서 데이터를 읽을 때 자성을 이용하는 반면, CD에서는 레이저를 사용한다는 것이다. CD 표면에는 미세한 홈이 있다. 헤드에서 발사된 레이저가 홈에 들어가 반사되지 않으면 0으로 인식하고, 표면에 반사되어 돌아오면 1로 인식한다. CD에 데이터를 저장하는 작업을 'CD를 굽는다'라고 표현하는데, 이는 레이저를 쏘아 표면을 태워서 미세한 홈을 만드는 방식으로 데이터를 저장하기 때문이다.

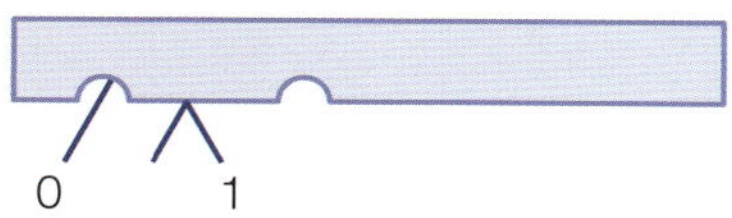

그림 12-4 CD에서 데이터를 읽는 방식

하드디스크와 CD는 구동 방식이 조금 다르다. 하드디스크의 경우 디스크가 작동하는 동안 디스크(플래터)가 일정한 속도로 돌아가지만, CD는 헤드 위치에 따라 디스크의 회전 속도가 변한다. [그림 12-5]는 하드디스크와 CD의 디스크 회전을 비교하여 보여준다.

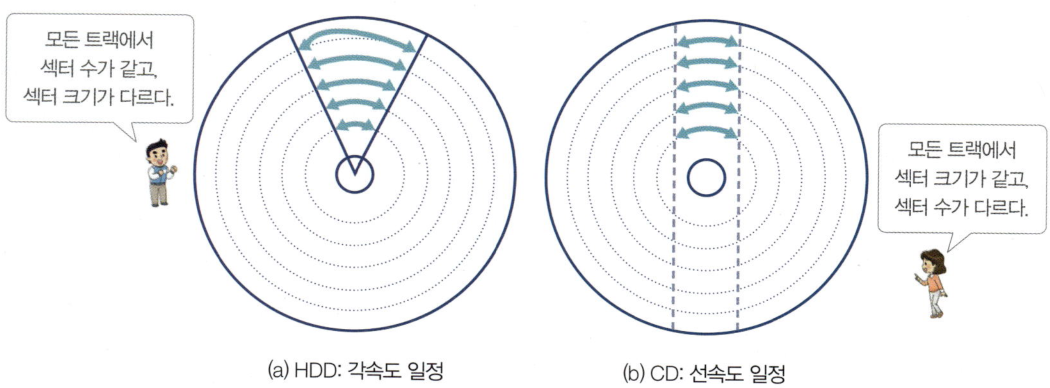

그림 12-5 디스크 장치의 회전

하드디스크의 플래터는 분당 회전수가 일정하다. 따라서 헤드가 바깥쪽 트랙에 있을 때 통과하는 속도가 헤드가 안쪽 트랙에 있을 때 통과하는 속도보다 훨씬 빠르다. 이를 일정한 시간 동안 이동한 각도가 같다고 하여 각속도 일정(CAV constant angular velocity) 방식이라 부른다. 반면 CD는 선속도 일정(CLV constant linear velocity) 디스크 회전 방식이다. 어느 트랙에서나 단위 시간당 디스크의 이동 거리가 같다. 이를 구현하려면 헤드가 안쪽 트랙에 있을 때는 디스크의 회전 속도를 빠르게 하고, 헤드가 바깥쪽 트랙으로 이동했을 때는 디스크의 회전 속도를 느리게 한다.

하드디스크는 일반적으로 각속도 일정 방식으로 작동하며, 바깥쪽 트랙일수록 실제 저장 가능한 공간이 더 넓다. 하지만 전통적인 방식에서는 모든 트랙에 동일한 섹터 수를 할당했기 때문에, 바깥쪽 트랙의 넓은 공간이 제대로 활용되지 못해 일부 공간이 낭비되었다. CAV 방식은 디스크가 일정한 속도로 회전하므로 구동 장치가 단순하고 비교적 조용하다는 장점이 있다. 최근에는 트랙 위치에 따라 섹터 수를 조정하는 ZBR Zoned Bit Recording 기법을 사용해 저장 효율을 높이고 있다.

반면 CD는 모든 트랙이 같은 속도로 이동하며, 섹터의 크기도 일정하다. 이로 인해 바깥쪽 트랙에는 안쪽보다 더 많은 섹터를 배치할 수 있다. 이러한 선속도 일정 방식의 장점은 디스크 공간을 효율적으로 활용할 수 있다는 점이다. 그러나 트랙 위치에 따라 회전 속도를 조절해야 하므로 모터 제어가 복잡하고 소음이 발생하는 단점이 있다.

4 디스크 스케줄링 알고리즘

데이터 전송 시간과 디스크 스케줄링의 필요성

[그림 12-6]은 하드디스크에서 데이터를 전송하는 과정을 보여준다.

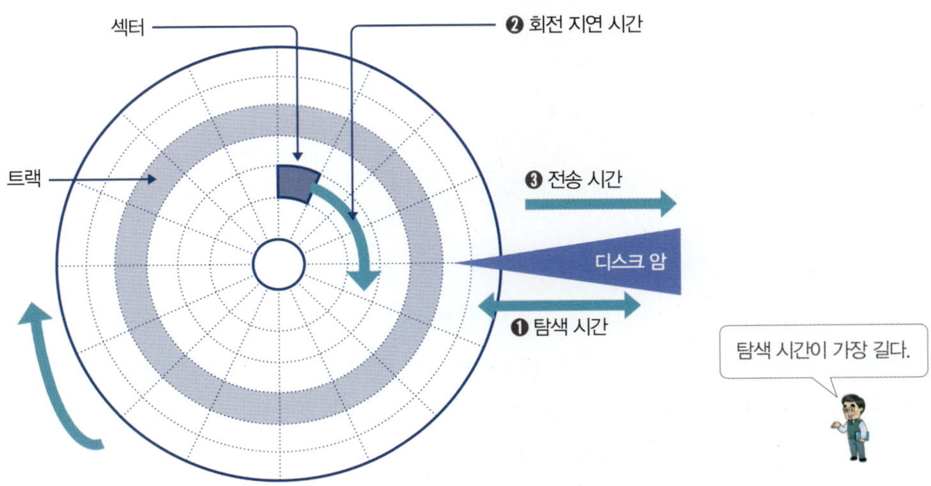

그림 12-6 디스크를 사용하는 저장장치의 데이터 전송 과정

❶ 디스크의 특정 섹터에 저장된 데이터를 읽거나 쓰려면 그 섹터가 있는 트랙까지 헤드가 이동해야 한다. 헤드가 현재 위치에서 해당 트랙까지 이동하는 데 걸리는 시간을 탐색 시간seek time 이라 한다.

❷ 특정 트랙까지 이동한 헤드는 플래터가 회전하여 원하는 섹터를 만날 때까지 기다린다. 헤드가 원하는 섹터를 만날 때까지 회전하는 시간을 회전 지연 시간rotational latency time이라 한다.

❸ 헤드는 원하는 섹터에 있는 데이터를 읽어 메모리에 전송한다. 이 시간을 전송 시간transmission time이라 한다.

디스크 저장장치에서 데이터 전송 시간은 다음과 같이 구할 수 있다.

> 데이터 전송 시간 = 탐색 시간 + 회전 지연 시간 + 전송 시간

디스크 저장장치의 데이터 전송에서 탐색 시간이 가장 큰 비중을 차지한다. 일반적인 하드디스크의 플래터는 7,500rpm 이상으로 동작한다. 즉 1분에 7,500번 넘게 회전하기 때문에 회전 지연 시간이 매우 짧다. 전송 시간도 전자가 이동하는 시간이므로 매우 짧다. 그러나 모터를 사용하여 헤드를 이동시키는 탐색 시간은 상대적으로 매우 길다. 따라서 디스크 저장장치의 성능을 높이려면 탐색 시간을 최소화해야 한다. 조각모음을 통해 파일의 물리적 위치를 연속되게 정리하면, 하드디스크의 탐색 거리를 줄여 전송 시간을 감소시킬 수 있다. 또한 서비스 순서를 조정하여 트랙 이동을 최소화할 수 있는 다양한 디스크 스케줄링disk scheduling 기법이 소개되었다.

이후에 소개할 다양한 디스크 스케줄링 기법의 성능을 비교하기 위하여 [표 12-1]과 같은 트랙 접근 순서대로 접근한다고 가정한다. 총 트랙의 개수는 25개이며, 디스크 스케줄링 성능의 지표는 트랙이 이동한 거리의 합이다. 이동 거리가 짧으면 성능이 좋은 스케줄링 기법이다.

표 12-1 트랙 접근 순서

순번	1	2	3	4	5	6	7	8	9
트랙 번호	15	8	17	11	3	23	19	14	20

FCFS 디스크 스케줄링

FCFSFirst Come, First Service 디스크 스케줄링은 요청이 들어온 트랙 순서대로 서비스하는 가장 단순한 디스크 스케줄링 방식이다. [그림 12-7]은 FCFS 디스크 스케줄링에서 헤드의 이동 경로를 보여준다. 위쪽의 눈금은 트랙 번호이고, 작은 원 위의 숫자는 직전 트랙부터 현재 트랙까지 헤드가 이동해 온 거리를 나타낸다. 또한 안쪽 하늘색 영역은 헤드가 지나간 디스크 영역이고, 바깥쪽 연두색 영역은 헤드가 지나가지 않은 영역을 나타낸다.

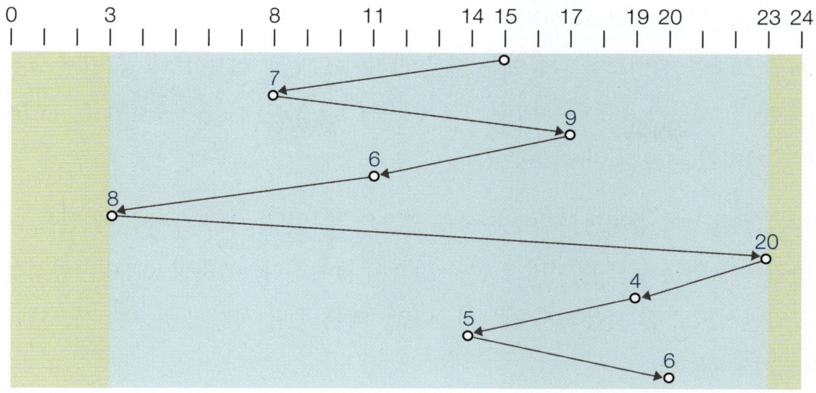

그림 12-7 FCFS 디스크 스케줄링

FCFS 디스크 스케줄링에서는 헤드 이동에 별다른 규칙이 없다. 따라서 헤드는 요청된 트랙 번호 순서대로 매우 큰 폭으로 바쁘게 움직인다. 헤드가 이동한 거리는 7 + 9 + 6 + 8 + 20 + 4 + 5 + 6 = 65이다.

FCFS는 구현이 간단하고 공평하다는 장점이 있지만, 디스크 외곽에서 외곽으로 헤드가 급격히 이동하는 경우 비효율적일 수 있다.

SSTF 디스크 스케줄링

SSTF Shortest Seek Time First 디스크 스케줄링은 현재 헤드의 위치에서 가장 가까운 트랙부터 서비스한다. 만약 다음에 서비스할 두 트랙의 거리가 같다면 둘 중 먼저 요청한 트랙을 서비스한다. [그림 12-8]은 SSTF 디스크 스케줄링에서 헤드의 이동 경로를 보여준다.

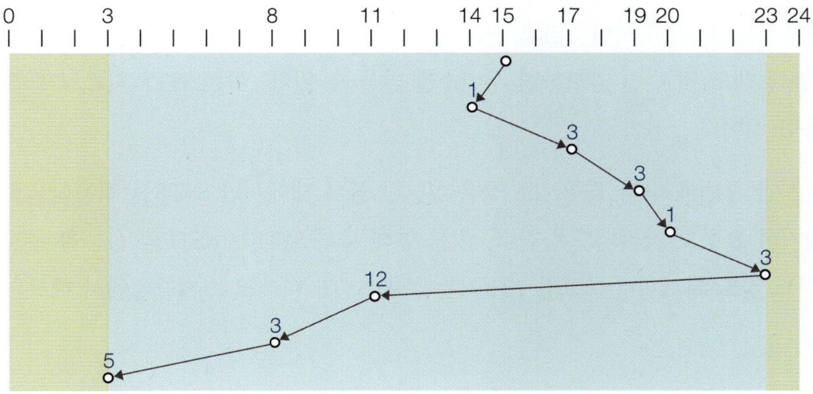

그림 12-8 SSTF 디스크 스케줄링

가장 먼저 15번 트랙을 서비스한 후 디스크 서비스 큐를 검색하여 15번 트랙과 가장 가까운 14번 트랙으로 이동한다. 14번 트랙을 서비스한 다음에는 같은 거리인 17번과 11번 트랙 중 먼저 요청한 17번 트랙으로 이동한다. 헤드가 이동한 거리는 1+3+3+1+3+12+3+5=31로, FCFS 디스크 스케줄링의 이동 거리인 65보다 반 이하로 작다.

SSTF 디스크 스케줄링은 효율성이 좋지만, 기아 현상을 일으킬 수 있다. 헤드가 중간에 있을 때 가장 안쪽이나 가장 바깥쪽에 있는 트랙은 서비스 받을 확률이 낮아진다. 이처럼 SSTF는 공정성을 보장하지 못하므로 일반적으로 잘 사용되지 않는다. 다만, 빠른 응답 시간이 중요한 시스템에서는 제한적으로 활용되기도 한다.

블록 SSTF 디스크 스케줄링

SSTF 디스크 스케줄링의 공평성 위배를 일부 해결하는 방법으로 블록 SSTF 디스크 스케줄링이 있다. 블록 SSTF 디스크 스케줄링에서는 큐에 있는 트랙 요청을 [표 12-2]와 같이 일정한 블록 형태로 묶는다. 그리고 블록 안에서만 트랙 순서를 변경함으로써 공평성 위배 문제를 완화한다.

표 12-2 블록 SSTF 디스크 스케줄링의 서비스 순서 변경

블록	1			2			3		
순번	1	2	3	4	5	6	7	8	9
트랙 번호	15	8	17	11	3	23	19	14	20
서비스	15	17	8	11	3	23	20	19	14

예를 들어 SSTF 방식에서는 15번 트랙 서비스 이후에 모든 트랙과의 거리를 확인하여 가장 가까운 14번 트랙이 서비스된다. 그러나 블록 SSTF 방식에서는 15번이 서비스된 이후에 블록 안에 속한 트랙 중 가장 가까이 있는 17번이 서비스되고, 이후에 8번이 서비스된다. 블록 SSTF에서는 15번 트랙보다 멀리 있는 트랙도 몇 번만 양보하면 서비스를 받을 수 있다. 이는 SSTF 디스크 스케줄링에 에이징을 적용한 것이다.

블록 SSTF는 요청을 시간 순번에 따라 블록으로 묶은 후, 각 블록 내에서만 SSTF를 적용함으로써 일정 시간 이상 대기한 요청도 처리되도록 한다. 이를 통해 블록 SSTF는 SSTF의 성능을 유지하면서도 공정성을 어느 정도 확보한다. [그림 12-9]는 블록 SSTF 디스크 스케줄링에서 헤드의 이동 경로를 보여준다.

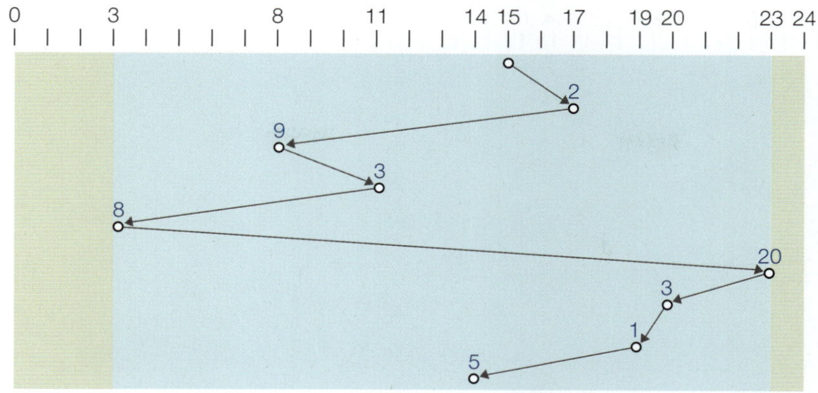

그림 12-9 블록 SSTF 디스크 스케줄링

블록 SSTF 디스크 스케줄링에서 헤드가 이동한 거리는 2 + 9 + 3 + 8 + 20 + 3 + 1 + 5 = 51이다. 블록 SSTF 디스크 스케줄링은 에이징을 사용하여 최소한의 공평성을 보장하지만, 성능이 FCFS 디스크 스케줄링만큼 좋지 않다.

SCAN 디스크 스케줄링

SCAN 디스크 스케줄링은 헤드가 스캐너scanner처럼 한 방향으로만 움직이는 스케줄링 기법으로, SSTF 디스크 스케줄링의 공평성 위배 문제를 완화하기 위해 만들어졌다. 헤드가 움직이기 시작하면 맨 마지막 트랙에 도착할 때까지 되돌아가지 않고 한 방향으로만 전진하면서 요청받은 트랙을 서비스한다.

[그림 12-10]은 SCAN 디스크 스케줄링에서 헤드의 이동 경로를 보여준다. 헤드는 15번 트랙에서 출발하여 0번 트랙까지 이동하면서 14번, 11번, 8번, 3번의 순서대로 서비스한다. 헤드가 0번에 도달하면 방향을 반대로 바꾸어 24번 트랙까지 움직이면서 17번, 19번, 20번, 23번 트랙을 서비스한다. 마치 스캐너의 움직임과 비슷하게 헤더가 모든 트랙을 지나기 때문에 그림에서 전체 영역이 하늘색으로 표시되어 있다.

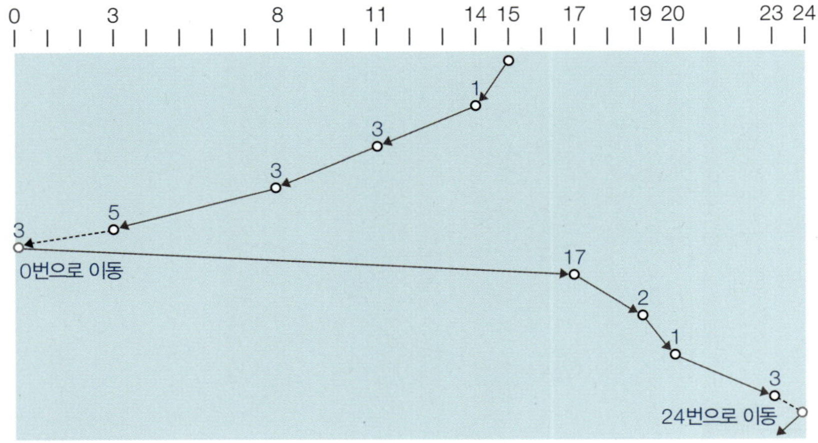

그림 12-10 SCAN 디스크 스케줄링

SCAN 디스크 스케줄링에서 헤드가 이동한 거리는 1 + 3 + 3 + 5 + 3 + 17 + 2 + 1 + 3 = 38이다. SSTF 디스크 스케줄링보다 성능이 조금 낮지만, FCFS 디스크 스케줄링보다는 우수하다. SCAN 디스크 스케줄링은 SSTF 디스크 스케줄링보다 공평성을 덜 위배하면서도 성능이 우수하기 때문에 많이 사용된다.

C-SCAN 디스크 스케줄링

SCAN 스케줄링도 공평성을 위배한다. 헤드가 가장 바깥쪽 트랙(0번과 24번)을 한 번씩 방문하는 동안 중간에 있는 트랙은 두 번씩 방문(안쪽으로 들어가면서 한 번, 바깥쪽으로 나오면서 한 번)하기 때문에 바깥쪽 트랙이 상대적으로 불이익을 받는다. C-SCAN Circular SCAN 디스크 스케줄링이 이러한 공평성 위배를 해결한다. C-SCAN Circular SCAN 디스크 스케줄링은 SCAN 기법을 변형한 방식으로, 헤드가 한쪽 방향으로만 요청받은 트랙을 서비스하고, 반대 방향으로 돌아올 때는 아무 작업 없이 이동한다. 이 방식은 SCAN 디스크 스케줄링에서 발생할 수 있는 공정성 문제를 완화하기 위해 고안되었다.

[그림 12-11]은 C-SCAN 디스크 스케줄링에서 헤드의 이동 경로를 보여준다. 15번 트랙에서 0번 트랙으로 이동할 때는 서비스하지만, 0번 트랙에 도착한 후에 24번 트랙으로 돌아올 때는 작업 없이 이동한다. 그리고 24번 트랙에서 0번 트랙으로 이동하면서 나머지 트랙들을 서비스한다.

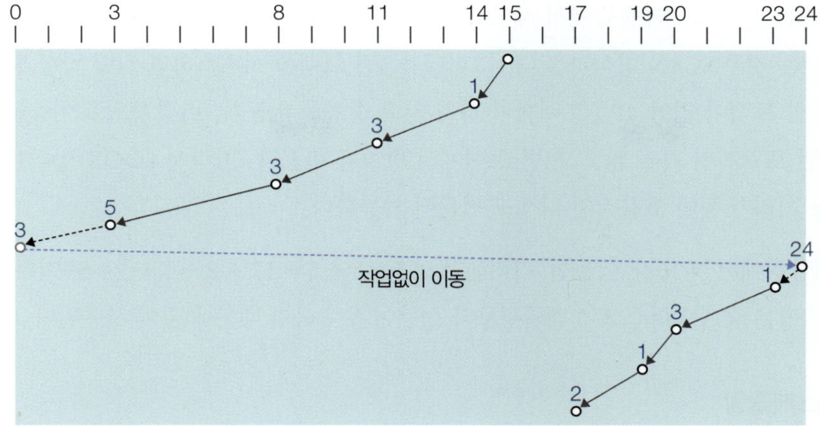

그림 12-11 C-SCAN 디스크 스케줄링

C-SCAN 디스크 스케줄링에서 헤드의 이동 거리는 1 + 3 + 3 + 5 + 3 + 24 + 1 + 3 + 1 + 2 = 46이다. C-SCAN 디스크 스케줄링은 모든 트랙에 헤드가 방문하는 횟수가 동일하여 공평하다는 장점이 있다. 그러나 SCAN보다 성능이 좋지 않고, 헤드가 아무 작업 없이 이동하는 것은 매우 비효율적이기 때문에 이 기법은 잘 사용되지 않는다.

LOOK 디스크 스케줄링

LOOK 디스크 스케줄링은 SCAN 디스크 스케줄링의 불필요한 부분을 제거하여 효율을 높인 기법이다. SCAN 디스크 스케줄링에서는 마지막 트랙의 요청이 없어도 헤드가 트랙 끝인 0번과 24번에 도착한 후에야 방향을 바꾸었다. 그러나 LOOK 디스크 스케줄링에서는 진행 방향 앞쪽에 더 이상 서비스할 트랙이 없으면 헤드가 끝까지 이동하지 않고 방향을 바꾼다. 따라서 LOOK 디스크 스케줄링을 엘리베이터 방식이라고도 부른다.

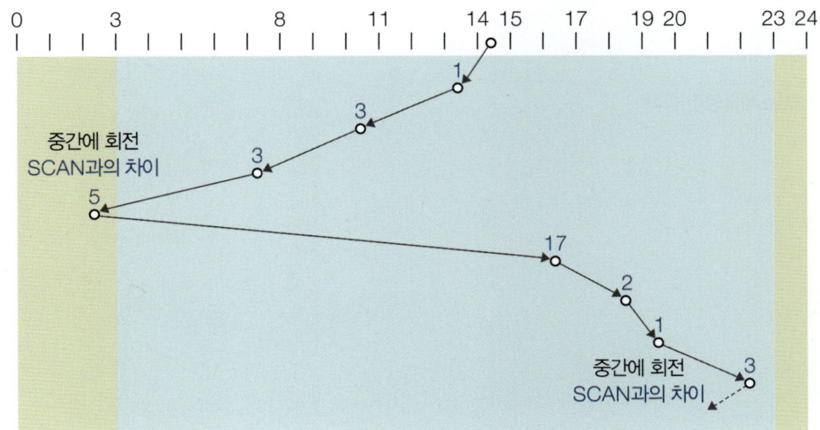

그림 12-12 LOOK 디스크 스케줄링

[그림 12-12]는 LOOK 디스크 스케줄링에서 헤드의 이동 경로를 보여준다. 15번 트랙부터 0번 트랙 방향으로 이동하는 것은 SCAN 방식과 같다. 그러다가 3번 트랙을 서비스하면 진행 방향 앞쪽에 더 이상 서비스 할 트랙이 없어, 0번 트랙까지 가지 않고 방향을 바꾼다. 바깥쪽으로 이동할 때도 마찬가지로 24번 트랙까지 가지 않고 23번 트랙에서 방향을 바꾼다. 따라서 LOOK 방식은 SCAN 방식보다 이동 거리가 짧아 효율적인 디스크 접근이 가능하다.

LOOK 디스크 스케줄링에서 헤드가 이동한 거리는 1 + 3 + 3 + 5 + 17 + 2 + 1 + 3 = 35이다. LOOK 디스크 스케줄링은 SCAN 디스크 스케줄링보다 성능이 우수하기 때문에 많이 사용된다.

C-LOOK 디스크 스케줄링

C-LOOKCircular LOOK 디스크 스케줄링은 C-SCAN 디스크 스케줄링에 LOOK을 적용한 기법이다. [그림 12-13]에서 C-LOOK 디스크 스케줄링은 한 방향으로만 서비스하는 C-SCAN 디스크 스케줄링과 유사하지만 헤드가 반드시 디스크 끝까지 이동하지는 않는다. 진행 방향 앞쪽에 더 이상 서비스할 트랙이 없으면 헤드가 중간에서 곧바로 방향을 바꿔 다음 순환을 시작한다. C-LOOK 디스크 스케줄링에서 헤드가 이동한 거리는 1 + 3 + 3 + 5 + 20 + 3 + 1 + 2 = 38이다.

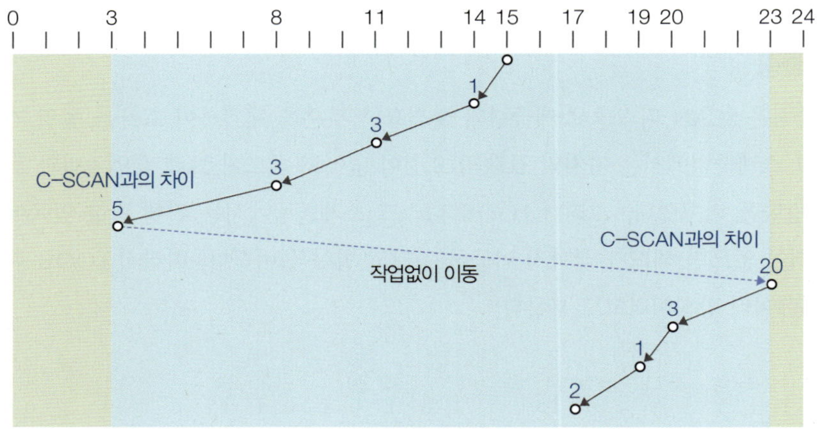

그림 12-13 C-LOOK 디스크 스케줄링의 동작

SECTION 02

RAID

1 중복 배열 디스크

컴퓨터의 저장장치에서 장애가 발생했을 때 중요한 데이터를 잃어버리지 않으려면 백업해야 한다. RAIDRedundant Array of Independent Disks는 데이터 보호와 복구를 자동화하여 디스크 장애 시에도 시스템을 안정적으로 유지하는 저장장치 시스템이며, 레이드라고 읽는다. 메모리가 아니라 값싼 디스크를 이용하기 때문에 이런 이름이 붙었다.

RAID의 핵심은 여러 개의 디스크를 논리적으로 묶어 사용하는 기술이다. RAID는 동일한 규격의 디스크를 여러 개 모아 구성하여, 장애가 발생했을 때 데이터를 복구하는 데 활용한다. 원본 디스크와 같은 크기의 백업 디스크에 동시에 같은 데이터를 저장하면, 디스크 하나가 고장 났을 때 다른 디스크를 사용하여 데이터를 복구할 수 있다. RAID에서 여러 개의 디스크에 거울처럼 똑같은 내용을 저장하는 방식을 미러링mirroring이라 하며 이는 복구 기능을 제공한다. 한편 스트라이핑striping은 RAID에서 데이터를 여러 개의 디스크에 나누어 동시에 저장하여 데이터의 입출력 속도를 높이는 방식이다.

RAID에도 여러 레벨이 있는데, 그중 RAID 0은 순수한 스트라이핑을 지원하고, RAID 1은 순수한 미러링을 지원한다. 그 외도 RAID 2, 3, 4, 5, 6이 있고, 여러 RAID 레벨을 결합한 10, 50, 60도 있다. 각 RAID 레벨의 특징에 대하여 살펴본다.

2 RAID 레벨별 특징

RAID 0: 스트라이핑

RAID 0은 데이터를 여러 개의 디스크에 나누어 동시에 저장함으로써 입출력 속도를 높이는 방식이다. 예를 들어 A, B, C, D라는 4개의 데이터를 저장한다면 디스크가 1개일 때 저장 작업을 4번 반복해야 한다. 그러나 디스크가 4개이면 각 디스크에 1개씩 총 4개의 데이터를 동시에 저장하여 속도를 높일 수 있다. 데이터를 여러 조각으로 나누어 보내기 때문에 이러한 방식을 스트라이핑이라고 부른다. RAID 0은 순수한 스트라이핑을 지원하며 백업 기능이 없어 하나의 디스크에 장애가 발생하면 전체 데이터가 손실될 수 있다.

RAID 0에서는 같은 규격의 디스크를 병렬로 연결하여 여러 개의 데이터를 여러 디스크에 동시에 저장하거나 가져올 수 있다. [그림 12-14]는 RAID 0의 구조를 보여준다. 데이터 A1, A2, A3, A4가 4개의 디스크에 나뉘어 저장된다. 따라서 이론적으로 4개의 디스크로 구성된 RAID 0은 1개의 디스크로 구성된 일반 시스템보다 입출력 속도가 4배 빠르다.

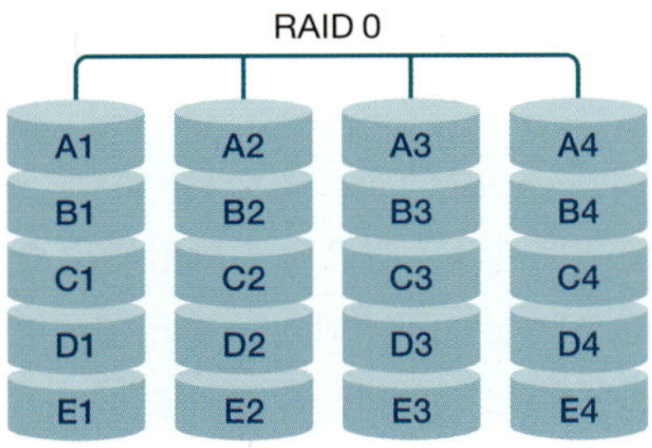

그림 12-14 RAID 0

RAID 0에는 데이터를 복구하는 기능이 없으므로 장애가 발생하면 데이터를 잃는다. 그럼에도 입출력이 빨라 기업용 제품, 개인용 컴퓨터와 고성능 노트북에 사용된다.

RAID 1: 미러링

RAID 1은 2개의 디스크에 같은 데이터를 저장하여, 디스크 1개는 백업 디스크로 활용하는 순수한 백업 시스템이다. 한쪽 디스크의 데이터의 복사본이 다른 디스크에 만들어지는 미러링 방식으로 동작한다. RAID 1에서 장애 발생 시 미러링한 디스크를 활용하여 데이터를 복구할 수 있다.

RAID 1의 구조를 나타낸 [그림 12-15]를 보면 왼쪽의 모든 데이터가 오른쪽의 디스크에 그대로 복사되어 있다. RAID 1은 원본과 같은 수의 백업 디스크로 구성된다. 데이터를 저장할 때 같은 크기의 디스크가 최소 2개 있어야 하니 비용이 높다. 또한 같은 내용을 두 번씩 저장하기 때문에 동작 속도가 느려질 수 있다. 따라서 데이터 입출력이 없는 시점에 백업이 이루어지도록 조정하는 것이 좋다.

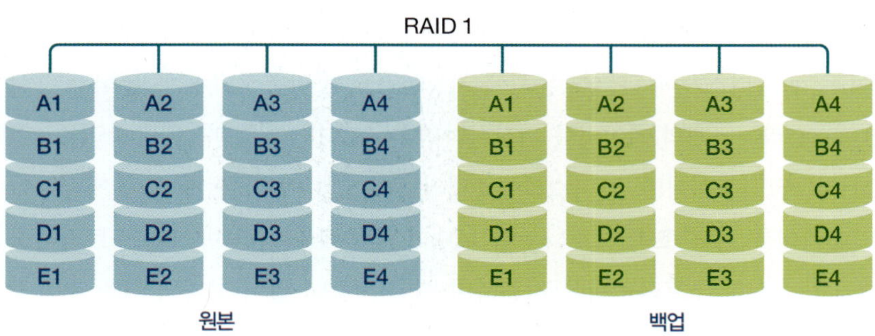

그림 12-15 RAID 1

RAID 2

RAID 2는 디스크에 저장된 데이터에 오류가 발생했을 때 오류 정정 코드(ECC Error Correction Code)를 이용해 데이터를 복구하는 방식이다. [그림 12-16]은 RAID 2의 구조를 보여준다.

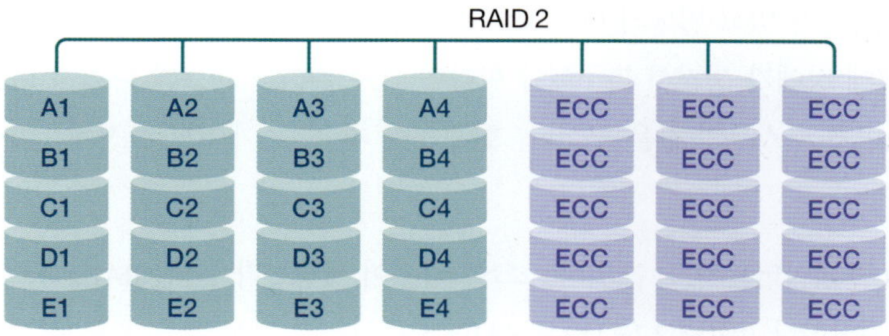

그림 12-16 RAID 2

일반적인 하드디스크의 데이터 저장 단위는 블록이다. 그러나 RAID 2에서는 데이터를 비트 단위로 분리하고 여러 개의 디스크에 나누어 저장한다. 그 이유는 장애 시 비트 단위의 데이터를 복구하기 위해서이다. RAID 2는 오류 정정 코드를 별도의 디스크에 따로 보관하고 있다가 장애가 발생하면 이를 이용하여 데이터를 복구한다.

오류와 관련된 코드에는 오류 검출 코드와 오류 정정 코드가 있다. 오류 검출 코드error detection code는 오류가 발생했는지 확인하는 코드로, 패리티 비트parity bit가 대표적인 예이다. 메모리에는 패리티 비트가 있어 오류를 검출할 수 있지만, 오류가 발생했다는 사실만 알 뿐 바로잡을 수는 없다. 반면 오류 정정 코드는 오류 발생 확인과 동시에 오류 정정이 가능한 코드로, 해밍 코드Hamming code가 대표적인 예이다. 일반적인 하드디스크에는 오류 검출 코드조차 없다. 그러나 RAID 2 시스템을 사용하면 오류 정정 코드를 사용하여 하드디스크의 오류를 찾고 교정까지 수행할 수 있다.

RAID 2에서는 n개의 디스크에 대해 오류 정정 코드를 저장할 $n-1$개의 디스크가 추가로 필요하다. 따라서 RAID 2가 RAID 1보다는 적은 저장 공간이 필요하지만, 오류 정정 코드를 계산하는 데 시간을 많이 소비하기 때문에 잘 사용되지 않는다.

RAID 3과 RAID 4: 패리티 기반 방식

RAID 3과 RAID 4는 오류 검출 코드인 패리티 비트를 사용하여 데이터를 복구하는 방식이다. 앞에서 메모리의 패리티 비트가 오류를 교정하지는 못한다고 했다. 그러나 RAID에서는 패리티 비트로도 오류를 복구할 수 있다. 패리티 비트에는 짝수even 패리티 비트와 홀수odd 패리티 비트가 있다. 짝수 패리티 비트는 전체 디스크의 1의 개수를 짝수로 만드는 값이고, 홀수 패리티 비트는 전체 디스크의 1의 개수를 홀수로 만드는 값이다.

그림 12-17 패리티 비트를 이용한 오류 복구

[그림 12-17]과 같이 4개의 디스크가 있고 별도의 디스크 1개에 짝수 패리티 비트를 보관했다고 가정하자. 이때 세 번째 디스크에 장애가 생겨서 복구해야 한다면 짝수 패리티 비트와 나머지 디스크의 1의 개수를 근거로 세 번째 디스크의 값을 구한다. 현재 1의 개수는 3개이므로 전체 1의 개수가 4개가 되도록 1을 복구한다.

RAID 3도 RAID 2와 마찬가지로 데이터를 여러 개의 디스크에 나누어 저장한다. 다만 RAID 3은 섹터 단위로 데이터를 나누어 저장한다. [그림 12-18]은 RAID 3의 구조를 보여준다. 복구 대상 섹터를 녹색 사각형으로 표시했다.

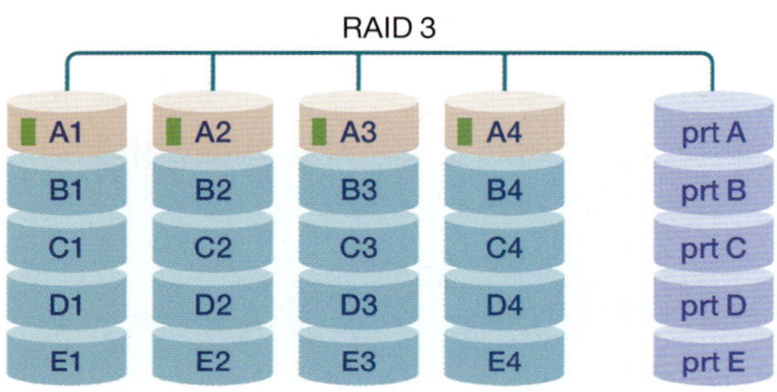

그림 12-18 RAID 3

일반적으로 디스크는 섹터 단위로 읽기 때문에, 특정한 섹터에 오류가 있으면 검출할 수 있다. 따라서 여러 섹터를 묶어서 패리티 비트를 구성하면 오류 없는 섹터를 이용하여 오류 있는 섹터의 데이터를 복원할 수 있다. 이 기법을 N-way 패리티 비트라 부른다. RAID 3에서는 N-way 패리티 비트를 구성한 후 데이터 디스크가 아닌 별도의 디스크에 보관함으로써 장애 발생 시 오류를 복구한다. 일반적으로 오류 검출 코드의 크기가 오류 정정 코드보다 작아 디스크 4개에 1개 정도의 추가 디스크가 필요하다. RAID 3는 추가되는 디스크의 양이 적지만, N-way 패리티 비트를 구성하는 데 계산량이 많다는 것이 단점이다.

또한 RAID 3에서는 모든 디스크의 나눠진 섹터를 대상으로 패리티 비트를 구성했다. 이 경우 패리티 비트를 구성하기 위해 모든 디스크가 동시에 동작해야 하는 단점이 있다. 앞의 [그림 12-18]에서 데이터의 입출력이 일어날 때 동작하는 디스크를 주황색으로 표시했는데, 데이터 A가 여러 디스크의 섹터에 나뉘어 있으므로, 데이터 A를 읽을 때 모든 디스크가 동시에 동작한다.

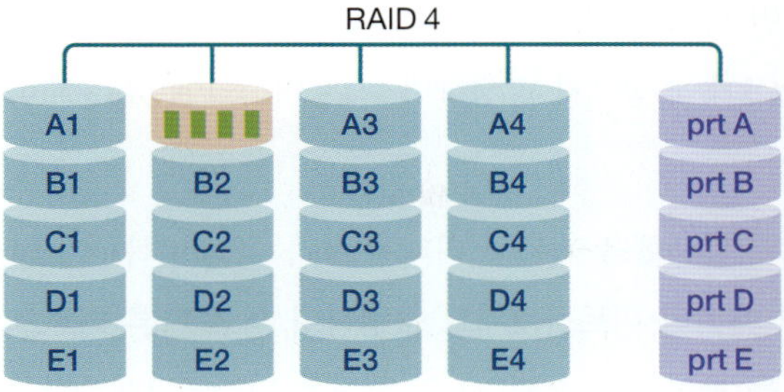

그림 12-19 RAID 4

반면 [그림 12-19]의 RAID 4에서는 데이터를 하나의 디스크에 블록 단위로 저장하고 패리티 비트를 블록과 연결한다. 따라서 데이터가 저장된 디스크와 패리티 비트가 저장된 디스크(주황색)만 동작한다는 것이 장점이다. 한편 RAID 4도 RAID 3과 마찬가지로 패리티 비트를 추가하는 계산량이 많다.

RAID 4의 가장 큰 단점은 병목 현상이다. RAID 4에서는 모든 패리티 비트가 하나의 디스크에 저장되기 때문에 입출력이 일어날 때마다 패리티 비트를 저장하는 디스크에서 병목 현상이 발생한다. 또한 패리티 비트가 저장된 디스크와 다른 디스크에서 동시에 장애가 발생하면 디스크를 복구할 수 없다는 치명적인 단점이 있다.

RAID 5와 RAID 6: 분산 패리티 기반 고신뢰성 방식

RAID 5는 RAID 4와 마찬가지로 패리티 비트를 사용하여 데이터를 복구하지만 병목 현상을 해결한 방식이다. 또한 RAID 4에서 패리티 비트가 있는 디스크가 고장 났을 때 복구가 어렵다는 문제도 해결한다. RAID 5에서는 패리티 비트를 해당 데이터가 없는 디스크에 분산하여 구성한다. [그림 12-20]은 RAID 5의 구조를 보여준다.

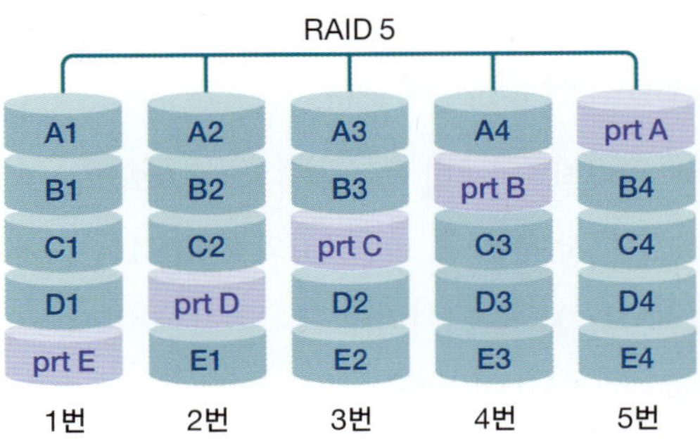

그림 12-20 RAID 5

데이터 A의 패리티 비트를 데이터 A가 없는 5번 디스크에, 데이터 B의 패리티 비트를 데이터 B가 없는 4번 디스크에 보관한다. 따라서 디스크 1개에 장애가 발생하면 다른 디스크에 있는 패리티 비트를 이용하여 데이터를 복구할 수 있다.

그런데 RAID 5에서 디스크 2개에 동시에 장애가 발생했을 때는 패리티 비트가 사라져 복구가 불가능하다. RAID 6은 이 문제를 해결하기 위해 패리티 비트를 2개로 구성하여 서로 다른 디스크에 분산한다. [그림 12-21]은 RAID 6의 구조를 보여준다. RAID 6의 장점은 디스크 2개까지의 장애를 복구할 수 있다는 점이다. 그러나 RAID 5보다 계산량이 많고, 디스크 4개마다 2개의 추가 디스크가 필요하다.

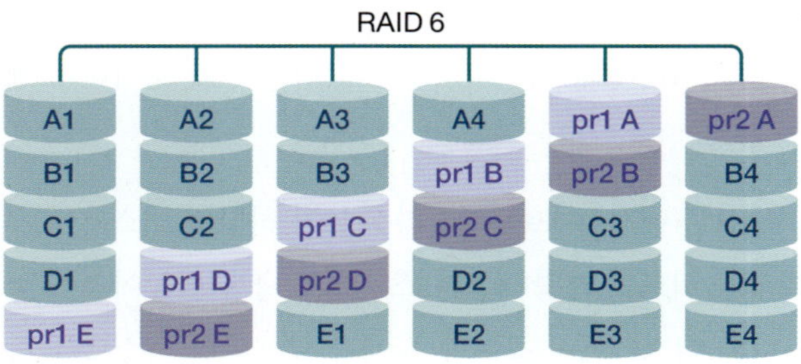

그림 12-21 RAID 6

3 복합 RAID

RAID 0+1과 RAID 10

하드디스크 가격이 저렴해짐에 따라 RAID 시스템에서는 필요 디스크의 수가 많더라도 빠른 입출력과 복구를 더 중요하게 생각하게 되었다. 그 결과 입출력이 빠른 RAID 0과 복구 기능이 있는 RAID 1을 결합한 RAID 10이 등장했다. RAID 10은 RAID 1+0을 의미한다. RAID 10과 유사한 형태인 RAID 0+1도 있으나 복구 효율이 더 높은 RAID 10이 많이 사용된다.

[그림 12-22]는 RAID 0+1과 RAID 10을 비교하여 보여준다. (a)의 RAID 0+1은 4개의 디스크를 2개씩 묶어 RAID 0으로 구성하고, 이를 RAID 1로 다시 묶는다. 또한 (b)의 RAID 10은 4개의 디스크를 2개씩 묶어 RAID 1로 구성하고, 이를 RAID 0으로 다시 묶는다. 디스크를 RAID 0으로 먼저 묶으면 RAID 0+1이고, RAID 1로 먼저 묶으면 RAID 10이다.

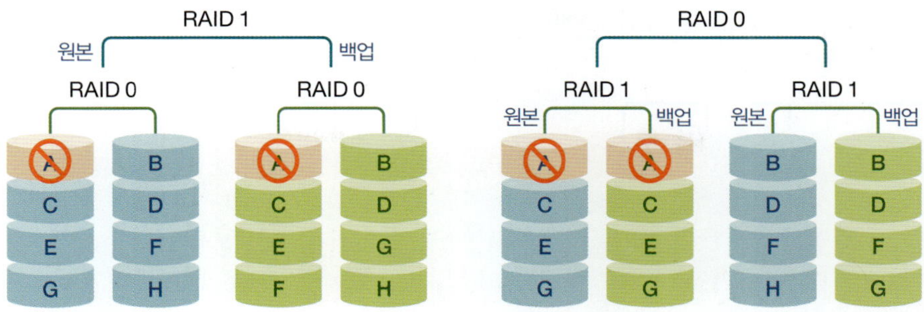

(a) RAID 0+1 (b) RAID 10

그림 12-22 RAID 0+1과 RAID 10

RAID 0+1과 RAID 10은 둘 다 병렬로 데이터를 처리하여 입출력 속도를 높이며, 장애 발생 시 미러링된 디스크를 사용하여 복구할 수 있다. 그러나 RAID 0+1 시스템에서 장애가 발생하면 복구하기 위해 모든 디스크를 중단해야 하고, RAID 10은 일부 디스크만 중단하여 복구할 수 있다는 차이점이 있다.

[그림 12-22]에서 데이터 A를 복구한다고 가정하자. RAID 0+1에서는 데이터 A의 백업이 RAID 1로 묶인 반대편 RAID 0 구역에 있으므로, 데이터를 복구하려면 4개의 디스크를 모두 멈추어야 한다. RAID 0은 복구 기능이 없어 RAID 1의 입장에서는 RAID 0으로 묶인 디스크들이 하나의 디스크로 인식되기 때문이다. 그러나 RAID 10에서는 원본 디스크와 백업 디스크가 RAID 1로 묶여 있어 반대편에 있는 디스크를 멈추지 않아도 복구할 수 있다. 그러나 RAID 10의 단점은 시스템을 구성하기 위하여 최소 4개의 디스크가 필요하다는 것이다.

RAID 50과 RAID 60

RAID 50과 RAID 60은 RAID 10과 마찬가지로 원본과 백업을 RAID 0으로 묶어 성능을 높이는 방식이다. RAID 50에서는 RAID 5로 묶은 쌍을 다시 RAID 0으로 묶어 사용하고, RAID 60에서는 RAID 6으로 묶은 쌍을 다시 RAID 0으로 묶어 사용한다. [그림 12-23]은 RAID 60의 구조를 보여주며, 여기에서 두 번째 패리티 비트를 빼면 RAID 50이 된다.

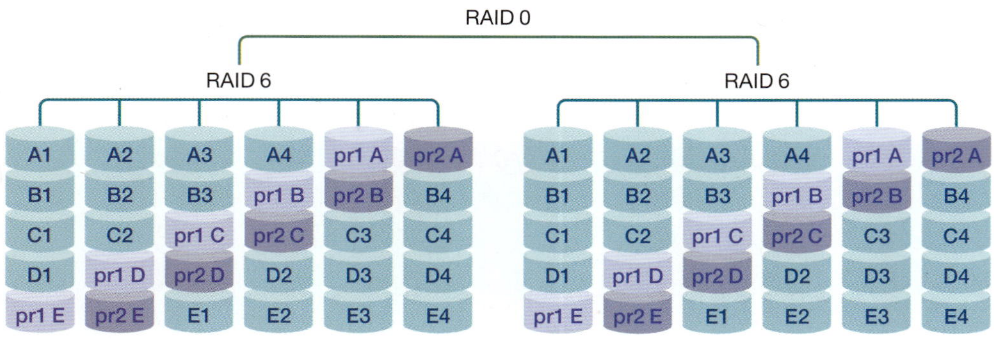

그림 12-23 RAID 60의 구조

RAID 10, RAID 50, RAID 60의 장단점은 앞에서 살펴본 RAID 1, 5, 6의 장단점과 같다. RAID 50과 RAID 60은 RAID 10에 비해 추가되는 디스크의 수가 적지만 입출력 시 계산량이 많다.

SECTION 03

입출력 시스템

1 입출력 장치와 버스 구성

저속장치와 고속장치

컴퓨터는 필수장치인 CPU와 메모리, 주변장치인 입출력 장치와 보조 저장장치로 구성되며, 각 장치는 메인보드에 있는 버스bus를 통해 연결된다. 다양한 주변장치는 데이터 전송 속도에 따라 저속 주변장치와 고속 주변장치로 구분한다.

저속 주변장치는 메모리와 주변장치 사이에 오고 가는 데이터 양이 적어 데이터 전송률이 낮은 장치를 말한다. 키보드의 경우 아무리 빨리 타이핑을 한다고 해도 1초 동안 입력할 수 있는 데이터가 1KB를 넘지 않으므로 저속 주변장치이다. 고속 주변장치는 메모리와 주변장치 사이에 대용량의 데이터가 오고 가며 데이터 전송률이 높은 장치를 말한다. 그래픽카드처럼 초당 수십 장의 영상을 출력해야 하는 장치나 대량의 데이터를 전송하는 하드디스크는 대표적인 고속 주변장치이다. [그림 12-24]는 각 주변장치의 데이터 전송량을 보여준다.

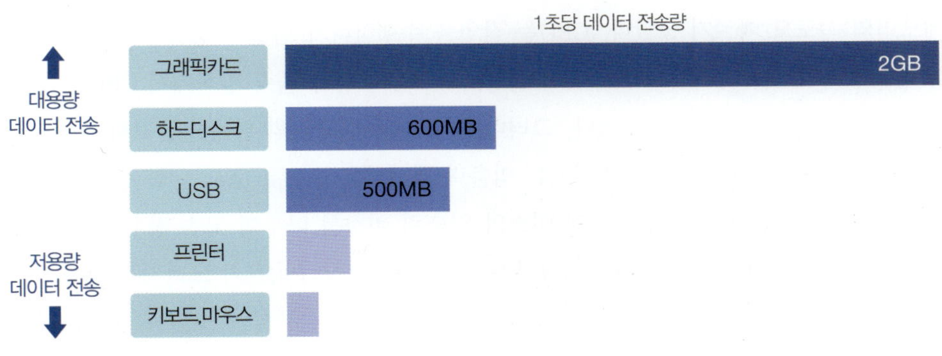

그림 12-24 주변장치의 데이터 전송 속도

버스에는 속도가 다른 다양한 종류의 장치가 연결되기 때문에 버스를 1개만 사용하면 병목 현상이 발생한다. 따라서 여러 개의 통로를 묶어서 사용하는데, 이때 데이터가 지나다니는 하나의 통로를 **채널**channel이라 부른다. 채널은 도로의 차선이라 생각하면 쉽게 이해할 수 있다. 3채널 버스는 3개의 주변장치가 동시에 데이터를 주고받을 수 있는 3차선 도로와 같다.

[그림 12-25]는 채널 공유와 채널 분리의 개념을 나타낸 것이다. 주변장치는 저마다 데이터 전송 속도가 달라서 채널을 무분별하게 사용하면 문제가 발생한다. (a)와 같이 3차선 도로에 트랙터, 여객버스, 승용차가 모두 섞여 다닌다면 느린 트랙터 때문에 모든 차의 운행이 원활하지 않을 것이다. 이와 마찬가지로 채널을 모든 주변장치가 공유하면 전체적으로 데이터 전송이 느려진다.

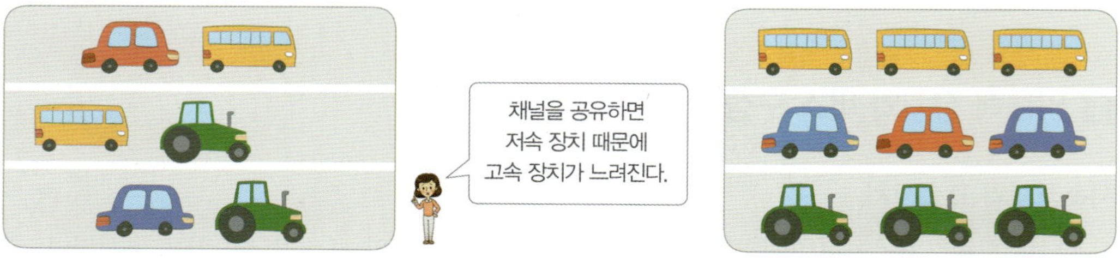

(a) 모든 장치가 채널을 공유

(b) 장치 속도별로 채널을 분리

그림 12-25 채널 공유와 채널 분리

여러 채널을 효율적으로 사용하는 방법은 속도 차이가 크게 나는 장치를 분리하는 것이다. (b)와 같이 여객버스는 1차선을, 승용차는 2차선을, 트랙터는 3차선을 사용하면 도로의 효율을 높일 수 있다. 이처럼 전송 속도가 비슷한 장치끼리 묶고, 속도에 따라 채널을 할당하면 전체 데이터 전송 속도를 향상할 수 있다.

입출력 버스 구조

컴퓨터가 처음 개발되었을 때는 주변장치가 많지 않아 모든 장치가 하나의 버스로 연결되었고, CPU와 메모리의 속도도 빠르지 않았다. CPU는 작업을 수행하다가 입출력 명령을 만나면 직접 입출력 장치에서 데이터를 가져왔는데 이것이 폴링polling 방식이다. 폴링 방식에서 CPU는 입출력이 끝날 때까지 다른 작업을 할 수 없었다. 그러나 곧 CPU와 메모리의 성능이 급격히 향상되고 주변장치의 종류도 다양해지면서 입출력 장치는 **입출력 제어기**Input/Output controller를 통해 관리되는 구조로 바뀌었다. 입출력 제어기는 메인 버스와 입출력 버스를 나누어 고속 장치와 저속 장치의 병렬 처리를 가능하게 하며, 느린 주변장치 때문에 CPU의 작업 속도가 느려지는 것을 방지한다.

[그림 12-26]은 입출력 제어기를 사용하는 입출력 버스의 구조를 보여준다. 입출력 제어기는 메인 버스와 입출력 버스의 2개 채널로 나뉜다. 메인 버스는 고속으로 작동하는 CPU와 메모리가 사용하고, 입출력 버스는 그보다 느린 주변장치가 사용한다. CPU가 입출력을 요청하면 입출력 제어기는 입출력 장치로부터 데이터를 직접 송수신한다. 입출력 제어기를 사용하면 느린 입출력 장치로 인해 CPU와 메모리의 작업이 느려지는 것을 막을 수 있어 전체 작업 효율이 향상된다.

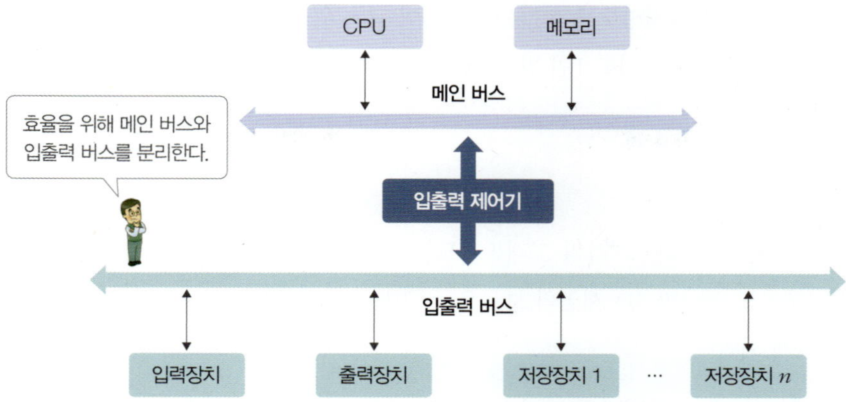

그림 12-26 **입출력 제어기가 있을 때 입출력 버스의 구조**

입출력 버스 분리

입출력 제어기를 사용함으로써 작업 효율을 높일 수 있지만, 한편으로 저속 주변장치 때문에 고속 주변장치의 데이터 전송이 느려지는 문제가 있다. 하드디스크와 같은 고속 주변장치가 키보드, 마우스 같은 저속 주변장치와 입출력 버스를 공유하면 입출력 속도가 현저히 저하되므로, 이를 해결하기 위해 입출력 버스를 고속 입출력 버스와 저속 입출력 버스로 분리하여 운영한다.

[그림 12-27]은 입출력 버스를 고속 입출력 버스와 저속 입출력 버스로 분리한 구조를 보여준다. 고속 입출력 버스에는 고속 주변장치를 연결하고 저속 입출력 버스에는 저속 주변장치를 연결한다. 또한 두 버스 사이의 데이터 전송은 채널 선택기channel selector가 조절하여 속도가 다른 장치들

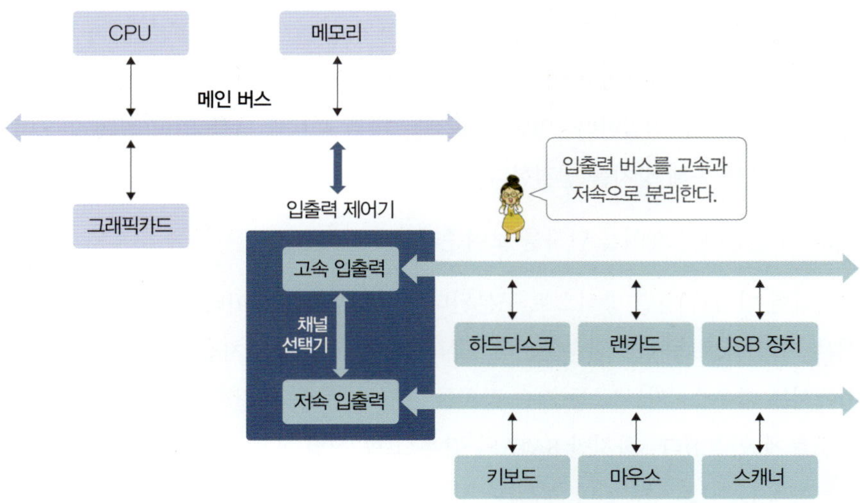

그림 12-27 **입출력 버스의 분리**

간에도 안정적인 데이터 흐름을 유지하도록 한다. 예를 들어 고속 입출력 버스에서 데이터를 10번 받는 동안 저속 입출력 버스에서 데이터를 1번 받는 식으로 두 버스의 데이터 전송 속도를 조절한다.

그래픽카드

그래픽카드는 특별한 주변장치이다. 초기의 그래픽카드는 단순히 데이터를 화면에 출력하는 기능만 했다. 그러나 고해상도 영상과 3D 게임의 보급으로 고속 그래픽 연산을 수행하는 전용 프로세서인 GPU를 부착하게 되었다.

CPU는 연산 외에도 메모리 관리, 주변장치 관리, 인터럽트 처리 등의 다양한 작업을 하도록 설계되어 있다. 반면 GPU는 실수 연산을 빠르게 처리하도록 설계되어 있다. 그래픽 관련 연산이 대부분 실수 연산이기 때문이다. 마치 계산을 전담하는 CPU 코어가 수백 개 달려 있는 것과 비슷하다. 계산 이외에도 다양한 작업을 처리하는 CPU에 비하여 계산에 특화된 GPU의 연산 능력이 탁월하다. 클록 속도가 비슷할 때, 계산 능력만 비교하면 GPU의 성능이 CPU의 10배 이상이다. 알파고가 사용한 GPU 280개는 이론적으로 초당 1,400조 번을 계산할 수 있다고 알려져 있다. GPU는 뛰어난 계산 능력 때문에 최근 딥러닝 모델이나 가상화폐 채굴 등 대용량의 데이터를 빠르게 처리해야 하는 분야에서 활용된다. 이러한 대용량 데이터는 고속 입출력 버스로도 감당하기 어렵기 때문에 GPU(그래픽카드)를 메인 버스에 바로 연결하여 사용하게 되었다.

포트

컴퓨터에는 CPU와 메모리를 연결하는 메인 버스, 그래픽카드와 연결되는 그래픽 전용 버스, 고속 · 저속 장치를 위한 입출력 버스가 있다. 이러한 버스에 장치를 연결하려면 포트port가 필요하다. 포트는 가전제품의 전원 코드 단자와 같이 장치 규격에 맞춰 데이터를 주고받는 접속 단자로, 컴퓨터와 주변장치를 물리적으로 연결한다. 일반 사용자는 내부 포트를 다룰 일이 거의 없으며, 보통은 컴퓨터 외부의 포트를 통해 장치를 연결한다.

[그림 12-29]는 포트에 연결하는 케이블 단자를 보여준다.

버스의 통신 방식은 직렬 방식과 병렬 방식으로 구분된다. 직렬 방식은 데이터를 한 줄로 순차 전송하고, 병렬 방식은 여러 줄로 동시에 전송하는데, 각각 1차선 도로와 다차선 도로에 비유할 수 있다. 초기 컴퓨터에서는 마우스, 키보드 등 저속 장치를 직렬 포트에, 프린터나 하드디스크 같은 고속 장치를 병렬 포트에 연결했다. 하지만 SATA와 같은 고속 직렬 포트도 개발되었으며, 직렬 포트는 대개 동그란 형태(DIN)로 구분된다. 다양한 장치를 동시에 연결해야 하는 현대 환경에서는, 장치마다 포트가 달라 불편이 컸다. 이를 해결한 것이 USBUniversal Serial Bus이다.

그림 12-28 메인보드의 포트

USB는 키보드, 마우스, 프린터, 카메라, 저장장치 등 다양한 장치를 하나의 포트 규격으로 연결할 수 있는 범용 직렬 인터페이스다. 데이터 전송과 전력 공급을 함께 지원하며, 컴퓨터 외에도 스마트폰, 게임 콘솔, 태블릿 등 다양한 기기에서 사용된다. 대부분의 컴퓨터에는 여러 개(보통 4개 이상)의 USB 포트가 있으며, USB 1.0(초당 최대 1.5Mbit(150KB)/s)부터 USB4(최대 80Gbit/s)까지 속도도 발전해왔다. 최근에는 USB Type-C가 널리 사용되며, 데이터 전송, 충전, 영상 출력까지 모두 가능한 통합 포트로 자리 잡았다. USB-C는 노트북, 스마트폰, 모니터 등의 표준 충전 및 연결 단자로 채택되고 있다.

D-SUB, DVI, HDMI는 그래픽카드와 모니터를 연결하는 단자이다. D-SUB D-SUBminiature는 브라운관 시절부터 사용된 아날로그 영상 전송 방식으로, 모니터가 디지털 방식으로 전환되면서 D-SUB는 점차 사용되지 않는 추세다. DVI Digital Visual Interface는 컴퓨터 모니터와 디지털 프로젝터 등 디지털 영상 장치에 최적화된 표준 인터페이스로, 디지털 방식으로 데이터를 전송한다. 고해상도 출력이 가능해 한동안 모니터의 주요 영상 단자로 널리 사용되었다. HDMI High Definition Multimedia Interface는 비압축 방식의 디지털 영상 · 음성 통합 인터페이스 규격이다. DVI와 달리 영상과 음성을 케이블 1개로 동시에 전송할 수 있어, 컴퓨터뿐 아니라 TV, 프로젝터 등 다양한 장치에서 널리 사용된다.

그림 12-29 케이블 단자

2 입출력 제어 방식

직접 메모리 접근

원래는 CPU만 메모리를 사용했으나 입출력 제어기가 도입됨에 따라 이 장치도 메모리를 사용하게 되었다. 따라서 입출력 장치가 CPU의 허락 없이도 메모리와 데이터를 주고 받을 수 있는 권한을 **직접 메모리 접근**(DMA Direct Memory Aceess)이라 부른다.

DMA를 사용하면 CPU가 직접 데이터 전송을 수행할 필요 없이, 입출력 장치가 직접 메모리와 데이터를 주고받을 수 있다. 이는 CPU의 부담을 줄이고 시스템 성능을 향상하는 데 중요한 기술이다. 특히 대량의 데이터를 전송하는 장치(디스크 드라이브, 네트워크 카드, 그래픽카드)에서 DMA가 필수적이다.

DMA 기능을 수행하는 데 DMA 제어기controller라는 하드웨어가 사용된다. DMA 제어기는 CPU를 대신하여 메모리와 입출력 장치 간의 데이터 전송을 조정하며, CPU의 개입 없이 독립적으로 작업을 수행한다.

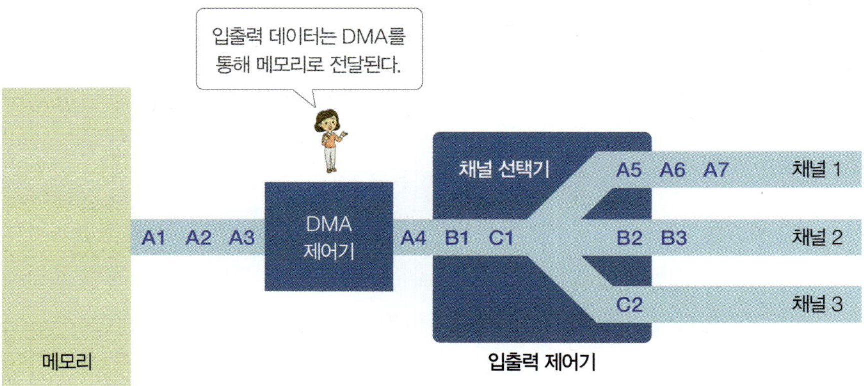

그림 12-30 입출력 제어기

[그림 12-30]은 입출력 제어기와 DMA 제어기의 구조를 보여준다. 입출력 제어기는 여러 채널에 연결된 주변장치로부터 전송된 데이터를 적절히 배분하여 하나의 데이터 흐름을 만든다. 이때 채널 선택기는 여러 채널에서 전송된 데이터 중 어떤 것을 메모리로 보낼지 결정한다. 이렇게 주변장치에서 전송된 데이터는 DMA 제어기를 거쳐 메모리에 올라간다. 반대로 메모리에서 주변장치로 데이터를 전송할 때는 DMA 제어기가 메모리에서 데이터를 가져오면 채널 선택기에서 적당한 채널로 전송한다.

DMA 동작 과정은 다음과 같다.

❶ CPU가 DMA 컨트롤러에 데이터 전송을 요청한다. 이때 전송할 데이터의 크기, 메모리 주소, 대상 장치 주소 등을 지정한다.

❷ DMA 컨트롤러가 I/O 장치와 메모리 간의 직접 데이터 전송을 수행한다. 그동안 CPU는 다른 작업을 수행할 수 있다.

❸ 데이터 전송이 완료되면 DMA 컨트롤러가 인터럽트를 발생시켜 CPU에 완료를 알린다.

❹ CPU가 후처리 작업을 수행하고 데이터 사용 가능 상태로 변경한다.

DMA 방식에서는 입출력이 진행되는 동안 CPU가 다른 작업을 수행할 수 있고, CPU를 거치지 않으므로 메모리와 장치 간 전송 속도가 더욱 빨라진다. 그러나 DMA 컨트롤러를 추가해야 하므로 시스템 비용이 증가할 수 있으며, DMA가 메모리를 사용할 때 CPU와 충돌할 가능성이 있다. 이를 해결하기 위해 메모리 맵 입출력을 사용한다.

메모리 맵 입출력

메인 메모리는 원래 CPU가 작업하는 공간이지만, DMA를 통해 입출력 장치도 직접 메모리에 접근할 수 있게 되면서 CPU의 작업 공간과 DMA의 작업 공간이 겹치는 문제가 발생한다.

과거에는 [그림 12-31]의 (a)와 같이 DMA 제어기가 전송하는 데이터를 별도의 입출력 전용 메모리에 저장한 후, 다시 메인 메모리로 옮겼다. 그러나 이 방식은 불필요한 데이터 이동이 있어 입출력 성능이 저하된다. 오늘날의 입출력 시스템에서는 (b)와 같이 CPU와 DMA가 충돌하지 않도록 **메모리 맵 입출력**(MMIO Memory-Mapped Input/Output)을 사용한다. MMIO 방식은 메인 메모리의 주소 공간 중 일부를 DMA 제어기에 할당하여, CPU와 DMA의 작업 공간이 겹치는 문제를 방지한다.

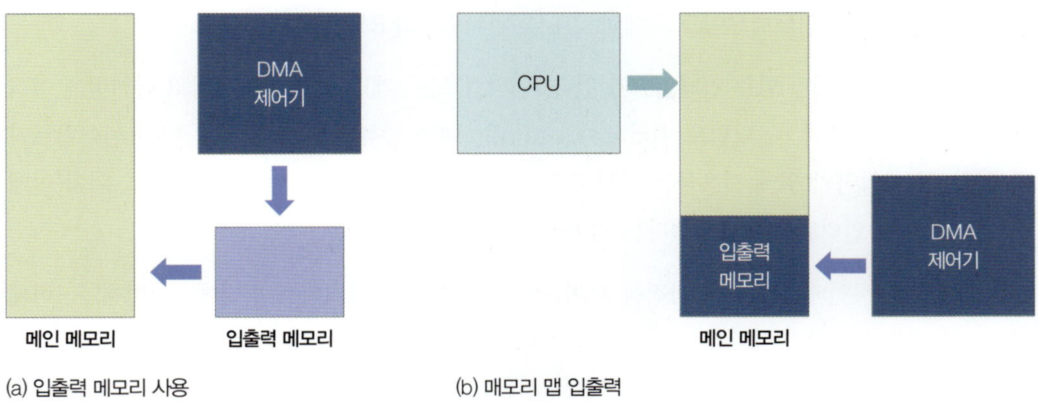

그림 12-31 메모리 공간 분할

MMIO의 다른 장점은 CPU가 메모리 접근과 입출력 명령에 일관된 명령어를 사용할 수 있다는 것이다. CPU가 입출력에 할당된 메모리 주소를 읽거나 쓰면 실제로는 해당 입출력 장치에서 데이터 전송이 일어난다. 과거에는 입출력을 위해 입력(IN) 명령어와 출력(OUT) 명령어를 사용해야 했지만, MMIO는 CPU가 일반적인 메모리 읽기(LOAD)와 쓰기(STORE) 명령어를 사용하여 입출력 작업을 수행할 수 있도록 지원한다.

인터럽트

입출력 제어기와 DMA 제어기의 협업으로 작업이 완료되면 입출력 제어기는 CPU에 인터럽트를 보낸다. 인터럽트는 주변장치의 입출력 요구나 하드웨어의 이상 현상을 CPU에 알려주는 신호이다. CPU가 요청한 작업을 완료했을 때, 키보드로 데이터를 입력받았을 때, 네트워크 카드에 새로운 데이터가 도착했을 때, 하드웨어에 이상이 발생했을 때 등 다양한 인터럽트가 발생한다.

컴퓨터 시스템에는 다양한 종류의 장치가 있어, CPU가 인터럽트를 받아도 어떤 장치로부터 받은 인터럽트인지 확인하기가 어렵다. 따라서 각 장치에는 인터럽트 번호가 부여된다. 인텔 CPU가 부여하는 인터럽트 요청 번호를 IRQInterrupt ReQuest라 부른다. 예를 들어 시스템 타이머로부터 발생하는 인터럽트는 IRQ 0번, 키보드로부터 발생하는 인터럽트는 IRQ 1번이다. 인터럽트가 발생하면 해당 인터럽트를 처리하는 인터럽트 핸들러 혹은 인터럽트 서비스 루틴interrupt service routine이 활성화되어 이를 처리한다.

지금까지 설명한 인터럽트는 외부 인터럽트이다. 외부 인터럽트는 입출력 장치로부터 오는 인터럽트뿐 아니라 전원 이상이나 기계적인 오류 때문에 발생하는 인터럽트를 포함하므로 하드웨어 인터럽트라 부른다.

한편 숫자를 0으로 나누거나 자신의 주소 공간을 벗어나서 작업하는 것과 같이 프로세스의 오류와 관련된 인터럽트는 내부 인터럽트이다. 내부 인터럽트는 프로세스의 잘못이나 예상치 못한 문제 때문에 발생하는 인터럽트이므로 예외exception 인터럽트라고도 부른다.

시스템 내에는 100개가 넘는 인터럽트가 있다. 인터럽트는 1개만 발생하기도 하고 한꺼번에 여러 개가 발생하기도 한다. 인터럽트 벡터interrupt vector는 여러 종류의 인터럽트 중 어떤 인터럽트가 발생했는지 파악하기 위해 사용하는 자료구조이다. 인터럽트 벡터에서 값이 1이면 그 위치(인덱스)에 대응하는 인터럽트가 발생했다는 의미이다.

[그림 12-32]는 인터럽트 처리 과정을 보여준다. 그림에서는 인터럽트 벡터에서 2번째와 5번째 값이 1이고 나머지 위치는 값이 0이다. 이는 인터럽트 2번과 5번이 동시에 발생했다는 의미이다.

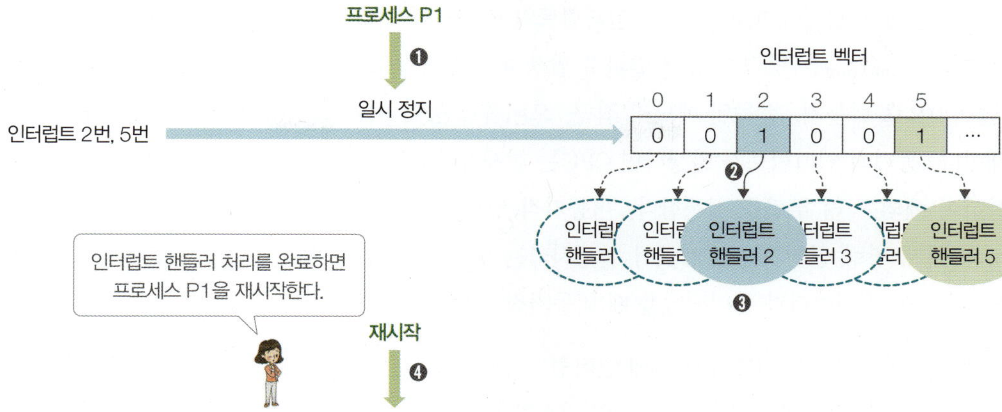

그림 12-32 인터럽트 처리 과정

❶ 인터럽트가 발생하면 현재 실행 중인 프로세스는 일시 정지 상태가 되며, 재시작하기 위해 현재 프로세스 관련 정보를 임시로 저장한다.

❷ 인터럽트 컨트롤러가 실행되어 인터럽트의 처리 순서를 결정한다. 이때 여러 개의 인터럽트가 동시에 발생했다면 인터럽트의 우선순위를 고려하여 중요한 인터럽트부터 처리하도록 순서를 결정한다.

❸ 인터럽트 벡터에는 인터럽트를 처리할 핸들러가 연결되어 있다. 먼저 처리할 인터럽트가 결정되면 인터럽트 벡터에 등록된 인터럽트 핸들러가 실행된다.

❹ 모든 인터럽트 처리를 완료되면 일시 정지된 프로세스가 P1이 다시 실행된다.

인터럽트 핸들러는 인터럽트의 처리 방법을 함수 형태로 만들어 놓은 것이다. 운영체제는 인터럽트가 발생하면 인터럽트 핸들러를 호출하여 작업을 한다. 인터럽트 벡터에는 해당 인터럽트 핸들러를 호출할 수 있도록 인터럽트 핸들러가 저장된 메모리의 주소가 포인터 형태로 등록되어 있다.

3 심화 인터럽트 종류와 시그널 처리

인터럽트의 종류

앞에서는 입출력 시의 인터럽트에 대해 간단히 설명했지만, 실제로 인터럽트는 컴퓨터 시스템 전반에 걸쳐 폭넓게 사용되는 중요한 개념이다. 예를 들어 어떤 프로세스가 실행 중에 다른 프로세스의 메모리 공간에 잘못 접근하면, CPU는 메모리 보호를 위해 인터럽트를 발생시켜 해당 프로세스를 강제 종료시킨다. 또한 유닉스 시스템에서 프로그램이 무한 루프에 빠졌을 때 사용자가 Ctrl + C를 눌러 이를 강제로 중단시키는 것도 일종의 인터럽트이다.

인터럽트는 발생 방식에 따라 동기적 인터럽트와 비동기적 인터럽트로 구분된다. **동기적 인터럽트** synchronous interrupt는 명령어 실행 결과로 발생하는 인터럽트로, 예외 exception라고도 부른다. 예를 들어 0으로 나누기, 잘못된 메모리 접근, 오버플로 등이 이에 해당하며, 모두 CPU 내부에서 발생한다. 동기적 인터럽트가 발생하면 CPU는 현재 실행 중인 프로세스를 중단하고 커널 모드로 전환하여 예외 처리 루틴을 실행한다. **비동기적 인터럽트** asynchronous interrupt는 하드웨어 장치가 CPU의 현재 명령 실행과는 관계없이 발생시키는 인터럽트이다. 예를 들어 키보드를 누르거나, 하드디스크에서 데이터가 준비되었을 때 비동기적 인터럽트가 발생한다.

운영체제는 인터럽트를 식별하기 위해 인터럽트 번호 interrupt number를 사용한다. 동기적 인터럽트와 비동기적 인터럽트에 서로 다른 범위의 번호가 할당되며, 다음 [표 12-3]과 같다.

표 12-3 인터럽트 번호 할당

종류	인터럽트 번호	설명
내부 인터럽트	0~31번	CPU 내부에서 발생하며, CPU가 오류를 직접 처리함
외부 인터럽트	32~47번	하드웨어 장치의 요청으로 발생하며, IRQ 번호에 매핑됨
소프트웨어 시그널	128번 이상	사용자나 커널에 의해 발생하는 소프트웨어 시그널

동기적 인터럽트는 프로그램 실행 중 CPU 내부에서 발생하므로 내부 인터럽트라고도 부른다. 이 인터럽트는 예외 상황을 의미하며, 오류를 CPU가 직접 처리한다. 예를 들어 인터럽트 번호 0번은 0으로 나눈 경우, 4번은 오버플로가 발생한 경우, 5번은 잘못된 메모리 접근을 의미한다. 이러한 인터럽트가 발생하면 해당 프로세스는 강제로 종료되며, 종료 직전까지의 메모리 상태와 레지스터 내용을 저장한다. 이 데이터를 코어 덤프 core dump라고 부르며, 오류 원인을 디버깅하는 데 사용한다.

비동기적 인터럽트는 CPU 외부에서 발생하기 때문에 외부 인터럽트라고 한다. 커널은 인터럽트가 어떤 장치에서 발생했는지를 식별하기 위해 각 장치에 IRQ 번호를 배정한다. 하드웨어 장치가 IRQ 번호를 통해 CPU에 인터럽트를 요청하면 커널은 이를 감지하고 대응한다. IRQ는 총 16개(0~15번)까지 할당된다. 예를 들어 IRQ 0번이 타이머, 1번이 키보드, 15번이 하드디스크 제어기에 할당된다. 주의할 점은 IRQ 번호와 인터럽트 번호가 다르다는 것이다. IRQ 번호는 장치가 사용하는 번호이며, 인터럽트 번호는 CPU가 인터럽트를 처리하기 위해 사용하는 매핑된 번호이다. 예를 들어 IRQ 0번은 인터럽트 번호 32번, IRQ 15번은 인터럽트 번호 47번으로 매핑된다.

하드웨어 인터럽트는 외부 장치에 의해 발생하며, 기계어 수준에서 인터럽트 서비스 루틴(ISR) Interrupt Service Routine을 통해 처리한다. 소프트웨어 인터럽트는 시스템 호출, 사용자 요청 등으로 발생하며, 예외 처리 루틴이나 시그널 핸들러를 통해 처리된다. 예를 들어 사용자가 Ctrl+C를 눌러 시그널을 발생시키면 해당 시그널 번호에 연결된 핸들러 함수가 실행된다.

Note **인터럽트 서비스 루틴**

인터럽트 서비스 루틴(ISR)은 하드웨어에서 인터럽트가 발생했을 때 CPU가 자동으로 실행하는 기계어 코드이다. 예를 들어 키보드를 누르면 키보드 장치는 IRQ를 통해 CPU에 인터럽트를 요청하고, CPU는 ISR을 실행하여 어떤 키가 눌렸는지를 확인한다. ISR은 운영체제 커널에 의해 장치별로 사전에 정의되어 있으며, 매우 빠르고 짧게 실행되도록 설계된다.

지금까지 설명한 내용을 정리하면 [표 12-4]와 같다.

표 12-4 인터럽트 종류 비교

구분	동기적 인터럽트	비동기적 인터럽트
정의	명령어 실행 결과로 발생	명령어 실행과 무관하게 발생
발생위치	CPU 내부	CPU외부의 하드웨어 장치
예시	0으로 나누기, 오버 플로, 잘못된 메모리 접근	키보드 입력, 마우스 클릭, 하드디스크 완료
관련용어	소프트웨어 인터럽트, 내부 인터럽트	하드웨어 인터럽트, 외부 인터럽트
처리 방법	예외처리 루틴, 시그널 핸들러	인터럽트 서비스 루틴(ISR)

시그널의 종류와 번호

소프트웨어적인 관점에서 인터럽트를 생각하면 이는 "프로세스를 잠깐 멈추세요" 또는 "프로세스를 종료하세요"와 같은 메시지이다. 이러한 메시지를 시그널signal이라고 부르며, 연결된 시그널 핸들러 함수가 실행되어 이를 처리한다.

[표 12-5]와 같이, 모든 시그널은 `SIG`로 시작하며 고유한 시그널 번호를 가진다. `SIGINT`은 Ctrl+C를 눌러서 프로세스를 종료하는 시그널이고, 시그널 번호는 2번이다. `SIGINT`가 전달되면 해당 프로세스는 종료된다. `SIGCHLD`는 자식 프로세스가 종료되었을 때 부모 프로세스에 전달되는 시그널이고, 시그널 번호 17번이다. 부모 프로세스는 해당 신호를 무시할 수 있다.

표 12-5 유닉스의 주요 시그널과 특징

시그널	번호	기본동작	특징
SIGHUP	1	종료	hangupm 터미널 접속이 끊어짐
SIGINT	2	종료	Ctrl+C, 사용자 인터럽트
SIGQUIT	3	종료(코어 덤프)	Ctrl+\, 디버깅용 종료
SIGILL	4	종료(코어 덤프)	잘못된 명령어 실행
SIGABRT	6	종료(코어 덤프)	abort 함수 호출 시 발생, 비정상 종료
SIGKILL	9	종료	무조건 중료, 무시 불가능
SIGALRM	14	종료	알람 타이머 완료 시
SIGTERM	15	종료	일반적인 종료 요청
SIGCHLD	17	무시	자식 프로세스가 종료 시에 부모에게 전달
SIGCONT	18	재시작	정지된 프로세스를 다시 실행
SIGSTOP	19	정지	일시 정지, 무시 불가능, SIGCONT로 재시작 가능
SIGTSTP	20	정지	Ctrl+Z, 터미널 일시 정지, SIGCONT로 재시작 가능

사용자에 의해 시그널이 발생하는 경우를 보자. 다음과 같이 `sleep 100`을 실행한 후 터미널에서 Ctrl+Z 키를 누르면 시그널 20번인 `SIGSTP`가 발생하여 `sleep` 프로세스가 일시 정지한다. 이 상태에서 bg를 입력하면 정지된 프로세스 `sleep 100`은 백그라운드에서 실행된다. 이는 18번 시그널인 `SIGCONT`가 발생하여 `sleep 100`을 재시작한 것이다.

```
$ sleep 100
^Z                    <- SIGSTP 발생, 일시 정지
[1]+ Stopped          sleep 100
$ bg                  <- SIGCONT 발생, 재시작
[1]+ sleep 100 &
```

그림 12-33 유닉스의 사용자 시그널

기본 시그널 핸들러를 사용자 함수로 재정의하는 것도 가능하다. 예를 들어 Ctrl+C를 누르면 프로세스가 종료되지만, 종료되지 않고 계속 작업이 진행되도록 핸들러를 다시 정의할 수 있다. 그러나 모든 시그널을 재정의할 수 있으면, 특정 프로세스가 모든 시그널을 무시하고 영원히 죽지 않게 만들 수 있다. 이 문제를 해결하기 위해 신호를 무시할 수 없는 시그널을 만들었는데, 대표적인 것이 9번 시그널인 `SIGKILL`이다.

예를 들어 shell 프로세스는 Ctrl+C를 누를 때마다 종료되어서는 안 되기 때문에 SIGINT를 무시한다. 또한 Ctrl+Z에 의해 일시 정지된 프로세스에는 SIGINT가 작동하지 않는다. 이렇게 SIGINT를 무시하는 프로세스를 종료하는 방법을 알아보자.

```
$ sleep 100
^Z                <- SIGSTP로 일시 정지
[1]+ Stopped     sleep 100
$ ps
   PID  TTY   TIME     CMD
   2171 pts/0 00:00:00 bash
   2329 pts/0 00:00:00 sleep
   2381 pts/0 00:00:00 ps
$ kill 2329       <- SIGINT로 죽지 않음
$ kill  -9 2329   <- SIGKILL은 무조건 종료
[1]+ killed       sleep 100
```

그림 12-34 shell 프로세스에서의 프로세스 종료

터미널에서 프로세스에 SIGINT를 보내는 명령어는 kill이다. kill 2329는 프로세스 번호 2329번에 시그널 번호 2번(Ctrl+C)인 SIGINT를 보내어 프로세스를 종료하려 한다. 그러나 프로세스 2329번은 일시 정지 중인 프로세스이므로 kill 명령어가 작동하지 않는다. 이 경우 kill -9 2329를 사용하여 시그널 번호 9번인 SIGKILL을 보내면 해당 프로세스가 종료된다. 프로세스 2171번 bash도 kill 2171로는 죽지 않지만, kill -9 2171을 사용하면 종료되고 터미널도 같이 닫힌다.

시그널 핸들러 재지정 코드

[코드 12-1]은 시그널 2번(Ctrl+C)인 SIGINT의 핸들러를 사용자 함수로 재지정하는 코드이다. signal() 함수로 핸들러를 재지정하며, 해당 함수는 signal.h 라이브러리에 있다. www.onlinegdb.com에서 코드를 입력하면 결과를 확인할 수 있다.

5행부터 7행에서 원래의 함수 대신에 사용자 함수 sig_handler()를 SIGINT의 핸들러로 지정한다. 원래는 SIGINT가 발생하면 해당 프로세스는 종료되었다. 그러나 sig_handler() 함수에는 print()만 있기 때문에 프로세스 종료 대신 화면에 문자열을 출력하는 동작을 한다. 정확하게는 sig_handler(int signum)에서 매개변수 signum이 시그널 번호 2를 가지고 있어 Number: 2 signal received가 출력된다.

코드 12-1 시그널 핸들러 재지정 코드

```
01  #include <stdio.h>
02  #include <unistd.h>
03  #include <signal.h>
04
05  void sig_handler(int signum) {              // 시그널 핸들러 함수 본체
06      printf("\nNumber: %d signal received", signum);
07  }
08
09  void main() {
10      void (*handler)(int);                   // 함수 포인터 변수 선언
11
12      handler = signal(SIGINT, sig_handler); // SIGINT 핸들러 지정
13
14      printf("Waiting signal\n");
15      pause();                                // 시그널 수신까지 대기
16  }
```

```
Waiting signal
^C
Number: 2 signal received       <- 시그널 핸들러 실행
```

12행은 SIGINT의 핸들러를 sig_handler()로 재지정하는 함수이다. 반환값은 함수 포인터이기 때문에 handler는 10행에서 void (*handler)(int)와 같이 함수 포인터로 선언한다. 10행 이후부터 SIGINT가 발생하면 기본 핸들러(프로세스 종료)대신에 sig_handler()가 실행된다.

14행에서 Waiting signal을 출력한다. 15행의 pause()는 시그널 수신을 기다리는 함수이다. 실행 화면과 같이 Ctrl+C가 발생하면 Number: 2 signal received을 출력한다. 또한 시그널을 수신하면 pause()의 실행이 종료된다. 참고로 pause()는 unistd.h 라이브러리에 있다.

[코드 12-1]에서 SIGINT가 sig_handler()로 지정된 이후에 그 상태로 계속 남아있게 된다. 15행의 pause()를 while(1)로 바꾸어 실행해 보면 Ctrl+C를 누를 때마다 화면에 문자가 출력될 뿐이고 프로세스는 종료되지 않는다. 따라서 프로세스를 종료하려면 프로세스 번호(PID)를 찾아 kill -9로 종료시켜야만 한다.

기본 핸들러 재지정

핸들러를 한 번 사용한 후에 기본 핸들러로 바꾸려면 [코드 12-2]와 같이 핸들러를 재지정한다.

코드 12-2 기본 핸들러 재지정 코드

```c
01 #include <stdio.h>
02 #include <signal.h>
03
04 void sig_handler(int signum) {                   // 시그널 핸들러 함수 본체
05     void (*handler)(int);                        // 함수 포인터 변수 선언
06
07     handler = signal(SIGINT, NULL);              // SIGINT 기본 핸들러 재지정
08 }
09
10 void main() {
11     void (*handler)(int);                        // 함수 포인터 변수 선언
12
13     handler = signal(SIGINT, sig_handler);       // SIGINT 핸들러 지정
14     while(1);                                    // 무한 루프
15 }
```

```
^C               <- 시그널 수신 후 기본 핸들러로 재지정
^C               <- 프로세스 종료
```

7행에서 NULL이 원래의 기본 핸들러를 의미한다. 실행 화면에서 첫 번째 Ctrl+C를 눌렀을 때는 sig_handler()가 실행되어 프로세스가 종료되지 않는다. 그러나 7행에서 SIGINT가 기본 핸들러로 재지정되어 두 번째 Ctrl+C를 눌렀을 때는 프로세스가 종료된다.

요약

01 섹터는 하드디스크의 가장 작은 저장 단위이다. 하드디스크 플래터에는 회전축을 중심으로 데이터가 기록되는데, 트랙은 동심원상에 있는 섹터의 집합이다. 실린더는 여러 개의 플래터에서 회전축까지의 거리가 같은 트랙의 집합이다.

02 하드디스크의 플래터는 일정한 시간 동안 이동한 각도가 같은 각속도 일정 방식으로 회전한다. CD는 어느 트랙에서나 단위 시간당 디스크의 이동 거리가 같은 선속도 일정 방식으로 회전한다.

03 디스크 저장장치에서 데이터를 가져오는 시간은 탐색 시간 + 회전 지연 시간 + 전송 시간과 같고, 일반적으로 탐색 시간이 가장 길다. 헤드 이동을 최소화하여 탐색 시간을 줄이면서도 각 트랙에 공정하게 접근하기 위하여 다양한 디스크 스케줄링 방식이 개발되었다.

디스크 스케줄링 방식	설명
FCFS	요청이 들어온 트랙 순서대로 서비스하는 가장 단순한 스케줄링이다.
SSTF	헤드의 현재 위치에서 가장 가까운 트랙부터 서비스한다.
블록 SSTF	큐에 있는 트랙 요청을 일정한 블록 형태로 묶은 후, 블록 안에 있는 트랙 중 현재 위치에서 가까운 트랙부터 서비스한다.
SCAN	헤드가 마지막 트랙에 도착할 때까지 한 방향으로 전진하면서 요청받은 트랙을 서비스한다.
C-SCAN	헤드가 한 방향으로 움직이며 요청받은 트랙을 서비스하고, 반대 방향으로 돌아올 때는 서비스하지 않는다.
LOOK	헤드가 한 방향으로 전진하다가 진행 방향 앞쪽에 더 이상 서비스할 트랙이 없으면 방향을 바꾼다.

04 레이드(RAID)는 디스크 여러 개를 묶어 저장하고 관리하는 시스템이다. RAID 0은 데이터를 여러 개의 디스크에 나누어 저장하는 순수한 스트라이핑을 지원하여 입출력 속도를 높인다. RAID 1은 같은 데이터를 2개의 디스크에 저장하여 장애 시 복구에 사용한다. RAID 1에서 사본 디스크를 만드는 기법을 미러링이라 부른다.

05 고속 주변장치가 저속 주변장치와 입출력 버스를 공유하면 입출력 속도가 현저히 저하되므로, 고속 입출력 버스와 저속 입출력 버스를 분리하여 운영한다.

06 직접 메모리 접근(DMA)은 입출력 제어기가 CPU의 개입 없이 메모리와 직접 데이터를 주고받을 수 있도록 하는 기술이다. 메모리 맵 입출력(MMIO)은 메모리 주소 공간의 일부를 입출력 장치에 할당하여 CPU가 장치를 메모리처럼 제어할 수 있도록 하는 방식이다. CPU가 입출력에 할당된 메모리 주소를 읽거나 쓰면 실제로는 해당 입출력 장치에서 데이터 전송을 수행하며, CPU가 메모리 접근과 I/O 처리에 같은 명령어를 사용할 수 있어 성능이 향상된다.

07 인터럽트는 주변장치의 입출력 요구나 하드웨어의 이상 현상을 CPU에 알려주는 신호이며, 인터럽트가 발생하면 해당 인터럽트를 처리하는 인터럽트 핸들러가 이를 처리한다. 소프트웨어 관점에서 인터럽트는 급하게 처리해야 하는 시그널이다. 시그널이 발생했을 때 시그널 핸들러가 시그널을 처리한다.

연습문제

01 하드디스크를 구성하는 요소 중 자성체를 바른 원반은 무엇인가?

① 플래터 ② 블록
③ 섹터 ④ 트랙

02 하드디스크와 같은 디스크 저장장치에서의 물리적 저장 단위는 무엇인가?

① 플래터 ② 블록
③ 섹터 ④ 트랙

03 하드디스크에서 동심원상에 있는 섹터의 집합은 무엇인가?

① 플래터 ② 블록
③ 디스크 암 ④ 트랙

04 하드디스크의 여러 개의 플래터에서 같은 위치에 있는 트랙의 집합은 무엇인가?

① 섹터 ② 블록
③ 실린더 ④ 파킹

05 다음 중 SSD의 인터페이스 규격을 찾으시오.

① SATA ② HDMI
③ D-SUB ④ NVMe

06 디스크 저장장치의 구동 방식 중 각속도 일정 방식에 대한 설명으로 틀린 것을 찾으시오.

① 디스크가 회전 속도가 일정하다. ② 모든 섹터의 크기가 같다.
③ 구동장치가 단순하다. ④ 낭비되는 공간이 있다.

07 디스크 저장장치의 구동 방식 중 선속도 일정 방식에 대한 설명으로 틀린 것을 찾으시오.

① 트랙마다 회전 속도가 다르다. ② 모든 섹터의 크기가 같다.
③ 구동장치가 복잡하다. ④ 모든 트랙에서 섹터 개수가 같다.

08 다음 중 디스크 저장장치에서 헤드가 특정 트랙까지 이동하는 데 걸리는 시간은 무엇인가?

① 오류 시간 ② 회전 지연 시간
③ 탐색 시간 ④ 전송 시간

09 다음 중 디스크 저장장치에서 플래터가 회전하여 원하는 섹터를 만나기까지의 시간은 무엇인가?

① 오류 시간 ② 회전 지연 시간
③ 탐색 시간 ④ 전송 시간

10 다음 중 디스크 저장장치의 데이터 전송 시간에서 가장 비중이 큰 것은 무엇인가?

① 오류 시간 ② 회전 지연 시간
③ 탐색 시간 ④ 이동 시간

11 디스크 스케줄링 기법에 대한 설명으로 틀린 것을 찾으시오.

① FCFS는 요청이 들어온 트랙을 순서대로 서비스하는 가장 단순한 방식이다.
② SSTF는 현재 헤드의 위치에서 가장 가까운 트랙부터 서비스하는 방식이다.
③ SCAN은 헤드가 한 방향으로만 전진하고, 끝에 도달하면 방향을 반대로 바꾼다.
④ LOOK은 헤드가 반드시 모든 트랙을 지난다.

12 디스크 스케줄링 기법에 대한 설명으로 틀린 것을 찾으시오.

① SSTF에서 두 개의 트랙이 현재 헤드 위치로부터 거리가 정확히 같다면 둘 중 더 최근에 요청한 트랙을 먼저 서비스한다.
② 블록 SSTF는 에이징을 사용하여 SSTF의 공평성 위배를 완화한다.
③ SCAN은 헤드의 움직임이 스캐너와 비슷하다.
④ C-SCAN은 헤드가 작업 없이 이동하는 구간이 있다.

13 다음 중 RAID에 대한 설명으로 틀린 것을 찾으시오.

① RAID 1에는 복구를 위한 백업 디스크가 없다.
② RAID 1은 순수한 미러링을 지원한다.
③ RAID 3과 RAID 4에는 오류 검출 코드를 저장하는 별도의 디스크가 있다.
④ RAID 5와 RAID 6에도 오류 검출 코드가 저장되지만 별도의 디스크는 없다.

14 다음 중 RAID에 대한 설명으로 틀린 것을 찾으시오.

① RAID 1, RAID 2, RAID 3, RAID 4는 구현하는 데 추가 디스크가 필요하다.
② RAID 2는 오류 교정 코드를 사용하여 데이터 오류를 정정한다.
③ RAID 5는 디스크 2개에 동시에 장애가 발생해도 복구할 수 있다.
④ 복합 RAID 중 디스크를 RAID 0으로 먼저 구성하고 이를 RAID 1로 다시 묶은 것이 RAID 0+1이다.

15 다음 중 입출력 관리에 대한 설명으로 맞는 것을 찾으시오.

① 버스에서 데이터가 지나다니는 1개의 통로를 포트라고 부른다.
② 폴링은 CPU가 주변장치의 입출력을 직접 처리하는 방식이다.
③ 고속 입출력 버스와 저속 입출력 버스가 분리되어 있을 때 채널 셀렉터가 두 버스의 데이터 흐름을 조절한다.
④ 메모리에 직접 접근하도록 입출력 제어기에 주어진 권한을 MMIO라고 부른다.

16 다음 중 CPU와 입출력 제어기가 메모리를 분할하여 사용하는 방식은 무엇인가?

① 폴링 ② MMIO ③ 인터럽트 ④ DMA

17 다음 중 인터럽트에 대한 설명으로 틀린 것을 찾으시오.

① 인터럽트 핸들러는 인터럽트를 처리하는 서비스 루틴 혹은 함수이다.
② DMA 제어기가 CPU에 인터럽트를 보낼 수 있다.
③ 인터럽트 벡터의 값은 인터럽트 요청 번호이다.
④ 인터럽트 벡터를 통해 어느 종류의 인터럽트가 발생했는지 알 수 있다.

18 다음 중 인터럽트에 대한 설명으로 맞는 것을 찾으시오.

① 프로세스의 오류와 관련된 인터럽트는 내부 인터럽트이다.

② 키보드로부터 발생하는 인터럽트는 내부 인터럽트이다.

③ 숫자를 0으로 나누어 생기는 오류는 외부 인터럽트이다.

④ 예외 인터럽트는 외부 인터럽트이다.

19 다음 포트 중 나머지 3개와 종류가 다른 것은 무엇인가?

① DVI ② HDMI

③ D-SUB ④ USB

20 컴퓨터와 모니터를 연결하는 단자이며, 케이블 하나로 오디오와 비디오 신호를 같이 전송할 수 있는 것은 무엇인가?

① DVI ② HDMI

③ D-SUB ④ SATA

21 심화 Ctrl+C에 의해 발생하는 시그널의 이름은 무엇인가?

① SIGKILL ② SIGTSTP

③ SIGINT ④ SIGCHLD

22 심화 Ctrl+Z에 의해 발생하는 시그널의 이름은 무엇인가?

① SIGKILL ② SIGTSTP

③ SIGINT ④ SIGCHLD

23 심화 핸들러를 재지정할 수 없는 시그널은 무엇인가?

① SIGKILL ② SIGTSTP

③ SIGINT ④ SIGCHLD

24 [심화] 시그널 번호 9번은 무엇인가?

① SIGKILL ② SIGTSTP
③ SIGINT ④ SIGCHLD

25 [심화] kill로 죽지 않은 프로세스를 죽일 때 사용하는 옵션 번호를 찾으시오.

① 0 ② 1
③ 9 ④ 4

26 하드디스크의 섹터, 트랙, 실린더를 설명하시오.

27 디스크 저장장치 구동 방식 중 각속도 일정과 선속도 일정 방식을 설명하시오.

28 SSTF와 블록 SSTF 디스크 스케줄링을 설명하시오.

29 SCAN 디스크 스케줄링과 LOOK 디스크 스케줄링에 대해 설명하시오.

30 RAID 0과 RAID 1에 대해 설명하시오.

31 입출력 장치의 속도에 따른 버스의 분리에 대해 설명하시오.

32 DMA를 설명하시오.

33 MMIO를 설명하시오.

34 내부 인터럽트와 외부 인터럽트에 대해 설명하시오.

CHAPTER

13

가상화와 보안

학습목표

- 분산 시스템의 발전 과정을 이해하고, 여러 가지 분산 시스템을 비교한다.
- 가상화의 장점과 다양한 가상화 기술의 특징을 학습한다.
- 내부와 외부의 위협으로부터 시스템을 보호하는 보안 기술을 알아본다.

Preview

개인용 컴퓨터가 보급되고 네트워크가 발전하면서 여러 대의 컴퓨터가 협력하여 하나의 시스템처럼 동작하는 분산 시스템이 대중화되었다. 또한 컴퓨팅 자원을 추상화하여 자원을 나누어 사용하거나 통합하는 가상화도 널리 사용되고 있다.

이 장에서는 운영체제의 확장 영역 중 분산 시스템, 가상화, 보안의 세 가지 주제를 다룬다. 먼저 컴퓨터 자원을 여러 장비에 분산하여 사용하는 분산 시스템의 개념과 구조를 살펴보고, 이어서 다양한 분산 환경에서 코드를 유연하게 실행할 수 있도록 발전한 가상화 기술의 개념과 유형을 살펴본다. 마지막으로, 이러한 시스템 환경에서 발생할 수 있는 보안 위협과 이에 대응하는 운영체제 수준의 보안 기법, 그리고 기초적인 암호화 기술까지 폭넓게 학습한다.

분산 시스템은 자원의 활용 범위를 넓히며, 가상화는 이러한 환경을 유연하게 구성하는 기반이 되고, 보안 기술은 이러한 시스템 환경을 보호하는 핵심 요소다.

SECTION 01

분산 시스템

1 분산 시스템의 이해

분산 시스템의 개념

개인용 컴퓨터의 출현은 컴퓨터 역사상 획기적인 사건 중 하나이다. 개인용 컴퓨터 이전에는 복잡한 계산이나 방대한 데이터를 처리하는 데 값비싼 대형 컴퓨터인 메인프레임mainframe을 사용했다. 그러다가 개인용 컴퓨터가 보급되면서 크기가 작고 값이 비교적 저렴한 컴퓨터를 네트워크로 묶을 수 있게 되었으며, 이를 분산 시스템이라 부른다. 분산 시스템distributed system은 중앙 처리 시스템과 반대되는 개념으로, 네트워크상에 연결된 컴퓨터 여러 대가 서로 협동하여 작업을 처리하고 결과를 교환하는 시스템이다. 이러한 시스템은 자원의 활용도를 높이고, 시스템 전체의 확장성과 내결함성을 확보할 수 있다.

분산 시스템에서 고려할 사항은 두 가지이다. 첫째로, 각 기기의 독립성을 보장해야 한다. 둘째로, 사용자는 시스템을 하나의 기기로 인식할 수 있어야 한다. 이를 위해 세부적으로는 네트워크를 구성하는 각 기기의 자율성autonomy을 유지하고, 자원 분산 및 중복을 통해 가용성availability을 확보하며, 특정 자원에 대한 위치 투명성transparency을 제공해야 한다.

이러한 시스템이 원활히 동작하기 위해서는 운영체제의 관리 방식도 달라져야 한다. 다음은 분산 환경에서 사용되는 운영체제의 유형이다.

강결합 시스템과 약결합 시스템

분산 시스템은 장치 간의 결합 정도에 따라 강결합 시스템과 약결합 시스템으로 나뉜다. 강결합 시스템tightly coupled system은 네트워크로 연결된 모든 컴퓨터의 프로세서가 하나의 메모리를 공유하는 방식이다. 또한 모든 컴퓨터는 같은 운영체제를 사용한다. 강결합 시스템의 장점은 약결합 시스템에 비해 속도가 빠르다는 것이다.

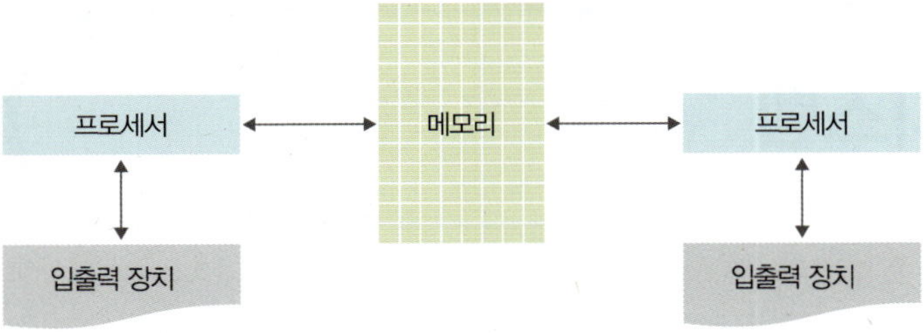

그림 13-1 강결합 시스템

약결합 시스템loosely coupled system은 둘 이상의 독립된 시스템을 네트워크로 연결한 것이다. 약결합 시스템에서는 각 장치가 운영체제, 메모리, 프로세서, 입출력 장치를 공유하지 않고 독립적으로 운영되다가 필요할 때 통신선을 이용하여 통신한다.

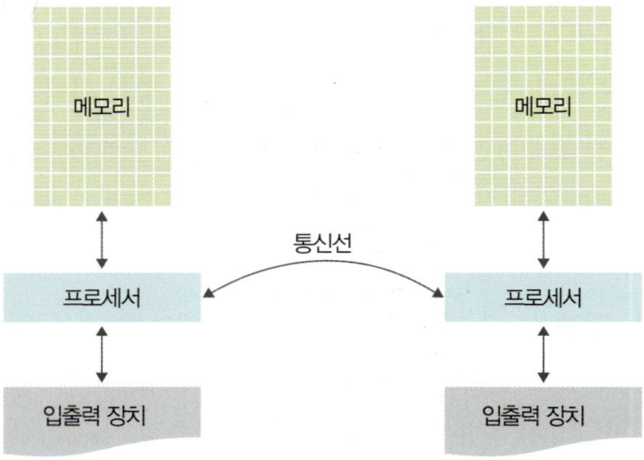

그림 13-2 약결합 시스템

약결합 시스템은 통신 오버헤드가 있어 강결합 시스템보다 느리다. 그러나 약결합 시스템에서는 일부 시스템에 장애가 발생해도 다른 시스템에 영향을 미치지 않는다. 약결합 분산 시스템의 장점은 다음과 같다.

- 네트워크로 연결된 기기가 여러 자원을 공유할 수 있다.
- 작업 분배load balancing를 통해 여러 기기가 작업을 나누어 처리할 수 있다.
- 데이터와 처리 작업을 분산함으로써 연산 속도를 향상할 수 있다.
- 장애가 발생해도 시스템을 복구할 수 있다.

분산 시스템의 운영체제

분산 시스템에 사용되는 운영체제는 크게 네트워크 운영체제와 분산 운영체제로 나뉜다. 네트워크 운영체제(NOS Network Operating System)는 개별 컴퓨터가 독자적인 운영체제를 가진 채 사용자 프로그램을 통해 분산 시스템을 구현하는, 낮은 수준의 분산 시스템 운영체제이다. 네트워크로 연결된 윈도우 서버나 리눅스와 같은 대부분의 운영체제가 네트워크 운영체제에 속한다. 실행이 간단하고 소프트웨어 재사용이 가능하나, 분산 운영체제에 비해 기능적인 제약이 많다.

분산 운영체제(DOS Distributed Operating System)는 여러 컴퓨터가 하나의 시스템처럼 동작하도록 관리하는 운영체제이며, 전체 네트워크가 단일 운영체제로 운영된다. 사용자가 시스템을 구성하는 기기의 종류를 알 필요가 없고 전체 시스템을 일관성 있게 설계할 수 있다. 분산 운영체제의 예로 구글의 보그 Borg와 쿠버네티스 Kubernetes가 있다. 보그는 구글 내부에서 대규모 분산 시스템을 관리하던 운영체제이고, 구글에서 공개한 보그의 오픈 소스 버전이 쿠버네티스이다. 쿠버네티스는 애플리케이션을 패키지화 · 배포 · 관리하는 일관된 방식을 제공한다.

2 클라이언트-서버 시스템

클라이언트-서버 구조

완전한 분산 시스템은 개별 컴퓨터가 독립적으로 작동하기 때문에 시스템을 구성하는 데 문제가 많았다. 만약 작업 도중에 한 컴퓨터가 꺼지면 다른 컴퓨터로 작업을 옮겨야 하며, 작업이 끝나면 전체 작업 결과를 하나로 합쳐야 한다.

완전한 분산 시스템의 대안으로 클라이언트-서버 시스템이 개발되었다. 클라이언트-서버 구조란 클라이언트가 서비스를 요청 request하면, 서버가 응답 reply하는 구조이다. 클라이언트-서버에서는 완전한 분산 시스템과 같이 모든 컴퓨터가 동일한 지위를 갖지 않고, 작업을 요청하는 클라이언트와 요청받은 작업을 처리하는 서버의 이중 구조이다. 이처럼 요청과 응답으로 이루어진 클라이언트-서버 구조는 다양한 실제 시스템에서 구현되었는데, 대표적인 사례가 바로 웹 시스템이다. 모든 웹 시스템은 클라이언트-서버 구조를 사용한다. 웹 클라이언트-서버 시스템에서는 크롬, 파이어폭스, 사파리와 같은 웹 브라우저가 서버 컴퓨터에 접속하여 웹 페이지(하이퍼텍스트)를 요청한다. 이때 사용하는 프로토콜이 하이퍼텍스트를 전송하라는 프로토콜 Hyper Text Transfer Protocol이고, 약자로 HTTP이다.

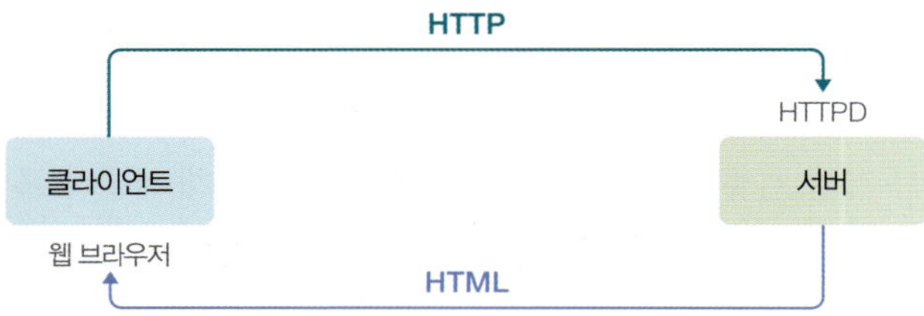

그림 13-3 클라이언트-서버 구조의 웹 시스템

서버는 클라이언트의 요청을 받아 HTML_{Hyper Text Markup Language}을 사용하여 만들어진 웹 페이지를 전송한다. 클라이언트가 받은 웹 페이지를 화면에 보여주는 프로그램은 '구경하다'라는 뜻의 영어 단어 브라우즈browse에서 따와서 웹 브라우저라 부른다. 웹 브라우저 같은 클라이언트 소프트웨어는 사용하다가 필요 없어지면 사용자가 종료시킨다. 그러나 서버의 소프트웨어는 클라이언트가 언제 서비스를 요청할지 모르기 때문에 항상 종료되지 않고 대기해야 한다. 이렇게 컴퓨터에서 죽지 않고 살아서 계속 서비스하는 프로그램이 데몬daemon이다.

데몬 이름은 일반적으로 프로토콜 이름 뒤에 D를 붙여 만든다. 웹 시스템의 서버 쪽에는 웹 서비스HTTP 요청을 받을 웹 데몬 HTTPDHyper Text Transfer Protocol Daemon가 설치되어 있어야 한다. 대표적인 웹 데몬 제품은 아파치Apache, 톰캣Tomcat, IISInternet Information Service이 있다. 정리하면 서버란 데몬이 설치된 컴퓨터이다. 특히 웹 데몬인 HTTPD가 설치된 컴퓨터를 웹 서버라고 부른다.

웹 서버와 외부 프로그램 연동

HTML 문서가 일단 만들어지면 내용을 수정하기 어렵다. 그래서 동적으로 변하는 데이터를 웹 페이지에 삽입하려면 다른 프로그램의 도움을 받아야 한다. 초기 웹에서는 응용 프로그램에 질문하고 응답할 때 CGICommon Gateway Interface라는 인터페이스를 사용했다. 예를 들어 웹 서버의 현재 시각을 표시한다고 가정하자. 현재 시각은 서버에 설치된 운영체제가 알고 있다. 따라서 웹 데몬이 운영체제에 현재 시각을 질문한 다음, 응답을 받아 웹 문서에 삽입한다. 이렇게 웹 데몬이 운영체제나 다른 응용 프로그램과 연동할 때 CGI를 사용했다.

현재의 웹 시스템은 데이터베이스와 같은 응용 프로그램과의 연결이 많아졌으며 질문은 복잡해졌다. 웹 데몬 개발사에서는 웹 개발자들이 응용 프로그램과의 연결을 더 쉽게 할 수 있도록 CGI를 대신하는 강력한 스크립트 언어를 제공한다. 대표적인 웹 데몬인 아파치Apache 개발사에서 서버 개발 언어로 제공하는 언어는 PHPPHP: Hypertext Preprocessor이다. 아파치는 윈도우 서버에서도 사용할 수 있지만 일반적으로 유닉스 서버에서 사용한다. 마이크로소프트의 웹 데몬 IISInternet Information Services와 함께 사용하는 스크립트 언어는 ASPActive Server Pages이다. JSPJave Server Pages는 웹 데몬 제품 종류와 관계없이 사용할 수 있는 스크립트 언어이다.

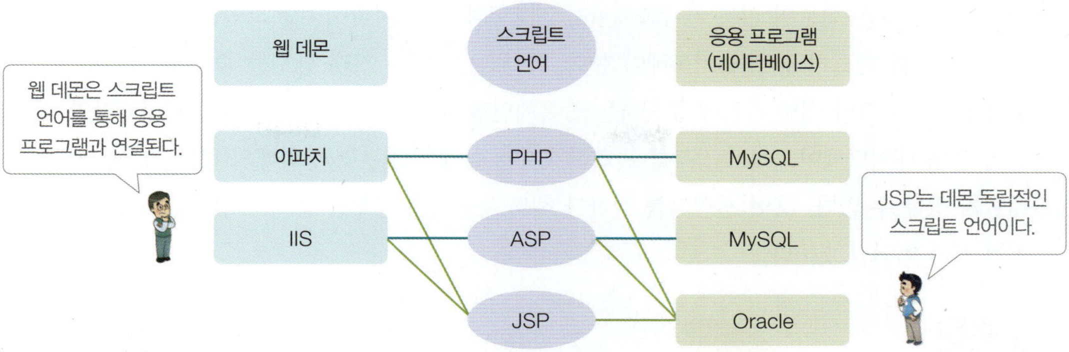

그림 13-4 웹 시스템의 구성

3 P2P 시스템

P2P 시스템의 시작

클라이언트-서버 시스템의 최대 문제점은 서버 과부하이고, 또 다른 문제점은 서버 고장 시 서비스가 중단될 수 있다는 것이다. 미국의 숀 패닝Shawn Fanning은 1999년 전 세계의 MP3 파일을 공유하는 시스템을 만들었다. MP3 파일의 용량은 4MB가 넘기 때문에 기존의 클라이언트-서버 시스템을 사용하면 서버 과부하 문제가 발생한다. 따라서 패닝은 분산 시스템을 기본으로 하면서도 서버의 부하를 줄이고 몇 개의 컴퓨터가 고장 나더라도 서비스를 지속할 수 있는 P2P 시스템을 설계했다.

패닝이 만든 냅스터는 서버에 MP3 목록만 보관하고, 파일을 다운로드할 때는 실제 파일을 가진 다른 사용자와 직접 통신하도록 구성하여 서버 부하를 줄였다. 우리나라에서도 냅스터의 영향을 받아 '소리바다'가 만들어졌다. 냅스터와 소리바다는 저작권법을 위반하기 때문에 서비스가 중단되었으나, P2P 시스템은 메신저에 적용되어 아직도 많은 사람이 사용하고 있다.

블록체인

P2P 시스템은 서버가 없는 완전 분산형 P2P 시스템과 일부 기능을 서버에 구현한 중앙 집중식 P2P 시스템으로 나뉜다. 중앙 집중형 P2P 시스템은 사용자 인증, 접속 관리, 데이터 보관 등 일부 기능을 중앙 서버가 담당하며 대표적인 경우가 메신저이다. 완전 분산형 P2P 시스템은 기존의 중앙 집중형 구조의 한계를 극복하기 위해 발전한 형태이며, 대표적인 사례로는 비트코인 등 암호화폐에 사용되는 블록체인block chain이 있다.

비트코인Bitcoin은 실물이 없는 가상화폐이자 암호화폐이다. 따라서 비트코인을 누가 얼마만큼 사고팔았는지를 반드시 장부에 기록해야 한다. [그림 13-5]는 거래 장부를 중앙에 저장하는 중앙 집중형 네트워크와 개별 기기에 분산하는 블록체인형 네트워크를 보여준다. 실제 화폐라면 (a)와 같이 은행 데이터베이스에서 장부를 관리하겠지만 실물이 없는 가상화폐의 경우 기록을 누가 관리할지 정할 수 없다. 혹여 관리자를 정한다 해도 누군가가 장부를 조작하거나 없애면 화폐의 가치가 사라져 버릴 것이다.

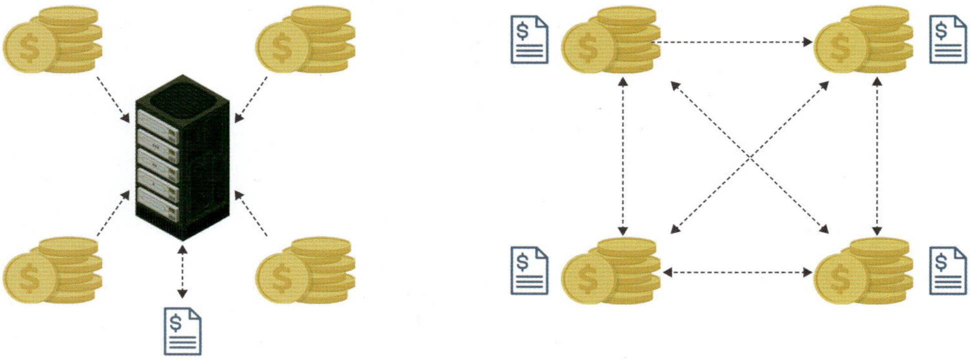

(a) 중앙 집중형 네트워크 (b) 블록체인형 네트워크

그림 13-5 중앙 집중형 네트워크와 블록체인형 네트워크

반면 (b)의 블록체인은 전체 시스템의 50% 이상이 동의했을 때만 거래 장부를 변경하도록 함으로써 악의적인 공격을 방어한다. P2P 시스템 전체에 거래 장부를 분산했기 때문에 장부 1개가 조작되거나 유실되어도 거래에 영향을 미치지 않는다.

블록체인은 높은 보안성을 인정받아 온라인 뱅킹, 의료 데이터 관리, 의약품 관리 및 추적, 계약서 관리 등 다양한 분야에 활용되고 있다. 또한 블록체인 기술을 이용하여 디지털 자산을 증명하는 대체불가토큰(NFTNon-Fungible Token)이 등장했다.

파일 공유 P2P

P2P 시스템을 내부 구조에 따라 비구조적 P2P 시스템과 구조적 P2P 시스템으로 분류할 수 있다. 비구조적 P2P는 전체 노드에 대한 정보는 서버가 가지고 있고, 실제 데이터 전송은 일대일로 연결된 말단 노드peer를 통해 이루어지는 구조이다. 이 구조의 경우 데이터를 보내는 쪽이 프로그램을 중단하면 받는 쪽에서 데이터를 내려받는 데 어려움이 있다. 특히 동영상과 같이 큰 파일이라면 심각한 문제이다. 비구조적 구조에서는 네트워크 정보가 모든 노드에 분산되거나, 일부 특정 노드에 집중되어 관리된다. 이 경우 네트워크 정보가 특정 노드에 집중되면 서버에 의존하는 성격이 강해지며, 이러한 특성 때문에 일부 비구조적 P2P 시스템은 중앙 집중형 P2P로 분류되기도

한다. 따라서 비구조적 P2P와 중앙 집중형 P2P는 일부 겹치지만 동일한 개념은 아니다.

구조적 P2P 시스템은 각 노드가 전체 네트워크 정보가 아닌 부분적인 네트워크 정보를 유지함으로써 비구조적 P2P 시스템의 단점을 보완했다. 특정 파일의 소유자 정보를 여러 노드가 공유함으로써, 시스템의 한 노드가 사라지더라도 데이터 공유가 지속적으로 이루어진다. 구조적 P2P 시스템을 완전 분산형 P2P 구조에 더 가까운 형태이며, 대표적인 예로 토렌트Torrent가 있다.

토렌트 시스템에서는 원본 파일을 가진 컴퓨터를 시드seed라고 부른다. 최초의 시드로부터 파일이 전송되어 여러 사람이 원본 파일과 같은 파일을 가지게 됨으로써 시드가 늘어난다. 나중에 새로운 노드가 파일을 요청하면 최초의 시드를 가진 컴퓨터에 접속하여 전체 시드 정보를 획득한다. 새 노드는 여러 시드로부터 동시에 데이터를 분할하여 내려받고, 또한 자신보다 적게 내려받은 노드가 있으면 파일 일부를 나누어주기도 한다. 이렇게 시드를 중심으로 데이터를 여러 노드가 주고받는 방식을 구조적 P2P라고 한다. P2P 시스템은 파일 공유뿐 아니라 메신저, 음성 통신(IP 전화), 동영상 스트리밍, 실시간 협업 도구, 블록체인 네트워크 등 다양한 분야에 응용된다.

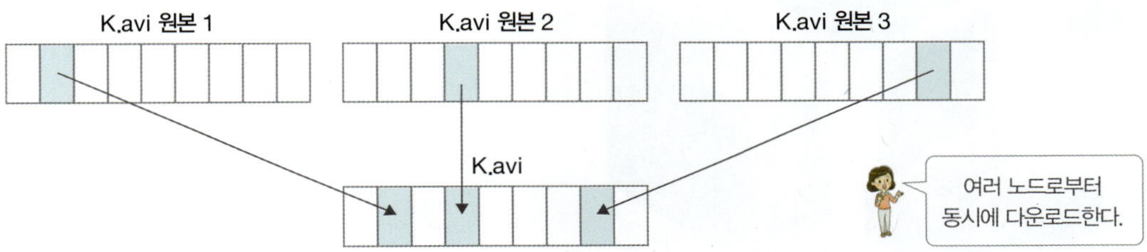

그림 13-6 대용량 파일 공유 P2P 시스템

[그림 13-6]은 대용량 파일 공유 P2P 시스템의 동작을 보여준다. 이 시스템에서는 같은 파일을 가진 여러 사람으로부터 데이터를 나누어 받는다. 예를 들어 K.avi라는 동영상을 받는다면 K.avi를 가진 여러 사용자로부터 조금씩 나누어 받아 하나의 파일을 완성하는 것이다. 10명에게 데이터를 받는다면 1명에게 데이터를 받을 때보다 속도가 10배 빠를 뿐 아니라, 데이터를 보내는 사람 중 한두 명이 프로그램을 중단해도 다른 사람에게 나머지를 받을 수 있다.

4 클라우드 컴퓨팅

분산 시스템은 네트워크 기술이 지금처럼 발전하기 전에 특정한 영역에서만 사용되다가 이후 그리드 컴퓨팅으로 발전했다. 그리드 컴퓨팅grid computing은 여러 곳에 분산된 컴퓨팅 파워나 소프트웨어를 하나로 묶어 하나의 컴퓨터처럼 사용하는 기술이다. 그래픽 작업이 많은 애니메이션을 제작하거나, 복잡한 인간의 DNA를 분석하거나, 암호 알고리즘을 개발하는 작업에는 엄청난 컴퓨팅 파워가 필요하지만, 슈퍼컴퓨터를 이용하려면 비용이 많이 든다. 이때 그리드 컴퓨팅을 이용하면 여러 곳에 흩어져 있는 컴퓨팅 자원을 묶어서 많은 양의 계산을 한 번에 처리할 수 있다. 그리드 컴퓨팅은 분산 시스템을 발전시킨 기술이지만, 슈퍼컴퓨터와 맞먹는 컴퓨팅 파워가 필요한 분야는 제한적이어서 대중화되지 못했다.

현재는 초고속 통신망과 무선 통신망의 발달로 대용량의 데이터를 손쉽게 전송하는 세상이 되었다. 고성능 프로세서, 저장장치, 소프트웨어를 전부 가지고 다니지 않아도, 최소한의 하드웨어로 네트워크에 접속하기만 하면 작업이 가능하다. 하드웨어와 소프트웨어를 클라우드라고 불리는 중앙 시스템에 숨기면 그때그때 사용자가 필요한 서비스만을 이용할 수 있기 때문이다.

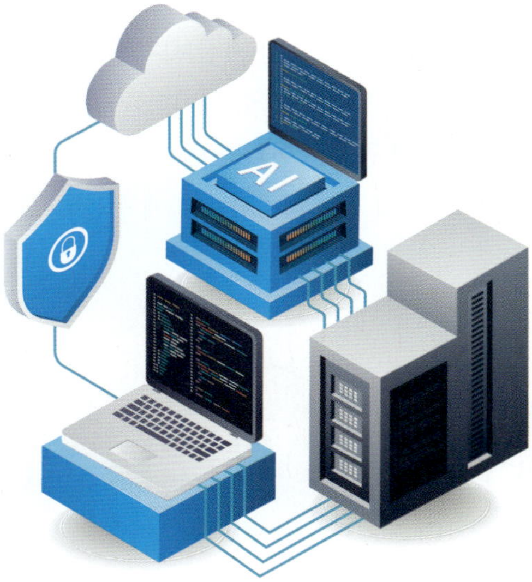

그림 13-7 클라우드 컴퓨팅 환경

클라우드 컴퓨팅cloud computing은 사용자가 언제 어디서나 네트워크를 통해 컴퓨팅 자원(서버, 스토리지, 소프트웨어 등)에 온디맨드 방식으로 접근할 수 있는 유연한 컴퓨팅 환경을 의미한다. 미국 국립표준기술연구소(NIST)가 정의한 클라우드 컴퓨팅은 다음과 같다. "클라우드 컴퓨팅은 어디서든 네트워크를 통해 온디맨드 방식으로(요청 시 바로) 서버, 저장소, 응용 프로그램 등 컴퓨팅 자원에 편리하고 빠르게 접근할 수 있도록 하는 모델이다. 최소한의 관리 노력 또는 서비스 제공자의 개입으로 자원이 제공된다."

클라우드 컴퓨팅은 사용자가 집에서 PC를 사용하든지, 외부에서 스마트폰을 사용하든지 상관없이 일관된 하드웨어와 소프트웨어를 제공한다. 서비스 제공자에게는 하드웨어, 소프트웨어, 네트워크의 용량, 보안의 문제는 신경 쓰지 않고 지속적으로 서비스를 제공하여 일관성 있는 환경을 만들어준다. **그리드 컴퓨팅의 핵심이 하드웨어적 연결인 반면, 클라우드 컴퓨팅의 핵심은 연결의 결과인 서비스의 형태이다.**

클라우드 환경은 기존에 컴퓨터에서 제공하던 여러 서비스를 확장하여 발전시켰다. 20년 전만 해도 데이터를 USB 드라이브에 저장하여 옮기는 것이 일반적이었지만 클라우드 환경이 대중화되면서 더 이상 보조 저장장치를 들고 다닐 필요가 없어졌다. 사진 편집 프로그램이나 동영상 편집 프로그램을 이용할 때 PC에서 작업한 내용을 동기화하여 스마트폰에서도 이어서 작업하고, 사용한 만큼 요금을 지불한다.

클라우드를 이용하여 이전에 없던 방식으로 하드웨어 또는 소프트웨어를 제공할 수 있게 되었다. 클라우드는 실제 자원을 사용자에게서 감춘 채 서비스 형태로 제공하며, 이러한 추상화 방식은 마치 하드웨어와 소프트웨어가 '구름 속'에 있는 것처럼 느껴지게 한다. 따라서 사용자는 더 이상 저장장치가 어떻게 구성되어 있는지, 컴퓨팅 파워는 얼마나 되는지, 네트워크 용량은 충분한지를 고민하지 않아도 된다. 대표적인 클라우드 서비스 모델로 SaaS, IaaS, PaaS가 있다.

- SaaSSoftware as a Service는 사용자에게 소프트웨어를 제공하는 서비스 모델이다. 이 모델에서는 여러 사용자가 동시에 소프트웨어에 접속하여 협업할 수도 있다. 예를 들어 기업에서 회계 프로그램을 컴퓨터에 설치하지 않고 웹 사이트에 접속하여 이용한다면 그 프로그램을 SaaS 모델로 분류한다. 파일 스토리지 서비스인 드롭박스Dropbox도 SaaS로 분류된다.
- PaaSPlatform as a Service는 특정 응용 프로그램이 아닌 개발 플랫폼을 제공하는 서비스 모델이다. 개발자는 네트워크를 통해 인공지능이나 대용량 데이터 분석과 같은 개발 환경에 접속할 수 있다. 대표적인 PaaS 서비스로는 구글 앱 엔진Google App Engine이 있다.
- IaaSInfrastructure as a Service는 서버, 네트워크, 스토리지 등 컴퓨팅 인프라를 제공하는 서비스 모델이다. 분산 시스템에 가상화virtualization 기술을 적용하면 하드웨어 자원을 분리하여 관리할 수 있다. 대표적인 IaaS 서비스로 아마존에서 제공하는 가상 서버인 EC2Amazon EC2를 꼽을 수 있다.

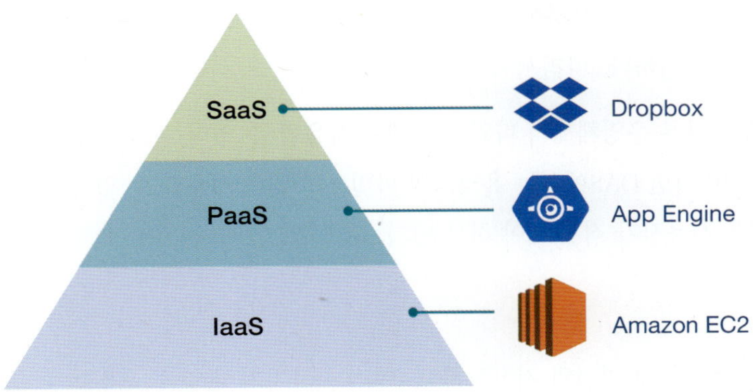

그림 13-8 클라우드 서비스 모델

SaaS, PaaS, IaaS는 소프트웨어나 하드웨어를 직접 구매하여 운영하는 대신 필요한 서비스를 빌려 쓰는 형태로 IT 생태계를 변화시키고 있다. 사용자는 필요에 따라 일부 기능만 이용하고, 이용량에 따라 요금을 지불한다. 이러한 방식은 구매 및 관리 비용을 줄이고 소프트웨어와 하드웨어 사용을 유연하게 한다.

5 네트워크 저장장치

컴퓨터와 스마트 기기가 보급되어 가정과 기업에서 여러 대의 컴퓨터 시스템을 사용하는 경우가 많아졌으나, 자체 저장장치가 독립적으로 운영되어 관리하기 어려워졌다. 예를 들어 여러 저장장치에 데이터가 중복 저장되거나, 같은 이름이지만 내용이 다른 파일이 존재할 수도 있다. 이를 해결하는 방안으로 네트워크를 통해 저장장치를 원격으로 통합하면 여러 저장장치에 흩어진 데이터를 중앙에서 통합 관리하여, 데이터 중복을 방지하고 파일 관리를 효율적으로 수행할 수 있다. 기업에서는 중앙 집중식 데이터 관리를 통해 내부 정보의 체계적인 관리와 보안 강화가 가능하다.

네트워크 저장장치는 구성 방식에 따라 DAS, NAS, SAN으로 구분된다. 이 중 NAS와 SAN은 네트워크를 기반으로 저장장치를 가상화하여 공유와 확장이 가능한 구조를 제공한다. 최근에는 오브젝트 스토리지처럼 객체 단위로 데이터를 저장하는 구조나, 하이퍼컨버지드 인프라(HCI)처럼 스토리지와 컴퓨팅 자원을 통합한 구조도 등장하고 있다. 그러나 NAS와 SAN은 여전히 다양한 환경에서 기본적인 저장 구조로 널리 활용된다.

DAS

DAS Direct Attached Storage는 서버나 컴퓨터에 직접 연결된 저장장치를 의미하며, 일부 문헌에서는 HAS Host Attached Storage라고도 부르지만, DAS라는 명칭이 일반적으로 널리 사용된다. DAS는 SATA, NVMe, USB 등의 인터페이스를 사용하여 네트워크를 거치지 않고 시스템에 직접 연결되기 때문에 속도가 빠르고 비용이 저렴하다. 따라서 주로 개인용 PC, 소규모 서버에서 사용된다.

DAS는 연결된 컴퓨터 시스템과 다른 운영체제의 파일 시스템은 사용할 수 없다. 예를 들어 현재 컴퓨터의 운영체제가 윈도우 서버라면 DAS에서는 유닉스의 파일 시스템을 사용할 수 없다. 또한 DAS는 데이터의 관리나 백업을 사용자가 직접 해야 하는 번거로움도 있다.

NAS

NAS Network Attached Storage는 네트워크에 연결된 저장장치로, 여러 사용자가 파일을 공유할 수 있는 스토리지 시스템이다. NAS는 전용 운영체제를 가진 독립적인 장치이므로 하드디스크를 추가하거나 뺄 수 있다. NAS에서는 DAS에서 공유 데이터의 관리가 어려운 점을 보완하기 위해 저장장치를 네트워크상에 두고 여러 클라이언트가 네트워크를 통해 접근하게 한다. 따라서 공유 데이터의 관리 및 데이터의 중복 회피가 가능하다.

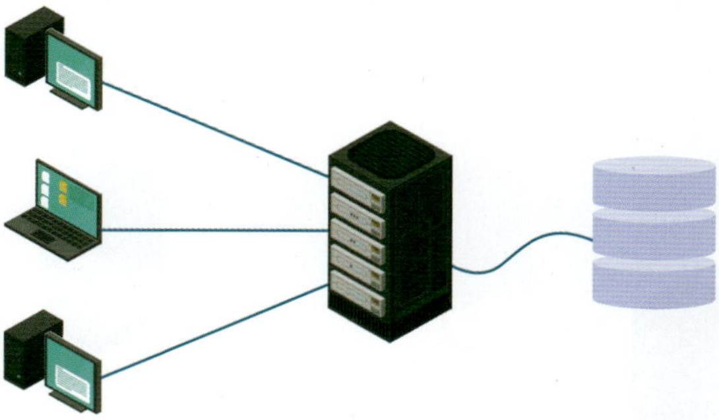

그림 13-9 DAS의 구조

IP 기반 네트워크를 통해 여러 기기가 NAS에 동시에 접근 가능하다. 또한 NAS는 사용자가 직접 접근할 수 있는 공유 폴더를 제공한다. NAS는 사용자 인터페이스를 이용하여 다양한 파일 관리가 가능하도록 구현된다. 주로 파일 서버, 백업 서버, 미디어 서버 등에 사용된다.

최근의 무선 공유기에는 USB 단자가 있어 이 단자에 하드디스크를 연결하기만 하면 NAS를 구현할 수 있다. 저장장치뿐만 아니라 프린터와 같은 주변장치도 NAS로 사용할 수 있다. 예를 들어 무선 공유기에 연결된 프린터는 컴퓨터나 스마트폰과 유선으로 연결하지 않아도 네트워크를 통해 공유받은 데이터를 출력할 수 있다.

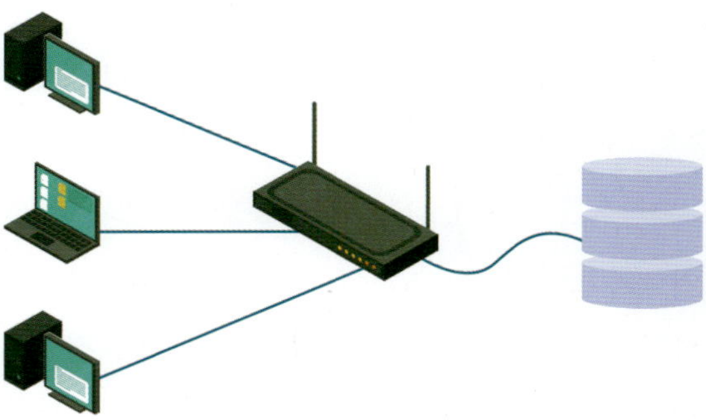

그림 13-10 NAS의 구조

SAN

SANStorage Area Network은 서버와 저장장치를 광섬유나 iSCSI와 같은 고속 네트워크를 통해 연결한 시스템이다. SAN에서는 여러 서버가 다수의 저장장치를 하나의 저장장치처럼 사용할 수 있다.

SAN에서는 시스템이 제공하는 인터페이스를 통해 데이터에 접근하며, 데이터의 공유, 백업, 보안 등이 서버를 통해 자동으로 이루어진다. 따라서 사용자가 파일 관리에 특별히 신경 쓸 일이 없어 편리하지만, NAS보다 구축 비용이 많이 든다. SAN은 규모가 큰 기업의 시스템이나 대형 웹 시스템에 적합하다.

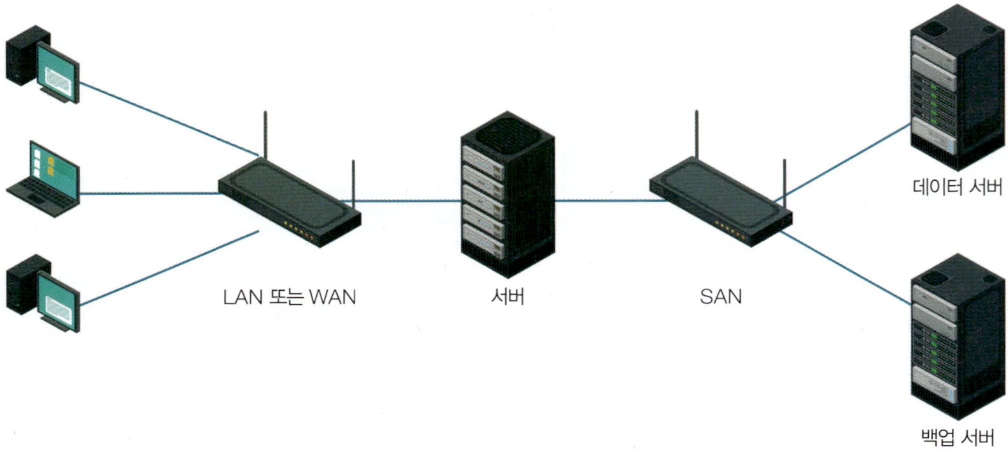

그림 13-11 SAN의 구조

6 고가용성 시스템

고가용성high availability은 시스템, 네트워크, 애플리케이션, 서비스 등이 장애 상황에서도 신속히 복구되어 지속적으로 운영될 수 있도록, 이중화redundancy 및 장애 복구failover 기술을 적용한 시스템 설계 개념이다. 고가용성 시스템은 장애 발생 시 서비스 중단을 최소화하고, 데이터 손실을 방지하며, 연속적인 운영이 가능하도록 설계된다. 이를 위해 여러 시스템을 하나의 클러스터cluster로 묶어 장애 발생 시 자동으로 서비스를 전환할 수 있도록 한다. 고가용성 시스템의 핵심 기술은 다음과 같다.

하드웨어 이중화hardware redundancy는 하드웨어 장애가 발생해도 시스템이 계속 동작하도록 중요한 하드웨어를 이중화하는 방법이다. 예를 들어 전원 공급 장치(PSU)를 이중화하여 불시의 정전으로부터 시스템을 보호하거나, RAID를 사용하는 데이터 보호가 하드웨어 이중화에 속한다. 또한 네트워크 이중화로 여러 개의 네트워크 인터페이스 및 스위치를 이용하여 장애 시에도 연결을 유지하도록 한다.

소프트웨어 및 데이터 이중화는 소프트웨어 및 데이터를 이중화하여 가용성을 보장하는 방법이다. RAID 1이나 RAID 10과 같이 디스크 미러링을 사용하여 데이터를 실시간으로 복제하여 한 개의 디스크가 손상되어도 데이터 손실 없이 운영한다. 또한 DB 서버를 여러 개 운영하여 장애 발생 시에 자동 전환되도록 한다.

클러스터링clustering은 여러 대의 서버(노드)를 묶어 하나의 시스템처럼 운영하는 방식이다. 장애가 발생하면 다른 노드가 자동으로 역할을 수행하게 하여 장애 발생 시에도 시스템이 계속 작동하게 한다.

로드 밸런싱load balancing은 네트워크 트래픽을 여러 서버로 분산하여 특정 서버에 과부하가 발생하지 않도록 하는 기술이다. 하드웨어 로드 밸런서와 소프트웨어 로드 밸런서가 있다.

실제 고가용성 시스템은 구성 목적에 따라 앞의 기술들이 복합적으로 적용되며, 여러 형태로 구현된다. 대표적인 고가용성 시스템 구성 유형으로는 상시 대기, 상호 인계, 동시 접근 구조가 있다.

- 상시 대기hot-standby는 가장 단순하면서도 많이 사용되는 고가용성 시스템 유형으로, 가동 시스템과 백업 시스템으로 구성된다. 이 구조에서는 평상시에 대기 상태standby를 유지하다가 가동 시스템의 하드웨어 또는 네트워크 장비에 장애가 발생하면 가동 시스템의 자원을 백업 시스템으로 이전하여 서비스가 중단되지 않게 한다. 기본적으로 가동 시스템에서만 외부 저장장치에 접근 가능하며, 장애가 발생했을 때는 백업 시스템에서만 외부 저장장치에 접근 가능하다. 따라서 데이터의 일관성이 보장된다.

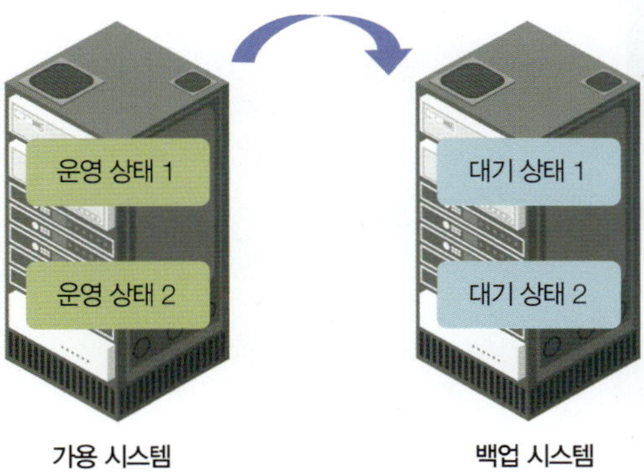

그림 13-12 상시 대기 구조의 고가용성 시스템

- 상호 인계mutual takeover 구조에서는 2개의 시스템이 각각의 고유 서비스를 수행하다가 한쪽 시스템에 장애가 발생하면 상대 시스템으로 작업을 이동하여 동시에 2개의 업무를 수행한다. 각 시스템은 장애 발생으로 인한 업무 이전에 대비하여 2개의 업무를 동시에 서비스할 수 있는 시스템 용량을 갖추고 있다. 외부 저장장치는 업무가 이루어지는 시스템에서만 접근할 수 있어 데이터의 일관성도 보장된다.

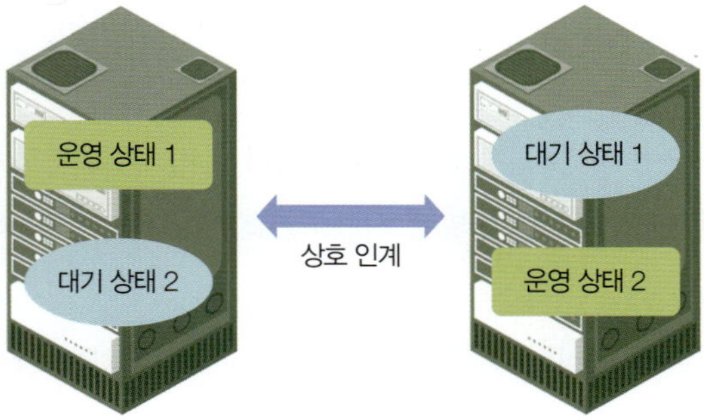

그림 13-13 상호 인계 구조의 고가용성 시스템

- 동시 접근concurrent access 구조에서는 여러 시스템이 업무를 나누어 병렬 처리한다. 시스템 전체가 가동 상태로 업무를 수행하기 때문에 한 시스템에 장애가 발생했을 때 다른 시스템으로 작업을 이동할 필요가 없어 고가용성을 보장한다. 이 구조에서는 두 클러스터가 동일한 업무를 수행하기 위해 L4 스위치와 같은 로드 밸런서를 이용하여 작업을 분배한다. 외부 저장장치는 전체 시스템에서 동시에 접근 가능하며, 주로 데이터베이스와 쌍을 이루어 구성된다.

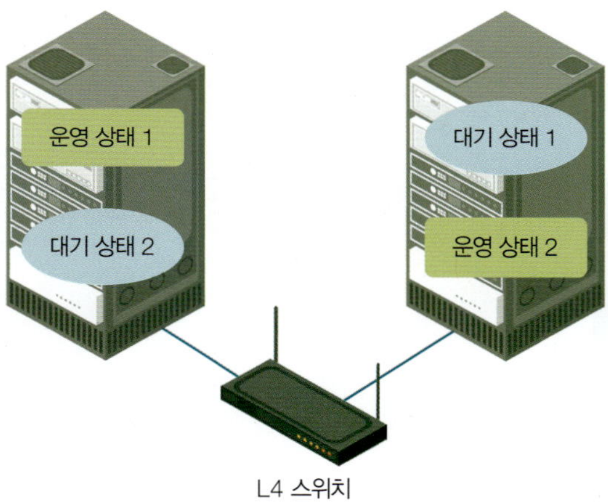

그림 13-14 동시 접근 구조의 고가용성 시스템

고가용성 시스템을 설계할 때는 상시 대기, 상호 인계, 동시 접근 구조 중 비즈니스 요구사항에 맞는 것을 선택한다. 즉시 복구와 단순한 이중화 구조에는 상시 대기 구조가 사용되고, 부하 분산과 장애 복구가 가능한 구조에는 상호 인계 구조가 사용된다. 대규모 시스템에서 동시 접근이 가능한 이중화 구조로 동시 접근 구조가 사용된다.

SECTION 02 가상화

1 자바와 가상머신

프로그래밍 언어의 커널 호환성

C 언어는 유닉스뿐 아니라 윈도우나 임베디드 운영체제에서도 모두 사용할 수 있을 만큼 널리 사용되는 프로그래밍 언어이다. 그렇다고 해서 C 언어로 만든 소스 코드가 모든 커널에서 작동된다는 의미는 아니다. 커널마다 제공하는 함수와 매개변수가 달라 커널에 맞게 수정해야 한다.

예를 들어 정수(int) 자료형 변수에 30,000,000,000(300억)을 저장한 후에 출력하는 코드를 유닉스와 윈도우 비주얼 스튜디오에서 실행하면 모두 −64771071을 출력한다. 이와 같이 정수 자료형으로 저장할 수 있는 수보다 더 큰 수를 저장하면 오버플로overflow가 발생하여 음수가 출력된다.

오버플로를 해결하려면 int보다 큰 수를 저장하는 변수인 long을 사용한다. 유닉스에서는 long에 300억을 저장했다가 출력하면 정상적인 결과를 얻는다. 그러나 윈도우의 비주얼 스튜디오에서는 여전히 음수가 출력된다. 유닉스에서 long은 메모리 8바이트를 사용하지만, 비주얼 스튜디오에서는 int와 long이 똑같이 메모리 4바이트를 사용한다. 따라서 윈도우의 비주얼 스튜디오에서 300억을 출력하려면 long long을 사용하거나, 비표준 자료형인 __int를 사용하고 %lld로 출력해야 한다.

코드 13-1 300억을 long으로 출력하는 코드

```c
#include <stdio.h>

void main() {
    long money = 30000000000;          // 300억

     printf("300억 = %ld\n", money);  // %ld는 long의 서식 문자
}
```

```
[유닉스 실행화면]
300억 = 30000000000

[비주얼 스튜디오 실행화면]
300억 = -64771071
```

이렇게 간단한 코드도 커널에 따라 출력 결과가 다를 뿐 아니라 시스템 호출에서는 더 큰 차이점이 존재한다. 또한 유닉스 운영체제끼리도 버전에 따라 호환되지 않는 경우가 있다. 호환성이 떨어진다는 것은 개발자에게 아주 골치 아픈 일이다. 응용 프로그램을 만들 때 유닉스, 리눅스, 윈도우 프로그램을 각각 만들어야 하기 때문이다.

가상머신

C 언어의 호환성 문제를 해결한 언어가 바로 자바이다. 자바로 프로그래밍하면 대부분의 운영체제에서 동일하게 작동하기 때문에 커널에 따라 코드를 수정할 필요가 없다. 자바에서 하나의 소스 코드를 여러 커널에서 사용할 수 있는one source multi use 원리는 매우 간단하다. 운영체제 위에 **가상머신**virtual machine을 만들고 그 위에서 응용 프로그램을 작동시키는 것이다.

[그림 13-15]는 가상머신의 구조를 보여준다. 가상머신은 커널과 응용 프로그램 사이에서 작동하는 프로그램이다. 가상머신을 설치하면 응용 프로그램이 모두 동일한 환경에서 작동하는 것처럼 보인다. 따라서 개발자가 하나의 코드만 만들면 여러 커널에서 똑같이 실행할 수 있다. 자바는 유닉스와 윈도우에서 작동하는 다양한 가상머신을 만들어 배포하는데 이를 자바 가상머신(JVMJava Virtual Machine)이라고 한다.

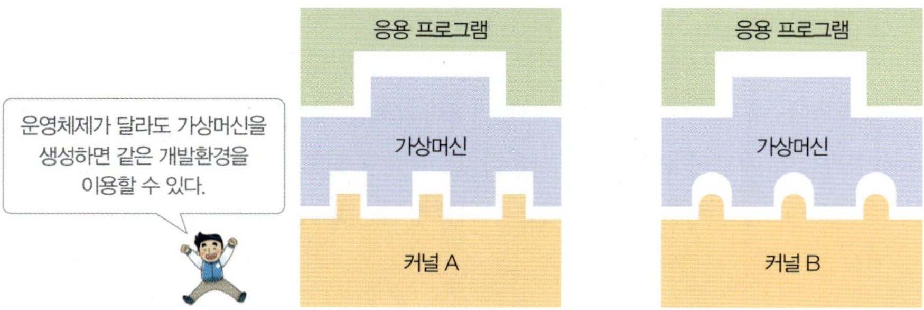

그림 13-15 가상머신

가상머신의 개념은 다양한 곳에서 활용된다. 예를 들어 윈도우 운영체제 환경에서 유닉스를 사용하려 할 때, 원래는 1대의 컴퓨터에 윈도우 운영체제와 유닉스 운영체제를 모두 설치해야 한다. 그리고 부팅 시 어떤 운영체제를 사용할지 선택한다. 그러나 대부분의 작업을 윈도우에서 하면서 가끔 유닉스를 사용한다면, 컴퓨터에 두 가지 운영체제를 설치하기가 부담스러울 것이다. 이럴 때는 윈도우 운영체제에 VMware와 같은 가상머신을 설치할 수 있다. 가상머신을 사용하면 호환성이 높아지지만, 응용 프로그램이 가상머신을 통해서만 작동하기 때문에 느리다는 단점이 있다.

2 가상화 관련 기술

가상화의 개념

가상화virtualization는 컴퓨팅 자원(CPU, 메모리 등)을 논리적으로 분리하거나 통합하여, 하나의 물리 자원을 여러 개의 논리 자원처럼 사용하거나 여러 물리 자원을 하나의 논리 자원처럼 사용하는 기술이다. 현대 컴퓨팅 환경에서는 가상화 기술이 적극적으로 활용된다.

가상화 기술이 등장한 배경은 컴퓨터 하드웨어와 소프트웨어 간의 발전 속도 차이이다. 1960년대부터 무어의 법칙에 따라 반도체 칩의 성능은 약 2년마다 2배씩 증가했으나, 소프트웨어의 발전 속도는 이를 따라가지 못했다. 그 결과로 서버의 성능을 제대로 활용하지 못하게 되었으며, 이를 해결하기 위해 가상화 기술이 등장했다. 한 대의 물리 서버를 여러 개의 가상 서버로 사용하면, 동시에 여러 개의 운영체제를 실행할 수 있어 서버 자원의 활용률이 극적으로 향상된다.

가상화는 이미 일상에서 널리 활용되고 있다. 대표적인 예가 클라우드 서비스인데, 구글 클라우드나 아마존 클라우드(AWSAmazon Web Services)와 같은 서비스는 데이터센터의 컴퓨팅 자원을 가상화하여 사용자에게 제공한다. 사용자는 가상화된 CPU 또는 저장장치를 할당받아 응용 프로그램을 실행하거나 데이터를 저장할 수 있다. 이러한 서비스를 이용하면 자원을 확장하기도 쉽다.

[그림 13-16]의 (a)와 같이 메일 서버와 웹 서버를 독립적으로 운영하면 각 서버의 성능을 일부만 사용할 수 있다. 그러나 (b)와 같이 물리 서버를 가상화하여 두 개의 가상 서버를 실행하면, 동일한 작업을 수행하면서도 자원 활용률을 높일 수 있다. 즉 물리적 서버 1대만으로도 논리적 서버가 2개인 것 같은 효과를 얻을 수 있고, 필요에 따라 더 많은 가상 서버를 운영할 수도 있다.

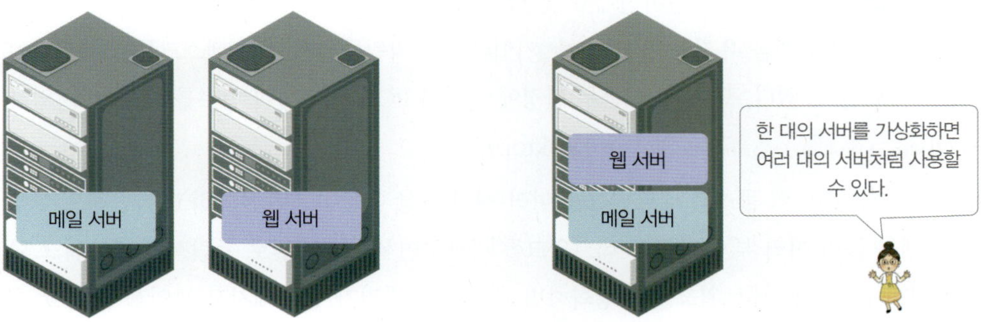

(a) 독립 서버 (b) 가상화한 서버

그림 13-16 가상화

가상화를 통해 사용자와 서비스 제공자 모두 효율적인 자원 관리와 비용 절감이 가능하다. 또한 가상화된 환경은 논리적으로 독립되어 있어, 특정 가상 서버에서 발생한 장애가 전체 시스템에 영향을 주지 않는다는 장점이 있다.

그러나 가상화로 인해 오버헤드가 발생하여 성능이 저하될 수 있으며, 가상화 소프트웨어와 하드웨어에 대한 초기 투자 비용이 많이 필요하다. 또한 가상머신의 수가 많아질수록 관리의 복잡성이 증가한다.

최초로 구현된 완전한 가상화 기술은 1960년대 후반 IBM의 하이퍼바이저Hypervisor이다. 이후 2000년대에는 VMware의 Workstation, Citrix의 Xen 등 다양한 서버 가상화 솔루션이 등장했으며, 가상머신 배포 및 관리를 위한 자동화 도구도 개발되었다. 2010년대 이후로는 도커나 쿠버네티스와 같은 컨테이너 기술이 주목받고 있다. 컨테이너Container는 운영체제를 포함하지 않고 응용 프로그램과 라이브러리만을 격리하므로 가상머신보다 더 가벼워 빠르게 실행되고 자원 사용 효율도 높다.

가상화 유형

가상화는 어떤 컴퓨터 자원을 가상화하는지에 따라 서버 가상화, 데스크톱 가상화, 네트워크 가상화, 저장장치 가상화, 애플리케이션(응용 프로그램) 가상화로 분류할 수 있다.

- **서버 가상화**: 하나의 물리적 서버를 여러 개의 가상 서버로 분할하고 독립적으로 운영한다. 서버 가상화를 통해 하나의 물리적 서버에서 여러 개의 서버 애플리케이션을 별도의 환경에서 운영할 수 있으며, 클라우드 서비스에서 가상 서버를 제공하는 방식으로 활용되기도 한다.
- **데스크톱 가상화**: 운영체제를 가상머신에서 실행하는 방식이다. 이를 통해 사용자는 어느 환경에서든 동일한 작업 환경을 유지할 수 있으며, 기업에서는 직원들에게 가상 데스크톱을 제공하여 보안성을 강화할 수 있다. 또한 원격 근무 환경에서 회사 PC에 접속하여 업무를 수행할 수 있다(예 VDIVirtual Desktop Infrastructure와 Xen Desktop).
- **네트워크 가상화**: 하나의 물리적 네트워크를 여러 개의 가상 네트워크로 분할하고 독립적으로 운영한다. 예를 들어 여러 부서가 같은 네트워크를 사용하면서도 부서별로 독립적인 네트워크 환경을 유지할 수 있다. 네트워크를 가상화하면 네트워크 관리가 용이해지고 보안을 강화할 수 있으며, 클라우드 환경에서 자원의 활용을 극대화할 수 있다(예 SDNSoftware-Defined Networking, VLANVirtual LAN).
- **저장장치 가상화**: 여러 개의 하드디스크나 SSD를 하나의 큰 저장 공간처럼 묶거나, 반대로 하나의 저장장치를 여러 개로 나누어 사용할 수 있도록 하는 기술이다. 이를 통해 여러 개의 서버가 하나의 중앙 저장소를 공유할 수 있으며, 클라우드 서비스에서 사용자에게 가상 저장장치를 제공하는 형태로도 활용된다(예 NASNetwork Attached Storage, SANStorage Area Network).

- **응용 프로그램 가상화**: 운영체제와 독립적으로 프로그램을 실행할 수 있도록 하는 기술이다. 이를 활용하면 특정 운영체제에 종속되지 않고 다양한 환경에서 동일한 프로그램을 실행할 수 있으며, 클라우드 환경에서 프로그램을 직접 실행하여 별도의 설치 없이 사용할 수도 있다(예 도커, 쿠버네티스).

하이퍼바이저

가상화의 핵심인 하이퍼바이저hypervisor는 물리적 하드웨어와 가상머신 사이의 가상화 계층을 형성하는 기술이다. 하이퍼바이저를 통해 가상머신을 생성하고 운영하며 자원을 관리할 수 있다.

하이퍼바이저는 두 가지 유형으로 나뉜다. 타입 1 하이퍼바이저는 운영체제 없이 하드웨어에서 직접 실행되고, 타입 2 하이퍼바이저는 기존 운영체제 위에서 소프트웨어 형태로 실행된다.

- 타입 1 하이퍼바이저는 배어 메탈bare-metal 하이퍼바이저 또는 내이티브native 하이퍼바이저라고도 부른다. 장점은 오버헤드가 적고 성능이 우수하며, 하나의 가상머신에서 발생한 오류가 다른 가상머신에 영향을 주지 않는다는 것이다. 이 타입은 주로 기업의 데이터센터에서 활용한다(예 VMware ESXi, Citrix Xen, Microsoft Hyper-V).

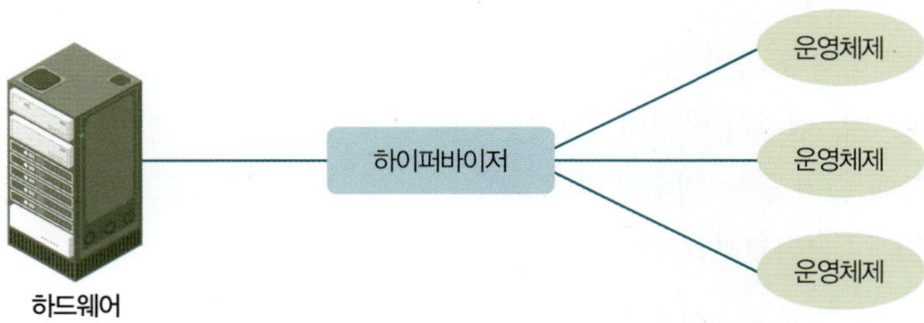

그림 13-17 타입 1 하이퍼바이저

- 타입 2 하이퍼바이저는 호스티드Hosted 하이퍼바이저라고도 부른다. 기존 시스템 위에 가상머신을 쉽게 설치할 수 있어, 개인 사용자가 윈도우 환경의 PC에서 리눅스도 사용하고자 할 때 주로 활용된다. 그러나 이 타입은 오버헤드가 커 성능이 다소 저하될 수 있다(예 VMware Workstation, Oracle VirtualBox).

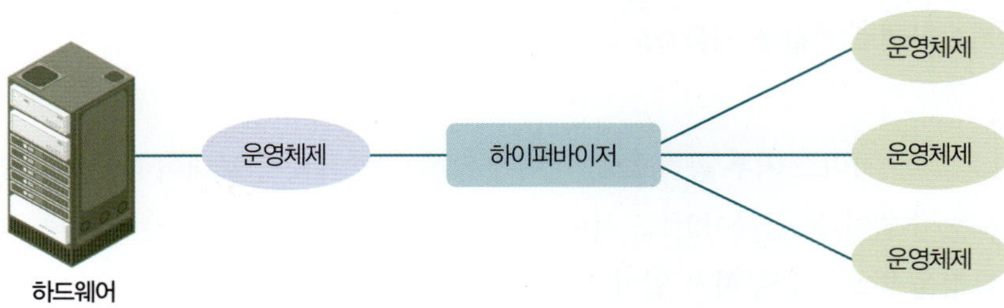

그림 13-18 타입 2 하이퍼바이저

SECTION 03

보안과 암호화

1 운영체제 보안

보안 위협

운영체제는 악성 소프트웨어나 해킹과 같은 다양한 위험에 노출되어 있으므로 보안 대책이 마련되어야 한다. 보안 기술을 설명하기 전에 외부 보안 위협의 종류를 살펴본다.

- **컴퓨터 바이러스**는 대표적인 악성 소프트웨어로, 컴퓨터에 저장된 자료를 파괴하거나 시스템을 정지시킨다. 컴퓨터 바이러스는 자기 자신을 복제할 수 있어서 다른 컴퓨터까지 감염시킨다. 컴퓨터 바이러스에 감염되는 경로는 매우 다양하지만, 일반적으로 네트워크를 통해서 파일을 다운로드할 때 바이러스에 노출되기 쉽다.
- **트로이 목마**는 개인정보를 탈취하거나 좀비 컴퓨터로 만들어 다른 시스템을 공격할 수 있는 상태로 만드는 악성 소프트웨어이며, 컴퓨터 바이러스보다는 전파력이 약하다. 트로이 목마는 유용해 보이는 소프트웨어에 몰래 숨겨 놓는 경우가 대부분이므로, 정상적인 방법으로 소프트웨어를 구매해야만 컴퓨터를 트로이 목마로부터 안전하게 보호할 수 있다.
- **매크로 바이러스**는 엑셀, 워드 혹은 파워포인트 문서 같은 데이터 파일에 포함되어 배포되는 악성 소프트웨어이다. 일반적인 악성 소프트웨어가 실행 파일에 포함되어 배포되는 것과 대비된다.
- **랜섬웨어**ransomware는 컴퓨터의 자료에 암호를 걸어 해커에게 돈을 보내기 전에는 사용할 수 없게 하는 악성 소프트웨어이다. 영어 단어 'ransom'의 사전적 의미는 인질범이 요구하는 몸값이다. 컴퓨터가 랜섬웨어에 감염되면 파일이 사진이든 문서든 전혀 열리지 않고, 해커로부터 몸값을 요구하는 메시지만 나타난다. 원래 악성 소프트웨어는 해커들이 실력을 자랑하기 위해 배포하기 시작했으나, 랜섬웨어처럼 해커가 돈을 벌 수 있는 악성 소프트웨어가 점점 많이 퍼지고 있다. 랜섬웨어는 가상화폐로 몸값을 지불하도록 요구하기 때문에 계좌 추적이 어려워 더욱 기승을 부린다.
- **도스**(DoSDenial of Service)는 서비스 거부 공격으로, 서버에 많은 양의 패킷을 보내어 다른 사람의 서버 이용을 막는 해킹 수법이다. 클라이언트-서버 구조에서 서버가 감당할 수 있는 범위를 넘도록 많은 서비스 요청을 받으면 과부하가 일어나 정상적으로 서비스할 수 없다는 점을 이용한

다. 따라서 서버에 과도하게 패킷을 보내는 컴퓨터를 탐지하여 차단하면 도스 공격을 효과적으로 방어할 수 있다. 도스를 발전시킨 **디도스**(DDoS Distributed DoS)는 분산형 서비스 거부 공격이다. 디도스에서 공격자는 여러 대의 컴퓨터를 바이러스에 감염시켜 마음대로 조종할 수 있는 좀비 컴퓨터로 만든 후, 같은 시간에 서버를 공격하도록 명령을 내린다. 디도스는 도스와 달리 여러 곳에서 동시에 서비스를 요청하기 때문에 방어하기가 매우 어렵다.

그림 13-19 보안 위협

2025년 4월에 국내 통신사 SK텔레콤은 악성코드 공격으로 다수 고객의 USIM 정보 유출이 의심된다고 발표했다. 이는 사용자 단말기의 시스템 무결성 보호 실패와 안티멀웨어 대응 부족 등 운영체제 보안이 제대로 작동하지 않은 결과로 해석할 수 있다. 사건 직후 유심을 교체하려는 수요가 집중되어 큰 혼란이 발생했다. 이러한 공격은 보안이 시스템의 안정성과 신뢰성에 얼마나 중요한지를 잘 보여준다.

이제 운영체제 수준에서 어떤 보안 목표를 갖고 이를 어떻게 달성하는지 살펴보자.

운영체제 보안의 목표

운영체제 보안은 중요한 정보를 보호하고 악의적인 행위로부터 시스템의 무결성, 가용성, 기밀성을 유지하기 위해 설계된 다양한 메커니즘과 정책이다. 운영체제는 사용자와 하드웨어 간의 중재자 역할을 하므로, 보안이 취약할 경우 시스템 전체가 위협받을 수 있다.

운영체제 보안의 핵심 목표는 무결성integrity, 가용성availability, 기밀성confidentiality을 보장하는 것이다. 이 세 요소는 보안 모델의 기본이 되는 개념으로, 시스템이 안전하고 예측 가능하게 동작하도록 보장한다. 기밀성은 허가된 사용자만이 시스템의 데이터와 자원에 접근할 수 있다는 개념이며, 기밀성 보장을 위해 암호화, 접근 제어 리스트ACL, 사용자 인증 등의 기술이 사용된다. 무결성은 데이터와 시스템의 상태를 인가되지 않은 수정으로부터 보호하는 것을 의미하며, 해시 함수, 디지털 서명, 무결성 검사 도구 등이 이러한 역할이다. 가용성은 정당한 사용자가 시스템과 데이터를 언제든 사용할 수 있도록 보장하는 것으로, DDoS 방어, 백업 및 복구 시스템, 중복 설계 등의 기술이 활용된다.

보안 기술

운영체제를 보호하는 보안 기술들에는 사용자 인증, 접근제어, 암호화 기술, 감시와 로깅, 자원격리, 업데이트와 패치, 방화벽, 최소 권한 원칙 등이 있다.

그림 13-20 운영체제 보안 기술

- **사용자 인증**: 사용자 인증은 사용자의 신원을 확인하는 과정으로, 비밀번호, 바이오 인증, OTPOne Time Password, 다중 인증2FA 등의 방법이 적용된다. 이러한 인증 방식은 사용자가 시스템에 접근할 때 본인이 실제로 권한을 가진 사용자임을 증명하는 중요한 역할을 한다.
- **접근 제어**: 접근 제어는 사용자가 시스템 자원(파일, 네트워크, 메모리 등)에 접근할 수 있도록 권한을 설정하고 제한하는 방식으로, 이를 통해 불필요한 접근을 차단하고 보안을 강화할 수 있다.
- **암호화 기술**: 암호화 기술은 데이터를 암호화하여 외부로 유출되더라도 내용을 알 수 없도록 보호한다. 이를 위해 대칭키 암호화AES와 공개키 암호화RSA 등의 방법이 사용되며, 네트워크 통신을 보호하기 위해 SSL/TLS 같은 보안 프로토콜이 적용된다.
- **감시와 로깅**: 감시와 로깅은 시스템 활동을 기록하여 보안 위협을 탐지하고 추적한다. 이는 침입 탐지 시스템과 침입 방지 시스템과 같은 보안 장비와 함께 활용되며, 시스템 관리자에게 이상 행동을 감지하고 대응할 수 있는 정보를 제공한다.
- **자원 격리**: 자원 격리는 악성 코드가 다른 프로세스에 영향을 미치지 않도록 프로세스와 메모리를 격리하는 기술이다. 예를 들어 웹 브라우저에서 악성 코드가 실행되더라도 시스템 전체에 영향을 미치지 않도록 샌드박스를 적용할 수 있다. 샌드박스sandbox란 프로그램을 보호된 영역에서 동작하게 하여 시스템이 부정하게 조작되는 것을 막는 보안 방식이다. 샌드박스 또는 가상화를 통해 보안 위협을 격리하고 시스템의 안전성을 유지할 수 있다.
- **업데이트와 패치 적용**: 운영체제 보안을 강화하기 위해서는 정기적인 보안 업데이트와 패치 적용이 필수적이다. 운영체제와 소프트웨어를 최신 상태로 유지하면 알려진 취약점을 제거할 수 있으며, 이를 통해 시스템을 악성 공격으로부터 보호할 수 있다.

- **방화벽**: 네트워크 트래픽을 제어하고 외부 공격을 차단하는 것도 중요한 보안 대책이다. 방화벽은 신뢰할 수 없는 네트워크로부터 시스템을 보호하며, 들어오는 트래픽이나 나가는 트래픽을 분석하여 악성 트래픽을 차단한다.
- **최소 권한 원칙**: 보안 강화를 위해 강력한 비밀번호 정책을 도입하고, 최소 권한 원칙을 적용하는 것이 중요하다. 최소 권한 원칙least privilege은 사용자가 수행하는 작업에 필요한 최소한의 권한만 부여하여 보안 위험을 줄이는 방식이다. 이를 통해 불필요한 권한을 제거하고, 내부 위협으로부터 시스템을 보호할 수 있다.

운영체제 보안은 단순히 특정 기술을 적용하는 것이 아니라, 여러 가지 보안 기법과 정책을 조합하여 종합적인 보호 체계를 구축해야 한다. 보안 위협은 지속적으로 변화하고 발전하기 때문에, 최신 보안 기술을 도입하고 정기적으로 보안 점검을 수행해야만 안전한 운영 환경을 보장할 수 있다.

2 암호화

암호화와 키

암호화encryption란 원래의 데이터를 풀기 어려운 패턴으로 변형시켜서 허가받은 사용자 외에는 볼 수 없게 만드는 보안 기술이다. 평문plaintext(원문)과 암호문ciphertext 간 변환에는 키key가 필요하다. 평문에 키를 적용하여 암호화하면 암호문이 되며, 암호문에 키를 적용하여 복호화decryption하면 평문으로 되돌릴 수 있다.

'LOVE'라는 단어를 키 +5로 암호화해 보자. 알파벳 순서대로 숫자를 부여하고 평문 각 문자의 숫자에 +5를 연산하여 암호화하면 'QTAJ'가 된다. 복호화하려면 복호화 키를 사용한다. 이 예시에서는 암호문 각 문자의 숫자에 –5를 연산하면 평문인 'LOVE'가 된다. 이 방식은 외부인이 암호화 알고리즘만 알면 쉽게 암호문을 해독할 수 있다는 단점이 있다.

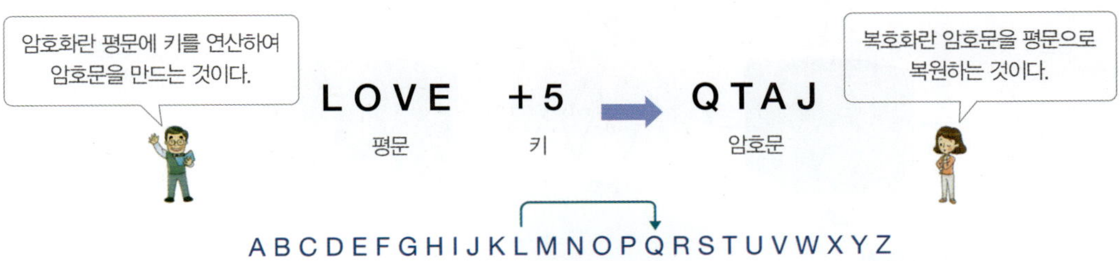

그림 13-21 암호화와 복호화

암호화 방식은 크게 대칭키 암호화와 비대칭키 암호화로 나뉜다. 대칭키 암호화는 단일키 암호화 혹은 비밀키 암호화라고도 부르는데, 하나의 키로 암호화와 복호화 모두 수행하는 암호화이다.

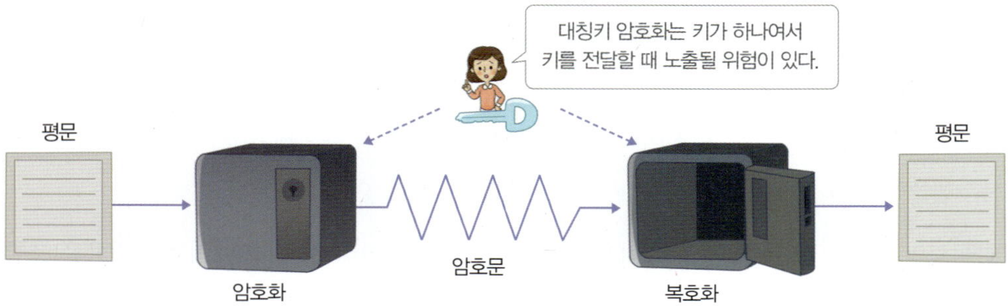

그림 13-22 대칭키 암호화

암호화하고 해독하는 데 하나의 키만 사용하는 알고리즘으로 DES Data Encryption Standard가 있다. DES는 1977년에 미국에서 국가 표준으로 지정했는데, 암호화 키가 56비트를 사용한다. DES는 2000년도에 더 강력한 단일키 암호화 방식인 AES Advanced Encryption Standard로 대체되었다. AES는 키로 128비트를 사용하며, 전 세계에서 널리 사용되는 방식이다.

대칭키(단일키) 암호화의 가장 큰 단점은 암호화 결과물인 암호문과 키를 함께 상대방에게 전송한다는 것이다. 전송 중에 키가 다른 사람에게 노출되면 암호문이 무력화될 수 있다. 또한 키를 받은 상대방이 나쁜 마음을 먹으면 해당 키로 다른 암호문을 해독하는 데까지 사용할 수도 있다. 이처럼 키 유출의 위험이 있는 대칭키 방식의 한계를 극복하기 위해 등장한 것이 비대칭키 암호화 기술이다.

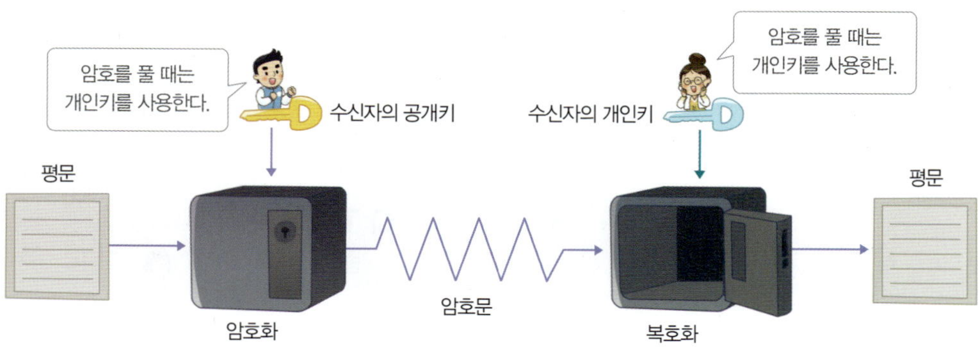

그림 13-23 비대칭키 암호화

비대칭키 암호화에서는 공개키public key와 개인키private key의 두 개의 쌍으로 키를 구성한다. 그래서 비대칭키 방식을 공개키 암호화라고도 부른다. 공개키는 암호를 만들 때 사용하지만, 공개키로 암호를 해독할 수는 없다. 해독은 개인키로만 가능하다. 공개키 암호화는 암호를 만드는 키와 암호를 푸는 키가 서로 달라 비대칭 방식이라고도 부른다. 비대칭키 방식은 공개키가 노출되거나 탈취당해도 개인키가 안전하면 암호 보안이 유지된다. 비대칭키 암호화는 HTTPS, 전자서명, 암호화 이메일 등에서 널리 사용되며, RSA가 대표적인 알고리즘이다.

비대칭키(공개키) 방식이 상대적으로 안전하기 때문에 많이 사용될 것 같다. 그러나 비대칭 키는 대칭키 방식보다 계산량이 월등히 많아 컴퓨터 자원을 많이 소비한다. 따라서 암호화 방식은 시스템의 상황에 따라 대칭키와 비대칭키 중 하나를 선택하여 사용하거나, 둘을 병행하여 사용한다.

치환 암호

치환 암호substitution cipher는 문자를 다른 문자로 대치하는 암호 방식이다. 치환하는 대상이나 방법에 따라 여러 종류로 나뉜다.

덧셈 암호additive cipher는 알파벳을 일정한 수만큼 밀어 치환하는 고전 암호 방식이다. 예를 들어, 알파벳에 0부터 25까지의 숫자를 순서대로 배정하고, 각 문자에 +5를 더한 뒤 mod 26 연산을 적용하면 새로운 문자가 생성된다. 이 방식을 사용하면 [그림 13-24]처럼 'LOVE'는 'QTAJ'로 암호화되고 복호화는 같은 방식으로 -5를 적용한다.

A	B	C	D	E	F	G	H	I	J	K	L	M	N	O	P	Q	R	S	T	U	V	W	X	Y	Z
0	1	2	3	4	5	6	7	8	9	10	11	12	13	14	15	16	17	18	19	20	21	22	23	24	25

문자	L	O	V	E
숫자	11	14	21	4
+5 mod 26	16	19	0	9
결과	Q	T	A	J

그림 13-24 덧셈 암호(알파벳 번호에 +5 적용 후 치환)

코드북 암호code book cipher는 문자 단위가 아닌 단어 또는 문장 전체를 미리 정의된 코드로 치환하는 방식이다. [그림 13-25]처럼 무작위로 구성된 코드북을 사전에 정해두고 이를 암호화와 복호화에 함께 사용한다. 코드북을 활용하면 평문 'LOVE'는 'VRXN'으로 암호화된다. 코드북 암호는 단일키 암호처럼 빠르게 암호화할 수 있으면서도 코드 테이블만 알면 누구나 복호화 가능하다는 장점이 있다. 그러나 일단 코드북이 노출되면 쉽게 암호가 풀리는 단점이 있다.

A	B	C	D	E	F	G	H	I	J	K	L	M	N	O	P	Q	R	S	T	U	V	W	X	Y	Z
O	P	H	T	N	A	I	E	D	W	Q	V	B	X	R	G	M	C	L	S	F	X	K	Y	J	U

그림 13-25 코드북 예시

키워드 암호keyword cipher는 암호화에 사용할 키워드를 미리 정한 뒤, 이를 기준으로 알파벳의 순서를 재배열하여 치환표를 만드는 방식이다. [그림 13-25]처럼 NETWORK를 키워드로 'LOVE'를 암호화하면 'FIUO'가 된다. 키워드 암호화는 코드북을 따로 만들 필요가 없다는 장점이 있다.

A	B	C	D	E	F	G	H	I	J	K	L	M	N	O	P	Q	R	S	T	U	V	W	X	Y	Z
N	E	T	W	O	R	K	A	B	C	D	F	G	H	I	J	L	M	P	Q	S	U	V	X	Y	Z

그림 13-26 키워드 암호의 문자 치환표

서로 다른 치환 암호를 섞어서 사용하는 방법도 있다. 예를 들어 평문의 0, 2, 4와 같은 짝수 번째 문자는 키 NETWORK로 키워드 암호화하고, 1, 3, 5와 같은 홀수 번째 문자는 키 +5로 덧셈 암호화한다. 이러한 방식으로 'LOVE'를 암호화하면 'QIAO'가 된다.

전치 암호

전치 암호transposition cipher는 문자 위치를 변경하여 암호를 만드는 방식이며, 위치 암호라고도 부른다. 전치 암호에서 키는 바뀌는 위치정보이다. [그림 13-26]은 평문 OPERATINGSYSTEM를 알파벳 5개씩 나누어 전치 암호로 암호화했다가 복호화하는 과정을 나타낸다.

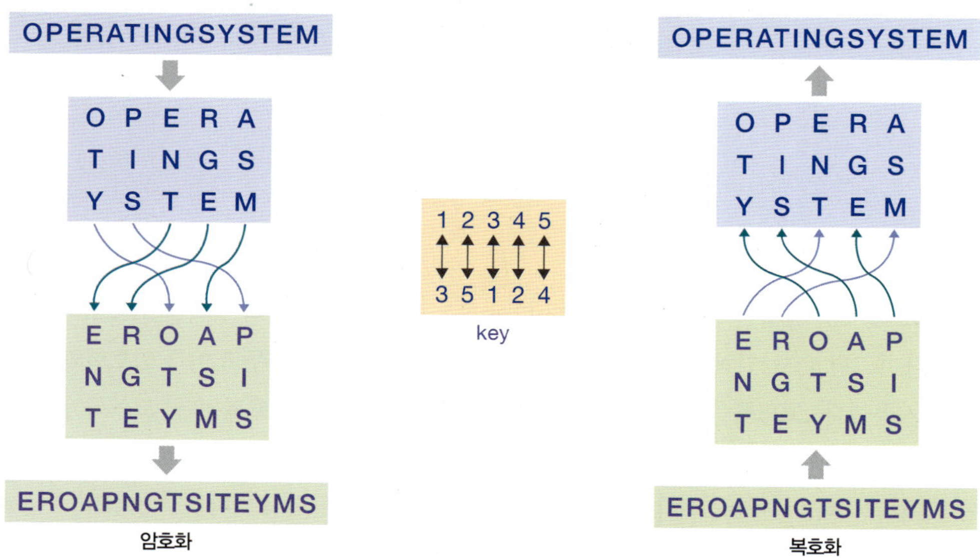

그림 13-27 전치 암호

그림의 사례에서는 글자를 알파벳 5개씩 나누고 글자의 위치정보를 정했다. 블록 하나에서 1번은 3번으로, 2번은 5번으로, 3번은 1번으로, 4번은 2번으로, 5번은 4번으로 위치가 변경된다. 이러한 방식으로 OPERATINGSYSTEM을 암호화하면 EROAPNGTSITEYMS가 된다. 암호문을 알파벳 5개씩 잘라서 바뀐 위치를 원래대로 되돌리면 복호화할 수 있다.

지금까지 살펴본 암호화 알고리즘들은 비교적 간단한 알고리즘이기 때문에 암호문이 쉽게 무력화되는 문제가 있다. 현대의 암호화 기술은 복잡한 키를 생성함으로써 암호와 알고리즘을 안다고 할지라도 키가 없이는 암호문을 해독할 수 없도록 발전했다. 다시 말해 현대의 암호화 기술은 어떻게 암호문을 만들고 복호화하는지는 알려져 있지만, 키 없이는 암호를 해독할 수 없는 방향으로 발전하고 있다.

웹에서의 암호화

원래 웹은 연구자들이 연구 결과를 공유하거나 정보를 교환하려는 목적으로 만들어졌다. 따라서 모든 데이터를 암호화할 필요성이 없었다. 그래서 http를 사용하는 모든 사이트에서 오가는 데이터는 쉽게 그 내용을 확인할 수 있었다. 인터넷 초기에는 네트워크에서의 보안이 큰 문제가 되지 않았지만, 웹을 이용한 다양한 서비스가 개발되면서 문제가 발생했다. 예를 들어 웹에서 계좌에서 돈을 입출금하거나 물건을 구매하려 카드 결제하는 경우, 계좌정보, 패스워드, 결제 정보와 같은 중요한 개인정보가 위험에 노출된다.

인터넷에 연결된 컴퓨터는 해킹이나 바이러스와 같은 위험 이외에도 네트워크상에서 개인정보가 탈취될 위험에 노출된다. 이러한 문제를 해결하는 가장 좋은 방법은 네트워크를 분리하는 것이다. 실제로 금융전산망은 인터넷망과 별도로 분리된 네트워크에서 관리된다. 그러나 일반인이 분리된 망을 사용하여 인터넷 서비스를 이용하는 데는 한계가 있어, 보안 프로토콜을 사용하여 전체 네트워크의 안전을 지키는 추세이다.

SSL_{Secure Sockets Layer}은 공개키 암호화를 사용하여 사용자를 인증하고, 소켓의 데이터를 암호화하는 프로토콜이다. SSL은 1995년 초기 웹 브라우저인 넷스케이프에서 제안했으며, 이후 버전 3.0까지 개발되었다. 1999년에는 IETF_{Internet Engineering Task Force}에서 SSL을 업데이트하여 더욱 강력한 보안 프로토콜인 TLS_{Transport Layer Security}를 개발했다.

SSL의 특징은 암호화, 서버 인증, 데이터의 무결성으로 요약할 수 있다. SSL은 사용자와 웹 서버 사이를 이동하는 모든 데이터를 암호화하여, 누군가 데이터를 가로채더라도 전체 데이터를 확인할 수 없게 한다. 그리고 웹 서버를 인증하여 가짜 웹사이트를 만들어 개인정보를 탈취하는 일을 차단한다. 또한 SSL은 데이터 무결성을 제공하기 위해 데이터에 디지털 서명하여, 데이터가 수신자에 도착하기 전에 조작되지 않았음을 인증한다.

HTTPS

HTTPS는 보안 프로토콜 위에 구축한 HTTP이며, HTTP with Secure 혹은 HTTP with SSL의 약어이다. HTTPS를 이해하기 위해서는 HTTP에서 일어날 수 있는 보안 문제를 이해해야 한다. HTTP에서 전송되는 데이터는 암호화되지 않기 때문에 해커들이 모든 데이터를 확인 할 수 있다. 웹 문서 자체인 HTML 데이터뿐 아니라 웹사이트에 입력하는 아이디, 패스워드, 계좌와 같은 개인정보가 해커에게 노출될 수 있다. SSL 기반인 HTTPS는 모든 데이터를 암호화하여 송출하기 때문에 이러한 문제를 해결한다.

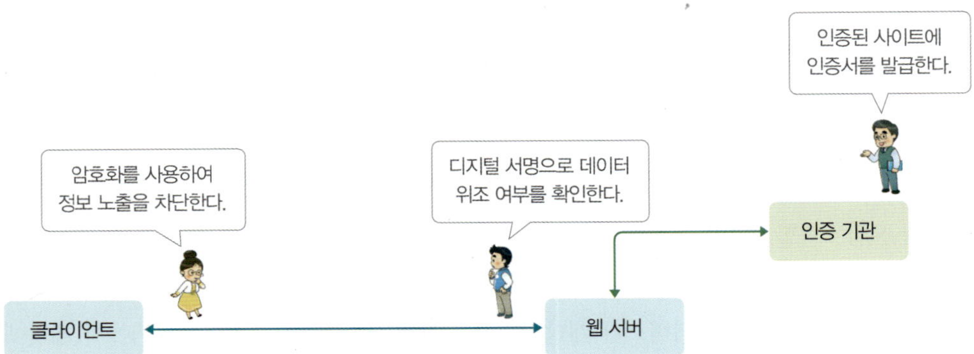

그림 13-28 HTTPS의 역할

웹 서버는 불특정 다수의 클라이언트와 데이터를 주고받는다. A 클라이언트와 통신하는 도중에 해커가 마치 A 클라이언트가 보낸 데이터인 것처럼 패킷을 만들어 서버에게 전송할 수 있다. 이 문제를 해결하기 위해서는 A 클라이언트가 보낸 데이터인지 아닌지 서버가 확인할 수 있어야 한다. HTTPS는 전자서명을 교환함으로써 데이터의 무결성을 확인한다.

해커가 가짜 사이트를 만들어 개인정보를 탈취할 수 있기 때문에, 사용자가 방문한 사이트가 진짜 사이트인지 혹은 가짜 사이트인지를 확인할 수 있어야 한다. HTTPS는 이 사이트를 신뢰할 수 있음을 확인하는 인증서를 교환한다. 사설 인증기관(CA Certificate Authority)에서는 해당 사이트가 신뢰할 수 있는 사이트라는 인증서를 발급하고, 웹사이트는 인증서를 클라이언트에게 전달한다. 클라이언트는 CA의 공개키를 이용해 인증서를 검증한 후에야 통신을 시작한다.

지금까지 열거한 HTTP의 문제로 인하여 많은 사이트가 SSL을 사용한 HTTPS로 바뀌는 추세이다. HTTP를 사용하는 웹사이트를 방문하면 웹 브라우저는 [그림 13-29]와 같이 '주의 요함'이라는 경고 메시지를 보내어, 아이디나 패스워드를 입력할 때 해커가 정보를 탈취할 수 있음을 알린다.

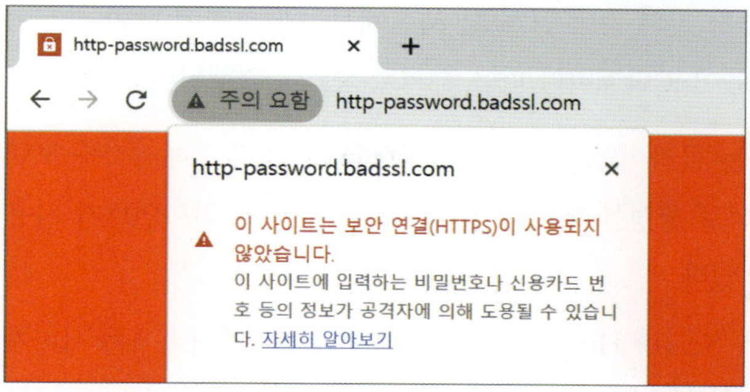

그림 13-29 HTTP 웹사이트의 경고 메시지

3 심화 SSL의 동작 과정

SSL의 동작 과정은 핸드쉐이크(협의), 세션 시작, 세션 종료로 나눌 수 있다. 여기서 세션session이란 작업의 단위이다. 예를 들어 인터넷뱅킹 사이트에 접속하여 로그인하고 계좌내역을 살펴본 후, 친구에게 계좌이체하고 인터넷뱅킹을 종료했다면 전체 작업이 하나의 세션이다. 참고로 계좌이체에서 친구에게 돈을 보내고 내 계좌에 잔고가 줄어드는 작업 하나를 트랜잭션이라 부른다. 트랜잭션transaction은 더 이상 나눌 수 없는 최소 단위의 작업이고, 따라서 세션은 다양한 트랜잭션의 집합이다. [그림 13-30]은 SSL의 동작 과정을 나타낸다.

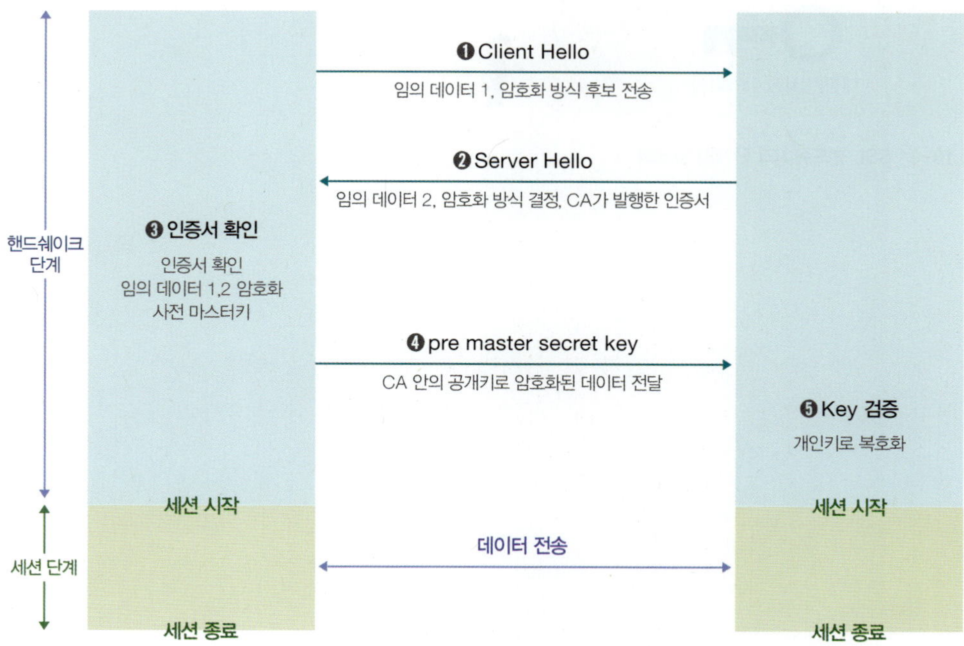

그림 13-30 SSL의 구조

SSL의 핸드쉐이크 단계는 세션을 시작하기 전의 준비 단계로, 세션에서의 암호화에 대한 클라이언트와 서버의 합의가 이루어진다. 핸드쉐이크 단계마다 다음 순서로 작업이 진행된다.

❶ SSL 핸드쉐이크의 첫 번째 단계에서는 클라이언트가 서버에게 'Client Hello' 메시지를 보낸다. 이 메시지에는 클라이언트가 임의로 생성한 데이터(임의 데이터 1)와 클라이언트가 사용 가능한 암호화 방식 후보가 명시되어 있다.

❷ 2번째 단계에서 서버가 클라이언트에 'Server Hello' 메시지를 보낸다. 이 메시지에는 서버가 임의로 생성한 데이터(임의 데이터 2)와 앞으로 사용할 암호화 방식이 포함된다. 또한 CA로부터 받은 인증서를 클라이언트에 전달한다.

❸ 3번째 단계에서 클라이언트는 서버로부터 받은 인증서가 유효한지를 확인한다. 인증서가 유효한 경우 앞으로 사용할 암호 알고리즘을 테스트한다. 테스트에 사용할 평문은 서버와 클라이언트가 만든 임의 데이터를 사용한다. 클라이언트가 생성한 임의 데이터 1과 서버가 생성한 임의 데이터 2를 합쳐서 평문을 만들고, 여기에 암호화 알고리즘을 적용하여 암호문을 만든다.

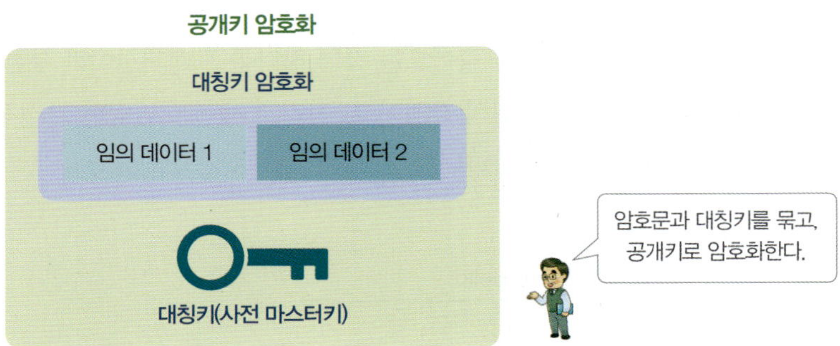

그림 13-31 SSL 핸드쉐이크 단계의 암호화

❹ SSL에서 통신 암호화에는 대칭키 방식을 사용한다. 비대칭키 알고리즘은 복호화에 시스템 자원을 많이 사용하므로, 동시에 수천 명의 클라이언트를 상대해야 하는 서버는 비대칭키 알고리즘이 부담스럽기 때문이다. SSL에서 암호화와 복호화에 사용하는 대칭키를 사전 마스터키pre master secret key라 부른다. 대칭키 방식에서 가장 중요한 일은 대칭키를 안전하게 서버에 전달하는 것이다. 그래서 암호문과 사전 마스터키를 묶어서 다시 공개키로 암호화하고 서버에 전달한다. 이렇게 하면 서버에 안전하게 대칭키를 전달할 수 있다. 비대칭키 방식에서는 암호화하려면 공개키가 있어야 한다. 공개키는 서버에서 전달한 인증서 안에 들어있다. 인증서를 확인한 후에 그 안에 있는 공개키를 사용하여 암호문과 사전 마스터키를 다시 암호화한 후 서버에 전달한다.

❺ 서버는 클라이언트로부터 받은 데이터를 개인키로 복호화한다. 그러면 대칭키로 암호화된 암호문과 사전 마스터키(대칭키)를 얻게 된다. 이렇게 얻은 사전 마스터키를 사용하여 평문(임의 데이터 1 + 임의 데이터 2)을 얻을 수 있는지를 확인한다. 정상적으로 복호화되었다면 클라이언트와 서버 사이에 오가는 모든 데이터는 사전 마스터키로 암호화 및 복호화한다.

핸드쉐이크가 정상적으로 종료되면 세션이 시작되어 클라이언트와 서버가 대칭키를 사용하여 데이터를 주고받으면서 작업하고, 모든 작업이 끝나면 세션이 종료된다.

요약

01 분산 시스템은 장치 간의 결합 정도에 따라 강결합 시스템과 약결합 시스템으로 나뉜다. 강결합 시스템에서는 여러 개의 프로세서가 메모리를 공유하여, 속도가 빠르지만 장애 발생 시 다른 프로세서에도 영향이 있다. 약결합 시스템에서는 독립적인 운영체제와 메모리가 네트워크를 통해 통신하므로 장애 복구에 유리하다.

02 완전한 분산 시스템은 컴퓨터 간 독립성이 강해 관리가 어렵다. 웹 시스템에 사용하는 클라이언트-서버 시스템은 클라이언트가 요청을 보내면 서버가 응답하는 구조이다. P2P 시스템에서는 중앙 서버를 거치지 않고 개별 노드가 직접 데이터를 공유하므로, 클라이언트-서버 시스템의 단점인 서버 과부하 문제를 해결할 수 있다.

03 클라우드 컴퓨팅은 하드웨어와 소프트웨어를 서버에서 제공하여, 사용자가 원할 때 네트워크를 통해 컴퓨팅 자원을 원하는 만큼 이용할 수 있는 서비스 모델이다. 클라우드 환경의 장점은 유연한 자원 관리와 비용 절감이다.

04 네트워크를 통해 저장장치에 원격으로 접근하면 데이터를 체계적으로 관리할 수 있다.

- DAS는 개별 시스템에 직접 연결된 저장장치이며, 속도가 빠르지만 데이터 공유가 어렵다.
- NAS에 데이터를 저장하면 네트워크를 통해 여러 사용자와 공유할 수 있어 파일 서버 및 백업 서버로 사용된다.
- SAN은 고속 데이터 전송이 가능하며 보안성이 높아 주로 대규모 기업에서 사용한다.

05 고가용성 시스템은 지속적인 서비스 운영을 보장하기 위해 이중화와 장애 복구 기술을 적용한 시스템이다. 상시 대기, 상호 인계, 동시 접근 방식으로 고가용성 시스템을 구성할 수 있다.

06 하이퍼바이저를 통하여 하나의 하드웨어에서 여러 개의 가상 환경을 실행하여 서버 자원을 효율적으로 활용하고 비용을 절감할 수 있다. 타입 1 하이퍼바이저는 하드웨어에서 직접 실행되고, 타입 2는 기존 운영체제 위에서 실행된다.

07 운영체제는 접근 제어, 암호화, 침입 탐지 시스템을 활용하여 보안 위협으로부터 컴퓨터 자원을 보호한다.

08 대칭키 암호화는 하나의 키로 데이터를 암호화 및 복호화하는 방식이고, 비대칭키 암호화는 공개키와 개인키를 이용하여 보안성을 높인다. HTTPS에 적용되는 보안 기술인 SSL은 각 세션의 핸드쉐이크 단계에서 대칭키와 공개키를 모두 사용하는 암호화 방식을 결정한다.

연습 문제

01 분산 시스템에서 고려 사항이 아닌 것은 무엇인가?

① 독립성 보장　② 서버 집중화
③ 가용성 높임　④ 투명성

02 컴퓨터들이 서로 독립적으로 작동하기 때문에 하나의 시스템에 장애가 발생해도 다른 시스템에 영향을 미치지 않는 시스템은 무엇인가?

① 네트워크 운영체제(NOS)　② 분산 운영체제(DOS)
③ 약결합 분산 시스템　④ 강결합 분산 시스템

03 네트워크로 연결된 모든 컴퓨터의 프로세서가 하나의 메모리를 공유하는 시스템은 무엇인가?

① 네트워크 운영체제(NOS)　② 분산 운영체제(DOS)
③ 약결합 분산 시스템　④ 강결합 분산 시스템

04 여러 컴퓨터가 하나의 시스템처럼 동작하도록 관리하는 운영체제는 무엇인가?

① 네트워크 운영체제(NOS)　② 분산 운영체제(DOS)
③ 약결합 분산 시스템　④ 강결합 분산 시스템

05 언제 어디서나 컴퓨팅 파워나 소프트웨어에 접근할 수 있는 유연한 컴퓨터 환경을 가리키는 단어를 찾으시오.

① 클라이언트-서버　② P2P
③ 사물 인터넷　④ 클라우드 컴퓨팅

06 웹 서버를 구축할 때 설치해야 하는 소프트웨어는 무엇인가?

① FTPD　② SMTPD
③ HTTPD　④ Gopher

07 나머지 셋과 종류가 다른 것을 찾으시오.

① IIS ② Apache

③ Tomcat ④ Chrome

08 다음 중 웹 데몬과 응용 프로그램을 연결하는 소프트웨어를 찾으시오.

① SGML ② postscript

③ HTML ④ CGI

09 나머지 셋과 종류가 다른 것을 찾으시오.

① PHP ② PDP

③ ASP ④ JSP

10 다음 중 아파치 웹 데몬이 제공하는 스크립트 언어를 찾으시오.

① PHP ② PDP

③ ASP ④ JSP

11 다음 중 IIS 웹 데몬이 제공하는 스크립트 언어를 찾으시오.

① PHP ② PDP

③ ASP ④ JSP

12 다음 중 웹 데몬의 종류에 관계없이 사용 가능한 스크립트 언어를 찾으시오.

① PHP ② PDP

③ ASP ④ JSP

13 나머지 셋과 가장 관련 없는 용어를 찾으시오.

① SaaS ② IaaS

③ SSL ④ 그리드 컴퓨팅

14 다음 중 소프트웨어를 사용자가 필요한 기능만, 필요할 때만 이용하고, 이용한 만큼만 비용을 지불하는 클라우드 서비스 개념을 찾으시오.

① SaaS ② IaaS
③ P2P ④ PaaS

15 가상화를 이용하여 컴퓨터의 하부 구조를 제공하는 클라우드 서비스 개념을 찾으시오

① SaaS ② IaaS
③ P2P ④ PaaS

16 인공지능이나 대용량 데이터 분석과 같은 개발 환경을 제공하는 클라우드 서비스 개념을 찾으시오

① SaaS ② IaaS
③ P2P ④ PaaS

17 서버와 같은 컴퓨터에 직접 연결된 저장장치는 무엇인가?

① DAS ② SSD
③ SAN ④ NAS

18 기존의 저장장치를 LAN이나 WAN에 붙여서 사용하는 방식은 무엇인가?

① DAS ② SSD
③ SAN ④ NAS

19 데이터 서버, 백업 서버, RAID 등의 장치를 네트워크로 묶고 데이터 접근을 위한 서버를 두는 방식은 무엇인가?

① DAS ② SSD
③ SAN ④ NAS

20 고가용성 시스템 구성 유형 중 가동 시스템과 백업 시스템으로 구성되는 것을 찾으시오.

① 상시 대기　　② 동시 접근
③ 가상머신　　④ 상호 인계

21 고가용성 시스템 구성 유형 중 2개의 시스템이 각각 서비스를 수행하다가 한쪽 시스템에 장애가 발생하면 상대 시스템으로 작업을 이동시켜 동시에 2개의 업무를 수행하는 것을 찾으시오.

① 상시 대기　　② 동시 접근
③ 가상머신　　④ 상호 인계

22 고가용성 시스템 구성 유형 중 여러 시스템이 동시에 업무를 나누어 병렬 처리하는 것을 찾으시오.

① 상시 대기　　② 동시 접근
③ 가상머신　　④ 상호 인계

23 가상화 중 NAS, SAN 구축과 가장 관련 있는 것을 찾으시오.

① 서버 가상화　　② 네트워크 가상화
③ 저장장치 가상화　　④ 응용 프로그램 가상화

24 가상화 중 클라우드 환경에서 별도의 설치 없이 프로그램을 사용할 수도 있는 것과 가장 가까운 가상화를 찾으시오.

① 서버 가상화　　② 네트워크 가상화
③ 저장장치 가상화　　④ 응용 프로그램 가상화

25 다음 악성 소프트웨어 중 자료를 파괴하거나 시스템을 정지시키며 주변을 감염시키는 것은 무엇인가?

① 랜섬웨어　　② 컴퓨터 바이러스

③ 매크로 바이러스　　④ 트로이 목마

26 엑셀, 워드, 파워포인트 문서 같은 데이터 파일에 포함되어 배포되는 악성 소프트웨어는 무엇인가?

① 랜섬웨어　　② 컴퓨터 바이러스

③ 트로이 목마　　④ 매크로 바이러스

27 다음 악성 소프트웨어 중 감염되면 컴퓨터 내 모든 파일이 암호가 걸려 돈을 받은 후에만 암호를 풀어주는 것은 무엇인가?

① 랜섬웨어　　② 트로이 목마

③ 컴퓨터 바이러스　　④ 매크로 바이러스

28 여러 대의 좀비 컴퓨터로부터 엄청난 양의 데이터를 서버로 보냄으로써 다른 사람이 서버를 이용하지 못하게 하는 해킹 기법은 무엇인가?

① 도스　　② 백신

③ 디도스　　④ 방화벽

29 네트워크를 통해 전송되는 데이터를 검사하여 악성 소프트웨어나 해킹이 내부로 침투하지 못하게 막는 소프트웨어는 무엇인가?

① 도스　　② 백신

③ 디도스　　④ 방화벽

30 보안에 대한 설명으로 틀린 것은 무엇인가?

① 보안이란 다양한 위협으로부터 자신의 신체나 재산을 지키는 일체의 행위를 말한다.

② 악성 소프트웨어는 외부로부터 침투하려는 모든 시도를 가리킨다.

③ IT 분야에서 보안 관련 기술은 물리 보안과 정보 보안으로 나뉜다.

④ 수집하고 가공한 정보를 송수신 및 저장하는 과정에서 발생하는 불법행위를 차단하는 방법을 정보 보안이라 정의한다.

31 다음 중 암호화 기술에 대한 설명으로 틀린 것은 무엇인가?

① 암호화 기술에 있어 하나의 키로 암호화 혹은 복호화하는 방식을 대칭키 암호화라 부른다.

② 단일키 암호화 방식의 가장 큰 단점은 암호문과 키를 같이 전달해야 한다는 것이다.

③ 공개키와 비밀키의 쌍으로 구성된 암호화 기법을 비대칭키 암호화라 부른다.

④ 비대칭키 암호화에서 공개키로 암호를 해독한다.

32 나머지 3개와 가장 관계가 적은 것을 찾으시오.

① 비대칭키 암호화　② 공개키

③ 대칭키 암호화　④ 개인키

33 심화 SSL의 특징과 거리가 먼 것을 찾으시오.

① 전송 데이터 암호화　② 디지털 서명

③ 인증서　④ 스푸핑

34 심화 SSL에서 Server Hello 안에 없는 것을 찾으시오.

① pre master secret key　② 서버의 임의 데이터

③ 암호화 방식 결정　④ 인증서

35 [심화] SSL의 세션 단계에서 클라이언트와 서버 사이에 주고받는 데이터는 어느 암호화 방식을 사용하는가?

① 대칭키 암호화
② 대칭키 암호화 이후 비대칭키 암호화
③ 비대칭키 암호화
④ 비대칭키 암호화 이후 대칭키 암호화

36 네트워크 저장장치에 대해 설명하시오.

37 가용성 시스템 구성 유형을 설명하시오.

38 하이퍼바이저를 설명하시오

39 대칭키 암호화와 비대칭키 암호화에 대해 설명하시오.

찾아보기

T

U

V

W Z

찾아보기

찾아보기

찾아보기